"十二五"国家重点图书出版规划项目
关学文库　总主编　刘学智　方光华

学术研究系列

关学学术编年

王美凤　张　波　刘宗镐　著

西北大学出版社

总　序

张载(1020—1077),字子厚,宋凤翔府郿县(今陕西眉县)人,祖籍大梁,宋仁宗嘉祐二年(1057)进士。张载出身于官宦之家。祖父张复在宋真宗时官至给事中、集贤院学士,死后赠司空。父亲张迪在宋仁宗时官至殿中丞、知涪州事,赠尚书都官郎中。张迪死后,张载与全家遂侨居于凤翔府郿县横渠镇之南。因他曾在此聚徒讲学,世称"横渠先生"。他的学术思想在学术史上被称为"横渠之学",他所代表的学派被后人称为"关学"。张载与程颢、程颐同为北宋理学的创始人。可以说,关学是由张载创立并于宋元明清时期,一直在关中地区传衍的地域性理学学派,亦称关中理学。

关学基本文献整理与相关研究不仅是中国思想学术史的重要课题,也是体现中国思想文化传承与创新的重要举措。《关学文库》以继承、弘扬和创新中华文化为宗旨,以文献整理的系统性、学术研究的开拓性为特点,是我国第一部对上起于北宋、下迄于清末民初,绵延八百余年的关中理学的基本文献资料进行整理与研究的大型丛书。这项重点文化工程的完成,对于完整呈现关学的历史面貌、发展脉络和鲜明特色,彰显关学精神,推动传统文化创造性转化、创新性发展无疑具有重要意义。在《关学文库》即将出版发行之际,我仅就关学、关学与程朱理学的关系、关学的思想特质、《关学文库》的整体构成等谈几点意见,以供读者参考。

一、作为理学重要构成部分的关学

众所周知,宋明理学是中国儒学发展的新形态与新阶段,一般被称为新儒学。但在新儒学中,构成较为复杂。比较典型的则是程朱理学与陆王心学。南宋学者吕本中较早提到"关学"这一概念。南宋朱熹、吕祖谦编选的《近思录》较早地梳理了北宋理学发展的统绪,关学是作为理学的重要一支来作介绍的。朱熹在《伊洛渊源录》中,将张载的"关学"与周敦颐的"濂学"、二程(程颢、程颐)的"洛学"并列加以考察。明初宋濂、王祎等人纂修《元史》,将宋代理学概括为"濂洛关闽"四大派别,其中虽有地域文化的特色,但它们的思想内涵及其影响并不限于某个地域,而成为中华思想文化史上重要的一页,即宋代理学。

根据洛学代表人物程颢、程颐以及闽学代表人物朱熹对记载关学思想的理解、评价和吸收,张载创始的关学本质上当是理学,而且是影响全国的思想文化学派。过去,我们在编写《中国思想通史》第四卷、《宋明理学史》上册的时候,在关学学术旨归和历史作用上曾作过探讨,但是也不能不顾及古代学术史考镜源流的基本看法。

需要注意的是,张载后学,如蓝田吕氏等,在张载去世后多归二程门下,如果拘泥门户之见,似乎张载关学发展有所中断,但学术思想的传承往往较学者的理解和判断复杂得多。关学,如同其他学术形态一样,也是一个源远流长、不断推陈出新的形态。关学没有中断过,它不断与程朱理学、陆王心学融合。明清时期,关学的学术基本是朱子学、阳明学的传入及与张载关学的融会过程。因此,由宋至清的关学,实际是中国理学的重要组成部分,它是一个动态的且具有包容性和创新性的概念,它开启了清初王船山学术的先河。

《关学文库》所遴选的作品与人物,结合学术史已有研究成果,如《宋元学案》《明儒学案》《关学编》及《关学续编》《关学宗传》等,均是关中理学的典型代表,上起北宋张载,下至晚清的刘光蕡、民国时期的牛兆濂,能够反映关中理学的发展源流及其学术内容的丰富性、深刻性。与历史上的《关中丛书》相比,这套文库更加丰富醇纯,是对前贤整理文献思想与实践的进一步继承与发展,其学术意义不言而喻。

二、张载关学与程朱理学的关系

佛教传入中土后,有所谓"三教合一"说,主张儒、道、释融合渗透,或称三教"会通"。唐朝初期可以看到三教并举的文化现象。当历史演进到北宋时期,由于书院建立,学术思想有了更多自由交流的场所,从而促进了学人的独立思考,使他们对儒家经学笺注主义提出了怀疑,呼唤新思想的出现,于是理学应时而生。理学主体是儒学,兼采佛、道思想,研究如何将它们融合为一个整体,这是一个重要的课题。从理学产生时起,不同时代有不同的理学学派。

比如,在"三教融合"过程中,如何理解"气"与"理"(理的问题是回避不开的,华严宗的"事理说"早在唐代就有很大影响)的关系?理学如何捍卫儒学早期关于人性善恶的基本观点,又不致只在"善"与"恶"的对立中打圈子?如何理解宇宙?宇宙与社会及个人有何关系?君子、士大夫怎么做才能维护自身的价值和尊严,又能坚持修齐治平的准则?这些都是中国思想史中宇宙观与人生观的大问题。对这些问题的研究和认识,不可能一开始就有一个统一的看法,需要在思想文化演进的历史进程中逐步加以解决。宋代理学的产生及不同学派的存在,就是上述思想文化发展历史的写照,因而理学在实质上是中国思想文化的传承创新,具有重要的历史意义。

张载关学、二程洛学、南宋时朱熹闽学各有自己的特色。作为理学的创建者之一,张载胸怀"为天地立心,为生民立命,为往圣继绝学,为万世开太平"的学术抱负,在对儒学学说进行传承发展中做出了重要的理论贡献。北宋时期,学者们重视对《易》的研究。《易》富于哲理性,他通过对《易》的解说,阐述对宇宙和人生的见解,积极发挥《四书》义理,并融合佛、道,将儒家的思想提升到一个新的高度。

张载与洛学的代表人物程颢、程颐等人曾有过密切的学术交往,彼此或多或少在学术思想上相互产生过一定的影响。宋仁宗嘉祐元年(1056),张载来到京师汴京,讲授《易》学,曾与程颢一起终日切磋学术,探讨学问(参见《二程集·河南程氏遗书》卷二上)。张载是二程之父程珦的表弟,为二程表叔,二程对张载的人品和学术非常敬重。通过与二程的切磋与交流,张载对自成一家之言的学术思想充满自信:"吾道自足,何事旁求!"(吕大临《横渠先生行状》)

因为张载与程颢、程颐之间为亲属关系,在学术上有密切的交往,关学后传不拘门户,如吕氏三兄弟吕大忠、吕大钧、吕大临、苏昞、范育、薛昌朝以及种师道、游师雄、潘拯、李复、田腴、邵彦明、张舜民等,在张载去世后一些人投到二程门下,继续研究学术,也因此关学的学术地位在学术史上常常有意无意地受到贬低甚至质疑(包括程门弟子的贬低和质疑)。事实上,在理学发展史上,张载以其关学卓然成家,具有鲜明的特点和理论建树,这是不能否定的。反过来,张载的一些观点和思想也影响了二程的思想体系,对后来的程朱学说及闽学的形成也有重要的启迪意义,这也是客观的事实。

张载依据《易》建立自己的思想体系,但是,在基本点上和《易》的原有内容并不完全相同。他提出"太虚即气"的观点，认为没有超越"气"之上的"太极"或"理"世界，换言之，"气"不是被人创造出的产物。又由此推论出天下万物由"气"聚而成；物毁气散，复归于虚空（或"太虚"）。在气聚、气散即物成物毁的运行过程中，才显示出事物的条理性。张载说："太虚不能无气，气不能不聚而为万物，万物不能不散而为太虚，循是出入，是皆不得已而然也。"（《正蒙》卷一）他用这个观点去看万物的成毁。这些观点极大地影响了清初大思想家王船山。

张载在《西铭》中说："乾称父，坤称母。予兹藐焉，乃混然中处。故天地之塞，吾其体；天地之帅，吾其性。民，吾同胞；物，吾与也。"天地是万物和人的父母，人是天地间藐小的一物。天、地、人三者共处于宇宙之中。由于三者都是气聚之物，天地之性就是人之性，所以人类是我的同胞，万物是我的朋友，归根到底，万物与人类的本性是一致的。进而认为，人们"尊高年，所以长其长；慈孤弱，所以幼其幼。圣，其合德；贤，其秀也。凡天下疲癃残疾、茕独鳏寡，皆吾兄弟之颠连而无告者也"。这里所表述的是一种高尚的人道主义精神境界。

二程思想与张载有别，他们通过对张载气本论的取舍和改造，又吸收佛教的有关思想，建构了"万理归于一理"的理论体系。在人性论方面，二程在张载人性论的基础上进一步深化了孟子的性善论。二程赞同张载将人性分为"天地之性"和"气质之性"。但二程认为"天地之性"是天理在人性中的体现，未受任何损害和扭曲，因而是至善无瑕的；"气质之性"是气化而生的，也叫"才"，它由气禀决定，禀清气则为善，禀浊气则为恶，正因为气质之性不可避免地受到了"气"的侵蚀而出现"气之偏"，因而具有恶的因素。在二程看来，善与恶的对立，实际上是"天理"与"人欲"的对立。

朱熹将张载气本论进行改造，把有关"气"的学说纳入他的天理论体系中。朱熹接受"气"生万物的思想，但与张载的气本论不同，朱熹不再将"理"看成是"气"的属性，而是"气"的本原。天理与万事万物是一种怎样的关系？朱熹关于"理一分殊"的理论回答了这一问题。他认为："太极只是个极好至善的道理。人人有一太极，物物有一太极。"又说："太极非是别为一物，即阴阳而在阴阳，即五行而在五行，即万物而在万物，只是一个理而已。"（《朱子语类》卷九四）"理一分殊"理论包括一理摄万理与万理归一理两个方面，这与张载思想有别。

总之，宋明理学反映出儒、道、释三者融合所达到的理论高度。这一思想的融合完成于两宋时期。张载开创的关学为此做出了重要的学术贡献。正如清初思想家王船山所说："张子之学，上承孔孟之志，下救来兹之失，如皎日丽天，无幽不烛，圣人复起，未有能易焉者也。"（《张子正蒙注·序论》）船山之学继承发扬了张载学说，又有新的创造。

三、关学的特色

关学既有深邃的理论，又重视实用。这可以概括为以下几个方面：

首先，学风笃实，注重践履。黄宗羲指出："关学世有渊源，皆以躬行礼教为本。"（《明儒学案·师说》）躬行礼教，学风朴质是关学的显著特征。受张载的影响，其弟子蓝田"三吕"也"务为实践之学，取古礼，绎其义，陈其数，而力行之"（《宋元学案·吕范诸儒学案》），特别是吕大临。明代吕柟其行亦"一准之以礼"（《关学编》）。即使清代的关学学者王心敬、李元春、贺瑞麟等人，依然守礼不辍。

其次，崇尚气节，敦善厚行。关学学者大都注意砥砺操行，敦厚士风，具有不阿权贵、不苟于世的特点。张载曾两次被荐入京，但当发现政治理想难以实现时，毅然辞官，回归乡里，教授弟子。明代杨爵、吕柟、冯从吾等均敢于仗义执言，即使触犯龙颜，被判入狱，依旧不改初衷，体现了大义凛然的独立人格和卓异的精神风貌。清代关学大儒李颙，在皇权面前铮铮铁骨，操志高洁。这些关学学者"穷则独善其身，达则兼善天下"，体现出"富贵不能淫，贫贱不能移，威武不能屈"的"大丈夫"气节。

最后，求真求实，开放会通。关学学者大多不主一家，具有比较宽广的学术胸怀。张载善于吸收新的自然科学成果，不断充实丰富自己的儒学理论。他注意对物理、气象、生物等自然现象做客观的观察和合理的解释，具有科学精神。后世关学学者韩邦奇、王徵等都重视自然科学。三原学派的代表人物王恕以治易入仕，晚年精研儒家经典，强调用心求学，求其"放心"，用心考证，求疏通之解，形成了有独立主见的治国理政观念。关学学者坚持传统，但并不拘泥传统，能够因时而化，不断地融合会通学术思想，具有鲜明的开放性和包容性特征。由张载到"三吕"、吕柟、冯从吾、李颙等，这种融会贯通的学术精神得到不断承传和弘扬。

四、《关学文库》的整体构成

关学文献遗存丰厚，但是长期以来没有得到应有的保护和整理，除少量著作如《正蒙》《泾野先生五经说》《少墟集》《元儒考略》等在清代收入《四库全书》之外，大量的著作仍散存于陕西、北京、上海等地的图书馆或民间，其中有的在大陆已成孤本（如韩邦奇的《禹贡详略》、李因笃的《受祺堂文集》家藏抄本），有的已残缺不全（如《南大吉集》收入的《瑞泉集》残本，现重庆图书馆存有原书，国家图书馆仅存胶片；收入的南大吉诗文，搜自西北大学图书馆藏《周雅续》）。即使晚近的刘光蕡、牛兆濂等人的著述，其流传亦稀世罕见。民国时期曾有宋联奎主持编纂《关中丛书》（邵力子题书名），但该丛书所收书籍涉及关中历史、地理、文学、艺术等诸多方面，内容驳杂，基本上不能算作是关学学术视野的文献整理。20世纪70年代以来，中华书局将《张载集》《蓝田吕氏遗著辑校》《关学编（附续编）》《泾野子内篇》《二曲集》等收入《理学丛书》陆续出版，这些仅是关学文献的很少一部分。全方位系统梳理关学学术文献仍系空白。

关学典籍的收集与整理，是关学学术研究的重要基础，文献整理的严重滞后，直接影响到关学研究的深入和关学精神的弘扬，影响到对历史文化的传承和中国文化精神的发掘。

现在将要出版的《关学文库》由两部分内容组成，共40种，47册，约2300余万字。

一是文献整理类，即对关学史上重要文献进行搜集、抢救和整理（标点、校勘），其中涉及关学重要学人29人，编订文献26部。这些文献分别是：《张子全书》《蓝田吕氏集》《李复集》《元代关学三家集》《王恕集》《薛敬之张舜典集》《马理集》《吕柟集·泾野经学文集》《吕柟集·泾野子内篇》《吕柟集·泾野先生文集》《韩邦奇集》《南大吉集》《杨爵集》《冯从吾集》《王徵集》《王建常集》《王弘撰集》《李颙集》《李柏集》《李因笃集》《王心敬集》《李元春集》《贺瑞麟集》《刘光蕡集》《牛兆濂集》以及《关学史文献辑校》。

二是学术研究类，其中一些以"评传"或年谱的形式，对关学重要学人进行个案研究，主要涉及眉县张载、蓝田吕大临、高陵吕柟、长安冯从吾、朝邑韩邦奇、周至李颙、眉县李柏、富平李因笃、户县王心敬、咸阳刘光蕡等学人，共11部。它们分别是：《张载思想研究》《张载年谱》《吕大临评传》《吕柟评传》

《韩邦奇评传》《冯从吾评传》《李颙评传》《李柏评传》《李因笃评传》《王心敬评传》《刘光蕡评传》等。此外,针对关学的主要理论问题与思想学术演变历程进行研究,共3部。这些著作分别是:《关学精神论》《关学思想史》《关学学术编年》等。

在这两部分内容中,文献整理是文库的重点内容和主体部分。

《关学文库》系"十二五"国家重点图书出版规划项目,国家出版基金项目、陕西出版资金资助项目,得到了中共陕西省委、陕西省人民政府和国家新闻出版广电总局的大力支持。本文库历时五年编撰完成,凝结着全体参与者的智慧和心血。总主编刘学智、方光华教授,项目总负责徐晔、马来同志统筹全书,精心组织,西北大学、陕西师范大学、中国人民大学、华东师范大学、郑州大学等十余所院校的数十位专家学者协力攻关,精益求精,体现出深沉厚重的历史使命感和复兴民族文化的责任感;他们孜孜矻矻,持之以恒,任劳任怨,乐于奉献,以古人为己之学相互勉励,在整理研究古代文献的同时,不断锤炼学识,砥砺德行,努力追求朴实的学风和严谨的学术品格。出版社组织专业编辑、外审专家通力合作,希望尽最大可能提高该文库的学术品质。我谨向大家卓有成效的工作表示衷心的感谢。由于时间紧迫、经验不足等原因,文库书稿中的疏漏差错难以完全避免。希望读者朋友们在阅读使用时加以批评指正,以便日后进一步修订,努力使该文库更加完善。

张岂之

2015年1月8日

于西北大学中国思想文化研究所

前 言

编年是学术研究中经常采用的体例范式,不仅适用于历史上具体学人的个案研究,也适用于不同历史时期的事件、学术思潮的系统考察。据我们的视野所及,目前已问世的学术史编年有上个世纪三十年代刘汝霖的《汉晋学术编年》《东晋南北朝学术编年》,近年陈祖武、朱彤窗的《乾嘉学术编年》,张岂之主编的《中国学术思想编年》,以及叶志衡的《战国学术文化编年》等。而以地域性学派为研究对象的学术编年,尚不多见。因此,本书的撰写应该说带有一定的尝试性。

一般而言,学术编年往往以广博著称,具有整体性、综合性的特点,不仅是对学术思想史上有关学人的生平、学术事件、重要著作等内容的研究与梳理,而且涉及中国古代政治思想史、哲学史、史学史、宗教史、文学史等众多学术领域。因此,需要立足于整体性、综合性的视域,在浩如烟海的文献中,疏理思想学脉,精选出重要学术人物、重要学术事件;并对各个时期学术思想的发展脉络、重要学者的著述与思想做出较为客观的评判。故学术编年具备以年代为经,以学术思想史的具体内涵为纬的典型特征:既能微观地反映学者们的生平学术活动及其思想特征、理论著述,也能宏观地呈现学术思潮发展的脉络;既能横向反映某时期学术思想的发展状况,也能纵向比较学术思想的演变历程,为读者指示通衢。基于此,本书旨在通过对关学文献的整理,精选其中具有代表性的学者、重要事件、重要著述,并尝试对关学学术思想的嬗变轨迹做出较为系统的揭示。面对这样艰巨的任务,就我们目前的知识结构和能力而言,深感力不从心。所幸的是张岂之先生主编的《中国学术思想编年》等著作,在体例和方法上给我们提供了启示与借鉴;刘学智先生从资料的搜集整理、立目的取舍原则乃至具体的学术思想解读等方面给予我们热情的指导和帮助,使我们有信心去尝试它。

一、"关学"概念的界定及其下限问题

本书的编年立目,尤其是对人物的选择,乃基于我们对于"关学"的理解。张载(1020－1077 或 1078,字子厚)是北宋时著名的思想家、哲学家,宋明理学的奠基者之一。他一生的大部分时间是在陕西宝鸡眉县横渠镇度过的,世称"横渠先生"。由于他长期在陕西关中讲学,以他为核心,形成了一个具有独特学术旨趣和风格的思想流派——关学。

"关学"得名于张载殁后。南宋吕本中云:"关学未兴,申颜先生盖亦安定(胡瑗)、泰山(孙复)之俦,未几而张氏兄弟(张载、张戬)大之。"① 刘子卿云:"横渠先生倡道关中,世谓之关学。"② 朱熹在《伊洛渊源录》中又将张载与周敦颐、邵雍、二程(程颢、程颐)等人的思想并列考察。明代冯从吾著《关学编》,其《自序》云:"我关中自古称理学之邦,文、武、周公不可尚已,有宋横渠张先生崛起眉邑,倡明斯学,皋比勇撤,圣道中天","一时学者欻然向风,而关中之学益大显明于天下。"③ 其友张舜典在《关学编·后序》中云:"夫天覆地载,日照月临,凡有血气,莫不有性命,而道在焉。道在而由之、知之,则学在也。奚独以'关学'名也?《关学之编》,少墟冯侍御为吾乡之理学作也。"又云:"不载独行,不载文词,不载气节,不载隐逸,而独载理学诸先生,炳炳尔尔也;不论升沉,不计崇卑,而学洙泗、祖羲文者,无不载焉。"④ 可见,冯氏是以"关中之学"明论"关学",所指乃为"关中理学"。作为其莫逆之交的张舜典更明确指出是为"理学作也","独载理学诸先生"。继后,清代全祖望再次使用"关学"这一概念,云:"关学之盛,不下洛学。"⑤ 全氏这种论述,也是来源于南宋以来"濂洛关闽"并列言说的传统,把关学视为宋代理学的四大流派之一。后世王心敬、李元春所著《关学续编》、张骥所著《关学宗传》也基本延续以上宗旨来选录学人⑥。换句话说,即认为"关学有编"。诸如王心敬在《关

---

① 〔清〕黄宗羲:《宋元学案》,北京:中华书局,1986 年,261 页。
② 〔清〕王梓材、冯云濠:《宋元学案补遗》,北京:中华书局,2012 年,1374 页。
③ 〔明〕冯从吾撰:《关学编(附续编)》,北京:中华书局,1987 年,1 页。
④ 〔明〕冯从吾撰:《关学编(附续编)》,62 页。引用时个别标点作了改动。
⑤ 〔清〕黄宗羲著:《宋元学案》,北京:中华书局,1986 年,1094 页。
⑥ 张骥《关学宗传》收录人物标准更广,"独行"、"文词"、"气节"、"隐逸"、"名臣"、"吏行"等也均载。

学续编·序》中云:"关学有编,创自前代冯少墟先生。其编虽首冠孔门四子,实始宋之横渠,终明之秦关(王之士,1528－1590,号秦关),皆关中产也。"① 张骥《关学宗传·自序》亦云:"昔横渠氏关中崛起,开门授徒,分濂洛之席,绍邹鲁之传,一时蓝田、华阴、武功诸儒阐扬师旨,道学风行,学者称初祖焉。俄而,北都沦陷,完颜代兴,奉元一派不绝如缕,几同闰位。迨石渠公(王恕,1416－1508,号介庵,晚又号石渠)唱道三原,康僖(王承裕,1465－1538,字天宇,谥康僖)缵承家学,学风不变。而渭南南氏(南大吉,1487－1541,字元善)兄弟以姚江高弟开讲湭西,稍稍乎门户分矣。冯侍御(冯从吾,1557－1627,字仲好,以侍御告归)予告还乡,提倡绝学,可谓中兴。而再传之后,寖以不振。李二曲以坚苦卓绝之身,肩程朱陆王之统,至精至粹,无党无偏,卒以非笑者多转为吾道通行之障。迄于李桐阁(李元春,1769－1854,字仲育,人称桐阁先生)以贤圣自期,尊崇正学,而省斋、清麓亲业其门。沣西(柏景伟,1831－1891,号沣西)、古愚(刘光蕡,1843－1903,号古愚)闻风而起,至今日而有坠绪之可寻,遗文之足录者,皆数君子之力也。"② 可见,王氏、张氏均从重要传承人物及其贡献方面对"关学有编"作了概述,其论亦推进了关学史研究的进程。

然而,新中国成立以后,学术界关于"关学"的界定及其学派的下限问题一直存在着分歧,主要观点有三:其一,继承传统的说法,以"关学"为"关中理学",代表人物为侯外庐、陈俊民、龚杰等,但是在下限的断定上诸家又存在分歧。侯外庐的《中国思想通史》(第四册上)认为关学是北宋时期"以张载为核心"的一个"陕西地方学派"。并吸收黄宗羲之论,认为:张载"倡道于关中",虽然"寥寥无有和者",但缘于吕大钧"执弟子礼",此后"学者靡然知所趋向",于是关学学派得以形成,"北宋亡后,关学就渐归熄灭"③,"关学没有渊源,张载也无师承"④。可见,侯氏虽不赞成关学为洛学的一个分支,但事实上也承认了它的理学特质和地域特色;并指出关学史仅限于北宋,并无传承。陈俊民则认为:"关学不是历史上一般的'关中之学',而是宋元明清时

---

① 〔明〕冯从吾撰:《关学编(附续编)》,65页。
② 张骥:《关学宗传》,陕西教育图书社,1921年排印本。
③ 侯外庐主编:《中国思想通史》第四卷(上册),北京:人民出版社,1959年,545页。
④ 侯外庐等主编:《宋明理学史》(上册),北京:人民出版社,1987年,93页。

代关中的理学。"①陈氏这一说法基本解决了关学与关中之学、关学与理学的关系。同时,陈氏明确反对把关学限定于北宋,一方面,陈氏吸收全祖望在《宋元学案》中的说法,认为关中的"申(颜)侯(可)二子复兴儒学,实开'关学之先'","张载理学,既无直接师承,也无间接私淑,只是在范仲淹的导掖下,主要通过对儒学的'苦心力索',独立创造的","当然,丝毫没有任何师承和渊源的学派也是没有的。据《宋史·孝义传》和《宋元学案》所载,庆历之际的侯可,很可能是张载的师承"。另一方面,认为北宋之后,关学虽然"衰落"了,但是并未"熄灭","而是出现了两种倾向,即'三吕'的关学'洛学化'和李复的关学'正传'发展"。在明代,又涌现吕柟、马理、韩邦奇、冯从吾等学者,关学曾出现中兴的趋势。至清初,"李颙用'儒学'代替'理学',致使关学'复盛'而终"。②据此,在陈氏看来,关学史的潜在上限为申、侯二人,下限应为明末清初的李颙。龚杰认为:"所谓关学,就是指由北宋张载创建的一个理学派别。"③龚氏也肯定了关学与理学的关联,并指出"据明冯从吾《关学编》,黄宗羲、全祖望《宋元学案》中的《横渠学案》《吕范诸儒学案》,清张骥《关学宗传》等书的记载,可考见的弟子有吕大忠、吕大钧、吕大临、苏昞、范育、游师雄、薛昌朝等,受学于张载的有种师道、潘拯、李复、田腴、邵彦明、张舜民等,曾学于张载并传播其学的外地学者有晁说之、蔡发等,其中,吕大钧、吕大临、苏昞、范育、李复等人对关学的形成与发展起了重要的作用。"④但是,作为侯外庐学派的继承者,龚杰不认同"关中理学"的说法,认为它"把关学的范围加以扩大",而宋代以后的关中理学家"不是关学的续传",关学"上无师承,下无继传,南宋初年即告终结。"⑤

其二,认为"关学"有两层含义,以张岱年、赵吉惠为代表。张岱年认为:"一指张载学说的继承和发展,二指关中地区的学术思想。"⑥赵吉惠进一步明确指出"关学"有广义与狭义之分,认为:"'关学'概念在历史上向来有广义与狭义两种不同理解与用法。广义的关学,泛指封建社会后期的陕西关中

---

① 陈俊民:《关学源流辨析》,载《中国哲学》第9辑,北京:三联书店,1983年。
② 陈俊民:《张载哲学思想及关学学派》,北京:人民出版社,1986年,10-48页。
③ 龚杰:《张载评传》,南京:南京大学出版社,1996年,206页。
④ 龚杰:《张载评传》,南京:南京大学出版社,1996年,198页。
⑤ 龚杰:《张载评传》,南京:南京大学出版社,1996年,206-207页。
⑥ 张岱年:《<张载哲学思想及关学学派>序言》,见陈俊民《张载哲学思想及关学学派》,5页。

理学(儒学)",而"狭义关学特指北宋时期以陕西关中张载为创始的理学或张载关学学派。"①赵氏实际上将上述观点加以综合,前说(广义说)认同了陈俊民的说法,后说(狭义说)认同了侯外庐的说法。前说把关学的外延加以扩展,后说又把关学有史加以否定。

其三,认为关学是"张载及与张载学脉相通之关中理学",此说以刘学智为代表。认为"只要学术思想、学风相通、相合、相类或因其某一地域、某一时代所限者,皆可谓同一学派,其可以直接相承相继,亦可间接沿袭、传续,不一定非有师承门户不可。"并说:"孟子、荀子、董子等儒学,多能随时代之变化或改变或发展,皆未能做到恪守孔子儒学'原旨'不变,也未有直接师承,由此看来,谓关学至南宋而'终结',恐未安。"②又说:"以此为原则和方法,对冯从吾、王心敬、张骥等所撰相关关学史著作中提及的关中理学家进行必要而严格的筛选,也许对澄清关学源流、彰明关学思想特征有明确标识性意义。"③可见,上述界定标准是以学理特征为依据,注重从学术思想、学风继承方面梳理关学学脉,这在众说中突显独特的创见性。然而,这种以张载学脉、学风为标准的筛选原则,虽然对推进"关学史"的研究有重要的意义,但是以此为标准对关学学者的梳理与把握具有较大的难度。

此外,关于下限问题,武占江提出了关学至清末刘光蕡终结的观点。他说:"关学是由张载开创的关中理学。它经历了宋代奠基、元明维持、明清之际拓展直到清末结束三个阶段","李二曲将关学发展到理学与实学相结合的新时期。刘古愚在实学精神的推动之下,积极研究,宣传新学,从而结束了关学。"④武氏之说以刘光蕡之学的近代转型为判断标准,对关学史下限的探索有重要作用。但是,该说法又忽略了具有浓厚理学思想,且活跃在清末民国时期的一些学者,以张元际、张元勋、牛兆濂及其弟子李铭诚等为典型代表。

综观以上诸说,均承认张载创立了关学,关学是理学的流派之一,但在关学史的下限问题上,存在诸多分歧:或以为关学终于北宋,或以为下限至明末

---

① 赵吉惠:《21世纪儒学研究的新拓展》,北京:社会科学文献出版社,2004年,241-242页。
② 刘学智:《儒道哲学阐释》,北京:中华书局,2002年,280-281页。
③ 刘学智:《关学及二十世纪大陆关学研究的辨析与前瞻》,《中国哲学史》,2005年,第4期。
④ 赵吉惠、赵馥洁主编:《张载关学与实学》,西安:西安地图出版社,2000年,431页。

清初的李颙。实际上,这些说法并没有摆脱传统的"关学无史"、"关学无编"思维,即使把下限推至李颙,也存在对李氏之后学者的遮蔽。此外,突出强调地域性特点而把关中所有儒家学者都纳入了关学学派的体系中,如张骥把"名臣"、"吏行"、"文学"等也收录进来,这种做法似为推进"关学有史"说,实际上却淡化了关学的典型特征。基于此,我们认为关学史、关学编年既要纠偏关学无史、或关学下至南宋,乃至清初李颙的论断,又要避免把关学的外延扩大化。应当突出展示宋元明清,乃至民国时期关中的一些具有突出贡献的理学家,尤其是和张载有学脉相通的理学家。由于我们试图在一个较为广阔的学术视域中来呈现关学的发展历程,因此必然会涉及到影响其发展的学术背景,如与异地诸学派在思想上有着密切关系的重要学者、重要事件,本书亦经过仔细遴选予以立目,最终选取近80余位学者的事迹加以阐述。

二、关学学术的历史嬗变

(一) 宋代关学

在中国古代学术史上,国家的统一与分裂、政治的稳定与动荡往往深刻影响到学术的发展,尤其是学术流派及其学风的形成与演变。宋王朝的统一,结束了唐末五代以来的分裂动乱局面,为学术的发展提供了稳定繁荣的时代环境。然而,这种统一、稳定的局面,并未维持很久,至宋仁宗(1023-1063在位)时,边境战事又频繁起来,不仅西北边境不断遭受西夏的侵扰,而且每年宋王朝要对辽进献繁重的"岁币",国内百姓的负担相当沉重,各种社会矛盾也逐渐激化。面对这种局面,范仲淹、李觏、王安石等人提出或主持了政治、经济、文化等方面的改革,期以挽救时局。在学术思想方面,魏晋以来,兴起的佛道思想历经隋唐,到此时宗派繁盛,其理论广泛渗透于社会各个阶层之中。而汉唐以来,儒家学者专注于对典籍的章句训释,"知人而不知天",忽略或弱化了对义理的阐发。至宋初"大道精微之理",儒家已不能谈,自然无法与佛道抗衡。"儒门淡泊,收拾不住"①,知识分子普遍游心于佛道而不能自拔,儒学的主导地位受到严重的动摇。如何挽救日益衰落的儒学,构建

---

① 〔明〕刘宗周撰:《刘蕺山集》卷七《答胡嵩高朱绵之张奠夫诸生》,四库全书文渊阁本。

精微之理以对付佛道,特别是佛教的挑战,成为宋初儒家学者迫切需要解决的时代课题。

同样,上述问题展现于中国西北的关中地区,对关中学术思想产生的最大影响,无疑是关学的创立与崛起。张载为了解决社会上诸多学者"不知择术而求"的现实问题,带着"为天地立心,为生民立命,为往圣继绝学,为万世开太平"的强烈使命感,经过多年的心悟,俯读、仰思及教化实践,形成了以《易》为宗,以《中庸》为的,以《礼》为体,以孔孟为法的学术体系,并构建了以"由太虚有天之名,由气化有道之名,合虚与气有性之名,合性与知觉有心之名"①为总纲的思想体系。在张载的学术生涯中有二处值得注意:其一,张载在38岁(1057)中进士之前,已对"六经"有较深刻的研究,尤其是《周易》。从其《横渠易说》中可看出,包括张载"成性"说在内的诸多晚年定论已经在这一时期萌生。另外,被后世朱熹所重视并发挥的"心统性情"理论亦形成于此后不久。其二,张载曾在多处任地方官,因倡导"以礼为教"而著称一时;又践行以"敦本善俗为先"的政治理念,使关中之风气一变为古。通过学术探索与教化实践,张载的思想不断走向成熟,尤其是在公元1071-1077年之间,张载经历了两次政治上的重大失意,其中在第一次失意后,张载便退居横渠镇,开始了他比较集中的讲学立说的生涯,并以崇礼重德而名重一时。许多学生慕名来学,弟子甚众,可考者有蓝田吕大忠、吕大钧、吕大临、武功苏昞、游师雄、三水范育、河东薛昌朝、洛阳种师道、关中潘拯、长安李复、诸城刘公彦、安丘田腴、古田邵清、邠州张舜民等,其中吕大钧、吕大临、苏昞、范育、李复等人,对关学的形成与发展起了重要的推动作用。

张载之后,关学大致沿着三个方向发展,其一,李复继承了张载思想中重气和自然物象的特点。虽然这种思想道脉中途出现低落现象,但是至明末清初又被王夫之继承和发展;其二,"蓝田三吕"继承了张载思想中"重礼"和"中"的特点,并付诸实践。尤其是"三吕"入洛之后,关学在本体论方面日渐向"天理"靠拢,这种思想道脉多为此后的关中学者所秉持,至明代形成了以冯从吾为代表的关中理学,此即广义的关学所指;其三,以后世关中学者为主要群体,在择取融合程朱理学与陆王心学的同时,充分挖掘张载哲学经世致用的致思趋向,发展出实学的诠释路径,集大成者为清初李二曲,其所提出的

---

① 〔宋〕张载:《张载集》,北京:中华书局,1983年,9页。

"明体适用"之学,就是这种思想道脉发展的结果。

围绕着以上三个主要发展方向,关学在其发展历史上形成了诸多不同的思想路径。又因为关学学者面对的时代问题及其学术视域的不同,自然也形成了关学、宋明理学乃至整个中国哲学研究中的不同观点与道脉。以下仅就宋代关学中有突出地位的吕大临、李复略作说明。

吕大临(1040－1093,字与叔)乃吕大忠、吕大防、吕大钧之弟。张载殁后,学于程颐,与谢良佐、游酢、杨时并称为"程门四先生"。吕大临修身好学,博览群书、行如古人。通《六经》,尤邃于《礼》。在蓝田吕氏兄弟中,吕大临的思想最为深刻:论《易》,继承了张载易学"天人一体"的架构和程颐易学的传注形式,参证儒家典籍,推天道而明人道;论礼,则继承张载"以礼为教"、"知礼成性,变化气质"的思想,主张"存心治身"、"礼所以正心修身"的思想;论"中",提出了"居尊守中"的思想,并从人伦规定、社会秩序、精神境界等方面做了深入探讨。总体看来,吕大临思想中既有张载关学独特的易道宇宙论,也存有二程识仁、体认天理的工夫趋向,展现出其思想中关学与洛学相融合的特点。

李复(1052－1128,字履中),世称潏水先生,为关内一代名儒。李复的思想较为复杂:其一,论《易》,以天人合一为架构,继承和融合了太极元气说、张载易学及"太虚即气"等思想,着眼于"太极"与"气"的结合;又发明象数,会通义理,阐发哲学创见,诸如"万物生芸芸,与吾本同气"①说。其二,论"养气",主张从心性上充实涵养、"尽道极理"。并提出了"善学必探本,知本贵善养"②的思想,认为:"孟子云养气者,动必由理,故仰不愧于天,俯不怍于地(笔者注:《四库全书总目提要》中"地"为"人"),无忧无惧,其气岂不充乎?故曰:是集义所生者,舍是则明有人非,幽有鬼责,自慊于中,气为之馁矣,故曰无是馁矣。"这种思想深受朱熹的褒扬,认为"此语虽疏然,然却得其大旨。近世诸儒之论多以过高而失之,甚者流于老庄而不知,不若此说之为得也。"③其三,论礼乐、郊社、制度、律吕等,力祛汉魏沿袭之糟粕;论天文历法,亦推步于当时。其四,注重学问的经世致用功能。认为立政须立本,立本要

---

① 〔宋〕李复:《潏水集》卷九《物吾》,陕西文献征辑处,1922年印本。
② 〔宋〕李复:《潏水集》卷九《杂诗》。
③ 〔宋〕朱熹:《晦庵先生朱文公文集》卷七一,《朱子全书》(24),上海:上海古籍出版社、合肥:安徽教育出版社,2002年,3413页。

观时宜,进而以仁政民本等思想来阐述养民之政、兵制、井田及学校教育等。尤其值得注意的是,李复熟悉边情,曾参赞西北边事,成功策划反击西夏侵略的青唐、邈川等战役。又针对权臣奏请建造战船、战车等不切实际的政策,作了著名的《乞罢战车》《乞罢造船》二疏,抗命直谏,终令宋徽宗罢撤二役。此外,李复亦工于诗文,反对以宏笔丽藻之辞掩饰义理的现象,主张"为文须理胜"①,即为文须见人的道德性命之精神,强调不可以脱离明道的功用。

(二)金元明关学

自北宋末年,陕西相继沦陷于金、元(蒙古)的统治之下,尤其是关西一代,长期处于宋金对峙的前线,关学学脉仍在战乱动荡中延续发展。虽然金、元立国均以武力征伐为要归,但是当入侵宋境之后,金、元统治者为了巩固自己的统治,不约而同地选择接受了汉文化,借鉴汉族传统的统治方法,将儒学及其与之利益攸关的意识形态、社会建制作为维护统治的有效工具。金初,政府即大兴学校,推行儒家教育,以儒家经义作为科举取士的标准;并将儒家《论语》《孝经》等经典翻译成女真文字。随之,发端于宋代的理学,尤其是程朱理学迅速在金统治区域内传播起来。蒙古统治者在入主中原后不久,便大量擢用汉族士人,有意识地学习儒学。尤其在元仁宗皇庆二年(1313)恢复了科举取士制度,以程朱理学为设科取士的标准。继后,朱熹《四书章句集注》逐渐成为了科举考试的主要教材。至此,程朱理学乃正式上升为官方意识形态,并在全国迅速得以传播。同时,蒙元一代,书院极盛。关中兴建了鲁斋书院、横渠书院、正学书院等影响颇大的书院。在赵宋灭亡后,一些理学家基于民族气节,不愿仕元,纷纷退居讲学于各地书院,也有效地推动了元代理学的发展。尤为值得注意的是,在蒙古宪宗四年(1254),著名学者许衡(1209-1281,号鲁斋)应忽必烈之召,出任京兆提学。许衡在关中大兴学校,提倡程朱理学,推动了关中朱子学的发展。总体看来,在金元时期,虽然关中没有形成严格的学派,但是涌现出了奉天杨奂之学,高陵杨天德、杨恭懿父子之学,奉元萧维斗、同恕之学。他们一方面注重传播程朱理学,另一方面又持守关学注重礼制、以礼为教,及其崇尚气节的特点。其中,以杨奂、杨恭懿最为突出,故略作介绍。

杨奂(1186-1255,号紫阳)为元代关学的重镇,被时人誉为"关西夫

---

① 〔宋〕李复:《潏水集》卷五《与侯谟秀才》。

子"。杨奂为人正直、颇重气节,"金末,尝作《万言策》,指陈时病,辞旨剀切,皆人所不敢言者,诣阙欲上之,不果。元初,隐居讲道授徒,抵户县柳塘,门生百余人"①。杨奂著述丰富,且论述博杂。诸如:其论历代政权,总结出"德"(笔者案:"德"当为"得")、"传"、"衰"、"复"、"与"、"陷"、"绝"、"归"等八种形式;论建筑古迹,则详细描述了北宋大内遗迹、孔林古迹等;论礼制,尤为熟知朱子家礼神主之式。可见,杨奂不仅思想敏锐、注重讲学授业,而且是关学史上少有的以文献见长的学者。故元好问评价说:"秦中百年来号称多士,未有出其右者。"②

杨恭懿(1225–1294,号潜斋)为元代关学的重要代表。其为学具有强烈的学以致用倾向。值得注意处,大致有以下数端:其一,注重史学,通过历史鉴观古昔兴亡之事。其二,博览群书,"尤邃于《易》《礼》《春秋》"。且耻为章句之儒,常思有纂述。其三,崇奉朱子理学。"年二十四始得朱子《四书集注》、《太极图》、小学、《近思录》诸书,读之喜而叹曰:'人伦日月之常,天道性命之妙,皆萃此书。今入德有其门,进道有其途矣。吾何独不可及前修踵武哉!'于是穷理反躬,一乎持敬,优游厌饫,俟其成功于潜斋之下。"③其四,躬行礼教。杨恭懿治其父丧礼,严遵朱子《家礼》,尽祛桑门之法。冯从吾誉之:"三辅士大夫知由礼制自致其亲者,皆本之先生云。"④可见,杨恭懿之学深得程朱学髓,穷理敬义,表里相贯;又具关学躬行实践、注重人伦纲常、推崇礼教的学风。

明代建立以后,明政府承袭元代以程朱理学为正统之绪的传统,奉程朱理学为官方学术,以程朱注解为科举考试的标准,并颁修《五经大全》《四书大全》《性理大全》等理学典籍。自明初期以来,程朱理学即已在全国占据独尊的地位。而这一时期的关学,虽不绝如缕,但无有力学者出现。直到明成化(1465–1487)之后,以王恕、王承裕父子开启,马理、韩邦奇、杨爵、王之士等人弘扬广大,"三原学派"开始名播关中,乃至在全国都产生一定的学术影响。在思想上,"三原学派"一方面不再以朱子学为宗,而是通过体认、重新诠

---

① 〔明〕冯从吾撰:《关学编(附续编)》,17页。
② (金)元好问:《故河南路课税所长官兼廉访使杨君神道碑》,载宋廷佐辑《还山遗稿》附录,适园丛书本,张氏民国刻本。
③ 〔明〕冯从吾撰:《关学编(附续编)》,19页。
④ 〔明〕冯从吾撰:《关学编(附续编)》,20页。

释《易》,回溯张载思想;另一方面,进一步吸收了当时流行的王阳明心学,在很大程度上脱离了传统朱子学的束缚与金元关学宗朱的倾向,乃至采用名物训诂等方法对程朱理学进行反思与批评,成为既不同于朱子学,也不同于心学的学派。因此,"三原学派"被黄宗羲冠以关学"别派"之称①。总体上说,"三原学派"保持了关学躬行礼教、崇尚气节的学风,尤其是一些学者主张思想上回归张载,并对张载著作进行了诠释,这些皆具有十分重要的学术史意义。以下略加说明:

王恕(1416—1508,字宗贯)一生身居要职,为政以安民为己任,不为权势所夺;且以直谏著称,闻名于时。弘治六年(1493),王恕致仕返乡后,在著书立言的同时,与其子王承裕创办了宏(又作"弘")道书院,成为"三原学派"的创始人。王恕之学有两处值得注意:其一,注重体认,以求其心安,尤其是对未能体认的朱子之说常加以辩驳,广泛涉及"理欲"、"中和"、"鬼神"等问题。其二,以"原儒"的方法回归孔、孟学说,溯源开塞,以求心得。王恕的学风和气节对三原士人的学风与世风均有重要影响。

王承裕(1465—1538,字天宇)之学大致有以下特点:其一,"以宗程、朱之学为阶梯,祖孔、颜以为标准。"②尤其注重对朱子"天理"观的吸收。其二,注重以礼为教。王承裕长期讲学于宏道书院,在教育生徒的过程中,以礼为先。黄宗羲谓其"冠婚丧祭必率礼而行,三原士风民俗为之一变。冯少墟认为:'先生之学,皆本之家庭者也。'"③王承裕曾刊布蓝田《吕氏乡约》《乡仪》等书,教化乡人,极大促进了三原世风、民俗的变化。王承裕门人有马理、秦伟、郝世家、雒昂等,以马理最为著名。

马理(1474—1555,字伯循),学者称为谿田先生,得王承裕学术之要旨,为三原学派的重要传人。首先,其学力循古道,融汇关、洛诸学派,重视笃行与身心体验。其次,"其教以主敬穷理为主,士无问少长与及门不及门,无不闻风倾慕者。先生又特好古仪礼,时自习其节度。至冠婚、丧祭礼,则取司马温公、朱文公与《大明集礼》折衷用之",被当时学者尊为"今之横渠"。④ 马理晚年归隐讲学于商山书院,远近学者接踵来学,影响颇大,甚至名闻国外。

---

① 〔清〕黄宗羲:《明儒学案》(修订本),北京:中华书局,1985年,158页。
② 〔明〕冯从吾:《关学编(附续编)》,38页。
③ 〔清〕黄宗羲:《明儒学案》(修订本),164页。
④ 〔明〕冯从吾:《关学编(附续编)》,47页。

韩邦奇(1479－1555,号苑洛)与马理同时,且其影响甚至超过马理。其学有以下典型特点:其一,纠偏"理学"与"心学"。韩邦奇论《易》,深受朱熹易学的影响。但其对程朱理学又进行了广泛的反思,也不苟合于当时流行的"心学"思潮,放弃以"理"、"心"为宇宙和道德本体的思想。其二,回归张载思想,"论道体乃独取横渠"①。韩邦奇十分注重对张载气论思想的继承和发挥,认为"自孔子而下,知'道'者惟横渠一人",并提出"道非太极"、"形而上之谓道,气而上之谓性"②等思想,将"天道"、"人道"相贯为一。其三,注重修养工夫。在韩邦奇生平中,以"涵养宏深,持守坚定,躬行心得,中正明达"著称,被时人誉为"又一薛敬轩也"③。

此外,著名的关学学者还有杨爵(1493－1549,号斛山),王之士(1528－1590,号秦关)。前者提出"天命谓性,天人一理也","道不可须臾离,可离非道","中和,心之本体","致中和,止至善之云也"④等思想。后者主张效法蓝田吕氏的礼教,立乡约,设科劝纠,并亲率诸宗族弟子敦行洒扫应对、冠婚丧祭之礼等,使乡里美俗复兴一时。

略晚于三原学派的是由河东学派传播到关中的"关中之学"或"关陇之学",该派也颇具影响,且一些学者在学术上也取得非凡成就,促使关学在明季大有勃兴之势。这一学派以薛敬之、吕柟为代表。

薛敬之(1435－1508,号思庵)师承周蕙,为关学重要传人。薛敬之为学上接孔、曾、思、孟,更于周、张、程、朱之学用力甚勤,广泛析论理、气、心、性等理学范畴。大致而言:其一,在本体论上,薛敬之深受周敦颐《太极图说》的影响,主张宇宙遵循"无极→太极→天地→五行→四时→人"的演化过程。同时,又承继张载"天人合一"的思想,把气论与人性论联系起来,主张"仁义性也,离那气质不得。未有无气之质,未有无质之气,亦未有无气质之性"。⑤其二,在理气论上,薛敬之继承了朱熹"理一分殊"的说法,认为"一本即所谓太极涵万物也。分殊、万殊,即所谓万物体太极也。合而言之,其太极而

---

① 〔清〕黄宗羲:《明儒学案》(修订本),166页。
② 〔明〕韩邦奇:《正蒙拾遗·太和篇》,清嘉庆七年刻本。
③ 〔明〕冯从吾:《关学编(附续编)》,50页。
④ 〔清〕黄宗羲:《明儒学案》(修订本),168－169页。
⑤ 〔清〕黄宗羲:《明儒学案》(修订本),135页。

已"。① 理和气是"体用一源,显微无间"的关系。但是,他又独特地提出了"存心说",认为道德修养应该从"心"、"气"上着力,辨别何时"心主得气",何时"气役动心。"因此,黄宗羲认为其论中"一身皆是气,惟心无气","气中灵底便是心",具有"歧理气而二之"的倾向,②这也反映了其思想中的矛盾之处。

  吕柟(1479-1542,号泾野)曾师事于薛敬之,宗薛瑄"河东之学",秉承程朱理学,又从学于湛甘泉,切磋于王门弟子邹守益(号东廓),故而反映在吕柟的思想中,则展现了对孔孟仁学、张载之学、程朱理学、河东学派之实学以及甘泉心学等兼融并蓄、融会贯通的特征。简而言之:其一,在本体论上,主张以气统合理、性。吕柟认为:"理气无二物,若非此气,理却安在何处?"③"盖性何处寻? 只在气上求,但有本体与役于气之别耳,非谓性自性,气自气也。"④"气"在吕柟哲学中不仅是变化生成的质料,也涵存理、性,起通贯作用。其二,在为学之方上,吕柟认为应依循朱子以格物致知、博学于文、约之以礼为大要。其三,在知行观上,则深受张载躬行礼教思想的影响,主张在礼乐中陶养而进于道;同时,又不满意张载的"德性之知不萌于见闻之知"的说法,主张二者是相辅而行的;亦反对阳明"知行合一"、"以知为行"的思想,强调"格物"即"穷理","先知后行",以"知"指导"行"。其四,注重和发挥程朱的"慎独"思想,认为慎独是人不知而己独知处,装缀矫饰等一点也搀合不得。可见,在当时不归王阳明则归湛甘泉的心学潮流中,吕柟却立足朱子理学,博采诸家,以穷理实践为主,力斥阳明"良知"说之非;强调"博文约礼,归过辅仁",笃实躬行,反对空疏之学风,力救时弊,具有鲜明的实学倾向。黄宗羲曾评价云:"关学世有渊源,皆以躬行礼教为本,而泾野先生实集其大成","时先生讲席,几与阳明氏中分其盛,一时笃行自好之士,多出先生之门。"⑤

  在吕柟之后,明代关学勃兴之势日盛。这一时期,自明中期而崛起的心学迅速流行,王学末流的空疏之弊也在关中蔓衍。最早把王阳明心学传入关

---

① 〔明〕薛敬之:《思庵野录》卷中,《关中丛书》本。
② 〔清〕黄宗羲:《明儒学案》(修订本),132页。
③ 〔明〕吕柟:《泾野子内篇》卷一三《鹫峰东所语录》,北京:中华书局,1992年,124页。
④ 〔明〕吕柟:《泾野子内篇》卷一二《鹫峰东所语录》,116页。
⑤ 〔清〕黄宗羲:《明儒学案》(修订本),11页。

中的学者是曾在绍兴为官的阳明弟子南大吉(1487-1541,字元善,号瑞泉),此后关中又出现众多倡扬王学的学者,关中清算心学末流空疏学风的理论也应运而生。冯从吾、张舜典双峙并起,共同推进了明代关学的总成,并开启有清一代新的学风,其中又以冯从吾最为突出。

冯从吾(1557-1627,号少墟)受学于著名学者许孚远(1535-1604,号敬庵)。受许氏影响,冯从吾既主张"格物",又崇信"良知",进而"统程、朱、陆、王而一之,集关学之大成者"①。概言之:其一,在为学方面,冯从吾立足于程朱之说。认为:"学问之道全要在本原处透彻,未发处得力。本原处一透,未发处得力,则发皆中节,取之左右自逢其原,诸凡事为自是停当。不然,纵事事点检,终有不凑泊处,此吾儒提纲挈领之学,自合如此,而非谓日用常行一切俱是末节,可以任意,不必点检也。"②其二,力辨儒佛异趣。冯从吾反对混淆佛老与儒、人云亦云似是而非之论,认为:"佛氏所见之性,在知觉运动之灵明处,是气质之性;吾儒之所谓性,在知觉运动灵明中之恰好处,方是义理之性。"③并对晚明儒、佛在道体、心性、人性善恶等重大理论问题上的差异作了系统而全面的辨析。进而从儒家道德心性方面坚定学术态度,崇正辟邪,力变风气。其三,在关学学风的传承和重建方面,冯从吾主张"敦本尚实"的实学,反对王学末流猖狂无忌惮的偏弊;主张为学须"有主"、贵"有得",方能"深造以道";发扬张载关学躬行实践、经世致用的传统,不仅对国计民生饱含深厚的关切,而且一生中坚持刚正不阿的坚贞气节。冯从吾生平重视讲学,四方从学者至五千余人,时人称之:"关中杨伯起、张横渠、吕泾野三先生后,惟先生一人。"④

综上,明代关学,以三原学派开启复兴端绪,后经薛敬之,至吕柟得以振兴;至晚明则由冯从吾等人对其做了初步的总结,将关学发展推向了一个新的高潮。

(三)清代关学

清初,关学展现了诸多的时代气息。明清更迭,朱明王朝为农民起义军所推翻,神州大地旋即又被东北少数民族所主宰,士人在感叹"天崩地坼"、

---

① 〔明〕冯从吾:《关学编(附续编)》,69页。
② 〔明〕冯从吾:《冯恭定公全书》卷十二《关中书院语录》,清康熙十四年刻本。
③ 〔清〕黄宗羲:《明儒学案》(修订本),985页。
④ 〔明〕冯从吾:《关学编(附续编)》,74页。

"神州陆沉"的社会巨变的同时,长期形成的强烈的民族感情迫使他们从社会、思想等各个方面反思明亡的惨痛教训。展现在社会层面,就是许多人面对无法改变的时局,仍坚持高蹈的士人气节、民族气节,对新王朝采取抵抗的态度,或以身殉国,或遁迹山林,或讲学乡间,等等。展现在思想层面,他们积极对以往学术思想进行反思和总结,无论是明王朝所推崇的官方哲学——程朱理学,还是自明代中期以来逐渐兴盛的陆王心学,都成为学术界反思的对象。辨析理学、心学成为学者们普遍关注的问题。而在这一时期,关学学者对社会变迁的历史感受与认识、对理学与心学的吸收与取舍直接影响到关学学风的转向。以李颙、王心敬、康吕赐等为代表的关中学者,不仅表现出坚定的士人气节,而且在思想上突显出强烈的心学倾向,这也成为此一时期关学思想发展的重要特色。

李颙(1627 – 1705,字中孚,号二曲)与富平李因笃(1631 – 1692,字天生)、眉县李柏(1630 – 1700,字雪木,号太白山人),被时人并誉为"关中三李"①,又与黄宗羲、孙奇逢齐名,被并称为清初"海内三大儒"。李颙为人颇重气节,曾多次上书力辞清廷征辟,实在无法拒辞则或病卧不出,或以拔刀自刺相威胁。总体上看,其学术思想最为典型处有三:其一,注重兼收理学、心学。李颙弟子王心敬《关学续编》云:"其生平论学,无朱、陆、无王、薛,惟是之从。尝曰:'朱子自谓某之学主于道问学,子静之学主于尊德性。自今当去两短,集两长。某生也愚,然如区区素心,则窃愿去短集长,遵朱子明训,敢执私意、昧公道,自蹈于执德不宏耶?'"②虽然李颙之学能兼取"两长",但是从其思想根基上看当属陆王心学。其二,"悔过自新"说。王心敬云:"先生生平之学以尽性为指归,以悔过自新为心课,以静坐体认喜怒哀乐未发气象为知性之方,以读六经四子及诸儒之言、反身体验为穷理入门之要。"③可见,

---

① "关中三李"史有异说。王士祯《居易录》、张骥《关学宗传》《凤翔府志·儒林》以李楷(叔则)、李柏、李因笃为"三李"。然史多以李颙、李柏、李因笃为正。如《国史·儒林传》《眉县志》、吴怀清《关中三李年谱》、贺瑞麟《清麓文集祠堂记》等。王葵圃《关中人物考略》云:"李因笃与李中孚(李颙)及李柏称'关中三李'。或曰三李有叔则无中孚,论文章也。"另唐鉴《国朝学案小识》、钱林辑、王藻编的《文献征存录》又载有以李颙、泾阳李念慈与李因笃为"三李"之说。
② 〔明〕冯从吾:《关学编(附续编)》,87 页。
③ 〔清〕王心敬:《丰川续集》卷二五《泾周新创二曲先生祠记》,清乾隆三年恕堂刻本。

"悔过自新"为李颙的核心思想,也是其工夫论进路所在。其三,"明体适用"说。李颙认为"明道存心以为体,经世宰物以为用"①,即以"识心见性"为本、为先,突出"内圣"工夫,然后推之于"开物成务,康济群生"的"外王"之道。这种始于反身求己,归之于践履的思想也把心学、理学与关学重实践的特质有效地统一起来,对关学的复兴确有大功,故全祖望称其"上接关学六百年道统,寒饿清苦之中,守道愈严,而耿光四出,无所凭借,拔地倚天,尤为莫及"。②李颙门人众多,知名者有户县王心敬,大荔张珥、李士璸,宝鸡李修,邠州王吉相等,然能有效传其学者,首推王心敬。

王心敬(1656-1738,号丰川,又作沣川)之学多守师训,亦倾向于王学,且注重经世致用。清代学者多认为其学以《大学》"明德、亲民、止至善"为宗③,然而此论仅揭示王心敬之学的外在表帜。实际上,王心敬之学以"全体大用,真知实行"④为宗旨,即把心性论方面的道德本体与修养论方面的"工夫"(真知实行)有机地结合在一起。当道德本性落实到具体修养工夫之上,则避免了空谈心性;同时,当修养工夫指向或回归到道德本性之时,也避免了旁骛徒劳。前者用以补救王学的空疏,后者用以补救朱学的支离,有效地解决了当时的程朱陆王之争:"专尊陆王而轻排程朱,是不知工夫外原无本体","若专尊程朱而轻排陆王,是不知本体外原无工夫",⑤力求消除门户之见。王心敬如其师李颙一样,曾讲学于大江南北,影响甚大,故而唐鉴认为:"关中之学,二曲倡之,丰川继起而振之。与东南学者,相应求求。俱不失切近笃实之旨焉。"⑥

康吕赐(1644-1731,字复斋)一生绝意仕途,欲昌明正学,深居数十年,与学者交往甚少,在当时影响不大;但是,康吕赐之学切实精详,深思掘微。《文献征存录·康吕赐》称之:"以致良知为宗,主慎独工夫,以体用一原,内外两忘为究竟。名其斋曰慎独,所著有《慎独斋日录》。虽居关中,而向往于姚江。说者谓与二曲先生旨趣不相歧也。"⑦可见,康氏以致良知为宗旨,以

---

① 〔清〕李颙:《二曲集》卷一六《答顾宁人先生》,北京:中华书局,1996年,149页。
② 〔清〕全祖望:《全祖望集汇校集注》,上海:上海古籍出版社,2000年,233页。
③ 周骏富辑:《清代传记丛刊》(013),台北:台湾明文书局,1985年,210页。
④ 〔清〕王心敬:《丰川续集》卷一《示及门》,清乾隆三年恕堂刻本。
⑤ 〔清〕王心敬:《丰川续集》卷一四《寄无锡顾杨诸君》,清乾隆三年恕堂刻本。
⑥ 周骏富辑:《清代传记丛刊》(002),564-565页。
⑦ 周骏富辑:《清代传记丛刊》(104),48-49页。

慎独为修养工夫,以达到体用一源、内外两忘的精神境界为旨归,其学当属于心学一脉。

实际上,在清初,朝廷也是延承元明政府以儒学教化治国的政策,推行科举考试,以程朱理学家的注解作为取士标准,程朱理学依然处于官方学术的地位,这直接影响到清初学风。在关中,虽然李颙、王心敬、康吕赐等具有强烈心学倾向的学者影响较大,但与此同时,也存在王建常、李因笃等朱子学倾向的理学家。他们亦具有深远的影响,在他们的诗文中也散见诸多理学见解,不仅表达了他们生逢国变,痛斥朱子学空疏无用的思想;也透露出他们积极吸收心学和其它方面的资源,以补救朱子学之失的努力。可见,清初的关学学者,无论倾向程朱,还是陆王,都融入到时代思潮之中,共同推动了关学的发展。

随着清廷加强其统治地位、促成民族汉化政策的有效推行,通过编纂和推广大量的儒家典籍,程朱理学的主导地位被日益提升和巩固,朱子学在关中的发展也甚为迅速,至清朝中叶则已取代了王学的主流地位。此时又涌现出了张秉直、孙景烈、李元春等为代表的学者,他们以程朱为宗,但又杂取诸家。略述如下:

张秉直(1695－1761,号萝谷)之学"于六经独重《四书》,《四书》尤重《论语》",并认为:"朱子,孔子之真传也,学孔子者宜学朱子。小学,朱子教人之书也。学朱子不读小学,亦不得其门而入矣。《论语》,小学之旨。学者有可持循,要之,明理尽性、希圣达天,俱不外是,舍是他求,不入于卑近,则流为空虚矣。"可见,张秉直之学恪守朱子,以《四书》及小学为根本,"以穷理为始,以知命为要。"① 孙景烈(1706－1782,号西峰),其学宗朱子,恪守《四书集注》,"以求仁为要领,以主敬为工夫,以《小学》一书为入德之基"②。同时,又不废陆、王,认为阳明之学虽"稍偏",但"偏在正学之中,不在正学之外"。孙景烈一生注重讲学,"先后主讲兰山、明道、关中诸书院,而以关中书院最为久。"③

相较于张秉直、孙景烈,李元春的影响更为巨大。李元春(1769－1854,

---

① 周骏富辑:《清代传记丛刊》(003),118 页。
② 〔清〕张洲:《对雪亭文集》卷九《皇清征仕郎翰林院检讨西峰孙先生行状》,清嘉庆刻本。
③ 〔明〕冯从吾:《关学编(附续编)》,109 页。

号时斋)为推动关学不遗余力,著有《关学续编》。李元春的思想倾向于朱子学。在其《性理十三论》中,李元春详细论述了太极本无极论、主静立人极论、诚诵诚复论、几善恶论、太虚即气无无论、乾父坤母论、为天地立心论、性合内外论、名实一无论、性即理论、学始不欺暗室论、知行先后轻重论、动止语默皆行论等十三个理学命题。① 其论述典型处,大致有二:其一,在阐述"太虚即气无无论"时,将张载气论纳入到朱学"理生气"的范式中。其二,在知行问题上,李元春虽然赞赏朱子"知先行后","知轻行重"的观点,但是又认为"知行为终身事,循环互用,亦知行合一说也。"可见,李元春十分注重对朱子学、张载关学与王学思想的吸收;但是,从整体上看,李元春属于朱子学者,对王学持反对态度。其弟子贺瑞麟称其"自少讲学即主程、朱,于心学良知之说辟之甚力"②。此外,李元春也是一位杰出的文献整理家,曾整理《关中道脉四种书》《关中两朝文钞》《关中两朝诗钞》和《关中两朝赋钞》等文献,这些文献对关学的研究颇有裨益。李元春毕生以讲学著述为务,造诣颇深,主要授徒于关中。王会昌、王维戊等均为门下高足,然能传其学者当推三原贺瑞麟。

时到清末,关中传播程朱之学影响最大的当为李元春晚年弟子贺瑞麟。贺瑞麟(1824-1893,字复斋)之学,继承李元春之学,但较李元春更为宏大。贺瑞麟弟子牛兆濂评价其学云:"信小学、《四书》如神明,遵横渠熟读成诵之说,严为己为人之辨,于心术隐微之际,反躬克之,学如不及。其日用伦常,自洒扫应对,以至冠婚丧祭,造次必以礼法,俾先王遗教,彬彬然见诸实行","其论学也,于阳儒阴释之辨,剖析微芒,不少假借。尝谓论人宜宽,论学宜严,三代以上,折中于孔子,三代以下,折中于朱子。又言程朱是孔孟嫡派,合于程朱即合于孔孟,不合于程朱即不合于孔孟,朱子之学明,然后孔子之道尊。"③总体看,贺瑞麟之学以程朱为准的,又以倡导张载礼教为己任,延讲古礼,教化风俗。同时,又力斥陆王,指责王阳明"良知"学说为阳儒阴释,乱真害道。此外,贺瑞麟还批判汉学与举业,认为二者均有害于圣道。贺瑞麟一生讲学颇久,故造就尤众。其弟子较著名者有蓝田牛兆濂、兴平马鉴源、华阴王守

---

① 〔清〕李元春:《桐阁性理十三论》,《清麓丛书》本。
② 〔清〕贺瑞麟:《清麓文集》卷二三《李桐阁先生墓表》,清光绪二十五年刘氏传经堂刻本。
③ 牛兆濂:《续刻贺复斋(瑞麟)先生墓表》,李慧、曹发展注考《咸阳碑刻》(下),西安:三秦出版社,2003年,725页。

恭、泾阳柏堃等。

然而在清末,虽然贺瑞麟在关中大倡程朱之学,也建清麓精舍,讲习不懈,但是由于时代巨变、程朱理学普遍被僵化为"伪道学"等原因,关学发展的态势远不及清中期兴盛。加之清廷政治日益腐败,尤其是中日甲午之战后,民族危机日益加深,众多的学者开始思考中国的未来问题,尤其是对西学的吸收;而心学的开放性,也在某些程度上应合了这一时代要求。于是,关中心学思潮也在这一时期日益转盛,以柏景伟、刘光蕡影响最大。

柏景伟(1831-1891,号沣西)其学趋陆王,但颇重实用。主张"学以恕为本,以强为用。强恕而行,则望于人者薄,而责于己者厚。"①其友刘光蕡评价云:"讲学宗阳明良知之说,而充之以学问,博通经史,熟悉本朝掌故,期于坐言起行。其学外是陈同甫、王伯厚,而实以刘念台慎独实践为归,故不流于空虚之滥。"②柏景伟晚年主讲于关中、泾干、味经各大书院。又"与咸阳刘古愚创立求友斋,以经史、道学、政事、天文、地理、掌故、算法、时务助学教主省分别肄习。关中士风为之一变。重修冯恭定公祠,刊其《关学编》,序而行之"③。柏景伟讲学授徒,严立风裁,爱惜贤才,注重教人敦品励行,造就颇众,使关中士风为之一变。其门下最知名者,莫过于礼泉宋伯鲁。

刘光蕡(1843-1903,号古愚)之学亦趋于王学,但更重实践。康有为评价其学其人云:"以良知不昧为基,以利用前民为施,笃行而广知,学古而审时,至诚而集虚,劬躬而焦思,忧中国之危,惧大教之凌夷而救之,以是教其徒,号于世,五升之饭不饱,不敢忘忧天下,昧昧吾思之,则咸阳之刘古愚先生有之。"④康说精当!刘光蕡之学大致有以下特点:其一,学推姚江,会通洛、闽,其学内不欺心,外能经世。虽取阳明本诸良知之说,但归于通经致用。并灌输新法新器,欲使官吏兵农工商各明其学,实行其事,藉此富民强国。其二,在本体论上,刘光蕡持"元"本论,认为气在理先,气出于"元",元者乃"气之母也",故天地万物都出之于"元"。其三,在心性论方面,刘光蕡虽然认为

---

① 周骏富辑:《清代传记丛刊》(104),台北:台湾明文书局,1985年,329-330页。
② 〔清〕刘光蕡:《同知衔升用知县柏子俊先生墓志铭》,《烟霞草堂文集》,三原王典章民国间吴门刊本。
③ 张骥:《关学宗传》卷五五《柏子俊先生》,陕西教育图书社,1921年刊本。
④ 〔清〕康有为撰:《〈烟霞草堂文集〉序》,载《烟霞草堂文集》。

"在天为元,在人为性"①,又因为"元"具有"善性",所以人之本性也就是至善无恶的。人之所以有恶,乃是由于"陷溺其心而昧其性也"。其四,注重经世致用,强调学以致用。他所谓的实学,非限于农事、兵谋等,而是深受西学影响,关注于科学器械及民主政治等。尤其是,在维新运动之初,他在陕西积极响应康有为、梁启超变法,并派弟子陈涛、邢廷荚等前往北京、上海,与康有为商讨国事,一时有"南康北刘"之称。刘光蕡生平潜心于教育,曾主讲于泾干书院、味经书院、崇实书院、烟霞草堂、甘肃大学堂等处。其门下既有戊戌变法中的维新志士李岳瑞,又有辛亥革命的功臣于右任;既有水利学家李仪祉,又有报刊大家张季鸾。刘光蕡对近代陕西影响重大且深远,以至于后世学贯中西的吴宓在"追溯师承渊源"时,感叹说"则于古愚太夫子不敢不首致其诚敬"②。

综上,笔者认为,关学史的发展在深受时代主流思潮影响的同时,又有自己的嬗变脉络。概言之,在北宋时期,关学创立。由于张载及其弟子的努力,其思想发展达到宋代理学的较高的程度,其影响不下洛学,即在关学史发展中出现了第一次高峰。洎夫南宋,关学零落,学者多专注于事功,其思想创新甚微、影响较小。乃至金元时期,虽偶有杨奂、杨恭懿等学者出现,但仍然持续南宋的时期的低迷状况,其思想亦多承程朱遗绪,少有理论创新。时至明代,关学发展呈现多元、变异的特色。自三原学派起,关学开始初步复兴。此时的关学主流呈现出一种变异的特点,既不以朱子学为宗,亦对王学加以批判;注重体认,出现向张载思想回归的倾向。至吕柟,学宗程朱之风大盛,关学勃兴之势日增。继后,冯从吾、张舜典双峙并起,共同推进了明代关学的总成,再现了关学发展的繁荣景象。清代关学,大家云集,其思潮纷呈,高潮迭起。清初,虽然在全国范围内,朱子学兴盛,但关学腹地却出现了李颙、王心敬、王吉相、康吕赐等具有强烈心学倾向的学者。直至清朝中叶,张秉直、孙景烈、李元春等学者的出现才彻底改变这一局面,并引领关中学术普遍崇尚程朱之风,由清末贺瑞麟总其大成。然而,随着柏景伟、刘光蕡等应时而起,

---

① 〔清〕刘光蕡:《孟子性善备万物图说》,《刘古愚先生全书》民国间三原王典章思过斋苏州金陵刻本。

② 吴宓撰:《空轩诗话》,见吕效祖主编《吴宓诗及其诗话》,西安:陕西人民出版社,1992年,216页。

心学以其开放性成为清末关学对接西学和其它学术的思想源泉,推动关学再次兴盛。不过,随着新的学术形态的兴起,中华民族面临外辱内艰的困境,关学在近代逐渐转型,牛兆濂、张元际、张元勋、李铭诚等承其坠续。

本书以关学学人为主线,兼及关中理学诸人,亦旁及与关学发生过密切关系之异地学派或学人及其活动,进行文献梳理、说明与考证,其目的是期望为读者提供一本以关学发展和演变的主要特征,集学术性、工具性、资料性为一体的读物,至于这个目的能否达到,还有待于读者朋友们识鉴。也恳请读者朋友们提出批评意见。

张　波　执笔

2014年10月

目 录

总　序 ………………………………………… 张岂之 1
前　言 ……………………………………………… 1

宋（公元960年—公元1279年）

宋真宗天禧四年　庚申（公元1020年）………… 2
　张载生 …………………………………………… 2
宋仁宗天圣三年　乙丑（公元1025年）………… 3
　吕大忠生 ………………………………………… 3
宋仁宗天圣五年　丁卯（公元1027年）………… 4
　吕大防生 ………………………………………… 4
宋仁宗天圣八年　庚午（公元1030年）………… 4
　张戬生 …………………………………………… 4
宋仁宗天圣九年　辛未（公元1031年）………… 5
　吕大钧生 ………………………………………… 5
宋仁宗景祐四年　丁丑（公元1037年）………… 6
　张载与邠人焦寅交游 …………………………… 6
宋仁宗宝元元年　戊寅（公元1038年）………… 6
　游师雄生 ………………………………………… 6
宋仁宗康定元年　庚辰（公元1040年）………… 7
　张载以《边议》谒范仲淹，范仲淹劝其读《中庸》 …… 7
　吕大临生 ………………………………………… 10
宋仁宗庆历二年　壬午（公元1042年）………… 11
　张载作《庆州大顺城记》 ………………………… 11
宋仁宗皇祐元年　己丑（公元1049年）………… 13

吕大防登进士第 ·· 13
宋仁宗皇祐二年　庚寅(公元1050年) ················· 13
　　刘公彦生 ··· 13
宋仁宗皇祐三年　辛卯(公元1051年) ················· 13
　　种师道生 ··· 13
宋仁宗皇祐四年　壬辰(公元1052年) ················· 14
　　李复生 ·· 14
　　游师雄入京兆学 ·· 15
宋仁宗皇祐五年　癸巳(公元1053年) ················· 16
　　张戬登进士第 ··· 16
　　吕大忠登进士第 ·· 16
宋仁宗至和元年　甲午(公元1054年) ················· 17
　　苏昞约生于是年 ·· 17
　　张载讲学长安 ··· 17
　　约于此时,游师雄求学于张载 ······························ 19
宋仁宗嘉祐元年　丙申(公元1056年) ················· 19
　　张载在京师讲《周易》,与二程共语道学之要 ········· 19
宋仁宗嘉祐二年　丁酉(公元1057年) ················· 23
　　三月,张载、吕大钧同登进士第 ··························· 23
　　吕大钧问学于张载 ··· 24
宋仁宗嘉祐四年　己亥(公元1059年) ················· 25
　　张载与程颢论"定性"工夫 ···································· 25
宋仁宗嘉祐六年　辛丑(公元1061年) ················· 26
　　吕大临登进士第 ·· 26
宋英宗治平二年　乙巳(公元1065年) ················· 27
　　张舜民登进士第 ·· 27
　　游师雄登进士第 ·· 28
宋英宗治平三年　丙午(公元1066年) ················· 28
　　张载讲学京兆郡学 ··· 28
宋英宗治平四年　丁未(公元1067年) ················· 29
　　李复取太学解不赴 ··· 29

宋神宗熙宁元年　戊申（公元1068年） …… 29
　　张载撰《与蔡帅边事画一》 …… 29
　　张载讲学绿野亭 …… 30
　　苏昞约在此时从学于张载 …… 31
　　吕大临约于此时求学于张载 …… 32
　　吕大临作《上横渠先生书（一）》 …… 33

宋神宗熙宁二年　己酉（公元1069年） …… 33
　　十一月，张载面见神宗，阐复三代之法 …… 33
　　张载外治明州狱案 …… 34
　　程颢上书《乞留张载状》 …… 35
　　张载与程颐论修养工夫 …… 35

宋神宗熙宁三年　庚戌（公元1070年） …… 36
　　三月，张戬上《论新法奏》 …… 36
　　四月，张戬被罢监察御史里行 …… 36
　　七月，范育推荐张载。张载作《答范巽之书》《并答范巽之》 …… 38
　　八月，吕大防详定历法 …… 40
　　十月，张载作《真像堂记》 …… 40
　　张载归居横渠镇讲学 …… 41
　　《西铭》《东铭》成书 …… 41
　　张载试验井田 …… 45
　　张载《与吕微仲书》约作于此时 …… 46
　　李复与张载探讨"宗子之法" …… 47

宋神宗熙宁四年　辛亥（公元1071年） …… 47
　　一月，范育、薛昌朝坐劾李定亲丧匿服 …… 47

宋神宗熙宁六年　癸丑（公元1073年） …… 49
　　约于是年，张载与吕大钧、范育论"保甲法" …… 49

宋神宗熙宁九年　丙辰（公元1076年） …… 50
　　三月，张戬卒 …… 50
　　三月，吕大临作《张御史行状》 …… 51
　　三月，吕大临作《上横渠先生书（二）》 …… 53

十二月,《吕氏乡约》成书 ·············· 53
　　《正蒙》成书 ·············· 55
　　苏昞约于此时作《正蒙序》 ·············· 58

宋神宗熙宁十年　丁巳(公元 1077 年) ·············· 59
　　三月,张载同知太常礼院 ·············· 59
　　张载与二程洛阳论学 ·············· 60
　　十二月,张载卒 ·············· 63

宋神宗元丰元年　戊午(公元 1078 年) ·············· 72
　　一月,程颢作诗悼念张载 ·············· 72
　　一月,司马光作《论谥书》《又哀横渠诗》 ·············· 72
　　三月,张载依"古礼"下葬 ·············· 73
　　吕大防撰《横渠先生墓表》 ·············· 74

宋神宗元丰二年　己未(公元 1079 年) ·············· 75
　　三月,李复登进士第 ·············· 75
　　七月,刘公彦卒 ·············· 76
　　是年前后,吕大临等人先后入洛师事二程 ·············· 77
　　吕大临《横渠先生行状》现存本撰成 ·············· 77

宋神宗元丰三年　庚申(公元 1080 年) ·············· 80
　　五月,吕大防组织绘制的《长安图》竣工 ·············· 80
　　八月,吕大防、吕大钧陈三说九宜 ·············· 81
　　吕大临陪同程颐西行至关中雍、华 ·············· 82

宋神宗元丰五年　壬戌(公元 1082 年) ·············· 82
　　六月,吕大钧卒 ·············· 82
　　七月,吕大防《吕氏周易古经》成书 ·············· 84
　　吕大临撰《凤翔府尹厅题名记》 ·············· 85

宋神宗元丰六年　癸亥(公元 1083 年) ·············· 86
　　十二月,李复撰《刘师严字序》 ·············· 86

宋神宗元丰七年　甲子(公元 1084 年) ·············· 86
　　十一月,吕大防《杜工部年谱》《韩文公年谱》成书 ·············· 86

宋神宗元丰八年　乙丑(公元 1085 年) ·············· 87
　　六月,吕大临作《哀辞》,寄思程颢 ·············· 87

宋哲宗元祐元年　丙寅（公元1086年） …… 87
吕大临为太学博士 …… 87
吕大临上《论选举六事》 …… 88

宋哲宗元祐二年　丁卯（公元1087年） …… 88
三月，文彦博举荐吕大临 …… 88
七月，周行己撰《书吕博士事》 …… 89
吕大忠重置唐《开成石经》与《石台孝经》碑 …… 90

宋哲宗元祐三年　戊辰（公元1088年） …… 91
八月，游师雄作《骊山图记》 …… 91

宋哲宗元祐四年　己巳（公元1089年） …… 91
二月，吕大防提举修《神宗实录》 …… 91
十二月，吕大防奏修的《神宗实录》草卷成 …… 92
十二月，吕大临撰《宋清河县君张氏夫人墓志铭》 …… 93

宋哲宗元祐五年　庚午（公元1090年） …… 93
范育撰《正蒙序》 …… 93

宋哲宗元祐六年　辛未（公元1091年） …… 94
四月，李复撰《易说送尹师闵》 …… 94

宋哲宗元祐七年　壬申（公元1092年） …… 95
二月，吕大临《考古图》撰成 …… 95
张舜民上《乞追赠张载奏》 …… 96

宋哲宗元祐八年　癸酉（公元1093年） …… 97
约于是年，吕大临撰《代伯兄（吕大忠）荐苏昞状》 …… 97
吕大临卒 …… 97
苏轼、秦观作诗挽悼吕大临 …… 107
周行己作《哭吕与叔四首》 …… 108

宋哲宗绍圣元年　甲戌（公元1094年） …… 109
范育约卒于是年前后 …… 109

宋哲宗绍圣二年　乙亥（公元1095年） …… 111
二月，吕大防因监修《神宗实录》遭贬 …… 111

宋哲宗绍圣四年　丁丑（公元1097年） …… 112
四月，吕大防卒 …… 112

  七月,游师雄卒 ……………………………………… 114
宋哲宗元符三年　庚辰(公元1100年) ……………… 116
  四月,吕大忠卒 ……………………………………… 116
宋徽宗崇宁三年　甲申(公元1104年) ……………… 117
  李复上《乞罢造战车》《乞罢造船》二疏 …………… 117
  苏昞卒于此年后不久 ……………………………… 118
宋徽宗政和二年　壬辰(公元1112年) ……………… 120
  张舜民卒于政和中 ………………………………… 120
宋钦宗靖康元年　丙午(公元1126年) ……………… 123
  十月,种师道卒 ……………………………………… 123
宋高宗建炎二年　戊申(公元1128年) ……………… 124
  李复卒 ……………………………………………… 124
**宋孝宗淳熙七年　金世宗大定二十年　庚子(公元
  1180年)** ………………………………………… 129
  杨天德生 …………………………………………… 129
**宋孝宗淳熙十三年　金世宗大定二十六年　丙午(公元
  1186年)** ………………………………………… 130
  杨奂生 ……………………………………………… 130
宋宁宗嘉定十六年　癸未(公元1223年) …………… 130
  张载被赐谥"献" …………………………………… 130
**宋理宗宝庆元年　金哀宗正大二年　乙酉(公元
  1225年)** ………………………………………… 132
  杨恭懿生 …………………………………………… 132
**宋理宗淳祐元年　蒙古太宗十二年　辛丑(公元
  1241年)** ………………………………………… 133
  张载被赐谥"眉伯" ………………………………… 133
  萧㪺生 ……………………………………………… 133
宋理宗宝祐二年　蒙古宪宗四年　甲寅(公元1254年) …… 134
  同恕生 ……………………………………………… 134
宋理宗宝祐三年　蒙古宪宗五年　乙卯(公元1255年) …… 135
  杨奂卒 ……………………………………………… 135

宋理宗宝祐六年　蒙古宪宗八年　戊午（公元1258年） …… 137
　　十月,杨天德卒 …… 137
宋代其他关学学者 …… 138
　　田腴 …… 139
　　薛昌朝 …… 139
　　邵清 …… 139
　　潘拯 …… 140

金 元 明 （公元1279年—公元1644年）

元世祖至元三十一年　甲午（公元1294年） …… 142
　　杨恭懿卒 …… 142
　　正学书院约建于此年后不久 …… 144
元仁宗延祐元年　甲寅（公元1314年） …… 145
　　鲁斋书院兴建 …… 145
元仁宗延祐五年　戊午（公元1318年） …… 147
　　萧䓕卒 …… 147
元泰定帝四年　丁卯（公元1327年） …… 150
　　七月,横渠书院兴建 …… 150
元文宗至顺二年　辛未（公元1331年） …… 151
　　同恕卒 …… 151
明成祖永乐十四年　丙申（公元1416年） …… 153
　　王恕生 …… 153
明成祖永乐十七年　己亥（公元1419年） …… 154
　　段坚生 …… 154
明宣宗宣德十年　乙卯（公元1435年） …… 156
　　薛敬之生 …… 156
明英宗正统元年　丙辰（公元1436年） …… 157
　　李锦生 …… 157
明英宗正统十年　乙丑（公元1445年） …… 157
　　周蕙从学于段坚 …… 157

明英宗正统十三年　戊辰(公元1448年) …… 160
　　王恕进士及第 …… 160
明英宗天顺八年　甲申(公元1464年) …… 160
　　六月,薛瑄卒,其后河东之学渐传关中 …… 160
明宪宗成化元年　乙酉(公元1465年) …… 163
　　王承裕生 …… 163
明宪宗成化二年　丙戌(公元1466年) …… 163
　　薛敬之入太学 …… 163
明宪宗成化四年　戊子(公元1468年) …… 164
　　段坚访周蕙而不遇 …… 164
明宪宗成化八年　壬辰(公元1472年) …… 164
　　十月,张杰卒 …… 164
明宪宗成化十年　甲午(公元1474年) …… 166
　　马理生 …… 166
明宪宗成化十五年　己亥(公元1479年) …… 166
　　四月,吕柟生 …… 166
　　韩邦奇生 …… 167
明宪宗成化二十年　甲辰(公元1484年) …… 167
　　段坚卒 …… 167
明宪宗成化二十二年　丙午(公元1486年) …… 169
　　薛敬之谒选山西应州知州 …… 169
　　李锦卒 …… 170
　　王恕致仕 …… 171
明宪宗成化二十三年　丁未(公元1487年) …… 173
　　南大吉生 …… 173
明孝宗弘治六年　癸丑(公元1493年) …… 173
　　秋九月,薛敬之《思庵野录》编成 …… 173
　　宏道书院 …… 174
　　马理受学于王承裕 …… 175
　　杨爵生 …… 176
明武宗弘治八年　乙卯(公元1495年) …… 176

张鼎卒 ··· 176
明武宗弘治九年　丙辰（公元1496年）············· 178
　　重建正学书院 ·· 178
　　吕柟十七岁，入正学书院 ······································· 179
　　薛敬之升浙江金华府同知。撰《金华乡贤志》 ······· 180
明武宗弘治十年　丁巳（公元1497年）··············· 180
　　韩邦奇撰成《禹贡详略》 ······································· 180
明武宗弘治十二年　己未（公元1499年）··········· 181
　　王恕著《石渠意见》等 ··· 181
明武宗弘治十四年　辛酉（公元1501年）··········· 182
　　吕柟二十二岁，登乡举 ··· 182
明武宗弘治十五年　壬戌（公元1502年）··········· 182
　　吕柟游成均，与马理等讲学宝邙寺 ······················· 182
明孝宗弘治十六年　癸亥（公元1503年）··········· 183
　　韩邦奇撰成《启蒙意见》 ······································· 183
　　刘玑《正蒙会稿》（四卷）大约撰成于此时 ········· 184
明孝宗弘治十七年　甲子（公元1504年）··········· 185
　　吕柟拜薛敬之为师 ··· 185
明武宗正德三年　戊辰（公元1508年）············· 186
　　二月，薛敬之卒 ·· 186
　　三月，吕柟进士及第 ··· 188
　　四月，王恕卒 ·· 189
　　韩邦奇进士及第 ·· 191
明武宗正德五年　庚午（公元1510年）············· 192
　　吕柟辞官归乡 ·· 192
明武宗正德九年　甲戌（公元1514年）············· 192
　　吕柟应诏言六事 ·· 192
　　吕柟筑"东郭别墅"讲学，又筑东林书屋而居 ······· 193
　　马理举进士 ·· 194
明武宗正德十一年　丙子（公元1516年）··········· 194
　　韩邦奇遭诬陷下狱，削籍 ······································· 194

明武宗正德十二年　丁丑(公元1517年) …… 195
　　吕潜生 …… 195
明武宗正德十三年　戊寅(公元1518年) …… 196
　　三月,郭郛生 …… 196
　　韩邦奇《正蒙拾遗》编成 …… 196
明武宗正德十五年　庚辰(公元1520年) …… 197
　　杨爵从韩邦奇游,与杨继盛并称"韩门二杨" …… 197
明世宗嘉靖元年　壬午(公元1522年) …… 198
　　朝廷因"大礼"而起争端 …… 198
　　吕柟复官 …… 200
明世宗嘉靖二年　癸未(公元1523年) …… 201
　　吕柟力辨扶救正学 …… 201
明世宗嘉靖三年　甲申(公元1524年) …… 202
　　南大吉知绍兴,正月,从王阳明习良知之学 …… 202
　　"大礼"之争又起　七月,"百官跪哭左顺门" …… 203
　　十月,南大吉命刻《续刻传习录》 …… 205
　　马理等因伏阙争"大礼"下锦衣卫狱,再遭廷杖夺俸 …… 207
　　吕柟因言"大礼"不正,被下卫狱 …… 207
　　吕柟于狱中与邹守益论学 …… 207
　　吕柟贬谪解州判官,建解梁书院 …… 208
　　韩邦奇起山西左参议,平大同之变 …… 209
明世宗嘉靖四年　乙酉(公元1525年) …… 210
　　正月,王阳明为稽山书院撰《尊经阁记》。是年,
　　　　南大吉匾莅政之堂为"亲民堂" …… 210
　　附录:《稽山书院尊经阁记》(乙酉) …… 210
明世宗嘉靖五年　丙戌(公元1526年) …… 212
　　三月,吕柟刻《周子抄释》《张子抄释》《二程子抄
　　　　释》于山西解梁书院 …… 212
　　四月,王阳明撰《答南元善》 …… 213
明世宗嘉靖六年　丁亥(公元1527年) …… 215
　　吕柟迁南京吏部考功郎中 …… 215

吕柟在南方与湛甘泉、邹东廓共主讲席,日讲学不辍 …… 216
明世宗嘉靖七年　戊子(公元1528年) …… 216
　王之士生 …… 216
明世宗嘉靖九年　庚寅(公元1530年) …… 217
　吕柟与邹东廓论良知与知行,所见多有不合 …… 217
明世宗嘉靖十二年　癸巳(公元1533年) …… 218
　吕柟《泾野子内篇》刊刻 …… 218
明世宗嘉靖十六年　丁酉(公元1537年) …… 219
　吕柟弟子胡大器刻成《十四游记》 …… 219
明世宗嘉靖十七年　戊戌(公元1538年) …… 220
　五月,王承裕卒 …… 220
明世宗嘉靖二十年　辛丑(公元1541年) …… 223
　秋,南大吉《渭南县志》修成 …… 223
　南大吉卒 …… 224
　二月,杨爵系狱。冬,与钱德洪在狱中以论学共勉 …… 225
明世宗嘉靖二十一年　壬寅(公元1542年) …… 227
　四月,樊得仁重刻韩邦奇《性理三解》 …… 227
　七月,吕柟卒 …… 228
明世宗嘉靖二十三年　甲辰(公元1544年) …… 232
　韩邦奇总理河道,升刑部右侍郎 …… 232
明世宗嘉靖二十四年　乙巳(公元1545年) …… 233
　韩邦奇《易占经纬》辑成 …… 233
　杨爵《周易辨录》撰成 …… 234
明世宗嘉靖二十八年　己酉(公元1549年) …… 235
　十月,杨爵卒 …… 235
　韩邦奇"五疏乞归" …… 237
明世宗嘉靖三十年　辛亥(公元1551年) …… 238
　《苑洛集》编成 …… 238
明世宗嘉靖三十四年　乙卯(公元1555年) …… 239
　十二月,马理卒 …… 239
　十二月,韩邦奇卒 …… 241

《苑洛语录》刊刻 ………………………………… 243
　三原学派 ……………………………………… 243
明世宗嘉靖三十六年　丁巳(公元 1557 年) ………… 244
　十一月,冯从吾生 ……………………………… 244
明世宗嘉靖四十四年　乙丑(公元 1565 年) ………… 245
　冯从吾九岁,始立志为圣贤之学 ……………… 245
明穆宗隆庆五年　辛未(公元 1571 年) …………… 245
　四月,王徵生 …………………………………… 245
明神宗万历四年　丙子(公元 1576 年) …………… 246
　冯从吾弱冠,入太学 …………………………… 246
明神宗万历六年　戊寅(公元 1578 年) …………… 246
　六月,吕潜卒 …………………………………… 246
明神宗万历十三年　乙酉(公元 1585 年) ………… 248
　许孚远督学陕西,讲学正学书院 ……………… 248
明神宗万历十七年　己丑(公元 1589 年) ………… 249
　冯从吾进士及第 ………………………………… 249
　十月,雷于霖生 ………………………………… 249
明神宗万历十八年　庚寅(公元 1590 年) ………… 249
　王之士卒 ………………………………………… 249
明神宗万历十九年　辛卯(公元 1591 年) ………… 252
　十二月,冯从吾上《论劾险佞科臣疏》 ………… 252
明神宗万历二十年　壬辰(公元 1592 年) ………… 253
　正月,冯从吾上《请修朝政疏》 ………………… 253
　冯从吾告归 ……………………………………… 254
明神宗万历二十二年　甲午(公元 1594 年) ……… 255
　张舜典中举人 …………………………………… 255
明神宗万历二十三年　乙未(公元 1595 年) ……… 255
　冯从吾《疑思录》编次完成 ……………………… 255
　冯从吾出任河南道监察御史,不久罢免。是年
　　编成《订士编》 ………………………………… 256
明神宗万历二十四年　丙申(公元 1596 年) ……… 257

冯从吾林居讲学,拟定《学会约》与《士戒》 ………… 257
明神宗万历二十五年　丁酉(公元 1597 年) ………… 259
冯从吾制《关中士夫会约》 ………… 259
明神宗万历三十二年　甲辰(公元 1604 年) ………… 260
许孚远卒,曾为陕西提学副使 ………… 260
明神宗万历三十三年　乙巳(公元 1605 年) ………… 262
六月,郭郛卒 ………… 262
冯从吾与张舜典论学,乃著《辨学录》 ………… 263
明神宗万历三十四年　丙午(公元 1606 年) ………… 264
九月,冯从吾著《关学编》 ………… 264
王化泰生 ………… 266
明神宗万历三十五年　丁未(公元 1607 年) ………… 267
白焕彩生 ………… 267
明神宗万历三十六年　戊申(公元 1608 年) ………… 267
三月,冯从吾讲学于华山。《太华书院会语》辑成 ………… 267
张舜典撰成《致曲言》 ………… 268
明神宗万历三十七年　己酉(公元 1609 年) ………… 269
十月,关中书院创建 ………… 269
明神宗万历三十九年　辛亥(公元 1611 年) ………… 271
十月,冯从吾到池阳谒王恕、王承裕、马理等祠墓 ………… 271
明神宗万历四十年　壬子(公元 1612 年) ………… 271
七月,张舜典建弘仁书院 ………… 271
明神宗万历四十三年　乙卯(公元 1615 年) ………… 272
冯从吾《元儒考略》撰成 ………… 272
冯从吾始修《长安县志》 ………… 273
王建常生 ………… 274
明神宗万历四十六年　戊午(公元 1618 年) ………… 274
雷于霖问学冯从吾 ………… 274
明神宗万历四十七年　己未(公元 1619 年) ………… 274
雷于霖始研读理学书 ………… 274
明熹宗天启元年　辛酉(公元 1621 年) ………… 275

秋,冯从吾与邹元标讲学都门 …………………… 275
明熹宗天启二年　壬戌(公元1622年) …………… 276
　　秋,邹元标、冯从吾建首善书院 ………………… 276
　　九月,冯从吾上《辩讲学疏》 …………………… 277
　　八月,王宏撰生 …………………………………… 278
明熹宗天启三年　癸亥(公元1623年) …………… 279
　　十月,《都门语录》书成 ………………………… 279
明熹宗天启四年　甲子(公元1624年) …………… 280
　　冯从吾起为南京都察院右都御史,病辞不赴 … 280
明熹宗天启六年　丙寅(公元1626年) …………… 280
　　魏忠贤废天下书院 ……………………………… 280
　　冯从吾作《七十自寿》诗 ………………………… 281
　　关中书院被毁 …………………………………… 281
　　张舜典约卒于此年后不久 ……………………… 282
明熹宗天启七年　丁卯(公元1627年) …………… 285
　　正月,李颙生 ……………………………………… 285
　　二月,冯从吾卒 …………………………………… 286
　　　附录:黄宗羲《明儒学案》卷四一《恭定冯少墟
　　　　先生从吾》 …………………………………… 288
　　王徵翻译《远西奇器图说录最》 ………………… 289
明思宗崇祯三年　庚午(公元1630年) …………… 290
　　五月,李柏生 ……………………………………… 290
明思宗崇祯四年　辛未(公元1631年) …………… 290
　　十一月,李因笃生 ………………………………… 290
明思宗崇祯十六年　癸未(公元1643年) ………… 291
　　李颙悟圣学渊源 ………………………………… 291
明思宗崇祯十七年　甲申(公元1644年) ………… 291
　　王徵卒 …………………………………………… 291

清(公元1644年—公元1911年)

清世祖顺治元年　甲申(公元1644年) …………… 295

康吕赐生 ·· 295

清世祖顺治二年　乙酉（公元1645年） ·········· 295
七月，王吉相生 ································· 295
李颙研读理学典籍 ······························· 295

清世祖顺治三年　丙戌（公元1646年） ·········· 296
李柏绝意科举立志学古人 ························· 296

清世祖顺治九年　壬辰（公元1652年） ·········· 296
李颙阅《道藏》 ································· 296

清世祖顺治十年　癸巳（公元1653年） ·········· 297
李颙阅《释藏》 ································· 297

清世祖顺治十三年　丙申（公元1656年） ········ 297
二月，王心敬生 ································· 297
李颙《悔过自新说》约于此年撰成 ················· 297
李颙《周至答问》录成 ··························· 298

清世祖顺治十四年　丁酉（公元1657年） ········ 298
李颙悟"默坐澄心"之说 ··························· 298
雷于霖与汤斌论学 ······························· 299

清世祖顺治十五年　戊戌（公元1658年） ········ 300
雷于霖《柏林集》始刊刻 ························· 300

清圣祖康熙二年　癸卯（公元1663年） ·········· 300
李因笃、王宏撰、李颙与顾炎武订交 ··············· 300

清圣祖康熙三年　甲辰（公元1664年） ·········· 301
重修关中书院 ··································· 301

清圣祖康熙四年　乙巳（公元1665年） ·········· 302
傅山访李因笃 ··································· 302

清圣祖康熙五年　丙午（公元1666年） ·········· 302
三月，王承烈生 ································· 302
六月，刘鸣珂生 ································· 303
王宏撰主讲关中书院 ····························· 303

清圣祖康熙六年　丁未（公元1667年） ·········· 303
七月，雷于霖卒 ································· 303

清圣祖康熙七年　戊申(公元1668年) ……… 305
  四月,李颙东行讲学 ……… 305
  六月,李颙《学髓》录成 ……… 306

清圣祖康熙八年　己酉(公元1669年) ……… 307
  十月,李颙《体用全学》《读书次第》录成 ……… 307
  李颙《观感录》约于此年著成 ……… 307

清圣祖康熙九年　庚戌(公元1670年) ……… 308
  一月,王宏撰始研读理学书 ……… 308
  十月,李颙与李来章"约为兄弟" ……… 308
  十二月,李颙《匡时要务》录成 ……… 309

清圣祖康熙十年　辛亥(公元1671年) ……… 309
  一月,李颙南行讲学 ……… 309
  二月,李颙与高世泰论学 ……… 310
  王宏撰与孙承泽论学 ……… 311
  李颙《传心录》录成 ……… 312

清圣祖康熙十二年　癸丑(公元1673年) ……… 312
  五月,李颙讲学关中书院 ……… 312

清圣祖康熙十四年　乙卯(公元1675年) ……… 313
  八月,李颙移居富平,《富平答问》录成 ……… 313
  王宏撰《砥斋集》整理成 ……… 314

清圣祖康熙十五年　丙辰(公元1676年) ……… 315
  十一月,王宏撰《正学隅见述》撰成 ……… 315

清圣祖康熙十六年　丁巳(公元1677年) ……… 315
  九月,王宏撰与李颙论学 ……… 315

清圣祖康熙十七年　戊午(公元1678年) ……… 316
  八月,清廷以博学宏词征召李颙、王宏撰和李因笃 ……… 316
  九月,李因笃与颜元论学 ……… 317
  王宏撰论"理气"和"动静" ……… 317
  李颙与顾炎武书信论学 ……… 318
  李柏探学于佛、道 ……… 319
  李颙辑《司牧宝鉴》成 ……… 320

清圣祖康熙十八年　己未(公元1679年) ……… 320
　　李因笃与阎若璩论学 ……… 320

清圣祖康熙十九年　庚申(公元1680年) ……… 321
　　十月,王心敬师事李颙 ……… 321
　　王建常与顾炎武书信论丧服礼 ……… 321

清圣祖康熙二十一年　壬戌(公元1682年) ……… 322
　　王宏撰《山志》撰成 ……… 322

清圣祖康熙二十二年　癸亥(公元1683年) ……… 323
　　李颙《垩室录感》刊刻 ……… 323
　　王吉相《四书心解》刊刻 ……… 323

清圣祖康熙二十四年　乙丑(公元1685年) ……… 324
　　七月,李因笃主讲岐山朝阳书院 ……… 324

清圣祖康熙二十五年　丙寅(公元1686年) ……… 325
　　李颙《四书反身录》刊刻 ……… 325
　　魏象枢书信向李颙问学 ……… 326

清圣祖康熙二十七年　戊辰(公元1688年) ……… 327
　　杨屾生 ……… 327

清圣祖康熙二十八年　己巳(公元1689年) ……… 327
　　六月,李颙与范鄗鼎书信论学 ……… 327
　　八月,王吉相卒 ……… 328
　　十月,李柏与憨休禅师论儒、佛异同 ……… 330

清圣祖康熙二十九年　庚午(公元1690年) ……… 331
　　六月,王建常梦朱子授学 ……… 331

清圣祖康熙三十一年　壬申(公元1692年) ……… 332
　　二月,颜元质疑李颙之学 ……… 332
　　十一月,李因笃卒 ……… 332

清圣祖康熙三十二年　癸酉(公元1693年) ……… 336
　　王建常《复斋录》约于此年撰成 ……… 336
　　李颙《二曲集》刊成 ……… 337

清圣祖康熙三十三年　甲戌(公元1694年) ……… 338
　　王源书信向李颙问学 ……… 338

清圣祖康熙三十四年　乙亥(公元1695年) ⋯⋯⋯⋯⋯ 339
　　七月,张秉直生 ⋯⋯⋯⋯⋯⋯⋯⋯⋯⋯⋯⋯⋯⋯⋯ 339
　　李柏《槲叶集》刊刻 ⋯⋯⋯⋯⋯⋯⋯⋯⋯⋯⋯⋯⋯ 339
　　王建常《复斋余稿》约于此年撰成 ⋯⋯⋯⋯⋯⋯⋯ 340
清圣祖康熙三十五年　丙子(公元1696年) ⋯⋯⋯⋯⋯ 340
　　王心敬与康乃心书信论全真教 ⋯⋯⋯⋯⋯⋯⋯⋯⋯ 340
清圣祖康熙三十六年　丁丑(公元1697年) ⋯⋯⋯⋯⋯ 341
　　三月,史调生 ⋯⋯⋯⋯⋯⋯⋯⋯⋯⋯⋯⋯⋯⋯⋯⋯ 341
清圣祖康熙三十九年　庚辰(公元1700年) ⋯⋯⋯⋯⋯ 341
　　七月,李柏卒 ⋯⋯⋯⋯⋯⋯⋯⋯⋯⋯⋯⋯⋯⋯⋯⋯ 341
清圣祖康熙四十年　辛巳(公元1701年) ⋯⋯⋯⋯⋯⋯ 344
　　王建常卒 ⋯⋯⋯⋯⋯⋯⋯⋯⋯⋯⋯⋯⋯⋯⋯⋯⋯⋯ 344
清圣祖康熙四十一年　壬午(公元1702年) ⋯⋯⋯⋯⋯ 347
　　王宏撰卒 ⋯⋯⋯⋯⋯⋯⋯⋯⋯⋯⋯⋯⋯⋯⋯⋯⋯⋯ 347
清圣祖康熙四十二年　癸未(公元1703年) ⋯⋯⋯⋯⋯ 349
　　十一月,康熙帝赐李颙匾及诗 ⋯⋯⋯⋯⋯⋯⋯⋯⋯⋯ 349
清圣祖康熙四十四年　乙酉(公元1705年) ⋯⋯⋯⋯⋯ 350
　　四月,李颙卒 ⋯⋯⋯⋯⋯⋯⋯⋯⋯⋯⋯⋯⋯⋯⋯⋯ 350
清圣祖康熙四十五年　丙戌(公元1706年) ⋯⋯⋯⋯⋯ 354
　　八月,孙景烈生 ⋯⋯⋯⋯⋯⋯⋯⋯⋯⋯⋯⋯⋯⋯⋯ 354
清圣祖康熙四十六年　丁亥(公元1707年) ⋯⋯⋯⋯⋯ 354
　　刘绍攽生 ⋯⋯⋯⋯⋯⋯⋯⋯⋯⋯⋯⋯⋯⋯⋯⋯⋯⋯ 354
清圣祖康熙四十八年　己丑(公元1709年) ⋯⋯⋯⋯⋯ 355
　　五月,李塨来陕西讲学 ⋯⋯⋯⋯⋯⋯⋯⋯⋯⋯⋯⋯ 355
　　王心敬与李塨书信论学 ⋯⋯⋯⋯⋯⋯⋯⋯⋯⋯⋯⋯ 355
清圣祖康熙五十年　辛卯(公元1711年) ⋯⋯⋯⋯⋯⋯ 356
　　一月,王心敬讲学湖北江汉书院 ⋯⋯⋯⋯⋯⋯⋯⋯⋯ 356
清圣祖康熙五十三年　甲午(公元1714年) ⋯⋯⋯⋯⋯ 357
　　四月,王心敬讲学江苏紫阳书院 ⋯⋯⋯⋯⋯⋯⋯⋯⋯ 357
　　王承烈《日省录》撰成 ⋯⋯⋯⋯⋯⋯⋯⋯⋯⋯⋯⋯ 357
清圣祖康熙五十五年　丙申(公元1716年) ⋯⋯⋯⋯⋯ 358

王心敬《丰川全集》刊刻 ………………………… 358

清圣祖康熙五十八年　己亥（公元1719年） ………………… 358
陈世倌问学王心敬 ………………………… 358

清圣祖康熙六十一年　壬寅（公元1722年） ………………… 359
三月，王巡泰生 ………………………… 359
王心敬与朱泽沄书信论朱子学 ………………………… 360

清世宗雍正元年　癸卯（公元1723年） ………………… 361
十一月，王懋竑质疑王心敬之学 ………………………… 361
王心敬与朱轼书信论治世之道 ………………………… 362

清世宗雍正四年　丙午（公元1726年） ………………… 362
王心敬续《关学编》成 ………………………… 362

清世宗雍正五年　丁未（公元1727年） ………………… 364
八月，刘鸣珂卒 ………………………… 364

清世宗雍正六年　戊申（公元1728年） ………………… 365
方苞书信向王心敬问"经济"之学 ………………………… 365

清世宗雍正七年　己酉（公元1729年） ………………… 366
十二月，王承烈卒 ………………………… 366

清世宗雍正八年　庚戌（公元1730年） ………………… 368
张秉直始潜心理学 ………………………… 368

清世宗雍正九年　辛亥（公元1731年） ………………… 369
康吕赐卒 ………………………… 369

清世宗雍正十年　壬子（公元1732年） ………………… 370
刘鸣珂《砭身集》约于此年整理成 ………………………… 370

清世宗雍正十一年　癸丑（公元1733年） ………………… 371
刘绍攽师事王兰生 ………………………… 371

清高宗乾隆二年　丁巳（公元1737年） ………………… 372
九月，张秉直"点检心意" ………………………… 372
史调主讲关中书院 ………………………… 372

清高宗乾隆三年　戊午（公元1738年） ………………… 373
三月，王心敬卒 ………………………… 373

清高宗乾隆七年　壬戌（公元1742年） ………………… 376

刘绍攽与张文岚论阳明学 …………………………… 376
清高宗乾隆八年　癸亥（公元 1743 年）………… 377
　　孙景烈始主讲关中书院 ………………………………… 377
　　刘绍攽《九畹古文》始刊刻 …………………………… 378
清高宗乾隆九年　甲子（公元 1744 年）………… 378
　　孙景烈始潜心理学 ……………………………………… 378
清高宗乾隆十年　乙丑（公元 1745 年）………… 379
　　周元鼎约于此年出生 …………………………………… 379
清高宗乾隆十二年　丁卯（公元 1747 年）……… 379
　　十二月，史调卒 ………………………………………… 379
　　杨屾《知本提纲》撰成 ………………………………… 381
清高宗乾隆十三年　戊辰（公元 1748 年）……… 382
　　张秉直深悟"主静"说 ………………………………… 382
清高宗乾隆十五年　庚午（公元 1750 年）……… 382
　　王心敬《丰川续集》刊刻 ……………………………… 382
清高宗乾隆十六年　辛未（公元 1751 年）……… 383
　　三月，孙景烈与薛韫论朱子学 ………………………… 383
　　史调《史复斋文集》刊刻 ……………………………… 384
清高宗乾隆二十年　乙亥（公元 1755 年）……… 385
　　张秉直《四书集疏》和《四书集疏附正》撰成 ……… 385
清高宗乾隆二十一年　丙子（公元 1756 年）…… 386
　　刘绍攽悟佛学"疏漏" ………………………………… 386
清高宗乾隆二十二年　丁丑（公元 1757 年）…… 386
　　二月，孙景烈与陈宏谋论"求放心" ………………… 386
　　张秉直《治平大略》撰成 ……………………………… 387
清高宗乾隆二十五年　庚辰（公元 1760 年）…… 388
　　刘绍攽《四书凝道录》成 ……………………………… 388
清高宗乾隆二十六年　辛巳（公元 1761 年）…… 388
　　九月，张秉直卒 ………………………………………… 388
　　孙景烈论"性命之说" ………………………………… 391
清高宗乾隆二十七年　壬午（公元 1762 年）…… 392

孙景烈悟"格物"之说 ·········· 392

清高宗乾隆二十八年　癸未（公元1763年） ·········· 392
刘绍攽《卫道编》刊刻 ·········· 392

清高宗乾隆三十四年　己丑（公元1769年） ·········· 393
十一月，李元春生 ·········· 393
孙景烈《四书讲义》刊刻 ·········· 394

清高宗乾隆三十九年　甲午（公元1774年） ·········· 394
一月，孙景烈论"复初"说 ·········· 394

清高宗乾隆四十一年　丙申（公元1776年） ·········· 395
杨屾《修齐直指》成 ·········· 395

清高宗乾隆四十三年　戊戌（公元1778年） ·········· 397
七月，刘绍攽卒 ·········· 397

清高宗乾隆四十七年　壬寅（公元1782年） ·········· 398
九月，孙景烈卒 ·········· 398

清高宗乾隆四十九年　甲辰（公元1784年） ·········· 401
四月，路德生 ·········· 401

清高宗乾隆五十年　乙巳（公元1785年） ·········· 401
杨屾卒 ·········· 401

清高宗乾隆五十一年　丙午（公元1786年） ·········· 403
王巡泰《四书日记》整理成 ·········· 403

清高宗乾隆五十七年　壬子（公元1792年） ·········· 404
孙景烈《滋树堂文集》刊刻 ·········· 404

清高宗乾隆五十八年　癸丑（公元1793年） ·········· 405
七月，王巡泰卒 ·········· 405
十月，张秉直《开知录》整理成 ·········· 407

清仁宗嘉庆三年　戊午（公元1798年） ·········· 407
李元春悟"性说" ·········· 407

清仁宗嘉庆八年　癸亥（公元1803年） ·········· 408
周元鼎卒 ·········· 408

清仁宗嘉庆二十四年　己卯（公元1819年） ·········· 409
十月，杨树椿生 ·········· 409

清宣宗道光四年　甲申（公元1824年） …………… 410
　一月，贺瑞麟生 ………………………………………… 410
清宣宗道光七年　丁亥（公元1827年） …………… 410
　十月，祝垲生 …………………………………………… 410
　李因笃《受祺堂文集》刊刻 …………………………… 411
清宣宗道光十年　庚寅（公元1830年） …………… 412
　李元春《增订关学编》刊刻 …………………………… 412
　重建宏道书院 …………………………………………… 412
　李元春编《关中道脉四种书》刊刻 …………………… 413
清宣宗道光十一年　辛卯（公元1831年） ………… 414
　四月，柏景伟生 ………………………………………… 414
清宣宗道光十五年　乙未（公元1835年） ………… 414
　路德主讲关中书院 ……………………………………… 414
清宣宗道光十九年　己亥（公元1839年） ………… 415
　李元春主讲华原书院 …………………………………… 415
清宣宗道光二十年　庚子（公元1840年） ………… 415
　李元春拟上道光帝抗英书 ……………………………… 415
清宣宗道光二十三年　癸卯（公元1843年） ……… 416
　八月，刘光蕡生 ………………………………………… 416
清宣宗道光二十七年　丁未（公元1847年） ……… 416
　贺瑞麟问学李元春 ……………………………………… 416
清宣宗道光三十年　庚戌（公元1850年） ………… 416
　九月，祝垲讲"格物"之说 …………………………… 416
清文宗咸丰元年　辛亥（公元1851年） …………… 417
　二月，倭仁访李元春 …………………………………… 417
　七月，祝垲与李棠阶论学 ……………………………… 417
　十月，祝垲著《卫性五营图说》成 …………………… 418
　路德卒 …………………………………………………… 419
清文宗咸丰二年　壬子（公元1852年） …………… 421
　一月，祝垲著《诚几德图说》成 ……………………… 421
　三月，贺瑞麟往山西访薛于瑛 ………………………… 421

清文宗咸丰四年　甲寅（公元1854年） …… 422
十一月，李元春卒 …… 422
贺瑞麟与王会昌书信论科举 …… 424

清文宗咸丰七年　丁巳（公元1857年） …… 425
十二月，祝垲悟"心气之旨" …… 425

清文宗咸丰十年　庚申（公元1860年） …… 426
周元鼎《汇菊轩文集》刊刻 …… 426

清穆宗同治元年　壬戌（公元1862年） …… 427
贺瑞麟开始撰写《清麓日记》 …… 427

清穆宗同治四年　乙丑（公元1865年） …… 428
贺瑞麟主讲学古书院 …… 428
刘光蕡肄业关中书院 …… 428
刘蓉延访贺瑞麟 …… 429

清穆宗同治五年　丙寅（公元1866年） …… 430
十二月，曾国藩向同治帝密荐祝垲 …… 430

清穆宗同治六年　丁卯（公元1867年） …… 431
九月，牛兆濂生 …… 431
刘光蕡结交柏景伟 …… 431
贺瑞麟悟"格物"之说 …… 431

清穆宗同治九年　庚午（公元1870年） …… 432
八月，贺瑞麟建清麓精舍并聘师讲学 …… 432
贺瑞麟编《西京清麓丛书》刊刻 …… 432

清穆宗同治十二年　癸酉（公元1873年） …… 433
十二月，吴大澂拜访贺瑞麟 …… 433
味经书院创建 …… 433

清穆宗同治十三年　甲戌（公元1874年） …… 434
九月，杨树椿卒 …… 434

清德宗光绪元年　乙亥（公元1875年） …… 436
二月，贺瑞麟宏道书院演乡约礼并讲学 …… 436

清德宗光绪二年　丙子（公元1876年） …… 436
十一月，祝垲卒 …… 436

刘光蕡往河北拜谒黄彭年 …………………………… 438
　　贺瑞麟与李用清书信论"动静" ……………………… 439
清德宗光绪七年　辛巳（公元1881年） ……………… 439
　　路德《柽华馆文集》刊刻 …………………………… 439
清德宗光绪九年　癸未（公元1883年） ……………… 440
　　柏景伟主讲味经书院 ………………………………… 440
　　贺瑞麟拜访柏景伟 …………………………………… 440
清德宗光绪十年　甲申（公元1884年） ……………… 442
　　李元春《桐阁文钞》刊刻 …………………………… 442
清德宗光绪十一年　乙酉（公元1885年） …………… 442
　　柏景伟与刘光蕡创立求友斋 ………………………… 442
　　黄嗣东延访贺瑞麟 …………………………………… 443
清德宗光绪十三年　丁亥（公元1887年） …………… 444
　　二月，贺瑞麟会讲鲁斋书院，并演乡饮酒礼 ……… 444
　　柏景伟主讲关中书院 ………………………………… 444
　　刘光蕡主讲味经书院 ………………………………… 445
清德宗光绪十六年　庚寅（公元1890年） …………… 446
　　祝垲《体微斋遗编》刊刻 …………………………… 446
清德宗光绪十七年　辛卯（公元1891年） …………… 447
　　十月，柏景伟卒 ……………………………………… 447
　　李元春《桐阁性理十三论》刊刻 …………………… 449
清德宗光绪十八年　壬辰（公元1892年） …………… 450
　　贺瑞麟撰成《关学续编》 …………………………… 450
清德宗光绪十九年　癸巳（公元1893年） …………… 451
　　三月，牛兆濂问学贺瑞麟 …………………………… 451
　　九月，贺瑞麟卒 ……………………………………… 452
　　杨树椿《损斋全书》刊刻 …………………………… 454
清德宗光绪二十一年　乙未（公元1895年） ………… 455
　　味经书院创设时务斋 ………………………………… 455
　　刘光蕡《学记臆解》撰成 …………………………… 456
清德宗光绪二十二年　丙申（公元1896年） ………… 457

闰六月，刘光蕡批"耶教"之说 ········· 457
　　刘光蕡书信向张之洞求教 ············ 457
　　刘光蕡与梁启超书信论学 ············ 458

清德宗光绪二十三年　丁酉（公元1897年） 459
　　十月，崇实书院建成 ··············· 459

清德宗光绪二十四年　戊戌（公元1898年） 460
　　一月，刘光蕡兼主讲崇实书院 ········· 460
　　二月，刘光蕡与康有为书信论学 ······· 461
　　八月，戊戌变法失败，刘光蕡被目为"康党" ··· 463

清德宗光绪二十五年　己亥（公元1899年） 464
　　刘光蕡隐居礼泉烟霞草堂 ············ 464
　　刘光蕡《孝经本义》撰成 ············ 464
　　贺瑞麟《清麓文集》刊刻 ············ 465

清德宗光绪二十六年　庚子（公元1900年） 466
　　刘光蕡《孟子性善备万物图解》撰成 ····· 466
　　柏景伟《沣西草堂文集》刊刻 ········· 466

清德宗光绪二十七年　辛丑（公元1901年） 467
　　刘光蕡主张"乡学"救国 ············ 467
　　刘光蕡著《大学古义》和《论语时习录》成 ··· 468

清德宗光绪二十八年　壬寅（公元1902年） 469
　　关中书院改为陕西师范大学堂 ········· 469

清德宗光绪二十九年　癸卯（公元1903年） 470
　　二月，刘光蕡主讲甘肃大学堂 ········· 470
　　闰五月，刘光蕡著《立政臆解》成 ······ 471
　　八月，刘光蕡病逝兰州 ············· 472
　　牛兆濂主讲陕西师范大学堂 ·········· 474

清德宗光绪三十年　甲辰（公元1904年） 475
　　牛兆濂主讲鲁斋书院 ··············· 475

清德宗光绪三十一年　乙巳（公元1905年） 476
　　贺瑞麟《清麓答问》《清麓遗语》辑成并刊刻 ··· 476

清废帝宣统三年　辛亥（公元1911年） 477

一月,牛兆濂演礼临潼横渠祠 …………………… 477
文献检索 ………………………………………… 478
　　古代文献 ……………………………………… 478
　　现代文献 ……………………………………… 492
后记 ……………………………………………… 498
修订版后记 ……………………………………… 499

宋

(公元960年—公元1279年)

宋真宗天禧四年　庚申（公元1020年）

张载生　张载（1020－1077或1078），字子厚，原籍大梁（今河南开封），生于长安（今陕西西安），父殁后侨寓凤翔眉县横渠镇（今陕西眉县横渠镇），世称"横渠先生"。据吕大临《横渠先生行状》载，张载卒于熙宁十年（注：是年12月15日为公元1078年1月1日），时年58岁，以卒于公元1077年推知其生于是年。

[文献]　〔宋〕吕大临《横渠先生行状》："先生讳载，字子厚，世大梁人。……父迪，仕仁宗朝，终于殿中丞、知涪州事，赠尚书都官郎中。涪州卒于西官，诸孤皆幼，不克归，侨寓于凤翔眉县横渠镇之南大振谷口，因徙而家焉。……（熙宁）十年春复召还馆，同知太常礼院。是年冬谒告西归。十有二月乙亥，行次临潼，卒于馆舍，享年五十有八。"（张载：《张载集》，中华书局，1978年，381页）〔元〕脱脱等《宋史》卷四二七《张载传》："张载字子厚，长安人。少喜谈兵，至欲结客取洮西之地。……吕大防荐之曰：'载之始终，善发明圣人之遗旨，其论政治略可复古。宜还其旧职，以备谘访。'乃诏知太常礼院。与有司议礼不合，复以疾归，中道疾甚，沐浴更衣而寝，旦而卒。"

[考辨]　关于张载籍贯。主要有以下五说：其一，长安人。〔宋〕王称《东都事略》卷一○七、《宋史》卷四二七等均云张载为"长安人"。〔明〕王洙《史质》卷七、〔明〕刘元卿《诸儒学案》之《张横渠先生》、〔清〕沈坤山《编年考》卷五、〔清〕沈青崖等所纂《〔雍正〕陕西通志》卷六三、〔清〕严长明等所纂〔乾隆〕《西安府志》、今人张岱年《张载——十一世纪中国唯物主义哲学家》、朱建民《张载思想研究》等从此说。其二，汴人（或大梁人、京师人）。张载所撰《庆州大顺城记》自云："汴人张载。"（《张载集》，353页）〔宋〕吕大临《横渠先生行状》、〔宋〕晁公武《郡斋读书志》卷一九、〔明〕郭子章《圣门人物志》卷八等从此说。其三，眉人。〔明〕赵廷瑞修，马理、吕柟纂《陕西通志》："张载，字子厚，眉人。"（《陕西通志》，三秦出版社，2006年，1522页。笔者注：该《陕西通志》即〔嘉靖〕陕西通志，书中再征引该书时，直接标明"嘉靖"，以与其它同名书相区别）〔明〕冯从吾《关学编》卷一《横渠张先生》《全宋文》卷一六六三等亦持此说。其四，凤翔人。〔明〕周汝登《圣学宗传》卷七："张载，字子厚，称横渠先生，凤翔人。"〔清〕韩镛修纂《〔雍正〕凤翔县志》："《宋史》

眉人，(笔者注：《宋史》为"长安人"，此处为误引)但横渠现在凤公之裔孙承袭，亦世籍凤邑，祠堂亦在东郭。"其五，秦人。赵希弁《郡斋读书志附志》载"横渠先生语录三卷"下注中云"公秦人"。(孙猛：《郡斋读书志校证》，上海古籍出版社，1990年，1260页)事实上，以上诸说并不矛盾。宋时，眉县隶属凤翔府，属于秦地。"眉人""凤翔人""秦人"所指一致。又据〔宋〕李幼武《道学名臣言行外录》卷四："先生大梁人，后寓凤翔。"〔清〕武澄《张子年谱》"宋真宗天禧四年"条又云："张子生于长安。"(武澄：《张子年谱》，载于浩辑《宋明理学家年谱》第1册，北京图书馆出版社，2005年，33页)可见，张载祖籍大梁，生于长安。幼时因父亲张迪卒于涪州任上，而家贫力单，不堪返乡路途之遥远，遂于归途中侨寓凤翔眉县横渠镇，故又为眉人。

关于生年。参见卒年考辨。

宋仁宗天圣三年　乙丑(公元1025年)

吕大忠生　吕大忠(1025－1100)，字进伯，原籍汲郡(今河南汲县西南)，其祖父吕通葬于蓝田(今陕西蓝田)后，居家蓝田，遂为蓝田人。吕大防、吕大钧、吕大临之兄，张载门人。吕大忠为人质直，不妄语，动有法度，生平极力推行礼教。又嗜学不倦，常虑学问之不进，年数之不足。据《吕大忠墓志》《伊洛渊源录》卷八《蓝田吕氏兄弟》等载，吕大忠卒于元符三年(1100)，享年76岁，故推知其生于是年。

［文献］《吕大忠墓志》云："公讳忠，字进伯，……年二十九皇祐五年中进士，……元符三年四月十二日，寝而没，享年七十有六。"朱熹《伊洛渊源录》卷八《蓝田吕氏兄弟》云："名大忠，字进伯，丞相汲公之兄。元符末以宝文阁学士卒。《实录》有传，不载其学问源流，今不复著，但《遗书》中见其从学之实。"《东都事略》卷九一："吕大忠字进伯，大防之兄也。……迁宝文阁学士，知渭州。坐事降待制，知同州，俄致仕，卒。"《宋元学案》卷三一《吕范诸儒学案》："吕大忠，字晋伯。其先汲郡人，祖太常博士通葬蓝田，遂家焉。"又参见《宋史》卷三四〇《吕大忠传》、冯从吾《关学编》卷一《进伯吕先生》、孙奇逢《理学宗传》卷一五、张骥《关学宗传》卷二《吕进伯先生》等。

宋仁宗天圣五年　丁卯(公元1027年)

吕大防生　吕大防(1027－1097),字微仲,原籍汲郡(今河南汲县西南),祖父吕通葬于蓝田(今陕西蓝田)后,遂为蓝田人。乃吕大忠之弟,吕大钧、吕大临之兄。吕大防为官忠贞、敢于直谏;生平极力推行礼教,注重教化乡俗。据李焘《续资治通鉴长编》《宋史》等载,吕大防卒于绍圣四年(1097),享年71岁,故推知其生于是年。

[文献]　《宋史》卷三四〇《吕大防传》:"吕大防字微仲,其先汲郡人。祖通,太常博士。父贲,比部郎中。通葬京兆蓝田,遂家焉。……绍圣四年,遂贬舒州团练副使,安置循州。至虔州信丰而病,语其子景山曰:'吾不复南矣!吾死汝归,吕氏尚有遗种。'遂薨,年七十一。"《宋史》卷一八《哲宗二》:"四年……夏四月……己亥,吕大防卒于虔州。"〔宋〕李焘《续资治通鉴长编》卷四八五:"(绍圣四年四月)己亥,舒州团练副使循州安置吕大防卒于虔州。"《东都事略》卷八九:"吕大防字微仲,京兆蓝田人也。……绍圣初以言者落职,知随州,贬秘书监,分司南京,郢州居住。史臣修《神宗实录》直书其事,而言以为诬诋,责居安州,再责舒州团练副使,循州安置,未逾岭,卒,年七十一。"又参见杜大珪《名臣碑传琬琰集》下卷一六、冯从吾《关学编》卷一《进伯吕先生》附传、黄宗羲《宋元学案》卷一九《范吕诸儒学案》、张骥《关学宗传》卷二《吕正愍公》等。

宋仁宗天圣八年　庚午(公元1030年)

张戬生　张戬(1030－1076),字天祺,原籍大梁(今河南开封),生于涪州(今属重庆)。张载之弟。父殁涪州任后,随母兄侨寓凤翔眉县横渠镇(今陕西眉县横渠镇)。张戬才德美厚,践笃儒家道德伦理,被张载誉为"虽孔门高弟,有所后先"(《张天祺墓志铭》)。张戬为官清正,注重礼教,深受百姓爱戴。据吕大临《张御史行状》、张载《张天祺墓志铭》等载,张戬卒于熙宁九年(1076),年47岁,故推知其生于是年。

[文献]　吕大临《张御史行状》:"君讳戬,字天祺,少而庄重,有老成之气,不与群童子狎戏。……以熙宁九年三月朔旦,感疾卒,享年四十有七。"

(曾枣庄、刘琳主编:《全宋文》第110册,上海辞书出版社、安徽教育出版社,2006年,186页)张载《张天祺墓志铭》:"有宋太常博士张天祺,以熙宁九年三月丙辰朔暴疾不禄。……率己仲尼,践修庄笃,虽孔门高弟,有所后先。不幸寿禀不遐,生四十七年而暴终他馆。志亨交戾,命也奈何!"(《张载集》,366页)吕大临《横渠先生行状》:"父迪,仕仁宗朝,终于殿中丞、知涪州事,赠尚书都官郎中。涪州卒于西官,诸孤皆幼,不克归,侨寓于凤翔眉县横渠镇之南大振谷口,因徙而家焉。"(《张载集》,381页)又可参见《宋史》卷四二七《张戬传》、吕祖谦《皇朝文鉴》卷一四四、冯从吾《关学编》卷一《天祺张先生》、孙奇逢《理学宗传》卷四、武澄《张子年谱》、张骥《关学宗传》卷二《张天祺先生》等。

[考辨] 〔清〕归曾祁《横渠先生年谱》载张戬生于"乾兴八年庚午";但又于张载生年条云:"吴氏荣光《历代名人年谱》张子厚一作生于天圣九年辛未,年四十七,系先生之弟戬非先生也;且戬生于天圣八年,亦非九年。"(归曾祁:《横渠先生年谱》,《儒藏》史部第58册,四川大学出版社,2007年,497页。《儒藏》本所录归氏年谱据1913年《孔教会杂志》第1卷第6号所载排印)可见,归氏《年谱》所云"乾兴"当为"天圣",可能是排印时所出现的讹误。此外,核查吴荣光《历代名人年谱》仍系张载生年为"天禧四年",亦未如归氏所云"生于天圣九年"。

宋仁宗天圣九年　辛未(公元1031年)

吕大钧生 吕大钧(1031-1082),字和叔,原籍汲郡(今河南汲县西南),祖父吕通葬于蓝田(今陕西蓝田)后,遂为蓝田人。乃吕大忠、吕大防之弟,吕大临之兄,张载门人。吕大钧生平以圣门事业为己任,推行礼教、敦化风俗,学者称之为"京兆先生"。据范育《吕和叔墓表》、朱熹《伊洛渊源录》等载,吕大钧卒于元丰五年(1082),年52岁,故推知其生于是年。

[文献] 〔宋〕范育《吕和叔墓表》:"元丰五年岁次壬戌,六月癸酉,吕君和叔卒。……君讳大钧字和叔,其先汲郡人。皇考鹄,赠司封员外郎。王考通,太常博士,赠兵部侍郎。考蕡,比部郎中,赠左谏议大夫。由兵部葬京兆蓝田,故子孙为其县人焉。……数月,感疾,卒于延州官舍。享年五十有二。"(陈俊民:《蓝田吕氏遗著辑校》,中华书局,1993年,611页)〔宋〕朱熹《伊洛

渊源录》卷八《行状略》:"君讳大钧,字和叔,姓吕氏。其先汲郡人,自祖而下葬蓝田,故今为京兆人。……以元丰五年夏六月癸酉感疾卒,年五十有二。"《宋史》卷三四〇《吕大钧传》:"大钧字和叔。父蕡,六子,其五登科,大钧第三子也。……会伐西夏,鄜延转运司檄为从事。……未几,道得疾,卒,年五十二。"其事迹又见李幼武《道学名臣言行外录》卷六、《东都事略》卷一〇七、张舜典《明德集》、黄宗羲《宋元学案》卷三一《吕范诸儒学案》等。

宋仁宗景祐四年　丁丑(公元1037年)

张载与邻人焦寅交游

[文献]　吕大临《横渠先生行状》:"(张载)少孤自立,无所不学。与邻人焦寅游,寅喜谈兵,先生说其言。当康定用兵时,年十八,慨然以功名自许,上书谒范文正公。"(《张载集》,381页)《宋史》卷四二七《张载传》:"少喜谈兵,至欲结客取洮西之地。年二十一,以书谒范仲淹,一见知其远器,乃警之曰:'儒者自有名教可乐,何事于兵。'因劝读《中庸》。"又参见冯从吾《关学编》卷一《横渠张先生》、黄宗羲《宋元学案》卷一七《横渠学案上》等。

[考辨]　宋仁宗康定元年(1040)范仲淹任陕西招讨副史兼知延州,用兵西北。时年张载21岁(参见"张载以《边议》谒范仲淹,仲淹劝之读《中庸》"条考辨)。吕大临《行状》云在康定用兵时,张载18岁。虽记载有误,但似乎指张载在18岁时,已与焦寅交游。焦寅事迹现已不可考,但是张载思想深受其影响是肯定的,以致于后来张载写《边议》等文、谈论置兵御边之策。〔清〕武澄《张子年谱》亦云:"若十八以前则其年太幼,断非出交之时;且寅言能为先生悦,寅必非常人,亦无向一童子妄语用兵之理。又按:《宋史》:'先生少喜谈兵,至欲结客取洮西之地。'所谓客指焦寅也。"(《张子年谱》,《宋明理学家年谱》第1册,37页)武氏推论有其道理,故暂置此事于是年,以俟新考。

宋仁宗宝元元年　戊寅(公元1038年)

游师雄生

游师雄(1038－1097),字景叔,京兆武功(今陕西武功)人。张载门人。游师雄志气豪迈,学以经世安邦,计议防御边事,多有建树。张舜民《游公墓志铭》《续资治通鉴长编》志其卒年为绍圣四年(1097),《东都事略》《宋史》等记其卒年为60岁,故推知其生于是年。

[文献]〔宋〕张舜民《游公墓志铭》:"公讳师雄,字景叔,姓游氏,世居京兆之武功。……四年,自陕及雍大旱,公日夕斋戒祷雨。……七月六日,以疾卒于治,享年六十。"(《全宋文》第83册,361-367页)《续资治通鉴长编》卷四八九:"(绍圣四年七月)朝奉郎、直龙图阁、权知陕州游师雄卒。"《东都事略》卷九一:"游师雄字景升,京兆武功人也。……朝廷令熙河限二岁一进,师雄曰:'如此非所以来远人也。'未几,还秦,移陕州以卒,年六十。"《宋史》卷三三二《游师雄传》:"游师雄字景叔,京兆武功人。学于张载,第进士。……朝廷令熙河限其二岁一进。师雄曰:'如此,非所以来远人也。'未几还秦,徙知陕州。卒,年六十。师雄慷慨豪迈,有志事功,议者以用不尽其材为恨。"又见康海《武功县志》卷六、黄宗羲《宋元学案》卷三一《吕范诸儒学案》、李元春《关学续编》之《景叔游先生》、张骥《关学宗传》卷六《游景叔先生》等。

宋仁宗康定元年　庚辰(公元1040年)

张载以《边议》谒范仲淹,范仲淹劝其读《中庸》　时值范仲淹任陕西招讨副使兼知延州(今陕西延安),张载作《边议》九条,并上《边议》于范仲淹。《边议》内容包括"选史行边""募善守之人,计定兵力""计民以守"、组织民团、"择帅""养兵""用兵"等方面。范仲淹劝其读《中庸》,但是张载归读后,犹未以为足,继而出入佛老数年,后返归研读"六经"。

[文献]　吕大临《横渠先生行状》:"当康定用兵时,年十八,慨然以功名自许,上书谒范文正公。公一见知其远器,欲成就之,乃责之曰:'儒者自有名教,何事于兵!'因劝读《中庸》。先生读其书,虽爱之,犹未以为足也,于是又访诸释老之书,累年尽究其说,知无所得,反而求之《六经》。"(《张载集》,381页)《宋史》卷四二七《张载传》:"(张载)年二十一,以书谒范仲淹,一见知其远器,乃警之曰:'儒者自有名教可乐,何事于兵。'因劝读《中庸》。载读其书,犹以为未足,又访诸释、老,累年尽究其说,知无所得,反而求之《六经》。"朱熹《六先生画像赞》赞张载云:"早悦孙吴,晚逃佛老。勇撤皋比,一变至道。"(朱熹:《朱子文集》,台北德富文教基金会出版,2000年,4210页)又参见黄宗羲《宋元学案》卷一七《横渠学案上》,马理、吕柟所纂《〔嘉靖〕陕西通

志》卷二八,冯从吾《关学编》卷一《横渠张先生》等。

[考辨] 关于张载谒见范仲淹时的年龄。主要有四说:一为20岁说。〔宋〕吕中《宋大事记讲义》卷一四《张横渠之学》:"康定用兵时,年方二十上书谒范仲淹。淹曰:'儒者自有名教。'因劝读《中庸》。"〔清〕沈坤山《编年考》卷五:"张载,长安人。少喜谈兵,……年二十以书谒范仲淹。淹谓之曰:'儒者自有名教可乐,何事于兵。'因劝之读《中庸》。"二为18岁说。吕大临《横渠先生行状》持此说。此外,〔宋〕李幼武《道学名臣言行外录》卷四亦云:"当康定用兵时,年十八,慨然以功名自许,上书谒范文公。"(《道学名臣言行外录》,载《宋名臣言行录外集》,清麓丛书本)《东都事略》卷一〇七,陈均《宋本皇朝编年纲目备要》卷二〇,马理、吕柟《〔嘉靖〕陕西通志》,周汝登《圣学宗传》,孙奇逢《理学宗传》,今人吴康《张横渠学说》,韦政通《中国思想史》等亦从此说。三为康定用兵时18岁,上书时为21岁之说。〔清〕余丙捷撰、李元春增辑《学宫辑略》云:"康定用兵时,年十八。慨然以功名自许,欲结客取洮西之地。二十一岁上书谒范仲淹。"四为21岁说。《宋史》、〔明〕郭子章《圣门人物志》、〔清〕韩镛修纂《〔雍正〕凤翔县志》、〔清〕武澄《张子年谱》、〔清〕归曾祁《横渠先生年谱》、今人侯外庐等主编《宋明理学史》、冯友兰《中国哲学史新编》、张岱年《张载——十一世纪中国唯物主义哲学家》等均记此事于21岁。然而,据武澄《张子年谱》考证:"先生卒于熙宁十年,享年五十有八。考熙宁十年距康定元年共三十七年,则当康定时,先生乃二十一岁。而《行状》云年十八,则不当在康定时。在康定时,则不当云年十八,自相矛盾,其失不辨而明。至《纲目》又以谒范文正公,时年二十,亦误。惟《宋史·道学传》以为年二十一为适当。康定元年证之《纲目》:是年夏,范文正公始为陕西招讨副使兼知延州,极为有据。若年十八,则为景祐四年。年二十则为宝元二年,彼时范文正公尚贬知饶州、越州,先生何由而以兵策谒之乎?"(《张子年谱》,《宋明理学家年谱》第1册,39页)武氏所考精当。又据以下史料:《续资治通鉴长编》卷一二〇:"(景祐四年十二月)壬辰,徙知饶州范仲淹知润州,监筠州税余靖监泰州税,夷陵县令欧阳修为光化县令,上谕执政令移近地故也。"〔宋〕陈均《宋本皇朝编年纲目备要》卷一一:"(康定元年)五月……置陕西都部署兼经略安抚招讨使(以知永兴军夏竦为使,范仲淹、韩琦副之)……八月……以范仲淹知延州。"〔宋〕彭百川《太平治迹统类》卷一〇:"四年十二月壬辰徙知饶州,……徙范仲淹。既徙润州,逸者恐其复用。"《宋

史》卷三一四《范仲淹传》:"元昊反,召为天章阁待制、知永兴军,改陕西都转运使。会夏竦为陕西经略安抚、招讨使,进仲淹龙图阁直学士以副之。……延州诸砦多失守,仲淹自请行,迁户部郎中兼知延州。"可见,景祐四年(1037)十二月,张载18岁时,范仲淹刚徙知润州,尚未担任陕西招讨副史,兼知延州。吕中《宋大事记讲义》、沈坤山《编年考》等志为20岁,误矣。吕大临《行状》、李幼武《道学名臣言行外录》志为18岁,亦违背史实。故从《宋史》"二十一"岁说。

关于谒见所上之书。武澄《张子年谱》云:"上范文正公书恐即是《文集》所载《边议》。是年元昊猖獗矣,官军莫敢撄其锋,惟鄜州将种世衡能守要地以御寇。证之《边议》,时事悉合,且其议论,颇有策士风的,是先生少年文字无疑。"(《张子年谱》,《宋明理学家年谱》第1册,39页)又据吕大临《横渠先生行状》:"(张载)少孤自立,无所不学。与邠人焦寅游,寅喜谈兵,先生说其言。"(《张载集》,381页)《宋史》卷四二七《张载传》:"少喜谈兵,至欲结客取洮西之地。"亦可佐证武氏之论。面对西夏侵犯西北边境,元昊反叛等现实情况,少年张载最为关注的理应是边境问题,而作《边议》九条上范仲淹,当在情理之中。

关于张载为"高平门人"说。《宋元学案》最早明确将张载志为高平门人。《宋元学案》卷三《高平学案》中全祖望云:"高平(范仲淹)一生粹然无疵,而导横渠以入圣人之室,尤为有功。"卷一七《横渠学案》又云:"(范仲淹)责之曰:'儒者自有名教可乐,何事于兵!'手《中庸》一编授焉,(张载)遂翻然志于道。已求诸释、老,乃反求之《六经》。"〔宋〕邵伯温《邵氏闻见录》卷一三亦记载此事云:"未开熙河前,关中士人多言其利害,虽张横渠先生之贤,少时亦欲结客以取。招置府第,俾修制科,至登进士第,其志乃已。"卷一五又云:"范文正公帅延安,闻之,馆于府第,俾修制科,与天祺(张戬)皆登进士第。"邵氏之说或为《宋元学案》志张载为"高平门人"的根源。但是,从史实上看,张载为学常俯读仰思、苦力经营、求之于己心。其为学之路,并没有深受范仲淹的影响,在思想上也难寻求其继承性。又何况此后张载仍求诸于释老,而后返求之于"六经"。由此看,《宋元学案》将张载志为"高平门人",并不妥帖。再从范仲淹身份及北宋西北边境的局势看,似乎范仲淹劝青年张载读《中庸》,乃是希望其先涵养自己,以图日后更大的发展。此外,从庆历二年(1042)张载所撰《庆州大顺城记》的内容看,仍在颂扬范仲淹的军事政策,依然在言兵,并没有立刻"翻然志于道"。有关此事,陈俊民认为:"完全没有师承的学派,总是同儒学传统不相容,也是难成气候的。因此,在以'溯导源之功'竞长,'以讲学宗派相高'的宋明学术风气下,全祖望终于给张载找到了师承。……张载之说出于高平之说,原来是全祖望、王梓材等'追溯'出来的。"(陈俊民:《张载哲学思想及关学学派》,人民出版社,1986年,7页)陈氏又说:"范仲淹之所以劝张载读《中庸》,是因为'知其远器',发现他在学术上可能有发展前途。知人善用,鼓励提携,这对张载进入理学活动,创立关学,成为著名理学家,诚然关系重大,但他们之间并无师承关系。"(《张载哲学思想及关学学派》,8页)陈说虽具有推测性,但有一定的道理,故备置于此。此外,朱建民说:"据李焘续资治通鉴长编卷一一九,范仲淹于康定元年亦曾以左氏春秋授狄青,而狄青由是折节读书。由此记载,易使人联想,范仲淹之授中庸,亦是张载折节读书之转折关键。范仲淹的劝告固对张载有些影响,但是这种影响也未必像《宋元学案》所说的,大到使张载'遂翻然志于道'的程度。庆历三年(公元一〇四三)张载撰《庆州大顺城记》,时距范仲淹之劝读中庸已有三年。然观此文,通篇皆在颂扬范仲淹的军事措施,也显示张载并未因范仲淹一句'何事于兵'而即时忘情兵事。此外,范仲淹劝张载读中庸,是否完全即是出于振兴儒学的立场,亦有可疑。当时宋朝武事不振而外患频仍,热血青年如张载者,颇有人在。然而仅凭热情,却不知现实情势,贸然行动只是以卵击石。范仲淹面对如此青年,而劝之读书,恐多是出于现实上的考虑。"(朱建民:《张载思想研究》,文津出版社,1989年,15页)亦可备一说。

吕大临生 吕大临(1040—1093),字与叔,原籍汲郡(今河南汲县西南),祖父葬蓝田(今陕西蓝田)后,遂为蓝田人。乃吕大忠、吕大防、吕大钧之弟,张载门人。生平无意仕进,"修身好学,行如古人",博通六经,尤邃于礼。据吕大防撰写的关于吕大临的《祭文》,推知吕大临生于是年。

[文献] 《宋史》卷三四〇《吕大临传》:"大临字与叔。学于程颐,与谢良佐、游酢、杨时在程门,号'四先生'。通《六经》,尤邃于《礼》。……元祐中,为太学博士,迁秘书省正字。范祖禹荐其好学修身如古人,可备劝学,未及用而卒。"朱熹《伊洛渊源录》卷八载关于吕大临的《祭文》:"呜呼!吾十有四年而子始生。其幼也,吾抚之,其长也,吾诲之,以至宦学之成,莫不见其始终,于其亡也,得无恸乎,得无恸乎!子之学,博及群书,妙达义理,如不出诸口。子之行,以圣贤为法。其临政事,爱民利物,若无能者。子之文章,几及

古人,薄而不为。四者皆有以过人,而其命乃不偶于世,登科者二十年,而始改一官,居文学之职者七年而逝,兹可哀也已,兹可痛也已!子之妇翁张天祺尝谓人曰:'吾得颜回为婿矣。'其为人所重如此。"〔宋〕李幼武《道学名臣言行外录》卷六:"汲公《祭文》曰'子之学,博及群书,妙达义理,如不出诸口。……其为人所重如此。"《宋元学案》卷三一《吕范诸儒学案》:"吕大临,字与叔,和叔之弟。兄弟俱登科,惟先生不应举,以门荫入官,曰:'不敢掩祖宗之德也。'元祐中,为太学博士、秘书省正字。范学士祖禹荐其修身好学,行如古人,可充讲官,未及用而卒,年四十七。"其事迹又参见《续资治通鉴长编》卷四七二、李幼武《道学名臣言行外录》卷四、朱熹《伊洛渊源录》卷八、周汝登《圣学宗传》卷八、冯从吾《关学编》卷一《与叔吕先生》、张舜典《明德集》、孙奇逢《理学宗传》卷一五等。

[考辨] 关于吕大临的生年,学术界多有歧说(详见"吕大临卒"条考辨)。〔宋〕李幼武《道学名臣言行外录》征引《伊洛渊源录》所收《祭文》时,并注明为汲公吕大防所作。今据《祭文》"吾十有四年而子始生"语知,吕大临年少吕大防十四岁。吕大防生于天圣五年(1027)(见"吕大防生"条),故推知吕大临生于是年。

宋仁宗庆历二年　壬午(公元1042年)

张载作《庆州大顺城记》　范仲淹为了防御西夏南侵,在安阳府城(今甘肃庆阳)西北修筑大顺城。竣工时,特请张载撰文以资纪念。张载是文极力赞扬范仲淹"连壁""保兵储粮"、避敌徐图等军事措施。

[文献] 张载《庆州大顺城记》:"庆历二年某月〔某〕日,经略元帅范公仲淹,镇役总若干,建城于柔远寨东北四十里故大顺川,越某月〔某〕日,城成。汴人张载谨次其事,为之文以记其功。词曰:兵久不用,文张武纵,天警我宋,羌蠢而动。恃地之疆,谓兵之众,傲侮中原,如抚而弄。天子曰:'嘻!是不可舍。养奸纵残,何以令下!'讲谟于朝,讲士于野,鍖刑斧诛,选付能者。皇皇范侯,开府于庆,北方之师,坐立以听。公曰:'彼羌,地武兵劲,我士未练,宜勿与竞,当避其疆,徐以计胜。吾视塞口,有田其中,贼骑未迹,卯横午纵。余欲连壁,以御其冲,保兵储粮,以俟其穷。'将吏椽曹,军师卒走,交口同辞,乐赞公命。月良日吉,将奋其旅,出卒于营,出器于府,出币于帑,出粮于庾。公

曰:'戒哉! 无败我举! 汝砺汝戈,汝錾汝斧,汝干汝诛,汝勤汝与!'既戒既言,遂及城所,索木箕土,编绳奋杵。胡虏之来,百千其至,自朝及辰,众积我倍。公曰:'无哗! 是亦何害! 彼奸我乘,及我未备,势虽不敌,吾有以恃。'爰募疆弩,其众累百,依城而阵,以坚以格。戒曰:'谨之,无斗以力! 去则勿追,往终我役。'贼之逼城,伤死无数,谟不我加,因溃而去。公曰:'可矣,我功汝全;无怠无遽,城之惟坚。'劳不累日,池阵以完,深矣如泉,高焉如山,百万雄师,莫可以前。公曰:'济矣,吾议其旋。'择士以守,择民而迁,书劳赏才,以铁以筳。图到而止,荐闻于天。天子曰:'嗟! 我嘉汝贤。'锡号大顺,因名其川。于金于汤,保之万年。"(《张载集》,353－354 页)《续资治通鉴长编》卷一三六:"(庆历二年五月)庆之西北马铺寨,当后桥川口,深在贼腹中,范仲淹欲城之,度贼必争,密遣子纯佑与蕃将赵明先据其地,引兵随其后。诸将初不知所向,行至柔远,始号令之,版筑毕具,旬日城成,是岁三月也,寻赐名大顺。"下注又云:"按范仲淹奏议,仲淹欲城大顺,以三月十三日往柔远寨驻札,遣将密行占得寨地。又仲淹集有三月二十七日自大顺回见桃花诗,四月三日奏乞以寨为城,名曰大顺,今因行赏,乃著其事。"《宋史》卷三一四《范仲淹传》:"改邠州观察使,仲淹表言:'观察使班待制下,臣守边数年,羌人颇亲爱臣,呼臣为'龙图老子',今退而与王兴、朱观为伍,第恐为贼轻矣。'辞不拜。庆之西北马铺砦,当后桥川口,在贼腹中。仲淹欲城之,度贼必争,密遣子纯佑与蕃将赵明先掳其它,引兵随之。诸将不知所向,行至柔远,始号令之,版筑皆具,旬日而城成,即大顺城是也。"

[考辨] 关于张载作《庆州大顺城记》的时间。学界有三说:一,庆历元年(1041)说。武澄《张子年谱》云:"大顺城筑于庆历元年。"(《张子年谱》,《宋明理学家年谱》第1册,40页)二,庆历二年说。归曾祁《横渠先生年谱》持此说。三,庆历三年说。朱建民认为:"庆历三年(公元一〇四三年),张载撰《庆州大顺城记》。"(《张载思想研究》,15页)然而,据"文献"所征引《续资治通鉴》内容可知,此城在庆历二年三月范氏就着手修建,旬日而成。可见,修建相当迅速,至迟不超过是年五月即完工。又据张载《庆州大顺城记》云"城成"可知,张载约在"大顺城"建成后应范仲淹之请作文。因此,武氏、朱氏之说均误。

宋仁宗皇祐元年　己丑（公元1049年）

吕大防登进士第

［文献］《宋史》卷三四〇《吕大防传》："吕大防字微仲,其先汲郡人。祖通,太常博士。父贲,比部郎中。通葬京兆蓝田,遂家焉。大防进士及第,调冯翊主簿、永寿令。"晁公武《郡斋读书志》卷一九载录"吕汲公文录二十卷掇遗一卷"云："右皇朝吕大防微仲,京兆蓝田人。皇祐初,中进士第。"〔清〕刘于义等修,沈青崖等纂《〔雍正〕陕西通志》卷三〇："皇祐元年冯京榜：吕大防,蓝田人,及第。"又见《〔乾隆〕西安府志》卷四二、《〔光绪〕蓝田县志》卷五等。

宋仁宗皇祐二年　庚寅（公元1050年）

刘公彦生　刘公彦(1050－1079),字君俞,高密诸城（今山东诸城）人。张载门人。为人"笃于孝友,恭谨恂恂,不妄言动"；为学刻励勤修,重视明辨,深造力行。根据李复《刘君俞墓志铭》记载,刘公彦卒于元丰二年(1079),享年30岁,故逆推其生于是年。

［文献］李复《潏水集》卷八《刘君俞墓志铭》："友讳公彦,字君俞,姓刘氏,高密诸城人也,少从学于横渠子张子,刻励修洁,笃于孝友,恭谨恂恂,不妄言动。其于学也,务明辨,深造而力行之,常曰善无待于外也,明于己而已道未能行于遂也,施于家而已。……元丰二年七月二十三日以疾终,享年三十。"其事迹又见李复所作《答刘君俞》《同刘君俞城西寺避暑》《和刘君俞游华严寺谒文禅师》等诗文。

宋仁宗皇祐三年　辛卯（公元1051年）

种师道生　种师道(1051－1126),字彝叔,初名建中,后避宋徽宗号改为师极,诏赐师道,洛阳（今河南洛阳）人。张载门人。种师道为人"色庄气壮,顾视有威,寡言笑谨,许可量度,阔远接物"；且在政事、军事等方面均做出了巨大贡献,甚为时人所推重。根据折彦质所撰《行状》《东都事略》等记载,种师道卒于靖康元年(1126),享年76岁,故逆推知其生于是年。

[文献] 〔宋〕徐梦莘《三朝北盟会编》卷六〇《靖康中帙三十五》:"靖康元年十月二十九日辛酉尽其日,太尉镇洮军节度使、同知枢密院事种师道卒。……折彦质撰公《行状》曰:'公讳师道,字彝叔,其先河南人。……公色庄气壮,顾视有威,寡言笑谨,许可度量,阔远接物,至诚为族党乡里推重,开府公每以公辅期之识者,不以为过。少从横渠张载学,多见前辈长者,练达事务,洞晓古今。'"《东都事略》卷一〇七:"种师道字彝叔,世衡之孙也。……复召还,既至,病不能见,卒于第,年七十六。"《宋史》卷三三五《种师道传》:"师道字彝叔。少从张载学,以荫补三班奉职,试法,易文阶,为熙州推官、权同谷县。……太原陷,又使巡边。次河阳,遇王汭,揣敌必大举,亟上疏请幸长安以避其锋。大臣以为怯,复召还。既至,病不能见。十月,卒,年七十六。"其事迹又见《宋元学案》卷三一《吕范诸儒学案》《宋会要辑稿》职官七七之六四、《建炎以来系年要录》卷九〇等。

[考辨] 关于种师道籍贯。《宋史》卷四五七《种放传》:"种放字明逸,河南洛阳人也。"《宋史》卷三三五《种世衡传》:"种世衡字仲平,放之兄子也。……子古、谔、诊,皆有将材。关中号曰'三种'。谊,其幼子也。孙朴、师道、师中。"种放乃种师道伯祖父。《宋史》云种放"河南洛阳人",故亦志种师道籍贯为河南洛阳。

宋仁宗皇祐四年　壬辰(公元1052年)

李复生　李复(1052－1128),字履中,世称潏水先生。原籍开封祥符县(今河南开封),因其父累官关右,遂为京兆(今陕西西安)人。张载门人。在张载殁后,李复传播关学,故常被某些学者视为"关学正传"。据《潏水集》卷八《李居士墓志铭》记载,熙宁二年(1069)李复18岁,故推知其生于是年。

[文献] 李复《潏水集》卷八《李居士墓志铭》:"世家开封祥符县,先人累官关右,遂居京兆,今为京兆人。"《潏水集》卷八《恭人范氏墓志铭》:"熙宁二年(1069)予生十八年矣,来长安居。"〔元〕危素《<潏水集>序》:"公讳复,字履中。世家开封之祥符,其先人累官关右,遂为京兆人。"《宋元学案》卷三一《吕范诸儒学案》:"李复,字履中,长安人也。(云濠案:先生世居开封祥符,以父官关右,遂为长安人。《朱子语录》称为闽人,盖传写之误)学者称为

潏水先生。以进士累官中大夫、集英殿修撰。先生于吕、范诸子为后辈,然仍及横渠之门。"又参见陆心源《宋史翼》卷八。

[考辨] 关于李复的出生地、少年迁居地。《潏水集》卷一六《予幼侍先人作邑夏阳。元丰五年来摄是邑,过瀵泉题其亭壁》云:"井邑依然旧物华,行穿溪树踏溪沙。路傍故老遥惊认,七年前先令家。"以元丰五年(1082)逆推十七年,即治平元年(1064),时李复13岁。是年,李复因其父官夏阳(今陕西韩城市南)县令,而迁居夏阳。又据《潏水集》卷八《李居士墓志铭》所云,李复出生地当在开封祥符县。其诗文题属为"赵郡李某","赵郡"即指祥符县赵氏郡望。《潏水集》卷八《恭人范氏墓志铭》又载:"熙宁二年予生十八年矣,来长安居。"熙宁二年(1069),李复始定居长安,故又遂为京兆人。《晦庵先生朱文公集》卷七一《记和静先生五事》云:"闽中人李复,字履中,及识横渠先生,绍圣间为西边使者。"《晦庵先生朱文公集》卷六〇《答王南卿》又云:"信州有《潏水集》印本,乃长安人李复之文。"显然,朱熹二说存在矛盾。故《四库全书总目》注云:"复非闽人,此句或传写之误。"(《四库全书总目》卷155集部8别集类8)此外,在李复诗文中也存在题属"东蒙李某履中"的情况,如《潏水集》卷七《送卫奕致任归诗序》。对此,清儒钱大昕云:"履中家于长安,而自题赵郡,盖举郡望言。又或自题东蒙,则未详其故矣。"(钱大昕:《十驾斋养新录》,《嘉定钱大昕全集》第7册,江苏古籍出版社,1997年,393页)钱氏之论虽揭示李复自题长安、赵郡之因,但对其题属"东蒙"则以"未详其故"论之。近人胡玉缙《四库全书总目提要补正》卷四七别集五"《潏水集》十六卷"下考证云:"其事迹不见于《宋史》。案钱大昕《养新录》,据集中所见,考其历官颇详,以为元丰二年进士,终于集贤殿修撰。又云'履中家于长安,而自题赵郡,盖据郡望而言,又或自题东蒙,则未详其故矣?'(郑翼谨案:《老学庵笔记》九中有'东蒙盖终南峰名,杜诗"故人昔隐东蒙峰",种放有《东蒙新居诗》,皆长安也。注杜者妄引颛臾事以为鲁地。')"(胡玉缙:《四库全书总目提要补正》,上海书店出版社,1998年,1296-1297页)胡氏所引郑翼案语甚是,"东蒙"言指"长安",故可佐证李复曾寓居长安之事。

游师雄入京兆学

[文献] 〔宋〕张舜民《游公墓志铭》:"公讳师雄,字景叔,姓游氏,世居京兆之武功。……年十五,入京兆学,益自刻励,蚤暮不少休。同舍生始多少

之,已而考行试艺,屡居上列,人畏敬,无敢抗其锋。横渠张载,以学名家,公日从之游,益得其奥,由是名振一时。"(《全宋文》第 83 册,361 页)〔清〕李元春《关学续编》之《景叔游先生》:"先生讳师雄,武功人。少著文学,游张横渠门,益得其奥。"又参见《宋史》卷三三二《游师雄传》《宋元学案》卷三一《吕范诸儒学案》《关学宗传》卷六《游景叔先生》等。

[考辨] 游师雄生于仁宗宝元元年(1038)(见"游师雄生"条),是年 15 岁,入京兆学。

宋仁宗皇祐五年　癸巳(公元 1053 年)

张戬登进士第

[文献] 张载《张天祺墓志铭》:"博士讳戬,世家东都,策名入仕,历中外二十四年。……生四十七年而暴终他馆。"(《张载集》,366 页)吕大临《张御史行状》:"(张戬)既冠,登进士第,调陕州阌县主簿,移凤翔普润县令。"(《全宋文》第 110 册,186 页)又参见冯从吾《关学编》卷一《天祺张先生》、张骥《关学宗传》卷二《张天祺先生》等。

[考辨] 关于张戬举进士的时间。《凤翔府志》载为庆元二年。武澄《张子年谱》辩驳云:"澄按:《天祺行状》:既冠登进士第。《眉志》:戬世家东都,策名入仕,历中外二十四年,生四十七年而暴终,时熙宁九年三月朔旦也。熙宁九年距皇祐五年适二十四年。是年,戬二十四岁,与《行状》'既冠'之说极合,故知戬举进士在是年。而《凤翔府志》则以戬举进士在庆元二年。考庆元乃南渡后宋宁宗年号,是时戬物故已百有余年矣。或疑庆元'元'字,恐是'历'字之误,不知庆历二年,戬方十三岁。"(《张子年谱》,《宋明理学家年谱》第 1 册,43 页)武氏考论合理,故从之,志张戬于是年举进士。

吕大忠登进士第

[文献] 《吕大忠墓志》:"公讳忠,字进伯……年二十九,皇祐五年中进士。"《宋史》卷三四〇《吕大忠传》:"大忠字进伯,登第,为华阴尉、晋城令。"《郡斋读书志》卷一九载录"吕晋伯辋川集五卷奏议十卷"云:"右皇朝吕大忠字晋伯,蓝田人,汲公之兄。皇祐中进士。"〔清〕舒其绅等修、严长明等纂《〔乾隆〕西安府志》卷四二:"皇祐五年郑獬榜:马约、宋仕诚、杨芳,(俱耀州人)吕大忠(蓝田人)。"又见《〔光绪〕蓝田县志》卷五。

[**考辨**] 龚延明、祖慧所撰《宋登科记考》将吕大忠列入附录"阙年进士登第人"中(参见《宋登科记考》<五>,江苏教育出版社,2005年,1889页),不载其登进士第时间,失考。

宋仁宗至和元年 甲午(公元1054年)

苏昞约生于是年 苏昞(约1054-1104年后不久)字季明,陕西武功人。张载门人。苏昞"德性纯茂,强学笃志"。张载《正蒙》撰成,苏昞知其大旨,编次并序之。据《伊洛渊源录》《宋史》等载,元祐末,吕大忠举荐苏昞,吕大临撰写《代伯兄(吕大忠)荐苏昞状》时,苏昞为四十岁。"元祐"共八年,故暂依元祐八年(1093),逆推知其生于是年。

[**文献**] 《宋史》卷四二八:"苏昞字季明,武功人。始学于张载,而事二程卒业。元祐末,吕大中(忠)荐之,起布衣为太常博士。坐元符上书入邪籍,编管饶州,卒。"朱熹《伊洛渊源录》卷九《苏学士》:"名昞,字季明,武功人。亦横渠门人,而卒业于程氏者。元祐末,吕进伯荐之,自布衣召为博士。"冯从吾《关学编》卷一《季明苏先生》:"先生名昞,字季明,武功人。同邑人游师雄,师横渠张子最久,后又卒业于二程子。……元祐末,吕进伯大忠荐曰:'臣某伏见京兆府处士苏昞,德性纯茂,强学笃志,行年四十,不求仕进,从故崇文校书张载学,为门人之秀,秦之贤士大夫亦多称之。如蒙朝廷擢用,俾充学宫之选,必能尽其素学,以副朝廷乐育之意。'乃自布衣召为太常博士。"又参见李幼武《道学名臣言行外录》卷六、康海《武功县志》卷六、陆心源《元祐党人传》卷六、《[雍正]陕西通志》卷六三等。

[**考辨**] 关于苏昞生年,参见"吕大临撰《代伯兄(吕大忠)荐苏昞状》"条及"吕大临卒"条考辨。

张载讲学长安

[**文献**] 吕大临《横渠张先生行状》:"(张载)方未第时,文潞公以故相判长安,闻先生名行之美,聘以束帛,延之学宫,异其礼际,士子矜式焉。"(《张载集》,382页)

[**考辨**] 关于张载讲学长安的时间。武澄《张子年谱》将此事志于治平二年(1065),并考辨云:"潞公判永兴军在英宗时,永兴军即所谓长安也。时先生登进士第已八年矣。若方未第时,则潞公尚同平章事,并无以故相判长

安之说。考潞公皇祐三年免知益州,嘉祐三年罢判河南,治平二年始判长安。"(《张子年谱》,《宋明理学家年谱》第1册,48页)但是,据吕大临《行状》知此事发生在张载中进士(张载于嘉祐二年中进士,参见"张载、吕大钧同登进士第,相交为友"条)之前,时文彦博为"故相",且在长安(今西安)处理政务。考索以下史料:《续资治通鉴长编》卷一七一:"(皇祐三年十月)丁酉,殿中侍御史里行唐介,责授春州别驾。……于是劾宰相文彦博:'专权任私,挟邪为党。知益州日,作间金奇锦,因中人入献宫掖,缘此擢为执政。及恩州平贼,幸会明镐成功,遂叨宰相。昨除张尧佐宣徽、节度使,臣累论奏,面奉德音,谓是中书进拟,以此知非陛下本意。盖彦博奸谋迎合,显用尧佐,阴结贵妃,外陷陛下有私于后宫之名,内实自为谋身之计。'"又云:"庚子,礼部尚书、平章事文彦博罢为吏部尚书、观文殿大学士、知许州。"《续资治通鉴长编》卷一七五:"(皇祐五年闰七月)辛未,徙知青州文彦博知秦州,知秦州张昇知青州。……御史中丞孙抃言:'朝廷昨者筑城境外,众蕃之心已皆不安。今又特命旧相临边,事异常例,是必转增疑虑,或生他变。况闻知永兴军晏殊秩将满,朝廷必藉彦博才望,不若遣镇关中,兼制秦凤事宜,庶蕃部不至惊扰,在于国体,实为至便。'"又云:"(八月)戊申,观文殿大学士、吏部尚书、新知秦州文彦博为忠武节度使、知永兴军兼秦凤路兵马事,始用孙抃之言也。"《续资治通鉴长编》卷一八〇:"(至和二年六月)戊戌,忠武军节度使、知永兴军文彦博为吏部尚书、平章事、昭文馆大学士。"(此外,文彦博事迹又见徐自明《宋宰辅编年录》卷五、邵伯温《邵氏闻见录》卷二、王楙《野客丛书》之"附录"、吕中《宋大事记讲义》卷九、潘永因《宋稗类钞》卷二四等)。可见,文彦博于皇祐三年(1051)十月,受唐介弹劾,罢去了"平章事"(即"宰相"),黜免为吏部尚书、观文殿大学士,外知许州。皇祐五年(1053)七月,文彦博又徙为观文殿大学士、吏部尚书、知秦州(今甘肃天水),八月又徙为忠武军节度使、知永兴军兼秦凤路兵马事。永兴军的首府即京兆府(今陕西西安)。到了至和二年(1055)六月,文彦博又迁升为吏部尚书、平章事、昭文馆大学士,恢复了宰相之位,也应当于此时回到京师汴梁(今河南开封)。因此,在皇祐五年八月至至和二年六月间,被罢相的文彦博由于知永兴军等政务的原因,留住于长安。也是在这段时间内,文彦博聘张载于长安学宫讲学。可见,武澄"治平二年"说,失考于文彦博官职变动的史实,误矣。又因为张载受聘在皇祐五年(1053)八月到至和二年(1055)六月之间,故暂置此事于至和元年(1054),

以俟进一步考察。

约于此时,游师雄求学于张载

[文献] 〔宋〕张舜民《游公墓志铭》:"公讳师雄,字景叔,姓游氏,世居京兆之武功。……年十五,入京兆学,益自刻励,蚤暮不少休。同舍生始多少之,已而考行试艺,屡居上列,人畏敬,无敢抗其锋。横渠张载,以学名家,公日从之游,益得其奥,由是名振一时。"(《全宋文》第83册,361页)《关学编》卷一《季明苏先生》:"(苏昞)同邑人游师雄,师横渠张先生最久。"〔清〕李元春《关学续编》之《景叔游先生》:"先生讳师雄,武功人。少著文学,游张横渠门,益得其奥。"

[考辨] 皇祐四年(1052)游师雄入京兆求学(据"游师雄入京兆学"条),约在一两年(1053、1054)后,张载受文彦博的邀请,讲学长安学宫,这也是现存史料中张载最早的讲学活动。又据《关学编》载,苏昞与游师雄"师横渠张先生最久",亦可佐证,约在这一时期游师雄求学于张载。

宋仁宗嘉祐元年 丙申(公元1056年)

张载在京师讲《周易》,与二程共语道学之要 是年,张载至京师汴梁,并在京师设虎皮椅讲《易》,与前来听讲的程颢、程颐兄弟讨论《易》及道学之要。通过探讨,张载认为二程对《易》的理解更为深刻,于是撤座罢讲。同时,在这次交流之后,张载不仅对自我为学之道更加坚信,学问益进;而且张载的易学思想也愈加明朗,并在某些方面与程氏取得共识,如对《周易》体例的理解,取卦变说等。尤其值得注意的是,在张载这一时期的易学著作《横渠易说》中,一反汉代以来易学中流行的天人感应论与自然无为论,而是通过援"四书"入易及对《系辞》等经传文辞的解释等,论证天道与人道的关系,突出阐发道德价值,这为日后形成"以易为宗"的哲学体系奠定了基础。

[文献] 吕大临《横渠先生行状》:"嘉祐初,见洛阳程伯淳、正叔昆弟于京师,共语道学之要,先生涣然自信曰:'吾道自足,何事旁求!'乃尽弃异学,淳如也。间起从仕,日益久,学益明。"(《张载集》,381-382页)〔宋〕李幼武《道学名臣言行外录》卷四:"嘉祐初,见二程于京师,共语道学之要。"《宋史》卷四二七《张载传》:"尝坐虎皮讲《易》京师,听从者甚众。一夕,二程至,与论《易》,次日语人曰:'比见二程,深明《易》道,吾所弗及,汝辈可师之。'撤坐

辍讲。与二程语道学之要,涣然自信曰:'吾道自足,何事旁求。'于是尽弃异学,淳如也。"《河南程氏遗书》卷二上:"伯淳尝与子厚在兴国寺曾讲论终日,而曰:'不知旧日曾有甚人于此处讲此事。'"又见《河南程氏外书》卷一二、《近思录》卷一四、周汝登《圣学宗传》卷七、冯从吾《关学编》卷一《横渠张先生》、孙奇逢《理学宗传》卷四、黄宗羲《宋元学案》卷一七《横渠学案》等。

[考辨] 关于张载讲《易》的时间。主要有三种说法:一是"嘉祐初"说。上述"文献"中吕大临、李幼武即持此观点。《理学宗传》《宋元学案》、今人侯外庐等主编《宋明理学史》、黄秀玑《张载》等从此说。二是"嘉祐二年"说。〔清〕武澄《张子年谱》持此说:"嘉祐二年,先生因举进士至京师,坐虎皮讲《易》,故《宋史》特载之,而不云嘉祐初者,略也。"(《张子年谱》,《宋明理学家年谱》第1册,45页)今人张岱年《张载——十一世纪中国唯物主义哲学家》、韦政通《中国思想史》、陈俊民《张载哲学思想及关学学派》等从之。三是"嘉祐元年"说。〔清〕归曾祁《横渠先生年谱》持此说。今人朱建民《张载思想研究》亦云:"张载沉潜于儒家典籍中,到了嘉祐元年(公元一〇五六年),便在京师坐虎皮说周易。"(《张载思想研究》,1页)以上三说的差异,实际上是由于对吕大临《行状》中"嘉祐初"理解的不同所致。吕大临《横渠先生行状》云:"先生嘉祐二年登进士第。"(《张载集》,381页)《续资治通鉴长编》卷一八五:"(嘉祐二年)春正月癸未,翰林学士欧阳修权知贡举。先是,进士益相习为奇僻,钩章棘句,寖失浑淳,修深疾之,遂痛加裁抑,仍严禁挟书者。"张载嘉祐二年举进士当属无疑,恰逢是年正月逢欧阳修主考。依"正月"考试推测,张载理应提前于嘉祐元年至京师,讲《易》并与二程讨论学问。据清人池生春、诸星杓《程子年谱》记载,程颢于"嘉祐元年丙申二十五岁至京师",程颐于"嘉祐元年丙申二十四岁至京,始居河南,再至礼泉。"按情理叔侄亦应此时见面,二程前去拜谒张载,恰逢张载讲《易》。故依归曾祁《横渠先生年谱》之说,志此事于是年。

关于张载与二程的学源问题。朱熹认为:"案《行状》(笔者按:指吕大临所作《横渠先生行状》)今有两本,一云'尽弃其学而学焉',一云'于是尽弃异学,淳如也'。其它不同处亦多,要皆后本为胜。疑与叔后尝删改如此,今特据以为定。然《龟山集》中有《跋横渠与伊川简》云:'横渠之学,其源出于程氏,而关中诸生尊其书,欲自为一家。故予录此简以示学者,使知横渠虽细务必资于二程,则其它固可知已。'按横渠有一简与伊川,问其叔父葬事,未有提耳恳激之言,疑龟山所跋,即此简也。然与伊川此言,盖退让不居之意,而横渠之学,实亦自成一家,但其源则自二先生发之耳。"游酢《书〈明道〉行状后》:"先生而有妙质,闻道甚早。年逾冠,明诚夫子张子厚友而师之。"(《二程集》,334页)尹焞门人祁宽所记《尹和靖语》:"横渠昔在京师,坐虎皮,说《周易》,听从甚众。一夕,二程先生至,论《易》。次日,横渠撤去虎皮,曰:'吾平日为诸公说者,皆乱道。有二程近到,深明《易》道,吾所弗及,汝辈可师之。'(逐日虎皮出,是日更不出虎皮也)横渠乃归陕西。"(《二程集》,436—437页)吕大临初作《行状》,杨时、游酢、尹焞所论,甚至朱熹所说"其源则自二先生发之耳",均意在说明横渠之学出自二程。但是,朱熹也不得不承认"横渠之学是苦心得之,乃是'致曲',与伊川异"(黎靖德编:《朱子语类》,中华书局,1986年,2362页)。后世一些学者亦有类似说法,诸如,〔宋〕林駉《古今源流至论前集》卷四《关洛之学》:"大抵有濂溪则有二程,有二程则有横渠……横渠既得于二程,究其为学又不主于二者(笔者按:指"仁""敬"),而主于礼。"〔宋〕黄履翁《古今源流至论别集》卷四《理学异同》亦云:"张氏得伊洛之论也,而有尽弃所学从事于道。……横渠本出于程氏也。而关中诸生欲尊其师,自为一家,乃以弯弓反射横渠乎?"〔明〕黎温《历代道学统宗渊源问对》卷四:"(张载)初无所不学,后闻二程之言,乃尽弃其学而讲焉。"〔明〕刘元卿辑《诸儒学案》之《张横渠学案》:"(张载)既见二程子,尽弃其学焉。"实际上,二程在生前就对"源自二先生"的说法进行了批评,如程颐说:"表叔平生议论,谓与颐兄弟有同处则可;若谓学于颐兄弟,则无是事。"(《二程集》,414—415页)张载年长二程十二三岁,于是年三十七岁,经过多年出入佛老,已语博杂返约于儒家经籍,形成了自己的许多学术观点,如其《横渠易说》约作于此时。若谓张载之学出于二程,于情理不合。自是年后,双方互有书信来往,讨论学问则是事实。对此,清儒张能鳞在所辑《儒宗理要》之《张子》中说:"古人虚心诚朴,无一念自是,无一念欺人。如先生(张载)讲《易》关中,二程来过,相与论《易》,遂自撤其皋比,曰:'吾不如也。'程子亦不以为歉。此是古人虚心诚朴处。近代儒者各立宗旨,各分门户相标榜,互相诋排,此俱蹈袭禅门恶套以视古人,真愧死矣!"(张能鳞辑:《儒宗理要》,清顺治间刻本)今人张岱年说:"关于关学和洛学的关系,有许多故事,可以表明这两个学派又联系又矛盾的情况。张载本是二程的表叔,在行辈上比二程早一辈;从年岁来讲,也比二程大十几岁。张载和二程常在一起讨论一些学术问题。但张载死后,先曾从学于张后又从学于程的吕大临写《横渠先生行状》,却说张载见二程之后'尽弃其学而学焉'。这显然是不合事实的。"(张岱年:《关于张载的思想和著作》,载《张载集》,13 页)陈俊民说:"嘉祐二年(1057 年),张载年三十七,刚登进士第,思想虽不一定已'不逾矩',其学当立,已成事实。而二程还是二十四五的青年,张载又是他们的表叔,怎么能在比他们年长十二三岁的长辈亲戚面前如此傲慢? ……张程思想之间的互相影响,相互吸收是肯定的;但一定要说张源于程,显然这是在程朱思想日渐变成统治思想的趋势下,程门弟子高其学、神其道的门户之说。……张载同二程争论'道学之要'时,明明'涣然自信',声称'吾道自足,何事旁求!'十二年后(1069 年),御史中丞吕晦叔向神宗推荐张载时也明明讲'张载学有本原,四方之学者宗之。'后来元人修《宋史》为张载立传时,将这句话概括为'言其有古学',又说:'载学古力行,为关中士人宗师,世称横渠先生。'这些,均无任何关学渊源于洛学的意思。"(《张载哲学思想及关学学派》,5－6 页)陈说从时代氛围、张载自评及他人评价方面论说,其论甚为合理。再者,刘学智认为:"张载'独以命世之宏才,旷古之绝识'(范育《正蒙序》)而为'关中士人宗师'(《宋史·张载传》)。先生'气质刚毅','学有本原',绝不会轻易放弃自己的观点,因而能成一家之言。他在与二程的交往中,既能坚持自己的原则立场,但也不固执己见,而总是能以一个博学强识者的风范与二程平等地切磋学术,论辩是非,'共语道学之要'","不能因为关、洛之学同归理学以及关学后来出现的洛学化倾向而否认张、程在思想体系上的分野和对立。也不能因为张、程在思想体系上实际存在的分野和对立而否认关、洛之学的相通、相融和一致之处,更不能将二者视为水火不容的学派。张、程一主'气'本,一主'理'本,二者在本体论方面有着明显的差异。但是,他们均为理学之属,二者有着许多共通乃至共同的方面,因而同为此后理学家如朱熹等人所宗。可见,张、程,关、洛之学有'同'有'异',尤其不能忽略其'同'。"(刘学智:《儒道哲学阐释》,中华书局,2002 年,252－253 页)刘说又从"清虚一大""明诚"等处举出张载与二程的歧说,所论从学理深处出发,甚为中肯。此外,姜国柱在论述张载撤虎皮罢讲时亦说:"今二程兄弟深明《易》道,我对《易》学的理解,不如他们,你们可以拜他们为师。于是,撤去虎皮椅,不再讲《易》。张载是二程的表叔,又年长他们十二三岁,能有如此虚心待人、扬晚辈之长的精神,足以表明他高尚的学行。张载对二程说:'吾道自足,何事旁求!'同时,积极向学,不断进取,'日益久,学益明',终于写成了《横渠易说》。这表明了张载治学的独创性、刻苦性。"(姜国柱:《张载关学》,陕西人民出版社,2001年,4—5页)姜说亦有其合理性,聊备一说。

关于张载讲《易》的地点及结果。〔清〕张能鳞辑《儒宗理要》之《张子》认为:"(张载)讲《易》关中,二程来过,相与论《易》。"〔宋〕祁宽所记《尹和靖语》认为:"(张载)逐日虎皮出,是日更不出虎皮也。横渠乃归陕西。"(《二程集》,437页)"讲《易》关中""乃归陕西"的说法均与吕大临《横渠先生行状》《宋史》等云张载讲《易》于京师,并参加科举考试的史实不符,实误。

关于《横渠易说》的卷数。历代记载卷数不一。一为10卷。〔宋〕晁公武《郡斋读书志》,〔元〕马端临《文献通考》,《宋史·艺文志》,〔明〕赵廷瑞修、马理、吕柟《〔嘉靖〕陕西通志》等均载为10卷。二为3卷。〔宋〕陈振孙《直斋书录解题》,〔明〕吕柟嘉靖十七年(1538)所刻《横渠先生易说》、〔明〕沈自彰万历所刻《张子全书》本、《四库全书》本、《通志堂经解》本等均载为3卷。可见,《横渠易说》卷数不一的情况,自南宋以来就存在,尤其值得注意的是吕柟在嘉靖二十一年(1542)与马理合纂《〔嘉靖〕陕西通志》时著录10卷,而其于嘉靖十七年(1538)所刻《易说》时仅为3卷。故暂推测,该书初为10卷,宋元明时期出现10卷与3卷不同的刻本,后10卷本佚失,仅有3卷本流传后世。

宋仁宗嘉祐二年　丁酉(公元1057年)

三月,张载、吕大钧同登进士第　是年,欧阳修主持科考,张载、吕大钧同中进士科,相交为友。

[文献] 《续资治通鉴长编》卷一八五:"(嘉祐二年)春正月癸未,翰林学士欧阳修权知贡举。先是,进士益相习为奇僻,钩章棘句,寖失浑淳,修深疾之,遂痛加裁抑,仍严禁挟书者。"〔宋〕李埴《皇宋十朝纲要》卷六:"三月御殿试礼部奏名进士。"〔宋〕陈均《宋本皇朝编年纲目备要》:"(嘉祐二年)三月亲试举人,初免黜落。"吕大临《横渠先生行状》:"先生嘉祐二年登进士第,始仕祁州司法参军,迁丹州云岩县令,又迁著作佐郎,签书渭州军事判官公事。"(《张载集》,381页)范育《吕和叔墓表》:"君(吕大钧)与先生(张载)为同年友,一言而契,往执弟子礼。"(《蓝田吕氏遗著辑校》,612页)《伊洛渊源

录》卷八《行状略》:"君讳大钧,字和叔,姓吕氏。其先汲郡人。……嘉祐二年,以进士中乙科,授秦州司理、监延州折博务……盖大学之丧废绝久矣,自扶风张先生倡之,而后进蔽于俗尚,其才俊者急于进取,昏塞者难于领解,由是寂寥无有和者。君于先生为同年友,及闻先生之学,于是心悦诚服,宾宾然执弟子礼,扣请无倦,久而益亲,自是学者靡然知所向矣。"〔明〕冯从吾《关学编》卷一《和叔吕先生》:"先生名大钧,字和叔,大忠弟。……嘉祐二年中进士乙科,授秦州司理参军,监延州折博务。……先生于横渠为同年友,及闻学,遂执弟子礼。"又参见彭百川《太平治迹统类》卷二八、张舜典《明德集》、黄宗羲《宋元学案》卷三一《吕范诸儒学案》《〔雍正〕陕西通志》卷三〇、《〔乾隆〕西安府志》卷四二、武澄《张子年谱》、张骥《关学宗传》卷三《吕和叔先生》等。

[考辨]　关于张载、吕大钧同登进士第。〔日〕今关寿麿《宋元明清儒学年表》载张载于嘉祐元年(丙申)登进士第,并记载吕大钧于次年嘉祐二年(丁酉)登进士第。(参见今关寿麿:《宋元明清儒学年表》,北京图书馆出版社,2002年,6页)实误。

吕大钧问学于张载

[文献]　范育《吕和叔墓表》:"盖大学之教不明于世者者千五百年,先是扶风张先生子厚闻而知之,而学者未知信也。君(吕大钧)于先生为同年友,一言而契,往执弟子礼问焉。若谓'始学必先行其所知而已,若夫道性命之际,正惟躬行礼义,久则至焉'。先生以谓'学不造约,虽劳而艰于进德',且谓'君勉之当自悟'。君乃信已不疑,设其义,陈其数,倡而行之,将以抗横流,继绝学,毅然不恤人之非间己也。先生亦叹其勇为不可及。始据谏议丧,衰麻敛葬丧祭之事,悉捐俗习事尚,一仿诸礼,后乃寖行于冠昏、饮酒、相见、庆吊之间,其文节粲然可观。"(《蓝田吕氏遗著辑校》,612页)《伊洛渊源录》卷八《行状略》:"君讳大钧,字和叔……盖大学之丧废绝久矣,自扶风张先生倡之,而后进蔽于俗尚,其才俊者急于进取,昏塞者难于领解,由是寂寥无有和者。君于先生为同年友,及闻先生之学,于是心悦诚服,宾宾然执弟子礼,扣请无倦,久而益亲,自是学者靡然知所向矣。"又参见《宋史》卷三四〇、冯从吾《关学编》卷二、黄宗羲《宋元学案》卷三一《吕范诸儒学案》、张骥《关学宗传》卷二等。

宋仁宗嘉祐四年　己亥（公元1059年）

张载与程颢论"定性"工夫　是年，二人通过书信讨论在儒家心性修养过程中如何不受外物所累而定性的问题。虽然张载的书信今已佚失，但通过程颢《答横渠张子厚先生书》（又作《答张横渠先生定性书》）可推知，此时的张载已经认识到"定性未能不动"的问题。程颢的《定性书》也成为性理论的重要文献，其中定性定心、主静立极等问题素为其后的理学家所探讨。

[文献]　程颢《答横渠张子厚先生书》："承教，谕以定性未能不动，犹累于外物，此贤者虑之熟矣，尚何俟小子之言！然当思之矣，敢贡其说于左右。所谓定者，动亦定，静亦定，无将迎，无内外。苟以外物为外，牵己而从之，是以己性为有内外也。且以性为随物于外，则当其在外时，何者为在内？是有意于绝外诱，而不知性之无内外也。既以内外为二本，则又乌可遽语定哉？夫天地之常，以其心普万物而无心；圣人之常，以其情顺万物而无情。故君子之学，莫若廓然而大公，物来而顺应。《易》曰：'贞吉，悔亡。憧憧往来，朋从尔思。'苟规规于外诱之除，将见灭于东而生于西也。非惟日之不足，顾其端无穷，不可得而除也。人之情各有所蔽，故不能适道，大率患在于自私而用智。自私则不能以有为为应迹，（一作物）用智则不能以明觉为自然。今以恶外物之心，而求照无物之地，是反鉴而索照也。《易》曰：'艮其背，不获其身。行其庭，不见其人。'孟氏亦曰：'所恶于智者，为其凿也。'与其非外而是内，不若内外之两忘也。两忘则澄然无事矣。无事则定，定则明，明则尚何应物之为累哉？圣人之喜，以物之当喜；圣人之怒，以物之当怒。是圣人之喜怒，不系于心而系于物也。是则圣人岂不应于物哉？乌得以从外者为非，而更求在内者为是也？今以自私用智之喜怒，而视圣人喜怒之正为何如哉？夫人之情，易发而难制者，唯怒为甚。第能于怒时遽忘其怒，而观理之是非，亦可见外诱之不足恶，而于道亦思过半矣。"（《二程集》，460-461页）又见《皇朝文鉴》卷一一九、《国朝二百家名贤文粹》卷一〇八、《古文集成》卷二一、《太极图通书发明》卷一、《全宋文》卷一七三五等。

[考辨]　关于张载与程颢论"定性"的时间。张载所作书信已佚失。关于程颢所回复的《定性书》的写作时间，主要有三说。一为程颢在户时作。〔宋〕黎靖德编《朱子语类》卷九三云："明道十四五便学圣人，二十及第，出去

做官，一向长进。《定性书》是二十二三时作。"卷九五又云："此书在户时作，年甚少。"二为嘉祐三年（1058）说。〔清〕池生春、诸星杓《明道先生年谱》，卢连章《二程学谱》等置此事于嘉祐三年。三为嘉祐四年（1059）说。姚名达《程伊川年谱》、张立文《宋明理学研究》、徐远和《洛学源流》等持此说。嘉祐二年（1057），欧阳修主持科考，张载与程颢同中进士。吕大临《横渠先生行状》："先生嘉祐二年登进士第，始仕祁州司法参军。"游酢《书（明道）行状后》："年逾冠，明诚夫子张子厚友而师之……逮先生之官，犹以书抵扆，以定性未能不动致问。"《宋史》卷四二七《程颢传》："颢举进士，调户、上元主簿。"程颐《明道先生行状》："踰冠，中进士第，调京兆府户县主簿。"程颢《游户县山诗十二首·序》云："嘉祐二年，始应举得官，遂请于天官氏，愿主簿书于是邑，谓厌饫云山，以偿素志。今到官几二年矣，中间被符移奔走，外干者三居其二，其一则簿书期会，仓廥出入，固无暇息。"（《二程集》，472页）根据以上记载知：程颢答书当在二人各赴其职之后，张载寄书与在户县的程颢讨论"定性"。可见，朱熹所云户时作，亦不误。又就《定性书》所云"吏事匆匆，未能精屡"看，其情况与《游户县山诗十二首·序》云"今到官几二年矣，……固无暇息"等语相符。张载作书、程颢答书应约在此时，即程颢入户两年时，即嘉祐四年（1059）。故从嘉祐四年说。

宋仁宗嘉祐六年　辛丑（公元1061年）

吕大临登进士第

[文献]　朱熹《伊洛渊源录》卷八载关于吕大临的《祭文》："子之学，博及群书，妙达义理，如不出诸口。子之行，以圣贤为法。其临政事，爱民利物，若无能者。子之文章，几及古人，薄而不为。四者皆有以过人，而其命乃不偶于世，登科者二十年，而始改一官，居文学之职者七年而逝，兹可哀也已，兹可痛也已！"（此《祭文》亦见于李幼武《道学名臣言行外录》，李氏载录时注明为吕大防所撰）〔清〕刘于义等修，沈青崖等纂《〔雍正〕陕西通志》卷三〇："嘉祐六年王俊民榜。王嗣，耀州人。张哲古，耀州人。韩甫，耀州人。吕大临，蓝田人。"又见《〔乾隆〕西安府志》卷四二、《〔光绪〕蓝田县志》卷五等。

[考辨]　关于史载吕大临"不应举"之事。朱熹《伊洛渊源录》卷八载录《吕氏杂志》云："吕与叔又以门荫入官不应举。或问其故，曰：'不敢掩祖宗

之德.'"冯从吾《关学编》卷一《与叔吕先生》:"先生名大临,字与叔,号芸阁,大钧之弟。以门荫入官,不复应举,或问其故,曰:'某何敢掩祖宗之德.'"《宋元学案》、张骥《关学宗传》亦从此说。今人龚延明、祖慧《宋登科记考》亦未载录"吕大临登进士第"之事。然而,李幼武《道学名臣言行外录》、朱熹《伊洛渊源录》所载关于吕大临的《祭文》则云:"登科者二十年,而始改一官",又表明吕大临中过进士。晁公武《郡斋读书志》载录"吕与叔玉溪集二十五卷玉溪别集十卷"时亦云:"右皇朝吕大临字与叔,汲公季弟也。登进士第。"(《郡斋读书志校证》,1012页)《祭文》为吕大临兄长所作,当具有可靠性。较早记载吕大临不应举之事为朱熹所引的《吕氏杂志》,《吕氏杂志》的作者为吕希哲,吕希哲与吕大临均曾从学于程颐,吕希哲所记似乎也应有一定的根据。故而出现两种表面矛盾的说法。事实上,在宋时,也存在以先人功德而受朝廷恩护加官,后又中举的情况。如〔宋〕晁以道云:"少时每自嫌以门荫得官,以为不由进士仕进者,如流外杂色,非真是作官也。后既登第,始与李六丈德叟游。"(吕本中:《东莱吕紫薇师友杂志》,商务印书馆,1939年,7页)《宋史·吕祖谦传》云吕祖谦"初,荫补入官,后举进士"。因此,在吕大临《墓志》等翔实文献出土之前,暂推测吕大临初以门荫入官,后又中举。亦从《〔雍正〕陕西通志》等所记载,吕大临于"嘉祐六年"中"王俊民榜",是年吕大临22岁。

宋英宗治平二年 乙巳(公元1065年)

张舜民登进士第 是年,冯京主春试。状元为彭汝砺,张舜民与孙览、张琬、罗适、陆彦回、王补之等人同榜及第。

[文献] 〔宋〕王明清《挥麈后录》卷六:"张芸叟,治平初以英宗谅闇榜赴春试,时冯当世主文柄,以'公生明'为赋题,芸叟误叠压'明'字。试罢,自分黜矣。及榜出,乃居第四。"《宋史》卷三四六《彭汝砺传》:"彭汝砺字器资,饶州鄱阳人。治平二年,举进士第一。"《〔雍正〕陕西通志》卷三〇:"治平二年彭汝砺榜。"又参见张舜民《送罗正之年兄出使二浙》《壬戌孙览右司同年以诗见寄用韵和酬》《原州赠王补之洛苑同年》《送章质夫同年》《寄陆彦回同年》等。(分别见于李之亮《张舜民诗集校笺》,黑龙江人民出版社,1989年,22、88、92、93、131、190页)

游师雄登进士第

[文献] 〔宋〕张舜民《游公墓志铭》:"公讳师雄,字景叔,姓游氏,世居京兆之武功。……治平元年,乡举进士第一,遂中其科,授仪州司户参军。"(《全宋文》第83册,361页)陈振孙《直斋书录解题》:"师雄,治平二年进士。"(《直斋书录解题》,214页)〔雍正〕陕西通志》卷三〇:"治平二年彭汝砺榜。游师雄,武功人,经略安抚史。"《宋史》卷三三二《游师雄传》:"游师雄字景叔,京兆武功人。学于张载,第进士。"张骥《关学宗传》卷六《游景叔先生》:"先生讳师雄,字景叔,武功人。受学于横渠张子。治平二年第进士,为仪州司户参军。"又见李元春《关学续编》卷二、《东都事略》卷九一等。

[考辨] 游师雄举进士时间有二说。一为治平元年说。张舜民《游公墓志铭》主此说。一为治平二年说。陈振孙《直斋书录解题》、《〔雍正〕陕西通志》、张骥《关学宗传》等从此说。据《宋会要·选举》一七之九、一七之一〇、一七之一一知治平元年"复置武举",并记有文举。龚延明、祖慧《宋登科记考》于治平元年也未载录进士名单,且在治平二年的进士名单中,也未见游师雄,但载录了治平二年进士榜首彭汝砺,与《〔雍正〕陕西通志》《宋史·彭汝砺传》相符。张舜民也于是年中进士。故推测,游师雄或中治平元年"武举",或张舜民《游公墓志铭》在传抄的过程中"二"讹化为"元"。但据游师雄少时即入长安学宫学习,且"考试试艺,屡居上列",后又从学张载等情况看(参见"游师雄入京兆学"条),游师雄中"武举"的可能性较小,很有可能是张舜民《游公墓志铭》在传抄过程中出现了讹误现象。加上,陈振孙《解题》明确注明为游师雄为治平二年进士,故从其于治平二年中进士说。

宋英宗治平三年　丙午(公元1066年)

张载讲学京兆郡学

[文献] 吕大临《横渠先生行状》:"京兆王公乐道尝延致郡学,先生多教人以德,从容语学者曰:'孰能少置意科举,相从于尧舜之域否?'学者闻法语,亦多有从之者。"(《张载集》,382页)武澄《张子年谱》:"(丙午)宋英宗(治平三年)张子在京兆。(四十七岁)应知京兆王公乐道聘。……《行状》云:知京兆王公乐道尝延致郡学,未尝指为某年。澄按:《宋史·王陶传》英宗即位以陶知永兴军,召为太子詹事。永兴军即京兆也。何以知其在治平三年

也。《纲目》是年十二月颖王顼始立为皇太子也。"(《张子年谱》,《宋明理学家年谱》第1册,48-49页)

宋英宗治平四年　丁未(公元1067年)

李复取太学解不赴　是年,因试题误中的原因,李复绝意科举。此后,潜心为学十年,读书为善之志更为坚定。

[文献]　李复《潏水集》卷四《答彭元发书》:"予幼时所学声律偶丽之文耳。年十六岁就太学取解,是时试诗误中,以故不赴礼部试,遂不复以科举为意。但当博考前,言往行笃于为善而已矣。后十余年,迫于生计,学今日程文,一试而顿忝预名第,斗禄足以自养,益坚向日读书为善之志,此外妄求非惟不敢轻萌,亦自然无毫发意。"

[考辨]　据"李复生"条知,李复生于皇祐四年(1052),"年十六"即为是年。

宋神宗熙宁元年　戊申(公元1068年)

张载撰《与蔡帅边事画一》

[文献]　张载《与蔡帅边事画一》:"近日传闻谅祚身死,已有朝旨令接引告哀人使过界,足见朝廷含容之意,务在息民,随物应机,达于事变,虽元凶巨恶,尚不欲乘其忧患,别议讨除,使四夷知中国为(一无为字)仁义,为计甚善。然谅祚猖狂,罪在不赦,边陲衅隙,已动干戈,君臣之义既亏,约束之令不守。今其嗣子始立,遣介告哀,事同初附,理必精思。若不以丁宁指挥,提耳告谕,的确事节,当面(当面,一作当回)叙陈,将恐羽翼既成,却论旧怨,志怀稍适,辄踵前非,谋之不臧,乱靡有定。某今有人使到阙,朝廷合降指挥画一事件,伏望少赐裁择!具如后:一、乞降朝旨,令馆伴臣僚分明说与西界人使:'自种谔等及沿边得力使臣,所以建议开纳横山人户,为见汝主谅祚招纳过沿边逃亡罪人景珣之徒,信其狂谋,公然任用,僭拟官名制度,及诸般妄动不臣之状,一一指实事言与,自来内外臣僚多议兴兵问罪,朝廷不欲烦民,致使沿边忠臣义士不胜愤怒,遂有今日专輙之举。'一、乞降朝旨说与西人,言:'种谔等所以专擅修筑绥州,安存嵬名山等投来人口,为见汝主有从来招收下本朝

逃亡军人百姓作乐官工匠及僭创作簇马御龙直名目,诸般占使,是致边臣久(一作不。)愤。'一、乞降朝旨令说与西人,令:'先缚送取景珣并其家属及前后谅祚所存泊逃走军人百姓,尽还汉界,朝廷当与汝国别定两界约束事件,各常遵守。'一、乞降朝旨说与西人:'汝主谅祚违拒朝命,不纳诏使,前后逆节不一。今来朝廷以汝主谅祚既死,不欲乘汝国凶丧饥旱,便谋剪戮,爱惜两地百姓。须仰汝主将取知恩改过结罪文字进来,朝廷更待观汝主诚意,礼节如何,别有指挥。'一、乞说与西界人使,言:'有谅祚猖狂及今来汝主幼小,窃虑主张本国事体不定,常萌僭逆。今来欲将本国岁赐分减一半与汝国近上主兵用事臣僚十数人,正令受朝廷官禄,主持国事,安存汝幼主,不令妄动,及为朝廷保守封疆,不扰百姓,令本国君臣具利害文字进来。'一乞将上件五事,拣择中外有心智词笔臣僚,令作诏书付夏国新主,以观其谋,以夺其心,以正其初,使知过恶在彼,不敢妄动。及宣示陕西一路及沿边蕃汉军民,令自今后更不得乱出一人一骑,妄生事节,听候夏国新主奏报如何,别听处分。"(《张载集》,359－361页)

[**考辨**] 张载撰《与蔡帅边事画一》的时间。《与蔡帅边事画一》云"近日传闻谅祚身死"。据《宋史》卷四八五《外国一》:"(熙宁元年)十二月,谅祚殂,年二十一。"〔清〕黄以周等辑《续资治通鉴长编拾补》卷二云:"案:毕沅《通鉴考异》云:《宋史·神宗本纪》:熙宁元年三月庚辰,谅祚卒。据《夏国传》,谅祚以神宗即位之十二月殂,盖秉常于治平四年冬即位,则谅祚实治平四年卒,元年赴告之日。又案:《纪事》于明年三月甲辰,书夏国告哀使薛宗道等十三人。)"可知,夏主李谅祚死于治平四年,熙宁元年三月夏国告哀使方至。也约此时,担任著作郎签署渭州军事判官的张载得知此事,并上书蔡挺《与蔡帅边事画一》。武澄《张子年谱》将此事置于治平四年,误矣。

张载讲学绿野亭 熙宁元年(1068),张载于渭州军事判官任上,受其友人武功主簿张山甫的邀请讲学于绿野亭,这也是张载在关中较早的一次讲学活动,武功士人多师从之。绿野亭也因此闻名于后世。至明弘治八年(1495),御史巡按李翰、提学杨一清嘱托知县宋学通扩修旧址,建成了绿野书院。(参见《〔雍正〕陕西通志》卷27)

[**文献**] 〔明〕马理、吕柟纂《〔嘉靖〕陕西通志》卷三二《文献二○》载吴宽《横渠先生绿野亭记》:"关中有大儒曰横渠张先生,当宋之盛,以道学鸣于时。君子以其德尊与孟子比,故当时学者争师宗之。人至于今,过其地,仰其

人,肃然起敬,不能自已。武功为西安属县,城南有绿野亭,先生之遗迹也。"〔明〕康海《武功县志》卷一:"绿野亭,今在县南郭东外,为宋儒张子厚寓所。张子与武功簿张山甫厚,故武功弟子因从子厚游,亭此讲学焉。"卷五又云:"张山甫,偃师人。熙宁间,除武功主簿。时朱光庭簿万年,程伯淳簿鄠。三子者,齐名关中,号'三杰'焉。与张子厚善,故武功因有子厚绿野亭。"(康海:《武功县志》,清孙景烈、孟杨校注本。笔者按:康海《武功县志》亦载上述吴宽所作碑文。对照《武功县志》载引,《〔嘉靖〕陕西通志》中的吴宽碑文存在大量遗漏)

[考辨] 关于张载讲学绿野亭的时间。主要有二说。一为"移疾屏居南山下"后之事。康海《武功县志》载引吴宽所作碑记云:"(张载)后既出仕于朝,他日,治狱外郡而还。即移疾屏居南山下,以事著书,盖史之所记,大略如此。绿野之迹,岂其西还与屏居之时乎?"二为熙宁元年说。武澄《张子年谱》云:"《纲目》及《宋史》:伯淳举进士调户上元主簿,再调晋城令。熙宁二年八月召为监察御史里行。《武功志》所谓熙宁间者,必是熙宁元年无疑。"(《张子年谱》,《宋明理学家年谱》第1册,51页)据吕大临《横渠先生行状》:"先生嘉祐二年登进士第,始仕祁州司法参军,迁丹州云岩县令,又迁著作佐郎,签书渭州军事判官公事。熙宁二年冬被召入对,除崇文院校书。"(《张载集》,381页)程颐《明道先生行状》:"踰冠,中进士第,调京兆府鄠县主簿。"(《二程集》,630页)《宋史》卷一六〇《选举六》:"熙宁二年,……著作佐郎程颢、王子韶、谢景福方为条例司属官,中丞吕公著荐之,遂以太子中允权监察御史里行。"《宋史》卷一四《神宗二》"(熙宁二年)八月……辛酉,以秘书省著作佐郎程颢、王子韶并为太子中允、权监察御史里行。"可见,在熙宁二年(1069),张载、程颢均入京,故张载于熙宁元年在渭州军事判官任上,讲学于绿野亭,是合理的。又根据吕大临《横渠先生行状》:"(熙宁二年)既命校书崇文,先生辞,未得谢,复命案狱浙东。或有为之言曰:'张载以道德进,不能使之治狱。'执政曰:'淑问如皋陶,犹且献囚,此庸何伤!'狱成,还朝。会弟天祺以言得罪,先生益不安,乃谒告西归,居于横渠故居,遂移疾不起。"(《张载集》,383页)吕大临为张载门人,仅云张载移疾西归,并未云其讲学于绿野亭。显然,吴宽之论违背实情。故从武澄说,置此事于是年。

苏昞约在此时从学于张载

[文献] 《宋史》卷四二八《苏昞传》:"苏昞字季明,武功人。始学于张

载,而事二程卒业。元祐末,吕大中(忠)荐之,起布衣为太常博士。坐元符上书入邪籍,编管饶州,卒。"冯从吾《关学编》卷一《季明苏先生》:"先生名昞,字季明,武功人。同邑游师雄,师横渠张先生最久,后又卒业于二程子。……元祐末,吕进伯大忠荐之曰:'臣某伏见京兆府处士苏昞,德性纯茂,强学笃志,行年四十,不求仕进,从故崇文校书张载学,为门人之秀,秦之贤士大夫亦多称之。……'先是,横渠《正蒙》成,先生编次而序之,自谓最知大旨。"黄宗羲《宋元学案》卷三一《吕范诸儒学案》:"苏昞,字季明,武功人。学于横渠最久,后师二程。"又参见康海《武功县志》卷六、陆心源《元祐党人传》卷六等。

[考辨] 关于苏昞"师横渠张先生最久"说。苏昞为武功人。冯从吾《关学编》云:"(苏昞)同邑游师雄,师横渠张先生最久。"可见,苏昞、游师雄是张载较早的及门弟子。然而,游师雄求学于张载约在宋仁宗至和元年(1054)左右,而苏昞却约于至和元年方出生,二人不可能同时及张载师门。张载讲学武功绿野亭(参见上条立目),这是史料中提到张载在关中较早的一次讲学活动。因此,《关学编》《宋元学案》云苏昞"学于横渠最久",应指其从学张载的时间。苏昞也极有可能于此时及其门。

吕大临约于此时求学于张载

[文献] 吕大临《宋故清河县君张氏夫人墓志铭》:"大临既学于先生之门,继又受室于张氏,得以外姻见。"(余华青、张廷皓:《陕西碑石精华》,三秦出版社,2006年,213页)《伊洛渊源录》卷八:"名大临,字与叔,学于横渠之门。横渠卒,乃东见二先生而卒业。"冯从吾《关学编》卷一《与叔吕先生》:"先生(吕大临)学通《六经》,尤邃于《礼》……少从横渠张先生游,横渠殁,乃东见二程先生,卒业焉。"又参见《宋史》卷三四〇、黄宗羲《宋元学案》卷三一《吕范诸儒学案》、张骥《关学宗传》卷四等。

[考辨] 吕大临从学于张载的具体时间不详。吕大临在《上横渠先生书(一)》中云:"近得伏见门墙……拜违而来,夙夜耸惧,属盘桓盘雍,华旦初始,还敝邑逾月之久,不获上问,当在衿照。"(《全宋文》第110册,153页)其中"华旦初始"语,似乎指宋神宗初继位时。宋神宗于是年登基,故暂置是条于此。又据范育《吕和叔墓表》知,吕大钧在嘉祐二年(1057)受学于张载。(参见"吕大钧求学于张载"条)然而,现存史料对吕大钧长兄吕大忠从学于张载的时间记载也不详。或许因吕大钧师从张载的原因,也或许经过张戬的引荐(张戬与吕大忠在皇祐五年同时登进士第,张戬与吕大忠至迟于皇祐五

年结识),故推测吕氏家族在吕大钧从学张载前后,已与张载有诸多的接触。吕大临于是年从学张载,吕大忠或许在是年之前已经从学于张载。暂置疑于此,以俟新考。

吕大临作《上横渠先生书(一)》

[文献] 《上横渠先生书(一)》:"某启:近得伏见门墙,累日侍坐,虽君子爱人无隐,赐教谆谆,然以不敏之资,祈进大学,恐不克奉承,以负师训。拜违而来,夙夜耸惧,属盘桓盘雍,华旦初始,还敝邑逾月之久,不获上问,当在衿照。"(《全宋文》第110册,153页)又见《国朝二百家名贤文粹》卷一○○。

[考辨] 现存吕大临与张载的三封书信,此为第一封。从内容看,尤其是从其中"近得伏见门墙""华旦初始"等言论看,该书信似乎写于吕大临刚从学于张载时,故立目于此。

宋神宗熙宁二年　己酉(公元1069年)

十一月,张载面见神宗,阐复三代之法

[文献] 吕大临《横渠先生行状》:"熙宁二年冬被召入对,除崇文院校书。……上嗣位之二年,登用大臣,思有变更,御史中丞吕晦叔荐先生于朝曰:'张载学有本原,四方之学者皆宗之,可以召对访问。'上即命召。既入见,上问治道,皆以渐复三代为对。上悦之,曰:'卿宜日见二府议事,朕且将大用卿。'先生谢曰:'臣自外官赴召,未测朝廷新政所安,愿徐观旬月,继有所献。'上然之。"(《张载集》,381-382页)〔宋〕彭百川《太平治迹统类》卷一二:"闰十一月,张载为崇文院校书。先是吕公著荐之。召对,问以治道。载曰:'为政不以三代为法者,终苟道也。'上谓载才胜邢恕。王安石亦以为然,遂命之。"《续资治通鉴》卷六七《宋纪六七》:"(熙宁二年十一月)壬寅,以张载为崇文院校书。"《宋史》卷四二七《张载传》:"熙宁初,御史中丞吕公著言其有古学,神宗方一新百度,思得才哲士谋之,召见问治道,对曰:'为政不法三代者,终苟道也。'帝悦,以为崇文院校书。"又见《东都事略》卷一○七、郭子章《圣门人物志》卷八、孙奇逢《理学宗传》卷四等。

[考辨] 关于张载为崇文院校书的时间。吕氏仅云"熙宁二年冬",并没有注明具体月份。而武澄《张子年谱》置此事于十二月(《张子年谱》,《宋明理学家年谱》第1册,51页),彭百川则云"闰十一月",二说相异。然而据

毕沅《续资治通鉴》卷六七《宋纪六七》、陈垣《二十史朔月表》等，知是年存在"闰十一月"。武氏失考，故从彭说。

张载外治明州狱案

[文献] 吕大临《横渠先生行状》："冬被召入对，除崇文院校书，……他日见执政，执政尝语曰：'新政之更，惧不能任事，求助于子何如？'先生对曰：'朝廷将大有为，天下之士愿与下风。若与人为善，则孰敢不尽！如教玉人追琢，则人亦故有不能。'执政默然，所语多不合，寖不悦。既命校书崇文，先生辞，未得谢，复命案狱浙东。或有为之言曰：'张载以道德进，不能使之治狱。'执政曰：'淑问如皋陶，犹且献囚，此庸何伤！'"（《张载集》，381－382页）《宋史》卷二〇〇《刑法二》："熙宁二年，……又命崇文院校书张载鞫前知明州、光禄卿苗振于越州。狱成，无择（祖无择）坐贷官钱及借公使酒，谪忠正军节度副使，振坐故入裴士尧罪及所为不法，谪复州团练副使。狱半年乃决，辞所连逮官吏，坐勒停、冲替、编管又十余人，皆御史王子韶启其事。"《宋史》卷三二九《王子韶传》："王子韶字圣美，太原人。……王安石引入条例司，擢监察御史里行，出按明州苗振狱。安石恶祖无择，子韶迎其意，发无择在杭州时事，自京师逮对，而以振狱付张载，无择遂废。"《邵氏闻见录》卷一六："熙宁二年，介甫入为翰林学士，拜参知政事，权倾天下。时择之以龙图阁学士、右谏议大夫知杭州。介甫密谕监司求择之罪，监司承风旨以赃滥闻于朝廷，遣御史王子韶按治。子韶小人也，摄择之下狱，锻炼无所得，坐送宾客酒三百小瓶，责节度副使安置。"又参见吕中《宋大事记讲义》卷一四、周汝登《圣学宗传》卷七等。

[考辨] 关于张载处理明州狱案的时间。《邵氏闻见录》卷一六认为发生于"元丰中"，并云："元丰中，（祖无择）复秘书监、集贤院学士，判西京留司御史台，移知光化军以卒。士大夫冤之。同时有知明州光禄卿苗振，监司亦因观望发其赃罪，朝廷遣崇文院校书张载按治。载字子厚，所谓横渠先生者，悉平反之，罪止罚金。其幸不幸，有若此者也。"（《邵氏闻见录》，174页）邵氏记祖无择获罪及张载治明州狱时间为"元丰中"。然而，《宋史》卷二〇〇《刑法二》载："熙宁二年，命尚书都官郎中沈衡鞫前知杭州祖无择于秀州，内侍乘驿追逮。御史张戬等言：'无择三朝近侍，而聚系囹圄，非朝廷以廉耻风厉臣下之意，请免其就狱，止就审问。'不从。又命崇文院校书张载鞫前知明州、光禄卿苗振于越州。狱成，无择坐贷官钱及借公使酒，谪忠正军节度副使，振坐

故人裴士尧罪及所为不法,谪复州团练副使。狱半年乃决,辞所连逮官吏,坐勒停、冲替、编管又十余人,皆御史王子韶启其事。自是诏狱屡兴,其悖于法及国体所系者著之,其余不足纪也。"《宋史》卷三三一《祖无择传》又载:"熙宁初,安石得政,乃讽监司求无择罪。知明州苗振以贪闻,御史王子韶使两浙,廉其状,事连无择。子韶,小人也,请遣内侍自京师逮赴秀州狱。苏颂言无择列侍从,不当与故吏对曲直,御史张戬亦救之,皆不听。及狱成,无贪状,但得其贷官钱、接部民坐及乘船过制而已。遂谪忠正军节度副使。"《续资治通鉴长编》卷二一三:"嘉祐中,无择与王安石同知制诰,时词臣许受润笔物,安石因辞一人之馈不获,义不受,以其物置舍人院梁上。安石以母忧去,无择取为本院公用,安石闻而恶之,以为不廉。安石既当国,无择遂得罪。"可见,祖无择获罪与张载治明州狱发生于同一年,乃王安石执政之后的熙宁二年,《邵氏闻见录》实为误记。

程颢上书《乞留张载状》

[文献] 程颢上书《乞留张载状》:"臣伏闻差著作佐郎张载往明州推勘苗振公事。窃谓载经术德义,久为士人师法,近侍之臣以其学行论荐,故得召对,蒙陛下亲加延问,屡行天奖,中外翕然知陛下崇尚儒学,优礼贤俊,为善之人,孰不知劝?今朝廷必究观其学业,详试其器能,则事固有系教化之本原于政治之大体者;傥使之讲求议论,则足以尽其所至。夫推按诏(一作讼)狱,非儒者之不当为,臣今所论者,朝廷待士之道尔。"(《二程集》,456页)

张载与程颐论修养工夫 张载原书已经佚失,但从现存程颐的书信可以看出二人主要是围绕儒家的修养工夫论而展开的。张载所论工夫"以大概气象言之,则有苦心极力之象,而无宽裕温厚之气",而程颐则重"完养""涵泳"的工夫。值得注意的是,从程颐书信中可以看出,张载此时已经建立了"太虚即气"的宇宙本体论。(参见林乐昌:《张载"心统性情"说的基本意涵和历史定位——在张载功夫论演变背景下的考察》,《哲学研究》,2003年第12期)

[文献] 程颐《答横渠先生书》:"观吾叔之见,至正而谨严。如'虚无即气则虚无(按:无无)'之语,深探远赜,岂后世学者所尝虑及也?(然此语未能无过)余所论,以大概气象言之,则有苦心极力之象,而无宽裕温厚(一作和)之气,非明睿所照,而考索至此,故意屡偏而言多窒,小出入时有之。(明所照者,如目所睹,纤微尽识之矣。考索至者,如揣料于物,约见仿佛尔,能无差乎?)更愿完养思虑,涵泳义理,他日自当条畅。"程颐《再答》:"昨□书中所

示之意,于愚意未安,敢再请于左右。……岂尺书所可道哉?况十八叔大哥皆在京师,相见且请熟议,异日当请闻之。内一事,云已与大哥议而未合者,请以所见言之。所云'孟子曰:"必有事焉而勿正心,勿忘勿助长也。"此信乎入神之奥。若欲以思虑求之,是既已自累其心于不神矣,恶得而求之哉?'颐以为有所事,乃有思也,无思则无所事矣。孟子之是言,方言养气之道如是,何遽及神乎?气完则理正,理正则不私。不私之至,则神。自养气至此犹远,不可骤同语也。以孟子观之,自见其次第也。当以'必有事焉而勿正'为句,心字属下句。此说与大哥之言固无殊,但恐言之未详尔。远地未由拜见,岂胜倾恋之切?余意未能具道。所论'勿忘者,但不舍其虚明善应之心尔。'此言恐未便。既有存于心而不舍,则何谓虚明?安能善应邪?虚明善应,乃可存而不忘乎?"(《二程集》,596—597页)

[考辨] 关于张载与程颐论修养工夫的时间。张载于熙宁二年(1069)便被王安石外调治明州狱案。对此,程颢极力反对并上书《乞留张载状》。显然,熙宁二年,张载在被外支治明州狱案之前与程颢均在京城,符合程颐《再答》所说"十八叔大哥皆在京师"的情况,故将张载致书程颐论修养工夫之事置于是年。

宋神宗熙宁三年　庚戌(公元1070年)

三月,张戬上《论新法奏》

[文献] 张戬《论新法奏》(熙宁三年三月):"臣窃以天下之论,难掩至公。在于圣明,动必循理,无适无莫,义之与比。昔建议谓便而试行之,今已知有害而改罢之,是顺天下之心,而成天下之务也。昔非今是,何惮改为?故曰:毋意毋必,毋固毋我。又曰:时行则行,时止则止。大《易》之义,贵于随时。陛下何利之求,惟义而已。今则众意乖戾,天下骚然,而王安石尤欲饰非,所持甚隘,信感悈人,力排正论。此臣所以在于必诤,虽死辄为,义或难纵,势无两立也。"(《全宋文》第76册,175页)〔宋〕彭百川《太平治迹统类》卷一四:"(熙宁三年三月)张戬言天下论,难淹在公,在圣明,动必循理,毋适毋莫义之比。"又参见《国朝诸臣奏议》卷一一三、《宋会要辑稿》食货五之二、《东都事略》卷一〇七、《通鉴长编纪事本末》卷六八等。

四月,张戬被罢监察御史里行　张戬为人忠义刚直,为监察御史里行时,

累章论王安石乱法,乞罢变法条例司等。在遭到王安石的嘲笑后,张戬直语反讥,因而获罪于王安石,被罢监察御史里行。此事也成为新旧党公开争斗的导火线,此后党争愈演愈烈。

[**文献**] 吕大临《张御史行状》:"熙宁二年,(张戬)超为监察御史里行。明年以言事出知江陵府公安县,改陕州夏县。"(《全宋文》第110册,186页)《司马光日记》卷二:"张戬为监察里行,请罢条例司,因中书(奏章被转中书省)极谏,陈其事,辞气甚厉,介甫以扇掩面而笑。张戬怒曰:'参政笑戬,戬亦笑参政所为事耳,岂惟戬笑,天下谁不笑者?'晦叔(陈升之)解之曰:'察院不须如此。'戬顾曰:'只相公得为无过耶?'退而家居,中台不视事而得罪。"(李裕民校注:《司马光日记校注》,中国社会科学出版社,1994年,126页)〔宋〕李埴《皇宋十朝纲要》:"庚戌熙宁三年……四月御史中丞吕公著、御史张戬、谏官李常皆坐论新法不便。戊戌……戬知县知制。"(《皇宋十朝纲要》,229页)《河南程氏遗书》卷一九:"张戬尝于政事堂与介甫争辩事,因举经语引证。介甫乃曰:'安石却不会读书,贤却会读书。'戬不能答。先生(程颐)因云:'却不向道,只这个便是不会读书。'"《河南程氏外书》卷一二:"伯淳先生尝曰:'熙宁初,王介甫行新法,并用君子小人。君子正直不合,介甫以为俗学,不通世务,斥去。小人苟容谄佞,介甫以为有才,知通变,适用之。君子如司马君实不拜副枢以去,范尧夫辞修注得罪,张天祺以御史面折介甫被责。……'"《宋史》卷一五《神宗二》:"(熙宁三年)夏四月癸亥,幸金明池观水嬉,宴射琼林苑。……壬午,右正言李常贬通判滑州,监察御史里行张戬贬知公安县,王子韶贬知上元县。"《宋史》卷四二七《张戬传》:"熙宁初,为监察御史里行。累章论王安石乱法,乞罢条例司及追还常平使者。劾曾公亮、陈升之、赵抃依违不能救正,韩绛左右徇从,与为死党,李定以邪谄窃台谏。且安石擅国,辅以绛之诡随,台臣又用定辈,继续而来,芽蘖渐盛。吕惠卿刻薄辩给,假经术以文奸言,岂宜劝讲君侧。书数十上,又诣中书争之,安石举扇掩面而笑,戬曰:'戬之狂直宜为公笑,然天下之笑公者不少矣。'赵抃从旁解之,戬曰:'公亦不得为无罪。'抃有愧色,遂称病待罪。"又可参见吕大临《横渠先生行状》、彭百川《太平治迹统类》卷一四、邵伯温《邵氏闻见录》卷一五、吕中《宋大事记讲义》卷一七《诸君子与安石争论新法》、冯从吾《关学编》卷一《天祺张先生》《宋元学案》卷一七《横渠学案下》、张骥《关学宗传》卷二《张天祺先生传》等。

七月，范育推荐张载。张载作《答范巽之书》《并答范巽之》 《答范巽之书》（张载另有一文同名，论述保甲制度）是张载集中论述鬼神与道学、政术不二的重要作品。一方面，张载立足于"精气为物，游魂为变"的气化之道阐述鬼神；另一方面，又从孟子知性知天的思想出发，为儒家生死观寻找来源于天道的价值支撑，并以此来劝诫范育"守之不失，不为异端所刦，进进不已，则物怪不须辨，异端不必攻，不逾期年，吾道胜矣。"在该文最后一部分，张载针对范育以《大学》诚意、正心劝诫宋神宗的建议，并在肯定范育建议的同时，又通过发挥孟子"保民而王""推父母之心于百姓"的王道论，及"格君心之非"的德治思想，阐述"学与政不殊心而得"的道理。《并答范巽之》则发挥《中庸》"尊德性""道问学"二事，以"尊德性"引领"道问学"，而"道问学"又须归诸"尊德性"，从而寻求二者之间的平衡。（参见林乐昌：《张载答范育书三通与关学学风之特质》，《中国哲学史》，2002年，第1期）

[文献] 《宋史》卷三〇三《范祥传》附传："育字巽之，举进士，为泾阳令。以养亲谒归，从张载学。有荐之者，召见，授崇文校书、监察御史里行。神宗喻之曰：'《书》称"堲谗说殄行"，此朕任御史之意也。'育请用《大学》诚意、正心以治天下国家，因荐载等数人。"《续资治通鉴长编》卷二一三："（熙宁三年七月）癸丑，前陕县令范育为光禄寺丞、崇文院校书。……先是，上问执政：'范育如何？'王安石曰：'育言地制事亦不全为迂阔。'上曰：'育言"凡于一事措置，一事即不得"。此言是也。又言"须先治田制"，其学与张戬同。'……后数日，又除太子中允、权监察御史里行。"冯从吾《关学编》卷一《巽之范先生》："先生名育，字巽之，三水人。……先生举进士，为泾阳令。以养亲谒归。有荐之者，召见，授崇文校书、监察御史里行。神宗喻之曰：'《书》称"堲谗说殄行"，此朕任御史意也。'先生请用《大学》'诚意'、'正心'以治天下国家，因荐张载等数人。"又见张舜典《明德集》、黄宗羲《宋元学案》卷三一等。

[考辨] 关于范育受学于张载的时间。熙宁三年七月，范育任授崇文校书、监察御史里行，并于是年推荐张载。又据《续资治通鉴长编》云范育言田制，其学与张戬同；《宋史》、冯从吾《关学编》又云其养亲谒归时，始受学于张载。而"养亲谒归"在范育为崇文院校书、监察御史里行之前，故知在熙宁三年七月范育推荐张载之前，范育已经受学于张载。又就张载《答范巽之书》的内容看："朝廷以道学政术为二事，此正自古之可忧者。……巽之为朝廷言，

人不足与适,政不足与间,能使吾君爱天下之人如赤子,则治德必日新,人之进者必良士,帝王之道不必改途而成,学与政不殊心而得矣。"(《张载集》,349页)张载答书明确提及是针对"巽之为朝廷言",这与范育劝诫神宗"用《大学》'诚意'、'正心'以治天下国家"的建议相符。这亦可以佐证范育此时已从学于张载,张载于是年作《答范巽之书》。

关于《并答范巽之》。张载作此书信的时间不详,但从其内容看,张载在解答范育关于为学之方的问题。对此问题的思考,按常理当在范育初从学张载之时。张载也应在弟子初学之时作出方法上的指导,故符合其所论为学须"博学约礼,下学上达",注重每日求益的为学积累等。因此,暂置条目于此,以俟新考。

附一:《答范巽之书》

所访物怪神奸,此非难说,顾语未必信耳。孟子所论知性知天,学至于知天,则物所从出当源源自见,知所从出,则物之当有当无莫不心喻,亦不待语而知。诸公所论,但守之不失,不为异端所刦,进进不已,则物怪不须辨,异端不必攻,不逾期年,吾道胜矣。若欲委之无穷,付之以不可知,则学为疑挠,智为物昏,交来无间,卒无以自存,而溺于怪妄必矣。

朝廷以道学政术为二事,此正自古之可忧者。巽之谓孔孟可作,将推其所得而施诸天下邪?将以其所不为而强施之于天下欤?大都君相以父母天下为王道,不能推父母之心于百姓,谓之王道可乎?所谓父母之心,非徒见于言,必须视四海之民如己之子。设使四海之内皆为己之子,则讲治之术,必不为秦汉之少恩,必不为五伯之假名。巽之为朝廷言,人不足与适,政不足与间,能使吾君爱天下之人如赤子,则治德必日新,人之进者必良士,帝王之道不必改途而成,学与政不殊心而得矣。(《张载集》,349页)

附二:《并答范巽之》

今且只将"尊德性而道问学"为心,日自求于问学者有所背否,于德性有所懈否。此义亦是博文约礼,下学上达。以此警策一年,安得不长?每日须求多少为益?知所亡,改得少不善,此德性上之益。读书求义理,编书须理会,有所归著,勿徒写过,又多识前言往行,此问学上益也。勿使有俄顷闲度,逐日似此三年,庶几有进。义理之学,亦须深沉方有造,非浅易轻浮之可得也。(王梓材、冯云濠:《宋元学案补遗》,《儒藏》史部第20册,四川大学出版社,2005年)

八月,吕大防详定历法　是年,刚刚入舍人院不久的吕大防便受命详定历法,平息《明天历》与《崇天历》在朔望方面的争议。通过考察,吕大防提出了八月朔,"于《崇天历》本经不当进,但于十六日注望可矣"的观点,为朝廷所接受,进而平息了此次历法之争。这也充分展现了吕大防在天文历法方面的深厚造诣。

[文献]　《续资治通鉴长编》卷二一四:"(熙宁三年八月)诏直舍人院吕大防监司天监官详定今年八月进行朔望有无差谬。先是,《崇天历》以八月戊午为朔而望在十七日,司天中官正周琮撰《明天历》,则以己未为朔而望在十六日。琮言:'古今注历,望未有在十七日者'。《崇天历》官舒易简等言:'《干兴元年历》七月注十三日望,则今注十七日望不为非。'朝廷从易简等说,而琮争不已,故命大防详定。既而大防言:'易简等所指《干兴历》注十三日望,乃私历之误,已自屈伏。然据诸家历议虽有十七日为望之法,但颁历即无注十七日为望者。自天圣三年后,三望在十七日,皆注十六日为望。尽十七日晨度已前定,望犹属十六日夜故也。今年八月朔,于《崇天历》本经不当进,但于十六日注望可矣。'诏如大防议。"

十月,张载作《真像堂记》

[文献]　张载《真像堂记》:"关中为九州之奥墟,山水之壮,西自长河垅坻,东属泾、渭八川,太白、终南,负九峻嵯峨,表以荆、华,势盛气美,至者目悦(一作怳)心甘,过之叹恋其秀豪丰润,盖必有主奥、尤剧悦人心之甚者焉。周至仙游山,怪石停渊,林泉石(一作丘)壑,为古伟观,四方来者,继踵比肩,赏叹之不足,去则踟蹰顾慕,以不得久休自恨,岂(一作信)所悦我心之甚者欤?然考之山经地图,无美实嘉纵道为故事,独玉女祠前有马融石室传于旧,东偏浮图有吴生佛画显于近年,岂名墟胜游,亦将俟昌明而后显哉?秘书监致仕赵公,庆历中么赞善大夫知邑事,乐是石泉之富,志蕲家焉。后二十年,以光禄少卿就地,相视境内,得迁游之东峰,夕阳林峦极邃处,朝莫携家人、率宾从,徒步登览,不知有寒暑之倦。高年之勤,爱不能已,乃筑居其上,目之曰卧云堂。又欲著仪形以名诸己,贻后世以久其传,于是房卧云西睡,俯瞰川容,崈然一轩,模赋其象。既成,飘如翛如(一本皤如翼如),鹤发森如,兔袍禧如,望之足以警民嚣,尊之足以忘轩冕。近世王右丞退居辋川,白乐天老龙门香山,虽素风清韵,为悬车者之美谈。大率惑转化,私死生,蔽异学猥妄之言,不知安常处顺,训忠义、显子孙,殆为公愧焉尔。熙宁庚戌十月初九日乙丑,崇

文院校书张载子厚记。"(《永乐大典》卷7238引《张横渠集》,中华书局,1986年,35页)

张载归居横渠镇讲学 熙宁二年,王安石问政于张载,二人意见不合,王安石借处理明州狱案将张载排挤出朝廷。张载处理完狱案返回朝廷,恰逢其弟张戬累章论王安石乱法,得罪王安石,并于熙宁三年被贬知公安县。张载顿感不安,于是托病辞官,归居故里横渠镇著述讲学,论定井田、宅里、发敛、学校等。

[文献] 吕大临《横渠先生行状》:"(熙宁二年)他日见执政,执政尝语曰:'新政之更,惧不能任事,求助于子何如?'先生对曰:'朝廷将大有为,天下之士愿与下风。若与人为善,则孰敢不尽!如教玉人追琢,则人亦故有不能。'执政默然,所语多不合,寖不悦。既命校书崇文,先生辞,未得谢,复命案狱浙东。或有为之言曰:'张载以道德进,不能使之治狱。'执政曰:'淑问如皋陶,犹且献囚,此庸何伤!'狱成,还朝。会弟天祺以言得罪,先生益不安,乃谒告西归,居于横渠故居,遂移疾不起。"(《张载集》,382页)《宋史》卷四二七《张载传》:"(张载)还朝,即移疾屏居南山下,终日危坐一室,左右简编,俯而读,仰而思,有得则识之,或中夜起坐,取烛以书。其志道精思,未始须臾息,亦未尝须臾忘也。敝衣蔬食,与诸生讲学,每告以知礼成性、变化气质之道,学必如圣人而后已。以为知人而不知天,求为贤人而不求为圣人,此秦、汉以来学者大蔽也。故其学尊礼贵德、乐天安命,以《易》为宗,以《中庸》为体,以《孔》《孟》为法,黜怪妄,辨鬼神。其家昏丧葬祭,率用先王之意,而传以今礼。又论定井田、宅里、发敛、学校之法,皆欲条理成书,使可举而措诸事业。"

[考辨] 关于张载归居横渠镇讲学的时间。〔日〕今关寿麿《宋元明清儒学年表》置此事于熙宁二年(1069)。(《宋元明清儒学年表》,9页)熙宁二年闰十一月,张载复为崇文院校书,后出治明州狱案。《宋史》载其"狱半年乃决",可见,时间已至熙宁三年(1070)。且熙宁三年张戬上《论新法奏》,得罪王安石,被罢监察御史,符合吕大临《行状》所言"会弟天祺以言得罪"的情况,张载于此时返归横渠镇。今关寿麿实为误记。

《西铭》《东铭》成书 《西铭》《东铭》为张载书于学堂双牖之文,原名为《订顽》与《砭愚》,由程颐改为《西铭》与《东铭》。在《西铭》中,张载借助《周易》,阐发儒家"仁德""孝亲""天人合一"等方面的思想,提出了"民胞物与"

"存顺没宁"等著名命题。涵摄天道与人道,治国之道与家庭孝道,建构了"天下一家""中国一人"的宇宙社会观,将自我和他人、家庭和社会、人类和自然和谐统一起来。《西铭》作为理学的奠基作之一,历来受到不同派别理学家的共同称赞,被视为"横渠文之粹者"(《河南程氏遗书》卷18)、"孟子之后未有人及此"(《河南程氏遗书》卷2),甚至云"韩退之《原道》之文,非其胸中识见之高,安能于千百载之下辨别是非,断然如此。然其言止于治天下之道,而未及乎性命之蕴。其于本末犹有未备。若张子之《西铭》则《原道》之祖宗也"(《宋元学案补遗》卷17)。朱熹《近思录》、晁公武《郡斋读书志》、赵希弁《郡斋读书志附志》等均载录《西铭》《东铭》;《张子全书》《张子抄释》《性理大全》《儒宗理要》《御纂性理精义》等亦加以收录。注解或阐发《西铭》的各类著作,也较为繁多,有熊节撰、熊刚大注《性理群书句解》相关部分,杨时《答胡康侯》其四,程颐《答杨时论〈西铭书〉》,朱熹《西铭解》与《西铭论》,赵师侠集所集吕大临、胡安国、张九成、朱熹四家《西铭集解》,王梦龙所集《通书西铭集解》,集程颢、程颐、吕大临、吕大防等二十家的《二十先生西铭解义》,程时登《西铭补注》,曹端《西铭述解》,〔朝鲜〕李滉《西铭考证讲义》,施璜《西铭问答》,张志淳《西铭通》,成勇《西铭解》,杨廉《西铭旁通》,张伯行辑注《濂洛关闽书》,罗泽南《西铭讲义》,嚚嚚子《西铭约说》,王植《西铭集释》,李文照《西铭解拾遗》,归曾祁《西铭汇纂》,〔日〕浅见安正《西铭参考》等。在《东铭》中,张载主要阐述修养工夫论,深刻发掘"正心诚意"之旨,与《中庸》《孟子》一脉相承。虽然历代学者多重视《西铭》,但是在朱熹《与刘子澄十》《朱子语类》卷九八、韩邦奇《正蒙拾遗》、沈贵珤《正蒙疑解》、叶采《近思录集解》、刘宗周《圣学宗要》等著述中也存在诸多对《东铭》的阐发。

[**文献**] 《宋史》卷四二七《张载传》:"载学古力行,为关中士人宗师,世称为横渠先生。著书号《正蒙》,又作《西铭》曰:乾称父而坤母,予兹藐焉,乃混然中处。故天地之塞吾其体,天地之帅吾其性,民吾同胞,物吾与也。大君者,吾父母宗子;其大臣,宗子之家相也。尊高年所以长其长,慈孤幼所以幼其幼,圣其合德,贤其秀也。凡天下疲癃残疾、惸独鳏寡,皆吾兄弟之颠连而无告者也。'于时保之',子之翼也。'乐且不忧',纯乎孝者也。违曰悖德,害仁曰贼,济恶者不才,其践形惟肖者也。知化则善述其事,穷神则善继其志,不愧屋漏为无忝,存心养性为匪懈。恶旨酒,崇伯子之顾养;育英材,颖封人之锡类。不弛劳而底豫,舜其功也;无所逃而待烹,申生其恭也。体其受而

归全者,参乎;勇于从而顺令者,伯奇也。富贵福泽,将厚吾之生也;贫贱忧戚,庸玉女于成也。存,吾顺事;殁,吾宁也。程颐尝言:'《西铭》明理一而分殊,扩前圣所未发,与孟子性善养气之论同功,自孟子后盖未之见。'学者至今尊其书。"张载云:"《订顽》之作,只为学者而言,是所以订顽。"(《张载集》,313页)

《河南程氏外书》卷一一云:"横渠学堂双牖,右书《订顽》,左书《砭愚》。伊川曰:'是起争端。'改之《东铭》《西铭》。"《河南程氏文集》卷九:"《西铭》之为书,推理以存义,扩前圣扩前圣所未发,与孟子性善养气之论同功,(二者亦前圣所未发)岂墨氏之比哉?《西铭》明理一分殊,墨氏则二本而无分。"《河南程氏遗书》卷二上:"《订顽》一篇,意极完备,乃仁之体也。学者其体此意,令有诸己,其地位已高。到此地位,自别有见处,不可穷高极远,恐于道无补也","《西铭》某得此意,只是须得他子厚有如此笔力,他人无缘做得。孟子以后,未有人及此。得此文字,省多少言语。且教他人读书,要之仁孝之理备于此,须臾而不于此,则便不仁不孝也","《订顽》之言,极存无杂,秦、汉以来学者所未到","若《西铭》,则《原道》之宗祖也。《原道》却只说道,元未到《西铭》意思。"《河南程氏遗书》卷五:"《订顽》立心,便达天德。"《河南程氏遗书》卷二三:"横渠之言不能无失,类若此(笔者注:指张载"由诚以至明"之论)。若《西铭》一篇,谁说得到此?今以管窥天,固是见北斗,别处虽不得见,然见北斗,不可谓不是也。"《河南程氏粹言》卷一:"横渠立言诚有过,乃在《正蒙》,至若《订顽》,明理以存义,扩前圣所未发,与孟子性善养气之论同功,岂墨氏之比哉?《西铭》理一而分殊,墨氏则爱合无分","《订顽》言纯而意备,仁之体也;充而尽之,圣人之事也。子厚之识,孟子之后,一人而已耳。"《朱子语类》卷九八:"《西铭》大要在'天地之塞吾其体,天地之帅吾其性'两句","《西铭》通体是个'理一分殊',一句是一个'理一分殊',只先看'乾称父'三字"。吕大临《西铭赞》云:"吁精矣哉!横渠之道也。至矣哉!明道之训也。夫《西铭》一书,理义奥阃,发前圣之蕴,启人心之机,真可与天地同其体。浑浑乎!无所名。恢恢乎!无所不及。范围不可得过,形器不可得而絷。"(载于林駉《古今源流至论前集》卷一,《文渊阁四库全书》第942册)《宋元学案补遗》卷一七摘录众家之说:"《龟山语录》曰:《西铭》理一分殊,知其理一,所以为仁;知其分殊,所以为义。所谓分殊犹孟子言亲亲而仁民,仁民而爱物,其分不同,故所施不能无差等耳。或曰:如是,则体用果离而为二矣。

曰:用未尝离体也。以人观之,四肢百体具于一身者,体也。至其用处,则首不可以加履,足不可以纳冠,盖即体而言而分已在其中矣",“《西铭》书专为理言,不为分设。熹(朱熹)窃谓《西铭》之书,横渠先生所以示人至为深切,……《西铭》之言,指吾体性之所自来,以明父乾母坤之实,极乐天践形、穷神知化之妙,以至于无一行之不慊而没身焉。故伊川先生以为充得尽时,便是圣人,恐非专为始学者一时所见而发也",“张南轩《西铭》说……故《西铭》因其分之立而明其理之本一,所谓以止私胜之流,仁之方也。虽推其理之一,而其分森然者,自不可乱。义盖所以存也。大抵儒者之道,为仁之至、义之尽者,仁立则义存,义精而后仁之体为无弊也",“真西山曰:先儒张氏作《西铭》即事亲以明事天之道,大略谓天之予我以是理也,莫非至善而我悖之,即天之不才子也",“饶双峰《西铭解》曰:《西铭》一书,规模宏大,而条理精密,有非片言之所能尽。然其大旨不过中分两节,前一节明人为天地之子。后一节言人事天地,当如子之事父母",“吴草庐《西铭解》曰:天地者,吾之父母也。父母者,吾之天地也。天即父,父即天。地即母,母即地。人事天地当如事父母,子事父母当如事天地。保者持受此理而不敢违,贤人也。乐者从容顺理而自然中,圣人也。盖是理即天地之理,而天地即吾之父母也。”明薛敬之《思庵野录》云:“读《西铭》一分殊句,放而言之,则天地万物浑融是分殊,而理一。逐物思之,则逐物上各有个理分殊。”(薛敬之:《思庵野录》卷下,《关中丛书》本)吕柟认为:“是以《西铭》言乾坤便是吾父母,民便是吾与,他把自身放在天地万物中作一样看。故曰:'仁者以天地万物为一体'。”(吕柟:《泾野子内篇》,中华书局,1992年,208页)清儒张能鳞《儒宗理要》之《张子》:“《太极》《西铭》二书当作一串读,若明得太极,则知男女万物皆从天地来,是真乾父坤母也。安得不以万物为一体。”又可参见朱熹《西铭论》、沈自彰《张子二铭题辞》等。关于《东铭》。韩邦奇《正蒙拾遗》云:“《东铭》是工夫之谨密处言,人道也。先东后西,由人道而天道可造矣。朱子独取《西铭》,失横渠之旨矣。圣贤之学,言其小极于戏言戏动,过言过动之际,无不曲致其谨。推而大之,则乾坤父母而子处其中,盖与天地一般大也,此《西铭》《东铭》之旨。”(《正蒙拾遗》,清嘉庆七年刻本)《宋元学案补遗》卷一七亦摘录诸家有关《东铭》的评介:“叶采补注曰:言虽戏,必以思而出也。动虽戏,必以谋而作也。……学者深省乎此,则崇德辨惑,矫轻警惰之功,亦大矣。然其于戏且误者,克治尚如此之严,况乎过之非戏误者,岂复留之几,苟以累其身哉。或者以戏言戏动之出于心者,归咎为己戏而不知戒己长傲,而恶愈滋矣。以过言过动之失于思者,自诬为己诚而不知归咎则遂非,而过益深矣","沈毅斋先生详述朱子与江西学者说此篇大旨,不越于故误二字。……欲人深戒其言动未发之先,以为正心诚意之本。过不能无,指其流而谓之过,欲人自咎于言动已失之后,以为迁善改过之机。诲人之意深矣","刘蕺山曰:千古而下,埋没却《东铭》,今特为表而出之,缘儒者止善讲大话也。余尝谓《东铭》远胜《西铭》,闻者愕然。"又参见《朱子语类》卷九七、卷九八,《朱子文集》卷三五,叶采《近思录集解》,刘蕺山《圣学宗要》等。

[考辨] 关于东西《铭》的写作时间。在张载生前,《西铭》《东铭》已为二程所见:"子厚为二铭,以启学者,其一曰《订顽》。"(《二程集》,1202页)又据朱熹《西铭解》知二文成书于《正蒙》之前,为张载同书于"学堂双牖"。故陈俊民推测:"张载熙宁三年(1070)年退居故居后,为了教授关中学者而作二铭,并书于'学堂双牖'。"(《张载哲学思想及关学学派》,79页)陈说合理,故从之。

张载试验井田

[文献] 吕大临《横渠先生行状》:"先生慨然有意三代之治,望道而欲见。论治人先务,未始不以经界为急,讲求法制,粲然备具,要之可以行于今,如有用我者,举而措之尔。尝曰:'仁政必自经界始。贫富不均,教养无法,虽欲言治,皆苟而已。世之病难行者,未始不以亟夺富人之田为辞,然兹法之行,悦之者众,苟处之有术,期以数年,不刑一人而可复,所病者特上未之行尔。'乃言曰:'纵不能行之天下,犹可验之一乡。'方与学者议古之法,共买田一方,画为数井,上不失公家之赋役,退以其私正经界,分宅里,立敛法,广储蓄,兴学校,成礼俗,救菑恤患,敦本抑末,足以推先王之遗法,明当今之可行。此皆有志未就。"(《张载集》,384页)《宋史》卷四二七《张载传》:"(张载)还朝……又论定井田、宅里、发敛、学校之法,皆欲条理成书,使可举而措诸事业。"〔清〕周方炯、高登科纂《重修凤翔府志》卷一"井田故址"条云:"横渠镇地,即张子所画未就之井田。"(《〔乾隆〕重修凤翔府志》,乾隆三十一年刊本)〔清〕沈锡荣纂《〔宣统〕眉县志》卷二"井田渠"云:"在眉县东有东西二渠。东渠导源大振谷箭瓦沟口,四水合流;西渠导源汤谷华岩泉,亦有四水合流。北迳邺砦,各十里交汇。横渠祠后又北流三里入渭。宋张载所开今湮。"并于附录"张志八景"载有"眉伯井田"一景。〔明〕范吉诗:"廖廖邨落实堪伤,东

宙西畴大半荒,唯有横渠祠下水,滔滔二派与天长。"(转引自《[宣统]眉县志》)〔清〕张焜《井田渠碑记》:"先生仕宋神宗朝,慨然欲复井田,行三代之制,为执事新法所碍,退而买田分井,疏东、西二渠,期验试于一乡。"(转引自武澄《张子年谱》,《宋明理学家年谱》第1册,52页)

[考辨] 武澄《张子年谱》云:"按先生验试井田之事,据张焜《碑记》当在庚戌初归后,故附于此以矣。"(《张子年谱》,《宋明理学家年谱》第1册,52页)又据上述吕大临《行状》《宋史》所载,张载验试井田当为归居横渠镇以后之事,故从武澄说,志此事于此。

张载《与吕微仲书》约作于此时

[文献] 张载《与吕微仲书》:"浮屠明鬼,谓有识之死,受生循环,亦出庄说之流,遂厌苦求免,可谓知鬼乎?以人生为妄见,可谓知人乎?天人一物,辄生取舍,可谓知天乎?孔孟所谓天,彼所谓道者。惑者指'游魂为变'为轮回,未之思也。大学当先知天德,知天德则知圣人,知鬼神。今浮屠极论要归,必谓生死转流,非得道不免,谓之悟道可乎?悟则有义有命,均死生,一天人,惟知昼夜,道阴阳,体之不二。自其说炽传中国,儒者未容窥圣贤门墙,已为引取,沦胥其间,指为大道。乃其俗达之天下,致善恶知愚,男女臧获,人人著信。使英才间气,生则溺耳目恬习之事,长则师世儒崇尚之言,遂冥然被驱,因谓圣人可不修而至,大道可不学而知。故未识圣人心,已谓不必事其迹;未见君子志,已谓不必事其文。此人伦所以(亦)〔不〕察!庶物所以不明,治所以忽,德所以乱,异言满耳,上无礼以防其伪,下无学以稽其弊。自古诐、淫、邪、遁之词,翕然并兴,一出于佛氏之门者千五百年,向非独立不惧,精一自信,有大过人之才,何以正立其间,与之较是非,计得失!来简见发狂言,当为浩叹,所恨不如佛氏之著明也。未尽,更冀开谕,倾俟。"(《张载集》,350—351页)

[考辨] 据朱熹《答吕伯恭论渊源录》"横渠墓表出于吕汲公。汲公虽尊横渠,然不讲其学,而溺于释氏"(《朱文公文集》卷35)知,吕大防受佛教、鬼神思想影响甚深。张载《与吕微仲书》的写作时间史无记载。熙宁三年(1070),张载于明州案后归隐著述,与诸生讲学,逐渐形成"尊礼贵德、乐天安命,以《易》为宗,以《中庸》为体,以《孔》《孟》为法,黜怪妄,辨鬼神"(《宋史·张载传》)的思想。而此前,吕大忠、吕大钧、吕大临均已从学于张载,吕氏家族与张载的关系甚为密切,张载与吕大防互通书信,张载解答吕大防所

谓佛教、鬼神之事,亦有可能,故暂置此书信于此,以俟新考。

李复与张载探讨"宗子之法"

[文献] 李复《潏水集》卷三《与张横渠书》:"某蒙诲喻宗子之法。若以差等言之,则自天子下至公卿、士大夫、庶人,其法各有不同。每迁之远,必须有异。诸侯每一君各为一大宗,而小宗又应不一。五世之间,其众亦滋,而同继其祖。同继其祖,则同谓之继曾祖。同继曾祖之小宗,而于大宗,如何?而公子之宗,至于亲尽,则各立其宗。若大宗中绝,则当谁继?以《春秋》考之鲁之考公、炀公、幽公、魏公、献公、武公、孝公皆弟也,不可以为宗子之法。又《传》云:'同姓从宗之族属。'其法亦不见。今若为之说,恐非《周礼》。此制久废,若得其说,礼可行也。"又见《全宋文》卷二六二八。

[考辨] 李复与张载探讨"宗子之法",这与张载晚年对王安石新法的反思及授学时尤为重"礼"是一致的。诸如张载《经学理窟·宗法》说:"宗子之法不立,则朝廷无世臣。"(《张载集》,259页)这似乎和李复答文的内容密切相关。暂置此事于此,以俟新考。

宋神宗熙宁四年 辛亥(公元1071年)

一月,范育、薛昌朝坐劾李定亲丧匿服 李定违背古礼,不服生母之丧。范育、薛昌朝坚守儒家孝道传统、礼制规范,弹劾李定不宜为崇政殿说书之职,被亲任李定的王安石所贬。范育由御史贬为崇文校书,后出知韩城县。薛昌朝由御史贬为大理寺丞、知宿迁县。

[文献] 《续资治通鉴长编》卷二二三:"(熙宁四年五月)辛卯,太子中允、崇文殿校书范育复为光禄寺丞、知韩城县。育自光禄寺丞为御史,故迁中允,以言李定罢御史为校书,既而又请与林旦、薛昌朝同贬。"《续资治通鉴长编》卷二一九:"(熙宁四年正月)丁未,降太子中允、权监察御史里行林旦为著作佐郎、知黄县,薛昌朝为大理寺丞、知宿迁县。先是,旦、昌朝言李定当为所生母追服,不报。旦劾定:'始则以侍养便为行服之年,及闻朝廷议令追服,复称仇氏非其所生,本末反复,实避追服。伏以礼法二字,系朝廷之大端,定既堕败人伦,不能自请,尚冀朝廷申明以正薄俗,岂可曲徇定之私说,废蔑大义复加擢用!'又奏:'按定初言,明知仇氏为母,虽未行服,但尝解官侍养,其情犹可恕者。因朝廷再加审诘,既避追服又惧得罪,遂作为缪悠不可考实之

言,冀为终身之疑,内欺其心,上惑朝廷,此则天下之所共恶者。使定自请追服,犹未能逃名教之责,况朝廷覆问,言者纷纭,经涉时月,曾无一辞以请,安然自得,略无愧畏,便已背亲,贼害忠孝,无甚于此。朝廷方且迁官进职,置在劝讲,臣实不知其可也。'又言:'父子相隐,圣人以为直。今李问闺门之私,郜氏、仇氏平时不正之偶,缘定之故,暴其宿丑,喧布朝野,彰父不义之恶,忘母所生之恩。'又言:'宰相王安石以定素出其门,力为荐引,虽旧恶暴露,犹曲折蔽护,言事者敷陈义理,一不省顾。淮南转运使刘瑾,定阴相交结,希合附会,故作疑辞,附下罔上,表里欺蔽,致不孝之人擢为君侧。臣至中书,安石谓臣言:"此事自出上意。"臣闻古之事君者,善则称君。今众人知仇氏为定母,安石独以为非;众人知定为不孝,安石独以为可。'而昌朝亦言:'仇氏死于定家,定已三十七岁,无有不知之理。人皆以定为不孝,而安石独以为贤;定身负大恶,而安石置之劝讲之地。盖定素游其门,安石不顾是非,专欲取胜言者,故定合追服事理虽明,而犹再下淮南会问,淮南转运司既惮安石之势,又见中允恩命已行,遂不考实,作为疑辞。安石不复质诸事理,便以上惑圣听,使朝廷之上,经筵之间,寘一不孝之人,何以刑示天下?'且六疏,昌朝七疏,故有是命。"《宋史》卷三二七《王安石传》:"御史林旦、薛昌朝、范育论定不孝,皆罢逐。"又参见《全宋文》卷一六六四、卷一六五八,冯从吾《关学编》卷一《巽之范先生》等。

[考辨] 《续资治通鉴长编》志薛昌朝、范育弹劾李定丧亲匿服的时间为熙宁四年。《全宋文》一六六四载薛昌朝《为李定不为母追服事劾王安石疏》及《全宋文》卷一六五八载范育《论李定不服母丧并乞罢免台职奏》亦置此事为"熙宁四年正月"。然而,今人郭霭春《续资治通鉴目录》之《宋纪六七》载:"(熙宁三年)监察御史陈荐言:'定顷为泾县主簿,闻母仇氏死,匿不为服。'诏下江东、淮、浙转运使问状,奏云:'定尝以父年老,求归侍养,不云持所生母服。'定自辩,言实不知为仇所生,故疑不敢服,而以侍养解官。曾公亮谓定当追行服,安石力主之,罢荐御史,而改定为崇政殿说书。监察御史林旦、薛昌朝、范育,复言定不孝之人,不宜居劝讲之地,并论安石罪。安石又白罢三人。定亦不自安,求解职,乃以集贤校理、检正中书吏房公事。"郭氏定此事为熙宁三年(1070),当误。

宋神宗熙宁六年　癸丑(公元1073年)

约于是年,张载与吕大钧、范育论"保甲法"　熙宁三年(1070),保甲法颁行,初在京畿地区周围推行。熙宁六年推行全国性的"上番"措施,"以丁联兵"(《宋会要辑稿》兵2之23),"募兵相参"(《宋史》卷145《兵志六》)。陕西约于此时,大力推行保甲法。张载与吕大钧、范育探讨保甲法,作《与范巽之书》《与吕和叔书》,主张遵循王制,以《周礼》"文饰今而用",反对"不议制产,而速图师役,求以便众"等。

[文献]　《宋史》卷一五《神宗二》:"(熙宁三年)十二月己未,诏立诸路更戍法,旧以他路兵杂戍者遣还。乙丑,立保甲法。"《宋史》卷一九二《兵志六》:"熙宁初,王安石变募兵而行保甲,帝从其议。三年,始联比其民以相保任。乃诏畿内之民,十家为一保,选主户有干力者一人为保长;五十家为一大保,选一人为大保长;十大保为一都保,选为众所服者为都保正,又以一人为之副。应主客户两丁以上,选一人为保丁。附保。两丁以上有余丁而壮勇者亦附之,内家赀最厚、材勇过人者亦充保丁,兵器非禁者听习。……六年,诏开封府畿以都保置木契,左留司农寺,右付其县,凡追胥、阅试、肄习则出契。是月,又诏行于永兴、秦凤、河北东西、河东五路,唯毋上番。余路止相保任,毋习武艺,内荆湖、川、广并边者可肄武事,令监司度之。"〔明〕陈邦瞻《宋史记事本末》卷三七:"(熙宁三年十二月)乙丑,立保甲法。时王安石言:'先王以农为民,今欲公私财用不匮,为宗社长久计当罢募兵,用民兵。'乃立保甲法。"又参见吕中《宋大事记讲义》卷一六《行保甲上番法》《宋会要辑稿》食货四之八等。

附一:张载《与吕和叔书》

保议说,固甚便民近古,执政未必取用,此欲以方田为名,寨户为贵。保甲为法,庶今世见行,有不变今之顺,有渐用古之婉,即未知上意求新果否,庙堂待学者如何。今得进甫选之与议其间,顾非献计之时邪?向论方田,大体自附城三十里为差,小不减二三千步,则附郭居民在其间不疑矣。所谕城市良民大家帅之固善,但可惜安窠无功得之,及不幸屏弱不才者置诸其上,则百十之众,是谓弃之,他年当差刺诸路义勇,只以家资相制,幸无事,取其不挠可也。不幸驱之战陈,万万失措乖当,名分既定,则易之颠错,人情盖纷,今日见谋当为,时议者力辩其弊,无踵故事,乃良画耳。事初不得已,权以领之,徐校艺观能以勇爵取之,然后补正,则为劝也大。夷吾变法,不欲矫时君耳目,不循王制,未免狂谋无法。又启此端,恐于时事非宜,可一用《周礼》,文(一无"文"字)饰今制而用,不识谓之如何?但此二端之弊,不得使谋者前闻耳。

(《永乐大典》卷8414引《张横渠集》,14页)

附二:张载《与范巽之书》

示问保甲,比俟和叔来,详闻近议近制,徐为答。然近见岐却取三丁为义勇,入府教集,或虑已有更革,故益难妄计。大率附近古制,小大必利,苟不得亲民良吏,虽三代法存,未免受弊,况半古之法又乌能?借如正观府兵,求之史,纵若便时,窃计民间之害亦未免,盖不议制产,而遽图师役,求以便众,万万无此。

(《永乐大典》卷8414引《张横渠集》,14页)

宋神宗熙宁九年　丙辰(公元1076年)

三月,张戬卒　张戬(1030-1076),字天祺,原籍大梁(今河南开封)。生于涪州,侨寓眉县(今陕西眉县),遂为眉人。张载之弟。仁宗皇祐五年举进士,后历知灵宝、流江、金堂诸县。张戬为官正直,熙宁初,为监察御史里行,累章论王安石乱法,乞罢条例司及追还常平使者。弹劾曾公亮、陈升之、赵抃不能扶正,韩绛左右徇从,朋比结党,李定以邪谄窃台谏。又因不满王安石新法及其用人,获罪王安石,出知公安县,徙知夏县。张戬的德行才能深受时人的称赞,张载、程颐等人均给予高度评价。马理、吕柟纂《〔嘉靖〕陕西通志》载其著有《丧仪纂要》9卷。《全宋文》卷一六六三辑其奏议6篇。

[文献]　张载《张天祺墓志铭》:"有宋太常博士张天祺,以熙宁九年三月丙辰朔暴疾不禄。越是月哉生魄,越翌日壬申,归祔大振社先大夫之茔。其兄载,以报葬不得请铭他人,手疏哀词十二,各使刊石置圹中,示后人知德者。博士讳戬,世家东都,策名入仕,历中外二十四年。立朝莅官,才德美厚,未试百一,而天下耸闻乐从,莫不以公辅期许。率己仲尼,践修庄笃,虽孔门高弟,有所后先。不幸寿禀不遐,生四十七年而暴终他馆。志亨交戾,命也奈何!治其丧者:外姻侯去感(注:《皇朝文鉴》卷144作感)、盖节贲及婿李上卿、郭之才,从母弟质凉,甥宋京,攀号之不足,又属辞为之志。"(《张载集》,

366页)吕大临《张御史行状》:"君讳戬,字天祺,少而庄重,有老成之气,不与群童子狎戏。……以熙宁九年三月朔旦,感疾卒,享年四十有七。"(《全宋文》第110册,186页)《河南程氏遗书》卷二上:"天祺自然有德气,望之有贵人之象,只是气局小,太规规于事为重也。"《宋史》卷四二七《张戬传》:"出知公安县,徙监司竹监,至举家不食笋。常爱用一卒,及将代,自见其人盗笋籞,治之无少贷;罪已正,待之复如初,略不介意,其德量如此。卒于官,年四十七。"《宋元学案》卷一八《横渠学案下》:"张戬,字天祺,横渠先生季弟也。其为人笃实宽裕,俨然正色,喜愠不见于容。接人无贵贱亲疏,未尝失色。乐道人善,不及其恶。终日无一言不及于义,任道力行,常若不及。小有过,必语人曰:'我知之矣。公等察之,后此不复为矣!'关中学者称为'二张'。"又可参见《伊洛渊源录》卷六、《〔乾隆〕凤翔县志》卷一〇、《〔乾隆〕眉县志》卷一二、冯从吾《关学编》卷一《天祺张先生》、张骥《关学宗传》卷二《张天祺先生》等。

三月,吕大临作《张御史行状》

[文献] 吕大临《张御史行状》:"君讳戬,字天祺,少而庄重,有老成之气,不与群童子狎戏。长而好学,不喜为雕虫之辞以从科举。父兄敦迫,喻以为贫,乃强起就乡贡。既冠,登进士第,调陕州阌县主簿,移凤翔普润县令。改秘书省著作佐郎,知陕州灵宝、渠州流江、怀安军金堂县事。转太常博士。熙宁二年,超为监察御史里行。明年以言事出知江陵府公安县,改陕州夏县。转运使举监凤翔府司竹监,秩满,以熙宁九年三月朔旦,感疾卒,享年四十有七。君历治六七邑,诚心爱人,而有术以济之。力行不怠,所至皆有显效。视民之不得其所若己致之,极其智力,必济而后已。灵宝采梢,岁用民力,久为困扰。至则访其利害,纤悉得之。乃计一夫之役,采梢若干,以计其直,请命民纳市于有司而罢其役,止就河壖为场,立价募民,采伐以给用。言于郡守、监司,皆不之听。后以御史言于朝廷,行之。竹监岁发旁县夫伐竹,一月罢,君谓无名以使民,乃籍隶监园夫,以日月课伐,以足岁计。其为邑,养老恤穷皆有常,察恶劝善皆有籍,钩考会计,密察不苛,府吏束手听命,举莫能欺。尝摄令华州蒲城,蒲城剧邑,民悍使气,不畏法令,斗讼寇盗,倍蓰他邑。异时令长以峻法治之,奸愈不胜。君悉宽条禁,有讼至庭,必以理敦喻,使无犯法。间召父老,使之教笃子弟,服学省过。作记善簿,民有小善,悉以籍之。月吉以俸钱为酒食,召邑之高年,聚于县廨以劳之,使其子孙侍,因劝以孝弟之道。

不数月,邑人化之,狱讼为衰。熙宁初,上初即位,登用大臣,将大有为,以御史召。君喜以为千载之遇,间见进对,未尝不以尧舜三代之事进于上前,恻怛之爱,无所迁避。其大要,启君心,进有德,谓反经正本,当自朝廷始。不先诸此,而治其末,未见其可也。事有不关兴衰者,人虽以为可言,皆阔略不辨。既见,而新政所更,寖异初议,左右迩臣,不以德进。君争之不可,乃告诸执政,执政笑而不答。君曰:'戬之狂易,宜其为公所笑。然天下之士笑公为不少矣。'章十数上,卒不纳,乃叹曰:'兹未可已乎?'逐谢病不朝,居家待罪,卒罢言职。既去位,未尝以谏草示人,不说人以无罪。天下士大夫闻其风者,始则耸然畏之,终乃服其厚。自公安改知夏县,县素号多讼,君待以至诚,反复教喻,不逆不亿,不行小惠,讼者往往扣头自引。不五六月,刑省而讼衰。未几,灵宝之民遮使者车请曰:'今夏令张君,乃吾昔日之贤令也,顾使君哀吾民,乞张君还旧治。'使者欣然,听其辞而言于朝。去之日,遮道送,不得行。父老曰:'昔者人以吾邑之人无良喜讼,自公来,民讼几希。是惟公知吾民之不喜讼也。'言已皆泣下。君笃实宽裕,俨然正色。虽喜愠不见于容,然与人居,温厚之意,久而益亲。终日言,未尝不及于义。接人无贵贱疏戚,未尝失色于一人。乐道人之善,而不及其恶,乐进己之德,而不事无益之言。其清不以能病人,其和不以物夺志。常鸡鸣而起,勉勉矫强,任道力行,每若不及。德大容物,沛若有余。常自省,小有过差,必语人曰:'我知之矣,公等察之,后此不复为矣。'重然诺,一言之欺,以己病。少孤,不得事亲,而奉其兄以弟,就养无方,极其恭爱。推而及诸族姻故旧,罔不周恤。有妹寡居,子不克家,君力为经其家事。别内外之限,制财用之节,男就傅,女有归。诚意恳切,不驰其劳,人以为难,而自处裕如也。有一二故人,死不克葬十余年,君恻然不安,帅其知识,合力聚财,乃克襄事。其兄载重于世,常语人曰:'吾弟德性之美,吾有所不如。其不自假,而勇于不屈,在孔门之列,宜与子夏后先。晚而讲,学而达。'又曰:'吾弟全器也,然语道而合,乃自今始。有弟如此,道其无忧乎?'既暴病卒,载哭失声,如不欲生。将葬,手疏哀辞纳诸圹,曰:'哀哀吾弟,而今而后,战兢免夫!'是月还葬,以从先大夫之兆,将求有道者以铭其墓。大临惟君之善,有不胜书,要其大者,盖其力之厚,任天下之重而不辞;其气之强,笃行礼仪而无倦;其忠之盛,使死者复生而无憾。是宜得善言以传诸后,敢次其状以请。"(《全宋文》第110册,186-188页)又参见《伊洛渊源录》卷六、《〔乾隆〕凤翔县志》卷一〇、《〔乾隆〕眉县志》卷一二等。

[考辨] 张戬于是年三月还葬,需要《行状》"以铭其墓"。张载《张天祺墓志铭》又云"越是月哉生魄,越翌日壬申,归祔大振社先大夫之茔。""生魄"为是月十六日,越翌日即至十八日。故吕大临当于是时撰写《行状》。

三月,吕大临作《上横渠先生书(二)》

[文献]《上横渠先生书(二)》:"某稽颡再拜:前日往哭太傅之殡,虽得见于次,以未终亲丧,弗克叙吊。至于敦匠执绋,又不与事,诚心痛恨,殆不胜言。拜违未几,奄朔日,不审与奠感恸,气力何似?某还舍执丧,苟生如昨,不愿念恤。每见先生哀发至隐,不独系于私爱。某虽不得切与闻焉,反求诸心,犹不能处,先生耆艾,岂易胜丧?去圣既没,道有所在。虽废兴有命,亦当天下同忧。敢祈节抑自重,以慰士望,不胜区区之愿。谨奉疏,不次。"(《全宋文》第110册,153-154页)又见《国朝二百家名贤文粹》卷一〇〇。

[考辨] 现存吕大临与张载的书信有三通,第一通乃在其刚及张载之门时(见"《上横渠先生书(一)》条")。关于上述第二封(《上横渠先生书(二)》,从内容看当写于张载之弟张戬新丧之时("太傅之殡"),是时为熙宁九年(1076)三月(参见"张戬卒"条)。故置该书信于此。

关于《上横渠先生书(三)》。其内容为:"某启:天道性命之微,承学亦久,尝以所闻,反求所自得,自谓无足疑者,方将勉学存养之道而已。屡蒙待问,致思以求,亦未之得。虽然弥坚,岂能遽达?大惧学不加勉,未见所疑。惟先生见爱之深,敢望略举问端,使之详对,则疑否可决。烦渎视听,怵惕之至。"(《全宋文》第110册,154页)从内容看这封书信似乎写于张载思想的成熟期。因陈俊民《蓝田吕氏遗著辑校》未收录这三则书信,故暂附置于此,以观二人的学术交流与师弟情谊。

十二月,《吕氏乡约》成书　《吕氏乡约》是中国历史上第一部乡约。《吕氏乡约》包括乡约、乡仪两个部分,以"德业相劝,过失相规,礼俗相交,患难相恤"四个纲目约束和处理乡党邻里关系和事务。该四纲目充分体现了儒家修、齐、治、平的道德理想和行为规范。通过《乡约》推行礼仪教化,敦化民俗,将单个家庭与整个社会联系在一起,营造和谐的德性社会。《吕氏乡约》的出现也顺应了北宋政治体制改革的要求,虽然其中一些措施与王安石变法中的保甲法有所冲突,遭到一些人的反对,但是在局部地区起到一定的积极作用,规范了士人、民众的行为,促进了关中风俗的道德化,并为后世《乡约》的制定奠定了基础。《宋史·艺文四》载"《吕氏乡约仪》1卷"。赵希弁《郡斋读书志附志》与陈振孙《直斋书录解题》载有《吕氏乡约》1卷、《乡仪》1卷。尤袤《遂初堂书目》亦载有《吕氏乡约》。现存有民国二十三年(1934)陕西通志馆排印《关中丛书》本(该本为明王承裕校勘本,卷后有吕大忠熙宁九年附记,吕大钧《答伯兄》《答仲兄》《答刘平叔》,宋淳熙二年(1175)朱熹题识,正德五年(1510)王承裕题记,民国二十三年长安宋联奎、浦城王健、兴平冯光裕等人的跋)、《青照堂丛书》本、《说郛》本等。又有朱熹增损《吕氏乡约》1卷,现存清同治四年(1865)刊本、清光绪十六年(1890)刘氏传经堂重刻本、清光绪十七年(1891)贺瑞麟重刻本等。陈俊民《蓝田吕氏遗著辑校》《全宋文》卷一七〇四均收录《吕氏乡约》及其相关文章。

[文献] 吕大忠《吕氏乡约·附记》:"人之所赖于邻里乡党者,犹身有手足,家有兄弟,善恶利害皆与之同,不可一日而无之。不然,则秦越其视,何与于我哉!大忠素病于此,且不能勉,愿与乡人共行斯道。惧德未信,动或取咎,敢举其目,先求同志,苟以为可,愿书其诺,成吾里仁之美,有望于众君子焉。熙宁九年十二月初五日,汲郡吕大忠白。"(《蓝田吕氏遗著辑校》,567页)《宋史》卷三四〇《吕大防传》:"(吕大防)与大忠及弟大临同居,相切嗟论道考礼,冠昏丧祭一本于古,关中言《礼》学者推吕氏。尝为《乡约》曰:'凡同约者,德业相劝,过失相规,礼俗相交,患难相恤,有善则书于籍,有过若违约者亦书之,三犯而行罚,不悛者绝之。'"《宋史》卷三四〇《吕大钧传》:"大钧从张载学,能守其师说而践履之。居父丧,衰麻葬祭,一本于礼。后乃行于冠昏、膳饮、庆吊之间,节文粲然可观,关中化之。尤喜讲明井田兵制,谓治道必自此始,悉撰次为图籍,可见于用。虽皆本于载,而能自信力行,载每叹其勇为不可及。"黄宗羲《宋元学案》卷三一《吕范诸儒学案》:"吕大钧,字和叔,晋伯之弟。……先生于横渠为同年友,心悦而好之,遂执弟子礼,于是学者靡然知所趋向。横渠之教,以礼为先。先生条为《乡约》,关中风俗,为之一变。"又参见冯从吾《关学编》卷一、张骥《关学宗传》卷二、卷三等。

[考辨] 关于《吕氏乡约》的成书时间。《吕氏乡约》文末载:"人之所赖于邻里乡党者,犹身有手足,家有兄弟,善恶利害皆与之同,不可一日无之。不然,则秦越其视,何与于我哉!大忠素病于此,且不能勉,愿与乡人共行斯道。惧德未信,动或取咎,敢举其目,先求同志,苟以为可,愿书其诺,成吾里仁之美,有望于众君子焉。熙宁九年十二月初五日,汲郡吕大忠白。"(《蓝田吕氏遗著辑校》,567页)吕大忠之语表明《乡约》的成书时间,为熙宁九年

(1076)十二月,故立目于此。

关于《吕氏乡约》的作者。存在诸说:一为吕大钧。《宋史》卷二〇五《艺文四》:"《吕氏乡约仪》一卷,吕大钧撰。"《宋元学案》、现存《关中丛书》本《吕氏乡约》《中国古籍善本书总目》等从之。二为吕大防。《宋史》卷三四〇《吕大防传》云吕大防"尝为《乡约》"。三为吕大忠或吕大忠为力最多。《吕氏乡约》末附有吕大忠语,故又有以吕大忠为作者或为力最多之说。《全宋文》卷一五一一注云:"《吕氏乡约》实为吕氏兄弟所共拟,《宋史》卷三四〇《吕大防传》谓大防'尝为《乡约》',即指此。大忠为长兄,或为力最多,一般作大忠作。"(《全宋文》第69册,296页)《中国丛书综录》中著录的《关中丛书》《青照堂丛书》《说郛》等刊本亦均记为吕大忠撰。笔者认为从现存史料看,吕大钧作有《答伯兄》《答仲兄》《答刘平叔》《寄刘伯寿书》等关于《乡约》的书信。(参见《全宋文》卷1704)可见,在《乡约》的形成过程中,吕大钧为主要的撰写者,并且不断听取吕大忠、吕大防等人的建议,或与二人进行商讨。如吕大钧在《答伯兄》中与吕大忠商讨《乡约》中某些条款规定的严宽问题。在《答仲兄》中与吕大防商讨《乡约》的定名问题等。可见,起主导作用的应为吕大钧,而不是吕大忠、吕大防。吕大忠、吕大防仅是参与了《乡约》的制定,并提供了建议。此外,张载又云:"秦俗之化,亦先自和叔有力焉。"(《二程集》,115页)作为同时代人作出这样的评价,应当是基于吕大钧制定并实践《乡约》的功绩。后世朱熹亦云:"此篇(《答刘平叔》)旧传吕公进伯所作,今载于其弟和叔文集,又有答问诸书如此,知其为和叔所定不疑。篇末著进伯名,意以其族党之长而推之,使主斯约故而,淳熙乙未四月朱熹甲子识。"(《吕氏乡约》,关中丛书本,7页)朱熹又云:"此篇(《丧服》)旧题《苏氏乡约》意为苏昞季明博士兄弟所作。今按吕和叔文集,乃季明所序,而此篇在焉,然则乃吕氏书也。因去题二字而记,其实如此。淳熙乙未四月甲子朱熹识。"(《吕氏乡约》,关中丛书本,20－21页)王承裕云:"《乡约》本文,承裕十年前得之,盖吕氏兄弟相与论定者,其所以约乡人为善之意矣。"(《吕氏乡约》,关中丛书本,8页)总而言之,《乡约》虽为吕氏兄弟,甚至包括与其友人相论而定,但吕大钧是主要的撰写者、制定者与执行者,吕大忠是最后的审定者,并以其长兄身份,积极协助推行《乡约》。

《正蒙》成书 现存《正蒙》经过苏昞厘定,由十七篇文章组成。其中《太和篇》《参两篇》《天道篇》《神化篇》《动物篇》5篇侧重论述"天道";《诚明篇》《大心篇》2篇侧重讲"心性";《中正篇》《至当篇》2篇侧重讲为学修养工夫;《作者篇》《三十篇》《有德篇》《有司篇》4篇侧重对《论》《孟》等的诠释;《大易篇》《乐器篇》《王禘篇》3篇侧重对《诗》《书》《周易》、"三礼"的诠释;《乾称篇》包括《西铭》《东铭》二文,主要是阐述儒家道德论、人性论、政治论等方面的问题。总体看,虽然《正蒙》内容博杂,但是通过对"虚气""心性""礼""理"等范畴的阐发,揭示了儒家合天道与人道于一体的主旨。历代学者对《正蒙》十分注重,为之注解者甚多,诸如:宋代《正蒙诸解》、熊禾《正蒙句解》等;元代许珍《性理正蒙分节解》、郑原善《补正蒙解》、沈贵瑶《正蒙疑解》等;明代刘玑《正蒙会稿》,高攀龙集注、徐必达发明《正蒙释》,刘伯《新刊正蒙解》,曹端《正蒙述解》,韩邦奇《正蒙拾遗》,倪复《正蒙发微》,王启《正蒙直解》,朱谧《正蒙述解》,朱得之《正蒙通义》,余本《正蒙集解》,童品《续正蒙发微》等;清代王夫之《张子正蒙注》、李光地《注解正蒙》、杨方达《正蒙集说》、冉觐祖《正蒙补训》、张伯行集注《濂洛关闽书》之《张子》部分、王植《正蒙初义》、方潜《正蒙分目解按》、李文照《正蒙集解》、李元春《张子正蒙释要》、陈广夔《正蒙轨物口义》等。此外,在钟人杰《性理会通》、王植《正蒙初义》及《宋元学案》中相关的评介述中也收录了诸多明清时期的《正蒙》注。今人喻博文著有《正蒙译注》。近代以来疏释《正蒙》的论著亦不断涌出,诸如:钱穆《正蒙大义发微》(载《中国思想史论丛》第5册)、牟宗三《心体与性体》与唐君毅《中国哲学原论·原教篇》《哲学论集》的相关部分等。

[文献] 吕大临《横渠先生行状》:"熙宁九年秋,先生感异梦,忽以书属门人,乃集所立言,谓之《正蒙》,出示门人曰:'此书予历年致思之所得,其言殆于前圣合与!大要发端示人而已,其触类广之,则吾将有待于学者。正如老木之株,枝别固多,所少者润泽华叶尔。'又尝谓:'《春秋》之为书,在古无有,乃圣人所自作,惟孟子为能知之,非理明义精殆未可学。先儒未及此而治之,故其说多穿凿,及《诗》《书》《礼》《乐》之言,多不能平易其心,以意逆志。'方且条举大例,考察文理,与学者绪正其说。"(《张载集》,384页)苏昞《正蒙序》:"先生著《正蒙书》数万言。一日,从容请曰:'敢以区别成诵何如?'先生曰:'吾之作是书也,譬之枯株,根本枝叶,莫不悉备,充荣之者,其在人功而已。又如睟盘示儿,百物具在,顾取者如何尔。'于是辄就其编,会归义例,略效《论语》《孟子》,篇次章句,以类相从,为十七篇。"(《张载集》,3页)范育《正蒙序》:"子张子校书崇文,未伸其志,退而寓于太白之阴,横渠之阳,

潜心天地,参圣学之源,七年而道益明,德益尊,著《正蒙书》数万言而未出也,间因问答之言,或窥其一二。熙宁丁巳岁,天子召以为礼官,至京师,予始受其书而质问焉。其年秋,夫子复西归,殁于骊山之下,门人遂出其书,传者浸广,至其疑义独无从取正,十有三年于兹矣。痛乎微言之将绝也!友人苏子季明离其书为十七篇以示予。昔者夫子之书盖未尝离也,故有'枯株晬盘'之说,然斯言也,岂待好之者充且择欤?特夫子之所居也。今也离而为书,以推明夫子之道,质万世之传,予无加损焉尔。"(《张载集》,4页)李幼武《道学名臣言行外录》卷四:"熙宁九年秋,集所立言,谓之《正蒙》出示门人曰:此书予历年教思之所得。其言殆与前圣合,大要发端示人而已。"《宋史》二〇五《艺文四》载:"张载《正蒙书》十卷。"《河南程氏外书》卷一二:"张横渠著《正蒙》时,处处置笔砚,得意即书。伯淳云:'子厚却如此不熟。'"程颢云:"《订顽》一篇,意极完备,乃仁之体也。学者其体此意,令有诸己,其地位已高。到此地位,自别有见处,不可穷高极远,恐于道无补","《西铭》某得此意,只是须得他子厚有如此笔力,他人无缘做得。孟子以后,未有人及此。得此文字,省多少言语。"(《二程集》,15页)晁公武《郡斋读书志》卷一〇云:"张舜民尝乞追赠载于朝,云横渠先生张载著书万余言,名曰《正蒙》。阴阳变化之端,仁义道德之理,死生性命之分,治乱国家之经。罔不究通。方之前人,其孟轲、扬雄之流乎?此书是也。初无篇次,其后门人苏昞等区分别成十七篇。"胡宏《横渠正蒙序》云:"著书数万言,极天地阴阳之本,穷神化,一天人,所以息邪说而正人心、故自号其书曰'正蒙'。其志大,其虑深且远矣。"(胡宏:《胡宏集》,中华书局,1987年,162页)《朱子语类》卷九九《张子二》云:"《正蒙》所论道体,觉得源头有未是处,故伊川云:'过处乃在《正蒙》。'答书之中云:'非明睿所照,而考索至此。'盖横渠却只是一向苦思求将向前去,却欠涵泳以待其义理自形见处","《正蒙》说道体处,如'太和'、'太虚'、'虚空'云者,止是说气、说聚散处,其流乃是个大轮回。盖其志思虑考索所至,非性分自然之知。"王梓材、冯云濠《宋元学案补遗》卷一七亦引黄震读《正蒙》云:"造化难测,横渠思索最精。辰象随天而迟,反成逆行,此理于云运月驶可验。又曰:贤才出、子孙才,亦气日至而滋息之类也。又曰:论性之广大、无如万物一源之语。论性之精切,无如气质弗性之语。阳明阴浊,分别尤净。"王廷相《慎言》云:"《正蒙》,横渠之实学也。致知本于精思,力行本于守礼;精思故达天而不疑,守礼故知化而有渐。"(王廷相:《王廷相集》,中华书局,1989年,821

页)王夫之《张子正蒙注·序论》:"谓之《正蒙》者,养蒙以圣功之正也。圣功久矣,大矣,而正之惟其始。蒙者,知之始也。……孟子之功不在禹下,张子之功又岂非疏瀹水之歧流,引万派而归墟,使斯人去昏垫而履平康之坦道哉!是匠者之绳墨也,射者之彀率也,虽力之未逮,养之未熟,见为登天之难不可企及,而志于是则可至焉,不志于是未有能至者也,养蒙以是为圣功之所自定,而邪说之淫蛊不足以乱之矣,故曰《正蒙》也。"(王夫之注:《张子正蒙》,上海古籍出版社,2000年,81－82页)又参见冯从吾《关学编》卷一《横渠张先生》《宋元学案》卷一八《横渠学案》《宋元学案补遗》卷一七、张骥《关学宗传》卷一《横渠张子》、朱熹《西铭论》、沈自彰《张子二铭题辞》、刘玑《正蒙会稿序》、李慎《张子全书序》等。

[考辨] 关于《正蒙》得名及其原因。以"正蒙"为书名取《周易》"蒙以养正"之义。历来学者多有论述,如刘玑《正蒙会稿序》:"易有'蒙以养正'之文,故张子取之以名书,篇内《东铭》《西铭》,初曰《砭愚》《订顽》,皆《正蒙》之谓也。"(刘玑:《正蒙会稿》,明正德十五年祝寿五雷等刻本)王夫之《张子正蒙注序论》:"谓之《正蒙》者,养蒙以圣功之正也。圣功久矣,大矣,而正之惟其始。蒙者,知之始也。"(王夫之注:《张子正蒙》,79页)张载"正蒙"的原因主要有二:一是针对"秦汉以来学者之大弊",即"以为知人而不知天,求为贤人而不求为圣人。"二是针对"浮屠老子之书,天下共传,与《六经》并行。而其徒侈其说,以为大道精微之理,儒家之所不能谈,必取吾书为正"(《张载集》,4页)的现状。

关于《正蒙》篇次。根据苏昞《正蒙序》知,在张载的首肯下,苏昞对《正蒙》编次厘定,为十七篇,"会归义例,略效《论语》《孟子》,篇次章句,以类相从。"虽然《正蒙》没有严密的系统,但是也不乏其整体性。现存《正蒙》末篇《乾称篇》本为张载生前讲学时公布的《西铭》(又名《订顽》)与《东铭》(又名《砭愚》)二文合成。但据〔元〕虞集为吴澄所作《行状》云:"(吴澄)校张子之书,契东西《铭》于篇首,而《正蒙》次之。"这种编排和现存《张子全书》及《张子抄释》相似。可见,《正蒙》的编次存在以上差异。

苏昞约于此时作《正蒙序》

[文献] 苏昞《正蒙序》:"先生著《正蒙书》数万言。一日,从容请曰:'敢以区别成诵何如?'先生曰:'吾之作是书也,譬之枯株,根本枝叶,莫不悉备,充荣之者,其在人功而已。又如晬盘示儿,百物具在,顾取者如何尔。'于

是輯就其編,会归义例,略效《论语》《孟子》,篇次章句,以类相从,为十七篇。"(《张载集》,3页)

[考辨] 虽然苏昞《正蒙序》未注明撰于何时,但从苏昞《正蒙序》所论语气看,似乎当撰于《正蒙》成书后不久。尤其是并未记载张载去世的情况,这亦可佐证是《序》撰写于张载生前。故暂立目于此,以俟新考。

宋神宗熙宁十年　丁巳(公元1077年)

三月,张载同知太常礼院　是年三月,张载由吕大防推荐返回京师,同知太常礼院。但是,由于张载议礼主张尊循古制,与有司不合,兼病疾加重,遂于七月罢归返乡。

[文献]　《全宋文》卷一五七三载吕大防《荐张载札子》:"伏见本路凤翔府寄居、著作郎、前崇文院校书郎张载,学术精深,性资方毅,昨因得告寻医,未蒙朝廷召见,义难自进,老于田间,众所共惜。臣未敢别乞朝廷任使,欲望圣慈且令召书馆旧职。有不如臣所举,甘坐罔上不忠之罪。"(《全宋文》第72册,203页)吕大临《横渠先生行状》:"(熙宁)十年春复召还馆,同知太常礼院","会秦凤帅吕公荐之曰:'张载之学,善法圣人之遗意,其术略可措之以复古,乞召还旧职,访以治体。'诏从之。先生曰:'吾是行也,不敢以疾辞,庶几有遇焉。'及至都,公卿闻风慕之,然未有深知先生者,以所欲言尝试于人,多未之信。会有言者欲请行冠婚丧祭之礼,诏下礼官。礼官安习故常,以古今异俗为说,先生独以为可行,且谓'称不可非儒生博士所宜',众莫能夺,然议卒不决。郊庙之礼,礼官预焉。先生见礼不致严,亟欲正之,而众莫之助,先生益不悦。会有疾,谒告以归,知道之难行,欲与门人成其初志,不幸告终,不卒其愿。"(《张载集》,381、384页)《续资治通鉴长编》卷三八一:"(熙宁十年三月)戊午,诏著作佐郎、前崇文院校书张载归馆供职。载前以寻医去,秦凤路经略使吕大防请召还,故有是诏。"《续资治通鉴长编》卷三八三:"(熙宁十年七月)著作佐郎、崇文院校书张载兼知太常礼院。载议礼于有司不合,亟罢归。"又参《〔嘉靖〕陕西通志》卷之二八、周汝登《圣学宗传》卷七、冯从吾《关学编》卷一《横渠张子》等。

[考辨]　关于张载同知太常礼院。《宋史》卷四二七《张载传》:"吕大防荐之曰:'载之始终,善发明圣人之遗旨,其论政治略可复古。宜还其旧职,以

备谘访。'乃诏知太常礼院。"马理、吕柟所纂《〔嘉靖〕陕西通志》亦云:"乃诏知太常礼院。"《〔嘉靖〕陕西通志》,1523页)中华书局本《宋史》校刊记云:"按《东都事略》卷一一四本传、朱熹《伊洛渊源录》卷六《横渠先生行状》《编年纲目》卷二〇熙宁十年十一月条都作'同知太常礼院';《长编》卷二八三作'兼知太常礼院'。据本书卷一六四《职官志》'太常寺'条,疑作'同知太常礼院'是。"又据吕大临《横渠先生行状》云"同知太常礼院"、《全宋文》吕大防语"召还书馆旧职"、《续资治通鉴长编》云"归馆供职"及张舜民《乞追赠张载奏》云"故崇文院校书张载"(参见"张舜民上《乞追赠张载奏》"条)看,张载应同知太常礼院。

关于张载归馆时间。就以上"文献"看,存在三月、七月、十一月三说。吕大临《横渠先生行状》:"(熙宁)十年春复召还馆,同知太常礼院。"《续资治通鉴长编》卷三八一:"(熙宁十年三月)戊午,诏著作佐郎、前崇文院校书张载归馆供职。"又《邵氏闻见录》卷一五:"子厚入馆数月,以病归。"故三月说较为合理。七月应为始"罢归"时间。另外,《宋元学案》卷十七《横渠学案上》云:"熙宁九年,吕汲公荐,召同知太常礼院。"(《宋元学案》,664页)误认为此事发生于熙宁九年(1076)。

张载与二程洛阳论学 张载归眉途经洛阳,与二程兄弟论学。这次论学内容除了讨论礼制、为学之外,还包括其它四个重要的方面:一,关于"井田制"的问题。张载认为实行井田制是推行新法的重要因素,"必先正经界,经界不正,则法终不定。"二程则认为"井田今取民田使贫富均,则愿者众,不愿者寡",应该"使上下都无怨怒,方可行",对推行井田制持谨慎态度。二,关于"穷理尽性"的问题。二程认为"只穷理便是至于命"。张载则认为是"失于太快,此义尽有次序",应先穷理,再尽性,进而才至于命。三,关于"以礼为教"的问题。张载认为"古人凡礼,讲修已定,家家行之","用礼渐成俗"。二程认为古礼去日太远,多不能言,礼应注重实用。四,论"龙女衣冠"。张载认为依夫人品秩,封龙女为善济夫人;二程则认为既然是龙女,就不应该用人的衣冠加以封秩。

[文献] 《河南程氏遗书》卷一〇苏昞所记《洛阳议论》:"二程谓:'地形不必谓宽平可以画方,只可用算法折计地亩以授民。'子厚谓:'必先正经界,经界不正,则法终不定。地有坳垤处不管,只观四标竿中间地,虽不平饶,与民无害。就一夫之间,所争亦不多。又侧峻处,田亦不甚美。又经界必须

正南北,假使地形有宽狭尖斜,经界则不避山河之曲,其田则就得井处为井,不能就成处,或五七,或三四,或一夫,其实田数则在。又或就不成一夫处,亦可计百亩之数而授之,无不可行者。如此,则经界随山随河,皆不害于画之也。苟如此画定,虽便使暴君污吏,亦数百年坏不得。经界之坏,亦非专在秦时,其来亦远,渐有坏矣。'正叔云:'至如鲁,二吾犹不足,如何得至十一也?'子厚言:'百亩而彻,言彻取之彻则无义,是透彻之彻。透彻而耕,则功力均,且相驱率,无一家得惰者。及已收获,则计亩数衰分之,以衰分之数,取十一之数,亦可。'或谓:'井议不可轻示人,恐致笑及有议论。'子厚谓:'有笑有议论,则方有益也。''若有人闻其说,取之以为己功。'先生云:'如有能者,则己愿受一廛而为氓,亦幸也。'伯淳言:'井田今取民田使贫富均,则愿者众,不愿者寡。'正叔言:'亦未可言民情怨怒,止论可不可尔。''须使上下都无怨怒,方可行。'正叔言:'议法既大备,却在所以行之之道。'子厚言:'岂敢!某止欲成书,庶有取之者。'正叔言:'不行于当时,行于后世,一也。'子厚曰:'徒善不足以为政,徒法不能以自行。须是行之之道。又虽有仁心仁闻,而政不行者,不由先王之道也。须是法先生。'正叔言:'孟子于此善为言。只极目力,焉能尽方圆平直?须是要规矩。'二程问:'官户占田过制者如何?''如文曾有田极多,只消与五十里采地尽多。'又问'其它如何?''今之公卿,非如古之公卿。旧有田多者,与之采地多。概与之,则无以别有田者无田者。'……二程解'穷理尽性以至于命':'只穷理便是至于命。'子厚谓:'亦是失于太快,此义尽有次序。须是穷理,便能尽得己之性,则推类又尽人之性;既尽得人之性,须是并万物之性一齐尽得,如此然后至于天道也。其间煞有事,岂有当下理会了?学者须是穷理为先,如此则方有学。今言知命与至于命,尽有近远,岂可以知便谓之至也?'正叔谓:'洛俗恐难化于秦人。'子厚谓:'秦俗之化,亦先自和叔有力焉,亦是士人敦厚,东方亦恐难肯向风。'正叔辨周都言:'穀、洛斗,毁王宫,今穀、洛相合处在七里店南,既言毁王宫,则周室亦恐不远于今之宫阙也。'子厚谓:'昔尝谓伯淳优于正叔,今见之果然;其救世之志甚诚切,亦于今日天下之事尽记得熟。'子厚言:'今日之往来,俱无益,不如闲居,与学者讲论,资养后生,却成得事。'正叔言:'何必然?义当来则来,当往则往尔。'二程言:'人不易知。'子厚言:'人诚知之为艰,然至于伎术能否,人情善恶,便可知。惟以(一作似)。秦武阳杀人于市,见秦始皇惧,此则不可知。'"《宋人轶事汇编》卷九:"张子厚知太常礼院,定龙女衣冠,以其封善济夫人，故依夫人品服。正叔以为不然，曰：'闻龙女有五十三庙，皆三娘子。一龙耶？五十三龙耶？一龙不应有五十三庙，五十三龙不应尽为三娘子。'子厚默然。"《河南程氏遗书》卷二一上："张子厚罢太常礼院归关中，过洛而见程子。子曰：'比太常礼院所议，可得闻乎？'子厚曰：'大事皆为礼房检正所夺，所议惟小事尔。'子曰：'小事何？'子厚曰：'如定谥及龙女衣冠。'子曰：'龙女衣冠如何？'子厚曰：'当依夫人品秩，盖龙女本封善济夫人。'子曰：'某则不然。既曰龙，则不当被人衣冠。矧大河之塞，本上天降祐，宗庙之灵，朝廷之德，而吏士之劳也。龙何功之有？又闻龙有五十三庙，皆曰三娘子。一龙邪？五十三龙邪？一龙则不当有五十三庙，五十三龙则不应尽为三娘子也。'子厚默然。"《河南程氏遗书》卷一五《入关语录》："龙女衣冠不可定。龙，兽也。衣冠人所被，岂有禽兽可以被人衣冠？若以为一龙，不当立数十庙；若以为数十龙，不当同为济善夫人也。"程颢：《永新初修龙氏族谱序》："张子厚罢太常礼归关中，过洛阳而见颢。颢问曰：'此太常仪礼可得闻乎？'子厚曰：'大事皆检正，所奇小事，如定谥及龙女衣冠，则载所议，以龙女封善济夫人，衣夫人品服。'颢曰：'既云龙何能被夫人衣？'又云：'胄庙五十三所皆曰三娘，龙少不夜庙多，何止娘子？'子厚默然。今龙氏谱如易，象六龙皆是人事也。蕃衍虽百，宗庙不为多，族众虽千万女子尚为少。衣冠济济，又皆称其人。子厚问之欣然。是为序。大宋元丰元年。"（龙章杰等：《龙氏族谱》，2006年编本）又见《河南程氏遗书》卷一八。

[考辨] 关于洛阳议论的时间。洛阳议论的时间与邵雍卒时相关。武澄《张子年谱》认为："九月邵雍疾，（张载）与司马君实、二程晨夕候之，过洛见二程子。"（《张子年谱》，《宋明理学家年谱》第1册，55页）武氏之论实据《宋史》而来。《宋史》卷四二七："（邵雍）雍疾病，司马光、张载、程颢、程颐晨夕候之，将终，共议丧葬事外庭，雍皆能闻众人所言。"（《宋史》，12728页）又云邵雍于"熙宁十年，卒，年六十七，赠秘书省著作郎"。然而，程颢《邵尧夫先生墓志铭》云："熙宁丁巳孟秋癸丑（1077年7月5日），尧夫先生疾终于家。"（《二程集》，502页）邵伯温《邵氏闻见录》卷一五载："熙宁十年，吴充丞相当国，复召还馆。康节已病，子厚知医，亦喜谈命，诊康节脉曰：'先生之疾无虑。'又曰：'颇信命否？'康节曰：'天命某自知之，世俗所谓命，某不知也。'子厚曰：'先生知天命矣，尚何言。'子厚入馆数月，以病归，过洛，康节已捐馆，折简慰抚伯温勤甚。见二程先生曰：'某之病必不起，尚可及长安也。'行至临

潼县,沐浴更衣而寝,及旦视之,亡矣。门生衰绖挽车,葬凤翔之横渠,是谓横渠先生。"卷二〇又云:"先公(邵雍)与横渠先生张子厚同以熙宁十年丁巳捐馆。"据上述文献可知,张载入馆过洛阳时,邵雍已病重,数月后卒。《宋史》所谓在邵雍临终时,张载与二程"晨夕候之",当误。武澄所谓"九月邵尧夫疾",更误。张载归眉过洛时,邵雍"已捐馆",即邵雍在是年七月已去世。因此,可以推测张载约在是年七月邵雍卒后才过洛,并抱病与二程兄弟讨论。

关于论"龙女衣冠"的时间与参与者。武澄《张子年谱》云:"(熙宁三年)张子归眉,过洛见程子论龙女衣冠事。"(《张子年谱》,《宋明理学家年谱》第1册,52页)归曾祁《横渠先生年谱》亦从此说。然而,据上述史料,知论"龙女衣冠"之事,当发生在熙宁十年(1077)张载罢太常礼院归关中之时,此论与《程氏遗书》中所收录的"洛阳议论"在同一时期。武氏误以为此事发生于熙宁三年(1070)张载因其弟张戬违逆王安石,而担心受累返乡过洛之时,实误。关于参与者。丁传靖《宋人轶事汇编》载录宋人庄季裕《鸡肋篇》云,参与者为张载与程颐。程颢《永新初修龙氏族谱序》则注明为自己与张载论说。《河南程氏遗书》载为"程子"与张载论说(为程门弟子张绎所记)。据此看来,对这一问题的讨论,似乎三人均参加了,且在次年(1078)程颢在为龙氏族谱作序时,仍思考"龙女衣冠"的问题;在元丰三年(1080)程颐入关中时,也提及该问题。

十二月,张载卒 张载(1020-1077或1078),字子厚。原籍大梁(今河南开封)。生于长安(今陕西西安),父殁后侨寓凤翔眉县横渠镇(今陕西眉县横渠镇),世称横渠先生。少力学,喜谈兵,曾欲结客取洮西地,21岁时谒书见范仲淹。范仲淹劝其读《中庸》,但是张载尚不能以心相契,仍不满足。继而,研究佛老典籍数年,后返回精研六经。嘉祐元年(1056),张载在京师虎皮讲《易》,并与二程探讨道学之要。嘉祐二年(1057)中进士,历任祁州司法参军、云岩令、渭州军事判官。熙宁二年(1069),诏为崇文院校书,对王安石新法持有异议,且是时其弟张戬反对变法而遭贬的原因,辞官归里。熙宁十年(1077),由于吕大防的推荐,张载复诏入朝,同知太常礼院。又因论礼与众人不合,且患疾病而返乡。途经洛阳,与二程论学。中途,病卒于临潼。张载为关学的开创者,其学以《易》为宗,以《中庸》为的,以《礼》为体,以孔孟为极。分而言之,主要有以下几点:其一,针对汉儒"知人不知天"及佛道"知天不知人"的思想,张载提出了"太虚即气"的天道论命题,把"太虚"作为其哲学的最高范畴,即"太虚"为万物化生的本原,同时也是社会道德价值的根源。其二,在天人相贯、体用相即的思维模式下"自立说以名性",建构了以"合两""成性"为特征的人性论,提出了"天地之性"与"气质之性"的概念。其三,提倡"知礼成性""变化气质"的修养工夫论。其四,注重"以礼为教""敦本善俗"的社会教化。关于张载的著作,历来书目记载较为复杂,仅就书名而论:《宋史·艺文志》载《张载集》10 卷、张载《易说》10 卷、《横渠张氏祭仪》1 卷、《诗说》1 卷、《经学理窟》3 卷、《正蒙书》10 卷、《杂述》1 卷、《三家冠婚丧祭礼》5 卷(司马光、程颐、张载定)。《郡斋读书志》又载《横渠春秋说》1 卷、《横渠孟子解》14 卷、《信闻记》1 卷、《张横渠注尉缭子》1 卷、《张横渠崇文集》10 卷、《横渠先生语录》3 卷等。朱熹、吕祖谦《近思录》列张载著作:《横渠文集》《正蒙》《语录》《易说》《孟子说》《论语说》《礼乐说》等。此外,尤袤《遂初堂书目》、陈振孙《直斋书录解题》、马端临《文献通考》、马理与吕柟所纂《〔嘉靖〕陕西通志》等也记载了上述一些著作,但个别著作卷数不一致,如《横渠易说》(详见"张载京师虎皮讲《周易》,与二程共语道学之要"条考辨)。此外,明清以来又有《张子抄释》《张子全书》《张横渠先生文集》等行于世。张载著作刊刻本亦繁多复杂。诸如《横渠易说》存有清《四库全书》本、同治十二年(1886)《通志堂经解》本等。《经学理窟》存有宋《诸儒鸣道》本、宋端平年间黄壮猷补刻本、明嘉靖元年(1522)黄巩刻本、明万历二十年(1522)李祯刻本等。《语录》存有《诸儒鸣道》本、宋福建漕治刻本、《续古逸丛书》本、《四部丛刊续编》本等。《正蒙》存有《诸儒鸣道》本、宋黄壮猷补刻本及诸多明清刻本。明吕柟所编的《张子抄释》,现存有明嘉靖十六年(1535)汪克俭刻本、清《四库全书》本、《惜阴轩丛书》本、《丛书集成初编》本等。《张子全书》存有明万历三十四年(1606)徐必达刻本(见于《合刻周张两先生全书》),明万历四十六年(1618)沈自彰刻本,清顺治十年(1653)喻三畏刻本,康熙元年(1662)李月桂刻本,康熙五十八年(1719)朱轼、段志熙校刻本,乾隆二十八年(1763)眉县张明行修补本,乾隆三十八年(1773)《四库全书》本,嘉庆十一年(1806)叶世倬补刻本,道光二十二年(1842)武澄刻本,同治九年(1870)凤翔府祠堂重刻本,光绪三年(1877)夔州李氏刊本,光绪十七年(1891)《西京清麓丛书》本等数十种刊刻本。《张横渠先生文集》存有清同治时期《正谊堂全书》本、1937 年周氏师古堂刻本、《丛书集成新编》本等。1978 年中华书局出版的《张载集》,即在《张子全书》的基础上,整理收录了

《正蒙》(《西铭》《东铭》列于第十七《乾称》篇中)、《横渠易说》《张子语录》《经学理窟》《文集佚存》《拾遗》《附录》等,该书虽然对张载著述的整理有重要的价值,但是该书并没有分而选取张载不同著作的最佳版本为底本加以整理;且存在某些"以他书校本书"等校勘问题(《全宋文》校改出几处),亦有部分张载诗文未能收入。林乐昌根据朱熹《孟子精义》《孟子或问》《孟子集注》,朱熹、吕祖谦《近思录》,黎靖德《朱子语类》,黄履翁《古今源流至论别集》,蔡谟《孟子集疏》,胡广《四书大全·孟子集注大全》等书,辑出张载《孟子说》133条。(参见林乐昌:《张载佚书<孟子说>辑考》,《中国哲学史》,2003年,第4期)日本学者山际明利从朱子《论语精义》中统计出《横渠论语说》121条(其中3条重复)。(参见松川健二编:《论语思想史》,台湾万卷楼图书出版股份有限公司,2006年,177页)李裕民辑得张载文14篇(4篇完整),诗61首(4首为残句)。(李裕民:《张载诗文的新发现》,《晋阳学刊》,1994年第3期)但是,李裕民所辑61首诗歌中又杂有多首杨时、吕本中、朱熹、陆游之作(参见王利民:《张载诗真伪考辨》,《中国典籍与文化》,2006年,第3期)。《全宋文》亦辑得张载佚文20篇。

[文献] 吕大临《横渠先生行状》:"(熙宁)十年春复召还馆,同知太常礼院。是年冬谒告西归。十有二月乙亥,行次临潼,卒于馆舍,享年五十有八。"(《张载集》,381页)《宋史》卷四二七《张载传》:"(张载)与有司议礼不合,复以疾归,中道疾甚,沐浴更衣而寝,旦而卒。贫无以敛,门人共买棺奉其丧还。翰林学士许将等言其恬于进取,乞加赠恤,诏赐馆职半赙。"〔宋〕吕中《宋大事记讲义》卷一四:"熙宁十年十二月张载卒。……抵掌谈兵,初志实锐。一旦幡然名教之乐,屏居讲授,敝衣蔬食,脱屣于利禄之场,力行自信不负所学以针砭新法之谬,维持正道不溺他。好以障堤神怪之妄,秦汉而下其有能臻斯理者乎。……斯文未坠,正统未传,寔濂溪导其源,横渠浚其流。先生之学以乐天知命为本,以尊礼贵德为用,以《大易》《中庸》为宗,以孔孟渊源为法,其宗且远者,既得其要。明井田、宅里之制,陈学校之法。与夫定婚祭之仪,裁古今之礼,其近且粗,又极其备体用该本末具。"历代关于张载的评价众多,诸如:《河南程氏遗书》卷二上:"某接人多矣,不杂者三人:张子厚、邵尧夫、司马君实","子厚以礼教学者,最善,使学者先有所据守","子厚则高才,其学更先从杂博中过来","横渠昔尝譬命是源,穷理与尽性如穿渠引源。然则渠与源是两物,后来此议必改来","横渠教人,本只是谓世学胶固,

故说一个清虚一大,只图得人稍损得没去就是道理来,然而人又更别处走。今日且只道敬"。《河南程氏遗书》卷三:"张子厚、邵尧夫,善自开大者也。……张子厚闻生皇子,喜甚;见饿莩者,食便不美。"《河南程氏遗书》卷二三:"张子厚尝谓佛如大富贫子,横渠论此一事甚当。"《河南程氏粹言》卷一:"子厚之为人,谨且严,是以其言似之,方之孟子,则宽宏舒泰有所不及也。"薛敬之《思庵野录》云:"张子见道,最潇洒大节上,尤分明。如说天地处便道太虚不能不散而为万物,万物不能不聚而为太虚。循是出入者,皆不得已而然。是何等胸次,今学者未易到得恁气象。"(《思庵野录》卷下,《关中丛书》本)王心敬《诸儒评》之《张子》:"横渠先生气质刚过,学力坚苦,前无所依,旁无与辅,超然入孔孟之门,而见宗庙之美、百官之富。呜呼!卓矣!至如《西铭》大旨渊乎,通古大人之学,知礼成性。粹乎!会吾夫子之大化,虽未敢邃许,而在吾道宗传中引弘毅二字,自不愧焉。"(《〔雍正〕陕西通志》卷93,清雍正十三年刊本)《四库全书总目》卷九二子部儒家二"《张子全书》十四卷《附录》一卷"下云:"考载所著书见于《宋史·艺文志》者有《易说》三卷,《正蒙》十卷,《经学理窟》十卷,《文集》十卷。(笔者注:《宋史·艺文志》载《易说》10卷、《经学理窟》3卷、《诗说》1卷、《横渠张氏杂仪》1卷、《杂述》1卷,及司马光、程颢、张载合撰《三家冠婚丧杂礼》5卷)虞澄作吴澄《行状》称:尝校正张子书,以东、西《铭》冠篇,《正蒙》次之。今未见其本。此本不知何人所编,题曰:'全书',而止有《西铭》一卷,《正蒙》二卷,《经学理窟》五卷,《易说》三卷,《语录抄》一卷,《文集抄》一卷,又《拾遗》一卷,又采宋、元诸儒所论及《行状》等作为附录一卷,共十五卷。……嘉靖中吕柟作《张子抄释》,称'文集已无完本,惟存二卷。……张子之学主于深思自得,本不以著作繁富为长。……横渠之奥论,其精英业已备采矣。'"又见中华书局版《张载集》附录,《邵氏闻见录》卷一五、卷二〇,《朱子语类》卷九七、卷九八、卷九九,《性理群书句解》卷一,《关学编》卷一《横渠先生》,《圣学宗传》卷七,《理学宗传》卷四,《宋元学案》卷一七《横渠学案》等。

[考辨] 关于张载卒年。主要存在以下诸说:其一,熙宁十年说。吴荣光《历代名人年谱》、钱大昕《疑年录》、张怀骧《疑年录汇编》、余嘉锡《疑年录辑疑》、姜亮夫《历代人物年里碑传综表》、〔日〕今关寿麿《宋元明清儒学年表》等皆主此说。当前学术界,多数学者也定其卒年为公元1077年。其二,熙宁十年十二月说。吕大临《横渠先生行状》:"十有二月乙亥,行次临潼,卒

于馆舍,享年五十有八。"(《张载集》,381 页)〔宋〕吕中《宋大事记讲义》卷一四:"熙宁十年十二月张载卒。"〔清〕武澄《张子年谱》:"宋神宗熙宁十年张子至京师……冬十二月乙亥卒于临潼馆舍。"(《张子年谱》,《宋明理学家年谱》第 1 册,第 55 页)谢巍《中国历代人物年谱考录》著录张同然《横渠先生张献公年谱》,并云:"天禧四年庚申生,熙宁十年丁巳十二月二十三日卒,年五十八。"(谢巍:《中国历代人物年谱考录》,中华书局,1992 年,158 页)此外,尚有《宋元学案》等亦持此说。其三,熙宁十年十一月说。〔宋〕陈均《宋本皇朝编年纲目备要》卷二〇:"(熙宁十年)十一月张载卒。"〔清〕钱保塘《历代名人生卒录》:"熙宁十年十一月卒,年五十八。"(钱保塘:《历代名人生卒录》,北京图书馆出版社,2002 年,346 页)〔清〕归曾祁《横渠先生年谱》于"十年丁巳五十八岁"条下云:"春知太常礼院。冬十一月再移疾西归,乙亥卒于临潼馆舍。"(《横渠先生年谱》,《儒藏·史部·儒林年谱》第八册,503 页)黄秀玑《张载》也认为:"熙宁十年(公元 1077),十一月二十八日。终年五十七岁。"(黄秀玑:《张载》,台湾东大图书公司印行,1987 年,5 页)其四,公元 1078 说。劳思光《新编中国哲学史》:"张氏生卒年应为公元一〇二〇－一〇七八。因农历十二月则太阳历已进入第二年矣。"(劳思光:《新编中国哲学史》第三卷上,广西师范大学出版社,2005 年,128 页)吴康《张横渠学说》亦持此说。

以上诸说,本应以吕大临《行状》"十有二月乙亥"说最为可信,但是,根据陈垣《二十史朔月表》、方诗铭《中国历史纪年表》等均可推出:熙宁十年十二月初一为丁丑日(1077 年 12 月 18 日),本月有"己亥"日而无"乙亥"日,但后推二日为十一月二十八日,为"乙亥"日。因此,可以推断目前所看到的吕大临《行状》在传抄过程中或是"十有二月"为"十有一月"之误,或是"乙亥"为"己亥"之误。若是"十有二月"为"十有一月"之误,则符合陈均、钱保塘、黄秀玑十一月说。若是"乙亥"为"己亥"之误,则"十二月己亥"为"十二月二十三日",即为公元 1078 年 1 月 10 日,符合张同然、吕中等"十二月二十三日"或"十二月"说,也符合吴康、劳思光等人卒年为公元 1078 年说。因此看,长期以来存在的两种说法各有其依据,姑且暂志张载卒年于公元 1077 年,以俟新考。

关于张载病卒之因。今人刘荣庆有一说,认为:"张载被召封为礼官,在封建礼仪上倡导复古,却得不到赵宋皇帝和同僚的支持,处境十分孤立,就连最隆重的郊庙之礼'不致严','亟欲正之,而众莫之助',生了满肚子的窝囊气,其实现平生主张与施展才能的寄托,连连碰壁,他心理上遭到的打击和受到的压力是很大的。'疾'是心里吃力引起的,又是还乡的借口,政治上、精神上的雪上加霜当是他卒于骊山之下的横渠书院(今临潼县华清小学)的重要原因之一。"(刘荣庆:《张载卒时、卒因辨》,《人文杂志》,1984年,第1期)刘氏认为张载"疾"乃"心里吃力",政治、精神的双重打击是其真正卒因。然而,据吕大临《横渠先生行状》:"会弟天祺以言得罪,先生益不安,乃谒告西归,居于横渠故里,遂移疾不起。"(《张载集》,383页)张载《诗上尧夫先生兼寄伯淳正叔》云:"先生高卧洛城中,洛邑簪缨幸所同。顾我七年清渭上,并游无侣又春风。病肺支离恰十春,病深樽俎久埃尘。人怜旧病新年减,不道新添别病深。"(《张载集》,370页)《续资治通鉴长编》卷二八一又载:"(熙宁十年三月)戊午,诏著作佐郎、前崇文院校书张载归馆供职。载前以寻医去,秦凤路经略使吕大防请召还,故有是诏。"可以看出,早在熙宁三年(1070),张戬累章论王安石变法而获罪时,张载就已经身患病症。第一次西归横渠故里时,不仅仅因为张戬之事,也存在求医、治病的原因。再者,从《诗上尧夫先生兼寄伯淳正叔》云"病肺支离恰十春"知,张载所患乃是慢性肺病。又据〔宋〕司马光《又哀横渠诗》:"近应诏书起,寻取病告旋;旧庐不能到,丹旐风翩翩。"(《张载集》,388页)〔宋〕邵伯温《邵氏闻见录》卷一五:"子厚入馆数月,以病归,过洛,康节已捐馆,折简慰抚伯温勤甚。见二程先生曰:'某之病必不起,尚可及长安也。'"《宋史》卷四二七《张载传》:"(张载)与有司议礼不合,复以疾归。中道疾甚,沐浴更衣而寝,旦而卒。"可见,熙宁十年,张载已深感病重,归至临潼,已预感大限将至。之所以有此预感,乃是基于张载深知医术(《邵氏闻见录》云其为邵雍诊脉),及其具有存顺没宁、知天乐命的思想。刘说以自我之臆测解释张载卒因,实误!(笔者注:此外,刘文尚有二处明显错误:其一,据范育《正蒙序》中"(熙宁十年)至京师,予始受其书(《正蒙》)而质问焉"句,刘文认为范育在开封拜张载为师,始受其书。这明显和事实不符,在此之前张载曾多次作书与范育,详见本书考辨。其二,认为张载"卒于骊山之下的横渠书院"。吕大临《行状》云"卒于馆舍"。刘氏所据未知其详。然而,清人崔纪《重修横渠书院记》云:"因遍访志乘中所载先贤遗迹之存废,而临潼朱令,遂有重修横渠书院之议。夫横渠张子,千古之大儒也。生于眉邑,而临潼寔皋座谈经之地。其书院之应修,岂顾问哉?"(清史传远纂修《临潼县志》卷八上,清乾隆四十一年刊本)赵于京《建横渠书院碑记》又云:"行次临潼,沐浴更衣而寝。旦视之,殁矣。……潼旧有祠,今无片瓦。将事时,荠花数亩而已。挟羊执烛,夜露如水,京甚伤之。卜分司空基一区,极□器,乃筑书院,俨先生像。思以时讲学于中,使世知文武既往,道固至今在关西也。"据以上述记载看,横渠书院乃是纪念张载寿终于临潼而后建。刘氏误将书院视为张载病卒之所)。

关于张载在长安的门人。据"李复取国学解"条"考辨",李复在是年,仍潜心为学,尚未出仕,极有可能在长安。故而推测李复协同其他张载门人奉柩归殡于眉县横渠镇。

关于吕希哲是否为张载门人。〔清〕武澄《张载年谱》在是年云:"澄按:张子门人最著名者,如河南吕希哲、蓝田吕大钧、武功苏昞,皆名儒也。其余诸公俟考。"(《张子年谱》,《宋明理学家年谱》第1册,56页)武氏以吕希哲为张载门人。据《河南程氏外书》卷一二:"伊川二十四五时,吕原明首师事之。"《宋史》卷四二七《程颐传》云:"(吕希哲)首以师礼事颐。"卷三三六本传又云:"希哲字原明,少从焦千之、孙复、石介、胡瑗学,复从程颢、程颐、张载游,闻见由是益广。"《伊川先生年谱》:"吕希哲原明与先生邻斋,首以师礼事焉。"朱熹《伊洛渊源录》卷七:"公(吕希哲)始从安定胡先生瑗于太学,后遍从孙先生复、石先生介、李先生觏、王公安石学。……始与程先生颐俱事胡先生,居并舍。公少程先生一、二岁,察其学问渊源,非他人比,首以师礼事之。而明道程先生颢及横渠张先生载兄弟、孙公觉、李公常皆与公游。"黄宗羲《宋元学案》置吕希哲于《荥阳学案》,视为"胡(胡瑗)程(二程)门人"。可见,视吕希哲为程颐门人无误。虽然张载与吕希哲及其父吕公著存在诸多交往,但是视吕希哲为张载门人并不妥帖。更何况吕氏本有家学,具有重涵养气象,博杂兼收,甚至学佛的特点,这与张载思想并没有继承性。

关于《张子全书》的最早版本。张岱年《关于张载的思想和著作》云:"通行本《张子全书》,编于何时,编者何人,过去很少人注意。《四库全书总目提要》曾说:'此本不知何人所编。'《四库提要》的作者没有进行深入的调查,只是以不了了之。其实这个问题还是可以解决的。明吕柟在嘉靖五年编著《张子抄释》,序文中说:'横渠张子书甚多,今其存者止《二铭》《正蒙》《理窟》《语录》及《文集》,而《文集》又未完,止得二卷于三原马伯循氏。'可见当时还没有《张子全书》,而《张子全书》中的《语录抄》《文集抄》是直接沿用吕柟所摘抄的,可见《张子全书》的编纂在吕柟之后。清乾隆年间宋廷尊刊本《张子全书》卷首有宋廷尊《附记》说:'张子撰著,明以前散见他书。万历中都门沈芳扬(芳扬,自彰先生字也)守凤翔,搜集为《全书》,说见原刻张某序中。'宋氏所说,当有所据。今存万历刊本《张子全书》,有袁应泰序、张能鳞序,都未谈到这个问题。袁序中仅说:'郡伯沈公表章理学……为建横渠书院,肖像以祀之,并刻其《全书》而属序于余。'顺治刊本《张子全书》喻三畏序,有几句话很值得注意。他说:'遂求先生全集于文献之家,而乡先达果进予而言曰:先生著作,虽传今古遍天下,惟吾郡实为大备。前都门芳扬沈太公祖尊先生教,搜索殆偏,寿之木以广其传,至今家弦户诵,衍先生泽使之灵长者,沈公力也。'根据喻三畏和宋廷尊的说法,我们可以断定:《张子全书》是明万历年间沈自彰编纂的。明末徐必达刻《张子全书》,是在沈自彰以后了。"(《张载集》,16-17页)可见,张岱年认为《张子全书》最早为吕柟之后的沈自彰于万历四十六年(1618)所刻的。但是,据现存版本看,徐必达于明万历三十四年(1606)所辑刻《合周张两先生全书》22卷中,就收录了《张子全书》15卷;且徐氏《<合刻周张两先生全书>序》云:"横渠书甚多,今止得二《铭》《正蒙》《理窟》《易说》,而《语录》《文集》则止得吕公柟所抄者。其散见《性理》《近思录》《二程书》者,稍采补之。遗言则曰《拾遗》,遗事则曰《附录》。挂一漏万,不无望于后之君子。万历丙午四月望檇李后学徐必达书于铨曹书院。"(徐必达:《合刻周张两先生全书》,明万历三十四年徐氏刻本)据此可知,在吕柟《张子抄释》之后,徐必达整理出张载《拾遗》与《附录》,并与张载其它诸书合刻为《张子全书》。该书早沈自彰刻本12年,理应为最早刻本。此外,比较徐本与沈本,其卷次篇目、各卷内容相同,文字基本无差别,仅在一些标题落款、版式上有所不同,可知沈本延承徐本无疑。

关于《经学理窟》编者、卷数、内容。关于编者:一为金华先生。晁公武《郡斋读书志》云:"《理窟》二卷。右题曰金华先生,未详何人。盖为二程、张氏之学者。"(《郡斋读书志校证》,454页)赵希弁《附志》云:"《横渠先生经学理窟》一卷。右张献公载之说也。《读书志》云:'《理窟》二卷。右题金华先生,未详何人,为程、张之学者。'希弁所藏《横渠先生经学理窟》一卷,其目有所谓《周礼》《诗书》《气质》《义理》《学大原》《自道》《祭祀》《月令统》《丧纪》,凡十二云。"(《郡斋读书志校证·读书附志》,454页)二或为张载自撰。汪伟《<横渠经学理窟>序》云:"或以为先生所自撰。……先生集所立言以为《正蒙》,其平日所俯而读,仰而思,妙契而疾书者,宜无遗矣。明年,遂捐馆舍,所谓《文集》《语录》及诸经说等,皆出于门人之所纂集。若《理窟》者,亦分类语录之类耳,言有详略,记者非一手也。虽然,言之精者固不出于《正蒙》,谓是非先生之蕴不可也。……嘉靖元年夏五月朔旦,后学弋阳汪伟谨书。"(《张载集》,247页)三为张载门人所编。黄巩《<横渠经学理窟>跋》:"右横渠先生子张子《经学理窟》凡五卷。……考之《近思录》,凡取之先生《文集》《语录》、诸经说者,乃皆出于《理窟》,意《理窟》亦其门人汇辑《文集》《语录》、诸经说之语而命以是名,殆非先生所自著也。……嘉靖元年四月望日,后学莆阳黄巩谨识。"(《张载集》,304页)就这三种说法而言,汪伟《序》、黄巩《跋》均写于明嘉靖元年,晚于宋晁公武的《读书志》。而且,孙猛《郡斋读书志校证》又云:"按朱熹《近思录》采用群书书目不载是书。然《道命录》卷九引魏了翁为周、二程、张先生请谥奏实载是书,疑金华先生乃编者。"(《郡斋读书志校证》,454页)《宋元学案》卷三二《周许诸儒学案》中全祖望又云:"世知永嘉诸子之传洛学,不知其兼传关学。考'九先生'者,其六人及程门,其三则私淑也。而周浮沚、沈彬老又尝从蓝田吕氏游,非横渠之再传乎?"(笔者注:"九先生"即周行己、许景衡、刘安节、刘安上、戴述、赵霄、张辉、沈躬行、蒋元中)故暂遵循晁氏所说、孙氏所疑,视《经学理窟》为"金华先生"所编,且赞同张载之学对永嘉学术有所影响。关于《经学理窟》的卷数。《宋史·艺文志》载其为3卷,《郡斋读书志》载为2卷,《读书志附志》载为1卷,《直斋书录解题》载为1卷,《经义考》卷三七载为1卷,《四库全书总目》卷九二子部儒家二载为10卷,宋《诸儒鸣道》本与明《张子全书》等均载为5卷。故知此书历来卷数不一,但是5卷本自宋即存在。关于《经学理窟》的内容。今人张岱年《关于张载的思想和著作》云:"今存的《理窟》,内容和赵希弁所述目次相同,但其中有些是程颐的《语录》,而从大部分的题材语气来看,又确像张载的话。疑宋代《理窟》有两个本子,一题金华先生,一题横渠先生。金华先生可能是编者。这本书当是张载程颐语录的类编,后人因其中张载的话较多,所以算作张载的书了。书中只是门人的记录,不是张氏手著的,不完全可信。"(《张载集》,15页)就赵希弁《附志》云:"《横渠先生经学理窟》一卷。右张献公载之说也。"并未注明所藏《横渠先生经学理窟》1卷本的编者为张载,故而不取张氏"宋代《理窟》有两个本子,一题金华先生,一题横渠先生"之论,但张氏所云《理窟》中杂有程颐《语录》,确有其事,故志此论于此。

宋神宗元丰元年　戊午(公元1078年)

一月,程颢作诗悼念张载

[文献]　程颢《哭张子厚先生》:"叹息斯文约共修,如何夫子便长休!东山无复苍生望,西土谁共后学求?千古声名联棣萼,二年零落去山丘。寝门恸哭知何限,岂独交亲念旧游!"(《二程集》,485页)

[考辨]　程颢作《哭张子厚先生》的时间,参见"一月,司马光作《论谥书》《又哀横渠诗》"条考辨。

一月,司马光作《论谥书》《又哀横渠诗》

[文献]　司马光《论谥书》:"光启:昨日承问张子厚谥,仓卒奉对,以'汉魏以来此例甚多,无不可者'。退而思之,有所未尽。窃惟子厚平生用心,欲率今世之人,复三代之礼者也,汉魏以下盖不足法。《郊特牲》曰:'古者生无爵,死无谥',爵,谓大夫以上也。《檀弓》记礼所由失,以为士之有诔自县贲父始。子厚官比诸侯之大夫则已贵,宜有谥矣。然《曾子问》曰:'贱不诔贵,幼不诔长,礼也。惟天子称天以诔之。诸侯相诔,非礼也。'诸侯相诔,犹为非礼,况弟子而诔其师乎!孔子之没,哀公诔之,不闻弟子复为之谥也。子路欲使门人为臣,孔子以为欺天;门人厚葬颜渊,孔子叹不得视犹子也。君子爱人以礼,今关中诸君欲谥子厚而不合于古礼,非子厚之志。与其以陈文范、陶靖节、王文中、孟贞曜为比,其尊之也。曷若以孔子为比乎?承关中诸君决疑于伯淳,而伯淳谦逊,博谋及于浅陋,不敢不尽所闻而献之以备万一,惟伯淳择而折衷之!光再拜。(横渠之没,门人欲谥为'明诚夫子',质于明道先生。先生疑之,访于温公,以为不可。此帖不见于《文集》,今藏龟山杨公家。)"(《张载集》,387-388页)《又哀横渠诗》:"先生负才气,弱冠游穷边;麻衣揖巨公,决策期万全,谓言叛羌辈,坐可执而鞭。意趣少参差,万金莫留连。中年更折节,《六籍》事钻研;羲农及周孔,上下皆贯穿。造次循绳墨,儒行无少愆。师道久废阙,模范几无传;先生力振起,不绝尚联绵。教人学虽博,要以礼为先;庶几百世后,复睹百王前。释老比尤炽,群伦将荡然;先生论性命,指示令知天。声光动京师,名卿争荐延;寘之石渠阁,岂徒修简编!丞相正自用,立有荣枯权;先生不可屈,去之归卧坚。孤鳌聚满室,糊口耕无田;欣欣茹藜藿,皆不思肥鲜。近应诏书起,寻取病告旋;旧庐不能到,丹旐风翩翩。人

生会归尽,但问愚与贤;借令阳虎寿,讵足骄颜渊! 况于朱紫贵,飘忽如云烟;岂若有清名,高出太白巅! 门人俱绖带,雪涕会松阡。厚终信为美,继志仍须专。读经守旧学,勿为利禄迁;好礼效古人,勿为时俗牵;修内勿修外,执中勿执偏。当令洙泗风,郁郁满秦川。先生倘有知,无憾归重泉。"(《张载集》,388页) 又参见《东都事略》卷一一、《陕西通志》卷九五《艺文一一》等。

[考辨] 司马光作《论谥书》的时间。〔清〕顾栋高《司马太师温国文正公年谱》"元丰元年戊午"下云:"正月十六日,《答程伯淳书》,略云:'昨承问张子厚谥,仓卒奉对,以汉、魏以来,此例甚多,无不可者。退而思之,有所未尽。……承关中诸君决疑于伯淳,而伯淳谦逊,博谋及于浅陋,不敢不尽所闻而献之,惟伯淳裁择而折衷之。'附《龟山先生跋》:'横渠先生既没,其门人欲谥明诚,中子以《谥议》质诸明道先生,先生与温公参订之,故有是书。其辞义典奥,而引据精密,足以是正先儒之谬,故宝藏之,以传后学。'按《龟山集》中有司马温公《与明道先生帖》,下注云:'《温公家集》中不载,故附见于此。'今按公《传家集》具载此书,但无年月日可考,而龟山所藏帖末有云'光再拜伯淳大丞座右。正月十六日。'款式详备,当是公之真迹。而编集者脱去。龟山去温公时未远,犹当及见其手泽耳。横渠卒于熙宁十年丁巳十一月。眉去洛千余里,速明道致书,而公裁答,自当在明年正月,此书为戊午正月无疑。"(顾栋高:《司马太师温国文正公年谱》,民国刘氏刻求恕斋丛书本)根据杨时所记载,司马光于是年一月作《论谥书》,故从顾栋高按语,置此事于此。又因"眉去洛千余里",程颢、司马光得知张载去世的消息,也约在此时。故亦置程颢《哭张子厚先生》、司马光《又哀横渠诗》于此。

三月,张载依"古礼"下葬

[文献] 吕大临《横渠先生行状》:"先生讳载,字子厚,世大梁人。……(熙宁)十年春复召还馆,同知太常礼院。是年冬谒告西归。十有二月乙亥,行次临潼,卒于馆舍,享年五十有八。是月以其丧归殡于家,卜以元丰元年八月癸酉葬于涪州墓南之兆。……近世丧祭无法,丧惟致隆三年,自期以下,未始有衰麻之变;祭先之礼,一用流俗节序,燕亵不严。先生继遭期功之丧,始治丧服,轻重如礼;家祭始行四时之荐,曲尽诚洁。闻者始或疑笑,终乃信而从之,一变从古者甚众,皆生先倡之。……又卜以三月而葬,其治丧礼一用古,以终先生之志。某惟先生之学之至,备存于书,略述于谥议矣,然欲求文以表其墓,必得行事之迹,敢次以书。"(《张载集》,381-385页)又见《近思

录》卷九、《伊洛渊源录》卷六、《宋元学案》卷一八等。

[考辨] 据吕大临《横渠先生行状》"卜以三月而葬,其治丧礼一用古"知,张载葬礼沿用古礼。再从张载生平注重效仿"古礼",主张"以礼为教"的思想看,张载的安葬理应遵循古礼。《行状》所记,当不误。《礼记·王制》云:"天子七日而殡,七月而葬。诸侯五日而殡,五月而葬。大夫、士、庶人三日而殡,三月而葬。"又据《宋史》卷一二二《礼志》:"嘉祐八年三月晦日,仁宗崩,英宗立……九月二十八日,启菆宫,以初丧服日一临,易常服出。十月六日,灵驾发引,天子启奠,梓宫升龙輴。祖奠彻,与皇太后步出宣德门,群臣辞于板桥。十五日,奉安梓宫陵侧。十七日,开皇堂(笔者注:皇堂为安放皇帝棺椁的地宫),十一月二日,虞主(笔者注:虞主为古代葬后虞以十三事自陈,中以大礼未定,谣言日进,引为己罪。祭时所立的神主)至,皇太后奠于琼林苑,天子步出集英殿门奉迎,奠于幄。七日,祭虞主。二十九日,祔太庙","治平四年正月八日,英宗崩,神宗即位。十一日,大敛。二月三日。殡。四月三日,请谥,十八日,奏告及读谥册于福宁殿。七月二十五日,启菆。八月八日,灵驾发引。二十七日,葬永厚陵","元丰八年三月五日,神宗崩。十三日,大敛,帝成服。十七日,小祥。四月一日,禫除。七月五日,请谥于南郊。九月八日,读谥实册于福宁殿。二十三日,启菆。十月一日,灵驾发引。二十一日,葬永裕陵。二十九日,虞主至,十一月一日,虞祭于集英殿。自复土,六虞在途,太常卿摄事,三虞行礼于殿。四日,卒哭,五日,祔庙。"可见,在张载时期的宋仁宗赵祯、宋英宗赵曙、宋神宗赵顼的葬礼均是遵循古代礼制,停丧期均在七月左右。这亦可佐证张载葬礼所遵循古礼的时间,即停丧期以大夫三月计。据《续资治通鉴》卷二八六、陈垣《二十史朔月表》知元丰元年闰正月,故张载下葬时间则约至元丰元年二月左右。但是,在吕大临《横渠先生行状》中又云"卜以元丰元年八月癸酉葬于涪州墓南之兆。"显然,"八月癸酉"而葬,离张载去世已远超过三个月。因此可以推测有两种可能:一是,初"卜以元丰元年八月癸酉",违背古礼,故在实际葬礼实施中并未遵循,并另卜"三月"葬。二是,《横渠先生行状》在流传过程中"元丰元年八月"之"八月"为"二月"之误,该年二月亦有"癸酉"日,后又改为"三月"葬。

吕大防撰《横渠先生墓表》

[文献] 朱熹《答吕伯恭论渊源录》:"横渠墓表出于吕汲公,汲公虽尊

横渠,然不讲其学而溺于释氏,故其言多依违两间,阴为佛老之地,盖非深知横渠者。惜乎当时诸老先生莫之正也。如云学者苦圣人之微而珍佛老之易入,如此则是儒学异端皆可入道,但此难而彼易耳。又称横渠不必以佛老而合乎先王之道,如此则是本合由佛老然后可以合道,但横渠不必然而偶自合耳。此等言论与横渠著书立言,攘斥异学,一生辛苦之心全背驰了。今若存之,非但无所发明,且使读者谓必由老佛易以入道,则其为害有不可胜言者,非若前段所疑年月事迹之差而已也。又行状记事已详,表文所记无居状外者,亦不必重出。"(《晦庵先生朱文公文集》《朱子全书》第 21 册,1530 页)

[考辨] 在张载殁后,吕大防曾撰有《横渠墓表》,然而因其中多混佛老与儒学为一,且所记事迹也有不确之处,故受到后世朱熹等儒家学者的诟病,进而《墓表》遭致佚失。据"文献"中征引,仅可知《横渠墓表》中"学者苦圣人之微而珍佛老之易入""不必以佛老而合乎先王之道"二句而已。

宋神宗元丰二年　己未(公元 1079 年)

三月,李复登进士第

[文献] 李复《潏水集》卷四《答彭元发书》:"予幼时所学声律偶丽之文耳。年十六岁就太学取解,是时试诗误中,以故不赴礼部试,遂不复以科举为意。但当博考前,言往行笃于为善而已矣。后十余年,迫于生计,学今日程文,一试而顿忝预名第,斗禄足以自养,益坚向日读书为善之志,此外妄求非惟不敢轻萌,亦自然无毫发意。"〔宋〕洪迈《夷坚志》之《支戊志》卷十《宋都相翁》又云:"长安李履中(复),以元丰元年(1078)十月将适淮楚,维舟于宋都城下。旁有他舟,舟中一客如世俗道人者。……但闻能知人过去未来,无一失语,因此称为相翁。李遂召之,凡三召方至。……又询其人伦之学,即曰:'载其神灵,可见鬼神,纸上糟粕,瞖目枯精。君来年得官铨选,八年该官,预钱谷军旅者一二十五年,因论事得对,为郎官,又为主计官。当权者迁怒,妄退闲十余年,晚悟性命之理'。"又参见陆心源《宋诗纪事补遗》卷二三、陆心源《宋史翼》卷八。

[考辨] 关于李复中进士时间。存在二说:其一,元丰元年之前说。《续资治通鉴长编》卷二九三云:"(元丰元年十月)司农寺言,进士李复、王谌踏视府界官荒地,募诱闽、蜀民种稻有劳,乞推恩。诏李复、王谌并与广南路

摄官。"(《续资治通鉴长编》,7152页)据此文献可知,在元丰元年(1078)时,李复已中进士。其二,元丰二年说。〔宋〕钱端礼《书潏水集后》又云:"元丰二年始于时邦美牓登进士第,公既博极群书,士大夫皆勉就制举,公谓仕途捷径,知义守分者不与焉可也。"〔元〕危素《<潏水集>序》亦云:"元丰二年登进士第,不就制举。"考李复事迹:李复于仁宗皇祐四年(1052)生(见"李复生"条),16岁取国学解,时年为英宗治平四年(1067)。据《潏水集》李复自述"后十余年",方得官铨选,故得官至少在元丰元年(1078)之后。依洪迈《夷坚志》相翁所言"来年得官铨选","来年"即元丰二年(1079),时间大致可吻合。《续资治通鉴长编》卷二四七云又载:"(熙宁六年十月)诏布衣李复、王谌听往川峡募人分耕畿县荒地,以为稻田。"可见,《续资治通鉴长编》二九三所云"元丰元年"李复已为进士,实属误载。且所云李复之事与该书"熙宁六年"的记载应为同一事。

七月,刘公彦卒 刘公彦(1050–1079),字君俞,高密诸城(今山东诸城)人。张载门人。刘公彦为人笃于孝友,恭谨待人,不妄言动;为学重视明辨,深造力行。据李复《刘君俞墓志铭》知其卒于是年。

[文献] 李复《潏水集》卷八《刘君俞墓志铭》:"士莫不知有学矣,然求之未明得之亦莫之行,非学之难也。士亦有罪焉,予之蒙憪狃俗居常求不陷于罪,其有资于予,友焉予。友讳公彦,字君俞,姓刘氏,高密诸城人也。少从学于横渠子张子,刻励修洁,笃于孝友,恭谨恂恂,不妄言动。其于学也,务明辨,深造而力行之,常曰善无待于外也,明于己而已道未能行于远也,施于家而已。苟诚立于中必有形于外,拳拳焉虽造次颠沛,未尝少违其器,高茂而心期智进,又不止于如此也。人但见其温醇深厚,犹良玉出璞而圭角未露,心率爱之有道者,加以雕琢光辉不可掩,将以礼天地神祇而致特达之用焉。居贫欲仕续食四上,卒无所就,或劝其文章与时异。则曰文不可以畔道也,命不可以不俟也。安能言不由中,戾吾素学以轻悦于人哉。竟不少易始,予见其颠连穷困以谓天之于善人,阴必相之,将欲张之者必先翕之也,今遂穷以死,吁可哀也已。元丰二年七月二十三日以疾终,享年三十。……某(其)年九月二十八日葬于长安县善政乡中台村。赵郡李复志而铭其墓曰:形虽往矣,志或存焉,寿虽啬矣,善无憾焉。其畀之,其夺之,莫之为而莫之致也。徒动怛化之情矣,皆莫可以讯焉。"(《潏水集》,陕西文献征辑处1922年印本)刘公彦事迹又参见李复《答刘君俞》《同刘君俞城西寺避暑》《和刘君俞游华严寺谒

文禅师》等。

是年前后，吕大临等人先后入洛师事二程　约在是年前后，吕大临、吕大忠、吕大钧、苏昞等关中学者先后入洛，师事二程。

[文献]　《河南程氏遗书》卷二上《二先生语二》："元丰己未吕与叔东见二程语。"《关学编》卷一《与叔吕先生》："先生(吕大临)学通《六经》……少从横渠张先生游，横渠殁，乃东见二程先生，卒业焉。"《关学编》卷一《进伯吕先生》："先生(吕大忠)为人质直，不妄语，动有法度。从程正公学，正公称曰：'吕进伯可爱，老而好学，理会直是到底'。"《关学编》卷一《和叔吕先生》："先生(吕大钧)为人质直刚正。初学于横渠张子，又卒业于二程子，以圣门事业为己任，识者方之季路。"《宋元学案》卷三一《吕范诸儒学案》："先生(吕大忠)性刚毅质直，勇于有为。与其弟和叔大钧、与叔大临俱游于张、程之门，伊川曰：'晋伯老而好学，理会直是到底。'横渠亦称先生'笃实而有光辉'。"又云："(吕大临)初学于横渠，横渠卒，乃东见二程先生，故深淳近道，而以防检穷索为学。"《关学编》卷一《季明苏先生》："先生名昞，字季明，武功人。同邑人游师雄，师横渠张子最久，后又卒业于二程子。"又见《宋史》卷三四〇，张舜典《明德集》，孙奇逢《理学宗传》卷一五，张骥《关学宗传》卷二、卷三、卷四等。

[考辨]　据《二程集》"元丰己未吕与叔东见二程"及"附东见录后"中，屡次提及吕大临问学二程的言论，及二程对吕大临、吕大钧、吕大忠等人的评价。此外，《关学编》《宋元学案》又载张载殁后，三吕东去求学于二程。故推测，虽然吕大忠等人师事二程的时间不确切，但也应约在吕大临入洛前后不久，故暂置此事于是年。

吕大临《横渠先生行状》现存本撰成

[文献]　吕大临《横渠先生行状》："先生讳载，字子厚，世大梁人。曾祖某，生唐末，历五代不仕，以子贵赠礼部侍郎。祖复，仕真宗朝，为给事中、集贤院学士，赠司空。父迪，仕仁宗朝，终于殿中丞、知涪州事，赠尚书都官郎中。涪州卒于西官，诸孤皆幼，不克归，侨寓于凤翔眉县横渠镇之南大振谷口，因徙而家焉。先生嘉祐二年登进士第，始仕祁州司法参军，迁丹州云岩县令，又迁著作佐郎，签书渭州军事判官公事。熙宁二年冬被召入对，除崇文院校书。明年移疾。十年春复召还馆，同知太常礼院。是年冬谒告西归。十有二月乙亥，行次临潼，卒于馆舍，享年五十有八。是月以其丧归殡于家，卜以

元丰元年八月癸酉葬于涪州墓南之兆。……当康定用兵时,年十八,慨然以功名自许,上书谒范文正公。……嘉祐初,见洛阳程伯淳、正叔昆弟于京师,共语道学之要,先生涣然自信曰:'吾道自足,何事旁求!'乃尽弃异学,淳如也。间起从仕,日益久,学益明。方未第时,文潞公以故相判长安,闻先生名行之美,聘以束帛,延之学宫,异其礼际,士子矜式焉。其在云岩,政事大抵以敦本善俗为先,……京兆王公乐道尝延致郡学,先生多教人以德,从容语学者曰:'孰能少置意科举,相从于尧舜之域否?'学者闻法语,亦多有从之者。在渭,渭帅蔡公子正特所尊礼,军府之政,小大咨之,先生夙夜从事,所以赞助之力为多。……上嗣位之二年,登用大臣,思有变更,御史中丞吕晦叔荐先生于朝曰:'张载学有本原,四方之学者皆宗之,可以召对访问。'上即命召。……会弟天祺以言得罪,先生益不安,乃谒告西归,居于横渠故居,遂移疾不起。……熙宁九年秋,先生感异梦,忽以书属门人,乃集所立言,谓之《正蒙》……会秦凤帅吕公荐之曰:'张载之学,善法圣人之遗意,其术略可措之以复古,乞召还旧职,访以治体。'诏从之。先生曰:'吾是行也,不敢以疾辞,庶几有遇焉。'出示门人曰:'此书予历年致思之所得,其言殆于前圣合与!大要发端示人而已,其触类广之,则吾将有待于学者。正如老木之株,枝别固多,所少者润泽华叶尔。'又尝谓:'《春秋》之为书,在古无有,乃圣人所自作,惟孟子为能知之,非理明义精殆未可学。先儒未及此而治之,故其说多穿凿,及《诗》《书》《礼》《乐》之言,多不能平易其心,以意逆志。'方且条举大例,考察文理,与学者绪正其说。先生慨然有意三代之治,望道而欲见。论治人先务,未始不以经界为急,讲求法制,粲然备具,要之可以行于今,如有用我者,举而措之尔。尝曰:'仁政必自经界始。贫富不均,教养无法,虽欲言治,皆苟而已。世之病难行者,未始不以亟夺富人之田为辞,然兹法之行,悦之者众,苟处之有术,期以数年,不刑一人而可复,所病者特上未之行尔。'乃言曰:'纵不能行之天下,犹可验之一乡。'方与学者议古之法,共买田一方,画为数井,上不失公家之赋役,退以其私正经界,分宅里,立敛法,广储蓄,兴学校,成礼俗,救菑恤患,敦本抑末,足以推先王之遗法,明当今之可行。此皆有志未就。会秦凤帅吕公荐之曰:'张载之学,善法圣人之遗意,其术略可措之以复古,乞召还旧职,访以治体。'诏从之。先生曰:'吾是行也,不敢以疾辞,庶几有遇焉。'及至都,公卿闻风慕之,然未有深知先生者,以所欲言尝试于人,多未之信。会有言者欲请行冠婚丧祭之礼,诏下礼官。礼官安习故常,以古今异俗为说,先生独以为可行,且谓'称不可非儒生博士所宜',众莫能夺,然议卒不决。郊庙之礼,礼官预焉。先生见礼不致严,亟欲正之,而众莫之助,先生益不悦。会有疾,谒告以归,知道之难行,欲与门人成其初志,不幸告终,不卒其愿。殁之日,惟一甥在侧,囊中索然。明日,门人之在长安者,继来奔哭致赗襚,始克敛,遂奉柩归殡以葬。又卜以三月而葬,其治丧礼一用古,以终先生之志。某惟先生之学之至,备存于书,略述于谥议矣,然欲求文以表其墓,必得行事之迹,敢次以书。"(《张载集》,381－385页)又见《近思录》卷九、《伊洛渊源录》卷六、《宋元学案》卷一八等。

[考辨] 关于吕大临《横渠先生行状》的版本。现存吕大临《横渠先生行状》云:"嘉祐初,见洛阳程伯淳、正叔昆弟于京师,共语道学之要,先生涣然自信曰:'吾道自足,何事旁求!'乃尽弃异学,淳如也。间起从仕,日益久,学益明。"(《张载集》,381－382页)而据《河南程氏外书》卷一一:"吕与叔作《横渠行状》,有'见二程尽弃其学'之语。尹子言之,先生曰:"表叔平生议论,谓与颐兄弟有同处则可;若谓学于颐兄弟,则无是事。"朱熹《伊洛渊源录》又云:"案《行状》今有两本,一云'尽弃其学而学焉',一云'于是尽弃异学,淳如也'。其它不同处亦多,要皆后本为胜。疑与叔后尝删改如此,今特据以为定。然《龟山集》中有《跋横渠与伊川简》云:'横渠之学,其源出于程氏,而关中诸生尊其书,欲自为一家。故予录此简以示学者,使知横渠虽细务必资于二程,则其它固可知已。'按横渠有一简与伊川,问其叔父葬事,末有提耳恳激之言,疑龟山所跋,即此简也。然与伊川此言,盖退让不居之意,而横渠之学,实亦自成一家,但其源则自二先生发之耳。"可见,吕大临《行状》有两个版本,现存《行状》为后来的改本。又据《河南程氏遗书》卷一九程颐云:"吕与叔守横渠学甚固,每横渠无说处皆相从,才有说了,便不肯回。"《朱子语类》卷九九亦云:"吕与叔难晓处似横渠,好处却多。"胡宏《题吕与叔<中庸解>》云:"某反复究观词气,大类横渠《正蒙》书,而与叔乃横渠门人之肖者。"(胡宏:《胡宏集》,189页)为什么"守横渠学甚固"的吕大临初写《行状》时,违背张载"学有本原"的事实(详见"张载京师虎皮讲《周易》,与二程共语道学之要"考辨),不得而知,故暂置疑于此,以俟新考。

关于吕大临《横渠先生行状》的写作时间。就上述史料知,当程颐看到吕大临《横渠先生行状》初写本后,令其删改其中关于张载之学源于程氏的说法。故而,可以确定吕大临撰写现行本《行状》必是在张载殁后继学于二程之

后,即约在元丰二年(1079)东入洛阳求学于二程之后不久。(参见"吕大临等人先后入洛师事二程"条)

宋神宗元丰三年　庚申(公元1080年)

五月,吕大防组织绘制的《长安图》竣工　该《图》是我国地图学史上的名图,有重要的学术价值。既展现了隋唐宋时期长安的人文资源,也对其地理环境作了详细的绘制;不仅是研究隋至宋长安城变迁的重要依凭,而且也反映了宋时我国地图测绘技术较高的发展水平。现存《长安图》石碑甚为残缺,仅存432字。通过赵彦卫《云麓漫钞》中的《长安图》题记,及日本学者平岗武夫据石碑拓本的文字复原图,可以呈现吕大防《长安图》题记的全貌。

[文献]　吕大防《长安图题记》云:"隋氏都城虽不能尽循先王之法,然畦分棋布,间巷皆中绳。墨坊有墉,墉有门逋,亡奸伪无所容足,而朝廷官寺居市区,不俯相参,亦一代之精制也。唐人梦之位置,更数百年间不能增大,别宫观游之美者矣!至其规模之正,则不能有改其功,亦岂小哉!噫!隋文之有国才二十二年而已,其铲除不廷者非一国,兴利后世者非一是,打趣皆以惠民为本,躬决庶务,未尝逸豫,虽古人圣人夙兴待旦,殆无以过此!惜其不学无术,故不能追三代之盛。予因考正长安故图,爱其制度之密而勇于敢为;且伤唐人冒疾史氏没其实,聊记于元丰三年五月五日,龙图阁待制、知永兴军府事汲郡吕大防题,京兆府户曹参军刘景阳按视,邠州观察推官吕大临检定,鄜州观察支使石苍舒书,工张佑画李甫安师民武德诚镌。"(转引自平岗武夫《长安与洛阳》,陕西人民出版社,1957年。按:个别标点有改动)〔宋〕赵彦卫《云麓漫钞》卷八:"长安图。元丰三年正月五日(按:"正月"当为"五月"。乃版本不同所致的错误),龙图阁待制、知永兴军府事汲郡吕公大防,命户曹刘景阳按视、邠州观察推官吕大临检定。"〔明〕陶宗仪《说郛》中卷四二:"长安图。元丰三年五月五日,龙图阁待制、知永兴军府事汲郡吕公大防命户曹刘景阳按视、观察推官吕大临监督其法,以隋都成大明宫,并一二寸折一里,城外取容不用折法。大率以旧《图》,及韦述《西京记》为本,参以诸书及遗迹考定。"(《说郛》文渊阁《四库全书》本)又参见徐松《唐两京城坊考》卷一、宋敏求《长安志》卷六等。

[考辨]　关于《长安图》绘制者。主要有二说:一是《长安图》为故图,

吕大防为之题记。〔元〕李好文《长安志图·序》云："图旧有碑刻,亦尝锓附《长安志》后,今皆亡之。有宋元丰三年龙图阁待制吕公大防为之跋,且谓之长安故图,则前世固有之。"(李好文:《长安志图》,《文渊阁四库全书》,第587册)今人杨晓春进一步认为《图》为故有,吕大防为刊布者。(《〈云麓漫钞〉中一则隋唐长安研究珍贵史料的校点》,《中国历史地理论丛》2005年第3辑)。二是《长安图》为吕大防所制。《直斋书录解题》《千顷堂书目》《通志·谱略》《元史》《明史》《汴京遗迹志》《关中胜迹图志》《唐两京城坊考》《语石》等均记为"吕大防《长安图》"。在平岗武夫复原的吕大防《长安图》题记中云:"隋都城、大明宫并以二寸折一里,城外取容不用折法;大率以旧《图》及韦述《西京记》为本,参以诸书及遗迹考定。太极、大明、兴庆三宫,用折地法,不能尽容诸殿,又为别《图》。……予因考正长安故《图》,爱其制度之密而勇于敢为;且伤唐人冒疾史氏没其实。"(转引自平岗武夫《长安与洛阳》,陕西人民出版社,1957年。按:个别标点有改动)可见,《长安图》的绘制是在"故《图》"的基础上,现有《长安图》乃是经过了吕大防的考证而绘制,已和故《图》有了许多区别。吕大防自元丰初(1078)便改知永兴军(今陕西西安),作为地方行政长官组织人力重新绘制《长安图》是合情理的。故认为《长安图》为吕大防组织绘制,也因此往往被史书记为"吕大防《长安图》"。

八月,吕大防、吕大钧陈三说九宜　针对神宗以彗星求言之举,吕大防从治国的本末角度出发,阐述"三说九宜"。"三说"即:治本、缓末、纳言。"九宜"即:养民、教士、重谷、治边、治兵、广受言之路,宽侵官之罚,恕诽谤之罪,容异同之论。吕大钧则从古圣王治天下之道、人心与道心等方面劝说神宗"博延德义之士、储精垂之思,相与讲求至道之实";并揭示朝廷在有司执法、将帅出征、劝奖人材、朝臣谏言、新法实施等方面存在的诸多问题。

[文献]　《宋史》卷三四〇《吕大防传》:"元丰初,徙永兴。神宗以彗星求言,大防陈三说九宜:曰治本,曰缓末,曰纳言。养民、教士、重谷,治本之宜三也;治边、治兵,缓末之宜二也;广受言之路,宽侵官之罚,恕诽谤之罪,容异同之论,此纳言之宜四也。累数千言。时用兵西夏,调度百出,有不便者辄上闻,务在宽民。及兵罢,民力比他路为饶,供亿军须亦无乏绝。进直学士。居数年,知成都府。"〔宋〕吕中《宋大事记讲义》卷一四:"元丰三年,彗出太微,垣占者以为京城有兵。"《全宋文》卷一五七一载吕大防《上神宗答诏论彗星上三说九宜》(元丰三年八月):"臣伏睹七月二十六日手诏,以彗星出西方,

有责躬引咎,敷求谠言,以正厥事。……谩为三说九宜,上冒天听:'一曰治本,二曰缓末,三曰纳言。治本之宜有三:一宜养民。……二宜教士。……三宜重谷。缓末之宜有二:一宜缓治夷狄。……一宜缓治兵。……纳言之宜有四:一宜广言路。……二宜宽侵官之制。……三宜恕诽谤之罪。……四宜容异同之论。'"(《全宋文》第72册,179-181页)《全宋文》卷一七〇四载吕大钧《答诏论彗星上三说九宜》(元丰三年八月):"臣伏读诏书,寅畏天变,引过罪已,数求美言,以新盛德。……夫至道之要,莫切于尧舜之言。其言曰:'人心微危,道心惟微。'此言至简至要,古之人君,莫能尽行,故常为中材之所忽,而独上圣能勤行者也。……今乘陛下励精反己之时,谓宜博延德义之士、储精垂之思,相与讲求至道之实,使浩然之气充塞天地,则何患浚哲不生,而明德不畅乎?此臣之所谓浅闻者此也。臣又闻天下众人言,谓陛下躬勤庶政,日不遑,而有司奉行,多不尽理;陛下远略方外,军政修举,而将帅出征,多不谕旨;陛下劝奖人材,拣拔倚注,而或不得其人;陛下优假言事之臣,未尝深谴,而近日内外望风畏怯,莫敢有言。青苗、免役,所以宽民力,而下户凋瘵日甚;常平储峙钱谷,所以足国而用,而有司经费日窘;训齐保甲,所以禁暴,而盗贼如故;增置官局,所以革敝,而文书益烦。"(《全宋文》第78册,193-194页)又参见《东都事略》卷八九、《国朝诸臣奏议》卷四三、《历代名臣奏议》卷三〇三、《右编》卷七等。

吕大临陪同程颐西行至关中雍、华 是年,吕大临陪同程颐西行关中雍、华之间,"关西学者相从者六七人"。程颐所讲集为《入关语录》。程颐并作《雍行录》。

[文献] 《河南程氏文集》卷八《雍行录》载程颐语:"元丰庚申岁,予行雍、华间,关西学者相从者六七人。……至雍,以语吕与叔曰:'人之器识固不同。自上圣至于下愚,不知有几等。同行者数人耳,其不同如此也!'与叔曰:'夫数子之言何如?'予曰:'最后者善。'与叔曰:'诚善矣。然观先生之言,则见其有体而无用也。'"(《二程集》,587页)又参见《伊洛渊源录》卷八、《性理群书句解》卷八、《全宋文》卷一七五七等。

宋神宗元丰五年 壬戌(公元1082年)

六月,吕大钧卒 吕大钧(1031-1082),字和叔,原籍汲郡(今河南汲县西南),祖父吕通葬于蓝田(今陕西蓝田)后,遂为蓝田人。吕大忠、吕大防之弟,吕大临之兄,张载门人。嘉祐二年(1057)中进士,历任秦州右司理参军、监延州折务、光禄寺丞、耀州三原县令等。韩绛宣陕西、河南时,辟为书写机宜文字。父丧,独居家数年,后起诸王宫教授,又监凤翔府造船务、鄜延路转运司从事等。据范育《吕和叔墓表》知其在元丰五年(1082)卒于延州官舍,年52岁。吕大钧平生以圣门事业为己任,务为实践之学,讲习井田与兵制,取古礼绎其义,陈数力行,敦化风俗。张载评价说:"秦俗之化,亦先自和叔有力焉。"(《河南程氏遗书》卷10)二程认为:"和叔任道担当,其风力甚劲。"(《河南程氏遗书》卷2)朱熹亦称:"先生之学,大抵诚明为本,以礼乐为行。"(《伊洛渊源录》卷八《行状略》)关于吕大钧的著作,《宋史·艺文志》载其撰有《吕氏乡约仪》1卷、《蓝田吕氏祭说》1卷。晁公武《郡斋读书志》载其著有《诚德集》30卷。赵希弁《郡斋读书志附志》与陈振孙《直斋书录解题》均载有《吕氏乡约》1卷、《乡仪》1卷。尤袤《遂初堂书目》载有《易传》《礼记解》《中庸再解》《吕氏乡约》。冯从吾《关学编》云:"所著有《四书注》《诚德集》。其《乡约》《乡仪》,朱文公表章之行于世,《乡约》今为令甲。"(《关学编(附续编)》,10页)张骥《关学宗传》又云:"著《四书注》若干卷、《诚德集》三十卷、《张氏祭礼》一卷,皆佚。《乡约》《乡仪》各一卷著于甲令,代有增损。"(《关学宗传》,陕西教育图书社1921年排印本)现以完书存世的有《吕氏乡约》《乡仪》。《全宋文》辑录吕大钧佚文10篇,《全宋诗》辑录其诗歌1首。

[文献] 范育《吕和叔墓表》:"元丰五年岁次壬戌,六月癸酉,吕君和叔卒。……惟君明善至学,性之所得者,尽之于心;心之所知者,践之于身。妻子刑之,朋友信之,乡党宗之,可谓至诚敏德者矣。乃表其墓曰'诚德君子',而系其身行云。……君讳大钧字和叔,其先汲郡人。皇考鹄,赠司封员外郎。王考通,太常博士,赠兵部侍郎。考蕡,比部郎中,赠左谏议大夫。由兵部葬京兆蓝田,故子孙为其县人焉。……卒于延州官舍。享年五十有二。……君性纯厚易直,强明正亮,所行不二于心,所知不二于行。其学以孔子下学上达之心立其志,以孟子集义之功养其德,以颜子克己复礼之用厉其行。其要归之诚明不息,不为众人沮之而疑,小辩夺之而屈,势力劫之而回,知力穷之而止。其自任以圣贤之重如此。盖大学之教不明于世者千五百年,先是扶风张先生子厚闻而知之,而学者未知信也。君于先生为同年友,一言而契,往执弟子礼问焉。若谓'始学必先行其所知而已,若夫道性命之际,正惟躬行礼义,

久则至焉'。先生以谓'学不造约,虽劳而难于进德',且谓'君勉之当自悟'。君乃信已不疑,设其义,陈其数,倡而行之,将以抗横流,继绝学,毅然不恤人之非间己也。先生亦叹其勇为不可及。始据谏议丧,衰麻敛丧祭之事,悉捐俗习事尚,一仿诸礼,后乃寖行于冠昏、饮酒、相见、庆吊之间,其文节粲然可观。"(《蓝田吕氏遗著辑校》,611–612页)《伊洛渊源录》卷八《行状略》:"君讳大钧,字和叔,姓吕氏。其先汲郡人,自祖而下葬蓝田,故今为京兆人。……以元丰五年夏六月癸酉感疾卒,年五十有二。"《宋史》卷三四〇《吕大钧传》:"大钧字和叔。父蕡,六子,其五登科,大钧第三子也。……会伐西夏,鄜延转运司檄为从事。……未几,道得疾,卒,年五十二。大钧从张载学,能守其师说而践履之。居父丧,衰麻葬祭,一本于礼。后乃行于冠昏、膳饮、庆吊之间,节文粲然可观,关中化之。尤喜讲明井田兵制,谓治道必自此始,悉撰次为图籍,可见于用。虽皆本于载,而能自信力行,载每叹其勇为不可及。"张载评价说:"秦俗之化,亦先自和叔有力焉。"《河南程氏遗书》卷二上载:"和叔任道担当,其风力甚劲,然深潜缜密,有所不逮与叔。"又参见吕祖谦《皇朝文鉴》卷一四五、李幼武《宋名臣言行录外集》卷六、《关学编》卷一《和叔吕先生》、张舜典《明德集》《宋元学案》卷三一《吕范诸儒学案》《关学宗传》卷三《吕和叔先生》等。

[考辨] 《宋史》卷二〇五《艺文四》:"《吕氏乡约仪》一卷,吕大钧撰。"(《宋史》,5176页)而《郡斋读书志》《直斋书录解题》等均载为《吕氏乡约》1卷、《乡仪》1卷。故陈乐素推测《宋志》"约"下脱"一卷乡"三字。(参见陈乐素《宋史·艺文志考证》,广东人民出版社,2002年,157页)陈氏推测,有其道理。

七月,吕大防《吕氏周易古经》成书 王弼易学"专治《彖》《象》以为注",并分于卦爻之下。吕大防认为王弼这种注《易》方式,不仅使后世学者风从,也造成"不见完经",文辞次第难以贯穿的情况,故作《吕氏周易古经》12卷。

[文献] 《全宋文》卷一五七三《吕大防四》载《吕氏周易古经序》:"右《周易》古经者,《彖》《象》所以解经。始各为一书,王弼专治《彖》《象》以为注,乃分缀卦爻之下,学者于是不见完经,而《彖》《象》辞次第贯穿之意,亦缺然不属。予因案古文而正之,凡经二篇,《彖》、《象》、《系辞》各二篇,《文言》、《说卦》、《序卦》、《杂卦》各一篇,总一十有二篇。元丰壬戌七月既望,

汲郡吕大防序。"(《全宋文》第72册,207页)又参见《古周易》卷首(《通志堂经解》本)、《经义考》卷一九、《万卷精华楼藏书记》卷一、《宋元学案补遗》卷三一、光绪《蓝田县志》卷一〇等。

[考辨] 《宋史·艺文志》卷二〇二《艺文一》载有《周易古经》1卷,未注明作者。晁公武《郡斋读书志》卷一载《周易古经》2卷,云:"右皇朝吕大防微仲编。其序云:'《彖》《象》所以解经,始各为一书。……因案古文而正之。'凡十二篇,别无解释。"(《郡斋读书志》,38页)陈振孙《直斋书录解题》载其《周易古经》12卷,并云:"汲郡吕大防微仲所录上、下《经》。并录《爻辞》《彖》《象》,随《经》分上、下共六卷,上、下《系辞》二卷,《文言》、《说》、《序》、《杂卦》各一卷。"(《直斋书录解题》,2页)马端临《文献通考·经籍考》载为2卷。根据吕大防《吕氏周易古经序》、陈振孙所记可知,是书以上、下经为卷,则为2卷;以其篇为卷,则为12卷。因此知《宋史·艺文志》所载1卷的《周易古经》或为他人所作,或为吕大防著作误记。

吕大临撰《凤翔府尹厅题名记》 吕大临于是年担任凤翔府尹的属官,所撰此文不仅揭示了吕大临的风政教化思想,也有助于系统梳理吕氏生平事迹。

[文献] 吕大临《凤翔府尹厅题名记》:"道之在天下,有为物已轻,而所系已重;有为功甚近,而其流及远者。虽情状事变,有所不齐,要之百物不废而已。故古之制器者,皆取其功名而勒之,然后苦良工拙,不得欺于后世。况乎郡守之寄,有地千里,当古连帅属长之任,反不得识名金石,以传国人,则治民之功,制器之不如也。元丰四年,天子命朝议大夫公来守于岐,既逾年矣,政成事暇,公召其属佐吕某而谕之曰:'郡邑官府之有名旧矣。题名之设,识名不识事。善恶之实,难独信于史笔,而思斁之意,不可夺于民言乎!吾州之治虽有题名,而比次差舛,方将改正而刊诸石,而昔人之意未有以名之者。子盖为言之?'某辞不获命,窃思《书》经圣人所删,然武成溢辞,犹未为君子尽信。于史独传左氏,而失之诬;文独传韩愈,而以谀得罪。故孔子作《春秋》,其文则史而已,无一词有所毁誉,而义存乎其中。逮德下衰,至有以雄夸示一时,取流俗之观美,推丰碑,勒美词,所称颂功德,虽古良臣循吏,有所不及,然民莫之思也。异时知德者,如将有考于题名,则指是名也,以问诸国人,而人思之,其政可知矣;指是名也,以问诸国人,而人斁之,则无政可知矣。若夫泯泯无传者,虽不足以名其善恶,然其人又可知矣,又何多言之取哉?所谓系已

重而其流及远者,是亦《春秋》之意而已。公之为是邦,非特自公也,世有人焉。其流风善政,所以在民而不朽,殆如古之诸侯世德之泽。惟公之政莫然及旧服,作率庆士,不爽厥德,是以似之。尝推古之善言独传今者,不免诬谀之旧,则虽欲有言,又可期于必信乎? 故不敢以言累公之美,第述公之意为之记。元丰五年春,具官汲郡吕某记。"(《全宋文》第 110 册,178 - 179 页)

[考辨] 关于吕大临任职。李红霞云:"《宋诗纪事》中载他曾'监凤翔司竹监',估计为此官。"(《吕大临＜中庸解＞简论》,《早期道学话语的形成与演变》,安徽教育出版社,2007 年,67 页)《宋诗记事》所云"凤翔司竹监"当为吕大临此时的官职。

宋神宗元丰六年　癸亥(公元 1083 年)

十二月,李复撰《刘师严字序》　李复认为师之道,须与礼相结合;外貌不庄不敬,人心易危,易生邪僻之念。

[文献] 李复《潏水集》卷七《刘师严字序》:"为师有道,其礼严,其道严,圆冠方领,摄衣危坐,望之俨然。学者擎跽磬折,拱手列侍,礼之严也。非法不言,非善不迹,揭表道途,欲少违之,若陷水火,道之严也。盖人心易危,外貌斯须不庄不敬,则慢易之心生,中不得其正。邪僻由是而入矣。……君子之于师,非必日相亲接也,考于百世之上,读其书、闻其风,亦皆得其传焉。……刘君,颖上人也,名师严,其友字之曰传正。元丰六年十二月,李某序。"又参见《全宋文》卷二六二八。

宋神宗元丰七年　甲子(公元 1084 年)

十一月,吕大防《杜工部年谱》《韩文公年谱》成书

[文献] 吕大防《杜工部韩文公年谱后记》:"予苦于韩文、杜诗之多误,既雠正之,又各为《年谱》,以次第其出处之岁月,而略见其为文之时。则其歌时伤世、幽忧窃叹之意,粲然可观。又得以考其辞力,少而锐,壮而严,非妙于文章不足以至此。元丰七年十一月三日,汲郡吕大防记。"(吕大防:《杜工部韩文公年谱后记》,《北京图书馆藏珍本年谱丛刊》第 11 册,北京图书馆出版社,1998 年)又见《全宋文》卷一五七三、《分门集注杜工部诗》《韩文类

谱》等。

宋神宗元丰八年　乙丑(公元1085年)

六月,吕大临作《哀辞》,寄思程颢　是年六月,程颢去世。吕大临作《哀词》追思程颢的学问、修养、人品等。

[文献]　吕大临《哀词》:"先生负特立之才,知《大学》之要;博闻强识,躬行力究;察伦明物,极其所止;涣然心释,洞见道体。其造于约也,虽事变之感不一,知应以是心而不穷;虽天下之理至众,知反之吾身而自足。其致于一也,异端并立而不能移,圣人复起而不与易。其养之成也,和气充浃,见于声容,然望之崇深,不可慢也。遇事优为,从容不迫,然诚心恳恻,弗之措也。其自任之重也,宁学圣人而未至,不欲以一善成名;宁以一物不被泽为己病,不欲以一时之利为己功。其自信之笃也,吾志可行,不苟洁其去就;吾义所安,虽小官有所不屑。夫位天地,育万物者,道也;传斯道者,斯文也;振已坠之文,达未行之道者,先生也。使学者不卒传,志不卒行,至于此极者,天也。先生之德,可形容者,犹可道也;其独智自得,合乎天,契乎先圣者,不可得而道也。元丰八年六月,明道先生卒。门人学者皆以所自得者名先生之德,先生之德未易名也,亦各伸其志尔。汲郡吕大临书。"(《二程集》,337页)又见《全宋文》卷二三八、《伊洛渊源录》卷三、《宋元学案补遗》卷一四等。

宋哲宗元祐元年　丙寅(公元1086年)

吕大临为太学博士

[文献]　〔宋〕苏轼《吕大临太学博士制》:"敕官吕大临。太学、礼仪之所从出也,不择人以为法,而恃法以为治,可乎?汉之郭太、符融,唐之阳城、韩愈,士皆靡然化之,其贤于法远矣。朕方诏有司,疏理学政,而近侍之臣,言汝可用。必能于法禁之外,使士有所愧而不为,乃称朕意可。"(曾枣庄、舒大刚主编:《三苏全书》第11册,语文出版社,2001年,178页)

[考辨]　关于吕大临任太学博士的时间。《国朝诸臣奏议》《玉海》载录吕大临所上《论选举六事》时均记其时间为元祐元年(1086),并云吕大临时为"太学博士"(参见"吕大临上奏《论选举六事》"条)。又据苏东坡《东坡

志林》载:"元祐元年,余为中书舍人。"(《东坡志林》,中华书局,1981年,30页)元丰改制后,中书舍人草拟制诰。时任中书舍人的苏轼于此时作了《吕大临太学博士制》。这也与元祐二年(1087)文彦博举荐吕大临时,王岩叟云吕大临"已擢为太学博士"(参见"三月,文彦博举荐吕大临"条)之事相合,故吕大临任太学博士的时间当在是年。

吕大临上《论选举六事》 吕大临针对时政,上奏"士规""学制""试法""辟法""举法""考法"六事,作为朝廷选官用人的标准。

[文献] 〔宋〕赵汝愚辑《国朝诸臣奏议》卷八〇载吕大临《论选举六事奏》:"臣窃惟古之长育人才者,以士众多为乐;今之主选举者,以士众多为患。古之以礼聘士,常恐士之不至;今之以法抑士,常恐士之竞进。古今岂有异哉,盖未有思尔。夫为国之要,不越得人以治其事而已。如为治必欲得人,唯恐才之不足,不患乎众多也;如治事皆任其责,惟恐士之不至,不忧乎竞进也。今也取人而用,不问其可任何事;任人以事,不问其才所堪。如此而欲得人而事治,未之有也。今欲立士规以养德厉行,更学制以量才进艺,立贡法以取贤敛才,立试法以试用养才,立辟法以兴能备用,立举法以覆实得人,立考法以责任考功,其事目之详具于后。……元祐元年,时为太学博士。"〔宋〕王应麟《玉海》卷一一六:"元年太学博士吕大临上选举六事,曰:古之长育人才者以士众多为乐,今之主选举者以士众多为患,……立考法以责任考功。"又见《全宋文》卷二三八五、《玉海》卷一一六、《宋史》卷三四〇《吕大临传》《历代名臣奏议》卷一六七、《续通典》卷二一等。

宋哲宗元祐二年 丁卯(公元1087年)

三月,文彦博举荐吕大临

[文献] 李焘《续资治通鉴长编》卷三九六:"(元祐二年三月)太学博士吕大临、太常博士杨国宝并令中书省记姓名。皆以文彦博荐也。先是,侍御史王岩叟言:'臣风闻文彦博特荐四人,乞朝廷不次擢用。其间杨国宝、吕大临二人,是见任执政之亲,士大夫口语籍籍,以为不平。此荐之有无,臣不可知,既有所闻,不敢不告。窃以执政之亲,虽是贤材,陛下许其不避嫌而用之,若其贤非素信于天下,则天下之人一见进用,必不称其贤,便谓用之出于私意。朝廷虽自信不疑,然人之多言亦不可不畏尔。况国宝已擢为太常博士,

大临已擢为太学博士,皆儒学高选,不为沉抑。不若且养之以重其名实,待他日亲嫌之大臣去位,躐等用之,无所不可。初既不损清议,又不终失贤材,上下两得,岂不美哉？不然,恐失天下寒士之心,于圣德不为有益。伏望陛下用人之际,常以先寒素为意,以慰公议。臣闻耆旧之说,本朝贤相王旦执政之日,不令弟应举,恐妨孤寒进路,至今天下称其美。'"文彦博写于"元祐二年二月"的《举杜诉等》云:"太学博士吕大临,强学笃行,有古儒之风,杜门十年,以讲学自乐,经术通明,闻誉夙著,虽蒙寘太学,以亲嫌,未极其用。已上四人,伏乞特赐擢任。"(文彦博:《文潞公文集》,《文渊阁四库全书》第1100册,799页)

[考辨] 考文彦博事迹:据《续资治通鉴长编》卷368、卷374知元祐元年"闰二月""四月",司马光、刘挚分别推荐已"致仕"的文彦博。《续资治通鉴长编》卷377又记元祐元年(1086)五月,"潞国公文彦博特授太师、平章军国重事"。可见,元祐元年五月,81岁的文彦博结束了"致仕"生活,再次回到朝廷。并于是年文彦博上奏了《论选士》(见《国朝诸臣奏议》卷107、《文潞公文集》卷27),且推荐苏颂(见《文潞公文集》卷27《奏尚书省六曹行遣迁滞事》)、叶祖洽、钱长卿、孔文仲、胡宗炎等人(见《续资治通鉴长编》卷391);又推荐楚建中、李之存、唐义问、范育、杜纯、黄景等人(见《续资治通鉴长编》卷394)。可见,元祐元年以来,文彦博大量推荐人才;且于元祐二年(1087)推荐吕大临。然而,根据《续资治通鉴长编》记载元祐二年三月宋哲宗命中书省办理录用吕大临之事时,却遭致王岩叟的阻荐,其理由是吕大临为"执政之亲",即为吕大防(是时为尚书左丞守中书侍郎)的弟弟,不宜晋职,"恐妨孤寒进路",且"已擢为太学博士"。又根据是年七月吕大临尚在太学吊祭太学徐生的情况看(参见"七月,周行己撰《书吕博士事》"条),似乎王氏的阻荐还是被哲宗所采纳,吕大临虽被中书省记其姓名,但未能进一步迁职。

七月,周行己撰《书吕博士事》 时逢太学徐生去世,吕大临率太学同僚前去吊祭。周行己有感于继胡瑗之后,吕大临对太学"师弟子"风尚的提倡和实践,遂撰写是文赞誉吕大临。

[文献] 《书吕博士事》:"元祐二年(1087)七月辛酉,太学徐生不禄,博士吕公率其僚,往吊而哭之恸。周行己跃而起曰:'于美哉！师弟子之风兴矣。'自孔子没,大道丧,悠悠数千载,学者不知师,师者不知自处其师,维圣若贤,百不一遇。少也则闻胡先生(注:胡瑗),能群诸弟子于太学教之,礼风义行,翕然向古。今亡矣三十年,谓晚生迄不可得见,乃复在今日。于美乎

哉!师弟子之风兴矣。先生之赐甚厚,非特太学化之,将亦四方化之。非特今世化之,将亦后世化之,先生之赐甚厚也。且将歌其风,倡之天下,布之伶官,而上之天子也。故书。"(周梦江笺校:《周行己集》,上海社会科学院出版社,2002年,116页)

吕大忠重置唐《开成石经》与《石台孝经》碑 《开成石经》始刻于唐文宗大和七年(833),完成于开成二年(837)。原立于唐长安城务本坊的国子监内,后久经战乱,又保护不善,屡遭损坏。是年,时任陕西转运副使的吕大忠将已废弃的开成石经,重置于京兆府学之旁,即今天西安碑林的前身。国内现存清代以前所刻的石经很多,但唯开成石经保存最为完好,这也成为研究中国经学史、古文献学的重要资料。《石台孝经》由唐玄宗李隆基亲自作序、注解并用唐隶书写,是现存西安碑林中体积最大、形制最独特的石碑。在思想史、文化史、书法、雕刻等方面均具有重要的研究价值。据此来看,吕大忠对保存开成石经、传播儒家经说、弘扬书法艺术等方面做出了重大贡献。

[文献] 〔宋〕黎持《京兆府学新移石经记》:"汲郡吕公龙图领漕陕右之日,持适承乏雍学。一日谒公,公喟然谓持曰:'京兆阛间有唐国子监存焉,其间石经乃开成中镌刻。《唐史》载,文宗时太学勒石,而郑覃与周士墀等校定九经文字,上石。及覃以宰相兼祭酒,于是进石壁九经一百六十卷,即今之石经是已。旧在务本坊,自天祐中,韩建筑新城,而六经石本弃委于野。至朱梁时,刘鄩守长安,有幕史尹玉羽者白鄩,请辇入城。鄩方备歧军之侵轶,谓此非急务。玉羽始之曰:一日一旦虏兵临城,碎为矢石,亦足以助贼为虐。鄩然之,乃迁置于此,即唐尚书省之西隅也。地杂民居其处,洼下霖潦冲注,随立。辄仆埋没腐壤,岁久折缺。予欲徙置于府学之北墉,子且伻图来视。'厥既视图则命徒役,凡石刻偃仆者悉辇置于其地,东西陈列。明皇注《孝经》及建学碑则立之中央。颜、褚、欧阳、徐、柳之书逮偏旁,字源之类则分布于庭之左右。如入东序,《河图》《洛书》大璧琬琰,烂然盈目。先是,有兴平僧诞妄惑众,取索无厌。大尹刘公希道没,入其赀。有欲请于朝以修慈恩浮图者,公即建言:崇饰塔庙非古,而兴建学校为急,朝廷乃以五百千畀之。经始于元祐二年初秋,尽孟冬而落成。门序旁启双亭,中峙庙庑,回环,不崇不卑,诚故都之壮观,翰墨之渊薮也。窃惟六经大人之道,备圣人所以遗天下。来世之意,尽在于是。自周末至隋,千余载之间,已遭五厄,道虽无穷而器有弊,惟镵之金石,庶可以久。有唐之君相知物之终始,而忧后世之虑深。故石经之立,殆以

此也。然以洛阳蔡邕石经四十六碑,观之其始立也,观视摹写者,车乘日千余,两填塞街陌,可谓盛矣,乃范蔚宗所见。其存者镜十有六枚,余皆毁坏,磨灭。然后知不得其人以护持,虽金石之固,亦难必其可久。此吕公所以为有功于圣人之经,而不可不书也。元祐五年岁次庚午九月壬戌朔二十记。"(《〔雍正〕陕西通志》,清雍正十三年刻本)〔清〕王昶《金石萃编》卷一三九载《苍润轩帖跋》:"《京兆府学新移石经记》一帙乃宋元祐五年黎持为文,安宜之正书,以记吕公移碑之故者。吕公之举真光明俊伟,有功斯石。"又载《曝书亭集》云:"《京兆府学新移石经记》,其曰汲郡吕公者,宣公大防之兄,以工部郎中、陕西转运副使知陕州,以龙图阁知秦州大忠也。"(《金石萃编》,清嘉庆十年刻本)《宋史》卷三四〇《吕大忠传》:"大忠字进伯……元祐初,历工部郎中、陕西转运副使、知陕州,以直龙图阁知秦州,进宝文阁待制。"(《宋史》,10844—10846页)

宋哲宗元祐三年　戊辰(公元1088年)

八月,游师雄作《骊山图记》　是文介绍了骊山温泉的开发,并对华清池、灵泉观等建筑的由来等作了简要说明,为研究骊山建筑史提供了重要参考资料。

[文献]　《〔雍正〕陕西通志》卷九一载《骊山图记》:"骊山温泉自秦汉周隋相继崇饰,唐贞观初始营御汤,天宝六载筑罗城于汤所,置百司、公卿邸第。治汤为池,增起台殿,环列山谷,因改温泉宫为华清宫。明皇岁幸焉。殿曰九龙,以待上。浴曰飞霜,以奉御。寝曰长生,以备斋礼。其它殿阁、楼观不可胜数。维披图,然后尽可述焉。逮禄山乱,天子游幸益鲜,唐末遂废。晋天福中,改曰灵泉观以赐道士。本朝因之,盖百有余年矣。府从事李彦博始谕邑宰王注刊故宫图于石,盖欲后人知昔之全盛焉。时元祐三年中秋武功游景叔识。"(《〔雍正〕陕西通志》,清雍正十三年刻本)

宋哲宗元祐四年　己巳(公元1089年)

二月,吕大防提举修《神宗实录》　吕大防继司马光、吕公著后,提举修《神宗实录》。并从其中选取乾兴以来四十一事编成《仁祖圣学》,劝戒君主,期望使"人主有欣慕不足之意"。宋代曾多次修撰《神宗实录》,此次修撰主要反映了以司马光为首的元祐党人的思想,对王安石变法持批评态度,这也成为日后围绕《神宗实录》朝廷内部党争的焦点之一。

[文献] 《续资治通鉴长编》卷四二二:"(元祐四年二月)癸丑,尚书左仆射兼门下侍郎吕大防提举修《神宗皇帝实录》。"《宋史》卷三四〇《吕大防传》:"三年,吕公著告老,宣仁后欲留之京师。手札密访至于四五,超拜大防尚书左仆射兼门下侍郎,提举修《神宗实录》。大防见哲宗年益壮,日以进学为急,请敕讲读官取仁宗迩英御书解释上之,置于坐右。又摭乾兴以来四十一事足以为劝戒者,分上下篇,标曰《仁祖圣学》,使人主有欣慕不足之意。"

十二月,吕大防奏修的《神宗实录》草卷成

[文献] 《续资治通鉴长编》卷四三六:"(元祐四年十二月)癸亥,中书省言:'提举《实录》宰臣吕大防奏所修《神宗皇帝实录》,今来已成草卷,缘未经编摩点对重复,功力不少,所有修撰已下官吏添给等,欲依修《仁宗皇帝实录》例,今依旧支破,候写进册了当,即行住支。'从之。"

[考辨] 关于吕大防所奏修的《神宗实录》。衢本《郡斋读书志》卷六载录"神宗朱墨史二百卷",并云:"右皇朝元祐元年,诏修《神宗实录》,邓温伯、陆佃修撰,林希、曾肇检讨,蔡确提举。确罢,司马光代。光薨,吕公著代。公著薨,大防代。六年奏御。赵彦若、范祖禹、黄庭坚后亦参与编修,书成赏劳,皆迁官一等。绍圣中,谏官翟思言:'元祐间,吕大防提举《实录》,祖禹、庭坚等编修,刊落事迹,变乱美实,外应奸人诋诬之辞。'命曾布重行修定。其后奏书,以旧录为本,用墨书,添入者用朱书,其删去者用黄抹。已而将旧录焚毁。宣和中,或得其本于禁中,遂传于民间,号《朱墨史》。"袁本《郡斋读书志》题作"《神宗实录》二百卷",其解题亦云:"右皇朝吕大防等撰。起藩邸,止元丰八年三月,凡十九年。绍圣中,言者谓:'元祐间,吕大防提举《实录》,范祖禹等编修,刊落事迹,变乱美实,外应奸人诋诬之说。'命蔡卞改修。其后奏书,以旧录为本,用墨书,添入者用朱书,其删去者用黄抹。已而将旧录焚毁。宣和中,或得其本于禁中,遂传于民间,号《朱墨史》。'"《直斋书录解题》卷四载录"《神宗实录》朱墨本二百卷",并云:"元祐中,兵部侍郎青社赵彦若元考、著作郎成都范祖禹淳甫、豫章黄庭坚鲁直撰。绍圣中,中书舍人莆田蔡卞元度、长乐林希子中等重修。其朱书系新修,黄字系删去,墨子系旧文,其增改删易处则又有签帖,前史官由是得罪。卞,王安石之婿,大抵以安石《日录》为主。"陆游《老

学庵笔记》卷十云:"元祐、绍圣皆尝修《神宗实录》,绍圣所修既成,焚元祐旧本,有敢私藏者皆立重法。久之,内侍梁师成家乃有朱墨本,以墨书元祐所修,朱书绍圣所修,稍稍传于士大夫家。"据以上资料可知,吕大防所提修的《神宗实录》乃是承继蔡确、司马光、吕公著等人,且在其殁后,随着新党势力的执政,被加以删改重修。《神宗实录》朱墨本即吕大防等提修的元祐《实录》。

十二月,吕大临撰《宋清河县君张氏夫人墓志铭》 该墓志铭出土于陕西西安。其内容不仅揭示了张氏夫人的贤德品行,吕大临与张载、张戬兄弟师弟、姻亲关系;而且对张载家族成员情况及吕大临的生平资料作了重要补充。

[文献]《宋故清河县君张氏夫人墓志铭》:"左宣德郎、宗正寺主簿、汲郡吕大临撰。奉议郎、权陕府西路转运判官、赐绯鱼袋游师雄书。朝散郎、权同管勾成都府利州陕西等路茶事、兼权提陕西等路买马公事、上轻车都尉、赐绯鱼袋仇伯玉篆盖。昔者闻诸横渠先生曰:'吾伯姊以贤行闻。'其所以为贤人,或未之知也。大临既学于先生之门,继又受室于张氏,得以外姻见;且稽于族人之言而后信之。元祐四年十有二月戊戌,夫人以疾卒于家。其孤卜以明年三月壬申之吉,祔于其先人之宅。遣使走京师,求予诔其行。"(余华青、张廷皓:《陕西碑石精华》,三秦出版社,2006年,213页)

[考辨] 吕大临于元祐二年(1087)三月虽得到文彦博的举荐,但受到侍御史王岩叟的阻荐,并被宋哲宗所采纳,故直到是年七月吕大临仍在太学任职。(参见"三月,文彦博举荐吕大临"条)然而,上述《墓志铭》写于元祐四年(1089)十二月,是时吕大临已为"左宣郎、宗正寺主簿"。据《续资治通鉴长编》卷四〇六载:"(元祐二年十月)熙河兰会路勾当公事、宣德郎、军器监丞游师雄为奉议郎,充陕西转运判官,赐绯章服。"卷四〇七又载:"(元祐二年十一月)朝奉郎仇伯玉权同管勾陕西等路茶马事兼提举买马。"可见,游师雄在元祐二年(1087)十月,仇伯玉在元祐二年十一月方迁任《墓志铭》中所标明的官职。因此知,吕大临出任左宣郎、宗正寺主簿的时间至早不超过元祐二年十一月,最晚至元祐四年十二月。

宋哲宗元祐五年 庚午(公元1090年)

范育撰《正蒙序》

[文献] 范育《正蒙序》:"子张子校书崇文,未伸其志,退而寓于太白之

阴,横渠之阳,潜心天地,参圣学之源,七年而道益明,德益尊,著《正蒙书》数万言而未出也,间因问答之言,或窥其一二。熙宁丁巳岁,天子召以为礼官,至京师,予始受其书而质问焉。其年秋,夫子复西归,殁于骊山之下,门人遂出其书,传者浸广,至其疑义独无从取正,十有三年于兹矣。痛乎微言之将绝也!友人苏子季明离其书为十七篇以示予。……元祐丁卯岁,予居太夫人忧,苏子又以其书属余为之叙,泣血受书,三年不能为一辞,今也去丧而不死,尚可不为夫子言乎?……门人范育谨序。"(《张载集》,4-6页)又见《明德集》《皇朝文鉴》卷九一、《性理大全》卷五、《古文渊鉴》卷四六等。

[考辨] 元祐丁卯岁即元祐二年(1087),范育忧丧。根据范育自述"三年不能为一辞"看,《正蒙序》当作于范育服丧三年期后,时至元祐五年。《正蒙序》又云:"十有三年于兹矣",这恰符合张载卒于熙宁十年(以公历1077年推算)之说,故置于是年。

宋哲宗元祐六年 辛未(公元1091年)

四月,李复撰《易说送尹师闵》 李复阐述《易》道悉大被广,包涵天地、鬼神、生死、伦常、礼乐、政事等,并对易学史上《易》道不明的原因作出文奇、道妙、言隐而常被人妄为的解释。

[文献] 李复《潏水集》卷八《易说送尹师闵》:"《易》之道,广矣远矣,深矣微矣。天地,至大者也,包之无外焉;鬼神,至幽者也,穷之无隐焉。阴阳交化,而知性命之正;原始要终,而知死生之变。日月风雷、山泽水火、草木鸟兽之象,君臣、父子、兄弟、夫妇、室家、婚姻之义,礼乐、师旅、祭祀、刑政莫不咸在。……以孔子潜心于《易》,三绝韦编,犹曰'加我数年学《易》,可以无大过',况于众人乎!昔孔子之弟子有子弓者,学《易》于商瞿,子夏之《易》传于田何,二人去孔子未远,必有所闻,后来亦莫之传,其余妄开户牖者多矣。夏殷之世,或曰《连山》,或曰《归藏》,其名不同,其词亦异。至于周以其变动不居,周流六虚,上下无常,不可以为典要,故谓之《易》。其当世所取用者如此,故曰《周易》焉。《易》取象幽,故其文奇,极道妙,故其言隐。非若《书》之二《典》《禹贡》《洪范》为世之大法,其言坦然明白也,学者其可妄为说欤?汶水尹师闵自少究心于《易》,揲蓍论卦,著之于图,自谓知《易》之数,孜孜焉叹未知《易》之道而问于予。噫,予何知哉!于其归也,以自见于《易》者告之,欲

使发其楼而求其中所睹焉。元祐六年清明日,李复述。"(《潏水集》,陕西文献征辑处 1922 年印本)又参见《全宋文》卷二六二八。

宋哲宗元祐七年　壬申(公元 1092 年)

二月,吕大临《考古图》撰成　《考古图》10 卷,是我国早期重要的金石学著作。现存《考古图》收录了宋代秘阁、太常、官廷内藏和民间收藏的青铜器、石器、玉器等 234 件(入目 224 件。据钱曾所录宋本则收录 242 件)。该书卷一至卷六收录鼎、鬲、爵等商周铜器,卷七收录钟、磬等乐器,卷八收录玉器。吕大临对所收录的物什,先进行摹绘图像、铭文,再加以定名,介绍其外观特点、容量、重量、出土地及其流传过程等。并作《考古图释文》一书,对其中 85 件青铜器上的古文字加以文字学考察,具有重要的学术价值。吕大临撰《考古图》不仅是出于个人兴趣,更重要的是基于其研究古礼的需要,欲"掇习三代遗文旧制以行于世"。关于《考古图》的版本,宋本未见有传世,元代以来出现了元大德刊本及溯源于该本的泊如斋刊本、宝古堂刊本、亦政堂本等。

[文献]　吕大临《考古图后记》:"庄周氏谓儒者逐迹丧真,学不善变,故为轮扁之说,刍狗之谕,重以《渔父》《盗跖》诗礼发家之言,极其诋訾。夫学不知变,信有罪矣;变而不知止于中,其敝殆有甚焉。以学为伪,以智为凿,以仁为姑息,以礼为虚饰,荡然不知圣人之可尊,先王之可法。克己从义谓之失性,是古非今谓之乱政,至于坑杀学士,燔爇典籍,尽愚天下之民而后慊。由是观之,二者之学,其害孰多? 尧、舜、禹、皋陶之书,皆曰稽古。孔子之道,亦曰好古敏以求之。所谓古者,虽先王之陈迹,稽之好者,必求其所以迹也。制度法象之所寓,圣人之精义存焉。有古今之同然,百代所不得变者,岂刍狗、轮扁之谓哉? 汉承秦火之余,上视三代,如更昼夜梦觉之变。虽遗编断简,仅存二三,然世态迁移,人亡书残,不复想见先王之绪余,至人之馨欬。不意数千百年后,尊彝鼎敦之器,犹出于山岩屋壁、田亩墟墓间。形制文字,且非世所能知,况能知所用乎? 当天下无事时,好事者蓄之,徒为耳目奇异玩好之具而已。噫,天之果丧斯文也,则是器也,胡为而出哉? 予于士大夫之家,所阅多矣。每得,传摹图写,寖盈卷轴,尚病舛繁未能深考,暇日论次成书,非敢以器为玩也。观其器,诵其言,形容仿佛,以追三代之遗风,如见其人矣。以意逆志,或探其制作之原,以补经传之阙亡,正诸儒之谬误。天下后世之君

子,有意于古者,亦将有考焉。元祐七年二月,汲郡吕大临记。"(《全宋文》第110册,162-163页)《郡斋读书志》卷四载"考古图十卷",并云:"右皇朝吕大临与叔撰。裒诸家所藏三代、秦、汉尊彝鼎敦之属,绘之于幅而辨论形制文字。"《直斋书录解题》卷八:"《考古图》十卷。汲郡吕大临与叔撰。其书作于元祐七年,所纪目(自)御府之外,凡三十六家所藏古器物,皆图而录之。"又见《考古图》(《文渊阁四库全书》第840册)、《四库全书总目》卷一一五子部二五、《皇朝文鉴》卷八三、《小学考》卷一八、《〔道光〕蓝田志》卷一〇等。

[考辨] 关于《续考古图》。清钱曾《读书敏求记》卷二载"考古图十卷续考古图五卷释文一卷",并云:"汲郡吕大临《论次考古图》成,并识古器所藏于目录后。秘阁太常内藏外列三十七家,即后记谓阅之士大夫,得传摹图写者,盖非朝伊夕矣。其《续图》五卷,《释文》一卷,《文献通考》俱不载。岂贵与诸藏书家,都未见此本耶。"(钱曾:《读书敏求记》,书目文献出版社,1984年,41页)可见,钱曾见到《续考古图》五卷,并视之为吕大临著作。而《四库全书总目》卷一一五子部二五载"《考古图》十卷《续考古图》五卷《释文》一卷",并云:"惟《续图》五卷,《书录解题》所不载,吾丘衍《学古编》亦未言及,其中第二卷引吕与叔云云,又引《考古图》云云,第三卷有'绍兴壬午所得之器'云云,则其书在绍兴三十二年之后,与吕大临远不相及。盖南宋人续大临之书而佚其名氏,钱曾并以为大临作,盖考之未审也。"《四库全书总目》所考精审,故从此说。

张舜民上《乞追赠张载奏》

[文献] 〔宋〕赵汝愚辑《国朝诸臣奏议》卷九五载张舜民《上哲宗乞追张载奏》:"臣伏睹凤翔府横渠镇居住故崇文院校书张载,学际天人,诚动金石。义之所在,白刃可蹈;心有不厌,万锺何加?口如不能言,体若不胜衣,议论感激,凛如秋霜,虽万军之将,不足言其勇也。平居与人言,退然若不知读书者。坐而讲贯,剖判是非,谈辨如流,虽滔滔江汉,不足方其广也,著书万言,名《正蒙》。阴阳变化之端,仁义道德之理,死生性命之分,治乱国家之经,罔不究通。方之前人,其孟轲、扬雄之流乎!如荀况辈不足望于载也。关中学者,靡然就之,谓之横渠先生。一登其门,言行皆知,孝悌仁义,有如夙成。虽去载千里之远,十年之久,不敢一蹈非义,常若载之临其左右前后也。自此,西土学者,洒然知先圣贤之学。……载之死,于今十有五年,中外臣僚,犹录其平生,以言于朝廷者,略以十数。……元祐四年上,时为秦凤路提点狱。"

〔明〕黄淮、杨士奇等《历代名臣奏议》卷二七四:"四年,秦凤路提点张舜民乞追赠张载疏曰:臣伏睹凤翔府横渠镇居住故崇文院校书张载……载之死,于今十有五年,中外臣僚,犹录其平生,以言于朝廷者,略以十数。"又参见《全宋文》卷一八一三、《〔雍正〕陕西通志》卷六五、《〔乾隆〕眉县志》卷一四、《〔乾隆〕重修凤翔府志》卷一〇等。

[考辨] 《国朝诸臣奏议》《历代名臣奏议》《全宋文》卷一八一三等收录张舜民《乞追赠张载奏》时,置此文于元祐四年(1089)。然而,《乞追赠张载奏》中云"载之死,于今十有五年",据张载卒于熙宁十年(以公历1077年推算)推断,张舜民当于是年上《乞追张载奏》。张舜民为张载弟子,所云其"于今十有五年"不应有误,故立此条目于是年。《国朝诸臣奏议》《历代名臣奏议》《全宋文》等误记。

宋哲宗元祐八年　癸酉(公元1093年)

约于是年,吕大临撰《代伯兄(吕大忠)荐苏昞状》

[文献] 朱熹《伊洛渊源录》卷九《奏状》(吕正字代伯兄作):"右臣伏见京兆府处士苏昞,德性纯茂,强学笃志,行年四十,不求仕进,从故崇文校书张载学,为门人之秀,秦之贤士大夫亦多称之。如蒙朝廷擢用,俾充学官之选,必能尽其素学,以副朝廷乐育之意。或不如所举,臣甘罔上不忠之罪。"《伊洛渊源录》卷九《苏学士》:"名昞,字季明,武功人。亦横渠门人,而卒业于程氏者。元祐末,吕进伯荐之,自布衣召为博士。"冯从吾《关学编》卷一《季明苏先生》:"先生名昞,字季明,武功人。同邑人游师雄,师横渠张子最久,后又卒业于二程子。……元祐末,吕进伯大忠荐曰:'臣某伏见京兆府处士苏昞,德性纯茂,强学笃志,行年四十,不求仕进,从故崇文校书张载学,为门人之秀,秦之贤士大夫亦多称之。如蒙朝廷擢用,俾充学宫之选,必能尽其素学,以副朝廷乐育之意。'乃自布衣召为太常博士。"又见《永乐大典》卷二四〇四、《全宋文》卷二三八五等。

[考辨] 《伊洛渊源录》《关学编》载吕大忠荐苏昞为"元祐末"。"元祐"共八年。且吕大临亦卒于是年(参见"吕大临卒"条考辨),故暂志此事于是年。

吕大临卒

吕大临(1040-1093),字与叔,世称芸阁先生,原籍汲郡(今河南汲县西南），祖父吕通葬于蓝田（今陕西蓝田）后，遂为蓝田人。乃吕大忠、吕大防、吕大钧之弟，张载门人。张载殁后，学于程颐，与谢良佐、游酢、杨时并称"程门四先生"。吕大临生平无意仕进擢用，修身好学，博及群书，行如古人。嘉祐六年（1061）吕大临中进士；元祐元年（1086）为太学博士，后迁至秘书省正字；元祐七年（1092）吕大临受范祖禹的举荐，但未及用，并于次年去世，享年54岁。吕大临在吕氏兄弟中思想最为深刻，论《易》继承了张载易学"天人一体"的架构和程颐易学的传注形式，注重参证儒家典籍，推天道而明人道；论礼则继承了张载"以礼为教""知礼成性、变化气质"的思想，主张"存心治身""礼所以正心修身"的思想。此外，吕大临又提出"居尊守中"的"中道"论，并从人伦规定、社会秩序、精神境界等诸方面进行了深入探讨。其思想中既有张载关学独特的易道宇宙论，也存有二程识仁、体认天理的工夫论趋向。总体看来，强烈突出了关学、洛学相融杂摄的特点。有关吕大临的著作，《宋史·艺文志》载有《玉溪先生集》28卷、《易章句》1卷、《大学》1卷、《解》10卷、《考古图》10卷、《孟子讲义》14卷、《四先生中庸解义》1卷（与程颐、游酢、杨时合撰）、《家祭仪》1卷（与吕大防合撰）、《礼记传》16卷等。《郡斋读书志》载有《吕氏易章句》10卷、《芸阁礼记解》4卷（衢本）、《编礼》3卷、《吕氏老子注》2卷、《考古图》10卷、《玉溪集》25卷、《玉溪别集》10卷、《论语解》10卷、《书传》13卷（又有1卷说）等。《直斋书录解题》载有：《芸阁礼记解》16卷、《考古图》10卷。《伊洛渊源录》又记载吕大临撰有《诗传》。马端临《文献通考·经籍考》载有《易章句》1卷、《礼记解》16卷、《论语解》10卷、《考古图》10卷、《老子注》2卷、《玉溪集》25卷、《玉溪别集》10卷等。《朱子语类》又云："吕与叔《中庸义》典实好看，又有《春秋》《周易解》。"（《朱子语类》卷101）又说明吕大临还撰有关于《春秋》的注解。当前，吕大临著作除《考古图》较完整地存在外，多已散佚。陈俊民《蓝田吕氏遗著辑校》为目前收录蓝田三吕著作最全面的著作，其中《易章句》以纳兰性德编撰的《合订删补大易集义粹言》为依据，参考吕祖谦《晦庵先生校正周易系辞精义》、陈友文《大易集义》等书辑校出；《礼记解》以卫湜《礼记集说》为依据，参考牛兆濂校刊《蓝田吕氏礼记传》辑校出；《论语解》《孟子解》以宝诰堂重刻白鹿洞原本朱熹《论孟精义》为依据，参校《四库全书》本、日本景享保十四年（1727）刻本等辑校出；《中庸解》《论中书》《东见录》为从中华书局点校本《二程集》中录出；《蓝田仪礼说》《蓝田礼记说》从《宋元学案补遗》中辑出；《蓝田语要》从《宋元学案补遗》《性理大全》《宋元学案》中辑出；此外又从《皇朝文鉴》《宋诗纪事》《宋诗纪事补遗》《二程集》《张载集》等书中辑出吕大临诗文8篇。（参见陈俊民《关于蓝田吕氏遗著的辑校及其＜易章句＞之思想》）但是，陈氏所辑校的吕大临遗文，仍有一些漏录。《全宋文》则从《国朝二百家名贤文粹》等典籍中辑录吕大临奏、书、序、记等各类文章32篇；《全宋诗》辑收吕大临诗歌11首；吕祖谦《吕氏家塾读诗记》与朱熹《诗集传》中收录吕大临诸多关于《诗经》的注文；王霆震所编《古文集成》中收录一些吕大临《西铭解》文字，《陕西碑石精华》收录的吕大临《宋故清河县君张氏夫人墓志铭》；在《大儒粹言》《楚辞集注》《厚斋易学》《周易传义大全》《大学衍义》《西山读书记》《中庸衍义》《天中记》《山堂肆考》等诸多典籍也存在吕大临不少尚待辑佚、甄别与筛选言论。

[**文献**]　《宋史》卷三四〇《吕大临传》："大临字与叔。学于程颐，与谢良佐、游酢、杨时在程门，号'四先生'。通《六经》，尤邃于《礼》。每欲掇习三代遗文旧制，令可行，不为空言以拂世骇俗。……富弼致政于家，为佛氏之学。大临与之书曰：'古者三公无职事，惟有德者居之，内则论道于朝，外则主教于乡。古之大人当是任者，必将以斯道觉斯民，成己以成物，岂以爵位进退、体力盛衰为之变哉？今大道未明，人趋异学，不入于庄，则入于释。疑圣人为未尽善，轻礼义为不足学，人伦不明，万物憔悴，此老成大人恻隐存心之时。以道自任，振起坏俗，在公之力，宜无难矣。若夫移精变气，务求长年，此山谷避世之士独善其者之所好，岂世之所以望于公者哉？'弼谢之。元祐中，为太学博士，迁秘书省正字。范祖禹荐其好学修身如古人，可备劝学，未及用而卒。"《续资治通鉴长编》卷四七二："（元祐七年四月）礼部侍郎兼侍讲范祖禹言：'……吕大临是大防之弟，修身好学，行如古人，臣虽不熟识，然知之甚久，以宰相之弟，故不敢言。陛下素知臣不附执政，又臣已乞外任，故不自疑，望陛下记其姓名，以备他日选用。'"〔宋〕林駉《古今源流至论前集》卷二："（元祐）七年则顾临、孔武仲、吕希哲、吕大临错列朝著，而朝纲日正。"〔宋〕李幼武《道学名臣言行外录》卷六："元祐中，除大（太）博正字。范内翰荐为讲官，未用而卒。"《伊洛渊源录》卷八载关于吕大临的《祭文》："呜呼！吾十有四年而子始生。其幼也，吾抚之，其长也，吾诲之，以至宦学之成，莫不见其始终，于其亡也，得无恸乎，得无恸乎！子之学，博及群书，妙达义理，如不出诸口。子之行，以圣贤为法。其临政事，爱民利物，若无能者。子之文章，几

及古人,薄而不为。四者皆有以过人,而其命乃不偶于世,登科者二十年,而始改一官,居文学之职者七年而逝,兹可哀也已,兹可痛也已!子之妇翁张天祺尝谓人曰:'吾得颜回为婿矣。'其为人所重如此。子于穷达死生之际,固已了然于胸中矣。然吾独不知子之亡也,将与物为物邪?将与天为徒邪?将无所通而不可邪?是未可知也。子之才皆可以知此,固不待吾之喋喋也。今独以丧事为告。子之柩以方暑之始,将卜辰归祔于先茔,乃择明日,迁于西郊之僧舍,以待时焉。嗣子省山实为丧祭之主。将行一奠,终天永诀。哀哉!"《河南程氏遗书》卷二上:"吕与叔以气不足而养之,此犹只是自养求无疾,如道家修养亦何伤,若须要存想飞升,此则不可。"《河南程氏遗书》卷一五:"与叔、季明以知思闻见为患,某甚喜此论,邂逅却正语及至要处。世之学者,大敝正在此,若得折难坚叩,方能终其说,直须要明辨。"《河南程氏遗书》卷一九:"先生云:'吕与叔守横渠学甚固,每横渠无说处皆相从,才有说了,便不肯回。'""苏昞录横渠语云:'和叔言香声。横渠云:"香与声犹是有形,随风往来,可以断续,犹为粗耳。不如清水。今以清冷水置之银器中,隔外便见水珠,曾何漏隙之可通?此至清之神也。"'"王心敬《诸儒评》之《吕与叔》:"与叔吕先生,清明沉潜,在诸昆中,尤为粹美,而其折节好学,舍己从人,深潜之思,湛定之性,即程门亦推先觉焉。在孔门未知其与二冉如何,亦漆雕诸贤之流亚与!"(《〔雍正〕陕西通志》卷九三,雍正十三年刊本)又参见《东都事略》卷八九,《宋文全文续资治通鉴》卷一三,《朱子语类》卷一〇一,《国朝二百家名贤文粹》卷三〇、卷三一、卷三三、卷一〇〇、卷一〇三、卷一〇四、冯从吾《关学编》卷一《与叔吕先生》、张舜典《明德集》《宋元学案》卷三一《吕范诸儒学案》、张骥《关学宗传》卷四《吕与叔先生》等。

[考辨] 关于吕大临的卒年。以往学界少有人深入关注,诸如钱保塘《历代名人生卒录》、吴荣光《历代名人年谱》、梁廷灿《历代名人生卒表》、钱大昕《疑年录》、姜亮夫《历代人物年里碑传综表》等均未载录。朱熹所编《河南程氏遗书》之《入关语录》云:"辛未末年吕与叔已卒。"(《二程集》,3页)即认为元祐六年(1091),吕大临去世。在当前学界也存在一些异说:其一,元祐七年(1092)卒。容肇祖认为:"死在元祐七年四、五月间,在范祖禹荐举后不久。"(容肇祖:《关于吕大临生卒年的问题》,《书品》第4期,中华书局,1986年,34页)姜国柱从其说。(姜国柱:《张载关学》,陕西人民出版社,2001年,402页)陈俊民认为"直到宋哲宗绍圣二年乙亥(一〇九五年),大临死后已三

年"(《蓝田吕氏遗著辑校》,中华书局,1973年,第4页),即认为吕大临卒于哲宗元祐七年(1092)。文碧方认为:"生于宋仁宗庆历六年(公元1046年),卒于宋哲宗元祐七年(公元1092年)。"(文碧方:《理心之间——关于吕大临思想的定位问题》,《人文杂志》,2005年第4期)。李红霞记为吕大临(1040—1092)。(李红霞:《吕大临＜中庸解＞简论》,《早期道学话语的形成与演变》,安徽教育出版社,2007年,68页)其二,元祐八年(1093)卒。徐培均认为吕大临卒于元祐八年夏。(参见《秦少游年谱长编》,中华书局,2002年,507页)李如冰认为当卒于元祐八年夏。(李如冰:《吕大临生卒年及有关问题考辨》,《宝鸡文理学院学报》,2009年第6期;注:笔者对吕大临生卒年的考察吸收了该文某些看法,特此致谢!)其三,元祐六年(1091)卒。程旭记为吕大临(1044—1091)。(程旭:《吕大临与关学及＜考古图＞》,《历史纵横》,2007年第6期)其四,元祐五年(1090)卒。秦草记为吕大临(1042—1090)。(秦草:《蓝田"吕氏四贤"——吕大忠、吕大防、吕大钧、吕大临》,《西安教育学院学报》,2001年第3期)另外,笔者也曾一度误认为吕大临卒于绍圣元年(1094)。(张波:《吕大临生卒年及有关其＜祭文＞之作者考辨》,《唐都学刊》,2009年第2期;按:笔者关于吕大临生平考察,以本《编年》的梳理为准)

可见,在上述异说中,不仅吕大临卒年出现歧说,其生年也多有不同。或因文章(或专著)主题所限,上述某些观点多未能充分说明来源与依据;或可看出来源于上述"文献"中征引的《宋史》卷三四〇《吕大临传》《续资治通鉴长编》卷四七二与《宋元学案》卷三一《吕范诸儒学案》。笔者认为,《续资治通鉴长编》明确注明元祐七年(1092)范祖禹推荐之事,《宋史全文续资治通鉴》卷一三(《宋史全文续资治通鉴》,台北文海出版社,1969年,821页),乃至较晚的《续资治通鉴》卷八二亦持此说,理当不误。但是,仅凭《宋史》《宋元学案》中"未及用而卒"之语,尚无法断定吕大临于元祐七年(1092)去世(也存在之后的可能性),存在逻辑推理上的问题。所以在此基础上仅依据《宋元学案》中"年四十七",认定其生年为庆历六年(1046)也未免过于臆断。保守而论,上述卒于"元祐中"的说法或许看起来更为准确,但也只能是模糊之论。

首先据《朱子语类》云"与叔年四十七,他文字大纲立得脚来健,有多处说得好,又切。若有寿,必煞进"(《朱子语类》第7册,2557页)知,朱熹认为吕大临享年47岁。此说也为后世《宋元学案》《关学宗传》等所采用。然而,根据〔宋〕李幼武《道学名臣言行外录》中征引关于吕大临的《祭文》云："汲公《祭文》曰：'子之学，博及群书，妙达义理，如不出诸口。……其为人所重如此。'"有关此则《祭文》，李氏认为《祭文》的作者为汲公吕大防。（朱熹《伊洛渊源录》卷八收录该《祭文》时，未标明作者）若如朱子所谓"四十七岁"卒，则吕大临当生于庆历六年（1046），以嘉祐六年（1061）中进士（参见"吕大临举进士"条）推算，吕大临中进士时，仅为16岁，与常理不合。又根据《伊洛渊源录》不载吕大临中进士之事，及其所记吕大临卒年为错误的元祐六年，乃至其所载吕大忠事迹不明确生卒年等情况看，朱熹极有可能没有看到翔实的关于吕大临兄弟事迹的记载。故可以推测，朱熹未标明《祭文》作者，极有可能因为未知。李幼武所记《祭文》作者为"吕大防"，当具有可靠性。又据本书"吕大防生"条知，吕大防生于仁宗天圣五年（1027）。依《祭文》中所云："吾十有四年而子始生"推知，吕大临当生于宋仁宗康定元年（1040），至元祐七年（1092）时，吕大临已有53岁。《伊洛渊源录》《关学宗传》所载享年"四十七岁"说误矣。容肇祖等延续该说得出的吕大临"当生在宋仁宗庆历六年（公元1046年）"之说，亦误。

  基于前文，对吕大临生平略作梳理：康定元年（1040）吕大临生（见"吕大临生"条），嘉祐六年（1061）吕大临登进士第（见"吕大临举进士"条），元丰三年（1080）五月吕大临已为邠州观察推官（见"五月，吕大防组织绘制的《长安图》竣工"条"文献"），元丰五年（1082）为监凤翔司竹监（参见"吕大临撰《凤翔府尹厅题名记》"条考辨），元祐元年（1086）任太学博士（见"吕大临为太学博士"条）。元祐二年（1087）文彦博推荐吕大临，但遭到王岩叟的阻荐，其理由为吕大临乃"执政之亲"，即为吕大防的弟弟，不宜晋职，"恐妨孤寒进路"，且已为"太学博士"。（见"三月，文彦博举荐吕大临"条）元祐四年（1089）十二月吕大临已任左宣郎、宗正寺主簿。（见"十二月，吕大临撰《宋清河县君张氏夫人墓志铭》"条）。至元祐六年（1091），据《续资治通鉴长编》卷四六二云："（元祐六年七月）己卯，左宣德郎吕大临、秘书省校对黄本书籍秦观并为正字。"（《续资治通鉴长编》，11034页）元祐六年（1091），吕大临又为秘书省正字。近年在蓝田吕氏家族墓的考古发掘中发现其伯兄吕大圭所撰文的石敦，其腹壁所刻文字云："嗟乎！吾弟任重而道远者。宋左奉议郎、秘书省正字吕君与叔石敦。元祐八年癸酉十一月辛巳从兄大圭铭。"（陕西省考古研究院：《陕西蓝田县五里头北宋吕氏家族墓地》，《考古》，2010年第8期）可见，元祐八年(1093)时,吕大临为左奉议郎、秘书省正字。

据以上可知,元祐六年(1091)吕大临为秘书省正字。因此,《祭文》中所说"登科者二十年,而始改一官",当指在嘉祐六年(1061)中进士,后至元丰三年(1080),这二十年时间内吕大临官职的改动,而非其后吕大临官职的变动。故李红霞推测:"吕大临最初做官大概是在1081年左右,即宋神宗元丰四年左右,具体做什么官已无从可考,《宋诗纪事》中载他曾'监凤翔司竹监',估计为此官。"(《吕大临〈中庸解〉简论》,《早期道学话语的形成与演变》,67页)据以上阐述,元丰三年五月时吕大临为邠州观察推官,所改一官也当指此职,而非李氏所推断的"凤翔司竹监"。

再看《祭文》中"居文学之职者七年而逝"之语。元祐元年(1086)吕大临为太学博士后七年,后推七年,则至元祐七年(1092)左右。但据"文献"知元祐七年四月范祖禹也在推荐吕大临,但未及用而卒。元祐七年二月,吕大临尚作《考古图后记》(参见"二月,吕大临《考古图》撰成"条)、元祐末吕大临仍代吕大忠所作《代伯兄荐苏昞状》(参见"吕大临撰《代伯兄荐苏昞状》)。因此,可以推测,吕大临是在受到范祖禹的推荐,代吕大忠所作《代伯兄荐苏昞状》之后不久去世。故元祐六年卒、元祐五年卒、元祐四年卒等诸说当误。但是,又非如容肇祖、陈俊民、李红霞等所记吕大临卒于元祐七年。虽然从元祐元年吕大临担任太学博士算起,到元祐七年经历了七年,但古人记年数未必十分严格。

据秦观《吕与叔挽章四首》诗中"追惟献岁发春间,和我新诗忆故山""数日音容隔,人琴遂已虚"等语知,吕大临在去世前几日曾与秦观相见;且去世之年"献岁发春"(即"元日立春"),二人也有过和诗。吕大临诗已难以查考,但是秦观恰有《元日立春三绝》诗存世,其中存在数语:"直须残腊十分尽,始共新年一并来。""发春献岁偶然同,新历观天最有功。""天为两宫同号令,不教春岁各开端。"(徐培均:《淮海集笺注》,上海古籍出版社,1994年,446－448页)秦观作这三首诗时,乃为元祐八年(1093)元旦,且是年元日立春。再据〔宋〕王宗稷编《东坡先生年谱》、〔宋〕施宿编《东坡先生年谱》等知,苏轼也于元祐八年作有《次韵秦少游、王仲至元日立春》诗;且施宿《谱》又明确注明是年苏轼也作有《吕与叔学士挽词》。(参见四川大学中文系唐宋文学研究室编《苏轼资料汇编》下编,中华书局,1994年,1762页、1699－1700页)据此知,吕大临虽于元祐八年初("发春献岁偶然同")尚与秦观和诗,但也于是年去世,苏轼、秦观也分别撰写了挽言。徐培均、李如冰认为吕大临卒于元祐八年说,当属实。又据《祭文》中云"子之柩以方暑之始,将卜辰归祔于先茔,乃择明日,迁于西郊之僧舍,以待时焉",表明"方暑之始"已入殓,待时而葬。因此,不可能卒于是年春天。据吕大圭石敦撰文"元祐八年癸酉十一月辛巳",表明吕大临于十一月下葬,以古礼"大夫三月而葬"逆推三月,吕大临约卒于夏日,徐、李说合理,故从之。

关于《中庸解》的作者。晁公武《郡斋读书志》、陈振孙《直斋书录解题》、尤袤《遂初堂书目》等均未载吕大临撰有《中庸解》。而晁公武《郡斋读书志》卷二载"明道中庸解一卷",并云:"右皇朝程颢撰。陈瓘得之江涛,涛得之曾天隐,天隐得之传傅才孺,云李丙所藏。明道者,颢之私谥。"马端临《文献通考》卷一八一从此说。《河南程氏经学》宋刻本原只有 7 卷。据陈振孙《解题》记载可知,这 7 卷中并没有《中庸解》。因此,针对程颢著《中庸解》说,历来有学者加以辨析,略征引朱熹、胡宏辨析数条:胡宏《题吕与叔＜中庸解＞》云:"靖康元年,河南门人河东侯仲良师圣自三山避乱来荆州,某兄弟得从之游,议论圣学必以《中庸》为至,有张焘者携所藏明道先生《中庸解》以示之。师圣笑曰:'何传之误?此吕与叔晚年所为也。'焘亦笑曰:'涛得之江涛之家,其弟子云然。'……后十年,某兄弟奉亲南止衡山,大梁向沈又出所传明道先生《解》,有莹中陈公所记,亦云此书得之涛。某反复究观词气,大类横渠《正蒙》书,而与叔乃横渠门人之肖者。征往日师圣之言,信以今日己之所见,此书与叔所著无可疑明甚。"(胡宏:《胡宏集》,中华书局,1987 年,189 页)朱熹《四书或问》云:"曰:吕氏之书,今有二本,子之所谓旧本,则无疑矣。所谓改本,则陈忠肃公所谓程氏明道夫子之言而为之序者,子于石氏《集解》虽尝辨之,而论者犹或以为非程夫子不能及也。奈何?曰:是则愚尝闻之刘、李二先生矣。旧本者,吕氏太学讲堂之初本也。改本者,其后所修之别本也。陈公之序,盖为传者所误而失之,及其兄孙几叟具以所闻告之,然后自觉其非,则其书已行而不及改矣。近见胡仁仲所记侯师圣语,亦与此合。盖几叟之师杨氏,实与吕氏同出程门,师圣则程子之内弟,而刘、李之于几叟,仁仲之于师圣,又皆亲见而亲闻之,是岂胸臆私见、口舌浮辩所得而夺哉!若更以其言考之,则二书详略虽或不同,然其语意实相表里,如人之形貌,昔脧今瘠,而其部位神采,初不异也,岂可不察而遽谓之两人哉?又况该本厌前之详,而有意于略,故其词虽约,而未免反有刻露峭急之病,至于词义之间,失其本指,则未能改于旧者,尚多有之,校之明道平日之言,平易从容而自然精切者,又不翅碱砆与美玉也。于此而犹不辨焉,则其道之深浅,固不问而可知矣。"(朱熹:《四书或问》,上海古籍出版社、安徽教育出版社,2001年,53－54页)《朱子语类》卷六三:"向见刘致中说,今世传明道《中庸义》是与叔初本,后为博士演为讲义","尚恐今解是初著,后掇其要为解也。"卷九七又云:"了翁初得此书(《中庸解》),亦疑《行状》(《明道先生行状》)所未尝载,后乃谓非明道不能为此。了翁之侄几叟,龟山之婿也。翁移书曰:'近得一异书,吾侄不可不见。'几叟至,次日,翁冠带出此书。几叟心知其书非是,未敢言。翁文曰:'何疑?'曰:'以某闻之龟山,乃与叔初年本也。'翁始觉,遂不复出。"综上可见,吕大临《中庸解》误传为程颢所作大致如晁《志》所云"陈瓘得之江涛,涛得之曾天隐,天隐得之传傅才孺"。二程为华阴侯氏之甥,侯师圣为二程内弟,少孤,为二程养育成人,从学二程最久,其辨作者为吕大临,当不误。杨时为二程弟子,与吕大临同门,而魏几叟又为杨时弟子与女婿,魏氏所云杨时语也应该属实。故《中庸解》为吕大临所作属实。虽然,程颢生前也多次谈及《中庸》(见《二程集》),但并未撰写著作;然而,程颢的思想的确对吕大临产生了重大影响,诸如吕大临以"中"论"本心""反本只要,吾心诚然而已"等观点具有明显程颢思想的痕迹。这或为后人误以为吕书为程颢所作的原因。此外,程颐也曾作《中庸解》,但"自以为不满意,焚之矣"(《河南程氏遗书》卷17),也未能流传。

关于《中庸解》与《中庸后解》。朱彝尊《经义考》卷一五一分别收录了吕大临《中庸解》与《中庸后解》各一卷,并认为《中庸解》即《二程全书》所载本;《中庸后解》即《宋史·艺文志》所载之书,已佚失。(林庆彰等编审:《点校补正经义考》第5册,中研院文哲所筹备处,1997年,144－146页)尤袤《遂初堂书目》礼类也著录了"吕大临《中庸再解》"。可见,吕大临确实先后对《中庸》做过注解,且这两种注解均收录于〔宋〕卫湜的《礼记集说》中,称引时首语分别为"一本云"与"又曰"。今人陈俊民《蓝田吕氏遗著辑校》收录时,将首语均删掉。其中一本为上述为今中华书局本《二程集》中误认程颢所作的《中庸解》,即朱子认为的"改本";另一本内容阐发较为详实,即朱子认为的"旧本""吕氏太学讲堂之初本"。朱熹又云:"若更以其言考之,则二书详略虽或不同,然其语意实相表里,如人之形貌,昔腴今瘠,而其部位神采,初不异也,岂可不察而遽谓之两人哉?又况该本厌前之详,而有意于略,故其词虽约,而未免反有刻露峭急之病,至于词义之间,失其本指,则未能改于旧者,尚多有之,校之明道平日之言,平易从容而自然精切者,又不翅碔砆与美玉也。于此而犹不辨焉,则其道之深浅,固不问而可知矣。"(《四书或问》,53-54页)可见,朱子从语意、语气等方面判断,得出较简单的"改本"出于较详细的"旧本"之后。从内容看,"旧本"也确有云"诸君有意乎今日所讲,有望焉;无意乎,则不肖今日自为譊譊无益,不几乎侮圣言乎?诸君其亦念之哉"等语,此类语句、乃至语气可表明"旧本"确为吕大临为太学博士时的讲本。但是,判断两本撰写时间的前后,亦需要以吕大临思想的变化为依凭,以《中庸解》中存在的"本心""中庸""诚"等重要范畴的不同为依凭。故对二本写作时间前后问题,暂从朱熹之说,以俟新考。

关于《礼记解》的卷数与书名。其一,4卷说。晁公武《郡斋读书志》衢本载《芸阁礼记解》4卷。其二,12卷说。据王先谦案知《郡斋读书志》袁本载为12卷。其三,16卷说。《郡斋读书志》卧云本与宛委本、陈振孙《直斋书录解题》《宋史·艺文志》、朱彝尊《经籍考》均载为16卷。其四,1卷说。《中兴馆阁书目》载为1卷。其五,10卷说。《玉海》载为10卷。卫湜《礼记集说》亦提及存有10卷本,并云:"吕与叔《礼记解》,《中兴馆阁书目》止一卷,今坊所刊十卷,有《曲礼》上下,《孔子闲居》《中庸》《缁衣》《深衣》《儒行》《大学》八篇"。据孙猛《郡斋读书志校证》注云:"芸阁礼记解四卷卧云本、宛委本、《经籍考》卷八作十六卷。按《书录解题》卷二作十六卷,云:'案《馆阁书目》作一卷,止《表记》《冠》《昏》《乡》《射》《燕》《聘义》《丧服四制》凡八篇,今又有《曲礼》上下、《中庸》《缁衣》《大学》《儒行》《深衣》《投壶》八篇。此晦庵朱氏所传本,刻之临漳射垛书房,称《芸阁吕氏解》者,即其书也。'《宋志》卷一亦十六卷,题作《礼记传》。"(《郡斋读书志校证》,80页)可知,《宋史》所载《礼记传》应当为《礼记解》。《中兴馆阁》书目所载1卷,及其篇目甚明。陈振孙所载16卷为《表记》《冠》《昏》《乡》《射》《燕》《聘义》《丧服四制》8篇与《曲礼》上下、《中庸》《缁衣》《大学》《儒行》《深衣》《投壶》8篇组成,为朱子所刻本,后世所载16卷当据此。但是,据《礼记集说》看《冠》《昏》《乡》《射》《燕》《聘》《深衣》篇幅较短,独立成1卷的可能性也较小,故朱子刻本其分卷情况仍不明确。卫湜《礼记集说》所录的10卷本篇目也与陈氏《解题》略有出入,故10卷本分卷亦不明确。又因为晁公武生年早于朱子,《郡斋读书志》所载《礼记解》刊刻本,具体卷数及所刊刻时间亦难以确认,故暂置疑于此。

关于《玉溪先生集》卷数。《宋史·艺文志》载为 28 卷,而晁公武《郡斋读书志》则载"吕与叔玉溪集二十五卷玉溪别集十卷"(《郡斋读书志校证》,1012 页),《文献通考·经籍考》卷六三从晁氏说。晁氏载录,理当有所据,故从晁氏说。

关于吕大临《西铭解》。《永乐大典(残卷)》卷之八千二百六十八录《侯氏静一泛言》云:"《张子西铭说》:侯氏曰,唐虞三代,圣人道统正派。至孔孟没,不得其传。濂溪周子,二程夫子,实接不传之统。二程之后,便到横渠张载。盖以西铭垂训子世,……夫朱子命世之大儒也,注解西铭,止书喜学,其尊信此书之微意可知。愚伏读之,始实先尊缙山先生之手泽,宋儒吕大临,张九成,朱熹氏之解。"〔宋〕程珌《洺水集》卷九《书张子西铭解义后》又云:"横渠《西铭》,其门人吕大临与叔解释甚明。"《郡斋读书志附志》卷下载录"二十先生西铭解义一卷",题解云:"右明道、伊川、吕大防微仲、吕大临与叔……解横渠先生《西铭》之义也。"《直斋书录解题》卷九载《西铭集解》一卷,并云:"其《西铭》即《订顽》。大抵发明理一分殊之旨。有赵师侠者,集吕大临、胡安国、张九成、朱熹四家之说为一编,刻之兴化军。"可见,吕大临曾撰有《西铭解》无疑。王霆震《古文集成》中所散见的吕大临关于《西铭》的注解当源自其《西铭解》。

关于吕大临《正蒙序》。陈振孙《直斋书录解题》卷九载《正蒙书》十卷,并云:"崇文校书长安张载子厚撰。凡十九篇。范育、吕大临、苏昞为前后序,皆其门人也。又有待制胡安国所传,编为一卷,末有《行状》一卷。"现存《张子全书》及中华书局整理本《张载集》仅载有范育、苏昞之序及吕大临《行状》。《解题》在提及吕大临《正蒙序》的同时,又提及《行状》,显然吕大临《正蒙序》非《行状》之误,陈氏撰写《直斋书录解题》时当看到吕大临所撰的《正蒙序》。

苏轼、秦观作诗挽悼吕大临

[文献] 苏轼《吕与叔学士挽词》:"言中谋猷行中经,关西人物数清英。欲过叔度留终日,未识鲁山空此生。议论凋零三益友,功名分付二难兄。老来尚有忧时叹,此涕无从何处倾。"(《三苏全书》第 9 册,103-104 页)秦观《吕与叔挽章四首》"举举西州士,来为邦国华。艺文尤尔雅,经术自名家。正有高山仰,俄成逝水嗟。""数日音容隔,人琴遂已虚。门生应有谥,国史可

无书? 旧室悬蛛网,遗编走蠹鱼。定无封禅草,平日笑相如。""追惟献岁发春间,和我新诗忆故山。今日始知诗是谶,魂兮应已度函关。""风流云散了无余,天禄空存旧直庐。小吏独来开锁钥,案头尘满校残书。"(徐培均:《淮海集笺注》,1306 – 1310 页)

周行己作《哭吕与叔四首》

[文献]　周行己《哭吕与叔四首》:"平生已作老蓝川,晚意贤关道可传。一篑未容当百涨,独将斯事著馀编。""掩留也复可疑人,不向清朝乞此身。芸阁校雠非苟禄,每回高论助经纶。""朝闻夕死事难明,不尽心源漫久生。手足启云犹是过,默然安得议亏成。""朝廷依制起三王,叹惜真儒半已亡。犹有伊川旧夫子,飘然鹤发照沧浪。"(《周行己集》,209 – 210 页)

[考辨]　关于吕大临与永嘉学派。《经学理窟》编者为"金华先生"(参见"张载卒"条关于《经学理窟》编者的考辨)。《宋元学案》卷三二《周许诸儒学案》中全祖望按语云:"世知永嘉诸子之传洛学,不知其兼传关学。考'九先生'者,其六人及程门,其三则私淑也。而周浮沚、沈彬老又尝从蓝田吕氏游,非横渠之再传乎?"(笔者注:"九先生"即周行己、许景衡、刘安节、刘安上、戴述、赵霄、张辉、沈躬行、蒋元中)王梓材又案:"陈止斋《重修瑞安县学记》云:'始,林介夫先生不为《新经》,以《春秋》教授于乡。既而许公景衡与沈公躬行、谢公佃偕同郡诸儒又尝越数千里外窃从程、吕二氏问学。'"《叶适集》卷一〇《温州新修学记》云:"昔周恭叔首闻程、吕氏微言,始放新经,黜旧疏,挈其俦伦,退而自求,视千载之已绝,俨然如醉忽醒,梦方觉也。"(叶适:《叶适集》,中华书局,1961 年)陈瑞赞编注《东瓯逸事汇录》卷八引清儒梁章巨《浪迹续谈》语:"永嘉学统,宋以前无可征,自南渡而后,人文始盛。南丰刘起潜埧《隐居通议》云:'初周恭叔首阐程、吕氏微言,放新经,黜旧疏,……'"又载录陈怀《宋儒学述》云:"永嘉处于海中,古称泽国,与中原不通文教。……至元丰间,九先生起于其乡,永嘉之学遂大盛。九先生,其六及程门,其三则私淑也。而浮沚、石经(沈躬行)又尝从蓝田吕氏游,又横渠之再传也,故曰永嘉诸子亦兼传关洛之学。"(陈瑞赞编注:《东瓯逸事汇录》,上海社会科学院出版社,2006 年,169、171 页)就现存周行己《书吕博士事》《哭吕与叔四首》看,周行己与吕大临师弟情谊不仅确实存在,而且吕大临的学识与师德均受到周氏的赞许与倾慕。此外,在周行己的论著中也呈现出受张载关学深刻影响的痕迹。诸如,其《经解一》云:"万物皆有太极,太极者,道之大本。

……谓之道者,不离乎两也。所以太虚之中,氤氲相荡,升降浮沉,动静屈伸,不离乎二端。散殊而可象者为物,物者阴阳之迹也,故曰乾,阳物也。清通而不可象者为神,神者阴阳之妙也,故曰阴阳不测谓之神。不测则不可谓之二,成物则不可谓之一。二即一而离,神体物而不遗。见此者,谓之知道;体此者,谓之得道。"(《周行己集》,19页。个别标点笔者有所改动)如果说周氏所云"太极"受到了洛学程氏的影响,那么下文则与张载之学以"易"为体,以"一体两用""一物两体"的思维理路等如出一辙。其所采用的"太虚"及其"氤氲相荡,升降浮沉,动静屈伸"的"气"也呈现出张载关学的烙印。此外,在周行己诗文中,也多处论"礼",凸显其对"礼"的重视,这与张载之学"以礼为教"的特点也有一定的相似性。故而,笔者认为关学经由吕大临而南传,周行己为其重要代表。

除了周行己外,《宋元学案》所云永嘉九先生中沈躬行、许景衡等亦曾从吕大临问学。陈怀《宋儒学行》亦提及沈躬行。甚至有学者根据刘安节、刘安上诸人与周行己一样有在吕大临任职的太学求学的经历,从而认为"二刘"也当为吕大临门人。(参见刘光熙:《刘安节集 刘安上集 许景衡集 刘黻集·前言》,上海社会科学院出版社,2006年,3页)但是,笔者检索《宋史》《刘公安上行状》《资政殿学士许公墓志铭》等有关诸人事迹的记载,及现存诸人诗文集,尚未发现存在与吕大临交往的言论,诸人思想中除注重躬行实践的特点与张载关学有相似之处外,也很少存有张载思想的其它特点,故暂不以诸人为吕氏门人。但是,关学对浙江学术存在着重要影响,直到南宋吕祖谦,虽然其"学本之家庭,有中原文献之传",但仍"以关、洛为宗,而旁稽载籍,不见涯涘"(《宋史·吕祖谦传》)。足可见,关学对浙江学术影响深远。

宋哲宗绍圣元年　甲戌(公元1094年)

范育约卒于是年前后　范育(？-1094左右),字巽之,三水(今陕西旬邑)人。其父范祥为北宋著名的盐政改革家和擅于治边的地方长官。范育中进士第,为泾阳令。后以养亲谒归,从张载学。熙宁三年(1070),范育任崇文校书、监察御史里行、诏使河东。熙宁四年(1071),因弹劾李定丧亲匿服,被罢御史,出知韩城县。元丰初,复为崇文校书,加直集贤院,为枢密院检详官。后知河中府,徙凤翔。继以直龙图阁镇秦州。元祐初,诏为太常少卿。四年改光禄卿,知熙州、兼西河兰岷路经略安抚使。后加宝文阁待制。七年入为给事中,八年为户部侍郎任,绍圣二年(1095)四月被特赠为宝文阁学士等。范育曾以《大学》诚意、正心来劝诫宋神宗以德治理国家,注重维护儒家孝道礼制,笃信张载学说,并作《正蒙序》,疏理张载思想大要,以警世人。《全宋文》卷一六五八、卷一六五九收录其奏、疏、序、墓表、墓志铭共27篇。

[文献] 《宋史》卷三○三《范祥传》附传:"育字巽之,举进士,为泾阳令。以养亲谒归,从张载学。有荐之者,召见,授崇文校书、监察御史里行。神宗喻之曰:'《书》称"堲谗说殄行",此朕任御史之意也。'育请用《大学》诚意、正心以治天下国家,因荐载等数人。……坐劾李定新丧匿服,罢御史,检正中书户房,固辞,乃知韩城县。……元祐初,召为太常少卿,改光禄卿、枢密都承旨。刘安世暴其闺门不肃,出知熙州。时又议弃质孤、胜如两堡,育争之曰:'熙河以兰州为要塞,此两堡者兰州之蔽也。弃之则兰州危,兰州危则熙河有腰膂之忧矣。'又请城李诺平、汝遮川,曰:'此赵充国屯田古榆塞之地也。'不报。入为给事中、户部侍郎,卒。"《续资治通鉴长编》卷四四四:"(元祐五年)六月辛酉,权户部侍郎韩宗道为刑部侍郎,直龙图阁、知熙州范育为户部侍郎,直龙图阁、知秦州叶康直为宝文阁待制、知熙州。"《续资治通鉴长编》卷四七八:"(元祐七年十月)宝文阁待制范育为给事中,著作佐郎徐铎为集贤校理,工部员外郎、校书郎时彦晁补之并为著作佐郎。"《续资治通鉴长编》卷四八二:"(元祐八年三月)中书舍人孔武仲为给事中。给事中范育为户部侍郎。"《宋会要·仪制一一》之《从官赠职》:"户部侍郎、宝文阁待制范育,绍圣二年四月特赠宝文阁学士。"冯从吾《关学编》卷一《巽之范先生》:"先生名育,字巽之,三水人。……入为给事中,仕终户部侍郎,卒。"又见《明德集》《宋元学案》卷三一《吕范诸儒学案》、《〔康熙〕三水县志》卷三等。

[考辨] 《宋史》与《关学编》皆云范育于元祐中"入为给事中,仕终户部侍郎,卒。"《续资治通鉴长编》载元祐五年(1090)范育始为户部侍郎时,尚外知熙州。元祐七年(1092)为给事中。又载元祐八年(1093)三月时"给事中范育为户部侍郎"。《宋会要辑稿》又云,在绍圣二年(1095)四月,范育被特赠宝文阁学士。据此知,范育卒年至早不超过元祐八年(1093)三月,最晚至绍圣二年(1095)四月,故暂置其卒年于是年,以俟新考。

关于范育举进士的时间。《〔雍正〕陕西通志》卷三○:"天禧三年王整榜。周则裕,耀州人。……范祥,三水人,及第。……范育,三水人,祥子。"(

《〔雍正〕陕西通志》,清雍正十三年刻本)可见,《〔雍正〕陕西通志》载范育于天禧三年(1019)年中进士,且与其父范祥同榜。故知范育中进士若时年龄尚轻。若以范育中进士时为20岁,则当生于宋真宗咸平三年(1000),时至绍圣元年(1094),范育则有95岁高龄。如此高龄尚且为官,这似乎很不可能。故置疑于此,以俟新考。

宋哲宗绍圣二年　乙亥(公元1095年)

二月,吕大防因监修《神宗实录》遭贬

[文献] 《宋史》卷一八《哲宗二》:"(绍圣)二年……二月乙亥,吕大防以监修史事贬秩,分司南京,安州居住。"(《宋史》,342页)《宋史》卷三四〇《吕大防传》:"大防朴厚慬直,不植党朋,与范纯仁并位,同心戮力,以相王室。立朝挺挺,进退百官,不可干以私,不市恩嫁怨以邀声誉,凡八年,始终如一。……左正言上官均论其隳坏役法,右正言张商英、御史周秩、刘拯相继攻之,夺学士,知随州,贬秘书监,分司南京,居郢州。言者又以修《神宗实录》直书其事为诬诋,徙安州。"晁公武《郡斋读书志》卷六《实录类》:"皇朝元祐元年,诏修《神宗实录》,邓温伯、陆佃修撰,林希、曾肇检讨,蔡确提举。确罢,司马光代。光薨、吕公著代。公著薨,大防代。六年奏御。赵彦若、范祖禹、黄庭坚后亦与编修,书成赏劳,皆迁官一等。绍圣中,谏官翟思言:'元祐间,吕大防提举《实录》,祖禹、庭坚等编修,刊落事迹,变乱美实,外应奸人诋诬之辞。'命曾布重行修定。其后奏书,以旧录为本,用墨书,添入者用朱书,其删去者用皇抹。已而将旧录焚毁。宣和中,或得其本于禁中,遂传于民间,号《朱墨史》云。"《宋朝大诏令集》卷二〇七载《吕大防降官安州居住制》(绍圣二年二月庚午):"朕来(恭)惟先皇帝一朝大典,万世信书,妥(爰)命相臣,专董其事。宜率厥属,协于至公。自牛典刑,朕安敢贷。降授通议大夫秘书监分司南京吕大防,遭议特达,更践高华。凭据宰司,轻视天下。总领论撰,既公肆发诞谩。用意诋欺,复手加于笔削。移过君父,虚美故臣。肆尔朋邪罔上之奸,拂朕追孝述先之志。昔马迁良史,犹号谤书。会昌权臣,擅改寔录,敢为讪黩。曾靡顾嫌,历考旧闻,无甚兹日。矧以躐迁赏典,自处泰然。怵利怙权,前无故事。屈用惟轻之典,止还冒进之官。物议弗堪,弹章交至。再削文阶之次,仍联分务之名。易自郢邦,处之安陆。申儆凡百,宜体朕怀。可特

降授中大夫、中尤(守光)禄卿分司南京,安州居住。"又见《名臣碑传琬琰集》下卷一六、陆心源《元祐党人传》卷一等。

宋哲宗绍圣四年　丁丑(公元1097年)

四月,吕大防卒　吕大防(1027－1097),字微仲,原籍汲郡(今河南汲县西南),祖父吕通葬于蓝田(今陕西蓝田)后,遂为蓝田人。进士及第,历任冯翊主簿、永寿令、著作佐郎、青城县令、监察御史里行、休宁县令、淄州通判、河北转运副使、河东宣抚判官、尚书左仆射兼门下侍郎等职。绍圣四年(1097),被贬为舒州团练副使,循州安置。在赴贬所的途中,卒于虔州信丰,享年七十一岁。吕大防为官清正、纪纲赏罚。尝上疏陈"八事"(主威不立、臣权太盛、邪议干正、私恩害公、辽夏连谋、盗贼恣行、群情失职、刑罚失平)与"三说九宜"(三说:治本、缓末、纳言。九宜:养民、教士、重谷、治边、治兵、广受言之路、宽侵官之罚、恕诽谤之罪、容异同之论),并提修参撰《神宗实录》。与张载同调,论道考礼,冠昏丧祭,一本于古,极力推行礼教。《宋史》卷二○二《艺文一》载其与吕大临合撰《家祭仪》1卷。晁公武《郡斋读书志》载其著作有:《周易古经》2卷、《吕汲公文录》20卷、《掇遗》1卷、《神宗实录》200卷(吕大防等撰)。陈振孙《直斋书录解题》载其《周易古经》12卷、与吕大临合撰《吕氏家祭礼》。《文献通考·经籍考》载有《周易古经》2卷。尤袤《遂初堂书目》载有《古周易》《吕汲公奏议》,《〔嘉靖〕陕西通志》载其《编礼》3卷。此外,吕大防另著有《杜工部年谱》(亦称为《杜诗年谱》)《韩文公年谱》《政目》(见《续资治通鉴长编》中的征引)《长安图记》《横渠墓表》(见朱熹《答吕伯恭论渊源录》)《西铭解》(见《郡斋读书志附志》载录的"《二十先生西铭解》"解题)等。然而,目前吕大防著述以完书存在的仅为《周易古经》《杜工部年谱》《韩文公年谱》。其佚文散见于朱熹的著述、《国朝二百家名臣文萃》《宋名臣奏议》《续资治通鉴长编》《云麓漫钞》等典籍中。《全宋文》辑录吕大防奏议、记、序等各类文章44篇,《全宋诗》辑录其诗歌9首(其中包括三首残句)。

[文献]　《宋史》卷三四○《吕大防传》:"吕大防字微仲,其先汲郡人。祖通,太常博士。父贲,比部郎中。通葬京兆蓝田,遂家焉。大防进士及第,调冯翊主簿、永寿令。……迁著作佐郎、知青城县。……英宗即位,改太常博

士。御史阙,内出大防与范纯仁姓名,命为监察御史里行。……是岁,京师大水,大防曰:'雨水之患,至入宫城庐舍,杀人害物,此阴阳之沴也。'即陈八事,曰:主威不立,臣权太盛,邪议干正,私恩害公,辽、夏连谋,盗贼恣行,群情失职,刑罚失平。……神宗立,通判淄州。熙宁元年,知泗州,为河北转运副使。召直舍人院。韩绛宣抚陕西,命为判官,又兼河东宣抚判官,除知制诰。四年,知延州。……会环庆兵乱,绛坐黜,大防亦落知制诰,以太常博士知临江军。数月,徙知华州。……元丰初,徙永兴。神宗以彗星求言,大防陈三说九宜:曰治本,曰缓末,曰纳言。养民、教士、重谷,治本之宜三也;治边、治兵,缓末之宜二也;广受言之路,宽侵官之罚,恕诽谤之罪,容异同之论,此纳言之宜四也。累数千言。……(元祐)三年,吕公著告老,宣仁后欲留之京师。手札密访至于四五,超拜大防尚书左仆射兼门下侍郎,提举修《神宗实录》。……恳乞避位,宣仁后曰:'上方富于春秋,公未可即去,少须岁月,吾亦就东朝矣。'未果而后崩。为山陵使,复命以观文殿大学士、左光禄大夫知颍昌府。寻改永兴军,使便其乡社。入辞,哲宗劳慰甚渥,曰:'卿暂归故乡,行即召矣。'未几,左正言上官均论其隳坏役法,右正言张商英、御史周秩、刘拯相继攻之,夺学士,知随州,贬秘书监,分司南京,居郢州。言者又以修《神宗实录》直书其事为诬诋,徙安州。兄大忠自渭入对,哲宗询大防安否,且曰:'执政欲迁诸岭南,朕独令处安陆,为朕寄声问之。大防朴直为人所卖,三二年可复相见也。'大忠泄其语于章惇,惇惧,绳之愈力。绍圣四年,遂贬舒州团练副使,安置循州。至虔州信丰而病,语其子景山曰:'吾不复南矣!吾死汝归,吕氏尚有遗种。'遂薨,年七十一。大忠请归葬,许之。大防身长七尺,眉目秀发,声音如钟。自少持重,无嗜好,过市不左右游目,燕居如对宾客。每朝会,威仪翼如,神宗常目送之。与大忠及弟大临同居,相切嗟论道考礼,冠昏丧祭,一本于古,关中言《礼》学者推吕氏。尝为《乡约》曰:'凡同约者,德业相劝,过失相规,礼俗相交,患难相恤,有善则书于籍,有过若违约者亦书之,三犯而行罚,不悛者绝之。'"《续资治通鉴长编》卷四八五据王康朝《行状》云:"(绍圣四年四月)己亥,舒州团练副使循州安置吕大防卒于虔州。"(《续资治通鉴长编》,11534页)《宋史》卷一八《哲宗二》:"(绍圣四年夏四月)……己亥,吕大防卒于虔州。"《河南程氏外书》卷一二:"明道先生尝论吕微仲:'宰相,吕微仲须做,只是这汉俗。'"《河南程氏遗书》卷二上:"微仲之学杂,其恺悌严重宽大处多,惟心艰于取人,自以才高故尔。语近学,则不过入于禅谈;不常议论,则以苟为有诘难,亦不克易其言,不必信心,自以才高也。"朱熹《答吕伯恭论渊源录》:"汲公虽尊横渠,然不讲其学而溺于释氏,故其言多依违两间,阴为佛老之地,盖非深知横渠者。惜乎当时诸老先生莫之正也。如云学者苦圣人之微而珍佛老之易入,如此则是儒学异端皆可入道,但此难而彼易耳。又称横渠不必以佛老而合乎先王之道,如此则是本合由佛老然后可以合道,但横渠不必然而偶自合耳。此等言论与横渠著书立言,攘斥异学,一生辛苦之心全背驰了。"(《晦庵先生朱文公文集》,《朱子全书》第21册,1530页)又参见《宋大诏令集》卷二〇七、《名臣碑传琬琰集》下卷一六、《东都事略》卷八九、《邵氏闻见录》卷一四、《太平治迹》卷二四、《皇朝编年纲目备要》卷二四、《三苏全书》、黄以周等《续资治通鉴长编拾补》"绍圣三年"条、《关学编》卷一《进伯吕先生》附传、《宋元学案》卷一九《范吕诸儒学案》《关学宗传》卷二《吕正愍公》等。

七月,游师雄卒 游师雄(1038—1097),字景叔,武功(今陕西武功东南)人。张载门人,宋英宗治平间中进士,曾任仪州司户参军、德顺军判官、颍州军事推官、宗正寺主簿、军器监丞、陕西转运判官、提点秦凤路刑狱、祠部员外郎、集贤校理、陕西转运使、秦凤路经略安抚使等职。据张舜民《游公墓志铭》知,游师雄在绍圣四年(1097)卒于陕州任上,年六十。游师雄志气豪迈,其学以经世安邦为主,注重计议防御边事,多有军功建树。除了一些题跋诗文外,另著有《元祐分疆录》《绍圣安边策》等。

[文献] 张舜民《游公墓志铭》:"公讳师雄,字景叔,姓游氏,世居京兆之武功。……年十五,入京兆学,益自刻励,蚤暮不休。同舍生始多少之,已而考行试艺,屡居上列,人畏敬,无敢抗其锋。横渠张载,以学名家,公日从之游,益得其奥,由是名振一时。豪俊皆慕,与之交,宿望旧德,争相引重。治平元年,乡举进士第一,遂中其科,授仪州司户参军。……(绍圣)四年,自陕及雍大旱,公日夕斋戒祷雨。……七月六日,以疾卒于治,享年六十。"(《全宋文》第83册,361—367页)《续资治通鉴长编》卷四八九:"(绍圣四年七月)朝奉郎、直龙图阁、权知陕州游师雄卒。"《宋史》卷三三二《游师雄传》:"游师雄字景叔,京兆武功人。学于张载,第进士。……朝廷令熙河限其二岁一进。师雄曰:'如此,非所以来远人也。'未几还秦,徙知陕州。卒,年六十。师雄慷慨豪迈,有志事功,议者以用不尽其材为恨。"冯从吾《关学编》卷一《季明苏先生》:"先生名昞,字季明,武功人。同邑游师雄,师横渠张先生最久,后又卒

业于二程子。"黄宗羲《宋元学案》卷三一《吕范诸儒学案》:"游师雄,字景叔,武功人。受学横渠。第进士,为仪州司户参军,迁德顺军判官。元祐初,为宗正寺主簿。执政将弃四寨,访于先生,对曰:'此先帝所立以控制夏人者也,若何弃之?'不听。因著《分疆录》。迁军器监丞。吐蕃寇边,其酋鬼章青宜结乘间胁属羌构夏人为乱,谋分据熙河,乃择先生与边臣措置,听便宜从事。既至,谍知夏人聚兵天都山,前锋屯通远境,吐蕃将攻河州。先生欲先发以制之,请于帅刘舜卿。舜卿曰:'彼众我寡,奈何?'先生曰:'在谋不在众。'遂分兵为二,姚兕将而左,种谊将而右,卒破洮州,擒鬼章。捷闻,百寮表贺,遣使告永裕陵。言者以为邀功生事,止迁一官,历集贤校理,权副陕西转运。召诣阙,哲宗劳之曰:'洮河之役,可谓高功,但恨赏太薄耳。'对曰:'皆上禀庙算,臣何力之有。惟将士勋劳未录,此为歉也。'因陈其本末。拜卫尉少卿。帝数访边防利病,先生具庆历以来边臣施置臧否,朝廷谋议得失,及方今御敌之要,凡十六事,名曰《绍圣安边策》,上之。历知彬州、河中府、秦州、陕州,进直龙图阁。自复洮之后,诸国悉入贡。卒,年六十。先生之学,以经世安攘为主,非琐琐章句,蒙瞳其精神,以自列于儒者之比也。故其志气豪迈,于事功多所建立。议者以用不尽其材为恨。"又见《永乐大典》卷八八四二引《游公墓志铭》《全宋文》卷二〇一五、康海《武功县志》卷六、李元春《关学续编》、张骥《关学宗传》卷六《游景叔先生》等。

[考辨] 《宋元学案》卷三一《吕范诸儒学案》载全祖望《游景叔墓志跋》云:"游先生墓志虽言与横渠游,而不言受业,疑非弟子。然其文则张公舜民……予方修《宋儒学案》,得此,为之喜而加餐。(梓材案:《宋史》云学于横渠)。"全氏所云聊备一说。今依从《宋史》、王梓材案语、《关学续编》《关学宗传》等说,以游师雄为张载门人。

关于《元祐分疆录》的内容。《直斋书录解题》云:"元祐初,议弃西边四寨,执政召师雄问之,对曰:'先帝弃之可也,主上弃之则不可。且示弱夷狄,反益边患。'争之甚力,不听,卒弃之。四寨者:葭芦、米脂、浮屠、安疆也。夏人以事出望外,萌侵侮之心,连年犯顺,皆如师雄所料。此书前三卷记当时论辨本末,后一卷行实,不知何人作也。"(《直斋书录解题》,214页)《宋史·游师雄传》:"元祐初,为宗正寺主簿。执政将弃四砦,访于师雄。师雄曰:'此先帝所立,以控制夏人者也,若何弃之,不惟示中国之怯,将起敌人无厌之求。倪泸、戎、荆、奥视以为请,亦将与之乎?万一燕人遣一乘之使,来求关南十县,为之奈何?'不听。因著《分疆录》。"可见,《元祐分疆录》主要基于当时北宋西北边境的形式,记录了关于朝廷在抵御西夏犯境上是否放弃"四寨"的论辩。

关于《元祐分疆录》的卷数。一,二卷说:《宋史·艺文六》载"游师雄《元祐分疆录》二卷",张舜民《游公墓志铭》亦持此说。二,三卷说。陈振孙《直斋书录解题》载"《元祐分疆录》三卷",并云:"前三卷记当时论辨本末,后一卷行实,不知何人作也。"可见,陈氏当见到是书,故从三卷说。

宋哲宗元符三年　庚辰(公元1100年)

四月,吕大忠卒　吕大忠(1025－1100),字进伯,原籍汲郡(今河南汲县西南),祖父吕通葬于蓝田(今陕西蓝田)后,遂为蓝田人。吕大防、吕大钧、吕大临之兄,张载门人。吕大忠于皇祐五年(1053)举进士,后为华阴尉、晋城令。熙宁中提督永兴路义勇、签书定国军判官,陕西转运使勾当公事、检详枢密院兵房文字等职,并与刘忱、萧士元等出使契丹,后时逢父丧,起复,知代州、石州。元丰中,为河北路转运判官,徙淮西提点刑狱、工部郎中等职。元祐中,又历任权发陕西转运副使兼同制治解盐使、淮南发运、陕州知州、直龙图阁、秦州知州等职。绍圣二年(1095),加宝文阁直待制,知渭州。四年徙知同州,旋降待制致仕。吕大忠为人质直,不妄语,动有法度,生平极力推行礼教。又嗜学不倦,常虑学问之不进,年数之不足。张载评价说:"进伯笃实而有光辉。"程颐认为:"吕进伯可爱,老而好学,理会直是到底。"据《郡斋读书志》《直斋书录解题》《文献通考·经籍考》等书所载,吕大忠著有《辋川集》5卷、《奏议》10卷、《前汉论》30卷,但这些著作大多佚失。《全宋文》据《续资治通鉴长编》《宋名臣奏议》等辑录了吕大忠奏议21篇。《全宋诗》亦收录吕大忠诗歌1首。据《吕大忠墓志》《伊洛渊源录》卷八《蓝田吕氏兄弟》知吕大忠卒于是年。

[文献]　《吕大忠墓志》云:"公讳忠,字进伯……元符三年四月十二日,寝而没,享年七十有六。"《东都事略》卷九一:"吕大忠字进伯,大防之兄也。……迁宝文阁学士,知渭州。坐事降待制,知同州,俄致仕,卒。"《宋史》卷三四〇《吕大忠传》:"大忠字进伯,登第,为华阴尉、晋城令。韩绛宣抚陕西,以大忠提举永兴路义勇。改秘书丞,检详枢密院吏、兵房文字。……既而

钟傅城安西，王文郁亦用事，章惇、曾布主之，大忠议不合；又乞以所进职为大防量移，惇、布陈其所言与元祐时异，徙知同州，旋降待制致仕。卒，诏复学士官，佐其葬。"《伊洛渊源录》卷八云："名大忠，字进伯，丞相汲公之兄。元符末以宝文阁学士卒。《实录》有传，不载其学问源流，今不复著，但《遗书》中见其从学之实。"《宋元学案》卷三一《吕范诸儒学案》："吕大忠，字晋伯。其先汲郡人，祖太常博士通葬蓝田，遂家焉。父比部郎中蕡，六子五登科，先生其长也。皇祐中第进士，历知代州。辽使至代，设次，据主席，先生与之争，辽使屈，乃移次于长城城北。已而复使，求代北地，神宗将从之。时先生晋秘书丞，丁艰，议夺情副常卿刘忱报使，先生辞未行。忱已使回，辽使又至，召同忱入对。先生曰：'彼遣一使来，即与地五百里。若使魏王英弼来求关南，则如何？'神宗曰：'是何言也！'先生曰：'然则安可以代北启其侈心！'忱曰：'大忠之言，社稷至计，愿陛下熟思之。'执政知先生之不可夺也，先罢忱，先生遂乞终丧制。绍圣二年，加宝文阁直学士、知渭州，付以秦、渭之事。先生奏对，欲以计徐取横山，不求近功。既而锺傅城安西，王文郁用事，章惇、曾布主之，先生议不合。绍述党祸起，降待制。弟汲公大防连遭贬谪，先生乞以所进官为量移，徙知同州。致仕。卒，复龙图直学。先生性刚毅质直，勇于有为。与其弟和叔大钧、与叔大临俱游于张、程之门，伊川曰：'晋伯老而好学，理会直是到底。'横渠亦称先生'笃实而有光辉'。上蔡曰：'晋伯弟兄皆有见处。盖兄弟之既多且贵而皆贤者，吕氏也。'先生为从官，归见县令，必致桑梓之恭；待部吏如子弟；于学者多面折其短而乐于成人，虽汲公，未尝少假颜色也。尝坐堂上，汲公夫人拜庭下，二婢掖之，先生愠曰：'丞相夫人邪？吾但知二郎新妇耳。不病，何用人扶！'汲公为之愧谢。每劝汲公辞位以避满盈之祸云。"《河南程氏粹言》卷一："吕进伯老矣，虑学问之不进，忧年数之不足，恐无所闻而遂死焉，亦可谓好学也。"《河南程颐遗书》卷二上："吕进伯可爱，老而好学，理会直是到底。"又参见吕本中《东莱吕紫薇师友杂志》《续资治通鉴长编》卷四九二、冯从吾《关学编》卷一《进伯吕先生》、孙奇逢《理学宗传》卷一五、张骥《关学宗传》卷二《吕进伯先生》等。

宋徽宗崇宁三年　甲申（公元1104年）

李复上《乞罢造战车》《乞罢造船》二疏　蔡京执政，欲令邢恕立边功，以洗清其谤诬宗庙之罪,进而晋职。邢恕策谋用战车法,造船五百艘,直抵兴灵,打击西夏。李复上疏,抗颜直谏,力诋其不切实际之策,得到宋徽宗的认可。

[文献] 《宋史》卷一九七《兵志一一》:"初,从邢恕之议,下令创造兵车数乘,买牛以驾。已而蔡硕又请河北置五十将兵器,且为兵车万乘。蔡京主其说,奸吏旁缘而因为民害者深矣。崇宁三年,河北、陕西都转运司言:'兵车之式,若用许彦圭所定,则车大而费倍;若依往年二十将旧式,则轻小易用,且可省费。'诏卒以许彦圭式行之。时熙河转运副使李复先奏曰:'今之用兵,与古不同。古者征战有礼,不为诡遇,多由正涂,故车可行而敌不敢轻犯。今之用兵,尽在极边,下砦驻军,各以保险为利,车不能上。又战阵之交,一进一退,车不能及,一被追袭,遂非已有。臣屡观戎马之间,虽粮糗、衣服、器械不能为用,况于车乎? 臣闻此车之造,许彦圭因姚麟以进其说。朝廷以麟熟于边事,而不知彦圭轻妄、麟立私恩以误国计。其车比于常法阔六七寸,运不合辙,东来兵夫牵挽不行,以致典卖衣物,自赁牛具,终日而进六七里,弃车而逃者往往而是。夫未造则有配买物材、顾差夫匠之扰;既成,又难运致,则为诸路之患有不可胜言者矣。彦圭但图一官之得,不知有误于国,此而不诛,何以征后! 今乞便行罢造,已造者不复运来,以宽民力。'"《宋史》卷四七一《邢恕列传》:"蔡京当国,经营湟、鄯,以开边隙,欲使恕立方面之勋,起为鄜延经略安抚使,旋改泾原,擢至龙图阁学士。恕乞筑萧关,采其里人许彦圭车战法,为浅攻计。又欲使熙河造船,直抵兴、灵,以空夏国巢穴,其谋皆迂诞。转运使李复言恕所为类儿戏,不可用,帝亦烛其妄,京力主之。"又参见《潏水集》卷一、洪迈《容斋四笔》卷六、《全宋文》卷二六二三、《宋史翼》卷八、《历代名臣奏议》卷二二二等。

苏昞卒于此年后不久 苏昞(1054-1104年后不久),字季明,陕西武功人。张载门人。苏昞德性纯茂,强学笃志。熙宁十年(公历),张载与二程洛阳论学,苏昞录三人语录为《洛阳议论》。张载《正蒙》成,苏昞知其大旨,编次并序之。张载殁后,苏昞求学于二程。苏昞为学注重躬行实践,曾以"至经为传道居业之实,居常讲习只是空言无益"咨询于二程。其论学言语散见于《二程集》中,涉及"中道""喜怒哀乐未发已发""赤子之心"等问题。

[文献] 《宋史》卷四二八《苏昞传》:"苏昞字季明,武功人。始学于张载,而事二程卒业。元祐末,吕大中荐之,起布衣为太常博士。坐元符上书入

邪籍,编管饶州,卒。"冯从吾《关学编》卷一《季明苏先生》:"先生名昞,字季明,武功人。同邑人游师雄,师横渠张子最久,后又卒业于二程子。……元祐末,吕进伯大忠荐曰:'臣某伏见京兆府处士苏昞,德性纯茂,强学笃志,行年四十,不求仕进,从故崇文校书张载学,为门人之秀,秦之贤士大夫亦多称之。如蒙朝廷擢用,俾充学宫之选,必能尽其素学,以副朝廷乐育之意。'乃自布衣召为太常博士。后坐元符上书入党籍,编管饶州。……先是横渠《正蒙》成,先生编次而序之,自谓最知其大旨。"《宋元学案》卷三一《吕范诸儒学案》:"苏昞,字季明,武功人。学于横渠最久,后师二程。和靖初为科举之学,先生谓之曰:'子以状元及第即学乎?抑科举之外更有所谓学乎?'和靖未达。他日会茶,先生举盏以示曰:'此岂不是学?'和靖有省,先生令诣二程受学。元祐末,吕晋伯荐,自布衣召为太常博士。坐元符上书入党籍,编管饶州,卒。"又见李幼武《道学名臣言行外录》卷六、陆心源《元祐党人传》卷六、王洙《史质》卷九八、张骥《关学宗传》卷五等。

[考辨] 关于苏昞卒年。《宋史》《关学编》《宋元学案》均载苏昞因元符上书入党籍,遭贬编管饶州,并卒于任上。〔宋〕王明清《挥麈三录》卷之二:"崇宁初,诏郡国刊元祐党籍姓名。"(王明清:《挥麈三录》,《文渊阁四库全书》第1038册)《宋史》卷三九〇《家愿传》:"崇宁元年,诏籍元祐、元符上书人姓名,愿以选人籍入邪下等,谪监华州西岳庙。"《邵氏闻见录》卷一六:"崇宁初,蔡京、蔡卞为元祐奸党籍,上皇亲书,刻石立于文德殿门。"《元祐党籍碑》云:"皇帝嗣位之五年,旌别淑慝,明信赏刑,黜元祐害政之臣,靡有佚罚。乃命有司,夷考罪状,第其首恶与其附丽者以闻,得三百九人。皇帝书而刊之石,置于文德殿门之东壁,永为万世臣子之戒。又诏臣京书之,将以颁之天下。臣窃惟陛下仁圣英武,遵制扬功,彰善瘅恶,以昭先烈。臣敢不对扬休命,仰承陛下孝悌继述之志。司空尚书左仆射兼门下侍郎蔡京谨书。"并列苏昞于"元祐奸党"之"文臣"之中,且未注明亡故。(李心传:《道命录》,台北文海出版社,1987年,65-70页)〔宋〕杨仲良《资治通鉴长编纪事本末》卷一二二:"崇宁三年正月诏三苏集及苏门学士黄庭坚、张耒、晁补之、秦观等集并毁板。……六月甲辰诏元符末奸党并通入元祐党籍……余官……苏昞……诏复位祐元符党人及上书邪等事者合为一籍,通三百九十人,刻石朝堂,余并出籍,自今毋得复弹奏。"可见,刻元祐党人姓名于碑,初在崇宁元年(1102),后于崇宁三年(1104)合元符党人为390人。又立《元祐党籍碑》,苏昞亦名在

后碑中。该碑文中又对故去人物有所注明,故知此时苏昞尚在,且仍在饶州任上,所以推测苏昞当卒于崇宁三年后不久。

宋徽宗政和二年　壬辰(公元1112年)

张舜民卒于政和中　张舜民(？－政和中),字芸叟,号浮休居士,又号矴斋,邠州(今陕西彬县)人。张载门人。治平二年(1065)进士,后任凤翔府掾、襄乐令。元丰四年(1081),从高遵裕征西夏,因作诗述及宋军久屯失利的情况,坐谪监邕州盐米仓。元祐初,张舜民被召为监察御史,后擢为吏部侍郎。崇宁初,张舜民被列入元祐党籍,谪迁楚州团练副使,商州安置。五年后又复为集贤殿修撰等职,后致仕于政和中卒。张舜民为人慷慨刚直,尚气节而不为名,喜论时事,擅长诗、词、书画。其诗文笔力豪健处,与苏轼接近;又注重乐府传统,颇似白居易。张舜民的著作往往深刻反映社会现实、关注民间疾苦。尤其是《画墁录》,虽然为记载宋时杂事的笔记,但记载了许多不见于正史的事件,可补正史之缺;也旁涉前代,对新旧《唐书》《五代史》均有补正作用。关于张舜民的著作:《宋史·艺文志》载有《画墁集》100卷(笔者注:《宋史·艺文志》亦载《张舜民集》100卷,疑为《画墁集》)、《南迁录》1卷(按:《郡斋读书志》载为2卷)、《画墁录》1卷、《使辽录》1卷(按:《文献通考·经籍考》载为2卷)、《郴行录》1卷。晁公武《郡斋读书志》《文献通考·经籍考》载有《奏议》10卷;《东都事略》、晁公武《郡斋读书志》、陈振孙《直斋书录解题》《文献通考·经籍考》亦载有《画墁集》100卷,此书自明始佚失,清修《四库全书》时,从《永乐大典》中辑出8卷(无《补遗》)。除四库本外,另有《知不足斋丛书》本、《丛书集成》本、《笔记小说大观》本,均附《补遗》1卷。此外,现存张舜民著作,还有《画墁词》(《疆村丛书》辑本《画墁词》,仅4首),《画墁录》1卷(从《永乐大典》中辑出,有《四库全书》本、《说郛》本、《唐宋丛书》本、《百川学海》本、《稗海》本等)。今人李之亮又从《舆地纪胜》《老庵学记》等书中辑出张舜民诗20首,若干散句与残文。(李之亮:《张舜民<画墁录>及其辑佚》,《古籍整理研究学刊》,1984年4期)李裕民又在《全宋诗》的基础上,从谢维新《古今合璧事类备要》中辑出诗1首,并指出在《攻媿集》卷七三中有其两处断句。(李裕民:《四库提要订误》(增订本),中华书局,2005年,375－376页)

[文献] 《宋史》卷三四七《张舜民传》:"张舜民字芸叟,邠州人。中进士第,为襄乐令。王安石倡新法,舜民上书言:'裕民所以穷民,强内所以弱内,辟国所以蹙国。以堂堂之天下,而与小民争利,可耻也。'时人壮之。元丰中,朝廷讨西夏,陈留县五路出兵,环庆帅高遵裕辟掌机宜文字。王师无功,舜发在灵武诗有'白骨似沙沙似雪',及官军斫受降城柳为薪之句,坐谪监邕州盐米仓;又追赴鄜延诏狱,改监郴州酒税。……徽宗立,擢右谏议大夫,居职才七日,所上事已六十章。……坐元祐党,谪楚州团练副使,商州安置。复集贤殿修撰,卒。舜民慷慨喜论事,善为文,自号浮休居士。"《郡斋读书志》卷十九载录《张浮休画墁集一百卷奏议十卷》云:"右皇朝张舜民,彬州人。……仕至吏部侍郎。后羁置房陵。政和中卒。"《宋元学案》卷三一《吕范诸儒学案》:"张舜民,字芸叟,邠州人也。庆历中,范文正公见其所作,异之。举进士,为襄乐令。新法行,先生上书谓:'裕民所以穷民,强内所以弱内,辟国所以蹙国。以堂堂之天下,不当与小民争利。'时皆壮之。已而环庆帅高遵裕辟掌机宜文字。坐军中作诗讪谤,谪监邠州酒税,以赦得原。元祐初,司马温公举先生才气秀异,刚直敢言,召试,得秘阁校理。除监察御史,疏论:'西夏强臣争权,戎心桀骜,岂宜加以爵命,当兴师问罪。'因及太师文彦博,左迁判登闻鼓院。台谏交章争之,请还先生职名,不报。逾年,通判虢州,提举秦凤路刑狱。入为金部员外郎、秘书少监。使辽还,除直秘阁、陕西路运使,俄知陕州。徽宗即位,韩仪公忠彦为左相,除谏议大夫。居职七日,所上事六十章,极陈陕西之弊,河北之困。寻为吏部侍郎兼侍讲。时仪公引范恭献公纯礼为右丞,而召刘公安世、吕公希纯还禁从,以先生列九卿,朝班有起色。门下侍郎李清臣恨之,首罢右丞,外除安世帅定武,希纯帅高阳,使不得入朝,又出先生以龙图阁待制知真定,仪公不能遏也。曾布为右相,亦恶诸君子,范致虚乃奏曰:'河北三帅连横,恐非社稷之福。'于是安世、希纯同日报罢,而先生亦以改同州谢表言绍圣逐臣云'脱禁锢者何止一千人,计水陆者不啻一万里',又曰'古先未之或闻,毕竟不知其罪',坐讪谤落职知鄂州。然清臣亦为布陷,出守北京。先生遂坐元祐党籍,谪楚州团练副使,商州安置。凡五年,许自便。寻复集贤殿修撰,致仕。其归也,杜门自守,不见宾客。时为山游,跨一羸马,葛巾道服,饥则啜粥一瓯,人皆服其清德。绍兴中,赠宝文阁直学士。先生少慷慨论事。其使辽也,见耶律延禧为皇太孙,所喜者名茶古画,音乐姬侍,因著论,以为他日必有张义潮挈十三州以归朝者,当不四十年见之,

其文豪迈有理致，而尤长于诗。自称年踰耳顺，方敢言诗，百世之后，必有知音者。自号浮休居士，有《画墁集》一百卷。（云濠案：《画墁集》今存八卷）先生之从横渠学，见于《晁景迂集》中，他书无所考也。考横渠之卒，先生为之乞赠于朝，以为孟轲、杨雄之流。且景迂及与先生游者，必不妄。惜乎《画墁集》今世无是本。予虽曾从《永乐大典》中见之，而未得钞其论学之绪言耳。"《宋元学案补遗》卷一八《横渠学案补遗下》："晁景迂《答袁季皋书》曰：横渠之学先笃乎行，而后诚乎言。其徒则吕晋伯、与叔、范巽之、张芸叟。其书有《正蒙》存焉。"〔顺治〕《邠州志》："张舜民，字芸叟，举进士，为襄阳令，上言新法不便。元祐初，司马光荐其才器秀异，刚直敢言，召为监察御史，出知陕、潭、青三州。后为吏部侍郎，坐元祐党人，商州安置。号浮休居士，有《浮休集》传于世。"（《清代古本方志选》第1辑17册，线装书局，2001年）其事迹又参见《画墁录》《画墁集》，《邵氏闻见录》卷五，顺治《彬州志》卷三，《全宋文》卷一八一五至卷一八二〇，《国朝二百家名贤文粹》卷二四、卷六二、卷一六八、卷一八二，《永乐大典》卷一四五七六、卷七二三八，陆心源《元祐党人传》卷三等。

[考辨] 关于张舜民籍贯。主要有二说：一是长安人。以新编《全宋诗》为代表。二是邠州人。《宋史》《全宋文》《全宋词》、〔顺治〕邠州志》《画墁集》（四库全书本）等持此说。张舜民《宜禄移县学记》云："予实彬人，自予先大夫泊居宜禄者，有年矣。今入其东门，望长松百尺，其下乃予所生处也。城东北数里，望之林木蓊然者，予尝耕而食之也。"（《全宋文》第83册，319页）可见，张舜民籍贯为邠州当属无疑。又张舜民《北归再过洞庭》云："我家本住长安陌，泾渭交流出坐隅。须信宦游皆有地，十年四过洞庭湖。"张舜民此处云其家在长安陌，则是言其后来的居所。

关于张舜民卒年。主要有二说：一、政和（1111－1117）中说。〔宋〕周紫芝《太仓稊米集》卷六七《书浮休生〈画墁集〉后》云："政和七八年间，余在京师，是时闻鬻书者忽印张芸叟集，售者至于填塞衢巷。事禁如初。盖其遗风余韵在人耳目，不可掩盖如此也。"（《太仓稊米集》，《文渊阁四库全书》本）晁公武《郡斋读书志》卷十九载录"张浮休画墁集一百卷"云："右皇朝张舜民芸叟，邠州人。……政和中卒。"〔宋〕葛立方《韵语阳秋》亦持"政和中卒"说。今人李之亮《张舜民诗集校笺》从此说，并暂定为"政和二年"，云："张舜民政和中卒，亦见《韵语阳秋》所载，大致可信。观周紫芝文，至政和末，舜民已死无疑,故其事迹编至政和二年。"(《张舜民诗集校笺》,黑龙江人民出版社,1989年,198页)。二,崇宁五年(1106)说。新编《彬县志》定其约生于景祐元年(1034),卒于宋徽宗崇宁五年(1106),但不知何据。(参见张世民:《张舜民其人及其文学创作》,《咸阳师范学院学报》,2006年,第1期)因周紫芝、葛立方距张氏年代最近,故其说较为可信,暂志其卒年于此,以俟新考。

关于《使辽录》卷数。《宋史·艺文志》载为一卷,而顾吉辰考证云:"《通考·经籍考》卷二云:'《张浮休使辽录》二卷'。注云:'晁氏曰:皇朝元祐甲戌春,张舜民被命为回谢大辽吊祭使,郑介为副,录其往返地理及语言也。舜民子芸叟,自号浮休居士'。作'二卷',非'一卷'。"(《<宋史>考证》,华东理工大学出版社,1994年,363页)顾氏所考精当,故从"二卷"说。《宋史》误录矣。

宋钦宗靖康元年　丙午(公元1126年)

十月,种师道卒　种师道(1051-1126),字彝叔,初名建中,避宋徽宗号改为师极,诏赐师道,洛阳(今河南洛阳)人。张载门人。种师道为人色庄气壮,顾视有威,寡言笑谨,许可量度,阔远接物,为族党乡里推重;且在政事、军事等方面均做出巨大贡献,曾历通判原州、熙州推官、权知同谷县、提举秦凤路常平。曾因忤逆蔡京,没入党籍,废十年。复起,知德顺军,知怀德军,历知西安州、渭州,进侍卫亲军马军副都指挥使,拜保静军节度使,加检校少傅,同知枢密院事,为京畿、河北、河东路宣抚使等,堪为一代名臣。《宋史》卷二〇三《艺文二》载有陈晔《种师道事迹》1卷、张琰《种师道祠堂碑》1卷。

[文献]〔宋〕徐梦莘《三朝北盟会编》卷第六〇《靖康中帙三十五》:"靖康元年十月二十九日辛酉尽其日,太尉镇洮军节度使、同知枢密院事种师道卒。……折彦质撰公《行状》曰:'公讳师道,字彝叔,其先河南人。……公色庄气壮,顾视有威,寡言笑谨,许可量度,阔远接物,至诚为族党乡里推重,开府公每以公辅期之识者,不以为过。少从横渠张载学,多见前辈长者,练达事务,洞晓古今。故用之为州县,则吏畏、民爱,善政可纪;用之为监司,则百城耸畏,而不敢犯法。用之为将帅,则朝廷尊长,夷狄慑伏。不用,则退处田间,虽畎丁耕叟,皆得其欢心。盖所学非徒为章句,而所行不狗于流俗也。晚年既登枢路,天下之人想望风采,而公年已深矣。重以朝廷无事几二百年,士

夫无有略知兵者,闻公之谋,笑且疑,而公精神已衰,又不能大振发之,使其退听。此有志之士所以叹息,至今而不能已也。天亦岂无意哉!'"《续资治通鉴》卷九七:"(靖康元年十月)辛酉,检校少傅、镇洮军节度使种师道卒。"《宋史》卷三三五《种师道传》:"师道字彝叔。少从张载学,以荫补三班奉职,试法,易文阶,为熙州推官、权同谷县。……太原陷,又使巡边。次河阳,遇王汭,揣敌必大举,亟上疏请幸长安以避其锋。大臣以为怯,复召还。既至,病不能见。十月,卒,年七十六。"《宋元学案》卷三一《吕范诸儒学案》:"种师道,字彝叔,洛阳人。少从张载学。"又见《东都事略》卷一〇七。

[考辨] 《宋史》百纳本原作卒年"六十七",中华书局本据《三朝北盟会编》卷六〇《种师道行状》《东都事略》卷一〇七本传校改为"七十六",今从之。

宋高宗建炎二年　戊申(公元1128年)

李复卒　李复(1052-1128),字履中,世称潏水先生。原籍河南开封祥符县,因其先人累官关右,遂为京兆人(今陕西西安)。张载门人。在张载殁后,李复传播关学,为关内一代名儒。元丰二年(1079),李复举进士,后曾任夏阳令、耀州教授。元祐、绍圣间,又知潞州。元符二年(1099),以朝散郎管勾西河路经略安抚司机宜文字。崇宁初,李复累迁直秘阁、熙河转运使等职。元符三年(1100),又改知郑、陈、冀三州,迁河东转运副使、刑部侍郎,官奉祠知夔州,再任提点云台观,终于集贤殿修撰等。高宗立,李复以旧德知兵,强起为秦凤路经略使,守秦州。建炎二年(1128),金兵犯秦州,李复以身殉国。李复学问博杂,且具有创建意识。论《易》,继承了太极元气说、张载易学、"太虚即气"等思想,在天人合一的架构下,着眼于"太极"与"气"的结合,发明象数,会通义理,阐发哲学创见,诸如提出"万物生芸芸,与吾本同气"(《潏水集》卷九《物吾》)的思想。并注重传统"养气"论,提出"善学必探本,知本贵善养"(《潏水集》卷九《杂诗》)的思想,认为:"孟子云养气者,动必由理,故仰不愧于天,俯不怍于地(《四库总目》"地"为"人"),无忧无惧,其气岂不充乎?故曰:是集义所生者,舍是则明有人非,幽有鬼责,自慊于中,气为之馁矣,故曰无是馁矣。"此论深受朱熹的褒扬,认为"此语虽疏然,然却得其大旨。近世诸儒之论多以过高而失之,甚者流于老庄而不知,不若此说之为得也。"

(《朱文公文集》卷71《记和静先生五事》)李复论礼乐、郊社、制度、律吕力袪汉魏沿袭之糟粕,论天文历法,推步于当时。尤其注重学问的经世致用,认为立政须立本,立本要观时宜,进而以儒家仁政民本等思想来阐述养民之政、兵制、井田及学校教育等。李复又熟悉边情,曾参赞西北边事,成功策划反击西夏侵略的青唐、邈川等战役。曾针对权臣请造战船、战车等不切实际的政策,作了著名的《乞罢战车》《乞罢造船》二疏,抗命直谏,终令宋徽宗罢二役。此外,李复还工于诗文,主张"为文须理胜"(《潏水集》卷五《与侯谟秀才》),反对以洪笔丽藻之辞掩饰义理,认为为文须见人的道德性命之精神,不可以脱离明道的功用。李复著有《潏水集》40卷,于淳熙年间刻于上饶郡,尤袤《遂初堂书目》、陈振孙《直斋书录解题》《宋史·艺文志》均有著录。明末丧乱,是集散佚,四库馆臣由《永乐大典》中辑出16卷,其中诗8卷。《全宋文》中又辑得佚文4篇。现除四库本外,亦有民国关陇丛书本、守经堂影抄四库本等。

[文献] 李复《潏水集》卷八《李居士墓志铭》:"居士李氏,讳革,字行之,予之次兄也。世家开封祥符县,先人累官关右,遂居京兆,今为京兆人。"《潏水集》卷八《恭人范氏墓志铭》:"熙宁二年(1069)予生十八年矣,来长安居。"〔元〕危素《潏水集序》:"公讳复,字履中。世家开封之祥符,其先人累官关右,遂为京兆人。公年十有六取国学解。自以年少,十年不试礼部,方刻苦学问。元丰二年登进士第,不就制举。宋用兵灵、夏时,相诱公为侍从,公毅然却之。边臣请造战船、战车,公又力疏其非役,乃罢。其节概之粗见者,若此所蕴之大者。因未试也,参知政事观文殿学士。……钱公(钱端礼)之孙左丞相成国公象祖称公学问渊源,文章尔雅,议论醇正。淳熙九年守信州乃刻于公库,以成先志。"〔宋〕楼钥《攻媿集附拾遗》卷五二《静斋迁论序》:"腐夫握兵,以抗议不合,坐废岁久。贼犯关中,年高且病,乃以为旧德知兵,强起以守秦州空城,卒死于贼。此志士仁人之所痛也。"《宋史》卷二五《高宗二》:"(建炎)二年春正月丙戌朔,帝在扬州。……金人陷秦州,经略使李复降。"黄宗羲《宋元学案》卷三一《吕范诸儒学案》:"李复,字履中,长安人也。(云濛案:先生世居开封相符,以父官关右,遂为长安人。《朱子语录》称为闽人,盖传写之误)学者称为潏水先生。以进士累官中大夫、集英殿修撰。先生生于吕范诸子为后辈,然仍及横渠之门。"《四库全书总目》卷一五五集部别集类八:"复字履中,先世家开封祥符,以其父官关右,遂为长安人。……今信州

有《潏水集》者,即其文也。其间有论孟子养气,谓'动必有理,故仰不愧于天,俯不怍于人,无忧无惧,其气岂不充乎?舍是则明有人非,幽有鬼责,自歉于中,气为之丧矣'。此语虽疏,却得大旨。近世诸儒之论,多似过高,流于老、庄而不知,不若此说之为得也。今观是集,如谓扬雄不知道,谓井田兵制不可遽言复古,皆确然中理。其它持论亦皆醇正,不止朱子所称一条。又久居兵间,娴习戎事,故所上奏议,大都侃侃建白,深中时弊,亦不止洪迈所称二疏。至其考证今古,贯穿博洽,于《易》象、算术、五行、律吕之学无不剖晰精微,具有本末,尤非空谈者所可及,在宋儒之中,可谓有体有用者矣。"又见张朋一《<潏水集>后跋》、钱端礼《书<潏水集>后序》、洪迈《容斋随笔》卷六、陆心源《宋史翼》卷八、钱大昕《十驾斋养新录》卷一四、张骥《关学宗传》卷六等。

[考辨] 关于李复卒年事迹。史料记载多有分歧,大致有三种观点:一是,秦州城破,李复降金。主要见于以下史书:〔宋〕李埴《皇宋十朝纲要》卷二十一:"(建炎二年正月辛亥),金人陷秦州,本路经略使李复降。虏势益张,引兵犯熙河。"〔宋〕李心传《建炎以来系年要录》:"(建炎二年二月)洛索既陷同州,系桥以为归路,西陷陕华陇秦诸州,秦凤经略使李复生降,陕右大扰。"(李心传:《建炎以来系年要录》,台北文海出版社,1980年,598页)〔元〕脱脱等《宋史》卷二五《高宗本记》载其降金(参见本条"文献")《全宋文》亦从降金说。二是,秦州破,李复以身殉国。〔宋〕楼钥《攻媿集》卷五二《静斋迁论序》:"贼犯关中,(李复)年高且病,乃以为旧德知兵,强起以守秦州空城,卒死于贼。此志士仁人之所痛也。"宋元之际的方回《桐江集》卷三《读李潏水集跋》从之,又进一步云:"(李复)多入陕西戎幕,晓畅边事,腐夫握兵,以抗议不合坐废。岁久,贼犯关中,年高且病,乃以为旧德知兵,强起以守秦州,卒死于贼,则必靖康时也。"〔清〕陆心源《宋史翼》卷八:"金人犯关中,复以老且病。高宗以旧德强起之,知秦州。空城无兵卒,死于贼。(注:《容斋随笔》,参《建炎以来朝野杂记》)"胡玉缙《四库全书总目提要补正》卷四七别集五"《潏水集》十六卷"下载:陆氏《仪顾堂题跋》云:"复为陕西戎幕,以抗论忤童贯,金人犯关中,年高且病,强起守秦州,卒死于贼,见《楼攻媿集》《方桐江集》。是潏水殁于王事,不但文学政事可传也。"(胡玉缙:《四库全书总目提要补正》,上海书店出版社,1998年,1297页)黄宗羲《宋元学案》记载同《宋史翼》。三是,未知生死之事。全祖望在《宋元学案》案语:"《宋史》不

为先生立传。洪文敏公特载二疏于《随笔》中，称其忠鲠，然似未知先生之死事者。"(《宋元学案》，1118页)全氏以"似未知"悬置此问题。余嘉锡《四库提要辨证》则进一步说："洪迈与朱子均不知复死于国难，楼攻媿始表而出之。若复者，行年八十，见危授命，可谓不负其学，岂非攻媿所谓志士仁人之所痛也哉。然余详考其事，乃甚有可疑者。《宋史·高宗纪》及《十朝纲要》卷二十一均云：'建炎二年正月辛亥，金人陷秦州，(《纲要》此下有本路二字)经略使李复降。'《系年要录》卷十三亦云：'建炎二年二月，娄室(官本改为洛索)既陷同州，系桥以为归路，西陷陕、华、陇、秦诸州，秦凤经略使李复生降，陕右大扰。'《三朝北盟会编》卷一百十六记此事于建炎二年三月二十六日庚戌之下，虽无李复之名，然亦云'娄室残长安，(长安之陷在正月十三日)鼓行而西，跨凤翔府泝陇，不浃旬，降秦州、垂头、熙河，陇右大震。'夫秦州之降，必有率其民以降者，复正为本路经略使，则降金者非复也耶？攻媿言复以金虏犯关中时守秦州，与诸书皆言其降，攻媿独以为死于贼，乃大不同。盖诸书皆本于国史，国史所据为当时之奏报，而攻媿则闻之于其孙龟朋，故不同如此。《夷坚志》支戊卷十云：'长安李履中(复)以元丰元年十月将适楚淮，维舟于宋都城下。旁舟中一客如世俗道人者，呼问其舟人云："闻能知人过去未来，无一语失。"因此称为相翁。李遂召之，再三，始言曰："君来年得官铨选，八年改官，预钱谷军旅者二十五年；因论事得对，为郎官，又为主计官；当权者迁怒，枉退闲十余载，晚悟性命之理。"将行，请记其语。(语原误气)李漫录以赠之，果以次年时彦榜登第，所说升沉祸福多验。官至中大夫、集英殿修撰'此盖原集中有《赠相翁序》一篇，(今不存)容斋得而录之，故篇末不言闻之何人，所说李复升沉祸福，与本集及诸书所言皆合。但容斋不知李秦州殉节之事，即相翁亦未明言。然所谓晚悟性命之理者，岂非隐示以知死生之有命，故能毅然死于国事欤？若其后竟俯首降敌，则不知命甚矣，尚得谓之能悟其理耶？且欲知其人之可否，当先论其人之生平。复博学能文，且曾与横渠游，早著忠鲠之名，非无廉耻之小人，建炎之际已是八十老翁，钟鸣漏尽，本可不出，然竟出而当国难，是必筹之已熟，有必死之心，无幸生之意，然后挺身自任而不辞，何至强敌压境，遽尔变节，稽首穹庐之前而不之耻，以延其旦夕之命也哉！是必敌至之时，复既老且病，不能自力，为奸人挟之以降，复终不屈而死；而溃败之余，邻封守将，闻逃卒之言，谓亲见其降，亦幸有所归过卸责，遂不暇审其是非，即据以奏报云耳。所不可解者，复之子虽死于漳乡，不能明其父之忠,而其孙龟朋亦既居于台州,为参政钱端礼之馆客,端礼欲授之以官而龟朋力辞,(见《攻媿集》)又欲为刻《潏水集》,其敬之也至矣,何不以复死难之事闻于朝,为之请恤而录其子孙,则复之忠节著,而龟朋之官亦可得,岂不胜于以门客奏官,为龟朋所不屑耶? 不知何为计不出于此也。岂以复死已三十余年,(端礼以孝宗隆兴二年参政,乾道元年罢)秦州久陷于敌境,当时之事已无可质询,故难言之,抑或已尝言之,而为给、舍所论驳耶? 是皆不可知也。姑著其于此,亦疑以传疑之意耳。"(余嘉锡:《四库提要辨证》,云南人民出版社,2004年,1191-1192页)显然,表面看余氏所论"当时之事已无可质询",仍存有李复非忠义殉国之义。张朋一《潏水集后跋》又云:"《贺皇太子登宝位表》则靖康丙午,岁其寿已七十有五。不知终于何年也。"

以上诸说,从论者生卒时间看,楼钥(1137-1213)、李埴(1161-1238)、李心传(1166-1243)、脱脱(1314-1355)、黄宗羲(1610-1695)、全祖望(1705-1755)、陆心源(1834-1894)、余嘉锡(1884-1955),楼氏离李复卒年最为接近,所论理应更接近史实。黄、陆所论文字一致,当后者沿袭前者。李埴、李心传、脱脱所论依何种文献,今已不可考。全氏以"似未知"论说,理应是看到以往两种说法。余氏认为李龟朋辞官之因,源于预设李复不忠而其孙辞官。故余氏之论有臆断之嫌。再从钱端礼(1109-1177)、洪迈(1123-1203)、朱熹(1130-1200)对李复评价看:钱氏在《书<潏水集>后序》称之:"关中名儒者,必曰履中也,官至中大夫,集英殿修撰,其行事之详,备见史谱。"洪迈称之:"关内名儒"。(《容斋四笔》卷六)朱熹认为李复论孟子集义养气,能得大旨。三人生年相距均较持李复降金说的李埴、李心传、脱脱近,且对李复许之甚高,绝非是对"降臣"的评价;并言"其行事,备见史谱",即是说明在三人之世,李复事迹尚清晰。又之,元人危素云《潏水集》于淳熙九年(1182)由钱端礼之孙钱象祖"刻于公库,以成先志"(《<潏水集>序》)。胡玉缙《四库全书总目提要补正》卷四七云:"其孙龟朋字才翁者,南渡后寓居台州,为钱象祖师,授以是集,象祖守信州,刊于公库,元时舒彬重刊之,危太仆为之序,见《说学斋稿》。"(《四库全书总目提要补正》,1297页)由公库出资刊刻,并云"以成先志",显然,说明李复在当时即被视为一代名儒与殉国的忠臣。

关于李复卒年。史料对金兵建炎二年(1128)攻陷秦州的记载也多有异说:其一,一月说。《宋史》卷二五《高宗传》:"(建炎)二年春正月丙戌朔,帝在扬州。……金人陷秦州,经略使李复降。"〔宋〕李埴《皇宋十朝纲要》卷二十一:"(建炎二年正月辛亥),金人陷秦州,本路经略使李复降。"(《皇宋十朝纲要》,台北文海出版社,1980年,513页)其二,二月说。《宋史》卷四八六《夏国下》:"(建炎二年)二月,金帅娄宿连陷长安、凤翔,陇右大震。"〔宋〕李心传《建炎以来系年要录》:"(建炎二年二月)洛索既陷同州,系桥以为归路,西陷陕华陇秦诸州,秦凤经略使李复生降,陕右大扰。"(《建炎以来系年要录》,598页)《金史》卷三《太宗本记》:"(天会六年即1128年,二月)宗翰复遣娄室攻下同、华、京兆、凤翔,擒宋经制使傅亮。阿邻破河中。斡鲁入冯翊。"《续资治通鉴》卷一〇一:"(建炎二年二月)洛索既破同州,系桥以为归路,西下陕、华、陇、秦诸州。秦凤经略使李复生降,陕右大扰。"乾隆《重修凤翔府志》亦从此说。其三,四月说。《三朝北盟会编》卷一一六:"(建炎二年三月二十六日)……娄室(改作'罗索')残长安,鼓行而西,跨凤翔府沂陇,不浃旬,降秦州,熙河、陇右大震。""不浃旬",即至四月。其四,靖康时说。方回《桐江集》卷三《读李潏水集跋》云:"年高且病,乃以为旧德知兵,强起以守秦州,卒死于贼,则必靖康时也。"针对靖康时说,余嘉锡辨伪云:"靖康时金人未尝犯关中,其犯关中在南渡之后。《宋元学案》卷三一《吕范诸儒学案》内《李复传》曰:'金人犯关中,先生已老且病,高宗以旧德强起之,知秦州,空城无兵,卒死于贼。'全氏即本之《攻媿集》,而定为高宗时,斯得之矣。"(《四库提要辨证》,1190-1191页)余氏所考精审,然以上其余诸异说,仍难以甄别。故仅可以知李复卒于建元二年,具体月份,仍无法探知。

宋孝宗淳熙七年　金世宗大定二十年　庚子(公元1180年)

杨天德生　杨天德(1180-1258),字君美,高陵(今陕西高陵县)人。进士出身,为官忠勤,风节矫矫。晚年嗜爱读《大学解》及伊洛诸书,转向程朱理学。据许衡《南京转运司支度判官杨公墓志铭》知其生于是年。

[文献]　许衡《南京转运司支度判官杨公墓志铭》:"公讳天德,字君美。其先耀之,美原人,徙同官。至高祖仪,徙高陵。世业农,曾祖讳亨,祖讳植,始为县吏。父讳礼,以大定庚子岁十二月,生公于北郭。"(《全元文》卷七二,江苏古籍出版社,1999年,500页)张舜典《明德集》:"君美杨先生,高陵人,名天德。生平于势利藐然如浮云,晚读《大学解》沿及伊洛诸书,大嗜爱之,……卒年七十九岁。"(《明德集》,《鸡山语要》,关中丛书本,30页)冯从吾

《关学编》卷二《君美杨先生》："先生名天德,高陵人。……及有疾,亲友往问之,谈笑歌咏不衰,曰:'吾晚年幸闻道,死无恨矣!'卒年七十九。"(《关学编(附续编)》,16 页)又参见《中州名贤文表》卷三、张骥《关学宗传》卷七《杨庄敏公》、《元文类》之《国朝文类》卷五一等。

宋孝宗淳熙十三年　金世宗大定二十六年　丙午(公元1186年)

杨奂生　杨奂(1186－1255),字焕然,乾州奉天(今陕西乾县)人。曾试东平,两中赋论第一。蒙古太宗时,被征为河南路征收课税所长官。杨奂嗜爱读书、博览强记,学主王道,为当时一代名儒。据元好问《故河南路课税所长官兼廉首使杨君神道碑》载,杨奂卒于元宪宗五年(1255),时年70岁,故推知其生于是年。

[文献]　元好问《故河南路课税所长官兼廉访使杨君神道碑》:"君讳奂,字焕然,姓杨氏,乾之奉天人。……及病革处置后事明了如平时,敕家人:'吾死毋以二家斋醮,贻识者笑,遂引觞大噱,望东南炷香,命门人员执笔留诗三章,怡然而逝,春秋七十,实乙卯岁九月之一日也。"(《还山遗稿》附录,适园丛书,张氏民国刻本。个别字词校对于阎凤梧主编《全辽金文》,山西古籍出版社,2002 年,1992－1994 页)《元史》卷一五三《杨奂传》:"杨奂,字焕然,乾州奉天人。……戊戌,太宗诏宣德税课使刘用之试诸道进士。奂试东平,两中赋论第一。从监试官北上,谒中书耶律楚材,楚材奏荐之,授河南路征收课税所长官,兼廉访使。乙卯,疾笃,处置后事如平时,引觞大笑而卒,年七十。赐谥文宪。"(《元史》,中华书局,1976 年,3621－3622 页)又见〔明〕宋廷佐《杨文宪公考岁略》、冯从吾《关学编》卷二《紫阳杨先生》、张骥《关学宗传》卷七《杨文宪公》等。

宋宁宗嘉定十六年　癸未(公元1223年)

张载被赐谥"献"

[文献]　李心传《道命录》卷九载魏了翁《魏华父为周二程张四先生请谥奏》:"臣闻谥者,行之迹。昔人所以旌善而惩恶,节惠而尊名也。……然同

时如崇文院校书、同知太常礼院张载讲道关中。世所传《西铭》《正蒙》《理窟》《礼说》诸书,所以开警后学,为功亦不在程颢兄弟下,而易名之议亦未有以为言。其门人尝欲谥明诚中子,司马光以为弟子谏师不合于礼。今若自公朝举行阙典,使之遍及诸儒,无复遗余之憾,则正学益阐,善类胥奋,实斯道之幸,欲乞圣慈并下有司讨论施行,伏候敕旨。……嘉定十年正月二十九奉圣旨依。"卷九又载《魏华父为横渠先生请谥状》:"圣慈亟赐俞见,天光俯烛,正学昭明,藐然孤踪,允谓荣幸,惟是第二次奏状,贴黄,为故崇文院校书同知太常礼院横渠先生张载并致易名之请。盖谓四人(注:周敦颐、二程、张载)有功正学,事礼一同。窃闻已下礼官勘当,然至今四年未蒙施行,……乃自比岁,传者如朱文公、张宣公、吕成公先已赐谥。为之倡者,如周元公、程纯公、程正公,继亦得请,尚此独阙,宁无遗憾,欲望朝廷特赐敷奏,检会了翁。嘉定十一年内奏状再下礼官,遵照近例,速与赐谥。……(嘉定十四年上)十六年正月一日,有官旨张某特赐谥。博士陈某拟谥曰达,而考《春官》皆不以为然。礼部侍郎卫某拟议于'明'、'诚'、'中'三字内取一字用之。华甫时为太常少卿,拟用'诚'字,及考《谥法》,则至诚感神曰诚。议者以为不可用。迁秘书监去奉常迄今未定也。"赵希弁《郡斋读书志附志》:"横渠先生语录三卷。右张献公载字子厚之语也。公秦人,举嘉祐二年进士。历崇文检书、同知太常礼院。议礼不合,复以病请归,卒。门人谥为明诚夫子。吕大临为谥议。有《正蒙》《理窟》二书行于世。嘉定中有旨赐谥,礼官议谥曰'达',或者不以为然,改议曰'诚',或者又以谥法'至諴(笔者注:应为诚)感神'为疑。久之,乃谥曰'献'。淳祐初,从祀于学,封眉伯云。"

[考辨] 关于张载谥号与赠谥时间。《宋史》卷四二七《张载传》:"嘉定十三年,赐谥曰明公。"《宋史》所载亦广为后世史书所采用,诸如〔明〕王洙《史质》卷七《张明公》。然而,据《道命录》可知,嘉定十年(1217)魏了翁等人向朝廷为周敦颐、二程、张载请谥。直到嘉定十三年(1220),朝廷才复允,但也仅追谥周敦颐为"元公",程颢为"纯公",程颐为"正公",并没有追谥张载。嘉定十四年(1221)魏了翁再次为张载请谥,直至十六年(1223)正月朝廷允以赐谥。但是,关于谥号名称又出现了分歧:博士陈某拟谥"达",礼部侍郎卫某拟在"明""诚""中"三者中取其一,魏了翁拟谥"诚",《道命录》仅以"奉常迄今未定"来记述。故可知,张载被赐谥,当约在是年正月之后。《宋史》所记"嘉定十三年"为误。又据赵希弁《郡斋读书志附志》知所赐谥为"献",而

非"明",《宋史》亦误。

此外,王梓材、冯云濠《宋元学案补遗》卷一七《横渠学案上》云:"李氏《道命录》,时在嘉熙三年之五月,是先生之谥。时犹未定,或即定于是年。本传所云嘉定三年,殆嘉熙三年传写之讹。"(《宋元学案补遗》,1323页)笔者尚未见有嘉熙三年(1239)定谥史料,故置疑于此,暂不取此说。〔宋〕林駉《古今源流至论前集》卷五《朱子之学》云:"元祐初元擢用横渠。人曰:吾道之幸,不知异日节惠之谥,此所以为幸也。"下注云:"哲宗元祐二年,陈襄荐三十六人,张载予其列。又至宁宗嘉定间谥节惠。"显然,林氏云嘉定间以节惠为张载立谥。林氏记载不详,故另备此事于此。

宋理宗宝庆元年　金哀宗正大二年　乙酉(公元1225年)

杨恭懿生　杨恭懿(1225－1294),字元甫,号潜斋,高陵(今陕西高陵县)人,杨天德之子。金代关中大儒,为许衡学友。其学博综,于书无不究心,尤深究于《易》《礼》《春秋》等,思有纂述,耻为章句儒而止;后读《四书集注》《太极图》等性理学著作,穷理反躬,一乎持静,表里一致,深得其精髓。著有《潜斋遗稿》若干卷。据《元史》知其卒于元世祖至元三十一年(1294),享年70岁,推知其生于是年。

[文献]　《元史》卷一六四《杨恭懿传》:"杨恭懿,字元甫,奉元人。力学强记,日数千言。虽从亲逃乱,未尝废业。年十七,西还。家贫,服劳为养。暇则就学,书无不读,尤深于《易》《礼》《春秋》。后得朱熹集注《四书》,叹曰:'人伦日用之常,天道性命之妙,皆萃此书矣。'……至元七年,与许衡俱被召,恭懿不至。……十年,诏遣使召之,以疾不起。十一年,太子下教中书,俾如汉惠聘四皓者以聘恭懿,丞相遣郎中张元智为书致命,乃至京师。……十八年,辞归。……三十一年,卒,年七十。"《关学编》卷二《元甫杨先生》:"先生名恭懿,字元甫,号潜斋,高陵人,天德之子。……暇则力学博综,于书无不究心,而尤邃于《易》《礼》《春秋》,思有纂述,耻为章句儒而止。志于用世,反复史学,以鉴观古昔兴亡之事。……年二十四始得朱子《四书集注》《太极图》、小学、《近思录》诸书……于是穷理反躬,一乎持静……三十一年,卒,年七十。"又见张骥《关学宗传》卷八《杨文康公》等。

宋理宗淳祐元年　蒙古太宗十三年　辛丑(公元1241年)

张载被赐谥"眉伯"

[文献]　李心传《道命录》卷一○载《濂溪明道伊川横渠晦庵五先生封爵指挥》:"正月十五日,又奉御笔。周惇颐、程颢、程颐、张载、朱熹宜令学宫列之从祀,所各加封爵,除朱熹已封徽国公,续奉。圣旨:周惇颐奉汝南伯,程颢封河南伯,程颐封伊阳伯,张载封眉伯。(淳祐元年)"(清知不足斋丛书本)《宋史》卷四二《理宗二》:"淳祐元年春正月庚寅朔,诏举武才。庚子,雷。甲辰,诏:朕惟孔子之道,自孟轲后不得其传,至我朝周惇颐、张载、程颢、程颐,真见实践,深探圣域,千载绝学,始有指归。中兴以来,又得朱熹精思明辨,表里浑融,使《大学》《论》《孟》《中庸》之书,本末洞彻,孔子之道,益以大明于世。朕每观王臣论著,启沃良多,今视学有日,其令学官列诸从祀,以示崇奖之意。"《宋史》卷四二七《张载传》:"嘉定十三年,赐谥号曰明公。淳祐元年,封眉伯。"〔明〕王圻《续文献通考》卷五八《封爵》:"淳祐元年封周敦颐汝南伯,张载眉伯,程颢河南伯,程颐伊南伯,并列从祀。"(《续文献通考》,明万历刊本)〔明〕袁了凡、王凤洲《纲鉴合编》卷三六:"辛丑淳祐元年(元太宗十三年)春正月诏追封周敦颐汝南伯、张载眉伯、程颢河南伯、程颐伊南伯、朱熹徽国公,并从祀孔子,庙庭。黜王安石从祀。"又参见《道命录》卷一○载《濂溪明道伊川横渠晦庵五先生从祀指挥》《续资治通鉴》卷一七○等。

[考辨]　中华书局本《张载集》附录《宋史·张载传》时,将"淳祐"误写为"淳熙"。(《张载集》,387页)因《张载集》广为学界采用,故特此注明。

萧㪺生　萧㪺(1241-1318),字维斗,奉元(今陕西西安市)人,元大德、延祐年间关辅一代醇儒。自幼极孝,翘楚不凡,曾出为府吏,因与当道不合,隐退终南山,凿土室以居。博极群书,圣贤遗经以及伊、洛诸儒之训传,陈列左右,昼夜不寐。始则诵读其文,久则深思其义,如是者三十年。乡郡服其行谊,士类推其学术,朝廷重其名节。及门受业者甚众,尊为"萧先生"。据〔元〕苏天爵《故集贤学士国子祭酒太子右谕德萧贞敏公墓志铭》知其卒于元仁宗延祐五年(1318),享年78岁,推知其生于是年。所著有《三礼说》《小学标题驳谕》《九州志》及《勤斋文集》。

[文献] 〔元〕苏天爵《滋溪文稿》卷八《元故集贤学士国子祭酒太子右谕德萧贞敏公墓志铭》:"公讳㪺,字维斗。年二十余,郡守以茂才推择为掾。未几,新郡倅至。倅西域人,怒则恶言詈吏。公叹曰:'如此尚可仕乎!'乃置文书于案,即日谢去,隐于终南山下,凿土室以居之。尽得圣贤遗经以及伊、洛诸儒之训传,陈列左右,昼夜不寐。始则诵读其文,久则思索其义,如是者余三十年。义理融会,表里洞彻,动容周旋,咸中礼节,由是声名大振。……大德七年冬,超擢集贤直学士、奉训大夫、国子司业,遣使征之。公又力辞不拜……十年,进集贤侍读学士、少中大夫,即其家授之。明年,武宗临御。仁皇养德东宫,博选当世名儒,左右辅导。特授公嘉议大夫、太子右谕德,命宫师府长史聂辉起公,敦迫上道。……延祐五年七月己未,有星殒于所居中庭,光射如昼。越八日丙寅,公以疾薨,春秋七十有八。"(民国适园丛书本)《关学编》卷二《维斗萧先生》:"先生名㪺,字维斗,号勤斋,奉元人。天性至孝,自幼翘楚不凡。长为府史,语当道不合,即引退,读书终南山,力学三十年不求进。……博极群书,凡天文、地理、律书、算数,靡不研究。候均谓'元有天下百年,惟萧维斗为识字人。'学者及门受业者甚众,乡里孚化,称之曰萧先生。……武宗初,征拜太子右谕德。不得已,扶病至京师,入觐东宫,书《酒诰》为献,以朝廷时尚酒故也。寻以病请去,或问其故,则曰:'在礼,东宫东面,师傅西面,此礼今可行乎?'俄除集贤学士、国子祭酒,谕德如故,固辞归。年七十八,以寿终于家,谥贞敏。"

宋理宗宝祐二年　蒙古宪宗四年　甲寅(公元1254年)

同恕生　同恕(1254-1331),字宽甫,号榘庵,奉元(今陕西西安市)人,蒙元时期关中醇儒。同恕幼性安静端凝,羁丱如成人。从乡先生学,日记数千言。年十三,以书经魁乡校。素喜整洁,平居虽大暑,不去冠带。其学由程、朱上溯孔、孟,务贯浃事理,以利于行。家无儋石之储,而聚书数万卷,学识渊博,与萧维斗齐名,士人并称之为"萧、同"。缙绅望之若景星麟凤,乡里称为先生而不姓。据《元史》知其卒于元文宗至顺二年(1331年),享年78岁,推知其生于是年。所著有《榘庵集》二十卷。

[文献] 《元史》卷一八九《儒学一》:"同恕,字宽甫,其先太原人。五世祖迁秦中,遂为奉元人。祖升,父继先,博学能文,廉希宪宣抚陕右,辟掌库

钥。家世业儒,同居二百口,无间言。恕安静端凝,羁丱如成人,从乡先生学,日记数千言。年十三,以《书经》魁乡校。……恕之学由程、朱上溯孔、孟,务贯浃事理,以利于行。教人曲为开导,使得趣向之正。性整洁,平居虽大暑,不去冠带。母张夫人卒,事异母如事所生。父丧,哀毁致目疾,时祀斋肃详至。尝曰:"养生有不备,事犹可复,追远有不诚,是诬神也,可逭罪乎!"……家无儋石之储,而聚书数万卷……士论称之曰'萧同'。……家居十三年,缙绅望之若景星麟凤,乡里称为先生而不姓。至顺二年卒,年七十八。制赠翰林直学士,封京兆郡侯,谥文贞。其所著曰《榘庵集》,二十卷。"《元史》所载内容并见于《关学编》卷二《宽甫同先生》及《关学宗传》卷九《同文贞公》。

宋理宗宝祐三年　蒙古宪宗五年　乙卯(公元1255年)

杨奂卒　杨奂(1186－1255),字焕然,号紫阳,乾州奉天(今陕西乾县)人。金末,杨奂举进士不第。曾针对当时朝政腐败现象,撰万言书,直陈时弊,因人劝阻,万言书未能奏上,后讲学授徒于乡里。蒙古太宗(窝阔台)时诏宣德(今河北宣化)课税,使刘用之试诸道进士,杨奂在东平应试,两中赋论第一。耶律楚材颇赏识其才,荐其为河南路征收课税所长官,兼廉访使。宪宗元年(1251)辞官入秦。宪宗二年(1252),忽必烈在潜邸驿召杨奂参议京兆宣抚司事,杨奂上书请老而归。卒于宪宗五年乙卯(1255),享年70岁。杨奂为当时名儒,与赵复、姚枢、元好问、郝经等友善。杨奂为学注重实际,反对蹈袭陈言。"秦中百年来号称多士,然一时名未有出其右者。"(《还山遗稿》)著有《还山集》《概言》《天兴近鉴》《正统记》等,但大多散佚。现存《还山遗稿》为〔明〕宋廷佐(字良弼)所辑,收录于《四库全书》。《全元文》除收录《还山遗稿》外,又辑其佚文7篇。

[文献]　元好问《故河南路课税所长官兼廉访使杨君神道碑》:"君讳奂,字焕然,姓杨氏,乾之奉天人。……君甫胜衣,尝信口唱歌,有'紫阳阁'之语,扣之不能答也。未冠,梦游紫阳阁,景趣甚异。后因以自号。年十一,丁内艰,哀毁如成人,日蔬食,诵《孝经》为课,人以天至称焉。……在官十年,乃请老于燕之行台,以犹子元桢袭职。壬子九月,王府驿召入关,寻,被教参议京兆宣抚司事。累上书,乃得请,闲居乡郡,筑堂曰'归来',为佚老之所。……怡然而逝,春秋七十,实乙卯岁九月之一日也。"(《还山遗稿》附录,适园

丛书,张氏民国刻本。个别字词参校于阎凤梧主编《全辽金文》,1992 – 1994页)《元史》卷一五三《杨奂传》:"杨奂,字焕然,乾州奉天人。……金末举进士不中,乃作万言策,指陈时病,皆人所不敢言者,未及上而归,教授乡里。……戊戌,太宗诏宣德税课使刘用之试诸道进士。奂试东平,两中赋论第一。从监试官北上,谒中书耶律楚材,楚材奏荐之,授河南路征收课税所长官,兼廉访使。……壬子,世祖在潜邸,驿召奂参议京兆宣抚司事,累上书,得请而归。乙卯,疾笃,处置后事如平时,引觞大笑而卒,年七十。赐谥文宪。奂博览强记,作文务去陈言,以蹈袭古人为耻。朝廷诸老,皆折行辈与之交。关中(书)[虽]号多士,名未有出奂右者。奂不治生产,家无十金之业,而喜周人之急,虽力不赡,犹勉强为之。人有片善,则委曲称奖,唯恐其名不闻;或小过失,必尽言劝止,不计其怨怒也。所著有《还山集》六十卷、《天兴近鉴》三卷、《正统书》六十卷,行于世。"冯从吾《关学编》卷二:"先生名奂,字焕然,号紫阳,乾州奉天人。……长师乡先生吴荣叔,迥出伦辈,读书厌科举之学,遂以濂、洛诸儒自期待。金末,尝作《万言策》,指陈时病,辞旨剀切,皆人所不敢言者,诣阙欲上之,不果。元初,隐居讲道授徒,抵户县柳塘,门生百余人。创紫阳阁(即清风阁),称紫阳先生。……岁戊戌,太宗诏宣德税课,使刘用之试诸道进士。先生试东平,两中赋论第一。以耶律楚材荐,授河南路征收课税所长官,兼廉访使。……在官十年,请老于燕之行台。壬子,世祖在潜邸,驿召先生参议京兆宣抚司事,累上书请归。筑堂曰:'归来',以为佚老之所,教授著述不倦。乙卯,病革,谕子弟孝弟、力田,以廉慎自保,戒家人无事二家。斋醮,引觞大噱,命门人贠择载笔留诗三章,怡然而逝,年七十,赐谥文宪。……所著有《还山前后集》百卷、《天兴近鉴》三卷、《韩子》十卷、《概言》二十五篇、《砚纂》八卷、《北见记》三卷、《正统书》六十卷。"又见《新元史》卷二三七本传、苏天爵《明朝名臣事略》卷一三、《〔雍正〕陕西通志》卷六三、《宋元学案》卷九〇等。

[考辨] 关于《还山集》的卷数。其卷数不一,已有学者注意,如张钧衡《还山遗稿跋》云:"《还山文集》有云一百二十卷,有云六十卷。明嘉靖间业已不传。"(《还山遗稿》,适园丛书本)异说大致有四:一,仅存121卷说。杨奂《臂僮记》则云:"兵火流离中,仅存《还山前集》八十一卷,《后集》二十卷,《近鉴》二十卷,《韩子》十卷,《概言》二十五篇,《砚纂》八卷,《北见记》三卷,《正统书》六十卷。"(《还山遗稿》,适园丛书本)二,120卷说。元好问《神道

碑》云:"有《还山集》一百二十卷,《概言》十卷,《纽正夫以来朝政号近鉴者》三十卷,《正统》六十卷。"三,60卷说。《元史》持此说。四,100卷说。《关学编》持此说。对于卷数不一的情况:宋廷佐云:"公所著《臂僮记》云:兵火流离中,仅存《还山前集》八十一卷,《后集》二十卷。遗山元公撰《神道碑》云:《还山集》一百二十卷,此云六十卷,《近鉴》《碑记》皆言三十卷,此云三卷,岂百二十卷? 乃后所更定,而六十字乃《前集》八十字之误,而三之下或脱十字耶? 抑不知伯修之所得者,其卷数止如此也。诸书散亡,无从考证,惜哉!"(《还山遗稿》,适园丛书本)《四库全书总目》卷一六六亦云:"考《集》中《臂僮记》称所著有:《还山前集》八十一卷,《后集》二十卷,《近鉴》三十卷,《韩子》十卷,《概言》二十五篇,《砚纂》八卷,《北见记》三卷,《正统记》六十卷。《元史》本传则仅称有《还山集》六十卷。元好问作佚《神道碑》,则称《还山集》一百二十卷。卷目均参差不符,然旧本不传,无由考定。"(《四库全书总目》,中华书局,1965年,1430页)故暂存疑于此,以俟新考。

宋理宗宝祐六年　蒙古宪宗八年　戊午(公元1258年)

十月,杨天德卒　杨天德(1180－1258)字君美,高陵(今陕西高陵县)人。金兴定二年(1218)中进士。杨天德为官忠勤,风节矫矫。历任博州聊城丞、陕西行台椽、大理寺丞、庆阳安化簿、隆德令、安化令、尚书都省椽、转运司支度判官等职。晚年才读到《大学解》及伊、洛诸书,阅后大为折服,随即日夜浸渍其中。及有疾,亲友往问之,谈笑歌咏不衰,说:"吾晚年幸闻道,死无恨矣。"据许衡《南京转运司支度判官杨公墓志铭》知其卒于是年,享年79岁。

[**文献**]　许衡《南京转运司支度判官杨公墓志铭》:"公讳天德,字君美。其先耀之,美原人,徙同官,至高祖仪,徙高陵。世业农,曾祖讳亨,祖讳植,始为县吏。父讳礼,以大定庚子岁十二月,生公于北郭。公之父雅好儒,而仲兄茂实克家,厚资公,使游学。公亦勤笃,能副所望,既肄业太学,登兴定二年进士第,释褐,补博州聊城丞。未及赴,辟陕西行台椽,寻权大理寺丞,继拟主长安簿。未几,正主庆阳安化簿,寻辟德顺之隆德令,再辟安化令,补尚书都省椽,迁转运司支度判官。京城不守,流寓宋、鲁间十年而归长安。公自读书入仕,至于晚岁,风节矫矫,始终不少变。其为隆德也,被围于德顺,冒围请援,以死期于复命。及复,立县治,抚养疮痍,诛锄强梗,民赖以安。庆阳之围也,

复任安化主帅,以公忠勤,使兼录事,并镇抚军民,又牒令判府事,昼夜不遑处,尽智毕力,据守逾年。居民饿死殆尽,卒逮救至围解,召公还京师……而公于势利藐然,如浮云。晚读《大学解》,沿及伊、洛诸书,大嗜爱之,常语人曰:'吾少时,精力夺于课试,殊不省有此,今而后知吾道之传,为有在也。'埋没篆刻中,几不复见天日,目昏不能视书,犹使其子讲诵,而朝夕听之,以是自乐。及有疾,亲友往问之,谈笑歌咏不衰,曰:'吾晚年幸闻道,死无恨矣。'以戊午岁十月四日卒于家,春秋七十有九。……以是年十二月十日,葬于高陵闻国乡奉政原之先茔。……河南许衡敬叙其事而为之志。且系铭曰:'出也有为,死生以之,处也有守,不变于时。日临桑榆,学喜有得,其知益精,其行益力。吾道之公,异端之私,了然胸中,洞析毫厘。外私内公,息邪距诐,俯仰古今,可以无愧。受全于天,复归其全,尚固幽藏,无穷岁年。'"(《全元文》卷七二,江苏古籍出版社,1999年,500-501页)张舜典《明德集》:"君美杨先生,高陵人,名天德。生平于势利藐然如浮云,晚读《大学解》沿及伊洛诸书,大嗜爱之。……及有疾,亲友往问之,谈笑歌咏不衰,曰:'吾晚年幸闻道死,无恨矣。'卒年七十九岁。"(《明德集》,《鸡山语要》,关中丛书本)又参见《关学编》卷二《君美杨先生》《中州名贤文表》卷三、《〔雍正〕陕西通志》卷六三、《关学宗传》卷七《杨庄敏公》等。

宋代其它关学学者

《宋元学案》卷三一《吕范诸儒学案》全祖望案云:"横渠弟子埒于洛中,而自吕、苏、范以外寥寥者,吕、苏、范皆以程氏而传,而南渡后少宗关学者,故洛中弟子虽下中之才皆得见于著录,而张氏诸公泯然,可为三叹!予于《宋史》得游、种二公,于《晁景迂集》得张舜民,于《童蒙训》得田腴,于《程子语录》得薛昌朝,于《闽志》得邵清。而潘拯乃关中一大弟子,竟莫得其详。"同卷王梓材又案云:"《伊洛渊源录》《龟山铭志辩》云:'凡公卿大夫之贤者,于当世有道之士,莫不师尊之,其称先生有二义:一则如后进之于先进,或年齿居长,或声望早著,心高仰之,故称先生。若韩子之于卢仝,欧阳永叔之于孙明复是也。其一,如子弟之于父兄,居则侍立,出则杖屦,服勤至死,心丧三年,若子贡、曾子之于仲尼,近世吕与叔、潘康仲之于张横渠是也。'据此,则先生之事横渠可知矣。"(《宋元学案》,1116页)张舜民、种师道、游师雄等人的事迹,史书可考(详见前文);但是,田腴、薛昌朝、邵清、潘拯等人事迹,已难寻索。故以《宋元学案》为主要文献立目如下。

田腴 生卒年不详。安丘(今山东安丘)人,后徙至河南。张载门人。为人笃实,为学主张"博学详说,然后反约",故其博学通经,学问贯通。不喜佛教,力诋其轮回说。专尊张载,恪守关学。具体事迹已不可考。

[**文献**] 〔宋〕吕本中《童蒙训》(上):"田腴诚伯,笃实之士,东莱公与叔父舜从之交游也。尝从横渠学,后从君行游。诚伯每三年治一经,学问贯通,当时无及之者。深不取佛学。建中靖国间,用曾子开内翰,荐除太学正。崇宁初,被罢去。诚伯叔父明之亦老儒也,然专读经书,不读子书,以为非圣人之言不足治也。诚伯以为不然,曰:'博学而详说之将以反说约也。如不遍览,非博学详说之谓。'"《宋元学案》卷三一《吕范诸儒学案》:"田腴,字诚伯,安丘人也,后徙河南。从横渠学,而与虔州宿儒李潜善。每三年治一经,学问通贯,当时无及之者。尤不喜佛学,力诋轮回之说,曰:'君子职当为善。'建中靖国间,以曾子开荐,除太学正。崇宁初罢去。先生之叔明之,安定先生高弟也,其学专读经书,不治子史,以为非圣人之言皆不足治。而先生不以为然曰:'博学详说,然后反约。如不徧览,非博学详说之谓也。'先生尝言:'近世学者无如横渠先生,正叔其次也。'盖其守关学之专如此。右丞吕好问兄弟严事之。"

薛昌朝 生卒年不详。字景庸,河中府河东(今山西永济)人。张载门人。熙宁中为大理寺丞、鄜延经略司勾当公事,后迁太子中允、监察御史里行。以论李定亲丧匿服忤王安石,降大理寺丞、知宿迁县。又迁为检详枢密院兵房文字、知彬州、为殿中丞等。薛昌朝才质聪敏,持法端直。《全宋文》卷一六六四收录其奏疏4篇。

[**文献**] 《宋元学案》卷三一《吕范诸儒学案》:"薛昌朝,字景庸,横渠门人。尝为御史,论新法。程子尝曰:'天祺有自然德器,似个贵人气象,只是却有气短处,规规太以事为重,伤于周至,却是气局小。景庸只是才敏。须是天祺与景庸相济,乃为得中也。'陈古灵尝荐先生于朝曰'才质俱美,持法端直,可置台阁。'时先生为殿中丞,充秦凤、熙河路句当。"又见《全宋文》卷五八载司马光《殿中丞知商州薛君墓志铭》,《续资治通鉴长编》卷二一〇、卷二八三、卷二一九、二七四等。

邵清 生卒年不详。字彦明,福建古田人。张载门人。从张载学《易》。

在元祐时期曾被誉为太学"十奇士"之一。

[文献] 〔明〕王德、叶溥、张孟敬纂修《福州府志》卷二九:"邵清字彦明,古田人。元祐间,为太学生,时太学有'十彦'之号,清其一也。执经于横渠张载,讲易崇观间。还家,遂不复出,筑室于馆崎先茔之侧,聚书千卷,角巾鹤氅,徜徉其间。有故人为河南尹归闽,使人召之。清曰:'是子欲以富贵骄我耶?'卒不见之,其行义如此。故乡里无贤愚皆知敬惮,不敢以名字称。邑宰帅守举应八行科。晚年颇好观道家书。年八十四而卒。"《宋元学案》卷三一《吕范诸儒学案》:"邵清,字彦明,古田人。元祐间太学诸生有'十奇士'号,先生与焉。尝从张横渠学《易》,遂不复出。有故人任河南尹,召之,先生曰:'子以富贵骄我邪?'卒不往。"

潘拯 生卒年不详。字康仲,关中人。张载门人。恪守孝道,父亡,心丧三年。曾就致知持守问题问学于程子。

[文献] 《宋元学案》卷三一《吕范诸儒学案》:"潘拯,字康仲,关中人。尝问:'人之学,非愿有差,只为不知之故,遂流于不同。不知如何持守?'程子言:'且未说到持守。持守甚事?须先在致知。致知,尽知也,穷理格物便是致知。'(参《程氏遗书》)(梓材谨案:此条见《遗书》卷十五《入关语录》,关中学者所记伊川先生语,或云明道先生语。又案《伊洛渊源录》《龟山志辩》云:'凡公卿大夫之贤者,于当世有道之士,莫不师尊之,其称先生有二义:一则如后进之于先进,或年齿居长,或声望早著,心高仰之,故称先生;若韩子之于卢仝,欧阳永叔之于孙明复是也。其一,如子弟之于父兄,居则侍立,出则杖屦,服勤至死,心丧三年,若子贡、曾子之于仲尼,近世吕与叔、潘康仲之于张横渠是也。'据此,则先生之事横渠可知矣)"《河南程氏遗书》卷一五:"康仲(一作拯)问:'人之学非愿有差,只为不知之故,遂流于不同,不知如何持守?'先生言:'且未说到持守。持守甚事?须先在致知。致知,尽知也。穷理格物,便是致知。'"又见《河南程氏粹言》卷一、张骥《关学宗传》卷六《潘康仲先生》等。

金　元　明

(公元1279年—公元1644年)

元世祖至元三十一年　甲午（公元1294年）

杨恭懿卒　杨恭懿（1225－1294），字元甫，号潜斋，高陵（今陕西高陵）人。杨天德之子。少时随父逃难于宋、鲁之间，24岁时始习理学，将其视为"入德之门、进道之途"，尤究心于程朱之学，为元代关中大儒。许衡为京兆提学时，在陕西创办学校，恢复科举，关中学术为之振兴。杨恭懿尝与许氏切磋学问，许氏对其学颇为叹服。后许衡迁京师中书左丞，力荐杨氏，朝廷数次下诏，皆不赴任。至元十一年（1274），太子命中书省以汉惠帝聘商山四皓故事延聘，方应诏入京。曾建议朝廷废除以诗文取士的做法，强调以孔孟之学为科举考试标准。亦曾与太史王珣等改定历法。后辞官归里，朝廷多次征召，皆以疾辞。是年卒，享年70岁。皇庆（1312－1313）年间，赠荣禄大夫、太子少保、弘农郡公，谥文康。其著作有《潜斋遗稿》若干卷，今不传。

[文献]　〔明〕宋濂等《元史》卷一六四《杨恭懿传》："杨恭懿，字元甫，奉元人。力学强记，日数千言。虽从亲逃乱，未尝废业。年十七，西还。家贫，服劳为养。暇则就学，书无不读，尤深于《易》《礼》《春秋》。后得朱熹集注《四书》，叹曰：'人伦日用之常，天道性命之妙，皆萃此书矣。'……至元七年，与许衡俱被召，恭懿不至。衡拜中书左丞，日于右相安童前称誉恭懿之贤，丞相以闻。十年，诏遣使召之，以疾不起。十一年，太子下教中书，俾如汉惠聘四皓者以聘恭懿，丞相遣郎中张元智为书致命，乃至京师。……侍读学士徒单公履请设取士科，诏与恭懿议之。恭懿言：'明诏有谓：士不治经学孔孟之道，日为赋诗空文。斯言诚万世治安之本。今欲取士，宜敕有司，举有行检、通经史之士，使无投牒自售，试以经义、论策。夫既从事实学，则士风还淳，民俗趋厚，国家得才矣。'奏入，帝善之。……十六年，诏安西王相敦遣赴阙。入见，诏于太史院改历。……十八年，辞归。二十年，以太子宾客召；二十二年，以昭文馆学士、领太史院事召；二十九年，以议中书省事召。皆不行。三十一年，卒，年七十。"《元史》卷一一五："九月丙戌，诏立宫师府，设官属三十有八员。起处士杨恭懿于京兆。"《〔嘉靖〕高陵县志》吕柟序曰："高陵小邑耳，而述历数，不亦迂乎。曰杨元甫，元之大儒也。被征史局，作《授时历》。虽成于辛巳之年，实可千百世行之无弊也。"（嘉靖二十年刻本）冯从吾《关学编》卷二《元甫杨先生》："先生名恭懿，字元甫，号潜斋，高陵人，天德之子。

……暇则力学博综,于书无不究心,而尤邃于《易》《礼》《春秋》,思有纂述,耻为章句儒而止。志于用世,反复史学,以鉴观古昔兴亡之事。从学者已众,海内搢绅与父友者,驰书交誉,即以宗盟斯文期之。年二十四始得朱子《四书集注》《太极图》、小学、《近思录》诸书,读之喜而叹曰:'人伦日用之常,天道性命之妙,皆萃此书。今入德有其门,进道有其途矣。吾何独不可及前修踵武哉!'于是穷理反躬,一乎持敬,优游厌饫,俟其成功于潜斋之下。……至元七年,与鲁斋许文正公同被召,先生不至。鲁斋由国子祭酒,拜中书左丞,日于右丞相安童前称誉其贤,丞相以闻。十年,帝遣协律郎申敬来召,以疾辞。十一年,太子下教中书,俾如汉惠聘四皓故事,再聘之,丞相遣郎中张元智为书致命,不得已,乃至京师,……诏与学士徒单公履定科举之法,先生议曰:'三代以德行、六艺宾兴贤能,汉举孝廉,兼策经术,魏、晋尚文辞,而经术犹未之遗。隋炀始专赋诗,唐因之,使自投牒,贡举之法遂熄,虽有明经,止于记诵。宋神宗始试经义,亦令典矣。哲宗复赋诗,辽、金循习。将救斯弊,惟如明诏尝曰:'士不治经学孔孟之道,日为赋诗空文。'斯言足立万世治安之本。今欲取士,宜敕有司,举有行检、通经史之士,使无投牒自荐,试以五经、四书、大小义、史论、时务策。夫既从事实学,则士风还淳,民俗趋厚,国家得识治之才矣。'奏入,帝善之。会北征,辞归。十六年,诏安西王相敦赴阙,诏与太史王恂等改历。明年,历成,授集贤馆学士,兼太史院事,辞归。……二十年,以太子宾客召;二十二年,以昭文馆大学士领太史院事召;二十九年,以议中书省事召,皆辞疾不行。三十一年,卒,年七十。先是,鲁斋提京兆学,与先生为友,一遇讲贯,动穷日力,笃信好学,操履不苟,鲁斋亟称之。……皇庆中,赠荣禄大夫、太子少保、弘农郡公,谥文康。所著有《潜斋遗稿》若干卷。"《〔雍正〕陕西通志》卷六四《人物》:"杨恭懿,字元甫,奉元人。力学强记,尤深于《易》《礼》《春秋》。父殁,水浆不入口者五日,居丧尽礼。宣抚司以掌书记辟,不就。至元七年,与许衡俱被召,恭懿不至。衡日称誉恭懿之贤,诏遣使召之,以疾不起。十一年,太子下教中书,俾如汉聘四皓者以聘恭懿,丞相为书致命,乃至京师。既入见世祖,劳其远来,又亲询。其乡里氏族,无不周悉。十二年,侍读学士图克坦公履请设取士科,诏与恭懿议之。恭懿言:'今欲取士,宜敕有司,举有行检通经史之士,试以经艺论策。'帝善之。会北征,恭懿遂归田里。十六年诏安西王相敦请,赴阙入见,诏与太史院改历。十七年进奏曰:'臣等更造新历,一依前贤定论。'是日方跪,帝命许衡及恭懿起,曰:

'无自劳也.'授集贤学士兼太子院事。十八年辞归。二十年以太子宾客诏。二十二年以昭文馆学士召。二十九年以议中书省事召,皆不行。三十一年卒,年七十。"(刘于义等修、沈青崖等纂,文渊阁《四库全书》本)张骥《关学宗传》卷八《杨文康公》:"公讳恭懿,字元甫,号潜斋,高陵人……年二十四始得朱子《集注章句》、四经、《太极图》、小学、《近思录》诸书,诵其言而推其义,穷理反躬,一持乎敬,优游厌饫……二十二年以昭文馆大学士领太史院事召。二十九年以议中书省召,皆疾辞不行,年七十卒。时三十一年正月二十五日也。"(陕西教育图书社,1921年排印本)

正学书院约建于此年后不久 正学书院为元代关中理学重要讲学场所,书院合祀张载、许衡、杨恭懿等人,聚徒讲学其间,朝廷赐以经籍,以纪念其在关中讲学、倡导道学的功绩。

[**文献**] 〔明〕李东阳《重建正学书院记》:"正学书院,为道学而作也。院在陕之西安,盖宋横渠张子倡道之地,门人吕大钧辈皆得其传。元鲁斋许公来主学事,亦多造就。后省臣建议为书院,合祀横渠、鲁斋及其乡贤杨元甫,而聚徒讲学其间,朝廷赐以经籍,给之学田,张忠文公养浩实记其事。(李东阳撰《怀麓堂集》卷六五《重建正学书院记》,文渊阁《四库全书》本)〔明〕何景明纂《雍大记》卷三四载李东阳《重修正学书院记》:"正学书院,在陕之西安。盖宋横渠张子倡道之地。门人吕大钧辈皆得其传。元鲁斋许公来主学事,亦多造就。后省臣建议为书院,合祀横渠、鲁斋及其乡杨元甫。而聚徒讲学其间,朝廷赐以经籍,给之学田,张忠文公养浩实记其事。(明嘉靖刻本)《〔雍正〕陕西通志》卷二七《学校》:"正学书院在府治西南,盖宋横渠张子倡道之地,门人吕大钧等皆得其传,元许鲁斋主学事,亦多造就。后省臣建议为书院,合祀横渠、鲁斋及其乡贤杨元甫,而聚徒讲学。其间入明百余年,遗址无存。至弘治九年,提学副使杨一清卜地重建。"(清雍正十三年刊本)〔明〕冯从吾《正学书院志序》:"古今书院皆有志,往余读书正学书院,求其志而不得,近始得于一同志所。盖先督学唐文襄公所纂。今八十余年往矣。……正学书院当与白鹿、岳麓、嵩阳、睢阳四大书院并重宇内矣。"(《少墟集》卷一三,康熙癸丑年重刻本)

[**考辨**] 〔明〕李东阳《重建正学书院记》云:"元鲁斋许公来主学事,亦多造就。后省臣建议为书院,合祀横渠、鲁斋及其乡贤杨元甫。"可见,正学书院当建于许衡、杨恭懿辞世之后。而据《元史》卷一五八《许衡传》知许衡在

元世祖至元十八年(1281)卒，《元史》卷一六四《杨恭懿传》："（至元）三十一年卒，年七十"，知杨恭懿卒于至元三十一年(1294)，故暂置是条于此。

元仁宗延祐元年　甲寅（公元1314年）

鲁斋书院兴建　是年，在陕西行台侍御史赵世延的奏请下，为表彰许衡，在京兆兴建鲁斋书院，同恕为山长。元人程巨夫先后作《谕立鲁斋书院》《鲁斋书院记》加以介绍。清光绪十三年(1887)，李蓉镜重建书院，黄嗣东、樊增祥等捐廉集资，并作记。贺瑞麟、布政使李用清、按察使黄彭年等仿白鹿洞故事，会讲小学、大学等。贺瑞麟为主讲席，从学听者甚众，使关学之风兴振一时。继后，牛兆濂又主讲书院，遵循前例。

[文献]　《元史》卷二五《仁宗二》："（延祐元年五月）戊寅，京兆为故儒臣许衡立鲁斋书院，降玺书旌之。"《元史》卷一五八《许衡传》"延祐初，又诏立书院京兆以祀衡，给田奉祠事，名鲁斋书院。鲁，衡居魏时所署斋名也。"《元史》卷一八九《同恕传》："陕西行台侍御史赵世延，请即奉元置鲁斋书院，中书奏恕领教事，制可之。先后来学者殆千数。"《续文献通考》卷一六："鲁斋书院在陕西咸宁县治东北。元延祐中，奉元路臣为故臣许衡建。"（明王圻：《续文献通考》，万历刊本）〔元〕程文海《雪楼集》卷一《谕立鲁斋书院》："谕陕西行省、行台大小诸衙门官吏人等：中书省奏御史台言：'故中书左丞许衡，首明理学，尊为儒师。世祖皇帝在潜邸，尝以礼征至六盘山，提举陕右学校，文风大行。西台侍御史赵世延请依他郡先贤过化之地为立书院。前齐哩克琨总管王某献地宅以成之，延请前国子司业某同主领，教生徒。乞降旨拨田养士，将王某量加旌劝。'准奏。可赐额曰'鲁斋书院'。仰所在官司量拨，系官田土入学，奉朔望、春秋之祀，修缮祠宇，廪饩师生。务在作养人材，讲习道义，以备擢用。从本路正官主领，敦劝行省、行台，常加勉励。其王某，令有司别加旌表。仍禁治过往使臣、官员人等，毋得在内停止、亵渎、饮宴、聚理词讼。造作工役，应瞻学产业。书院公事，毋得诸人侵扰。彼或恃此为过作非，宁不知惧！"（文渊阁《四库全书》本）〔元〕程文海《雪楼集》卷一三又载《鲁斋书院记》："邠、岐、丰、镐之间，周之故都也。三代之文莫尚于周，周之文莫盛于文、武、周公。江汉远矣，其化犹存于小夫弱女，况千里之近者乎？无他，圣人之道与天地并立、日月并明，孰有外天地、日月而能久其生者？吾意有能复

兴文、武、周公之教于其地，特易易焉耳。世祖皇帝经营四方，日不暇给，而圣人之道未始一日不在讲求。观兵陇山，首召河内许仲平先生衡入见，先生亦首以圣人之道为必可行，嘉言笃论，深契上心。时自陕以西，教道久废，乃命先生提举学事。于是秦中庠序鼎兴，搢绅缝掖，川赴云流，文事翕然以起。其所成就，皆足以出长入治，由是圣人之道乍明。世祖皇帝践阼，先生又以其道入佐皇明，施于天下，卒能同文执而致隆平，由是圣人之道复著。盖有是君必有是臣，阴阳之消长，日月之晦明，圣贤之用舍，固各有其时也。今天子以天纵之质，继列圣之绪，向用经术，尊礼儒先，彬彬雍雍，著者益彰而且广矣。先圣后圣，顾不同条而共贯舆。先是，云中赵侯守长安，尝议建书院如他郡先贤故事，不果。后以西台侍御史复来，因请以先生从祀夫子，且申前议。乃有王氏欲斥居宅为之，得前太子家令薛处敬赞其决，士民承风劝趋，前御史张崇，推官李益、匠府同知韩祐相与董成之。前为夫子燕居之殿，以颜子、曾子、子思、孟子侍坐；后为讲堂，左右列格物、致知、诚意、正心四斋。以张子厚先生昔讲道于横渠，乃为室东偏，合张、许二先生而祠之。库寝庖厩毕备，屋凡若干楹。事闻，有诏赐名曰'鲁斋书院'，乃谕陕西省给田、命官、设禁如他学院故事。有司既奉诏，而祐等请纪以文。夫文者何也？以西伯周公之圣而止曰'文'。今郡国校官往往而具宫居而师事者，亦无不同。及观其效，则弥阔而遂疏者，何耶？无亦文非其文而然舆？夫子不曰'斯道'而曰'斯文'，学于此者，亦可以深长思矣。古昔儒先，自伊洛关辅以来相望百年，不绝而续。若朱子之立言，使圣人之道复明于简籍。许先生之立事，使圣人之道得见于设施。皆所谓豪杰之士也。观先生之于朱子，信其道，从其言，尊之为父师，敬之如神明，呜乎，殆所谓虽无文王犹兴者与。终际昌时，出其所学，有以当圣人之志，建不朽之功，可谓开物成务之材矣。《诗》云：'亹亹文王，令闻不已'，圣祖有焉。'乐只君子，邦家之基'，先生有焉。侯于先生有慕用之诚而不能忘，凡所以尊先生者，无不为也。然非私也，所以为道也，所以广圣天子之教也，所以使学者知所宗也，所以志先生之志而学先生之学也。一举而众美具焉，可无述哉？侯名世延，字子敬，今为资善大夫、御史中丞。斥居宅者，王庭瑞，尝为吉林副总管，诏旌其闾以褒之。呜呼，圣天子之欲化民成俗，可谓诚且笃矣。承学之士，奚可以不自力乎？自今邠、雍之间郁郁乎，复如文、武、周公之世，吾犹有望。延祐二年十有一月朔记。"（文渊阁《四库全书》本）《咸宁长安两县续志》卷九《学校考》："鲁斋书院在东关长乐坊，即春明学舍旧址。光绪十一年署盐法道,汉阳黄嗣东因元代奉元路旧有儒臣许鲁斋讲学书院,遂捐廉集资,与邑令樊增祥建议兴修,仍以鲁斋为名,时聚生授课。又延三原贺征君瑞麟常临讲学,习乡饮酒礼,关学之风丕振一时。自嗣东罢官归,继主院事者为蓝田牛孝廉兆濂,仍循故事讲学。"(翁柽修、宋联奎纂,1936年铅印本)《鲁斋书院会讲记》:"鲁斋书院落成之日,三原贺征君瑞麟以事至会垣,布政使平定李公用清、按察使贵州黄公彭年皆与征君有旧。嗣东请于二公,仿鹿洞、玉山故事,延征君登讲席,为共学诸子讲说小学、《西铭》《大学》……并圜听者百余人,时光绪十有三年二月初五日也。汉阳黄嗣东记。"(1936年铅印本)又参见《〔雍正〕陕西通志》卷二七等。

[考辨] 关于鲁斋书院兴建时间。另有二说:一是认为书院建于许衡生前。黄云兴、郭述贤《鲁斋书院的兴起和没落》认为:"鲁斋书院始建于元世祖忽必烈(中统)以后(一二六〇)以后,为宋元理学家许衡(一二〇九-一二八二年)所倡建。……自鲁斋书院建立后,慕许衡之名前来从学者众。衡在院讲学约三年,被再次征召。"(中国人民政治协商会议碑林区委员会文史资料研究委员会编《碑林文史资料》第2辑,1987年,106-107页)另一说是认为书院建于延祐二年。顾明远主编《教育大辞典》(8):"鲁斋书院原址在陕西咸宁(今西安)。元延祐二年(1315)御史赵世延议建书院,邑人王庭瑞拆住宅建成。"(上海教育出版社,1991年,70页)吴枫、宋一夫主编《中华儒学通典》从此说。上述二说均忽略了《元史》中明确的书院兴建记载。前说疑与"景贤书院"(又称"许衡别墅")相混淆。据《元史》许衡本传知中统元年(1260)许衡与宰相王文统意见不合,"亦谢病归"。中统二年(1261)九月,元世祖曾令许衡教授怀孟生徒。许衡就选择了离家较近之"往来通衢,南达释道"的景贤村为校址,兴建学堂,是为景贤书院。求学者络绎不绝,景贤书院成为河朔一带著名的教育中心。(参见焦作市地方史志办公室等编《许衡与许衡文化》,中州古籍出版社,2007年,114页)后说疑受程文海延祐二年所作《鲁斋书院记》的影响所致。

元仁宗延祐五年　戊午(公元1318年)

萧㪺卒　萧㪺(1241-1318),字维斗,号勤斋,奉元(今陕西西安市)人。自幼至孝,翘楚不凡,曾出为府吏,因与上官不合,隐退终南山,凿土室以居。

博极群书，天文、地理、律历、算数，靡不研究。制行甚高，真履实践，其教人必自小学始。为文辞，立意精深，言近指远，以洙泗为本，濂、洛、考亭为据，关辅之士翕然宗之。元世祖分藩在秦，辟斢侍秦邸，斢以疾辞，授陕西儒学提举，不赴。后累授国子司业，改集贤侍读学士，皆不赴。大德十一年，拜太子右谕德，扶病至京师，入觐东宫，书《酒诰》为献，以朝迁时尚酒故也。寻以病去职。是年卒，谥贞敏。所著有《三礼说》《小学标题驳谕》《九州志》及《勤斋文集》。

[文献]《元史》卷八一《选举一》："世祖中统间，……用平章咸宁王野仙荐，征萧斢不起，即授陕西儒学提举。……成宗大德……九年，诏求山林间有德行文学、识治道者，遣使征萧斢，且曰：'或不乐于仕，可试一来，与朕语而遣归。'……武宗、仁宗累征萧斢，授集贤学士、国子司业，未赴，改集贤侍讲学士。又以太子右谕德征，始至京师，授集贤学士、国子祭酒、谕德，如故。"《元故集贤学士国子祭酒太子右谕德萧贞敏公墓志铭》："公讳斢，字维斗。年二十余，郡守以茂才推择为掾。未几，新郡倅至。倅西域人，怒则恶言詈吏。公叹曰：'如此尚可仕乎！'乃置文书于案，即日谢去，隐于终南山下，凿土室以居之。尽得圣贤遗经以及伊、洛诸儒之训传，陈列左右，昼夜不寐。始则诵读其文，久则思索其义，如是者余三十年。义理融会，表里洞彻，动容周旋，咸中礼节，由是声名大振。世祖皇帝既一四海……授公承务郎、陕西儒学提举，……公以书辞曰：'某蚤事文墨，见一时高才绝足趋事功者，劝之不能，是以安于田亩，读书为事。本求寡过，不谓名浮于实，圣恩横加。窃念圣人之教，必明德而后新民，成已乃能成物。昔夫子使漆雕开仕，对以'吾斯之未能信。'然则心术之微，虽圣师不若开自知之审。今某学行未至，自知甚明，望达庙堂，改授真儒。则朝廷得人，学者得师，某亦不失为寡过之人矣。'……大德七年冬，超擢集贤直学士、奉训大夫、国子司业，遣使征之。公又力辞不拜，……十年，进集贤侍读学士、少中大夫，即其家授之。明年，武宗临御。仁皇养德东宫，博选当世名儒，左右辅导。特授公嘉议大夫、太子右谕德，命宫师府长史聂辉起公，敦迫上道。……延祐五年七月己未，有星殒于所居中庭，光射如昼。越八日丙寅，公以疾薨，春秋七十有八。八月某甲子，葬咸宁县少陵乡朱张里南原先茔之昭。至治三年，门人故四川行省左丞廉公惇、江浙行省参政孛术鲁公翀时方在朝，以公易名为请。制赠资善大夫、四川等处行中书省左丞，追封扶风郡公，谥贞敏。关辅自许文正公、杨文康公鸣理学以淑多士，公与同公接其步武，学者赖焉。公之学自六经、百氏、山经、地志，下至医经本草，无不极通。

其说尤邃《三礼》及《易》。"（〔元〕苏天爵撰《滋溪文稿》卷八，文渊阁《四库全书》本）《关学编》卷二《维斗萧先生》："先生名㪍，字维斗，号勤斋，奉元人。天性至孝。自幼翘楚不凡。长为府史，语当道不合，即引退，读书终南山，力学三十年不求进。……博极群书，凡天文、地理、律书、算数，靡不研究。候均谓'元有天下百年，惟萧维斗为识字人。'学者及门受业者甚众，乡里乎化，称之曰萧先生。乡人有自城暮归者，途遇寇，诡曰：'我萧先生也'，寇惊愕释去。……世祖初分藩在秦，用平章咸宁王野仙荐，征侍藩邸，以疾辞，授陕西儒学提举，不赴。……后累授集贤直学士、国子司业，改集贤侍读学士，皆不赴。武宗初，征拜太子右谕德。不得已，扶病至京师，入觐东宫，书《酒诰》为献，以朝廷时尚酒故也。寻以病请去，或问其故，则曰：'在礼，东宫东面，师傅西面，此礼今可行乎？'俄除集贤学士、国子祭酒，谕德如故，固辞归。年七十八，以寿终于家，谥贞敏。"〔清〕黄宗羲《宋元学案》卷九五："萧㪍，字惟斗，陕西奉元人。自儿时，性至孝。初出为府史，語当道不合，即引退。讀书南山者三十年。制一革衣，由身半以下，及卧，輒倚榻玩誦，不少置。学者及其门，请业日众。世祖分王秦，辟先生与韓择同侍秦邸，以疾辞，授陕西儒学提举，不赴。省宪大臣即其家，具宴，使从吏先诣先生舍，时先生方汲水灌园，从史固不识也，使饮马，姑应之自若，少顷，冠帶出迎，客从史懼，伏地谢罪，亦殊不屑意。后累以集贤直学士、国子司业、集贤侍读学士徵，皆不起。武宗嗣位，拜太子右谕德，扶病至京，入觐东宫，书《酒诰》为献，以朝廷时尚酒也。寻解去，或问其故，曰：'礼，东宫东面，师傅西面，此礼今可行乎？'再除集贤学士、国子祭酒，疾作，固辞归，卒年七十八。赐谥贞敏先生。教人必自小学始，为文辞，立意精深，言近旨远。侯均尝谓：'元有天下百年，惟萧惟斗爲识字人。'所著有《三礼说》《小学标题驳论》《九州志》及《勤斋文集》行世。从黄氏补本录入。"（清道光刻本）《四库全书总目》卷一六七："《勤斋集》八卷。元萧㪍，撰字维斗，奉元人。历官集贤学士、国子祭酒，谥贞敏。事迹具《元史·儒林传》。卒于仁宗延祐五年。"（清乾隆武英殿刻本）《关学宗传》卷九《萧贞敏公》："公讳㪍，字维斗，号勤斋。其先北海人，父侍秦中，居奉元，遂为奉元人。自儿时性至孝，翘楚不凡。长出为府吏，与当道语不合，即隐退。读书终南山中，三十年不求进仕。制一革衣，由身半以下，及卧，辄倚其榻，玩颂不少置。由是博极群书，凡天文、地理、律历、算术，靡不穷究，学者及门受业者甚众，乡人化之，称之曰'萧先生'。……尝出遇一妇人，失金钗道旁，疑公拾之。谓曰:'殊无他人,独公居后耳。'公令随至门,取家钗以偿之。妇人后得所遗钗,愧谢之。世祖分在藩秦,用平章咸宁王野仙荐,辟公与韩从善同侍藩邸,以疾辞。授陕西儒学提举,不赴。省宪大臣即其家,具宴为贺,遣一从吏先诣公舍。公方汲水灌园,从吏固不识也,使饮其马,姑应之自若。已而冠带出迎客,从吏惧,伏地谢罪,公殊不为意。后累授集贤直学士、国子司业,改集贤侍读学士,皆不赴。武宗嗣位,征拜太子谕德,不得已,扶病至京师,入观东宫,书《酒诰》,为献以朝廷,时尚酒故也。寻以病请去,或问其故,曰:'礼:东宫东面,师傅西面,今可行乎?'再除集贤学士,国子祭酒、谕德,如故,以疾作辞归。年七十八,卒于家,赐谥贞敏公。教人必自小学始,为文立意精深,言近指远,一以洙泗为本,濂洛考亭为据,蔚然为关辅一代醇儒,学者宗之。所著有《三礼说》《小学标题驳谕》《九州志》及《勤斋文集》行世。"(陕西教育图书社,1921年排印本)

元泰定帝四年　丁卯(公元1327年)

七月,横渠书院兴建　眉县横渠书院(在今陕西眉县横渠镇)在宋代崇寿书院基础上建立。自元以来成为关中文化教育的重要讲席地。其后横渠书院虽屡遭自然侵蚀、地震等破坏,但经明清两代不断进行修葺,至今仍较好地保存,成为研究和纪念张载的重要场所。

[文献]　《元史》卷三〇《泰定帝二》:"(四年)秋七月丁酉,……建横渠书院于眉县,祠宋儒张载。"《明一统志》卷三四:"横渠书院在眉县东五十里。横渠,宋儒张载号。书院,其故居也。中有祠堂,元文礼恺作记。"(文渊阁《四库全书》本)陈梦雷《古今图书集成》卷二四八《礼仪典一》:"按元史泰定帝本纪云云。泰定四年秋七月,建横渠书院于眉县,祀宋儒张载。"(《中国学术类编·礼仪典下7》,台湾:鼎文书局,1977年)《〔雍正〕陕西通志》卷九一载文礼恺《张横渠先生祠记》:"延祐四年冬十有二月朔,阳陵李中从政奉紫微檄,赴眉文学掾,道横渠,进谒故宋张献公祠下。盥荐礼毕,徘徊瞻顾,内则鼠穴雀穿,榱栋霖毁,寖危神位;外则豕圂蛇薮,蔓葛丛棘,墙壁悉倾。叹息良久,乃诣县谂主簿刘公楫,请重葺,以副具瞻。适广宣圣庙庑,董役孔亟,力不暇及。越明年春,始鸠工征材,祠之故坏腐者咸易之。会刘丁内艰,旋复中画。洎今尉杨侯粹至,欣然协规傃力,迄岁而功成。甍桷扉牅,焕然一新,嘱

记于走,且曰:'是镇之南,先生故居,今皆芜没,疑为缃黄有欲,仿佛一览不可得。是祠元贞初所建,陋复若如此,向非嗣葺,日就废矣。'予居眉积年,悉其事,盖笔以诏永久。窃惟先生以道学鸣于嘉祐、熙宁间,河南两程夫子从濂溪周子学,而先生适相后先,羽翼孔孟,渊源洙泗,著书立说,垂范后世。从祀清庙以来尚矣。……君等乃能上体国家崇儒复古之意,一新是祠,展乡曲之敬,申岁时祀事,眉人不徒擅其处,吾儒亦以之而增辉焉。若夫穷神化,一天人,立大本,斥异端,同志之士,瞻拜遗像,于以想见先生之丰采,则其胸次兴起者,又当何如也。走不敢辞,而辱为记,亦附管见,方与君子共勉之云。"(文渊阁《四库全书》本)《〔雍正〕陕西通志》卷二七《学校》:"横渠书院在眉县东五十里,宋儒张子故居,中有祠堂。元泰定四年建,文礼恺作记。"(文渊阁《四库全书》本)

元文宗至顺二年　辛未(公元1331年)

同恕卒　同恕(1254－1331),字宽甫,号榘庵,奉元(今陕西西安)人,蒙元时期关中大儒。13岁即以书经魁乡校。元世祖至元年间,朝廷始分六部,关陕荐举同恕为礼曹属官,辞却不任。元仁宗时拜为国子司业,官阶儒林郎,三召不起。后经陕西行台侍御史赵世延请为奉元鲁斋书院教事,学者云集,来学者近千。元仁宗延祐年间设科取士,同恕主持乡试,令人折服。延祐六年,以奉议大夫、太子左赞善召,入见东宫。致和元年(1328)又被拜为集贤侍读学士,以老疾辞谢。同恕家居多年,缙绅望之若景星麟凤,乡里称为先生而不姓。至顺二年卒,年七十八。制赠翰林直学士,封京兆郡侯,谥文贞。所著《榘庵集》二十卷。

[**文献**]　《元史》卷一八九《儒学一》:"同恕,字宽甫,其先太原人。五世祖迁秦中,遂为奉元人。祖升。父继先,博学能文,廉希宪宣抚陕右,辟掌库钥。家世业儒,同居二百口,无间言。恕安静端凝,羁丱如成人,从乡先生学,日记数千言。年十三,以《书经》魁乡校。至元间,朝廷始分六部,选名士为吏属,关陕以恕贡礼曹,辞不行。仁宗践阼,即其家拜国子司业,阶儒林郎,使三召不起。陕西行台侍御史赵世延,请即奉元置鲁斋书院,中书奏恕领教事,制可之。先后来学者殆千数。延祐设科,再主乡试,人服其公。六年,以奉议大夫、太子左赞善召,入见东宫,赐酒慰问。继而献书,历陈古谊,尽开悟涵养之

道。明年春,英宗继统,以疾归。致和元年,拜集贤侍读学士,以老疾辞。……恕自京还,家居十三年,缙绅望之若景星麟凤,乡里称为先生而不姓。至顺二年卒,年七十八。制赠翰林直学士,封京兆郡侯,谥文贞。其所著曰《榘庵集》,二十卷。"《关学编》卷二《宽甫同先生》:"先生名恕,字宽甫,号榘庵,奉元人。……先生之学由程、朱上溯孔、孟,务贯浃事理,以利于行。教人曲为开导,使得趋向之正。性整洁,平居虽大暑,不去冠带。母张卒,事继母如事所生。父丧,哀毁致目疾,时祀斋肃详至。尝曰:"养生有不备,事有可复;追远有不诚,是诬神也,可逭罪乎?"与人交,虽外无适莫,而中有绳尺。里人借骡而死,偿其值,不受,曰:"物之数也,何以偿为!"家无担石之储,聚书数万卷,扁所居曰榘庵。时萧先生夐居南山下,亦以道高当世,入城府,必主先生家。士论并称曰"萧同"。自京师还,家居十有三年,中外缙绅望之若景星麟凤,乡里称为"先生"而不姓。至顺二年卒,年七十八。赠翰林直学士,封京兆郡候,谥文贞。所著有《榘庵集》,二十卷。"《榘菴集》卷一五《元故太子左赞善赠翰林直学士亚中大夫同文贞公神道碑铭(并序)》(集贤直学士朝请大夫兼国子祭酒富珠哩翀撰):"仁皇践阼,关陕大儒同先生即其家拜国子司业,秩儒林郎,使三召,不起。陕西行御史台侍御史赵世延请置并序鲁斋书院于秦中,书奏先生领教事,制可,学益增重。延祐六年,以奉议大夫、太子左赞善召,入见东宫,赐酒慰问,退献书,陈古谊,尽开悟涵养之道。明年春,英宗继统,以疾归。致和元年夏六月,拜集贤侍读学士,使召,以年且疾辞。至顺二年春二月廿有一日,终正寝,享年七十有八。三月九日葬咸宁县洪固乡三赵村之原。……先生讳恕,字宽甫,姓氏出晋支属,始家太原文水县,始祖仕迁关中。……同氏世儒,素笃忠孝,侍郎时,家族二百口,居无间言……安静端凝,总角如成人。从乡先生学,颖出侪伍,日记千言不忘。会试于学,书义魁众,时年十有三。知者以远器期之。至元间,始分六部,丞相东平忠宪王命选名士,置吏属,秦以先生贡礼曹,辞不行。三十有一年,国史修世祖帝纪,采事四方,陕西行省平章政事、咸宁王屈先生为省史。典编录事已,即退居教授,名益闻。延祐开科,再主乡试,人服其公。先生温粹畏慎,动循礼度,虽大暑,不去冠带,衣素未尝垢,其学由程朱遡孔孟,务贯浃事理,以利于行。事亲竭力致养,丧集贤,毁致目疾。……与人交,虽外无适莫,而中有绳尺,故集贤学士贞敏萧公居南山,入城府,必主先生,士论称曰'萧同'。自京还居十有三年,缙绅望之若景星麟凤。然教人则各因其才,造之未达,则曲为开导,使得趣向之正。贫有志,则简其贽谢,先后来学殆千数。乡里称先生而不姓。……翀惟世皇渊潜,鲁斋、许文正公被教来秦,士风翕然趋于正,先生之徒相继而出,形于文,蔼然仁义之言;见于事,卓然仁义之行也。"(文渊阁《四库全书》本)另见张骥《关学宗传》卷九《同文贞公》,《元儒考略》卷二,《陕西通志》卷六三《儒林》等。

明成祖永乐十四年　丙申(公元1416年)

王恕生　王恕(1416－1508),字宗贯,三原(今陕西三原县)人,是一位政绩卓著、德泽乡间的杰出政治家,关学学人。据《明史》本传,王恕卒于正德三年(1508),时年九十三,推知其生于是年。

[文献]　《明史》卷一八二《王恕传》:"王恕,字宗贯,三原人。……正德三年四月卒,年九十三。"〔明〕李东阳《怀麓堂集》卷八〇《明故光禄大夫柱国太子太傅吏部尚书致仕赠特进左柱国太师谥端毅王公神道碑铭》:"自古凡治朝盛世,必有恢弘博大之臣布列廊庙,陈昌言著,伟绩显于天下,播在史册,以传不朽。……阅宪宗、孝宗累数十年,时则有若王端毅公,固其人哉。公讳恕,字宗贯,陕西三原人也。正统戊辰举进士,为翰林庶吉士,授大理寺左评事……正德戊辰某月某日卒于正寝,寿九十有三矣。"明王鏊《震泽集》卷二九《太子太保吏部尚书赠特进光禄大夫左柱国太师谥端毅王公墓志铭志铭》:"国家有宿德重望之臣曰王公,讳恕,字宗贯,仕至太子太保吏部尚书,年七十八致仕。今上即位,遣行人即其家存问。而公卒于家,年九十有四。……王世家陕西三原县,公生而魁伟高岸,音吐如钟,见者异之。正统戊辰登进士……正德三年四月二十日卒。"(文渊阁《四库全书》本)张惟骧《疑年录汇编》卷六:"王宗贯,九十三,生永乐十四年丙申,卒正德三年戊辰。"《〔雍正〕陕西通志》卷五五《人物》:"王恕,字宗贯,三原人。……孝宗即位,召改吏部尚书加太子太保。恕在吏部……乞休二十余疏乃允家居,年八十八。武宗遣行人存问,恕复疏数事。又四年卒,赠特进左柱国太师,谥端毅。"(文渊阁《四库全书》本)《三原县志》卷一三记载〔明〕李东阳撰写的《端毅王公神道碑铭》:"公讳恕,字宗贯,陕西三原人,正统戊辰举进士,为翰林庶吉士,授大理寺左评事。景泰间迁左寺副,条刑罚不中六事上之,擢知扬州府,屡辨疑狱,岁饥,发廪不俟报,且给医药,多所全活。作资政书院,教群子弟,科不乏人。天顺

间迁江西右布政使。广贼寇赣州,帅兵剿平之,迁河南左布政使。成化间擢都察院右副都御史,抚治南阳诸府。……正德戊辰四月二十日卒于正寝,寿九十有三矣。"(《三原县志》,清刘绍攽纂修,乾隆癸卯年刻本)、沈佳《明儒言行录》卷四《王恕介庵先生端毅公》等。

[考辨] 关于王恕生卒年有二说。据《明史》《三原县志》《明儒学案》及张骥《关学宗传》等记载,王恕卒于正德三年四月即戊辰年四月,享年93岁,据此推断王恕当生于1416年,此为一说。〔明〕王鏊《震泽集》卷二九《太子太保吏部尚书赠特进光禄大夫左柱国太师谥端毅王公墓志铭》所载,王恕"以正德三年四月二十日卒",享年94岁,据此推断,王恕当生于1415年,此为二说。上述材料中唯王鏊94岁说为孤说,目前尚无旁证,故暂将王恕生年定在1416年,并将此条置于是年。

明成祖永乐十七年　己亥(公元1419年)

段坚生 段坚(亦作"叚坚")(1419-1484),字可久(一作"可大"),号柏轩,又号容思,兰州人。其学私淑河东薛瑄,通过周蕙传至西安李锦、薛敬之,对关学影响至大。明成祖永乐十七年生,明宪宗成化二十年卒,享年66岁。

[文献] 〔明〕冯从吾纂编、〔清〕王心敬增订《关学编》卷四《容思叚先生》:"先生名坚,字可久,兰州人,初号栢轩,后更号容思,义取九容九思也,学者称容思先生。……成化甲辰卒,年六十有六。"(清嘉庆七年增修本)〔明〕何景明纂修《(嘉靖)雍大记》卷二九《志献》:"段坚字可久,兰州人。生而刚方,早年读书,即知由正学布圣贤,人以伊川拟之。……景泰甲戌进士,天顺己卯知山东福山县。"(嘉靖刻本)〔明〕唐懋德《(万历)临洮府志》卷一九:"叚坚,字可久,兰州人。"(明万历三十三年刻本)〔清〕黄宗羲《明儒学案》卷七《郡守段容思先生坚》:"段坚,字可久,号容思,兰州人。……成化甲辰卒,年六十六。"〔清〕张夏撰《洛闽源流录》卷四:"段坚,字可久,陕西兰州人,生而刚方颖异,读书即知正学。……成化甲辰卒,年六十六,门人私谥曰文毅先生,初号栢轩,后改容思。"(清康熙二十一年黄昌衢彝叙堂刻本)《明史》卷二八一《段坚传》:"段坚,字可大,兰州人。……五年成进士,授福山知县。……"《〔乾隆〕甘肃通志》卷三四:"段坚,字可久,兰州人。读书知正学,志希

圣贤,薛瑄门人。登景泰五年进士,授山东福山知县,以德化民,刊布《小学》,令邑人讲诵,民俗胥化。升莱州知府。"《〔雍正〕河南通志》卷五六:"段坚字可久,陕西兰州人。成化中知南阳府,坚病士子读书,惟务科举,鲜志圣贤,乃倡明周程张朱之学,召郡邑诸生,亲为讲说,士风丕变。"〔明〕彭泽编辑《容思段先生年谱纪略》张仲英所作《段容思先生年谱序》:"余自髫龄即知兰州有理学段容思先生者,盖前辈常言之,因得耳食之也。阅数十年,时耿耿于心,以不得一见其著述为恨。"(佩兰堂藏版,道光甲申校刊本)

[考辨] 关于段坚亦作叚坚考。冯从吾《关学编》(光绪本)本传、《关学编》(文渊阁四库全书)之本传正文)、〔明〕何景明纂修《〔嘉靖〕雍大记》卷二九、《明史》卷二八一、黄宗羲《明儒学案》卷七、《〔乾隆〕甘肃通志》卷三四、《〔雍正〕河南通志》卷五六、《〔乾隆〕山东通志》卷一四、卷二七等,均作"段坚"。另《河南程氏遗书》成化二年刻本记有"南阳知府太原段坚校刊",并谓"成化十二年知南阳府事段坚又为跋",皆作"段坚"。然而,冯从吾、王心敬所撰《关学编》卷四(清嘉庆七年本、文渊阁四库全书本目录)、〔明〕何景明纂修《(嘉靖)雍大记》卷三四、〔明〕唐懋德《(万历)临洮府志》卷一五、〔清〕顾炎武《日知录》卷九、〔清〕达灵阿《(乾隆)凤翔府志》卷十《默斋先生祠记》、《明一统志》卷二五《登州府》、卷三〇《南阳府》等,均作"叚坚"。考诸文献,"段坚""叚坚"二说互见,甚至同一部书中提法也不尽相同。如〔明〕何景明纂修《〔嘉靖〕雍大记》卷二九与卷三四中二说同时出现,《关学编》文渊阁四库全书本目录与正文二说并见。

详考上引材料,容思先生一生主要活动的地区是甘肃、河南、山东等地,见诸官修大型省志如《〔乾隆〕甘肃通志》《〔雍正〕河南通志》《〔乾隆〕山东通志》及《明史》中,多持"段坚"说,而较早的文献及地方府志、私人撰述为主的《〔嘉靖〕雍大记》卷三四、《(万历)临洮府志》、《〔乾隆〕凤翔府志》、《日知录》等则为"叚坚"说。如果单纯以哪种说法更多地出现在官方修纂或私人撰述的著作中来判断,理由似乎并不充分。据〔清〕程嗣章《明儒讲学考》(清道光刻本)记载,明初大儒张鼎为薛瑄门下,终身恪守师说,不敢稍有踰越;再传为段坚;三传为彭泽、王鸿儒、周蕙等。彭泽为段坚之外孙,也为门下传人。那么,由彭泽编辑、十四世孙段心斋于道光甲申年校录之《容思段先生年谱纪略》虽属私家著述,但却不可否认具有极高的权威性。如果以"段"与"叚"字形相近而疑为后人抄录有误,难免有武断之嫌。如果以"段坚"、"叚坚"二说哪一种提法出现时间更早来推断正误,却又无法解释同一著述中二说并见的现象。又据《万姓统谱》卷五《氏族博考》曰:"十曰以族为氏……族近于次。族者氏之别也,以亲别疏,以小别大,以异别同,以此别彼。……伏羲之后,有伏虙二氏,同音异文。共叔段之后,有共氏,又有叔氏,又有段氏。凡此类,无非别族。"可知,段氏与共氏、叔氏实为同宗异氏,惟以此氏别二氏而已。又据卷六《氏族博考》之《段氏》条目:"按:共叔段者,共,谥;叔,字;段,名也。此以名为氏者。春秋郑伯克段于鄢。段,名也。封于京,故谓京城太叔,亦谓之太叔氏。"文中两处以"叚"释"段",可知,在古代汉语中,段与叚实可通用,段氏即叚氏,由此推知,段坚亦即叚坚也。

关于段坚"字"为何?仅《明史》及《大清一统志》卷一九九为"可大"说,所见文献中二说互见;但《关学编》《明儒学案》《雍大记》及诸省方志等均为"可久"说,持说一致。限于段坚的行实、墓志等材料的缺失,故二说并存,以俟新考。

明宣宗宣德十年　乙卯(公元 1435 年)

薛敬之生　薛敬之(1435－1508),字显思,号思庵,陕西渭南人。关中大儒,为吕柟师。明宣德十年三月二十八日生,正德三年(1508)卒,享年74 岁。

[文献]〔明〕吕柟《奉议大夫金华府同知思庵先生薛公墓志铭》:"正德三年春二月二十七日,金华府同知渭南薛先生卒于家。……年七十四岁。宣德十年三月二十八日,乃其始生也。"(《泾野先生文集》卷三四《墓志铭三》,明万历刻本)《明史》卷二八二《薛敬之传》:"敬之,字显思,渭南人。……弘治九年迁金华同知。居二年,致仕。卒年七十四。"冯从吾《关学编》卷三《思庵薛先生》:"正德戊辰卒,年七十又四。"《〔乾隆〕渭南县志》卷七下:"薛敬之,字显思。仕西南里人。生有奇状,儿时即爱读古人书,稍长,言动即与人异,又善属文。……一时咸推重,称为关西夫子。拔授应州知州。……居三年,奏课第一,进阶奉直大夫……升金华府同知,撰《金华乡贤志》。居二年,致仕。逾八年,正德改元,覃恩进阶朝列大夫,二年卒。"(汪以诚等纂修,乾隆己亥年木刻本)张骥《关学宗传》卷一二《薛思庵先生》:"先生讳敬之,字显思,号思庵,渭南人。生而姿容秀美,左膊有文字,黑入肤内。……正德戊辰

卒,年七十四。"(陕西教育图书社,1921年排印本)

明英宗正统元年　丙辰(公元1436年)

李锦生　李锦(1436—1486),字在中,号介庵,陕西西安人。受学于周蕙,与渭南薛思庵等人共讲,相劝相规,关中学者以"横渠"称之。明宪宗成化丙午(1486)卒,时年51岁,推知其生于是年。

[**文献**]　《明史》卷二八二《李锦传》:"锦字名中,咸宁人。举天顺六年乡试,入国学,为祭酒邢让所知。"《关学编》卷三《介庵李先生》:"先生名锦,字在中,号介庵,咸宁人。……后遇秦州小泉周廷芳讲学,得闻周、程、张、朱为学之要……又与渭南思庵薛氏……讲学,相劝相规。……成化甲辰,谒选直隶松江府同知。……以疾卒于官。是在成化丙午,年仅五十一。"《明儒学案》卷七《郡丞李介庵先生锦》:"李锦字在中,号介庵,陕之咸宁人。受学于周小泉。……成化甲辰,谒选松东府同知。后二年卒,年五十一。"《〔雍正〕陕西通志》卷六三:"李锦字在中,咸宁人。九岁读书知大义,后遇秦州周廷芳讲学,得闻周程张朱为学之要,遂弃词章之习,专以主敬穷理为事。践履醇茂,关中学者咸敬服之。"(雍正十三年刻本)

[**考辩**]　关于李锦"字"为何,《明史》卷二八二《李锦传》作"名中",从目前笔者可见材料看,暂为孤说,但其作为官修正史,有一定的可靠性;《关学编》《明儒学案》《陕西通志》等均作"在中",持说一致。限于其行实、墓志等相关材料的缺失,笔者不敢妄断,故二说并存,以俟新考。

明英宗正统十年　乙丑(公元1445年)

周蕙从学于段坚　周蕙,字廷芳,号小泉。山丹卫人,后徙居秦州,因称秦州人。生卒年不详。据《明史》载其父南游江南,历年未归,蕙涉险探访父之踪迹,至扬子江舟覆溺死。曾为临洮卫军戍兰州,适兰州名儒段坚集诸儒讲理学,即往听之。与段坚成为畏友,尝一起讨论疑难问题。有圣贤之志,主张"惟圣斯学"。尝能殚力就学,遂穷通五经,且能笃信力行,慨然以程、朱自任。后又受学于安邑李昶,得薛文清公(瑄)之传,故与薛瑄之河东之学相通,一时为学者所宗。后隐居秦州之小泉,因以为号。尝与关中李锦论学,被视为关西名儒。其著名门人有渭南薛敬之(思庵)、李锦、秦州王爵。明代关学传承,即由河东薛瑄而兰州段坚而秦州周蕙,再传而为薛敬之,再传而为吕柟,其师承明矣。

[文献] 《明史》卷二八一《段坚传》:"段坚,字可大,兰州人。早岁受书,即有志圣贤。举于乡,入国子监。……五年成进士,授福山知县。……坚之学,私淑河东薛瑄,务致知而践其实,不以谀闻取誉,故能以儒术饰吏治。"冯从吾《关学编》卷三《容思段先生》:"正统甲子,领乡荐。明年,下第归,乡之士大夫多遣子弟就学。先生以师道自尊,教法严而造就有等,士类兴起。……景泰甲戌登进士,以文名差纂《山西志》。明年,《志》成,复命。寻移疾归读书于五泉小圃,依岩作洞,以为会友讲习之所。"《〔乾隆〕甘肃通志》卷三四《人物》:"段坚,字可久,兰州人。读书知正学,志希圣贤,薛瑄门人。登景泰五年进士。……有《容思集》《柏轩语录》行世。"(乾隆元年刻本)《明史》卷二八二《周蕙传》:"周蕙,字廷芳,泰州人。为临洮卫卒,戍兰州。年二十,听人讲《大学》首章,惕然感动,遂读书。州人段坚,薛瑄门人也,时方讲学于里。蕙往听之,与辨析,坚大服。诲以圣学,蕙乃研究《五经》。又从学安邑李昶。昶,亦瑄门人也,由举人官清水教谕。学使者叹其贤,荐昶代己,命未下而卒。蕙从之久,学益邃。恭顺侯吴瑾镇陕西,欲聘为子师,固辞不赴。或问之,蕙曰:'吾军士也,召役则可。若以为师,师岂可召哉?'瑾躬送二子于其家,蕙始纳贽焉。后还居泰州之小泉,幅巾深衣,动必由礼。州人多化之,称为小泉先生。以父久游江南不返,渡扬子江求父,舟覆溺死。蕙门人著者,薛敬之、李锦、王爵、夏尚朴。"冯从吾《关学编》卷三《小泉周先生》:"先生名蕙,字廷芳,号小泉,山丹卫人。后徙居秦州,因家焉。年二十听人讲《大学》首章,奋然感动,始知读书问字。为临洮卫军戍兰州,守墩。闻容思段先生集诸儒讲理学,时往听之,有闻即服行。久之,诸儒令坐听,既而与坐讲,既而以为畏友,有疑与订论焉。段先生勖以圣贤可学而至,教示进为途方。段先生曰:'非圣弗学。'先生曰:'惟圣斯学。'遂殚力就学,穷通五经,笃信力行,慨然以程、朱自任。当时见者,亦翕然以为程朱复出也,咸敬信乐从之。又受学于清水教谕安邑李公昶,得薛文清公之传,功密存省,造入真纯,遂为一时远迩学者之宗……后隐居秦州之小泉,因以为号。着深衣幅巾为容。成纪之人熏化其德,称为小泉先生。尝游西安,与介庵李公锦论学,介庵由是大悟,遂为关西名儒。渭南思庵薛公敬之执弟子礼,师事焉……先生门人甚众,最著名者,

渭南薛敬之、秦州王爵。"《〔乾隆〕甘肃通志》卷三九《隐逸》："明周蕙,字廷芳,山丹卫人,后徙家秦州。年二十,听人讲《大学》首章,惕然感动,始知读书。为临洮卫军,戍兰州。闻段坚集诸儒讲学,时往听之,有闻即服行,久之,诸儒以为畏友。……遂殚心五经,笃信力行,为一时学者之宗。……西安李锦、薛敬之咸执弟子礼。"(乾隆元年刻本)

[考辨] 关于周蕙从学段坚的时间。兰州段坚(1419－1484)因私淑河东薛瑄而学有所得,尝讲学于乡。其讲学活动主要有两次,一次于明正统九年(1444)领乡荐,第二年归第后,即教学于乡之士子,时年坚二十七岁。第二次,是景泰五年(1454)进士及第后的第二年,奉命纂修《山西志》,《志》成后因疾而归乡里,乃读书于五泉小圃,并在此依岩作洞,作为会友讲习之所。其后多为官在外地。据《关学编》卷三《小泉周先生》,周蕙时在军旅,为临洮卫军戍兰州,"闻容思段先生集诸儒讲理学,时往听之,有闻即服行。"以后二人经常交往订论,成为畏友。周蕙从学于段坚似在此年,故暂置于斯,以俟新考。

关于周蕙故里问题。《明史》卷二八二《周蕙传》记载周蕙故里为泰州人,此当为"秦州"之误。据《明史》本传及《关学编》卷三《小泉周先生》所载,周蕙晚年曾幅巾深衣,隐居于小泉,"成纪之人熏化其德,称为小泉先生",那么,"小泉"当位于"成纪"的某地。"成纪"位于秦州,为陇右之重镇。又从周蕙被时人称为"关西名儒"来看,可以推知"小泉"当属秦州之地。〔清〕黄宗羲《明儒学案》卷七《河东学案》上《布衣周小泉先生蕙》记载："周蕙字廷芳,号小泉,山丹卫人,徙居秦州。年二十,听讲大学首章,奋然感动,始知读书问字。为兰州戍卒,闻段容思讲学,时往听之。"〔明〕过庭训撰《本朝分省人物考》卷一〇三《李锦》："李锦,字在中,号介庵,咸宁人。九岁失怙,依安成舅氏。为择师教之,端坐终日,不逐群儿嬉戏。读书已知大义,还为诸生,受《易》于董生,益肆力于学。后遇秦州周廷芳讲学,得闻周、程、张、朱为学之要,遂弃记诵辞章之习,专以主教穷理为事。"(天启刻本)另焦竑《国朝献征录》卷八三《松江府同知李锦传》："李锦字在中,号介庵,陕西咸宁人。……端坐终日,不逐群儿嬉戏。读书知大义……后遇秦州小泉周廷芳先生讲学,得闻周、程、张、朱为学之要,遂弃记诵辞章之习,专以主敬穷理为事。……"(明万历四十四年徐象橒曼山馆刻本)均与《关学编》所载一致。推知《明史》所载"泰州"为误。

明英宗正统十三年 戊辰(公元1448年)

王恕进士及第 王恕进士及第,是年33岁。

[文献] 《明史》卷一八二《王恕传》:"王恕,字宗贯,三原人。正统十三年进士。由庶吉士授大理左评事,进左寺副。尝条刑罚不中者六事,皆议行之。迁扬州知府,发粟振饥不待报,作资政书院以课士。"黄宗羲《明儒学案》卷九《端毅王石渠先生恕》:"王恕,字宗贯,号介庵,晚又号石渠,陕之三原人。正统戊辰进士,选庶吉士。"《〔乾隆〕三原县志》卷一三《端毅王公神道碑铭》:"公讳恕,字宗贯,陕西三原人,正统戊辰举进士,为翰林庶吉士,授大理寺左评事。"(清刘绍攽纂修,乾隆癸卯木刻本)张骥《关学宗传》卷一四《王端毅公》:"公讳恕,字宗贯,号介庵,三原人。正统三年进士,改翰林院庶吉士。景泰间迁知扬州。"(陕西教育图书社,1921年排印本)

[考辨] 关于王恕进士及第的时间,《明史》《明儒学案》《三原县志》诸书均持明英宗正统十三年即戊辰年说,而清人张骥的《关学宗传》则为正统三年说,晚出且为孤说,当为抄刻时脱字所致。

明英宗天顺八年 甲申(公元1464年)

六月,薛瑄卒,其后河东之学渐传关中 薛瑄(1389－1464年)字德温,号敬轩,山西河津人,明初理学家。早年受家学影响习《诗》《书》,长于诗赋。后其父贞闻知高密魏希文、海宁范汝舟深于理学,遂礼为瑄师。于是他尽焚所作诗赋,究心于洛、闽之学。永乐十九年进士及第。宣德中擢授御史,出监湖广银场,又以母忧归。正统初还朝,擢为山东提学佥事,尝以白鹿洞学规开示学者,并广延诸生,亲为讲授,其影响甚大,时人称其为"薛夫子"。此后历官大理寺丞、礼部右侍郎兼翰林院学士等。薛瑄之学本诸程、朱,其"心印濂洛(周、程),神会洙泗(孔、孟)。学以复性为本,言以明性为先。"(阎禹锡《读书录·序》)又受张载"变化气质"说之影响,对朱子学有所修正。主张纯善的"义理之性"先天本有,而善恶相混的"气质之性"乃后天形成。但理为本,气为末。倡言"复性"须有下学的功夫,主张在日常的应接酬酢中矫正偏向、变化气质。其学术思想的特点是注重实践,以存静为要。尝谓"自考亭以还,斯道已大明，无烦著作，直须躬行耳。"(《明史》卷二八二《薛瑄传》)著有《读书录》二十卷，皆自言其所得，学者多宗之。明初理学为学者所称者有河南渑池人曹端和山西河津人薛瑄，二人皆在明代理学史上有重要地位。相对于"守先儒之正传"的曹端而言，薛瑄则在陆九渊心学有一定影响的情况下，仍恪守程朱理学。他讲学授徒二十余年，门人遍及山西、河南、河北、关陇一带，及门弟子著名者有张鼎、阎禹锡以及私淑瑄的段坚，遂开北方朱学大宗"河东之学"。〔清〕胡世安《大易则通》卷二："张心虞曰：'学者讲太极多说得高远，令人难寻。如薛敬轩之言，极是切近，其言只于身心动静应事接物，至近至小处看太极尤分明，不必专论千古之上六合之外也，然近者小者既尽，则远者大者可一以贯之。'"(清顺治十五年朱之俊刻本)《四库全书总目提要》卷五八《明儒学案》："大抵朱陆分门以后，至明而朱之传流为河东，陆之传流为姚江，其余或出或入，总往来于二派之间。"同书卷九二《太极图说述解》："盖明代醇儒，以端及胡居仁、薛瑄为最。"河东之学在关陇经段坚传之周蕙，蕙传之渭南薛敬之，敬之传关学大儒泾阳人吕柟，使理学在关中曾有所振兴，使之成为可与南方姚江之学相提并论的北方"显学"。薛瑄乃为对明代关中学术发生重大影响的学者之一。《四库全书总目提要》卷九三《东溪日谈录》提要谓："盖河东之学，虽或失之拘谨，而笃实近理，故数传之后，尚能恪守师说，不至放言无忌也。"其著作有《读书录》二十卷，又有门人张鼎所集《薛文清集》二十四卷，二书四库皆著录。《四库全书总目提要》卷一七〇："明代醇儒，瑄为第一，而其文章雅正，具有典型，绝不以俚词破格。"

[文献]《明史》卷二八二《儒林传序》："而英宗之世，河东薛瑄以醇儒预机政，虽弗究于用，其清修笃学，海内宗焉。"同卷《薛瑄传》："薛瑄，字德温，河津人。……时年十二，以所作诗赋呈监司，监司奇之。既而闻高密魏希文、海宁范汝舟深于理学，贞乃并礼为瑄师。由是尽焚所作诗赋，究心洛、闽渊源，至忘寝食。后贞复改官鄢陵。瑄补鄢陵学生，遂举河南乡试第一，时永乐十有八年也。明年成进士。……出监湖广银场，日探性理诸书，学益进。以继母忧归。正统初还朝，尚书郭琎举为山东提学佥事。首揭白鹿洞学规，开示学者。延见诸生，亲为讲授。才者乐其宽，而不才者惮其严，皆呼为薛夫子。……景帝嗣位，用给事中程信荐，起大理寺丞。……景泰二年，推南京大理寺卿。……英宗复辟，拜礼部右侍郎兼翰林院学士，入阁预机务。……瑄学一本程、朱，其修己教人，以复性为主，充养邃密，言动咸可法。尝曰：'自考

亭以还,斯道已大明,无烦著作,直须躬行耳.'有《读书录》二十卷,平易简切,皆自言其所得,学者宗之。天顺八年六月卒,年七十有二。赠礼部尚书,谥文清。"《明史》卷九八:"薛瑄《读书录》十卷、《续录》十卷。"《明史》卷九九:"薛瑄《敬轩集》四十卷、诗八卷。"《明史》卷二八一《段坚传》:"坚之学,私淑河东薛瑄,务致知而践其实,不以谀闻取誉,故能以儒术饰吏治。"《明史》卷二八二《周蕙传》:"周蕙,字廷芳,泰州人。为临洮卫卒,戍兰州。……州人段坚,薛瑄门人也,时方讲学于里。蕙往听之,与辨析,坚大服。诲以圣学,蕙乃研究《五经》。又从学安邑李昶。昶,亦瑄门人也,由举人官清水教谕。学使者叹其贤,荐昶代己,命未下而卒。蕙从之久,学益邃。……蕙门人著者,薛敬之、李锦、王爵、夏尚朴。"《明史》卷二八二《薛敬之传》:"(敬之)长从蕙游,鸡鸣候门启,辄洒扫设座,跪而请教。尝语人曰:'周先生躬行孝弟,学近伊、洛,吾以为师。《明史》卷二八二《吕柟传》:"柟受业渭南薛敬之,接河东薛瑄之传,学以穷理实践为主。"《明儒学案》卷七《文清薛敬轩先生瑄》:"薛瑄字德温,号敬轩,山西河津人。……父贞为荥阳教谕,闻魏、范二先生深于理学,俾先生与之游处。讲习濂洛诸书……父移教鄢陵,先生补鄢陵诸生,中河南永乐庚子乡试第一。明年登进士第。宣德初授监察御史。……差监湖广银场,手录性理大全,通宵不寐,遇有所得,即便札记。正统改元,出为山东提学佥事,先力行而后文艺,人称为'薛夫子.'……天顺八年甲申六月十五日卒,年七十有六。……先生以复性为宗,濂、洛为鹄,所著《读书录》大概是《太极图说》《西铭》《正蒙》之义疏,然多重复杂出,未以删削,盖惟体验身心,非欲成书也。其谓'理气无先后,无无气之理,亦无无理之气',不可易矣。又言:'气有聚散,理无聚散……'成化初,谥文清。隆庆五年,诏从祀孔子庙庭,称先儒'薛子'。"〔清〕沈佳撰《明儒言行录》卷二:"又曰:窃谓朱子之学真西山得其正,许鲁斋得其大,薛敬轩得其纯,原学朱子者从是以入德焉,庶乎其不差矣。"又同书卷三:"本朝正统、景泰间以理学为倡者,河东薛敬轩。其《读书录》,廉年二十六七始得见之,国初以来,诸公所著述求其粹,然一出于正,未有先之者也。"(文渊阁《四库全书》本)〔明〕王世贞《弇山堂别集》卷四五:"薛瑄,字德温,河清人。永乐辛丑进士,天顺元年,以礼侍学士入,本年致仕。卒年七十六。"(文渊阁《四库全书》本)〔明〕李贤等撰《明一统志》卷二〇:"薛瑄,河津人。永乐末登进士,官大理寺左少卿,以狱事忤误闻。居正统七年,起大理寺丞。累升礼部左侍郎,以疾致仕。瑄出处大节,光

明峻洁,于富贵利达泊如也,为理学名臣。时呼为'薛夫子'。卒谥文清。"(文渊阁《四库全书》本)

明宪宗成化元年　乙酉(公元1465年)

王承裕生　王承裕(1465-1538),字天宇,号平川,三原人。王恕之子。卒于嘉靖十七年(1538),享年74岁,可推知其生于是年。

[文献]　〔明〕冯从吾《关学编》卷三:"先生名承裕,字天宇,号平川,三原人。父恕,历官太子太保、吏部尚书,赠太师,谥端毅,为国朝名臣第一,道德功业载在国史。成化元年乙酉,先生生于河南宦邸,盖端毅公巡抚日也。端毅公七子,而先生最少。……卒年七十有四,盖嘉靖戊戌五月也。"〔明〕焦竑《国朝献征录》卷三一《南京户部尚书王承裕》:"南京户部尚书王承裕嘉靖十七年五月卒。"(万历四十四年徐象橒曼山馆刻本)《明儒学案》卷九《康僖王平川先生承裕》:"王承裕,字天宇,号平川……嘉靖初迁户部右侍郎,晋南户部尚书致仕。林居十五年,戊戌五月卒,年七十四,谥康僖。"张骥《关学宗传》卷一五《王康僖公》:"公讳承裕,字天宇,号平川,端毅公之少子也。儿时端重如老儒,恒端居不妄言笑。……年十九举于乡,丁未孝宗登极,改元弘治,召起端毅公为冢宰,公侍行读书京师,与一时名公游,由是闻见益广,学益进,登癸丑进士。会端毅公致仕,公予告侍归,讲学于弘道书院,宗程朱以为阶梯,祖孔颜以为标准,弟子至不能容。寇昏丧祭必率礼而行,又刊布蓝田乡约、乡议等书俾乡人,由之三原士风民俗为之一变。……戊戌卒于家,年七十四,谥康僖。"(陕西教育图书社,1921年排印本)

明宪宗成化二年　丙戌(公元1466年)

薛敬之入太学　敬之自幼爱读书,稍长后言必称古道,行则崇先贤。景泰七年(1456),获籍邑诸生,不同流俗,被人们称为"薛道学"。多次省试未成。成化二年(1466),入太学。其言论为众学者所折服,咸叹曰:"关西复生横渠者!"由是名动京师,时人将其与陈白沙并称。

[文献]　〔明〕吕柟《明奉政大夫金华同知进阶朝列大夫薛先生墓志铭》:"成化二年,县岁贡,入太学。太学生接其言貌,咸惊叹至。有曰:'关西

复生横渠者!'先生由是名动京师矣。"(《思庵野录》,《思庵薛先生行实》,清咸丰元年武鸿模重印)〔明〕冯从吾《关学编》卷三《思庵薛先生》:"(敬之)景泰丙子,获籍邑诸生,居止端严,不同流俗,乡间惊骇,称之为'薛道学'。为文说理而华,每为督学使者所赏鉴。应试省闱至十有二次,竟不售。成化丙戌,以积禀充贡入太学。太学生接其言论,咸为叹服,一时与陈白沙并称,由是名动京师。"张骥《关学宗传》卷一二《薛思庵先生》:"五岁即喜读书。居止不同流俗,乡人以道学呼之,尝师事周小泉,每鸡鸣而起,候门开,洒扫设坐,至则跪以请教。故谓人曰:'周先生躬行孝弟,其学近于伊洛。吾以为师。陕州陈云逵忠信狷介,凡事皆持敬,吾以为友。吾所以有今日者,此二人力也。'成化丙戌贡入太学,与陈白沙齐名,一时以陈薛并称。……正德戊辰卒,年七十四。"(陕西教育图书社,1921年排印本)又见清乾隆年间刻《渭南县志》卷七。

明宪宗成化四年　戊子(公元1468年)

段坚访周蕙而不遇　段坚于是年至秦州之小泉,因访周蕙(小泉)而不遇,遂留诗一首。后又赠周小泉诗二首,以鉴二人之交谊。

[文献]　〔明〕冯从吾《关学编》卷三《小泉周先生》:"成化戊子,容思先生至小泉,访之不遇,留以诗,有'历尽巉岩君不见,一天风雪野梅开'之句。后又赠以二诗,云:'小泉泉水隔烟罗,一濯冠缨一浩歌。细细静涵洙泗脉,源源动鼓洛川波。风埃些子无由入,寒玉一泓清更多。老我未除尘俗病,欲烦洗雪起沉疴。'又云:'……何为有大如天地,须信无穷自古今。欲鼓遗音弦绝后,关闽濂洛待君寻。'何大复谓'先生与容思先生,其始若张横渠之于范仲淹,其后若蔡元定之于朱紫阳也。'迨老以父游江南,历年涉险踪访,没于扬子江,人皆称其孝,而又重悲其死云。"《明儒学案》卷一《布衣周小泉先生蕙》、〔清〕沈佳《明儒言行录》卷二《周桂(一作蕙)小泉先生》(文渊阁《四库全书》本)均有记载。

明宪宗成化八年　壬辰(公元1472年)

十月,张杰卒　张杰(1421－1472)字立夫,号默斋,凤翔(今陕西凤翔县)人。明正统六年二十一岁时登乡荐。正统十年中乙榜,在山西赵城任训导六年,期间"惟以讲学教人为事",并曾与河东薛瑄论身心性命之学,受到薛公的称道,由此学术大有长进。重视礼学,曾以儒家之礼更化其乡里。潜心于理学,将"涵养须用敬""进学在致知"之语作为其座右铭。对《五经》有深厚的造诣,故从学者甚众,被学者称为"五经先生",名重一时。明成化七年五十一岁时,茶台马震曾遣人聘他为城固学事,不从。其理由一是对时下学风之不端颇有微词,认为古之学者尝能务于身心性命之学,而时下学者则"专务文词",甚至"有以累其性情"的情况。二是自谦其"未造其域",加之有"寒疾"而不能出,终而谢绝其聘请。尝与段坚、周蕙、赵英等人一起论学。其思想推崇程朱之性理学,然从其诗中有"今宵忘寝论收心"句以及其"居恒瞑目端坐"的为学工夫看,其学亦受心学较大之影响。故范公吉称其"以五经教授,明心学于狂澜既倒之余;以四礼率人,挽风化于颓靡不振之秋;以端实淡泊饬躬砥行,垂休光于千百载之后,可谓一代人物矣!"未见有著述传世。是年卒,年五十二。

[文献] 〔明〕冯从吾《关学编》卷三《默斋张先生》:"先生名杰,字立夫,号默斋,凤翔人。……年二十一,登正统辛酉乡荐。乙丑中乙榜。以亲老,就山西赵城训导,居官六年,惟以讲学教人为事。一日,薛文清公过赵城,与先生论身心性命之学,文清公叹服而去,先生之学由是益深……丧葬悉以礼。先是里俗多用浮屠法,先生一切屏去,乡人化之……大肆力于学。居恒瞑目端坐,至于移时。起则取诸经子史,朗然讽诵,或至丙夜后已。最爱'涵养须用敬'、'进学在致知'二语,因大书揭座右。造诣日深,弟子从游者日众,乃拓家塾以五经教授,学者称为五经先生,名重一时……辛卯,茶台马公震行部汉南,特遣诸生黄照、王宣辈奉书载币,聘先生摄城固学事。先生复书略曰:'天地生人,无不与之以善;圣贤教人,亦无不欲其同归于善。是知善者,人所自有而自为之。先觉之觉后觉,如呼寐者而使之寤耳。但古之学者从事于性情,而文辞所以达其意,今之学者专务文词,反有以累其性情。某今年五十有一矣,方知求之于此,以寻古人向上之学,虽得其门,未造其域,汲汲皇皇,恐虚此生。尝自念僻处一方,独学无友,每欲远游,质正高明,奈有寒疾不可以出,况乡党小子相从颇众,岂能远及他方邪?'亦谢不往。与皋兰段先生坚、赵侍御英、河东李学博昶,秦州周布衣蕙相与论学,而段尤称契厚,尝赠以诗,有云:'万径千蹊吾道害,四书六籍圣贤心。圣贤心学真堪学,何用奔驰此外寻!'而先生诗中亦有'今宵忘寝论收心'之句,学者争传诵焉……未及

著书而卒。是为成化壬辰十月十二日,距生永乐辛丑八月十九日,年仅五十有二。……郡倅范公吉称先生:'以五经教授,明心学于狂澜既倒之余;以四礼率人,挽风化于颓靡不振之秋;以端实淡泊饬躬砥行,垂休光于千百载之后,可谓一代人物矣!'"《明儒学案》卷七《广文张默斋先生杰》:"张杰,字立夫,号默斋,陕之凤翔人。正统辛酉乡荐,授赵城训导,以讲学为事。文清过赵城,先生以所得质之,文清为之证明。由是其学益深。……其工夫以'涵养须用敬,进学在致知'二语为的,用五经教授,名重一时。……成化壬辰十月卒,年五十二。"又见《凤翔县志》卷七《儒行》(清乾隆三十二年刻本)、〔清〕沈佳《明儒言行录》卷二《阎禹锡薛文清弟子》、《〔雍正〕陕西通志》卷六三《儒林》。

明宪宗成化十年　甲午(公元1474年)

马理生　马理(1474-1555),字伯循,号谿田,三原(今陕西三原县)人,为三原学派重要传人。据《明史》记载,马理卒于嘉靖三十四年,《关学编》记载弘治癸丑年(1493)马理20岁,并记载其卒于乙卯年(1555)关中大地震之时,享年82岁。由是推知其生于是年。

[文献]　《明史》卷二八二《马理传》记载:"马理,字伯循,三原人。……三十四年,陕西地震,理与妻皆死。"冯从吾《关学编》卷四《谿田马先生》:"先生名理,字伯循,号谿田,三原人。……乙卯,年八十又二,其年十二月十一日夜,地大震,先生即以是夜卒,人皆恸之。……弘治癸丑,先生年二十矣。"〔明〕薛应旂《谿田马公墓志铭》:"嘉靖三十四年乙卯冬十二月十三日亥时,关中谿田先生马公卒。是时全陕地震,山城倾圮,覆屋折木,士民压死者以数万计。远近震惊,谓斯文之丧,有阕于气运,虽人百其身莫可赎也。"(〔清〕黄宗羲辑:《明文海》卷四四九《墓文二十一》,康熙四十四年刻本)另见《〔雍正〕陕西通志》卷六三《儒林》。

明宪宗成化十五年　己亥(公元1479年)

四月,吕柟生　吕柟(1479-1542),字仲木,号泾野,高陵(今陕西高陵县)人。明代关学重要传人。据冯从吾《关学编》和《明史》本传,柟生于成化己亥四月二十一日,卒于嘉靖二十一年(1542),享年64岁。

[文献] 〔明〕马汝骥《通议大夫南京礼部右侍郎泾野吕公柟行状》:"公吕姓,讳柟,字仲木,号泾野,高陵人。……壬寅六月公左臂病瘫,至七月一日卒。距生则成化己亥四月二十一日,享年六十四岁。"(〔明〕焦竑:《国朝献征录》卷三七,明万历四十四年徐象橒曼山馆刻本)《明史》卷二八二记载:"吕柟,字仲木,高陵人,别号泾野,学者称泾野先生。……年六十四卒,高陵人为罢市者三日。"冯从吾《关学编》卷四《泾野吕先生》:"……壬寅七月初一日卒,距生成化己亥四月二十一日,年六十有四。"〔清〕黄宗羲《明儒学案》卷八《文简吕泾野先生柟》:"吕柟字仲木,号泾野,陕之高陵人。……壬寅七月朔卒,年六十四,赐谥文简。"又见张骥《关学宗传》卷一六《泾野吕子》。

韩邦奇生 韩邦奇(1479-1555),字汝节,朝邑(今陕西大荔县)人。卒于嘉靖三十四(1555)年关中大地震中,享年77岁。逆推知其生于是年。

[文献] 《明史》卷二〇一《韩邦奇传》:"韩邦奇,字汝节,朝邑人。……三十四年,陕西地大震,邦奇陨焉。赠太子少保,谥恭简。"冯从吾《关学编》卷四《苑洛韩先生》:"……居七年,乙卯,会地震,卒,年七十七。赠少保,谥恭简。"张骥《关学宗传》卷一九《韩恭简公》:"公讳邦奇,字汝节,号苑洛,朝邑人。父绍宗,号莲峰。成化戊戌进士,官至福建按察副使,学识才品为当时所重。公幼承庭训,即有志圣贤之学,为诸生治尚书,著《蔡传发明》《禹贡详略》《律吕直解》,见者惊服。弘治甲子以书举乡试第二。正德戊辰第进士,授吏部考功主事。……居七年,乙卯卒,年七十七,赠少保,谥恭简。"(陕西教育图书社,1921年排印本)又见〔清〕沈佳《明儒言行录》卷四、〔明〕焦竑《国朝献征录》卷四二《韩邦奇传》。

明宪宗成化二十年 甲辰(公元1484年)

段坚卒 段坚(1419-1484)字可大(可久),初号柏轩,后更名容思,学者称容思先生,明代理学名臣,兰州(今甘肃兰州)人。其学乃私淑河东薛瑄而有自得。正统九年(1444)领乡荐,第二年归第,即教学于乡之士子。景泰五年(1454)成进士,授福山(今山东福山)知县。历莱州(治今山东掖县)、南阳(治今河南南阳)知府等。所至乃刊布《小学》,令士民讲诵。尝召州县学官,具告以古人为学之旨。曾兴办志学书院,"聚郡庠及属治诸生,亲授讲说"

(《关学编》),多讲述《五经》要义以及洛、闽诸儒之学,一意倡导儒学。曾创刻《二程全书》、胡致堂《崇正辨》诸书,以供盈科者学习,遂使当时士习翕然改观。段坚还于其为官之地尽力发展教育,以教化治民,遂使其地民风为之一变。其为政能持大体、重风教而不急功利,政绩卓著,宪宗曾赐敕表彰。在思想上,远溯孔孟,近宗程朱,而其宗旨在一"敬"字。尝谓"学者主敬以致知格物。知吾之心即天地之心,吾心之理即天地之理,吾身可以参天地、赞化育者在于此。"(冯从吾《关学编》卷三)。其弟子甚众,著名者有同郡董芳、罗睿、彭泽、孙芳,秦州周蕙,山西董龄,福山张璞,南阳柴升、王鸿儒等。著有《容思集》《柏轩语录》传世。

[文献] 《明史》卷二八一《段传》:"段坚,字可大,兰州人。早岁受书,即有志圣贤。举于乡,入国子监。景泰元年上书,请悉征还四方监军,罢天下佛老宫。疏奏,不行。五年成进士,授福山知县。刊布小学,俾士民讲诵。俗素陋,至是一变,村落皆有弦诵声。成化初,赐敕旌异,超擢莱州知府。期年,化大行。以忧去,服除,改知南阳。召州县学官,具告以古人为学之指,使转相劝诱。创志学书院,聚秀民讲说《五经》要义,及濂、洛诸儒遗书。……坚之学,私淑河东薛瑄,务致知而践其实,不以谀闻取誉,故能以儒术饬吏治。"冯从吾《关学编》卷三《容思段先生》:"先生名坚,字可久,兰州人。初号柏轩,后更号容思,义取'九容'、'九思'也,学者称容思先生。……凡当世宿儒宦游于兰者,无不师之。于经史蕴奥、性命精微,不究其极不止也。动作不苟,人以伊川拟之。正统甲子,领乡荐。明年,下第归,乡之士大夫多遣子弟就学。先生以师道自尊,教法严而造就有等,士类兴起。己巳,英庙北狩,应上诏诣阙上书,不报。乃裹粮买舟南游,由齐、鲁、淮、楚以至吴、越,访求同志之士,相与讲切,得阎子与、白良辅辈定交焉。逾年始归,学益有得。景泰甲戌登进士,以文名差纂《山西志》。明年,志成复命。寻移疾归,读书于五泉小圃,依岩作洞,以为会友讲习之所。……越五年,为天顺己卯,选山东福山知县。福山,故僻邑,先生以德化民,刊布小学诸书,令邑人讲诵。复以诗歌兴之,必欲变其风俗。或谓其迂阔不能行,先生独谓天下无不可化之人,无不可变之俗。……由是陋俗丕变,海邦岛屿汎汎乎有弦诵风。既六载,以李文达公荐,超擢知莱州府。……未期月,莱人大化。以忧去,既禫,不遽北上,乃访周廷芳于秦州,访张立夫于凤翔,讲学求友,孜孜不暇,其于功名利达澹如也。久之,复补南阳。在南阳,慨近世学者以读书媒利禄、阶富贵,士鲜知圣贤之

学,乃倡明周、程、张、朱与古人为学之意,建志学书院,聚郡庠及属治诸生,亲授讲说。又以民俗之偷,由未预教,乃遴属治童蒙,授以小学、《孝经》、文公《家礼》,教民俗言诸书,俾之讲习。又创刻《二程全书》、胡致堂《崇正辨》诸书,俟盈科者给授。士习翕然改观。……先生为政,持大体,重风教,不急功利,不规规于薄书,不以毁誉得失动其心。……成化甲辰卒,年六十有六。门人私谥曰文毅。……盖先生之学,近宗程朱,远溯孔孟,而其功一本于敬。尝言:"学者主敬以致知格物。知吾之心即天地之心,吾心之理即天地之理,吾身可以参天地、赞化育者在于此。必以命世大儒自期,而不可自暴自弃以常人自居,有负为人之名。"所至,从游者众,多所成立,如同郡董学谕芳、罗金宪睿、彭少保泽、孙孝廉芳,秦州周布衣蕙,山西董金宪龄,福山张同知瓛,南阳柴尚书升、王文庄鸿儒、熊少参纪、张孝廉景纯,皆门墙尤著者。……所著有《容思集》《柏轩语录》行世。"《明儒学案》卷七《郡守段容思先生坚》:"段坚字可久,号容思,兰州人也。年十四,为诸生……慨然有学圣人之志,于是动作不苟。正统甲子领乡荐,己巳,英宗北狩,应诏诣阙上书,不报。自齐、鲁以至吴、越,寻访学问之人,得阎禹锡、白良辅,以溯文清之旨,踰年而归,学益有得。登景泰甲戌进士第,归而读书。越五年,出知福山县,以弦诵变其风俗……六载而治行,郁然可观。李文达荐之,擢知莱州府,以忧去。补南阳府,建志学书院,与人士讲习濂、洛之书。……成化甲辰卒,年六十六。"

[考辨] 关于段坚的师承问题。《明史·段坚传》记载"坚之学,私淑河东薛瑄。"段坚之学乃私淑河东薛瑄而有自得。但《明史·周蕙传》记载"州人段坚,薛瑄门人也。"认为段坚为薛瑄及门弟子,此误,当为瑄私淑弟子。

明宪宗成化二十二年　丙午(公元1486年)

薛敬之谒选山西应州知州　薛敬之以岁贡身份破格选为山西应州知州。治理期间,尝教民耕稼纺织,十分体恤民情,常循察田野,并能周济穷苦民众,帮助弱者。注意儒学教育,数至学舍,教以孔孟道德性命之学。由于他颇具异相,又极具仁德,故民间有许多关于他的奇异传说。

[文献]　《思庵薛先生行实》:"二十一年太宰尹公拔先生,知山西之应州。国朝多以进士举人为知州,而先生以岁贡为知州,太宰亦为知先生矣。

先生之治应也,首劝民耕稼纺绩,当东作循察田野,民艰于耕种者必赍之种子与牛,民贫负租及不能婚葬者,皆为之处置,牸畜数十,给之茕独,令其孳息为养。"(《思庵野录》,咸丰元年武鸿模重刻本)冯从吾《关学编》卷三《思庵薛先生》:"成化丙午,谒选山西应州知府。先生治应,首劝民耕稼纺绩。时当东作,循察田野。民艰于耕种者,赍以牛种。民贫负租及不能婚葬者,皆助之。买牸畜数十,给之茕民,令孳息为养。又务积蔬粟。不三四岁,粟至四万余石,干蔬数万余斤。寻当饥馑,应民免于死亡。其既窜而复归者三百余家,皆与衣食,补葺其屋庐与处。由是属邑闻风,复者沛然。又立义冢,以瘗流民之死于道者。……先生尤雅重学政,数至学舍,切切为言孔孟之旨,由是应人士始知身心性命之学。"《明史》卷二八二《薛敬之传》:"成化末,选应州知州,课绩为天下第一。"

李锦卒 李锦(1436－1486),字在中(一曰名中),号介庵,咸宁(今陕西西安)人。少即嗜书知大义,善辞章之学。后遇秦州周蕙(小泉)讲学,遂得以闻知周、程、张、朱理学之要,于是乃放弃辞章而专以修习主敬穷理之学。尝与渭南薛敬之等共主讲习,在关中有较大影响,时关中学者常以"横渠"称道他。明天顺六年举于乡,成化四年曾游成均,借以交往天下之士,遂使其学大进,深得大司成邢让的器重,邢曾令诸子往受业。周蕙过陕西,曾与李锦设问辨难,切磋学术,周对其学颇为叹服。锦为人性情刚烈,不轻易许诺,但凡大义所在,则确然自信。邢让坐事下狱,锦力主正义,明其无罪,并倡议六馆士伏阙抗章,由此而名重京师。尝以武侯"静以修身,俭以养德"为其座右铭。成化二十年,谒选直隶松江府同知,为政勤勉清廉。素习经学,多有己见,从不穿凿其说。其学颇务穷理尽性,并能体之身心,然不好立言,故未见其遗稿传世。平生善诱后学,谆谆教诲,不知疲倦。其弟子知名者有李伦、刘玑、于宽、董养民以及举人张子渭、李盛等。薛敬之称锦"关西之豪杰也。甘贫守道,好学,至死不倦。"督学杨文襄表其墓谓:"挺然风尘之表,不苟简迁就,与世低昂。抱其贞璞,卒以完归。"是年,因疾卒于官,年五十一岁。

[文献] 《明史》卷二八二《周蕙传》:"蕙门人著者,薛敬之、李锦、王爵、夏尚朴。"冯从吾《关学编》卷三《介庵李先生》:"先生名锦,字在中,号介庵,咸宁人。……比成童,还为诸生,受《易》于乡先生董君德昭之门。大肆力于学,每试辄为督学使者所称赏。后遇秦州小泉周廷芳讲学,得闻周、程、张、朱为学之要,遂弃记诵辞章之习,专以主敬穷理为事。又与渭南思庵薛氏、咸阳

西廓姚氏、同邑谊庵雍氏丽泽讲习,相劝相规。久之,践履醇茂,关中学者咸以"横渠"称之……天顺壬午,举于乡。成化戊子,游成均,友天下士,其学益进,大司成邢公让深器异之,令诸子受业焉。后邢坐事下狱,先生倡六馆士伏阙抗章,明其无罪,虽于事无益,而先生之名重京师矣。尝爱武侯"静以修身,俭以养德""学须静,才须学"数语,揭之座右以自警……后周廷芳复过省,与先生印证所学,设问辨难,周为叹服。先生解经平正通达,不为凿说,且善诱后学,谆谆忘倦。出其门者如李参政仑、刘尚书玑、于知州宽、董员外养民,及举人张子渭、李盛渐被尤深。先生数上春官,竟不第。成化甲辰,谒选直隶松江府同知。职亲戎牒,夙夜精勤,奸无所售……以疾卒于官。是在成化丙午,年仅五十一。……学务穷理性,体之身心。不好立言语文字,以故殁之日,遗稿无存。灵宝许襄毅公为先生同志友,先生殁十年,襄毅公巡抚关中,属督学杨文襄公表其墓。文襄公称先生:'挺然风尘之表,不苟简迁就,与世低昂。抱其贞璞,卒以完归。'"《关学编·思庵薛先生》引吕柟《薛敬之墓志铭》:"又谓门人廉介曰:予闻诸思庵薛子曰:介庵李锦,关西之豪杰也。甘贫守道,好学,至死不倦。今亡矣夫!夫薛子其亦见介庵而兴起者乎?其学问渊源如此云。"《咸宁县志》卷二三《儒学传》:"李锦字名中(原注:旧志作"在中"),泰州(笔者注:"秦州"之误)周蕙门人,举天顺六年乡试。入国学,为祭酒邢让所知。让坐事下吏,锦率众抗章白其非辜。幼丧父事母色养,执丧尽礼不作浮屠法,巡抚余子俊延为子师,锦以齐衰不入公门,固辞。所居仅蔽风雨,布衣粮食,义不妄取。成化中选松江同知,卒于官。(《咸宁县志》卷二六,〔清〕高廷法等纂,民国二十五年排印本)

王恕致仕

[文献] 《明史》卷一八二:"(成化)二十二年,起用传奉官,恕谏尤切,帝愈不悦。恕先加太子少保,会南京兵部侍郎马显乞罢,忽附批落恕官保致仕,朝野大骇。"同卷:"(臣)致仕在二十二年。"冯从吾《关学编》卷三《平川王先生》:"丁未,孝宗登极,召起端毅公为冢宰。先生侍行,读书京邸……癸丑,第进士。会端毅公致仕,先生予告归,乃开门授徒,讲学于释氏之刹。"冯从吾《关学编》卷四《谿田马先生》:"(马理)幼敏慧醇雅如成人。……弘治癸丑……会王端毅公致仕,康僖公以进士侍归,讲学弘道书院,先生即受讲康僖公所,于是得习闻国朝典故与诸儒之学。"张骥《关学宗传》卷一四《王端毅公》:"正统三年进士,改翰林院庶吉士。景泰间迁知扬州。天顺中转江西右

布政使,讨平岭寇。成化初,转河南左布政使襄郡流民……孝宗即位,召改吏部尚书加太子太保公,在吏部抑侥幸,奖名节,拔淹滞,遇事敢言,有不合辄求退乞休,上二十余疏乃允,年八十八。武宗遣行人存问,公复疏数事。又四年卒,年九十三,谥端毅公。"〔清〕沈佳《明儒言行录》卷四《王恕介庵先生端毅公》:"时大学士丘浚不喜公,每有论奏,阴抑之。且使其私人太医院判刘文泰讦奏公乱选法,又不当令人作《大司马王公传疏》留中。公疏自劾,乃下文泰狱,谪官。而言官亦交劾浚妨贤妒才,公竟致仕去。"(文渊阁《四库全书》本)《〔乾隆〕三原县志》卷一三《端毅王公神道碑铭》记载:"(恕)又以京师地震,乞辞位不许,寻复改南京兵部尚书,仍参留务。闻秦晋饥,言便宜十事,闻林俊、张黻之谪,乞还其官。因请罢永昌寺役,加太子少保。言政令必信,不宜数改,语尤激,旋落太子少保,以尚书致仕。孝宗在东宫已闻公名,既登首,降敕召之,改吏部尚书,加太子太保。"(刘绍攽纂修,乾隆癸卯年刻本)

[考辨] 按照《明史》卷一八二本传所载,王恕因劝阻起用传奉官一事而惹恼宪宗,被允致仕,时在成化二十二年(1486)。按照《三原县志》卷一三《端毅王公神道碑铭》记载,王恕曾于成化年间以尚书致仕。后于孝宗登极之后,复吏部尚书,加太子太保,推知其致仕当在成化末年,大致与《明史》所载相符。此外,《关学编》卷三、卷四的记载,王承裕于癸丑年(1493)进士及第,适逢其父王恕致仕,于是以进士侍归,讲学弘道书院,明代关学重要传人马理即于癸丑年(1493)就学于王承裕,由此推知王恕致仕时间当为癸丑年。《国朝献征录》卷三一《王承裕传》:"(承裕)弘治癸丑进士,时端毅公致仕,即归养,暇授徒于弘道书院。"与冯从吾所说相合。另据清人张骥《关学宗传》所载,孝宗即位,王恕出任吏部尚书加太子太保公,"在吏部抑侥幸,奖名节,拔淹滞,遇事敢言,有不合辄求退乞休,上二十余疏乃允,年八十八"与清人沈佳《明儒言行录》所载王恕因与丘浚政见不合而致仕相一致。若以此二条资料推断,王恕致仕在其八十八岁时即癸亥年(1503)。以上诸说中《明史》与《三原县志》可以互证,《关学编》卷三与卷四可以相互旁证,《明儒言行录》与《关学宗传》相呼应。此外,《四库全书总目提要》卷三四:"考《明史》恕本传,其初致仕在成化二十二年,孝宗立,复召用。后与邱浚不合求去,以宏(弘)治六年闰五月复致仕,自是家居凡十五年。"可知,王恕一生曾经多次致仕。据笔者推断共三次:成化二十二年(1486)、弘治癸丑年(1493)、弘治癸亥年(1503)。因《明史》为正史,又有《端毅王公神道碑铭》作为旁证,暂置是条于

此年。

明宪宗成化二十三年　丁未(公元1487年)

南大吉生　南大吉(1487-1541),字元善,渭南(今陕西渭南市)人。正德六年进士,授户部主事,历员外郎、郎中、浙江绍兴府知府。为阳明心学在关中较早传人。嘉靖二十年卒,年五十五。推知其生于是年。

[文献]　冯从吾《关学编》卷四《瑞泉南先生》:"先生名大吉,字元善,号瑞泉,渭南人。正德庚午举人,辛未进士。授户部主事,历员外郎、郎中、浙江绍兴府知府,致仕。嘉靖辛丑卒,年五十有五。"张骥《关学宗传》卷二一《南瑞泉先生》:"先生讳大吉,字元善,号瑞泉,渭南人,正德庚午举人,辛未进士,授户部主事,历员外郎中,出守浙江绍兴府,致仕。嘉靖辛丑卒,年五十五。"又见《〔乾隆〕渭南县志》卷七、焦竑《国朝献征录》卷八五《绍兴府知府南大吉传》等。

明孝宗弘治六年　癸丑(公元1493年)

秋九月,薛敬之《思庵野录》编成　薛敬之在弘治六年九月所书《思庵野录引》中自叙其得周廷芳的教诲,尝求静以思,"苦心焦思,拟之周程。"又效法张载"心有所开处,即便扎记"的做法,每有所得,随即记之。将一二十年认真读书、苦心思索所得记录下来,以备遗忘,并于成化二十年(1484年)任山西应州知州时携之官邸。后因制满之期,命诸生誊录,《思庵野录》遂以编成,时在弘治六年秋九月。《关中丛书》所收《思庵野录》有弘治六年(1493)郭玺序、正德十二年(1517)刘春序、万历三十六年(1608)孙丕扬序、万历三十八年(1610)冯从吾序、天启三年(1623)邹元标序。邹元标天启癸亥年撰《薛思庵先生野录序》释"野",谓"我夫子生周末,欲从先进。夫先进,当时所谓野人者。夫子意,礼失而求之野云尔。"

[文献]　薛敬之《思庵野录引》:"张子曰:'心有所开处,即便扎记。不然,则还塞之矣。'故每于静坐,凡有所开处,辄便记之。……其苦心焦思,拟之周程。其力最勇,故其所得凡天地万物阴阳消息之理最切,以其根于所自故也。仆自三十年来,颇会知读书,又得见小泉周先生廷芳之后,亦尝求静。

凡每有所得,亦效张子之意,不间昼夜,顷刻辄便书之,以备遗忘。积一二十年,不觉有如此。藏之巾笥,以遗子孙。成化二十年,守应携之官邸,以为皆精神所萃,不敢遗弃,特因制满之期,命诸生誊录成编,故序之以识岁月云。……宏(弘)治六年秋九月重阳前一日思庵书。"(《思庵野录》,咸丰元年武鸿模重刻本)

[考辨] 《思庵野录》的编成年代与其撰写时代不同。据薛敬之《自序》"特因制满之期,命诸生誊录成编,故序之以识岁月云。……宏(弘)治六年秋九月重阳前一日思庵书"一语,以及其门人郭玺之《序》"……题其稿曰:《思庵野录》,则知吾师待天下后世有在矣。时诸友咸序诸端,仆忝在门下不能不序。……弘治六年,岁在癸丑菊月,浑源门人郭玺顿首拜识"的记载来看,薛敬之与郭玺所识之《序》均在弘治六年九月(又称"菊月")。又,按照正德十二年(1517)刘春之《序》所说"是《录》也,门人浑源郭玺所辑",可知,《思庵野录》是由郭玺所辑成编。由此可知,是书最终是由郭玺于弘治六年(1493)左右编成。但是书的撰写时代应在成化二十年即薛敬之出任山西应州知州前。撰写时间与全书的编成时间相差数年。

宏道书院 弘治癸丑年,王承裕中进士,适逢其父王恕致仕,遂以进士身份待归,建宏道书院讲学授徒。

[文献] 《〔乾隆〕三原县志》卷一四王云凤《宏道书院记》:"宏道书院者,三原王君天宇之所建也。始君举进士,即侍父太宰公归。诸生秦伟、马理、洛昂辈从之学,假僧舍以居,题曰"学道书堂"。君于堂后自构一室,曰"宏道书屋"。宏治乙卯,以太宰公命如京受职,拜兵垣数月,复以疾归。从者益众。秦伟谋于众,欲作书院,锓疏遍告于里之富而好礼者,商贾之游于其地者,鸠缗钱若干,择地之爽垲,得永清坊之普照废院,其地以丈计,袤四十,广十二,遂白于官,而肇工焉。……考经堂后独植杏,思孔堂也。名为"宏道书院"。……嗟乎,作书院而名以宏道,学者其有惕然于心者乎。是道也,君子之所以治身,先王之所以治天下者也。而今学者乃讳言之,一有谈及则互相告,语以为笑,不曰此其勉强,则曰彼某事过某事不及。夫勉强行道,董仲舒能言之,吾夫子亦有取于勉强而行者,人岂能一一生而圣哉!世之放意恣情以为不善者,不议其非,而乃重勉强为善者之罪,此何理也。执中乃尧舜禹之能事,孔门中行亦未多得。今于为善者洗垢以索,吹毛以求,不以为过,必以为不及,而同流合污者乃以为中。一人唱之,十人聚而和之,此又何理也?夫

道晦于衰周之际者,杨墨为之也。晦于汉晋隋唐五代之间者,佛老为之也。今学者少之所习、终身之所诵无非圣人之书,而以学道者为笑。一遇规行矩步、端颜正色之士,则嘲论纷起,诽谤横生,遂使学以讲道为讳。然则,又何暇责彼异端者乎?君以宏道为名,凡学于此者,其有惕然于心者乎!吾有是身,固有天命于我者之性。学者亦惟尽吾性焉耳,尽性之大目,则君所谓为学大道理。所以尽之,则所谓正功夫者也。持此不懈,在主敬。而察此以惟恐坏之,在谨独。吾性既尽,然必尽人物之性。至于赞化育、参天地乃为宏道之极功,而亦非吾性外事也。若徒以举业为务,以科目为念,冯功名显达自期,待毁方瓦合以求避世俗之笑,则安用此书院?!抑岂所谓宏道者哉!"(清刘绍攽纂修,乾隆癸卯木刻本)《弘道书院箴》:"维兹书院实萃群英,隆师亲友,讲道穷经。工夫既到,义理自明。匪徒知之,尤贵力行。乡举里选,荐其贤能,进于宗伯,达于大廷。牧民守宰,辅政公卿,皆由此出,千载垂名。"(《王端毅公文集》卷三,清嘉庆十五年重刻本,瑞芝堂家藏版)冯从吾《关学编》卷三《平川王先生》:"先生名承裕,字天宇,号平川,三原人。父恕,历官太子太保、吏部尚书,赠太师,谥端毅……丁未,孝宗登极,召起端毅公为冢宰。先生侍行,读书京邸,与一时名公游,由是闻见益广,学益进。癸丑,第进士。会端毅公致仕,先生予告归,乃开门授徒,讲学于释氏之刹。堂至不能容,复讲于弘道书院。先生教以宗程、朱以为阶梯,祖孔、颜以为标准。语具督学虎谷王公《书院记》中。盖先生以师道自居甚严,弟子咸知敬学,故自树而成名者甚众。"

马理受学于王承裕 马理幼而聪慧,十四岁为邑诸生,能研习《五经》,称说先王。是年,王恕致仕,创宏道书院。适逢王承裕(康僖公)讲学于该书院,于是马理从学于其所,得以习闻国朝典故和儒家诸子。尝能以曾子的"三省"、颜子的"四勿"要求自己,深得康僖公的器重,学者以为"今之横渠也。"

[文献] 冯从吾《关学编》卷四《谿田马先生》:"先生幼敏慧醇雅如成人。年十四为邑诸生,即称说先王,则古昔,研究五经,指义多出人意表。弘治癸丑,先生年二十矣,会王端毅公致仕,康僖公以进士侍归,讲学弘道书院,先生即受讲康僖公所,于是得习闻国朝典故与诸儒之学。先生一切体验于身心,与同门友秦西涧伟作告文告先师,共为友身循理之学,以曾子'三省'、颜子'四勿'为约,进退容止,力追古道。康僖公深器异之,一时学者即以为今之横渠也。"《[乾隆]三原县志》卷九:"马理,明史本传字伯循,号谿田,同里王

承裕,作宏道书院讲学,理从之。杨一清督学三秦,见理与吕柟、康海文,奇之,曰:'康生之文章,马生吕生之经学,皆天下士也。'"(刘绍攽纂修,乾隆癸卯年修刻本)

杨爵生 杨爵(1493－1549),字伯修,号斛山,富平(今陕西富平县)人。进士出身,曾仕山东道监察御史等职,为官耿直,学涉诸经百家。卒于嘉靖二十八年(1549),年五十七,推知其生于是年。

[文献] 《明史》卷二〇九:"杨爵,字伯珍,富平人。……二十六年十一月,大高玄殿灾,帝祷于露台。火光中若有呼三人忠臣者,遂传诏急释之。居家二年,一日晨起,大鸟集于舍。爵曰:'伯起之祥至矣。'果三日而卒。隆庆初,复官,赠光禄卿,任一子。万历中,赐谥忠介。"《杨忠介公集》卷一吴时来《杨御史传》:"斛山杨先生,讳爵,字伯修,陕之富平人。……己酉冬十月九日猝大鸟集居处,先生不乐,曰:'汉杨伯起之鸟至矣,兆在我乎!'十四日午时而殁,年五十有七。"(《杨忠介公集》卷一,清光绪癸巳季夏张履诚堂木刻本)杨爵《临终自书墓志铭旌》:"吾平生所期欲做天下第一等人,而行不逮。欲干天下第一等事,而绩未成。今临终书此以志墓,愿吾子孙当吾身后择吾善者从之,其不善者改之,此其意也。在人世五十七年,亦不可谓不寿,但懿行不足垂万世,功业未能俾当时。是谓与草木同腐朽。五十余年生长人世,未尽圣贤之道,两受天禄,还形地下,难忘君父之恩。铭旌。"(《杨忠介公集》卷七,清光绪癸巳季夏张履诚堂木刻本)冯从吾《关学编》卷四《斛山杨先生》:"先生名爵,字伯修,号斛山,富平人。……己酉冬十月九日,卒于家,年五十有七。"张舜典《明德集》:"先生名爵,字伯修,号斛山。富平人。初诞时,室中如火起,人咸惊异之。……己酉冬十月九日,卒于家,年五十有七。"(《鸡山语要》,陕西通志馆印,《关中丛书》本)

[考辨] 关于杨爵"字"的问题,《明史》为"伯珍"说,但为孤说;《杨忠介公集》《关学编》《明德集》为"伯修"说,持说一致。鉴于有关杨爵的生平行实、墓志等相关材料的缺失,暂难下定论,二说并存,以俟新考。

明武宗弘治八年 乙卯(公元 1495 年)

张鼎卒 张鼎(1431－1495),字大器,别号自在道人,咸宁(今陕西西安市)人。明关学学者,人称自在先生。早年受学于河东薛瑄(字文清),立志于圣贤之学,对诸子百家之学,无不综览,尤倾心于濂、洛、关、闽之旨。景泰四年(1453),以《易》举于乡。成化二年(1466)进士及第,授刑部主事,迁员外郎。成化十年(1474),任山西太原知府,后历任山西参政、河南按察使等职。弘治初,擢右佥都御史,巡抚保定等府,后调入京师任户部右侍郎。为官清正廉明,纪纲整肃,为百姓所称颂。为人仁厚,敬慎其事,凡利非义不取。终身恪守师说。其师薛瑄卒后,其文集散而不传,他用数年时间对之加以搜集整理,并序梓而得以传世。著有《张大器语录》《仕学日记》《自在诗文》《蠹斋博稿》等。三原王恕为其撰写《墓志铭》,称"理学传自文清公……高名可并太华峰。"

[**文献**] 冯从吾《关学编》卷三《大器张先生》:"先生名鼎,字大器,别号自在道人,咸宁人。父廉,为山西蒲州知州。先生少从父之任,受学于河东薛文清公之门,用是日勤励于圣贤之学,诸子百家虽靡不研究,而一禀于濂、洛、关、闽之旨,文清公深器重之。归补西安郡庠弟子员。景泰癸酉,以《易》举于乡。成化丙戌,成进士,授刑部主事,迁员外郎,冰蘖自持,推谳详明。甲午,出知山西太原府。太原为省会剧郡,故称难治,先生游刃有余,循良弁,三晋郡人德之,不忍先生离去。故九载考绩,晋山西参政,仍署府事。又四载,始迁河南按察使,振肃纪纲,奸贪敛迹,尝辨指挥董敬等人命之诬。弘治改元,擢右佥都御史,巡抚保定等府。时畿内多事,盗贼纵横于途,行旅戒严,先生筑墙植树,自内丘直达京师,由是道路肃然,至今赖之。值岁大祲,先生给粮赈济,民免流亡。辛亥,晋户部右侍郎。寻以病请归。归四年,为弘治乙卯,卒于家,年六十有五。先生为人仁厚,敬慎事,不苟为,非义一介不取,进退唯命是听,终身恪守师说,不敢少有逾越。文清公殁,其文集散漫不传,先生搜辑校正凡数年,稿始克成,乃为序梓而传之,至今学者尚论文清,必以先生之言为征信云。所著有《仕学日记》《自在诗文》《蠹斋博稿》若干卷。……其卒也,端毅公铭其墓,称其'理学传自文清公,高名可并太华峰',世以为确论。"〔明〕王恕撰《嘉议大夫户部右侍郎张公墓志铭》:"公少颖敏过人,早承家庭之训,既而从学于河东薛文清公之门,知州君不召之不敢归,且使之衣朴食淡,苦其心志,盖将望其大成就也。公用是日夜勤励于古圣贤之学,诸子百家之说靡不毕究。不一二年,遂得文清公性理之传。归补郡庠弟子员,以《易》经中景泰癸酉乡试,登成化丙戌进士第。初授刑部浙江清吏司主事……癸巳,转本部福建清吏司署员外郎事……甲午,升山西太原府知府。其属民顽,

讼健,素号难治。公至,持廉秉公,法正令严,吏民警畏,奸顽者缩首。然后布其政教,施其德化,俾为官者各修其职,而贪惰之风息;为民者各安其业,而旧染之俗转。凡郡守所当为者,若学校者,若农桑,若储积,若传舍水利之类,莫不修举而各有成绩。虽遇大利害,处之泰然,不少动。……甲辰秋遂升山西布政司右参政,仍署府事。吏民闻之,莫不忻喜,皆曰:'我父母又来抚我也。'……辛亥,升户部右侍郎。……公为人仁厚敬慎,读书善记诵,作诗文喜简淡平实,事不苟为,非其义不取。进退唯命是听,其所历之处,人皆思慕不忘。所著有《仕学日记》《自在诗文》《蠹斋博稿》若干卷藏于家。……铭曰:公家世世居关中,公性聪明量宽洪。从父宦游至河东,理学传自文清公。发身科第即登庸,明刑仁恕似有功。治郡有古循吏风,持宪奸贪自潜踪。巡抚尤能恤困穷,佐理司徒功更崇。六十有五正显融,奈何一疾遂寿终。高名可并太华峰。"(《王端毅公文集》,明嘉靖三十一年乔世宁刻本)

明武宗弘治九年　丙辰(公元1496年)

重建正学书院　正学书院为元代关中理学重要讲学之所,书院合祀张载、许衡、杨恭懿等人,以纪念其在关中讲学、倡导道学的功绩。至元代末年,正学书院已遭毁坏。明代弘治九年(1496),提学杨一清再次倡建。因正学书院原址多居民兵,巡抚都御史张敷华、巡按御史李瀚命参政汪奎、副使马龙等另择"秦府隙地"重建,李东阳为之作记。

[文献]〔明〕李东阳《重建正学书院记》:"正学书院,为道学而作也。院在陕之西安,盖宋横渠张子倡道之地,门人吕大钧辈皆得其传。元鲁斋许公来主学事,亦多造就。后省臣建议为书院,合祀横渠、鲁斋及其乡贤杨元甫,而聚徒讲学其间,朝廷赐以经籍,给之学田,张忠文公养浩实记其事。入国朝百余年,遗址为兵民所据,而坊名尚存。弘治丙辰,杨君一清始倡之,时巡抚御史张公敷华、巡按御史李君瀚以为业久不可夺,乃属参政汪君奎、副使马君龙督府卫,别度吉壤,得诸城之正中,为秦府隙地,秦简王闻而捐之。知府严君永浚议重建焉。……其祠之所祀杨君,则以为明道程子尝为鄠县簿,横渠之学实得之二程,于是主程及张,以及于许、吕、杨以下,各以类配。是虽复鲁斋之旧,而实崇祀先贤,表章正道,以风励学者,非徒为许设也。故易其名曰'正学书院'。"(李东阳撰《怀麓堂集》卷六五《重建正学书院记》,文渊

阁《四库全书》本）〔明〕邓元锡《皇明书》卷一八："杨文襄公一清字应宁,云南安宁州人。父徙巴陵,已,又徙丹徒。八岁,以奇童荐。成化中进士,官中书舍人。文有名出,提学山西,改陕西。力祛宿弊,学政肃清。创正学书院,群陕士高等者其中,亲课之。吕柟、康海、李梦杨（笔者注："杨"为"阳"之误）,皆所取士也。"（明万历刻本）冯从吾《正学书院志序》："古今书院皆有志,往余读书正学书院,求其志而不得,近始得于一同志所。盖先督学唐文襄公所纂。今八十余年往矣。……正学书院当与白鹿、岳麓、嵩阳、睢阳四大书院并重宇内矣。"（《少墟集》卷一三,康熙癸丑年重刻本）〔明〕何景明《雍大记》卷一三："正学书院在咸宁县归义坊。胜国时,许鲁斋遗址。弘治十一年,提学副使杨一清创建,弘治十八年副使王云凤增建书楼四楹,正德十四年副使何景明议置学田四十九顷。"（明嘉靖刻本）〔明〕焦竑《国朝献征录》卷一《秦简王》："长安有鲁斋书院,久废。弘治丙辰,提学邃菴杨公欲复之,故址半为民居,王闻,乃易隙地一区,建正学书院。既成,为文记之。（明万历四十四年徐象橒曼山馆刻本）〔明〕唐龙《渔石集》卷一《正学书院续记》："陕西古雍州也,自昔冯翼之贤生于王国,冠带之士圜诸桥门,名物肆陈,典彝丰郁,彬彬乎,蔼蔼乎,不可尚已。既元孽窃运,雄据百二之形,戎寇穴于门庭,兵刃接于原野,诗书煨烬,贤献逋逸,菁莪朴棫之化蒿焉,亡矣。肆我太祖高皇帝收复丰、镐,奠丽崤函,厄运既昌,遗文复焕然而遐,僻之壤犹阙夫。师资奇瑰之士,或轶乎程轨。宏治初,石淙杨一清以佥事督学政于斯,深惟会城衣冠萃止,典刑式昭,乃议建置正学书院于中,教授生徒工艺,並程规,绪用缉,郡邑弟子员心怿神怡,……天朝如云之章,如风之翔。三十余年未之有改也。"（明嘉靖刻本）《〔雍正〕陕西通志》卷二七《学校》："正学书院在府治西南,盖宋横渠张子倡道之地,门人吕大钧等皆得其传,元许鲁斋主学事,亦多造就。后省臣建议为书院,合祀横渠、鲁斋及其乡贤杨元甫,而聚徒讲学。其间入明百余年,遗址无存。至弘治九年,提学副使杨一清卜地重建。（大学士李东阳记）弘治中提学王云风建书楼于正学书院,广收书籍以资诸生诵览。嘉靖中,唐龙督学,时士学趋诡异,乃新正学书院,选士群肄之,划其奇靡而约诸理,其所登进者悉为名臣。万历乙酉许孚远督关中学,礼聘三原王之士,多士兴起。国初巡抚贾汉复重修,同州李楷有记。"（清雍正十三年刊本）

吕柟十七岁,入正学书院 是年前后,吕柟梦程明道及东莱吕氏就正所学,由是学日益进。督学杨一清、虎谷王公将其选拔进入正学书院,与群俊茂游,由是见闻益博。

[**文献**]　冯从吾《关学编》卷四《泾野吕先生》:"(柟)年十七八岁,夜梦程明道、东莱吕氏就正所学,由是学益进。督学遂庵杨公、虎谷王公拔入正学书院,与群俊茂游。"马汝骥《通议大夫南京礼部右侍郎泾野吕公柟行状》:"年十四应试临潼,贫不能假馆,宿新丰空舍,夜梦老人自骊山而下,谓曰:尔力学,后当魁天下。既试,补廪膳生。母宋卒,公哀毁骨立。既受学于高教谕俦、邑孙行人昂,请益于渭南思庵薛氏,乃试于提学杨遂庵、王虎谷二公。屡冠多士,爰拔入正学书院,授以所学,由是见闻益博。尝梦见明道程子、东莱吕子就学所疑,学益大进。"(参见〔明〕焦竑:《国朝献征录》卷三七,明万历四十四年徐象樏曼山馆刻本)

薛敬之升浙江金华府同知。撰《金华乡贤志》　从成化二十一年(1485)起的三年时间里,薛敬之在应州担任知州。治应州期间,他劝民耕稼纺绩,兴办学校,铲除盗贼,政绩菲然,奏课成绩第一。是年,升任浙江金华府同知,两年后致仕。其间撰《金华乡贤志》。

[**文献**]　南大吉《思庵先生传》:"(成化)二十一年,试选吏部尹,太宰异其文,又奇其人品雄伟,于是拔授应州知州。知应州者三年,勤耕桑,崇学校,除盗贼,奏课第一。……弘治九年,升浙江金华府同知。居金华者二年,撰《金华乡贤志》,告致仕归。归八年,而当正德改元,诏下,进阶朝列大夫,又二年,卒。"(《思庵野录》,《思庵薛先生行实》,清咸丰元年武鸿模重刻本)《奉议大夫金华府同知思庵先生薛公墓志铭》:"(成化)二十二年太宰尹公拔先生知山西应州……弘治九年,升先生金华府同知,东南学者如陈聪辈数千人,皆抠衣门墙矣。居金华二年致仕。撰《金华乡贤祠志》若干卷。"(《泾野先生文集》卷三四《墓志铭三》,明嘉靖三十四年于德昌刻本)冯从吾《关学编》卷四《思庵薛先生》:"先生尤雅重学校,数至学舍,切切为言孔孟之旨,由是应人始知身心性命之学。奏课第一,弘治丙辰升金华府同知。……居二年,致仕。撰《金华乡贤祠志》若干卷。正德戊辰卒,年七十又四。"

明武宗弘治十年　丁巳(公元1497年)

韩邦奇撰成《禹贡详略》　该书属韩邦奇所撰地理著作,不分卷。对《禹贡》内容作了详略不同的通俗解释,"略"者,是为初学子弟所用;"详"者,是为深研者探究引路。是书初为私塾课本,后被抄刻传世。韩邦奇曾于是年为之作序。今有浙江范懋柱家藏本及天一阁藏本。

[文献] 冯从吾《关学编》卷三《苑洛韩先生》:"先生名邦奇……幼灵俊异常,承训过庭,即有志圣学,为诸生治《尚书》时,即著《蔡传发明》《禹贡详略》《律吕直解》,见者惊服。"〔清〕朱彝尊《经义考》卷九四:"《禹贡详略》二卷,存。邦奇《自序》曰:'略者,为吾家初学子弟也。复讲说者,举业也。详释之者,俟其进而有所考也。弘治丁巳。'欧思诚《后序》曰:'《禹贡详节》乃苑洛韩公心得之学传之家塾者。往岁愚承乏朝邑,知而求传之,公辞曰:此特以教我子弟者,非敢传之人人也。嘉靖乙巳春,适公奉命总理河道于济宁,愚复备属东昌,获伸前请,公诺。愚归郡,寿诸梓,俾读是经者,本其说以研经义,考其图以穷源委,庶知公用心之勤,析理之精,有裨后学不为小补云。'"(文渊阁《四库全书》本)《四库全书总目提要》卷一三:"邦奇学有原本,著作甚富,而此书训释浅近,惟言拟题揣摩之法,所附歌诀、图考,亦极鄙陋。前有邦奇自为《小引》云:'略者,为吾家初学子弟也。复讲说者,举业也。详释之者,使之进而有所考也。'后有蓟门欧思诚《跋》,述邦奇之言亦曰'特以教吾子弟,非敢传之人人。'则是书本乡塾私课之本。思诚刻之,转为邦奇累矣。至每州之下各加每州之域四字,参于《经》文之中,尤乖体例,邦奇必不如是之妄,或亦思诚校刊之时移其行款也。朱彝尊《经义考》载邦奇《书说》一卷,注曰'未见',而不载此书,其卷数则相同,或即因此书而传讹欤?"

明武宗弘治十二年　己未(公元1499年)

王恕著《石渠意见》等　王恕于成化二十二年(1486)致仕,后家居。尝读经书传注,时有所疑,再三体悟,于理未安者,即"以己意推之",成《石渠意见》(四卷)一书。时年84岁。所谓"石渠",乃自号,取汉石渠阁之义。"意见",即自己了悟所得。其中多有所取,然亦有臆断者,如认为子贡作《左传》等。后又于86岁时著《石渠拾遗》(2卷),88岁时著《补缺》(2卷),足见其好学。

[文献] 黄宗羲《明儒学案》卷九:"先生家居,编集《历代名臣谏议录》一百二十四卷。又取经书传注,有所疑滞,再三体认,行不去者,以己意推之,名曰《石渠意见》。意见者,乃意度之见耳,未敢自以为是也。盖年八十四而

著《意见》,八十六为《拾遗》,八十八为《补缺》,其耄而好学如此。"王恕《石渠意见请问可否书》:"恕自早岁读书,窃取传注之糟粕,为文辞,取科第,及入仕,亦尝执此措诸行事。今老矣,致仕回家,复理于学,其于传注发挥明白。人所易知易行者,不敢重复演绎,徒为无益之虚文。至于颇有疑滞,再三体认,行不去者,乃敢以己意推之,与诸生言之,评论其可否。诸生皆明理士也,以为可,吾则笔之于书,藏诸私家,以示子孙。以为不可,即当焚之,无惑后学。弘治己未八月壬辰,石渠王氏书于宏道书院考经堂。"(《续修四库全书》第171册,573页)《四库全书总目提要》卷三四:"《石渠意见》四卷,《拾遗》二卷,《补阙》二卷,(两淮盐政采进本)明王恕撰。恕有《玩易意见》,已著录。考《明史》恕本传,其初致仕在成化二十二年。孝宗立,复召用。后与邱浚不合求去,以宏(弘)治六年闰五月复致仕,自是家居凡十五年。此本首篇自题云己未季秋,据《七卿表》,当在弘治十二年,则是书作于再致仕时。故自序称作《意见》时八十四,作《拾遗》时八十六,作《补阙》时八十八,可谓耄而好学矣。其书大意以《五经》《四书》传注列在学官者,于理或有未安,故以己意诠解而笔记之,间有发明可取者,而语无考证,纯以臆测,武断之处尤多,如谓《左传》为子贡等所作之类,殊游谈无根也。"

明武宗弘治十四年　辛酉(公元1501年)

吕柟二十二岁,登乡举

[文献]《国朝献征录》卷三七载马汝骥《通议大夫南京礼部右侍郎泾野吕公柟行状》:"(泾野)弘治辛酉乡举第十。"(明万历四十四年徐象橒曼山馆刻本)《高陵县志》卷七载〔明〕杨九式撰《吕泾野先生续传》:"辛酉年,甫二十三,中乡试,前名,刻其文。"(明嘉靖二十年刻本)冯从吾《关学编》卷四《泾野吕先生》:"(柟)弘治辛酉,举于乡。"又见张骥《关学宗传》卷一六《泾野吕子》:"既而受学于渭南薛思庵先生,充乎有得,年十七八,梦与明道程子、东莱吕子就正所学,学日益进。弘治辛酉,举于乡。"

明武宗弘治十五年　壬戌(公元1502年)

吕柟游成均,与马理等讲学宝邡寺

是年,吕柟24岁。曾游成均,与三

原马理、秦世观,榆次寇子惇,安阳张仲修等讲学宝邙寺。他们注意进德修业,尤重视道德践履,并相约说:"文必载道,行必顾言。毋徒举业以要利禄,毋徒任重弗克有终。"让弟子师事马理,其入学仪式成为当时京城师传之法式。

[文献] 焦竑《国朝献征录》卷三七载马汝骥《通议大夫南京礼部右侍郎泾野吕公柟行状》:"乡举后与三原秦宪使世观、马光禄伯循、榆次寇司马子惇、安阳张宪使仲修、宗伯崔文敏公仲凫、林虑马都御史敬陈(笔者注:据《关学编》卷四、《李中麓闲居集》文卷九、《明儒言行录》卷四等记载,"林虑"为"林县"之误,"敬陈"为"敬臣"之误)讲学于成钧。"(明万历四十四年徐象橒曼山馆刻本)冯从吾《关学编》卷四:"弘治辛酉,举于乡。明年,计偕不第,游成均,与三原马伯循、秦世观,榆次寇子惇,安阳张仲修、崔仲凫,林县马敬臣诸同志讲学宝邙寺。尝约曰:'文必载道,行必顾言。毋徒举业以要利禄,毋徒任重弗克有终。'日孜孜惟以古圣贤进德修业为事。遣弟栖师事伯循,其入学仪式京师传以为法。"《高陵县志》卷七《吕泾野先生续传》:"辛酉年,甫二十三,中乡试,前名,刻其文。明年下第,卒业成均。与三原马伯循、秦世观,榆次寇子惇,安阳张仲修、崔仲凫,林县马敬臣,辍举业而讲理学。久之,德业进修,践履笃实。"(明嘉靖二十年刻本)

明孝宗弘治十六年 癸亥(公元1503年)

韩邦奇撰成《启蒙意见》 《启蒙意见》五卷。是书自序于孝宗弘治十六年(1503),如以卒年推算,此书撰写约在韩邦奇25岁之时。其内容乃本之于朱子的《易学启蒙》,亦摘录朱子《周易本义》而加以推演,阐发了宋儒之学,特别是朱熹、邵雍的易学思想。是书初次刊刻于明武宗正德九年(1514),后清人将其与所著《正蒙拾遗》《洪范图解》一起编为《性理三解》一书。明学者周一敬以二十九年时间(从万历甲寅到崇祯壬午)对韩《启蒙意见》作注疏,成《苑洛易学疏》四卷。

[文献] 韩邦奇《启蒙意见序》:"夫《易》,理数辞象而已矣;理者,主乎此者也;数者,计乎此者也;辞者,述乎此者也;象者,状乎此者也。图书者,理之舆也,辞之方也,数之备也,象之显也。是故,圣人观象以画卦,因数以命爻,修辞以达义,极深以穷理,《易》以立焉。自夫子称相荡而先天之义微微之

者,后儒失之也。夫相荡者,自八而六十四者也。先天者,加一倍者也。其本同其末异,其生异其成同。而汉以下莫能一焉。宋邵康节氏自八而十六,自十六而三十二,自三十二而六十四。朱晦庵氏为之本图书,为之原卦画,为之明蓍策,为之考占变。于是乎《易》之先后始有其序,而理数辞象之功懋矣。奇也鲁而善忘,诵而习之,有所得焉,则识之于册,将以备温故焉。奇也愚而少达,思而辨之,有弗悟焉,则自为之说,将以就有道焉。是故为之备其象,尽其数,增释其辞矣,理则吾莫如之,何也!弘治十六年仲春苑洛人韩邦奇书。"(韩邦奇:《启蒙意见》,乾隆十六年重刻本)《四库全书总目提要》卷五:"《易学启蒙意见》五卷,(浙江汪启淑家藏本)明韩邦奇撰。邦奇字汝节,朝邑人。正德戊辰进士,官至南京兵部尚书,谥恭简。事迹具《明史》本传。是编因朱子《易学启蒙》而阐明其说:一卷曰《本图书》,二卷曰《原卦画》,皆推演邵氏之学,详为图解。三卷曰《明蓍策》,亦发明古法,而附论近世后二变不挂之误。四卷曰《考占变》,述六爻不变及六爻递变之旧例。五卷曰《七占》,凡六爻不变,六爻俱变及一爻变者,皆仍其旧,其二爻、三爻、四爻、五爻变者,则别立新法以占之。所列卦图,皆以一卦变六十四卦,与焦延寿《易林》同。然其宗旨,则宋儒之《易》,非汉儒之《易》也。"

刘玑《正蒙会稿》(四卷)大约撰成于此时 刘玑,陕西西安府咸宁县人。成化十六年(1480)举乡试,次年登进士。先后任山西曲沃知县、衡州府知府等,累迁至工部尚书。是年前后撰《正蒙会稿》四卷。

[文献] 韩邦奇《正蒙会稿序》:"正德中,吾友何仲默以近山刘先生《正蒙会稿》见遗。初,弘治中余尝为《正蒙解结》,大抵先其难者。继见兰江张子廷式《正蒙发微》,详尽及于易者。顾于予之鲜略焉,尝欲合二书而刻之。今见《会稿》则难易兼备矣,乃取《解结》焚之,使廷式见之,亦将焚其《发微》乎!……故因序是稿而著此,使读先生之书者得以论其世焉。"(《苑洛集》卷一)《千顷堂书目》:"刘玑《正蒙会稿》四卷"(文渊阁《四库全书》本)刘玑《正蒙会稿》卷一《正蒙》:"玑何人,斯乃敢窃议?顾自早岁得有所闻于我介庵李先生及提学恭简戴先生之门,兹又承邃庵杨先生之命,因与同志诸友会讲,成稿中间所引经传,旧有注者固不敢妄为之说,其有非本文所当注而注者,则欲学者因此识彼而且易于考证也。"(明刘玑撰《正蒙会稿》,《六府文藏》子部儒家类,明正德十五年祝寿、武雷等刻后印本)

[考辨] 关于《正蒙会稿》撰写的时间,史载不详。刘玑自称《正蒙会

稿》是"承邃庵杨先生之命"而作。据《六府文藏》史部《本朝分省人物考》卷一〇三《刘玑传》载:"辛酉朝觐,量移九江府……至九江仅逾月,丁母夫人忧,归。是时虎谷王公督陕西,倡明道学,延居正学书院,讲谕性理,三秦学士翕然宗之。甲子,复除湖广衡州府知府。"([明]过庭训撰《本朝分省人物考》,明天启刻本)谓刘玑从弘治十四年(辛酉,1501)至弘治十七年(甲子,1504),曾因丁母忧回陕,被督学王虎谷延为正学书院教授,为三秦学士讲授性理之学。又,其自称是"承邃庵杨先生之命"而作,据载,杨一清(邃庵)曾两次任官于陕西,一是弘治四年(1491)至弘治十一年(1498)间先后任督陕西学政和陕西按察司提学副使,二是弘治十五年(1502)至正德五年(1510)任都察院御史督理陕西马政。韩邦奇见到《正蒙会稿》的时间也是在弘治年间。因此推断《正蒙会稿》可能是刘玑在丁母忧回陕讲学于正学书院时所写,即在弘治十四年至弘治十七年间,故将其撰成时间暂志于弘治十六年前后。

明孝宗弘治十七年 甲子(公元1504年)

吕柟拜薛敬之为师 是年薛敬之70岁,以事入长安,吕柟与吕道夫共同出郊迎拜,并以师礼事之。薛敬之告知吕柟其为学经历及兰州周蕙与陕州陈云逵事。

[文献] 吕柟《薛先生墓志铭》:"初,先生致仕家居,以事入长安,柟获遇先生于长安之开元寺。柟由是知先生也,因叩先生而师事焉。先生言:'兰州军周蕙者,字廷芳,躬行孝弟,其学近于伊洛,吾执弟子礼事之。吾入太学时,道经陕州,陕州陈云逵,忠信狷介,不可屈扰,凡事皆持敬遇之,吾以为友。凡吾所以有今日者,多此二人力也。'乃信先生之学异乎人也。……柟谒先生者再四,见先生年已七十,日夜读书不释卷。"(《思庵野录》,《思庵薛先生行实》)马理《明渭南思庵薛先生入陕西会城乡贤祠记》:"先生平生手不释卷,年七十余,好学如初。学者至,谆谆以道诲之,春秋胜日则吟风弄月于山水间。或以事游会城,观者见其古貌古服,乘舆而来,以为孔子周流气象。时泾野吕宗伯仲木、九川吕巡抚道夫方学于正学书院,共出郊迎拜于所馆,以师礼事焉。理先闻先生于端毅公,后又闻二吕子言。弘治乙丑归自京师,过渭南就问礼焉。"(《思庵野录》,清咸丰元年武鸿模重印本)

明武宗正德三年　戊辰（公元1508年）

二月，薛敬之卒　薛敬之（1435－1508），字显思，号思庵，渭南（今陕西渭南市）人，明代关中理学家。周蕙将薛瑄之"河东学派"传至关中，薛敬之师承周蕙，成为河东学派在关中重要传人。敬之从小喜爱读书，十一岁即能属文赋诗。稍长，"言动必称古道、则先贤"，行止"不同流俗，乡间惊骇，"故人称之为"薛道学"。明成化三年（1467年），以岁贡生入太学，学者为其言行举止而惊叹，赞其为"关西复生横渠者"（吕柟《明奉政大夫金华府同知进阶朝列大夫薛先生墓志铭》，（见《思庵野录》，《思庵薛先生行实》）。会父母相继殁，号哭徒行大雪中，遂成足疾。母嗜韭，终身不食韭。曾与江门心学创始人陈献章并有盛名。明成化二十二年（1486年），以岁贡身份，出任山西应州（今应县）知州。在治理应州期间，重视发展农业，劝民耕稼纺织。体恤民情，常能照顾、资助贫穷孤寡之人。重视教育，数次至学舍讲授孔孟之道，"由是应人士始知身心性命之学。"（《关学编》卷三）后来，他以"奏课第一"于明弘治九年（1496年）升任金华府同知，东南学人数十人"皆抠衣门墙"。两年后（1498）致仕。薛敬之好静坐思索，凡有所心得，即以札记。所著有《思庵野录》《道学基统》《洙泗言学录》《尔雅便音》《田畴百咏集》等书。其思想上接孔、曾、思、孟，更于周、张、程、朱之学甚为用力。其心得多在《思庵野录》中得以呈现，主论理、气、心、性诸范畴，其体系虽不够完善，然亦有其独到之处。表现在本体论上，受周敦颐《太极图说》的影响，主张宇宙有一个由无极——太极——天地——五行——四时——人的演化过程："故无极而太极，太极而后天地，天地而后五行。唯其有五行，是以有四时。故又总无极以来。及天地五行精气妙合而凝，方成男女。人于是生也。"他继承了张载的"太虚即气"的思想，将物质状态的"气"与传统的阴阳观念相结合，以阴阳之气作为宇宙的本原与本体。说"阴阳，气也，离那质不得。刚柔，质也，离那气不得。"同时，承继张载的"天人合一"思想，把气论与人性联系起来，主张"仁义，性也，离那气质不得。未有无气之质，未有无质之气，亦未有无气质之性。"在理与气的关系上，他没有把二者分隔开来，而主张理气相即不离："理无气何所附，气无理何所依。独理不成，独气不就。然理与气二之则不是"（《思庵野录》）。他主张不要把理凌驾于气之上。不过，薛敬之又承继朱熹"理一分殊"的说法,主张"一本即所谓太极涵万物也。分殊、万殊,即所谓万物体太极也",认为"太极只是个理气之总头处",主张理和气二者是"体用一源,显微无间"的关系。薛敬之创设性地提出了"心气说",认为道德修养应该从"心""气"处着力,须清楚何时"心主得气",何时"气役动心"。黄宗羲指出其说"一身皆是气,惟心无气","气中灵底便是心",又说"歧理气而二之"(《思庵野录》),反映出其思想有矛盾之处。是年卒,时年74岁。

[文献] 吕柟撰《明奉政大夫金华府同知进阶朝列大夫薛先生墓志铭》:"正德三年春二月二十七日,金华府同知渭南薛先生卒于家。……正德改元,圣上推恩天下,先生得进阶朝列大夫,至是,卒矣,年七十四。"(《思庵野录》,《思庵薛先生行实》,清咸丰元年武鸿模重刻本。)《明史》卷二八二《薛敬之传》:"敬之,字显思,渭南人。五岁好读书,不逐群儿戏。长从蕙游,鸡鸣候门启,辄洒扫设座,跪而请教。尝语人曰:'周先生躬行孝弟,学近伊、洛,吾以为师。陕州陈云逵忠信狷介,事必持敬,吾以为友。'宪宗初,以岁贡生入国学,与同舍陈献章并有盛名。会父母相继殁,号哭徒行大雪中,遂成足疾。母嗜韭,终身不食韭。成化末,选应州知州,课绩为天下第一。弘治九年迁金华同知。居二年,致仕,卒年七十四。所著有《道学基统》《洙泗言学录》《尔雅便音》《思庵野录》诸书。思庵者,敬之自号也。"冯从吾《关学编》卷三《思庵薛先生》:"先生名敬之,字显思,号思庵,渭南人。……生五岁,爱读书,十一,解属文赋诗。稍长,言动必称古道、则先贤。景泰丙子,获籍邑诸生,居止端严,不同流俗,乡间惊骇,称之为'薛道学'。为文说理而华,每为督学使者所赏鉴。应试省闱至十有二次,竟不售。成化丙戌,以积廪充贡入太学。太学生接其言论,咸为叹服,一时与陈白沙并称,由是名动京师。……成化丙午,谒选山西应州知府。先生治应,首劝民耕稼纺绩。时当东作,循察田野。民艰于耕种者,赉以牛种。民贫负租及不能婚葬者,皆助之。……先生尤雅重学政,数至学舍,切切为言孔孟之旨,由是应人士始知身心性命之学。奏课第一,弘治丙辰升金华府同知。东南学者如陈聪辈数十人,皆抠衣门墙。居二年,致仕。撰《金华乡贤祠志》若干卷。正德戊辰卒,年七十又四。先生嗜道若饴,老而弥笃。好与人讲,遇人无问人省解不,即为说道,人或不乐听说,亦不置。又好静坐思索,凡有所得,如横渠法,即以札记。所著有《思庵野录》《道学基统》《洙泗言学录》《尔雅便音》《田畴百咏集》《归来橐》。及演作《定心性说》诸书,其言多有补于名教云。"黄宗羲《明儒学案》卷七《同知薛思庵

先生敬之》:"薛敬之字显思,号思庵,陕之渭南人。……奏课为天下第一,升金华府同知,居二年致仕。正德戊辰卒,年七十四。……先生之论,特详于理气。其言'未有无气质之性'是矣。而云'一身皆是气,惟心无气','气中灵底便是心',则又歧理气而二之也。"吕柟《明奉政大夫金华府同知进阶朝列大夫薛先生墓志铭》:"正德三年春二月二十七日,金华府同知渭南薛先生卒于家。……正德改元,圣上推恩天下,先生得进阶朝列大夫,至是卒矣,年七十四。"(《思庵野录》、《思庵薛先生行实》)冯从吾《思庵野录序》:"明兴,当成、弘间,太和酝郁,化理翔洽,海内真儒于斯为盛,若思庵薛先生其一也。先生之学以存心为宗旨,以求静力行为功夫,自少至老,斤斤矩矱,不少屑越,故所著《野录》皆从身心体验中流出,凡天地鬼神之奥,人伦物理之常,靡不研穷究极而尤惓惓归重于此心。……吾关中理学,自横渠后必推重高陵吕文简公,而文简公之学又得之先生。关学渊源,良有所自。"(《少墟集》卷一三《序》,明天启刻本)《〔嘉靖〕渭南县志》人物传三下:"薛思庵敬之者,字显思,仕西南里人也。……试于乡。凡十二,竟无遇于考官。成化二年,县官以岁贡贡为太学生。二十一年试,选吏部尹太宰异其文,又奇其人品雄伟,于是拔授应州知州。知应州者三年,劝耕桑,崇学校,除盗贼,奏课第一。……弘治九年,升浙江金华府同知。居金华者二年,撰《金华乡贤志》,告致仕归。归八年,而当正德改元,诏下进阶朝列大夫。又二年卒。"(明南大吉纂修,嘉靖二十年刻本)

三月,吕柟进士及第 是年三月,吕柟登进士第一,授翰林院修撰。时宦官刘瑾窃政,以柟为同乡,意欲招纳为自己的党羽,欲致贺礼,柟不屑与之交往,谢绝贺礼,招致刘瑾的忌恨。

[文献] 《明史》卷一六《武宗本纪》:"(正德三年)三月乙卯,赐吕柟等进士及第、出身有差。"《明史》卷二八二《吕柟传》:"正德三年登进士第一,授修撰。"冯从吾《关学编》卷四《泾野吕先生》:"正德戊辰,举南宫第六人,廷对擢第一,授翰林修撰。凡知先生者皆喜曰:'今得其状元矣!'时阉瑾窃政,以枌榆故致贺,先生却之,瑾衔甚。自是逊避不与往来。"〔清〕沈佳《明儒言行录》卷四《吕柟泾野先生文简公》:"字仲木,陕西高陵人,正德戊辰进士。"(文渊阁《四库全书》本)〔明〕顾鼎臣编《明状元图考》卷二《状元吕柟》:"正德三年戊辰廷试,邵锐等三百四十九人,擢吕柟第一。"(汉阳叶氏平安馆藏本)〔明〕过庭训撰《本朝分省人物考》卷一〇四《吕柟》:"吕柟,字仲木,号泾野,

高陵人。生而颖敏特异,未总未总卯,辄有志圣贤之道。夏居矮屋,衣冠危坐,虽炎暑烁金,不越户限。至冬月祁寒,则履藉麦草,诵恒达曙。年十四应试临潼,贫不能假馆,宿新丰空舍,夜梦老人自骊山而下,谓曰:'尔力学,后当魁天下。'……戊辰廷试,遂擢第一人,漠然不动,若固有之。"(明天启刻本)
〔宋〕邵雍、〔明〕何栋如辑《梦林玄解》卷三四《吕状元新丰兆贵》:"讳柟,字仲木,号泾野,陕西高陵人。正德三年戊辰廷试第一。年十四应试监潼,贫不能僦馆,宿新丰空舍,夜梦老人自骊山下谓曰:'尔勉学,后当魁天下。'"(明崇祯刻本)

四月,王恕卒 王恕(1416—1508),字宗贯,三原(今陕西三原县)人,一生政绩卓著,德泽乡间,为三原学派学人。明正统十三年(1448)进士,官至吏部尚书加太子太保。一生虽身居要职,但以安民为心,不为权势所夺。"刚正清严,始终一致",以直谏著称,所谓"侃侃论列无少避"(《明史》卷一八二本传)。时人有歌谣:"两京十二部,独有一王恕。"是说在两京(北京、南京)的官员中,唯有王恕敢于直言。王恕不仅为官清廉,而且设法促使皇帝体恤民情;他坚持对官府权势实行监督、弹劾,对促进官、民之间的理解起到一定的作用。王恕刚正不阿,秉公不渝;犯颜直谏,冲撞朝臣,晚年主事弥艰。史称"弘治二十年间,众正盈朝,职业修理,号为极盛者,恕力也。"(《明史》卷一八二本传)成化二十二年(1486)致仕。弘治六年(1493),返里后,于立德、立功之余著书立言,同其子王承裕创办宏道书院,成为"三原学派"的创始人。思想上主张"理"与"欲"不相容,说:"天理人欲,相为消长。有天理无人欲,有人欲无天理",强调"遏人欲于将萌"。推崇孟子尽心知性知天之说。主张"中和"为天下大本,说"中为天下处事之大体","和为天下行事之达道"。其气节和学风对三原士风民俗有极大影响。王恕的著述有《历代名臣谏议录》124卷,《太师王端毅公奏议》15卷及《石渠意见》4卷、《玩易意见》2卷(二书见《惜阴轩丛书》)等,辑录《典籍格言》,并汇集资料,聘常州名士朱昱编纂成《三原县志》。

[文献] 《明史》卷一八二《王恕传》:"王恕,字宗贯,三原人。正统十三年进士。由庶吉士授大理左评事,进左寺副。尝条刑罚不中者六事,皆议行之。迁扬州知府,发粟振饥不待报,作资政书院以课士。天顺四年以治行最,超迁江西右布政使,平赣州寇。宪宗嗣位,诏大臣严核天下方面官,乃黜河南左布政使侯臣等十三人,而以恕代臣。成化元年,南阳、荆、襄流民啸聚为乱,

擢恕右副都御史抚治之。……旋改南京户部左侍郎。十二年……乃改恕左副都御史以行,就进右都御史。……恕扬历中外五十余年,刚正清严,始终一致。所引荐耿裕、彭韶、何乔新、周经、李敏、张悦、倪岳、刘大夏、戴珊、章懋等,皆一时名臣。他贤才久废草泽者,拨擢之恐后。弘治二十年间,众正盈朝,职业修理,号为极盛者,恕力也。武宗嗣位,遣行人赍敕存问,赉羊酒,益廪隶。且谕以说论无隐。恕陈国家大政数事,帝优诏报之。正德三年四月卒,年九十三。平居食啖兼人,卒之日小减。闭户独坐,忽有声若雷,白气弥漫,瞰之瞑矣。讣闻,辍朝。赠特进左柱国太师,谥端毅。"黄宗羲《明儒学案》卷九《端毅王石渠先生恕》:"王恕字宗贯,号介庵,晚又号石渠,陕之三原人。正统戊辰进士,选庶吉士,而先生志在经济。……先生家居,编集《历代名臣谏议录》一百二十四卷。又取经书传注,有所疑滞,再三体认,行不去者,以己意推之,名曰《石渠意见》。意见者,乃意度之见耳,未敢自以为是也。盖年八十四而著《意见》,八十六为《拾遗》,八十八为《补缺》,其耄而好学如此。先生之学,大抵推之事为之际,以得其心安者,故随地可以自见。至于大本之所在,或未之及也。九十岁,天子遣行人存问。又三年卒,赠特进左柱国太师,谥端毅。"《明史》卷八三:"成化七年命王恕为工部侍郎,奉敕总理河道。总河侍郎之设,自恕始也。时黄河不为患,恕端力漕河而已。"〔明〕王鏊《震泽集》卷二九《太子太保吏部尚书赠特进光禄大夫左柱国太师谥端毅王公墓志铭》:"国家有宿德重望之臣曰王公,讳恕,字宗贯,仕至太子太保吏部尚书,年七十八致仕。今上即位,遣行人即其家存问,而公卒于家,年九十有四。上为辍视朝一日,谕祭者九,仍命工部治葬事,赠特进光禄大夫左柱国太师,谥端毅,朝之公卿,罔不嗟悼,已又羡焉。谓公禄位名寿终始具全,近古所未有也,公可谓一代伟人矣。王世家陕西三原县,公生而魁伟高岸,音吐如钟,见者异之。正统戊辰,登进士,选入翰林,为庶吉士,授大理评事,历左寺副。出知扬州府,擢江西右布政使,转河南左布政使。成化初,进都察院右副都御史,抚南阳、荆襄流民。丁内艰,会荆襄盗起,特起复公征剿,遂勒巡抚河南,进左副都御史,改南京刑部左侍郎,巡视河防,又改南京户部左侍郎,所至有异政,然犹未甚为人知也。……在云南九阅,月疏二十上,由是直声动天下,进都察院右都御史。……乞崇恭俭为天下先,凡织造官一切取回珍玩、奇货,令四方无来献。……公言当此凶岁,谓宜遣使赈济。……孝宗在东宫则闻公名,即位召为吏部尚书,旋加太子太保,公在吏部裁抑侥幸,褒奖名节,甄拔淹滞，中贵无敢以私干。……公遇事辄言，有不合即引疾求退，上每温诏留之，执政有不悦，谓其好名者。太医院判刘文泰因诬奏公，公疏辨，下文泰狱，鞫问，事遂白，而公求去益力，诏允之，命乘传以归，有司给月米。既归，日优游园林，读书著述，不辍言者。每欲起公不果，以正德三年四月二十日卒。"（文渊阁《四库全书》本）《〔乾隆〕三原县志》卷一三记载〔明〕李东阳所撰《端毅王公神道碑铭》："公讳恕，字宗贯，陕西三原人，正统戊辰举进士，为翰林庶吉士，授大理寺左评事。景泰间迁左寺副，条刑罚不中六事上之，擢知扬州府，屡辨疑狱，岁饥，发廪不俟报，且给医药，多所全活。作资政书院，教群子弟，科不乏人。天顺间迁江西右布政使。广贼寇赣州，帅兵剿平之，迁河南左布政使。成化间擢都察院右副都御史，抚治南阳诸府。……正德戊辰四月二十日卒于正寝，寿九十有三矣。"（清刘绍攽纂修，乾隆四十八年刻本）《明史》卷九六《艺文志》："王恕《玩易意见》二卷。""王恕《石渠意见》二卷、《拾遗》一卷、《补缺》一卷"同书卷九九："《王恕奏稿》十五卷、《文集》九卷。"张骥《关学宗传》卷一四《王端毅公传》："公讳恕，字宗贯，号介庵，三原人。正统三年进士，改翰林院庶吉士。景泰间迁知扬州。天顺中转江西右布政使，讨平岭寇。成化初，转河南左布政使……孝宗即位，召改吏部尚书加太子太保。公在吏部抑侥幸，奖名节，拔淹滞，遇事敢言，有不合辄求退乞休，上二十余疏乃允。年八十八，武宗遣行人存问，公复疏数事。又四年卒，年九十三，谥端毅公。历仕中外四十年，上三千余疏，皆忠直剀切，京师为之语曰：'两京三十部，独有一王恕。'论者谓公忧时之志如范希文，济世之才如司马君实，直谏如汲长孺，惠爱如郑子产。八十余犹葺庐于先陇。之次搜阅典籍，编《历代名臣谏议》一百二十卷。作《石渠意见》四卷，《石渠意见》拾遗二卷，《玩易》二卷。"事又见《明武宗实录》等。

韩邦奇进士及第 韩邦奇中进士第，拜吏部考功员外郎，寻转选部员外郎，幡然于性命道德之学。是年，韩邦奇30岁。

[**文献**] 《苑洛集》卷五《大明中顺大夫四川夔州府知府刘公德征墓志铭》："正德丁卯……明年……时朝邑韩邦奇为选部员外郎……"（《韩苑洛全集》，清道光八年重刻，朝邑县西河书院藏板）《苑洛集》卷二二《见闻考随录》附张文龙识："先生少时锐意于诗，既而当弘治之盛，自庆身际升平，复留心于礼乐。比登仕，则正德矣，乃幡然于性命道德之学，凡诗文则随意应答，稿多不存。"（朝邑县西河书院藏板）冯从吾《关学编》卷四《苑洛韩先生》：

"正德戊辰,成进士,拜吏部考功主事,寻转员外郎。"〔明〕焦竑《国朝献征录》卷四二《韩邦奇传》:"韩邦奇,陕西朝邑人,正德戊辰进士。"《续朝邑县志》卷六:"韩邦奇,字汝节……弘治甲子乃以书举第二人,会试不第,归著《律吕直解》,见《志》。正德戊辰进士,授吏部考功司主事,升考功司员外郎。"(〔明〕王学谟撰,万历甲申刻本)

明武宗正德五年　庚午(公元1510年)

吕柟辞官归乡　吕柟曾因拒绝刘瑾贺礼而为其所恨,是年又上疏请明武宗入宫御经筵,亲政事,更为刘瑾所恶,欲置吕柟于死地,吕柟遂辞病归乡。是年八月,刘瑾伏诛。

[文献]〔明〕焦竑《国朝献征录》卷三七载马汝骥撰《通议大夫南京礼部右侍郎泾野吕公柟行状》:"(柟)在官二年。安西夏乱,公疏请上入宫,御经筵,亲政事,可常保富贵。时中官恶其言,因尝却贺礼,又不往见,欲杀之。乃乞养病得归。中官使校尉尾至真定,不得其过而返。抵家数月,中官凌迟,人服公明。"(明万历四十四年徐象橒曼山馆刻本)〔明〕杨九式《吕泾野先生续传》:"逆瑾擅权窃政,附丽之者,骤迁显秩。先生虽同乡,独不出其门,且却其贺礼,瑾已不堪。又因西夏搆乱,上疏请上入宫亲政事,则祸患潜消,内外臣工,可常保富贵。瑾更恶其直,欲杀之。先生遂与何柏斋相继引疾。何亦骨鲠,当时所不能容者。遣官校尾其后,俱不得其过,至半途返。先生抵家数月,瑾诛,刑及大冢宰,遗累陕之缙绅几尽。"(参见吕柟纂修《〔嘉靖〕高陵县志》附录,明嘉靖二十年刊本)〔明〕耿定向撰、〔明〕毛在增补《先进遗风》卷上:"吕泾野先生柟既入翰林,力学慕古,时逆瑾用事,以先生乡人,欲引先生为重。啖先生,骤与卿佐,且援先朝故事得入内阁,先生逊避不与往来,瑾憾,且中伤先生,会瑾败,得已。"(乾隆四十六年刻本)

明武宗正德九年　甲戌(公元1514年)

吕柟应诏言六事　刘瑾被诛后,柟家居三年,于正德七年(1512),官复旧职。是年,上疏劝学。未几,遇乾清宫火灾,吕柟复应诏陈六事,其谏皇帝临朝听政、远宫寝,遣除义子、番僧、边军,取回贪婪的镇守太监等,这些都是一般人不敢言者,足见其切直。是年秋,又以父病辞官归乡。

[文献] 《明史》卷二八二《吕柟传》:"瑾诛,以荐复官。乾清宫灾,应诏陈六事,其言除义子,遣番僧,取回镇守太监,尤人所不敢言。是年秋,以父病归。"《明史》卷二八二考证:"《吕柟传》'乾清宫灾,应诏陈六事',方炜按:柟所陈六事,一逐日临期听政,二还处宫寝以图储贰,三郊祀帝尝,躬亲承事,四曰朝两宫,五遣义子、番僧、边军,六取回镇守太监。见明实录。"《明史》卷二八六《何景明传》:"(正德)九年,乾清宫灾,疏言义子不当畜,边军不当留,番僧不当宠,宦官不当任。留中。"冯从吾《关学编》卷四《泾野吕先生》:"壬申,起供旧职。上疏劝学,谓:'文王缉熙敬止,咸和万民,斯享灵囿之乐。元顺帝废学纵欲,盛有台沼,我太祖代取之,人主可不深念?'或谓:'元主之戒,伤于太直',先生曰:'贾山借秦为喻,汉文尚能用之,况主上过汉文远甚,柟独不能为贾山乎?'疏入,上亦嘉纳。未几,乾清宫灾,复应诏言六事:一曰逐日临朝听政;二曰还处宫寝,预图储贰;三曰郊社禘尝祗肃钦承;四曰日朝两宫,承颜顺志;五曰遣去义子、番僧、边军,令各宁业;六曰天下镇守中官贪婪,取回别用。不报。先生复引疾去。崔仲凫叹曰:'古有直躬进退不失其道者,吾于吕仲木见之矣!'"

吕柟筑"东郭别墅"讲学,又筑东林书屋而居 刘瑾被诛后,吕柟曾家居三年,于正德七年(1512)复官。上疏劝学,复应诏言六事,"不报",遂又"引疾而去"。归乡后,在邑东门外筑"东郭别墅",四方学者云集于此。因其学行颇高,都御史虎谷王公竟推荐他代己之任,但却未能上报。时其父渭阳公病重,吕柟在家亲侍汤药,"昼夜衣不解带"。其父卒后,庐居墓侧,早晚以香火祭之,孝行感动门人,许多门人也随他而居。除孝服后,又讲学于别墅。由于远方来学者很多,别墅不能容,于是建东林书屋。

[文献] 冯从吾《关学编》卷四《泾野吕先生》:"归而卜筑邑东门外,扁曰'东郭别墅',四方学者日集。都御史虎谷王公荐其学行高古,乞代己任,不报。渭阳公病,先生侍汤药,昼夜衣不解带,履恒无声。如是一年,须发为白。比卒,哀毁逾礼。既葬,庐墓侧,旦夕焚香号泣,门人感之,皆随先生居。……既禫,释服复,复讲学于别墅,远方从者弥众。别墅不能容,又筑东林书屋居焉。"《明儒学案》卷八《文简吕泾野先生柟》"先生师事薛思庵,所至讲学,未第时即与崔仲凫讲于宝珥寺。正德末,家居筑东郭别墅,以会四方学者,别墅不能容,又筑东林书屋。"

马理举进士 马理四岁能读书作字,十岁能文,旋又能诗,十四补县学生。弘治戊午(1498)以春秋魁于乡,中举人。至甲戌(1514),以诗中会试第九,时年41岁。

[文献] 《明史》卷二八二:"(马理)正德九年举进士。"冯从吾《关学编》卷四《谿田马先生》:"先生名理,字伯循,号谿田,三原人。弘治戊午举人,正德甲戌进士,皆高第。"《〔雍正〕陕西通志》卷六三《儒林》:"马理,字伯循,三原人。弘治十一年以春秋魁乡试,再试再礼闱未第,游太学,与吕柟、崔铣交相切劘文章,德义名震都下。正德九年,登进士,授稽勋主事。"(清雍正十三年刻本)《钦定续文献通考》卷一四四《经籍考》:"理字伯循,三原人,正德进士,累官南京光禄寺卿。"《谿田马公墓志铭》:"公讳理,字伯循,恬于仕进,唯欲明农学者,称为谿田先生。……四岁能读书作字,十岁能文,旋又能诗,十四补县学生。……弘治戊午,公以春秋中乡试第四。……安南贡使至京,问礼部主事黄清曰:"关中马理先生何尚未登仕籍?"清曰:"乃先生不仕进耳!非遴选之有失也。"其名重外国若是。至甲戌科,公年四十一矣。……置于二甲第二识者。……是年秋,授吏部稽勋主事,寻调文选,一应铨注,升迁郎中。"(黄宗羲编:《明文海》,乾隆四十四年记刻本)

明武宗正德十一年 丙子(公元1516年)

韩邦奇遭诬陷下狱,削籍 韩邦奇于正德十年(1515)迁浙江按察金事,常巡视地方,发现王堂、崔瑶、晁进、张玉等人任意科敛,勒索百姓银两,导致鸡犬不宁,民不聊生,扰害地方甚大。于是,邦奇撰写《富阳民谣》对之加以揭露,并上疏《苏民困以保安地方事》,结果得罪了恶势力。镇守太监王堂等以"阴绝进贡、诽谤等事",诬陷韩邦奇下狱,被消为平民。回乡后,邦奇谢客讲学,"四方学者负笈日众"。期间有赵子春等来问学。

[文献] 《苑洛集》卷一三《苏民困以保安地方事》:"臣巡历至严州府建德等县、杭州府富阳等县地方,据军民人等禀称:本处地方虽出鱼鳔、茶绫等物,人民艰苦。肆府太监差人催督,扰害地方,鸡犬不得安生。要行禁约等,因到臣为照前项,鱼茶、绫鳔系供用之物,未敢擅专。又访得镇守太监王堂、市舶太监崔瑶、织造太监晁进、督造太监张玉、各差参随人等,在于杭、严二府地方,催攒前项,进贡固已,勒要收头银两。而不才有司官吏及粮里人等,倚

是贡物,无敢稽察。任意科敛,地方被害,人不聊生,而肆太监伴贡之物动以万计,是陛下所得者壹而太监即所得者十,参随人等所得者百,有司官吏所得者千,粮里人等所得者万。利归于私家,怨归于朝廷。上供者一而下取者万。况此等之物,品不甚奇,味不甚美,何足以供陛下之用哉?及照建、富等县地方,地瘠民贫,山枯乏樵猎之饶,江清鲜鱼虾之利。兼以近年以来水旱相仍,征科肆出,军民困瘁已极,故前岁流民相聚为乱,一呼千百,几生大变,幸赖无捕而安,今尚汹汹未靖。往事在鉴,实可寒心。伏望陛下敕下该部,将前项贡物特从停止,仍行巡按御史并按察司及该道分巡官揭榜戒谕,今后敢有指称进贡名色,在于各地方需索财物、骚扰为害,应参奏者奏请究治,应拿问者径自拿问,庶民困可苏,而地方可保无虞矣。为此专差,谨具奏闻。正德十一年四月。(户礼二部覆题准免。后镇守太监奏以阻绝进贡、诽谤等事,诏狱为民,复进贡)"(文渊阁《四库全书》本)《苑洛集》卷一〇《富阳民谣》:"富阳江之鱼,富阳山之茶。鱼肥卖我子,茶香破我家。采茶妇,捕鱼夫,官府拷掠无完肤。昊天胡不仁,此地亦何辜?鱼胡不生别县,茶胡不生别都?富阳山,何日摧?富阳江,何日枯?山摧茶亦死,江枯鱼始无。山难摧,江难枯,我民不可苏。"(文渊阁《四库全书》本)另戴日强纂修《万历杭州府志》卷九二《国朝韩邦奇苏民困以保安地方疏》(明万历七年刻本),〔清〕王兆鳌修、王鹏巽纂《朝邑县后志》卷八(康熙五十一年刻本),〔清〕金嘉琰、朱廷模修、钱坫纂《朝邑县志》卷一〇《疏奏》(清乾隆四十五年刻本),〔明〕陈子龙辑《皇明经世文编》卷一百六十(明崇祯平露堂刻本)都有记载。

明武宗正德十二年　丁丑(公元1517年)

吕潜生　吕潜(1517－1578),字时见,号愧轩,泾阳(今陕西泾阳县)人。关学学者,吕柟弟子。卒于万历六年(戊寅)(1578),时年62岁,推知其生于是年。

[**文献**]　冯从吾《关学编》卷四《愧轩吕先生》:"万历癸酉,调工部司务。会淮海孙公、楚侗耿公俱入京,先生数就两公质所学。同志方依先生为主盟,乃戊寅六月一病遽逝,年仅六十又二。"《明儒学案》卷八《司务吕愧轩先生潜》:"吕潜,字时见,号愧轩,陕之泾阳人。师事吕泾野……与郭蒙泉讲学谷口洞中,从学者甚众。泾野之传,海内推之。荐授国子监学正,举行泾野祭酒

时,学约调工部司务。万历戊寅卒,年六十二。"〔清〕沈佳撰《明儒言行录》卷四亦有记载。

明武宗正德十三年　戊寅(公元1518年)

三月,郭郛生　郭郛(1518－1605),字惟藩,泾阳(今陕西泾阳县)人。与吕潜同肆力于学,以圣贤相期许。据《关学编》,其生于正德戊寅三月十二日。

[文献]　冯从吾《关学编》卷四《蒙泉郭先生》:"先生名郛,字惟藩,号蒙泉,泾阳人。……乙巳六月初三,无疾而卒。距生正德戊寅三月十二日,享年八十有八。士大夫及门下士追思无已,以其德履私谥曰贞懿先生。"《明儒学案》卷八《郡守郭蒙泉先生郛》:"郭郛字惟藩,号蒙泉,泾阳人。嘉靖戊午举于乡,选获嘉教谕转国子助教,升户部主事。出守马湖,年八十八。"《洛闽源流录》卷八:"郭郛字惟藩,陕西泾阳人。……嘉靖戊午领乡荐。……值马文庄公为祭酒,教规肃然,与有赞助焉。时年已五十六,……万历庚辰出守马瑚,躬先礼让,互用恩威,郡人爱戴之。……伯兄年老独居,即投牒归。归二十余年,自著书讲学外,他无所事,寿八十八,无疾考终。"(〔清〕张夏撰,康熙二十一年黄昌衢彝叙堂刻本)《〔雍正〕陕西通志》卷六三《人物九》:"郭郛,字惟藩,泾阳人。与吕潜同肆力于学,以圣贤相期许。……嘉靖戊午举于乡,选河南获嘉学谕,与诸生讲学课艺,多所造就。……出守马湖,居未三载,投牒归田,读书讲学外他无所事,卒年八十八。"(清雍正十三年)又见《泾阳县志》卷七、张骥《关学宗传》卷二二。

韩邦奇《正蒙拾遗》编成　《正蒙拾遗》是韩邦奇对张载《正蒙》的解释,文中摘录了《正蒙》的一些重要文句,然后加以疏解。对《正蒙》的研究是韩邦奇的重要学术活动,曾于弘治年间撰《正蒙解结》,后又焚毁是书而认同《正蒙会稿》,最后又自作《正蒙拾遗》。该书于是年成书,此时韩邦奇已40岁。从其所释内容看,主要集中在讨论道与太极、太虚与太极、无极的关系,虚与气的关系等。韩邦奇坚持张载关于"太虚即气"的观点,主张"太虚无极,本非空寂,只有形不形之异耳。"(《太和篇》)又说"形不形虽不同,一气也。"(《太和篇》)认为太虚、无极皆不离气。在解释"形聚为物,形溃反原"时说,"天地间惟气为交密",宇宙万物"皆气之充塞,无毫发无者。"(《乾称篇》)与张载的"气聚而为万物,气散而为太虚"的观点一致。他批评诸儒以及老子的"太极是无""有生于无"的观点,主张"太极未尝无","无"不过是万有"未发"时之状态,故他说:"太极未尝无也。所谓无者,万有之未发也;所谓有者,有是体而无形也;未尝无之谓体,太极也。"(《大易篇》)同时指出"无"作为太极之未形,是"天之性"。关于"道"与"太极"的关系,主张"道非太极",认为"太极是寂然不动时物",而"道是动而生阳以后物"(《太和篇》),即以太极为万物的本体,而以道为万物气化之过程。刘世纶于是年写《读正蒙拾遗篇》,知该书至迟已于是年前成书,故志于此。嘉靖二十一年(1542)由樊得仁刊刻。《正蒙拾遗》通过门人樊得仁所刻《性理三解》(即《正蒙拾遗》《启蒙意见》《洪范图解》)而得以传世。

[**文献**] 〔明〕刘世纶《读正蒙拾遗篇》:"是编也,先生谓'三代之下独横渠识天道之实',此千古卓越之见。今即造化,以《正蒙》对观之,了然矣。至于周公狼跋之说,佛氏归真之论,有道术以通。过涉灭顶诸篇,不过千言,而因时达变,抚世御物,《易》之妙用,在盈缩之中,先儒未之及也。学者详玩熟察而有得焉,则知世纶非阿私已尔。正德戊寅赐进士承德郎户部主事门人岷山刘世纶拜书。"(《正蒙拾遗》,乾隆十六年重刻本)〔明〕樊得仁《性理三解序》:"三解者,苑洛先生所著《正蒙拾遗》《启蒙意见》《洪范图解》也。弘治中,先生著《正蒙解结》,释其难,阐江章先生著《正蒙发微》,详于易,先生欲合为一书,继见近山刘先生《会稿》,曰难易兼举矣,取《解结》而焚之。正德以来,世儒附注于《正蒙》者复数家,后先生乃以张子之大旨未白,一二策尚欠详明,于是作《拾遗》。"(见《正蒙拾遗》,乾隆十六年重刻本)

明武宗正德十五年　庚辰(公元1520年)

杨爵从韩邦奇游,与杨继盛并称"韩门二杨"　是年杨爵28岁,听闻朝邑韩邦奇讲性理之学,于是前往就学,拜其门下。杨爵因其品行气节而与韩邦奇的另一弟子杨继盛(椒山)相似,被人并称"韩门二杨"。

[**文献**]《杨忠介公集》附录卷三《墓表》:"(爵)年二十八岁,闻朝邑汝节韩先生讲性理学,躬挈米往拜其门。韩先生睇先生貌行,行壮也,欲却束修礼。父莲峰老人谓曰:'意若非凡人。'数日,叩其学,诧曰:'纵宿学老儒莫是过,吾几失人矣!'既审语言,践履铮铮,多古人节,叹曰:'畏友也!'同门传习

者皆自以为不及。"(乾隆四十六年刻本)冯从吾《关学编》卷四《斛山杨先生》:"先生名爵,字伯修,号斛山,富平人。……年二十八,闻朝邑韩恭简公讲理学,躬挈米往拜其门。公睨先生貌行,行壮也,欲却之,父莲峰老人谓曰:'意若非凡人。'数日,叩其学,诧曰:'纵宿学老儒莫是过,吾几失人矣!'既省语言,践履铮铮,多古人节,叹曰:'畏友也!'同门学者皆自以为不及。后与杨椒山称'韩门二杨'云。"〔清〕嵇璜《钦定续文献通考》卷一四四:"黄宗羲曰:初韩恭简讲学,爵乘轩往拜其门,恭简异其气岸,欲勿受已。叩其学,诧曰:'宿学老儒莫能及也,吾几失人矣。'刚大之气,百折不回,与椒山并称,人谓'韩门二杨'。"(文渊阁《四库全书》本)

明世宗嘉靖元年　壬午(公元1522年)

朝廷因"大礼"而起争端　明世宗于是年即位,改元嘉靖。即位后旋即诏群臣命议崇祀其父兴献王典礼及尊号之事,即议考孝宗皇帝,抑或考其父兴献王?由此引起一场长达三年之久的"大礼"之争。以大学士杨廷和为首的一批朝臣命官,极力主张孝宗应为皇考,而本生父兴献王应为皇叔父,其母兴献王妃为皇叔母。这一主张很不合嘉靖皇帝的心愿。以观政进士张璁为代表的另一批官员,则极力迎合嘉靖帝,反对杨廷和等人提出的考孝宗、叔兴献王的主张,认为嘉靖帝乃兄终弟及,伦序而立,应属继统。他们主张称兴献王为皇考,称孝宗为皇伯考;且主张别立皇考庙于京师。嘉靖帝十分赞赏这一主张,说:"此论出,吾父子获全矣!"于是嘉靖帝召见杨廷和等,诏尊其父为兴献皇帝、母为兴献皇后。这一主张遭到杨廷和等人的极力反对。围绕"大礼"的争论日趋尖锐。不料是年正月,郊祀甫毕,清宁宫后殿发生一场火灾。杨廷和等遂借故宣扬"天人感应"说,并与群臣力谏嘉靖帝,请求速定孝宗为皇考,本生父母为兴献帝后,不加皇字。嘉靖在不得已的情况下,诏称孝宗为皇考,孝宗皇后为圣母,兴献帝和后称本生父母,而不称皇。大礼之争暂息。此后,这一争议又多次发生,关学学人如吕柟、马理等都曾卷入。

[文献]　《明史》卷一九六《张璁传》:"世宗初践阼,议追崇所生父兴献王。廷臣持之,议三上三却。璁时在部观政,以是年七月朔上疏曰:'孝子之至,莫大乎尊亲;尊亲之至,莫大乎以天下养。陛下嗣登大宝,即议追尊圣考以正其号,奉迎圣母以致其养,诚大孝也。廷议执汉定陶、宋濮王故事,谓为

人后者为之子,不得顾私亲。夫天下岂有无父母之国哉?《记》曰:礼非天降,非地出,人情而已。……今武宗无嗣,大臣遵祖训,以陛下伦序当立而迎立之,遗诏直曰'兴献王长子',未尝著为人后之义。则陛下之兴,实所以承祖宗之统,与预立为嗣、养之宫中者较然不同。议者谓孝庙德泽在人,不可无后。假令圣考尚存,嗣位今日,恐弟亦无后兄之义。且迎养圣母,以母之亲也。称皇叔母,则当以君臣礼见,恐子无臣母之义。《礼》:长子不得为人后,圣考止生陛下一人,利天下而为人后,恐子无自绝其父母之义。故在陛下谓入继祖后,而得不废其尊亲则可,谓为人后以自绝其亲则不可。夫统与嗣不同,非必父死子立也。汉文承惠帝后,则以弟继,宣帝承昭帝后,则以兄孙继。若必夺此父子之亲,建彼父子之号,然后谓之继统,则古有称高伯祖、皇伯考者,皆不得谓之统乎?臣窃谓今日之礼,宜别立圣考庙于京师,使得隆尊亲之孝,且使母以子贵,尊与父同,则圣考不失其为父,圣母不失其为母矣。'帝方扼廷议,得璁疏大喜,曰:'此论出,吾父子获全矣。'亟下廷臣议。廷臣大怪骇,交起击之,礼官毛澄等执如初。会献王妃至通州,闻尊称礼未定,止不肯入。帝闻而泣,欲避位归藩,璁乃著《大礼或问》上之,帝于是连驳礼官疏。廷臣不得已,合议尊孝宗曰皇考,兴献王曰'本生父兴献帝',璁亦除南京刑部主事以去,追崇议且寝。"《明史》卷一九七《席书传》:"初,书在湖广,见中朝议大礼未定,揣帝向张璁、霍韬,献议言:'昔宋英宗以濮王第十三子出为人后,今上以兴献王长子入承大统。英宗入嗣在衮衣临御之时,今上入继在宫车晏驾之后。议者以陛下继统武宗,仍为兴献帝之子,别立庙祀,张璁、霍韬之议未为非也。然尊无二帝,陛下于武宗亲则兄弟,分则君臣,既奉孝宗为宗庙主,可复有他称乎?宜称曰'皇考兴献王',此万世不刊之典。礼臣三四执奏,未为失也。然礼本人情,陛下尊为天子,慈圣设无尊称,可乎?故尊所生曰帝后,上慰慈闱,此情之不能已也。为今日议,宜定号曰'皇考兴献帝'。别立庙大内,岁时祀太庙毕,仍祭以天子之礼,似或一道也。盖别以庙祀则大统正而职穆不紊,隆以殊称则至爱笃而本支不沦,尊尊亲亲,并行不悖。至慈圣宜称皇母某后,不可以兴献加之。献,谥也,岂宜加于今日?'"《明史》卷二〇八《余珊传》:"正德之世,大臣日疏,小人日亲,致政事乖乱,赖陛下绍统,堂廉复亲。乃自大礼议起,凡偶失圣意者,谴谪之,鞭笞之,流窜之,必一网尽焉而后已。"《明史》卷二〇八《彭汝实传》:"汝实数言时政缺失,又尝力争'大礼',为璁、萼等所恶。以亲老再疏请改近地教职,而举贡士高任说、王表自代。章下,吏部承璁、尊指,言:'汝实倡言鼓众,挠乱大礼,且与御史方凤、程启充朋党通贿。自知考察不容,乃欲辞尊居卑,不当听其幸免。'遂夺职闲住。"《明史》二〇七《邓继曾传》:"嘉靖改元,帝欲尊所生为帝后。会掖庭火,廷臣多言咎在"大礼"。继曾亦言:'去年五月日精门灾,今月二日长安榜廊灾,及今郊祀日,内廷小房又灾。天有五行,火实主礼。人有五事,火实主言。名不正则言不顺,言不顺则礼不兴。今岁未期而灾者三,废礼失言之效也。'"《明史》二〇四《丁汝夔传》:"嘉靖初,授礼部主事。争'大礼'被杖,调吏部。"《明史》二〇一《陶滋传》:"嘉靖初,历兵部郎中。率同官伏阙争'大礼',再受杖,谪戍榆林。"〔明〕潘希曾撰《竹涧集》卷六《送思州太守俞君序》:"俞君一中由后军都督府经历,擢守贵之思州,且戒行。会廷臣伏阙争'大礼',皇上震怒,大臣罚俸者二十余人,百执事逮杖者二百余人,中外凛凛,相视莫敢发一言,君独抗疏:'请恤已故,宥垂亡,则威福并行,凡怀忠者无复以言为讳。'皇上霁威答之,于是言路复通,圣人不忍人之心益明。"(乾隆四十四年刻本)

吕柟复官　在刘瑾窃权之时,吕柟不愿与之合作,遂辞官。明世宗即位,经都御史盛应期、御史朱节、熊相、曹珪的推荐,吕柟再次被皇帝召见。是年,上疏劝学。吕柟以其道德学问,受到学界关注,连朝鲜国也有人称赞吕柟、马理为"中国人才第一",主张朝廷嘉奖。复官后曾纂修《世庙实录》,进讲《虞书》。

[文献]　《明史》卷二八二《吕柟传》:嘉靖元年,"都御史盛应期、御史朱节、熊相、曹珪累疏荐。适世宗嗣位,首召柟。上疏劝勤学以为新政之助,略曰:'克己慎独,上对天心;亲贤远谗,下通民志,庶太平之业可致。'"《关学编》卷四:"世庙即位,诏起原官。时朝鲜国奏称:'状元吕柟、主事马理为中国人才第一,朝廷宜加厚遇。仍乞颁赐其文,使本国为式。'其为外国敬慕如此。"马汝骥《通议大夫南京礼部右侍郎泾野吕公柟行状》:"时乾清宫灾,公应诏陈言……又累进讲劝上举直错枉疏,后引疾乞归。……今上登极启用,明年改元嘉靖,复馆职,纂修《武庙实录》、进讲《虞书》。"(焦竑《国朝献征录》卷三七,明万历四十四年徐象橒曼山馆刻本)《〔光绪〕高陵县续志》卷七《吕文简公墓志铭》:"吕泾野先生者,讳柟,字仲木,高陵人也。……遇乾清宫灾,应诏陈言。……又累疏劝上举直错枉,不报,复引疾归。……今上登极起用,明年改元嘉靖,复馆职,纂修《武庙实录》,经筵进讲。"(〔清〕程维雍修、白遇道纂,光绪七年刻本)

金 元 明

明世宗嘉靖二年 癸未（公元1523年）

吕柟力辨扶救正学 是年，吕柟负责科考取士，所取皆为名士。时王阳明讲心学于东南，有宗朱子者颇嫉恨他。时当权者杨廷和不喜阳明之学，故该年会试策问有焚书禁学之议，吕柟则"力辨而扶救之"（《关学编》卷四）。当时吕柟任试官，"场中一士子对策，欲将今宗陆辨朱者诛其人、火其书，极肆诋毁，甚合问目意，且经书、论、表俱可"，同事者都主张录取他，惟独吕柟不赞同，并说："观此人今日迎合主司，他日必迎合权势"（《关学编》卷四），同事者也同意他的看法。吕柟并不完全赞同阳明心学，有时还力斥之，但他对这种迎合上司、巴结权势之人是深恶痛绝的。柟还上书请讲儒学，特别强调"学贵于力行""慎独克己"，但其言却未受到重视。有阳明弟子欧阳南野（1496—1554）（名德，字崇一）得中二甲进士，吕柟阅其卷，赞其弘博醇实，欲拔置一甲，遭主考官反对而不果。

[**文献**] 《明史》卷二八二《吕柟传》："柟受业渭南薛敬之，接河东薛瑄之传，学以穷理实践为主。官南都，与湛若水、邹守益共主讲席。……时天下言学者，不归王守仁，则归湛若水，独守程、朱不变者，惟柟与罗钦顺云。"冯从吾《关学编》卷四《泾野吕先生》："癸未，分校礼闱，取李舜臣辈，悉名士。时阳明先生讲学东南，当路某（笔者注：指杨廷和）深嫉之，主试者以道学发策，有焚书禁学之议，先生力辨而扶救之，得不行。场中一士子对策，欲将今宗陆辨朱者诛其人，火其书，极肆诋毁，甚合问目意，且经书、论、表俱可，同事者欲取之。先生曰：'观此人今日迎合主司，他日必迎合权势。'同事者深以为然，遂置之。念新天子即位，上书请讲圣学，略曰：'学贵于力行而知要，故慎独克己，上对天心。亲贤远谗，下通民志，天下中兴。太平之业，寔在于此。'不报。"《重刻泾野先生文集》卷一："癸未，分校礼闱，取李舜臣辈，悉名士。时阳明先生讲学东南，当路者深嫉之，主试者以道学发策，有焚书禁学之议。先生力辨而抉救之，得不行场中。一士子对策，欲将今宗陆辨朱者，诛其人，火其书，极肆诋毁，甚合问者意，且经、书、论、表俱可。同事者欲取之，先生曰："观此人今日迎合主司，他日必迎合权势。"同事者深以为然，遂置之。（清道光十二年关中书院刊本）《四库全书总目》卷一七七："《欧阳南野集》三十卷，明欧阳德撰，德字崇一，泰和人，嘉靖癸未进士。官至礼部尚书，卒谥文庄，事

迹具《明史·儒林传》。"又见《高陵县续志》卷七《吕文简公墓志铭》(〔清〕程维雍修、白遇道纂,光绪七年刻本),《泾野先生文集》卷一一《赠欧阳南野考绩序》(吕柟撰,嘉靖三十四年于德昌刻本)

明世宗嘉靖三年　甲申(公元1524年)

南大吉知绍兴,正月,从王阳明习良知之学　嘉靖二年,南大吉知绍兴,此时王阳明正讲学于东南,倡"致良知"之学。嘉靖三年(1524),大吉师从阳明而学。一次大吉去向阳明问"过":"大吉临政多过,先生何无一言?"阳明问:"何过?"南大吉列举了若干条,阳明听笑道,"吾言之矣。"大吉感到诧异,王守仁反问道:"吾不言,何以知之?"大吉说:"良知自知之。"阳明回答:"良知却是我言。"南大吉遂了悟到:圣贤不必他求,而当求之于自心,说"人心果自有圣贤也,奚必他求?"遂开辟稽山书院,供阳明讲学,并"身率讲习以督之"。阳明心学后来得传关中,实自南大吉始。《年谱》置此事在嘉靖三年,而《关学编》则志于嘉靖二年(辛未),二书关于大吉与阳明问答字句之所记稍有出入。今从《年谱》。

[文献]　《王阳明全集》卷三五《年谱三》:"(嘉靖)三年甲申,先生五十三岁,在越。……郡守南大吉以座主称门生,然性豪旷,不拘小节。先生与论学有悟,乃告先生曰:'大吉临政多过,先生何无一言?'先生曰:'何过?'大吉历数其事。先生曰:'吾言之矣。'大吉曰:'何?'曰:'吾不言,何以知之?'曰:'良知。'先生曰:'良知非吾常言而何?'大吉笑谢而去。居数日,复自数过加密,且曰:'与其过后悔改,曷若预言不犯为佳也?'先生曰:'人言不如自悔之真。'大吉笑谢而去。居数日,复自数过益密,且曰:'身过可勉,心过奈何?'先生曰:'昔镜未开,可得藏垢。今镜明矣,一尘之落,自难住脚。此正入圣之机也,勉之!'于是辟稽山书院,聚八邑彦士,身率讲习以督之。"(参见吴光、钱明、董平编校《王阳明全集》卷三五)冯从吾《关学编》卷四《瑞泉南先生》:"嘉靖癸未知绍兴时,王文成公倡道东南,讲致良知之学。王公乃先生辛未座主也。先生既从王公学,得实践致力肯綮处,乃大悟曰:'人心果自有圣贤也,奚必他求?'于是时时就王公请益焉。尝曰:'大吉临政多过,先生何无一言?'王公曰:'何过?'先生历数其事。王公曰:'吾言之矣。'先生曰:'何?'曰:'吾不言,何以知之?''良知自知之。'王公曰:'良知却是我言。'先生

笑谢而去。居数日,复自数过加密,来告曰:'与其过后悔改,不若预言无犯为佳也。'王公曰:'人言不如自悔之真。'先生笑谢而去。居数日,复自数过益密,曰:'身过可勉,心过奈何?'王公曰:'昔镜未开,可得藏垢。今镜明矣,一尘之落,自难住脚,此正入圣之机也,勉之!'先生谢别而去。于是辟稽山书院,聚八邑彦士,身率讲习以督之,而王公之门人日益进。已又同诸同门录王公语为《传习录》,序刻以传。"《〔雍正〕陕西通志》卷五七:"南大吉,字元善,渭南人。正德六年进士,嘉靖初以部郎出为绍兴太守……是时,王文成先生为大吉会试举主,故称门生,大吉尝于先生前自省临政多过,谓先生何无言,文成曰:"吾已言之矣。吾尝言良知,良知固自知也。"已自省,加密,文成曰:"往镜未明,可得藏垢,今镜明矣,一尘难住。此入圣机也。"(雍正十三年刻本)又见黄宗羲《明儒学案》卷二九《北方王门学案》。

"大礼"之争又起　七月,"百官跪哭左顺门"　嘉靖三年正月,南京邢部主事张璁与另一主事桂萼、南京兵部侍郎席书等结为同党,为夺取大权,拟借嘉靖之手除掉杨廷和等大臣,于是再次上疏嘉靖,请改称孝宗为皇伯考,兴献帝为皇考,母为兴国太后,定称圣母。此疏又使"大礼"之争复起。嘉靖手诏廷臣商议,杨廷和又封还手诏。礼部尚书汪俊同廷臣七十三人,痛斥桂萼、张璁之非,并要求治罪。嘉靖皇帝不仅不予采纳,反而特召桂、张等来京师任职;并罢杨廷和的内阁大学士官。三月,礼部尚书汪俊辞官。四月,治御史段续、陈相等入罪。嘉靖帝遂任席书为礼部尚书,特命张璁、桂萼为翰林学士。矛盾进一步白热化。是年七月,嘉靖帝召见群臣于左顺门,宣诏生母章圣皇太后去"本生"二字,更定尊号曰"圣母章圣皇太后。"至此,完全更改了嘉靖元年的诏谕。

此次更改进一步激起群臣的不满。为维护考孝宗的礼法,诸部廷臣相继上疏抗争。大学士杨廷和、修撰杨慎说:"国家养士百五十年,仗节死义,正在今日。"编修王元正、给事中张辩遂留朝内文武群臣于金水桥南,曰:"万世瞻仰,在此一举。今日有不力争者,共击之!"于是二百二十九名朝廷命官,俱赴左顺门跪伏,力谏嘉靖帝考孝宗。嘉靖帝闻知,数次令群臣退出,但百官自辰时跪至午时,跪伏不起。嘉靖一怒之下,命太监将跪伏官员的名字录下,并逮捕了丰熙、张种、余宽、黄待显、陶滋、相世芳、母德纯等为首的八人入狱。然此举仍未能制止群臣的伏谏。杨慎、王元正撼门大哭,百官也伏哭不止。嘉靖帝大怒,又命逮马理等一百三十四人入狱,从而终止了左顺门跪伏事件。

此后,嘉靖帝对参加跪伏左顺门的官员加以严惩。前后逮捕官员共二百二十人,对四品以上的官员俱夺去俸禄,五品以下的官员一百八十余人予以廷杖,杖死者十七人。嘉靖七年夏六月,对谏争"大礼"诸官进一步追夺。左顺门跪伏事件,以嘉靖帝考生父不考孝宗而结束。此后,还曾将争"大礼"者吕柟、邹守益等下狱。

[文献] 《明史》卷一九六《张璁传》:"至嘉靖三年正月,帝得桂萼疏心动,复下廷议。汪俊代毛澄为礼部,执如澄。璁乃复上疏曰:'陛下遵兄终弟及之训,伦序当立。礼官不思陛下实入继大统之君,而强比与为人后之例,绝献帝天性之恩,蔑武宗相传之统,致陛下父子、伯侄、兄弟名实俱紊。宁负天子,不敢忤权臣,此何心也?伏睹圣谕云'兴献王独生朕一人,既不得承绪,又不得徽称,罔极之恩何由得报?'执政窥测上心,有见于推尊之重,故今日争一帝字,明日争一皇字,而陛下之心,亦日以不帝不皇为歉。既而加称为帝,谓陛下心既慰矣,故留一皇字以觇陛下将来未尽之心,遂敢称孝宗为皇考,称兴献帝为本生父,父子之名既更,推崇之义安在?乃遽诏告天下,乘陛下不觉,陷以不孝。《礼》曰:'君子不夺人之亲,亦不可夺亲也。'陛下尊为万乘,父子之亲,人可得而夺之,又可容人之夺之乎?故今日之礼,不在皇与不皇,惟在考与不考。若徒争一皇字,则执政必姑以是塞今日之议,陛下亦姑以是满今日之心,臣恐天下知礼者,必将非笑无已也。'与桂萼第二疏同上。帝益大喜,立召两人赴京。命未达,两人及黄宗明、黄绾复合疏力争。及献帝改称本生皇考,阁臣以尊称既定,请停召命,帝不得已从之。二人已在道,复驰疏曰:'礼官惧臣等面质,故先为此术,求遂其私。若不亟去本生之称,天下后世终以陛下为孝宗之子,堕礼官欺蔽中矣。'帝益心动,趣召二人。五月抵都,复条上七事。众汹汹,欲扑杀之。萼惧,不敢出,璁阅数日始朝。给事御史张翀、郑本公等连章力攻,帝益不悦,特授二人翰林学士。二人力辞,且请面折廷臣之非。给事御史李学曾、吉棠等言:'璁、萼曲学阿世,圣世所必诛。以传奉为学士,累圣德不少。'御史段续、陈相又特疏论,并及席书。帝责学曾等对状,下续、相诏狱。刑部尚书赵鉴亦请置璁、萼于理,语人曰:'得俞旨,便捶杀之。'帝责以朋奸,亦令对状。璁、萼乃复列欺罔十三事,力折廷臣。及廷臣伏阙哭争,尽系诏狱予杖,死杖下者十余人,贬窜相继,由是璁等势大张。其年九月,卒用其议定尊称。帝益眷倚璁、萼,璁、萼益恃宠雠廷臣,举朝士大夫咸切齿此数人矣。"《明史》卷二〇八《韦商臣传》:"明年(嘉靖三年)冬,商臣以

'大礼'初定,廷臣下吏贬谪者无虚日,乃上疏曰:'臣所居官,以平狱为职。乃自授任以来,窃见群臣以议礼忤旨者,左迁则吏部侍郎何孟春一人,谪戍则学士丰熙等八人,杖毙则编修王思等十七人,以咈中使逮问,则副使刘秉鉴,布政马卿,知府罗玉、查仲道等十人,以失仪就系,则御史叶奇、主事蔡干等五人,以京朝官为所属讦奏下狱,则少卿乐護、御史任洛等四人。此皆不平之甚,上干天象,下骇众心。臣窃以为皆所当宥。况比者水旱疫疠,星陨地震,山崩泉涌,风雹蝗蝻之害,殆遍天下,有识莫不寒心。及今平反庶狱,复戍者之官,录死者之后,释逮系者之囚,正告讦者之罪,亦弭灾禳患之一道也。'"同卷《袁宗儒传》:"嘉靖三年争'大礼',廷杖。"同书卷二〇二《廖纪传》:"嘉靖三年,'大礼'议既定,吏部尚书杨旦赴召,道劾张璁、桂萼。璁、萼之尝陈洸遂劾旦而荐纪。帝罢旦,以纪代之。纪疏辞,言:'臣年已七十,精力不如乔宇,聪明不如杨旦。'时宇、旦方为帝所恶,不许。光禄署丞何渊请建世室,祀兴献帝,下廷议。纪等执不可,帝弗从。纪力争曰:'渊所言,干君臣之分,乱昭穆之伦,蔑祖宗之制,臣谨昧死请罢勿议。'不纳。会廷臣多诤者,议竟寝。"张宪文《张璁年谱》:"嘉靖三年甲申,……七月十二日,世宗从公议,在左顺门召见群臣,宣诏生母章圣皇太后之尊号去'本生'二字。诸臣上言力争'本生'二字不可削。章上不报。于是有百官跪哭左顺门事。"

十月,南大吉命刻《续刻传习录》 是年十月,王阳明的门人南大吉命其弟南逢吉,校刻《续刻传习录》于浙江绍兴,分上下两册,上册即《初刻传习录》,下册为王阳明论述学术的书信九篇,并附"示弟立志说"和"训蒙大意"。此续刻本即今本《传习录》之中卷。该卷后题:"右南大吉录。"参见南大吉《传习录序》等。

[文献] 南大吉《传习录序》:"是录也,门弟子录阳明先生问答之辞、讨论之书,而刻以示诸天下者也。吉也从游宫墙之下,其于是《录》也,朝观而夕玩,口诵而心求,盖亦自信之笃而窃见夫所谓道者,置之而塞乎天地,溥之而横乎四海,施诸后世,无朝夕人心之所同然者也。故命逢吉弟校续而重刻之,以传诸天下。天下之于是《录》也,但勿以闻见梏之,而平心以观其意;勿以门户隔之,而易气以玩其辞。勿以《录》求《录》也,而以我求《录》也,则吾心之本体自见,而凡斯《录》之言,皆其心之所固有,而无复可疑者矣。则夫大道之明于天下,而天下之所以平者,将亦可跂也已。嘉靖三年冬十月十有八日,赐进士出身中顺大夫绍兴府知府、门人渭北南大吉谨序。"(参见吴光、钱明、董

平编校《王阳明全集》卷三五)《传习录》卷中题记《钱德洪序》:"德洪曰:昔南元善刻《传习录》于越,凡二册。下册摘录先师手书,凡八篇。其答徐成之二书,吾师自谓:'天下是朱非陆,论定既久,一旦反之为难。二书姑为调停两可之说,使人自思得之。'故元善录为下册之首者,意亦以之是欤?今朱、陆之辨明于天下久矣。……元善当时汹汹,乃能以身明斯道。卒至遭奸被斥,油油然惟以此生得闻斯学为庆,而绝有纤芥愤郁不平之气。斯录之刻,人见其有助于同志甚大,而不知其处时之甚艰也。"(参见吴光、钱明、董平编校《王阳明全集》卷二《传习录中》)《王阳明集补编》卷四《年谱(三)》:"(嘉靖三年)十月,门人南大吉续刻《传习录》。《传习录》薛侃首刻于虔,凡三卷。至是年,大吉取先生论学书,复增五卷,续刻于越。"(参见吴光、钱明、董平编校《王阳明全集》卷三五)

[考辨]　陈荣捷认为南大吉续刻《传习录》在嘉靖三年之后。说:"《传习录》薛侃首刻于虔为三卷,即今之《传习录》卷上。据《年谱》嘉靖三年(1524)十月,南大吉刻《传习录》,又名《续刻传习录》,凡二册。上册即虔刻三卷,下册录阳明八书。然《年谱》系《答顾东桥书》于嘉靖四年(1525),系《答欧阳崇一书》与《答聂文蔚书》于五年(1526)。则南大吉之刻,或在嘉靖三年之后。"(《王阳明传习录详注集评》,台湾学生书局1983年版,第162页)此说有理。然《王阳明集补编》卷四明谓"(嘉靖三年)十月,门人南大吉续刻《传习录》",南大吉《传习录序》亦谓:"嘉靖三年冬十月十有八日"大吉"谨序"。陈言可备一说。又,《传习录》中卷末有"右南大吉录"五字,对此,陈氏考证说:"南本无此五字。三轮执斋云:'此卷一(即《传习录》卷中)本以答人论学书(……)为第一,以答周道通书(……)为第二。答欧阳崇一书(……)以下为第三。……'据《年谱》曰:'大吉取先生论学书复增五卷',见嘉靖三年(1524)。则是似为得之焉。然卷首德洪小序言摘录先师手书八篇而历举之而未及"立志""训蒙"之二条,而所谓五卷者,亦未知其元本否,则恐后人所增,而非元善之旧矣。'佐藤一斋云:'案"立志"说,"训蒙"大意,并系大吉所录。则此五字当移入卷末。'捷案:'示弟立志'说日本各本均载于南大吉所录之后,'训蒙'之前。全书则不采入《传习录》而载于卷七,……故我国《传习录》除孙锵《传习录集评》外,亦无'示弟立志'说。三轮执斋谓南大吉以答聂文蔚两书为第四,未知何据。中卷钱德洪序明言答聂文蔚第一书仍元善所录之旧,而第二书则为彼所增录。"(《王阳明传习录详注集评》,台

湾学生书局 1983 年版。)今从南大吉《序》及《王阳明集补编》卷四《年谱（三）》。陈言可备一说。

马理等因伏阙争"大礼"下锦衣卫狱,再遭廷杖夺俸

[文献] 《明史》卷一七《世宗本纪》:"(嘉靖三年)秋七月乙亥,更定章圣皇太后尊号,去本生之称。戊寅,廷臣伏阙固争,下员外郎马理等一百三十四人锦衣卫狱。癸未,杖马理等于廷,死者十有六人。"《明史》卷二八二《马理传》:"嘉靖初,起稽勋员外郎,与郎中余宽等伏阙争大礼。下诏狱,再予杖夺俸。"《关学编》卷四:"先生主事时,上书谏武宗巡游者二,后伏阙诤益力,杖于廷。员外时值议大礼,率百官伏阙进谏,世宗震怒,命开伏阙者姓名,百官以先生名为首,逮击诏狱,复杖于廷。"

吕柟因言"大礼"不正,被下卫狱 锦衣卫建立于洪武十五年(1382),掌"直驾侍卫、巡查缉捕"。这是朱元璋为加强对臣民的防犯而设立的特务系统之一。吕柟能杖义直言,是年,因言及大礼不正,被下锦衣卫狱。后来在罢免与吕柟不和的张璁、桂萼、席书等人之后,才和邹守益一起出狱。

[文献] 《明史》卷一七《世宗本纪》:嘉靖三年五月,"修撰吕柟言大礼未正,下锦衣卫狱。"《明史》卷一九四《乔宇传》:"寻复请罢璁、萼、书,而出争'大礼'者吕柟、邹守益于狱。"同书卷二八二《吕柟传》:"'大礼'议兴,与张、桂忤。以十三事自陈,中以大礼未定,诋言日进,引为己罪。上怒,下诏狱,谪解州判官,摄行州事。"《高陵县志》卷七《吕泾野先生续传》:"泾野姓吕,讳柟……四方学者共称为泾野先生。……大礼议兴,意见与时不合。复以十三事自陈,议者谓为大臣宰执之职,不宜引为己责,因系狱。寻谪解州判官。"(明嘉靖二十年刻本)《〔光绪〕解州志》卷五:"吕柟字仲木,高陵人……嘉靖时议大礼,与张、桂忤,以十三事自陈,中以大礼未定,诋言日进为己罪,下诏狱,谪解州判官。"(〔清〕马丕瑶、魏象干修,张承熊纂,乾隆二十九年如泗本、增修本,清光绪七年刻本)

吕柟于狱中与邹守益论学 吕柟因上疏言事,语涉"大礼"而下狱。此前,因议"大礼"下狱者有阳明弟子邹守益(1491—1562,字谦之,号东廓)。至此,二人"一时直声震天下,人人有真铁汉之称。"不久,吕柟被谪为解州判官(在今山西运城),邹守益谪为广德州判官(在今安徽)。

[文献] 冯从吾《关学编》卷四《泾野吕先生》:"甲申,奉修省诏,复以十三事上,言颇过切直。时东廓亦上封事,同下诏狱,一时直声震天下,人人有

真铁汉之称。寻谪东廓判广德,先生判解州。"《国榷》卷五三"世宗嘉靖三年"条载:"(四月)庚申,翰林编修邹守益议大礼云:'望陛下屈己从善,不吝改过。'上怒,下镇抚司,谪广德州判官。(五月)翰林修撰吕柟,以修省自劾不职,语涉大礼,下镇府司。谪解州判官。"宋仪望:《华阳馆文集》卷一一《邹东廓先生行状》:"明年甲申,先生(东廓)复上疏,忤旨,下诏狱。是时修撰吕君柟继疏入,下狱,先生与吕君日讲学不辍,有《狱里双况集》。寻谪广德州判官。"(明万历三年刻本,《四库全书存目丛书》集部第116册)

吕柟贬谪解州判官,建解梁书院 明嘉靖元年(1522年),吕柟又被重新起用,仍复翰林院旧职,纂修《武庙实录》,还经筵进讲。是年,他奉旨修省,以十三事自陈,言颇切直。又因议兴大礼,上疏获罪,被下狱。后来贬谪为解州(今山西解县)判官。在解州三年期间,吕柟体恤民情,轻摇薄赋,劝农课桑,兴修水利,筑堤以护盐池,发展生产。他还广开教化,兴建解梁书院,选拔有才俊者入学,学习《诗》及小学诸礼仪,在每月初一、十五日,请乡贤有道德者讲会典,行《乡约》,并表彰乡间廉孝节义之士,被人誉为"兴学而人才丕变,励俗而礼让大行"(马汝骥《通议大夫南京礼部右侍郎泾野吕公柟行状》,见焦竑《国朝献征录》卷三七)在此期间的讲学语录,见《泾野子内篇》之《端溪问答》《解梁书院话》。

[文献] 〔明〕马汝骥《通议大夫南京礼部右侍郎泾野吕公柟行状》:"甲申四月,奉旨修省,以十有三事自劾。疏上,出山西解州判官。至解,首恤无告及诸贫困以赎刑,木绵米肉给之。见解之丁差倍蓰他邑,乃恳告当路,会议分派概省,解民获苏于时,解人及四方士多从游者。乃即废寺,建解梁书院,祀往开来。复选民间俊秀子弟,俾习小学之节,歌豳风之诗。又令诸耆德俊民,朔望讲读会典诸礼及行蓝田《吕氏乡约》。凡冠婚丧祭俾皆尊,闻行知察,诸孝子义士节妇咸遵。"(《国朝献征录》卷三七,明万历四十四年徐象橒曼山馆刻本)冯从吾《关学编》卷四《泾野吕先生》:"甲申,奉修省诏,复以十三事上,言颇过切直。时东廓亦上封事,同下诏狱。一时直声震天下,人人有'真铁汉'之称。寻谪东廓判广德,先生判解州。……既至解,仰尧舜故址,慨然以作士变俗为己任。解士子视圣学与举业为二,先生曰:'苟知举业圣学为一,则干禄念轻,救世意重。'于是讲学崇宁宫,每诲诸士,虽举业拳拳,不离圣贤之学。诸士皆欣然向道,以为圣贤复出也。会守缺,先生摄事,不以迁客自解免。恤茕减役,劝农课桑,筑堤以护盐池,开渠以兴水利,善政犁然。郡庠

士及四方来学者益众,乃建解梁书院居之,选少而俊秀者歌《诗》、习小学诸仪,朔望令耆德者讲会典、行《乡约》、廉孝弟节义者表其间。求子夏后,教之学。建温公祠,正夷齐墓,订《云长集》。久之,政举化行,俗用丕变。丁亥,转南吏部考功郎中。解梁门人王光祖谓'先生在解三年,未尝言及朝廷事'。"《明史》卷二八二《吕柟传》:"大礼议兴,与张、桂忤。以十三事自陈,中以大礼未定,诣言日进,引为己罪。上怒,下诏狱,谪解州判官,摄行州事。恤煢独,减丁役,劝农桑,兴水利,筑堤护盐池,行《吕氏乡约》及《文公家礼》,求子夏后,建司马温公祠。四方学者日至,御史为辟解梁书院以居之。"〔清〕马丕瑶、魏象干修,张承熊纂《解州志》卷五:"吕柟……嘉靖时议大礼,与张、桂忤,以十三事自陈,中以大礼未定,诣言日进为己罪,下诏狱,谪解州判官,摄行州事,恤煢独,减丁役,劝农桑,兴水利,筑堤护盐池,行《吕氏乡约》及《文公家礼》,求子夏后,建司马温公祠。四方学者日至,御史为辟解梁书院以居之。"(见〔清〕马丕瑶、魏象干修,张承熊纂《解州志》,乾隆二十九年如泗本、增修本,清光绪七年刻本)又见于《〔雍正〕山西通志》卷九九《名宦》。

韩邦奇起山西左参议,平大同之变 邦奇于嘉靖初年,诏起山东参议,不久乞休。是年,因原大同巡抚张文锦在动乱中遇害,在情势危难之时,邦奇被荐起山西左参议,分守大同。当时一般人颇觉时势危险,未敢前往。而邦奇则闻命即行。时城内尚无官镇守,在即将入城之时,有叛逆者持刀相迎,邦奇奋然而上,单车而入。民众听到邦奇入城,感激泣下,人心少安。对其举动,代州巡抚蔡天祐颇感惊奇,邦奇说:"大同变后,巡抚之威削甚,大同人止知有某耳,不身先降礼,何以帅众?"(冯从吾《关学编》卷四)

[文献] 冯从吾《关学编》卷四:"甲申,大同巡抚张文锦阶乱遇害,时势孔棘,复以荐起山西左参议,分守大同。人皆危之,先生闻命即行,将入城,去二舍许,逆者使二人露刃迎,且故毁参将宅以慑之,先生奋然单车入,时诸司无官镇,人闻先生入,皆感激泣下,人心少安。既而巡抚蔡公天祐至代州,先生亲率将领,令盛装戎服,谒蔡于代。蔡惊曰:'公何为如此?'先生曰:'某岂过于奉上者!大同变后,巡抚之威削甚,大同人止知有某耳,不身先降礼,何以帅众?'蔡为叹服。"《〔雍正〕陕西通志》卷五五:"韩邦奇,字汝节,朝邑人。……嘉靖初,大同乱,以荐起山西左参议,分守大同。人皆危之,邦奇闻命即行。将入城去二舍许,逆者使二人露刃迎,且故毁参将宅以慑之。邦奇单车入,时诸司无官,镇人闻邦奇至,皆感激泣下,人心稍安。会上遣侍郎胡公瓒

提兵问罪,镇人复大噪。邦奇以处分事宜驰白巡抚,诸军闻言出邦奇,信之,始解。翼日首恶就戮,邦奇谓侍郎:'首恶就获,宜速给赏以示信,不然,将有他变。'弗听,遂致仕归。后果如其言。"(文渊阁本《四库全书》)《明史》卷二〇一:"弟邦靖,字汝度,年十四举于乡。与邦奇同登进士,授工部主事。……世宗即位,起山西左参议,分守大同。岁饥,人相食,奏请发币,不许。复抗疏千余言,不报,乞归。不待命辄行,军民遮道泣留。……未几,邦奇亦以参议莅大同,父老因邦靖故,前迎,皆泣下,邦奇亦泣。"

明世宗嘉靖四年　乙酉(公元1525年)

正月,王阳明为稽山书院撰《尊经阁记》。是年,南大吉匾莅政之堂为"亲民堂"　稽山书院为〔宋〕范仲淹知越州时始创。嘉靖三年(1524),南大吉与山阴县知县吴瀛重修县学,拓稽山书院,增建"明德堂""尊经阁"。王阳明在此阐述"致良知"之学。是年正月,阳明撰《尊经阁记》,阐发"经学即理学"的思想,认为,治经的目的,不过是为了发明人心之良知,如果学者研读《六经》而不求之于吾心,乃是舍本而求末。这里,王阳明确立了良知乃经典灵魂之理念,从而使王学从传统支离的训诂章句之学中解脱出来。是年,南大吉亦匾莅政之堂曰"亲民堂"。

[**文献**]　《阳明全集》卷三四《年谱三》:"四年乙酉,先生五十四岁,在越……是月,作稽山书院《尊经阁记》。略曰:'圣人之扶人极、忧后世而述六经也,犹之富家者之父祖,虑其产业库藏之积,其子孙者或至于遗亡失散,卒困穷而无以自全也,而记籍其家之所有以贻之,使之世守其产业库藏之积而享用焉,以免于困穷之患。故六经者,吾心之记籍也,而六经之实则具于吾心;犹之产业库藏之实,种种色色,具存于其家,其记籍者,特名状数目而已。而世之学者不知求六经之实于吾心,而徒考索于影响之间,牵制于文义之末,硁硁然以为是六经矣。是犹富家之子孙,不务守成规享用其产业库藏之实积,日遗忘散失至于窭人丐夫,而犹嚣嚣然指其记籍曰:'斯吾产业库藏之积也。'何以异于是? 按:是年南大吉匾莅政之堂曰"亲民堂",山阴知县吴瀛重修县学,提学佥事万潮与监察御史潘仿拓新万松书院于省城南,取试士之未尽录者廪饩之,咸以记请,先生皆为作记。"

金　元　明

附录:《稽山书院尊经阁记》(乙酉)

经,常道也。其在于天谓之命,其赋于人谓之性,其主于身谓之心。心也,性也,命也,一也。通人物,达四海,塞天地,亘古今,无有乎弗具,无有乎弗同,无有乎或变者也。是常道也,其应乎感也,则为恻隐,为羞恶,为辞让,为是非;其见于事也,则为父子之亲,为君臣之义,为夫妇之别,为长幼之序,为朋友之信。是恻隐也,羞恶也,辞让也,是非也;是亲也,义也,序也,别也,信也;一也。皆所谓心也,性也,命也。通人物,达四海,塞天地,亘古今,无有乎弗具,无有乎弗同,无有乎或变者也,是常道也。是常道也,以言其阴阳消息之行焉,则谓之《易》;以言其纪纲政事之施焉,则谓之《书》;以言其歌咏性情之发焉,则谓之《诗》;以言其条理节文之著焉,则谓之《礼》;以言其欣喜和平之生焉,则谓之《乐》;以言其诚伪邪正之辨焉,则谓之《春秋》。是阴阳消息之行也,以至于诚伪邪正之辩也,一也。皆所谓心也,性也,命也。通人物,达四海,塞天地,亘古今,无有乎弗具,无有乎弗同,无有乎或变者也,夫是之谓六经。六经者非他,吾心之常道也。故《易》也者,志吾心之阴阳消息者也;《书》也者,志吾心之纪纲政事者也;《诗》也者,志吾心之歌咏性情者也;《礼》也者,志吾心之条理节文者也;《乐》也者,志吾心之欣喜和平者也;《春秋》也者,志吾心之诚伪邪正者也。君子之于六经也,求之吾心之阴阳消息而时行焉,所以尊《易》也;求之吾心之纪纲政事而时施焉,所以尊《书》也;求之吾心之歌咏性情而时发焉,所以尊《诗》也;求之吾心之条理节文而时著焉,所以尊《礼》也;求之吾心之欣喜和平而时生焉,所以尊《乐》也;求之吾心之诚伪邪正而时辨焉,所以尊《春秋》也。盖昔者圣人之扶人极、忧后世,而述六经也,犹之富家者之父祖虑其产业库藏之积,其子孙者或至于遗忘散失,卒困穷而无以自全也,而记籍其家之所有以贻之,使之世守其产业库藏之积而享用焉,以免于困穷之患。故六经者,吾心之记籍也,而六经之实则具于吾心;犹之产业库藏之实积,种种色色,具存于其家。其记籍者,特名状数目而已。而世之学者,不知求六经之实于吾心,而徒考索于影响之间,牵制于文义之末,然以为是六经矣。是犹富家之子孙不务守视、享用其产业库藏之实积,日遗忘散失至于窭人丐夫,而犹嚣嚣然指其记籍曰:"斯吾产业库藏之积也",何以异于是!呜呼!六经之学,其不明于世,非一朝一夕之故矣。尚功利,崇邪说,是谓乱经;习训诂,传记诵,没溺于浅闻小见以涂天下之耳目,是谓侮经;侈淫辞,竞诡辩,饰奸心,盗行逐世,垄断而自以为通经,是谓贼经。若是者,是并

211

其所谓记籍者而割裂弃毁之矣,宁复知所以为尊经也乎!

越城旧有稽山书院,在卧龙西冈,荒废久矣。郡守渭南南君大吉既敷政于民,则慨然悼末学之支离,将进之以圣贤之道。于是使山阴令吴君瀛拓书院而一新之,又为尊经之阁于其后。曰:"经正,则庶民兴;庶民兴,斯无邪慝矣。"阁成,请予一言以谂多士。予既不获辞,则为记之若是。呜呼!世之学者既得吾说而求诸其心焉,其亦庶乎知所以为尊经也矣。(《王文成全书》卷七《文录四》,乾隆四十三年刻本。此附录亦见于吴光、钱明、董平编校《王阳明集》卷七《文录四》,上海古籍出版社,1992年版)

明世宗嘉靖五年　丙戌(公元1526年)

三月,吕柟刻《周子抄释》《张子抄释》《二程子抄释》于山西解梁书院

是年为吕柟被谪解州的第三年。年初,吕柟将往年所抄录的北宋周敦颐、张载、二程之书编为《周子抄释》二卷(附录一卷)、《张子抄释》六卷、《二程子抄释》十卷,刻之于山西解州之解梁书院。吕柟亲自作序,称周子之书"盖入孔颜之门户也",张载之论"仁孝、神化、政教、礼乐,自孔孟后未有能如是切者也",认为二程"言行多发孔孟之蕴"。

[文献]　《周子抄释序》:"柟自幼诵濂溪周子一二言,即中心爱之如睹其人。若当清风明月下诵之,更无他文字可好,第恨未多见其书耳。既举后得全书刻本于宁州吕道甫氏,又恨编次失序,雅俗不伦。暇尝第其先后,因演其义于各章之下,分为内、外二篇。既谪解,而巡按潜江初公亦甚好焉,遂命刻之解梁书院。于戏!周子精义具载此书,盖入孔颜之门户也。虽微演亦可通,但始学之士因其演,味其言,即其意,思其人,则必不以文字焉视斯书矣。嘉靖五年春正月后学高陵吕柟序。"(清李锡龄惜阴轩丛书本《宋四子抄释·周子抄释》,此序又见于嘉靖刻本《泾野先生文集》卷四《周子演序》)《张子抄释序》:"横渠张子书甚多,今其存者止《二铭》《正蒙》《理窟》《语录》及《文集》,而《文集》又未完,止得二卷于三原马伯循氏。然诸书皆言简意实,出于精思力行之后。至论仁孝、神化、政教、礼乐,盖自孔孟后未有能如是切者也。顾其书散见漫行,涣无统纪,而一义重出亦容有之。暇尝粹抄成帙,注释数言,略发大旨,以便初学者之观省。谪解之第三年,巡按潜江初公恐四方无是本也,命刻诸解梁书院以广布云。嘉靖五年三月辛丑后学高陵吕柟序。"(清

李锡龄惜阴轩丛书本《宋四子抄释·张子抄释》,序又见于嘉靖刻本《泾野先生文集》卷四《横渠张子抄释序》)《二程子抄释序》:"二程夫子明斯道于宋室盛时,其言行多发孔孟之蕴,人若有良心未死者,读之未尝不忘寝食也。柟年十七八时,尝梦明道及吕东莱立泾野草堂之上,而柟升阶质疑聆其语论,虽梦中亦豁然以为东莱远不及也。以后动静起居,时复思见。但愧恨末学,实未有所得耳。既举后,得全书于安阳崔子钟氏。每讽诵之,益不能释手。但解说六经、四书之语,与门弟子问答行事之言,统为一书,则浩大繁博,初学观览不无难焉。暇尝抄出心所好者,集为八卷凡二十九篇,稍释其下,以备遗亡,而于诗、文亦抄出数篇,以为外卷。后巡按潜江初公见之,命刻诸解梁书院,而以其赎罪金纸作工食费,则斯《抄释》其是也。柟何敢隐其非也,柟又何敢以掩哉。始学之士,倘因是而求二夫子之志,以遡孔孟之道,则亦其有小补乎。其传是书之门人姓氏名地亦叙列诸后。嘉靖五年三月辛丑后学高陵吕柟序。"(清李锡龄《惜阴轩丛书》本《宋四子抄释·二程子抄释》,序又见于嘉靖刻本《泾野先生文集》卷四《二程抄释序》))

[考辨] 《四库全书总目提要》云:"《二程子抄释》十卷,明吕柟编,前有自序,称初得二程全书于崔铣,以其中解说六经四书之语与门弟子问答行事之言统为一书,浩大繁博,初学难于观览,因钞出心所好者,集为八卷凡二十九篇,而卷首所列程子门人姓氏,后有嘉靖辛卯(1531)柟门人休宁程爵重刊跋,乃称泾野先生抄释程氏书凡十卷。此本为嘉靖丙申(1536)柟门人邓浩所刊,卷数与爵跋相合。岂柟作序时,其书尚止八卷,或后有所增益分析,而序文则未改欤。"而据吕柟《序》曰:"暇尝抄出心所好者,集为八卷凡二十九篇,稍释其下,以备遗亡,而于诗、文亦抄出数篇,以为外卷。"由此可知,吕柟当时是以诗、文为外卷,并不在正文八卷之内。又,清李锡龄《惜阴轩丛书》本《二程子抄释》卷九为文,卷十为诗(注:文渊阁《四库全书》本同),并于卷九之首标注"外篇"字样,正与吕柟序文所言相同。故四库馆臣认为吕柟之书(即解梁书院本)只有八卷,其后有所增益分析而为十卷之说为误。又,嘉靖刻本《泾野先生文集》卷四《周子演序》内容与《宋四子抄释·周子抄释序》相同,应为一书。

四月,王阳明撰《答南元善》 嘉靖五年(丙戌),南大吉入朝见皇帝,因当朝厌恶王阳明心学,大吉又与阳明友善,遂受牵连而被罢官。时大吉居渭南故里,大约三个月后,他致书阳明:"惟以得闻道为喜,急问学为事",而"略无一字及于得丧荣辱之间"。阳明及其弟子对此信"递观传诵，相与叹仰歆服。"阳明遂致此书于大吉，称赞其乃"朝闻夕死之志者"。信中所言大致是说，世间有些外道"高抗通脱之士"，固然也能做到"捐富贵，轻利害，弃爵录"，但并非真正的有道之士。只有那些良知"昭明"、与太虚同体者，方可是之。强调人如果失去"良知"，耳之闻不得聪，目之视不得明，心之思不得睿。他指出，从南元善所造之书，可知其"庶几于是矣"。书中亦慨叹虽"关中自古多豪杰"，然横渠之后，圣学不讲，其学术业已坠落。不过他颇寄希望于南大吉，说"自此关中之士有所振发兴起，进其文艺于道德之归，变其气节为圣贤之学，将必自吾元善昆季始也。"

[文献]《王阳明集》卷六《文录》："别去忽逾三月，居尝思念，辄与诸生私相慨叹。计归程之所及，此时当到家久矣。太夫人康强，贵眷无恙，渭南风景，当与柴桑无异，而元善之识见兴趣，则又有出于元亮之上者矣。近得中途寄来书，读之恍然如接颜色。勤勤恳恳，惟以得闻道为喜，急问学为事，恐卒不得为圣人为忧，亹亹千数百言，略无一字及于得丧荣辱之间，此非真有朝闻夕死之志者，未易以涉斯境也。浣慰何如！诸生递观传诵，相与叹仰歆服，因而兴起者多矣。"

"世之高抗通脱之士，捐富贵，轻利害，弃爵禄，决然长往而不顾者，亦皆有之。彼其或从好于外道诡异之说，投情于诗酒山水技艺之乐，又或奋发于意气，感激于愤悱，牵溺于嗜好，有待于物以相胜，是以去彼取此而后能。及其所之既倦，意衡心郁，情随事移，则忧愁悲苦随之而作。果能捐富贵，轻利害，弃爵录，快然终身，无人而不自得已乎？夫惟有道之士，真有以见其良知之昭明灵觉，圆融洞澈，廓然与太虚而同体。太虚之中，何物不有？而无一物能为太虚之障碍。盖吾良知之体，本自聪明睿知，本自宽裕温柔，本自发强刚毅，本自斋庄中正，文理密察，本自溥博渊泉而时出之，本无富贵之可慕，本无贫贱之可忧，本无得丧之可欣戚，爱憎之可取舍。盖吾之耳而非良知，则不能以听矣，又何有于聪？目而非良知，则不能以视矣，又何有于明？心而非良知，则不能以思与觉矣，又何有于睿知？然则，又何有于宽裕温柔乎？又何有于发强刚毅乎？又何有于斋庄中正、文理密察乎？又何有于溥博渊泉而时出之乎？故凡慕富贵，忧贫贱，欣戚得丧，爱憎取舍之类，皆足以蔽吾聪明睿知之体，而窒吾渊泉时出之用。若此者，如明目之中而翳之以尘沙，聪耳之中而塞之以木楔也。其疾痛郁逆，将必速去之为快，而何能忍于时刻乎？故凡有道之士,其于慕富贵,忧贫贱,欣戚得丧而取舍爱憎也,若洗目中之尘而拔耳中之楔。其于富贵、贫贱、得丧、爱憎之相,值若飘风浮霭之往来变化于太虚,而太虚之体,固常廓然其无碍也。元善今日之所造,其殆庶几于是矣乎!是岂有待于物以相胜而去彼取此?激昂于一时之意气者所能强?而声音笑貌以为之乎?元善自爱!元善自爱!"

"关中自古多豪杰,其忠信沈毅之质,明达英伟之器,四方之士,吾见亦多矣,未有如关中之盛者也。然自横渠之后,此学不讲,或亦与四方无异矣。自此关中之士有所振发兴起,进其文艺于道德之归,变其气节为圣贤之学,将必自吾元善昆季始也。今日之归,谓天为无意乎?谓天为无意乎?元贞以病,不及别简,盖心同道同而学同,吾所以告之亦不能有他说也。亮之亮之!"又见《王文成全书》卷六《答南元善》(文渊阁《四库全书》本)。另见《王阳明补编》卷四《年谱》三:嘉靖五年(丙戌)"四月,复南大吉书。"又见《王阳明全集》卷三五《年谱》三:"(嘉靖)五年(丙戌),(阳明)先生五十五岁,在越。……四月,复南大吉书。"(上所引见吴光、钱明、董平编校《王阳明集》,上海古籍出版社,1992年版)

明世宗嘉靖六年　丁亥(公元1527年)

吕柟迁南京吏部考功郎中　吕柟于嘉靖三年(1524)被贬谪解州,任解州判官三年。嘉靖六年迁南京,转任吏部考功郎中。少司马王浚川认为其"性行淳笃,学问渊粹",荐其为尚宝卿,又过了几年,再迁南京太常少卿。至嘉靖十四年(1535),又迁国子祭酒。在南都凡九年,海内从学者甚众。其初讲学于柳湾精舍,后又讲学于鹫峰东所,再讲学于太常南所。其讲学风动江南,海内学者大集,听者前后达数千人之多。此间,曾请益于湛若水,与邹东廓、顾东桥等常切磋学术。

[文献]　冯从吾《关学编》卷四《泾野吕先生》:"丁亥,转南吏部考功郎中。解梁门人王光祖谓'先生在解三年,未尝言及朝廷事'。为考功,躬亲吏牍。少司马王浚川荐其性行淳笃,学问渊粹,迁南尚宝卿。久之,迁南太常少卿。往太常谶乐甚亵,先生悉革之。乙未,迁国子祭酒。先生在南都几九载,海内学者大集。初讲于柳湾精舍,既讲于鹫峰东所,后又讲于太常南所,风动江南,环向而听者前后几千余人。闽中林颖、浙中王健以谒选行,中途闻先生

风遂止,乃买舟泛江从之游。上党仇栏不远数千里复来受学(笔者注:此句标点略有改动,陈俊民等点校《关学编》(1987年版)原文为:"闽中林颖、浙中王健……乃买舟泛江从之游上党。仇栏不远数千里复来受学"),先生犹日请益于甘泉湛先生,日切琢于邹东廓、穆玄庵、顾东桥诸君子。时东廓亦由广德移南,盖相得甚欢云。其在国学,益以师道自任,自讲期外,尤日进诸生,谆谆发明,使人人知圣人可学而至。"

吕柟在南方与湛甘泉、邹东廓共主讲席,日讲学不辍 是年冬,吕柟转南京吏部考功郎中,自此在南都仕宦九年,海内学者云集,日讲学不辍。柟初讲学于柳湾精舍,后又相继讲学于鹫峰东所、太常南所,前后听讲者有数千人,其影响"风动江南"。其间柟尝与湛若水、邹守益、穆元庵、顾东桥等人共同切琢学术,还与湛若水(甘泉)、邹守益(东廓)共主讲席。"东南学者,尽出其门。"

[文献] 《重刻泾野先生文集》卷一:"丁亥,转南吏部考功郎中。……先生在南都几九载,海内学者大集。初讲于柳湾精舍,既讲于鹫峰东所,后又讲于太常南所。风动江南,环向而听者前后几千余人。犹日请益于甘泉湛先生,日切琢于邹东廓、穆元庵、顾东桥诸君子。时东廓亦由广德移南,盖相得甚欢。"(清道光刻本)黄宗羲《明儒学案》(修订本)卷八《文简吕泾野先生柟》:"(泾野)九载南都,与湛甘泉、邹东廓共主讲席,东南学者,尽出其门。"(中华书局,1985年版)冯从吾《关学编》卷四《泾野吕先生》:"先生犹日请益于甘泉湛先生,日切琢于邹东廓、穆玄庵、顾东桥诸君子。时东廓亦由广德移南,盖相得甚欢云。"

明世宗嘉靖七年　戊子(公元1528年)

王之士生 王之士(1528,一说1529 - -1590),字欲立,号秦关,陕西蓝田人。关学学人。卒于万历十八年(1590),年六十三。推知其生于是年。

[文献] 冯从吾《关学编》卷四:"先生名之士,字欲立,号秦关,学者称秦关先生。其先咸宁人,五世祖志和迁居蓝田,其后子孙因家焉。……明年庚寅八月,卒于家,寿六十有三。"《明儒学案》卷九《征君王秦关先生之士》:"王之士,字欲立,号秦关,陕之蓝田人。嘉靖戊午举于乡,既而屏弃帖括,潜心理学,作《养心图》《定气说》,书之座右。闭关不出者九年,蒿床粝食,尚友

千古。……万历庚寅卒于家,年六十三。"〔清〕张夏《洛闽源流录》卷一〇:"王之士,字欲立,陕西蓝田人。……庚寅八月卒于家,年六十三。"……"(康熙二十一年黄昌衢彝叙堂刻本)《明儒言行录》卷四《王之士秦关先生》:"万历庚寅卒于家,年六十二。"(文渊阁《四库全书》本)

[考辨] 关于王之士生年,现存资料记载不一。据《关学编》《明儒学案》《洛闽源流录》等文献记载,王之士于万历庚寅卒于家,时年63岁,故其生年当为1528年;〔清〕沈佳《明儒言行录》本传中则记载万历庚寅卒于家,时年62岁,据此,其生年当为1529年。吴海林《中国历史人物生卒年表》记载王之士于明嘉靖七年戊子(1528)生,明万历十八年庚寅(1590)卒,不知其所据为何,但与冯说一致。(黑龙江人民出版社,1981年版)以上二说难以论断,暂置于此,以俟新考。

明世宗嘉靖九年　　庚寅(公元1530年)

吕柟与邹东廓论良知与知行,所见多有不合　是年,吕柟到南都已近三年,尝与邹东廓相约论学。邹东廓学宗阳明,主论良知与知行合一,而吕柟则恪守程朱,重视格物穷理、躬行实践,主张知先行后,力行为重,二人所见多有不合。吕柟特别强调格物穷理在戒慎恐惧之先,以此批评阳明学废弃读书穷理的儒学传统之弊。

[文献]《泾野先生文集》卷一六《别东廓子邹氏序》:"予与东廓邹氏之在南都也三年矣。每以居室之远,会不能数。然会必讲学,讲必各执己见,十二三不合焉。初会予第,东廓曰:'行即是知,譬如登楼不至其上,则不见楼上所有之物。'予应之曰:'苟目不见楼梯,将何所以加足,以至其上哉?'东廓亦不以为然。他日,同适太学,雪中行,已过长安街北矣,东廓曰:'今之太学,非行安能知哉?'予指前皂曰:'非斯人先知适太学之路以引马,予与子几何不出聚宝门外乎?'盖自是所讲数类此。"(文渊阁《四库全书》本)《泾野子内篇》卷一三:"先生(吕柟)曰:'君(邹东廓)尝谓知便是行,向日登楼,云不至楼上,则不见楼上之物。'东郭子(即邹东廓,下同)曰:'非谓知便是行,但知便要行耳。如知戒慎就要戒慎,如知恐惧就要恐惧,知行不相离之谓也。'先生曰:'若如此说,则格致固在戒慎之先矣,故必先知而后行也。'东郭子曰:'圣人原未曾说知,只是说行,行得方算得知。譬如做枙,须是做了枙,才晓得枙;

譬如做衣服,须是做了,才晓得衣服。若不曾做,如何晓得?此所以必行得,方算作知。'先生曰:'谓行了然后算作知亦是。但做衣服,若不先问衿多少尺寸,领多少尺寸,衿是如何缝,领是如何缝,却不错做了也?必先逐一问知过,然后方能晓得缝做,此却是要知先也。'东郭子犹未然。"

明世宗嘉靖十二年　癸巳(公元 1533 年)

吕柟《泾野子内篇》刊刻　吕柟生前除为官之外,皆以讲学为务,著述甚多,其中被文渊阁《四库全书》本收入的有《四书因问》《宋四子抄释》(即《周子抄释》《张子抄释》《二程抄释》《朱子抄释》)和《泾野子内篇》。《四库全书存目丛书》收入的有《周易说翼》《礼问内外篇》《毛诗说序》《尚书说要》《春秋说志》《泾野文集》等。上述书目中,《泾野子内篇》为全面研究吕柟思想提供了珍贵的资料,值得重视。《泾野子内篇》所收录者,有《云槐精舍语》2 卷,《东林书屋语》1 卷,《端溪问答》1 卷,《解梁书院语》1 卷(笔者注:《四库全书总目提要》有误,脱"一卷"二字),《柳湾精舍语》2 卷,《鹫峰东所语》12 卷,《太常南所附邵伯舟中语》3 卷,《太学语》2 卷,《春官外署语》2 卷,《礼部北所语》1 卷,共 27 卷。上列书目皆为吕柟生平讲学之语录,由其门人记录整理。明万历刻本有其子吕昀《门人录》,详记其各卷录者之籍贯、姓名,总计 208 人,大多事迹可考。其内容包括吕柟早年在云槐精舍、东林书屋、解梁书院讲学语录,即今本《泾野子内篇》第一卷至第五卷。吕柟任南京尚宝司卿时,又先后于柳湾精舍、鹫峰东所讲学,其语录乃由胡大器、王友标及同门者数百人"日闻至教,亲炙既久,各记录之,日积月累,不啻数十万言"(见章诏作于嘉靖十一年的《序》),此即《泾野子内篇》第六卷至第十九卷的内容。经章诏、胡大器等人努力,是书于嘉靖十二年刊刻。万历十五年刻本是为该书足本,此本对了解正德、嘉靖年间的历史,探讨当时学术发展和深入研究吕柟思想,有着重要的学术价值。是书至清乾隆、咸丰年间曾多次翻刻。今存文渊阁《四库全书》本。(参阅王春瑜主编《明史论丛(二)》,社会科学出版社,1997 年版,第 255 页)又有赵瑞民点校、中华书局 1992 年版本。

《泾野子内篇》形成于阳明心学已成潮流之时。当时的学术,不归王阳明,则归湛若水,而能独守朱子理学者惟吕柟和罗钦顺。他们不尚空谈,注重实际工夫。该书所论内容即是这一情况的反映。其思想基本以穷理实践为主,力斥阳明"良知"说之非,而恪守朱子理学。书中特别阐发其格物与立诚、去欲的关系,主张不能如佛老那样先立诚而后格物,而应先格物而后致知、立诚;还讨论了知与行的关系,认为知与行是不能分离的。《泾野子内篇》的思想有鲜明的实学倾向。

[**文献**] 《四库全书总目提要》卷九三:"《泾野子内篇》,二十七卷。(陕西巡抚采进本)明吕柟撰。柟有《周易说翼》,已著录。柟师事渭南薛敬之,其学以薛瑄为宗。是书乃其门人所编语录,凡《云槐精舍语》二卷,《东林书屋语》一卷,《端溪问答》一卷,《解梁书院语》《柳湾精舍语》二卷,《鹫峰东所语》十二卷,《太常南所附邵伯舟中语》三卷,《太学语》二卷,《春官外署语》二卷,《礼部北所语》一卷。其子畇等类而刻之。柟为学在格物以穷理,先知而后行。其所谓穷理不是泛常不切于身,只在语默、作止处验之。所谓知者即从闻见之知以通德性之知,但事事不肯放过,其践履最为笃实。尝斥王守仁言良知之非,以为'圣人教人未尝规规一方,今不论资禀造诣,刻数字以必人之从,不亦偏乎'!观于所言,可谓不失河津之渊源矣。"《明史》卷九八《艺文志》:"吕柟《泾野子内篇》三十三卷、《语录》二十卷。"

[**考辨**] 《明史》卷九八《艺文志》作"《泾野子内篇》三十三卷",〔清〕黄虞稷《千顷堂书目》著录与此同,此说当有所本。然该书明刻本、乾隆四十五年刻本、光绪七年刻本等皆作二十七卷。《四库全书总目提要》所记各书卷数相加为二十六卷。李裕民《四库提要订误》:"按:《提要》所录此书各部分卷数相加仅得二十六卷。山西大学图书馆藏有此书明刻本,其中《解梁书院语》一卷,《柳湾精舍语》二卷,《提要》误合二者为'二卷',故与总卷数不符,《解梁书院语》下应补'一卷'二字。"今从李说。(书目文献出版社,1990年版,第104页)

明世宗嘉靖十六年 丁酉(公元1537年)

吕柟弟子胡大器刻成《十四游记》 吕柟喜游山水名胜,常常利用闲暇之日与友人、弟子共同出游,而且每游必有记和诗。其弟子胡大器于是年将吕柟在山西解州、南京所写游记合编为《吕泾野先生十四游记》。其中,河东六游:《游王官谷记》《游龙门记》《观底柱记》《游傅岩记》《游雷首山记》《游涑水记》,以及江南八游:《游燕子矶记》《游灵谷记》《游高座记》《游省中南竹坞记》《游鸡鸣山记》《游牛首山记》《游献花岩记》《游卢龙记》,并附录诗31首。

[文献] 《〔雍正〕陕西通志》卷七五有胡大器《十四游记序》:"《十四记》者,泾野先生政暇游山随所至而记之者也。前六篇在解州作,而条山、黄河之胜具见之矣。后八篇在南都作,而钟阜、长江之灵具见之矣。《传》曰:'仁者乐山,智者乐水。'世有乐得其物,不乐得其道者,将亦当有所悟乎。大器遂梓以传,曰:将使漫游者知所儆也。其诗亦附刻于后。本书胡大器序。"(〔清〕刘于义等修、沈青崖等纂,文渊阁《四库全书》本)李愈《十四游记叙》:"泾野先生自史馆谪出,讲学于河东、江南者十四五年矣。于其地之雄一方而名海内者,暇必往游,游必有记,凡十有四篇,诗亦每剖附焉。愈获读之,叹曰:渊乎,我先生之深造也。盖天地间莫非道,亦莫非教,君子修诸己而教随之者也。先生之游也,穷天地之高厚,究山川之流峙,感古今之废兴,法贤圣之矩度,尽事物之变,析邪正之归,性命参于日用,致知存乎格物,经世成务,有斯记焉而岂徒哉。昔马迁探禹穴以文鸣,张旭观剑舞以书鸣,今斯记之鸣四方学士,或欲登泰山之巅,观江海之澜以为游者,当亦有助乎哉。愈惧人之放达慢游而忘道也,乃僭有是说焉。嘉靖十六年冬十月吉,赐进士第南京太常寺博士门生李愈拜识。"(《吕泾野先生十四游记》)

明世宗嘉靖十七年 戊戌(公元1538年)

五月,王承裕卒 王承裕(1465-1538),字天宇,陕西三原人,王恕少子。明弘治癸丑(1493年)进士,官至南京户部尚书。少聪颖,七岁能诗,二十作《太极动静图说》。进士及第后,曾主讲于宏道书院,尤推尊孔、颜及程、朱之学,并以之教人。为官"清平正直",颇有政绩。屡向皇帝上疏,进劝皇帝"进君子,退小人";重视教育,认为"人犹木也,养之则成栋梁,失养则为薪蒸。"教育生徒,以礼为先,注重实践躬行。黄宗羲谓"冠婚丧祭必率礼而行,三原士风民俗为之一变。冯少墟以为,先生之学,皆本之家庭者也。"其弟子"学而成立者众"。他学识渊博,著作甚富,主要著作有:《论语蒙读》《论语近说》《星轺集》《谈录漫语》《辛巳集》《考经党集》《横渠遗书》等十多种。《四库全书总目提要》卷六〇著录《李卫公通纂》四卷。此因王承裕与唐李靖为同里人,故为建祠而纂其遗事以成书。四库馆臣指出"其考订之疏",认为《李卫公问对》系阮逸所伪托,而承裕未能详考,却一概列入,没有加以辨证。黄宗羲在《明儒学案》卷九有其学案,并将其学归于"三原学派"。

[**文献**] 《明史》卷一八二《王恕传》:"承裕,字天宇。七岁能诗,弱冠著《太极动静图说》。恕官吏部,令日接宾客,以是周知天下贤才,选用无不当。举弘治六年进士。恕致政,承裕即告归侍养。起授兵科给事中,出理山东、河南屯田。减登、莱粮额,三亩征一斗,还青州、彰德军田先赐王府者三百六十余顷。武宗立,屡迁吏科都给事中。以言事忤刘瑾,罚米输塞上。再迁太仆卿。嘉靖六年,累官南京户部尚书。清逋税一百七十万石,积羡银四万八千余两。帝手书'清平正直'褒之。在部三年,致仕,卒。赠太子少保,谥康僖。"《南京户部尚书平川先生王公行实》:"先生姓王氏,讳承裕,字天宇,号平川山人,晚年号乐休道人,学者独称为平川先生。……先生由成化丙午乡举,弘治癸丑进士,历任兵科给事中,吏科右给事中,刑科左给事中,吏科都给事中,太仆寺少卿、本寺卿,南京太常寺卿,户部右侍郎,总督仓场,本部左侍郎,南京户部尚书。嘉靖己丑致仕。成化元年乙酉三月初五日寅时,先生生于河南宦邸,盖端毅公巡抚日也。方儿时即重厚如老儒,恒端坐不妄言笑。年七岁作屋隙诗,略曰:'风来梁上响,月到枕边明。'……端毅公喜曰:'此儿足继志矣。'……十五时在南京从莆田萧生学,萧令侍立三日,一无所授。先生归告端毅公,曰:'先生待儿如此,谓不足教耶?'公曰:'善哉,教也。真汝师矣。'先生由是益尊师乐学,遂深造焉。……丙午,年二十二,乡试中式。……丁未,孝宗登极,召起端毅公为冢宰,先生侍行,端毅公察其无私,令终日开门延贤,与一时缙绅交接。比退,食叩其所闻,则一时人才文艺武略悉得其概。乃识而用之,多称厥职。故铨衡之政,号明而不私。盖先生实有力焉。……癸丑登毛澄榜进士,观政礼部。五月,端毅公致仕,先生请从归养。有暇温故于学道书堂,士多就之堂,至不能容。遂设科于宏道书院。四方从游者益众。先生教以宗程朱以为阶梯,祖孔颜以为标准。其详见于都御史和顺王公云凤之记。时先生以师道自居,甚严弟子,咸知敬学。……乙卯四月授兵科给事中,有时政先务等疏,言皆切中时弊。……乙丑三月升刑科左给事中,有延访图治等疏。武宗登极,钦赏纻丝一表,里花银六两。是岁,端毅公年跻九十,朝廷遣使存问,先生亦奉敕给赏。……戊辰充会试同考试官,取进士三十五人,皆名士……癸酉正月升太仆寺少卿。……丁丑十二月升南京太常寺卿。戊寅正月上疏乞恩祭扫,奉旨驰驿以归祭。……己丑八月致仕。……谢

致家居,惟以读书教人为事,优游十年,论荐者众。……今年(戊戌)五月十六日感疾至,二十一日午时卒。……先生卒岁、月、日、时见前,享年七十有四。"(《谿田文集》卷五,清道光廿年三原李锡龄校刻书)冯从吾《关学编》卷三《平川王先生》:"先生名承裕,字天宇,号平川,三原人。父恕,历官太子太保、吏部尚书,赠太师,谥端毅,为国朝名臣第一,道德功业载在国史。成化元年乙酉,先生生于河南宦邸,盖端毅公巡抚日也。端毅公七子,而先生最少。……年十九,应乡试,督学戴公珊试其文,奇之。丙午,年二十二,举于乡。丁未,孝宗登极,召起端毅公为冢宰。先生侍行,读书京邸,与一时名公游,由是闻见益广,学益进。癸丑,第进士。会端毅公致仕,先生予告归,乃开门授徒,讲学于释氏之刹。堂至不能容,复讲于宏道书院。先生教以宗程朱以为阶梯,祖孔颜以为标准。语具督学虎谷王公《书院记》中。盖先生以师道自居甚严,弟子咸知敬学,故自树而成名者甚众。久之,授兵科给事中,有《时政》《先务》等疏,皆切中时弊。……丁亥,晋南户部尚书。乙丑,致仕。林居十年,惟以读书教人为事。当时称其济美,有范忠宣继文正公之风。论荐者无虚日,庙堂方欲召用,而先生已殁,识者于是有苍生之恨云。卒年七十有四,盖嘉靖戊戌五月也。讣闻,赐祭葬如例,谥康僖。……自始学好礼,终身由之,故教人以礼为先。凡弟子家冠婚丧祭,必令率礼而行。又刊布蓝田吕氏《乡约》《乡仪》诸书,俾乡人由之。三原士风民俗至今贞美,先生之力居多。所著有《论语近说》《论语蒙读》《谈录漫语》《星轺集》《辛巳集》《考经堂集》《庚寅集》《谏垣奏草》《草堂语录》《三泉堂漫录》《厚乡录》《童子吟藁》《婚礼用中》《进修笔录》《动静图说》等书。所述有《横渠遗书》《太师端毅公遗事》等书行世。"焦竑《国朝献征录》卷三一《南京户部尚书王承裕》:"南京户部尚书王承裕嘉靖十七年五月卒。赐祭葬如例,赠太子少保,谥康僖。"同书同卷《南京户部尚书王公承裕传》记载:"王承裕,端毅公第七子,字天宇,号平川,为儿时即重厚如老儒,七岁能诗赋……成化丙午乡举……登弘治癸丑进士。时端毅公致仕,即归养,暇授徒于弘道书院,以孔颜程朱学教之。正德间历授兵刑吏三科给事中。……后赏功升户部右侍郎。……钦赐睿笔'清平正直'四字,升南京户部尚书。"(明万历四十四年徐象橒曼山馆刻本)《四库全书总目提要》卷六〇:"《李卫公通纂》四卷,(直隶总督采进本)明王承裕撰。承裕字天宇,三原人,吏部尚书恕之子。宏(弘)治癸丑进士,官至南京户部尚书,谥康僖。事迹附见《明史》恕传。承裕与唐李靖为同里,故既为建祠,又纂其遗事为此书,《明史·艺文志》著录,作四卷。此本凡史牒纂一卷、遗作纂一卷、文集纂一卷、存迹纂一卷,与《明志》合,所载皆习见之文。至《李卫公问对》一书,出自阮逸伪托而一概列入,绝无辨证,可知其考订之疏矣。"又见黄宗羲《明儒学案》卷九《康僖王平川先生承裕》:"(承裕)登第后,侍端毅归,讲学于弘道书院(笔者注:据王恕《石渠意见请问可否书》及《〔乾隆〕三原县志》卷一四《宏道书院记》等,"弘"字写作"宏"),弟子至不能容。冠婚丧祭必率礼而行,三原士风民俗为之一变。冯少墟以为,先生之学,皆本之家庭者也。"又见张骥《关学宗传》卷一五。

明世宗嘉靖二十年 辛丑(公元1541年)

秋,南大吉《渭南县志》修成 嘉靖五年(1526),南大吉与当朝不合,从绍兴知府任上罢官回乡,乃建湭西书院(今六姑泉址)讲学。有感于渭南原有方志亡佚,文献无从查考,于是"博摭籍传,洞窥今昔,错综櫽括,作《渭南县志》"。今凤凰出版社2007年版《中国地方志》收录,称嘉靖《渭南县志》"南大吉纂修",有《图》二卷、《表》四卷、《考》五卷、《传》七卷,凡一十八卷。书成于嘉靖二十年(1541)秋。

[**文献**] 李宗枢《渭南县志原序》:"瑞泉先生既屏居于渭,卜筑湭西别宇,日偕邑子之属,覃析大道,著述元言。慨邑有故志讹跛亡纪,文献曷征,乃博摭籍传,洞窥今昔,错综櫽括,作《渭南县志》。云志有图、有表,有考、有传,其悉在诸卷端。图二卷、表四卷、考五卷、传七卷,凡一十八卷。志成嘉靖二十年,岁在辛丑之秋。"(《重辑渭南县志·旧志序》,清何耿绳、姚景衡纂,清道光九年刻本,陕西师范大学图书馆存有1982年传钞本)《重辑渭南县志序》:"渭南有志,原于邑之南太守大吉。其时前明嘉靖辛丑也。"(《重辑渭南县志·旧志序》,清何耿绳、姚景衡纂,清道光九年刻本,陕西师范大学图书馆存有1982年传钞本)《渭南县志》第十八编附记:"嘉靖五年,南大吉与当朝权贵不合,从绍兴知府任上罢官回乡,在湭西书院(今六姑泉址)讲学。嘉靖二十年(1541),陕西出现了修地方志热潮,渭南知县就请南大吉撰《渭南县志》。南大吉即在父亲遗稿的基础上,偕弟子'旁搜博考,包罗兼括','分类校勘',历时三月,于当年秋天纂成。"(见杨树民《渭南县志》,三秦出版社,1987年版)

南大吉卒 南大吉(1487－1541),字元善,号瑞泉。渭南(今属陕西)人。明武宗正德六年(1511)中进士第。累官至户部郎中,后出知绍兴府,为会稽郡守。因王阳明曾为其座主,故以门生相称,对其执弟子之礼,时常问学,特辟稽山书院,为王阳明讲学之所。嘉靖三年(1524),他续刻《传习录》,即今之《传习录》(中)。大吉之学以王阳明"致良知"为宗,孜孜于心学,并以此为旨研讨学术,砥砺生徒,故黄宗羲《明儒学案》将他列为"北方王门学案"。冯从吾《关学编》称其学"以致良知为宗旨,以慎独改过为致知工夫。"嘉靖五年,他入朝见皇帝,因当朝厌恶王阳明心学,大吉受牵连而被罢官。王阳明遂致书《答南元善》,称其为"朝闻夕死之志者"。辞官家居,自称"前访周公迹,后窃横渠芳。"又建湭西书院,以迎四方来学之士。他治学严谨,因材施教,阳明心学流传关中,南大吉有首推之功。是年(1541)卒,终年55岁。著有《绍兴志》《渭南志》《瑞泉集》等。

[**文献**] 黄宗羲《明儒学案》卷二九《郡守南瑞泉先生大吉》:"南大吉字元善,号瑞泉,陕之渭南人。正德辛未进士。授户部主事,历员外郎、郎中,出守绍兴府致仕。嘉靖辛丑卒,年五十五。……及知绍兴府,文成方倡道东南,四方负笈来学者,至于寺观不容。先生故文成分房所取士也,观摩之久,因悟人心自有圣贤,奚必他求? 一日质于文成曰:'大吉临政多过,先生何无一言?'文成曰:'何过?'先生历数其事。文成曰:'吾言之矣。'先生曰:'无之。'文成曰:'然则何以知之?'曰:'良知自知之。'文成曰:'良知独非我言乎?'先生笑谢而去。居数日,数过加密,谓文成曰:'与其有过而悔,不若先言之,使其不至于过也。'文成曰:'人言不如自悔之真。'又笑谢而去。居数日,谓文成曰:'身过可免,心过奈何?'文成曰:'昔镜未开,可以藏垢,今镜明矣,一尘之落,自难住脚,此正入圣之机也。勉之!'先生谢别而去。辟稽山书院,身亲讲习,而文成之门人益进。入觐以考察罢官。先生治郡,以循良重一时,而执政者方恶文成之学,因文成以及先生也。先生致书文成,惟以不得闻道为恨,无一语及于得丧荣辱之间。文成叹曰:'此非真有朝闻夕死之志者不能也。'家居搆湭西书院,以教四方来学之士。"冯从吾《关学编》卷四《瑞泉南先生》:"先生名大吉,字元善,号瑞泉,渭南人。正德庚午举人,辛未进士。授户部主事,历员外郎、郎中、浙江绍兴府知府,致仕。嘉靖辛丑卒,年五十有五。……嘉靖癸未知绍兴时,王文成公倡道东南,讲致良知之学。王公乃先生辛未座主也。先生既从王公学,得实践致力肯綮处,乃大悟曰:'人心果自有圣贤也,

奚必他求?'于是时时就王公请益焉。……王公报书为论良知,旨甚悉,谓'关中自横渠后,今实自南元善始'。先生既归,益以道自任,寻温旧学不辍。以书抵其侣马西玄诸君,阐明致良知之学。构湭西书院,以教四方来学之士。……盖先生之学以致良知为宗旨,以慎独改过为致知工夫,饬躬励行,惇伦叙理,非世儒矜解悟而略检押者可比。故至今称王公高第弟子,必称渭南元善云。所著有《绍兴志》《渭南志》《瑞泉集》若干卷行于世。"《关学续编·柏景伟小识》:"关中沦于金、元,许鲁斋衍朱子之绪,一时奉天、高陵诸儒与相唱和,皆朱子学也。明则段容思起于皋兰,吕泾野振于高陵,先后王平川、韩苑洛,其学又微别,而阳明崛起东南,渭南南元善传其说以归,是为关中有王学之始。"张舜典《明德集》:"大吉南先生元善,号瑞泉,渭南人。年十五尝赋诗言怀,有'谁谓予婴小,忽焉十五龄。独念前贤训,尧舜皆可并'之语。后时时请业于王阳明,先生示其弟及诸门人诗云:'昔我在英龄,驾车词赋场;朝夕工步骤,追迹班与扬。中岁遇达人,授我大道方。归来三秦地,坠绪何茫茫!前访周公迹,后窃横渠芳。愿言偕数子,教学此相将。'"(见《鸡山语要》,陕西通志馆印,《关中丛书》本)王阳明《答南元善》:"关中自古多豪杰,其忠信沈毅之质,明达英伟之器,四方之士,吾见亦多矣,未有如关中之盛者也。然自横渠之后,此学不讲,或亦与四方无异矣。自此关中之士有所振发兴起,进其文艺于道德之归,变其气节为圣贤之学,将必自吾元善昆季始也。"(《王阳明集》卷六《文录》,吴光等编校,上海古籍出版社,1992年版)又见《渭南县志》卷七下《历代著闻人考》(〔清〕汪以诚修纂,乾隆己亥年刻本)、《重辑渭南县志》卷一三《乡贤传》(〔清〕何耿绳等纂修,道光九年刻本)焦竑《国朝献征录》卷八五《绍兴府知府南大吉传》、《王阳明集补编》卷四《年谱》三、张骥《关学宗传》卷二一。

二月,杨爵系狱。冬,与钱德洪在狱中以论学共勉 嘉靖十一年(1532)杨爵被擢升为监察御史。后目睹嘉靖帝耽于享乐,荒于朝政,以致政治腐败,人心危乱,国家日趋衰落,于是据理直谏,致嘉靖帝大怒。嘉靖二十年春二月,被逮捕入狱,并施以酷刑。是年冬,钱德洪(名宽,字德洪,号绪山,学者称绪山先生)、赵白楼亦因抗旨入狱,三人羁押于同一狱中。他们虽身处牢狱,但却感叹"时光云迈,旧学易荒",相互以学共勉。在狱中坚持研读《春秋》,讲习《周易》,于六经、诸子百家著作多所涉略,进而再"情兴感触,发为诗歌。"在系狱和被笞之时,钱德洪常以善处忧患之道为他们宽慰。亦尝以"古人作圣之功"激励他们,如谓"静中收摄精神,勿使游放,则心体湛一,高明广大可驯致矣。"

[文献] 杨爵《狱中诗集序》:"去年春,予以罪下北司狱,既而绪山钱子、白楼赵子皆以负罪同系于狱,如楚囚之相对也。二子者叹旧业之易荒,不以蒙难为意,时时读《易》。余以圜墙之中而得赏奇析疑之乐,因与二子取六经、三史、诸子百家,数相论难,情兴感触,发为诗歌,古风近体,各有所得。岁月既久,总成一帙,录藏巾笥,意不在诗与文,而在无忘今日患难相与之心也。故吾三人每相聚语,未尝不叹相遇之奇,而幸其相处之益也!……吾观钱、赵二子,景希先哲,探讨幽秘,亹亹不厌,他日行所学以福斯世,而成可久可大之事业,其与涵养家塾而措诸廊庙者何异耶?……时嘉靖壬寅秋七月既望爵书于狱中。"(《杨忠介集》,文渊阁《四库全书》本)四库馆臣所作《杨忠介集提要》:"世宗时斋醮方兴,士大夫率以青词取媚,而爵独据理直谏,如所陈'时雪之不可以为瑞,左道之不可以惑众',词极剀切。下狱以后,犹疏谏以冀一悟,其忠爱悱恻至今如见。《家书》二十五则谆谆以忠孝勖其子孙,未尝一言及私语录,不为高论而笃实明白,皆粹然儒者之言。按:爵与罗洪先、钱德洪诸人游,以讲学相勖,然德洪等源出姚江,务阐良知之说。爵则以躬行实践为先,关西道学之传,爵实开之迹。其生平可谓不负所学者。所作诗文,大都直抒胸臆,虽似伤平易,然有本之言,不由雕绘,其可传者,正不在词采间矣。"(《杨忠介集》,文渊阁《四库全书》本,集部六)又《处困记》:"嘉靖二十年二月初四日,余以河南道监察御史上封事有罪,次日下锦衣卫镇抚司,十三日夜蒙笞,十七日夜复蒙讯鞫鞫,血肉淋漓,喘息奄奄,而所以困苦之者,则又日夜戒严,未少疎焉。……系及冬初,刑部员外郎钱子洪甫以事下狱。钱子余同志旧友也,相见甚欢。数相语,皆崇德切要功夫,未尝以困苦废忠告,盖恐为有道者笑也。居旬余日,钱子送御史台拟罪,余愿有以为别,钱子曰:'静中收摄精神,勿使游放,则心体湛一、高明广大可驯致矣。古人作圣之功,其在此乎!'别未久,钱子复以前事来狱中,时御史浦公鋐自巡按吾陕西处上疏救余,械系来京,十二月二十四日下北司狱中,别处一室。众皆洶惧,莫敢窥伺,惟钱子往候之,为守浦者遮拒,未获与言。……吾人处世荣乐,则心存于荣乐;患难,则心存于患难。于今日之忧困,而安顺之,亦百年中所作之一事也。时钱子亦以善处忧患为吾两人慰。余既日夜在侧,执弟逊礼甚恭,遇守者或失之粗厉,公戒之曰:'内文明,而外柔顺,处患难之道也。'"(《杨忠介公集》卷

二,文渊阁《四库全书》本)又见杨爵《续处困记》(《杨忠介公集》卷二,清光绪十九年张履诚堂木刻本)。

明世宗嘉靖二十一年 壬寅(公元1542年)

四月,樊得仁重刻韩邦奇《性理三解》 韩邦奇于是年居家讲学。其门人樊得仁将邦奇弘治十六年(1503)所撰《启蒙意见》、正德十年(1515)所撰《洪范图解》、正德十三年(1518)所撰《正蒙拾遗》合为一书,名《性理三解》,于是年刊刻行世。

[文献] 韩邦奇《正蒙会稿序》:"正德中,吾友何子仲默以近山先生《正蒙会稿》寄示。弘治中,余尝著《正蒙解结》,大抵先其难者。继见阐江章式之之《发微》,大抵详于易者。及见先生《会稿》,则难易兼举,详而不遗矣。于是取《解结》而焚之。余既焚《解结》矣,使式之见之,将亦焚其《发微》乎?先生正德初为大司徒,盖宦瑾慕先生名而超迁之,先生不乐居其位。时瑾方以严肃励精责大臣。先生每朝,故布素,莅部则痛饮而卧,冀不合于瑾而去,竟中策士,之料弗得遂。及瑾败,诸大臣议:日使瑾果成其逆,近山虽万挫其尸,亦弗从也。然亦竟致仕。先生有大受之才,有汪洋之度,有坚贞廉介之操,乃一蹶而弗起,其皆不知先生邪,其或知之而不敢言邪。因并书之,俾读先生之书者,得以考先生之实焉。嘉靖十一年十月□日。"([明]刘玑撰《正蒙会稿》,正德十五年祝寿、武雷等刻后印本)樊得仁《性理三解序》:"三解者,苑洛先生所著《正蒙拾遗》《启蒙意见》《洪范图解》也。弘治中,先生著《正蒙解结》,释其难,阐江章先生著《正蒙发微》,详于易,先生欲合为一书,继见近山刘先生《会稿》,曰难易兼举矣,取《解结》而焚之。正德以来,世儒附注于《正蒙》者复数家,后先生乃以张子之大旨未白,一二策尚欠详明,于是作《拾遗》。孔子赞《易》,于卦画曰:'易有太极,是生两仪,两仪生四象,四象生八卦,八卦定吉凶。'定吉凶,中而已,包四千九十六卦矣,于蓍策曰:'四营而成易,十有八变而成卦,引而伸之,触类而长之。'触类云者,直指四千九十六卦而言也。是谓孔《易》传之子夏,传之商瞿,传之孟喜,传之焦氏,《易林》是也。……先生以《易林》附之易爻之下,曰《易占经纬》,别立考变条例,于是作《意见》。蔡子衍《洪范》之数而作,用之法不传,峰氏推而著之,而布棋之法未备,先生尝曰:'正数者,天地之正气也,而其吉凶也确;间数者,天地之

间气也,而其吉凶也杂;象以耦为用者也,有应则吉,数以奇为用者也,有对则凶,此蔡子之微言也.'于是作《图解》,刻之于朝邑。得仁合三书而刻之于真定,《易林》附爻则别为一书。先是有《律吕新书》一卷,今纂而乐书云。嘉靖壬寅肆月吉日。"(《正蒙拾遗》,乾隆十六年重刻本)〔明〕黄虞稷撰《千顷堂书目》卷一一《儒家类》记载:"韩邦奇《性理三解》八卷,又《正蒙拾遗》一卷。"〔清〕朱彝尊《经义考》卷五二:"先生有《性理三解》行世,内《启蒙意见》四卷,即《易》学疏原也。《易占经纬》四卷,前列卦变图、易占图、焦氏易林占图、易象、爻辞,复有附录一卷,明卦爻三变及《易林》推用之法。经纬云者,以三百八十四变为经,四千九十六变为纬。经者,《易》爻辞;纬取《焦氏易林》附之。"(文渊阁《四库全书》本)〔明〕祁承爌《澹生堂藏书目》:"《性理三解》六卷四册,韩邦奇。《正蒙拾遗》一、《启蒙意见》四、《洪范图解》一。"(清宋氏漫堂钞本)

[考辨] 《性理三解》始刻于嘉靖十九年,由其门人樊得仁所刊刻。据《中国古籍善本总目》载:"《性理三解》七卷,明韩邦奇撰,明嘉靖十九年樊得仁刻本,……包括《启蒙意见》五卷、《律吕直解》一卷、《洪范图解》一卷。"该书现存于国家图书馆。而樊得仁于明嘉靖二十一年重刻时,则以《正蒙拾遗》替换《律吕直解》,三解为《正蒙拾遗》《启蒙意见》《洪范图解》,此刻本已佚。清乾隆十六年有成邦彦刊刻本则为八卷,即《启蒙意见》6卷、《正蒙拾遗》1卷、《洪范图解》1卷。此后所说《三解》皆为此三书。

七月,吕柟卒 吕柟(1479-1542),学者称泾野先生,是明代与王阳明、王廷相齐名的儒学大师。自幼向慕圣贤之道,以继周、孔、思、孟为志向,尤醉心于二程、张、朱之学问。一生建树宏大,"德行、文学,真海内硕儒,当代师表。"曾师事薛敬之,宗薛瑄"河东之学"。正德三年(1508)登进士第一,授翰林院修撰。时值宦官刘瑾当权,欲与之结交,吕柟不屑与之交往,拒绝其贺礼。为避其迫害,乃称病归于乡里。正德九年(1514年),重被举荐。应诏陈言六事,直指时弊,发人所不敢言者,因其疏不报,遂又退居乡里。1522年明世宗即位,改元嘉靖,吕柟重被征用,复翰林院旧职,纂修《武庙实录》。嘉靖三年(1524年),因议大礼,上疏获罪,下诏狱。后谪为解州(今山西解县)判官。任官期间,能体恤民情,轻徭薄赋,劝课农桑,兴修水利,发展生产。同时,广开教化,建解梁书院,政绩斐然,"兴学而人才丕变,励俗而礼让大行。"后累迁南京吏部考工郎中、上宝卿、太常少卿、国子监祭酒、礼部右侍郎等。

吕柟在南都凡九年,从学者甚众。初讲学于柳湾精舍,既而讲学于鹫峰东所,风动江南。曾与邹东廓、穆玄庵、顾东桥等诸君子切磋学术。在南京任国子监祭酒时,与湛若水、邹守益共主讲习多年。晚年回归乡里,仍以著述讲学为主。是年卒,高陵人为之罢市三日。其学术一秉程朱理学,同时又力主回归孔门正学,以阐扬儒学正脉为目的。强调笃实躬行,力救时弊,极力反对空疏学风。在哲学上,对孔孟仁学、张载气学、程朱理学、河东学派之实学以及甘泉心学等兼容并蓄,融会贯通。时王阳明声震东南,而吕柟则享誉北方。当时言学者,不归王阳明,则归湛若水,而能独守程朱不变者,惟有吕柟和罗钦顺。陕西按察副使兼督学杨一清称"马(理)生、吕(柟)生之经学,皆天下士也。"(见《明史》卷二八二《马理传》)其弟子著名者有吕潜、张节、郭郛、王之士、李公挺等。吕柟一生著述甚多,主要有《泾野子内篇》《四书因问》《易说翼》《书说要》《诗说序》《春秋说志》《礼问内外篇》《史约》《小学释》《寒暑经图解》《史馆献纳》《宋四子抄释》《南省奏藁》《泾野诗文集》等。

[**文献**] 〔明〕马理《谿田文集》卷五《南京礼部右侍郎泾野吕先生墓志铭》:"吕泾野先生者,讳柟,字仲木,高陵人也。学行为世儒所宗,称为泾野先生云。弘治辛酉登乡举第十。正德戊辰宗伯举第六,廷试赐状元及第。历官翰林院修撰、解州判官、南京吏部考功司郎中、尚宝司卿、太常寺少卿、国子监祭酒、礼部右侍郎致仕。……垂髫入学,辄有志于圣贤之道,夙夜居一矮屋,危坐庄诵,祁寒盛暑不越户限,足寒则藉以麦草而已。年十四应试临潼,贫不能僦馆,宿新丰空舍,夜梦老人自骊山下,谓曰:'尔勉学,后当魁天下。'明日,试获超,补廪膳生。母宋卒,哀毁骨立。既祥,受《尚书》于高教谕傅、邑人孙行人昂,请益于渭南薛氏,又屡为督学遂庵杨公、虎谷王公所拔,入正学书院,授以所学。复友诸髦士,由是见闻益博。尝梦见明道程子、东莱吕氏,就正所学,益大进。乡举后,入太学,择诸严惮执友僦馆同居,始辍举业,日以进修为事。……武宗正德三年戊辰廷策,……遇乾清宫灾,应诏陈言……明年改元嘉靖,复馆职,纂修武庙实录,经筵进讲。……尝上疏劝学,略曰:学贵知要而力行,故慎独克己,上对天心;亲贤远谗,下通民志。伏望皇上,寻温体验。甲申四月奉旨修省,以十有三事自劾。疏上,谪山西解州判官……壬寅六月公左臂患痈,至七月一日亥时卒。公生于成化己亥四月二十一日午时,至是享年六十有四。自元以来及今,见道而能守者,唯鲁斋许氏及我明薛文清公数人而已。公则为汉之词赋,怀其史材,传其经学而无驳杂之失。工晋人之书,

唐人之诗。宋人以上之文,而多明道之辞。醇如鲁斋,而稽古之功则多;卓如文清,而知新之业则广。盖其学诣周之精,茂邵之大,得程、张之正,与晦庵朱子而媲美者也。"(《泾野子内篇》附录三,《豁田文集》,清道光廿年三原李锡龄校刻书)《明史》卷二八二《吕柟传》:"吕柟,字仲木,高陵人,别号泾野,学者称泾野先生。正德三年登进士第一,授修撰。刘瑾以柟同乡欲致之,谢不往。又因西夏事,疏请帝入宫亲政事,潜消祸本。瑾恶其直,欲杀之,引疾去。瑾诛,以荐复官。乾清宫灾,应诏陈六事,其言除义子,遣番僧,取回镇守太监,尤人所不敢言。是年秋,以父病归。都御史盛应期,御史朱节、熊相、曹珪累疏荐。适世宗嗣位,首召柟。上疏劝勤学以为新政之助,略曰:'克己慎独,上对天心;亲贤远谗,下通民志,庶太平之业可致。'大礼议兴,与张、桂忤。以十三事自陈,中以大礼未定,谄言日进,引为己罪。上怒,下诏狱,谪解州判官,摄行州事。恤茕独,减丁役,劝农桑,兴水利,筑堤护盐池,行《吕氏乡约》及《文公家礼》,求子夏后,建司马温公祠。四方学者日至,御史为辟解梁书院以居之。三年,御史卢焕等累荐,升南京宗人府经历,历官尚宝司卿。吴、楚、闽、越士从者百余人。晋南京太仆寺少卿。太庙灾,乞罢黜,不允。选国子监祭酒,晋南京礼部右侍郎,署吏部事。帝将躬祀显陵,累疏劝止,不报。值天变,遂乞致仕归。年六十四卒,高陵人为罢市者三日。解梁及四方学者闻之,皆设位,持心丧。讣闻,上辍朝一日,赐祭葬。柟受业渭南薛敬之,接河东薛瑄之传,学以穷理实践为主。官南都,与湛若水、邹守益共主讲席。仕三十余年,家无长物,终身未尝有惰容。时天下言学者,不归王守仁,则归湛若水,独守程、朱不变者,惟柟与罗钦顺云。所著有《四书因问》《易说翼》《书说要》《诗说序》《春秋说志》《礼问内外篇》《史约》《小学释》《寒暑经图解》《史馆献纳》《宋四子抄释》《南省奏藁》《泾野诗文集》。万历、崇祯间,李祯、赵锦、周子义、王士性、蒋德璟先后请从祀孔庙,下部议,未及行。"《关学编》卷四:"先生名柟,字仲木,高陵人。世居泾水北,自号泾野,学者尊之曰泾野先生。……又问道于渭南薛思庵氏,克乎有得。不妄语,不苟交。夙夜居一矮屋,危坐诵读,虽炎暑不废衣冠。年十七八,梦明道程子、东莱吕氏,就正所学,由是学益进。督学邃庵杨公、虎谷王公拔入正学书院,与群俊茂游。……先生在南都几九载,海内学者大集。初讲于柳湾精舍,既讲于鹫峰东所,后又讲于太常南所,风动江南,环向而听者前后几千余人。闽中林颖、浙中王健以谒选,行中途,闻先生风遂止,乃买舟泛江从之游。上党仇栏不远数千里复来受学。

先生犹日请益于甘泉湛先生,日切琢于邹东廓、穆玄庵、顾东桥诸君子。时东廓亦由广德移南,盖相得甚欢云。其在国学,益以师道自任,自讲期外,尤日进诸生,谆谆发明,使人人知圣人可学而至。尝取《仪礼》诸篇,令按图习之,登降俛仰,钟鼓管钥,洋然改观易听。有以孝廉著者揭榜示旌。丧者吊而赙,病者问而医,死者哭而归骸其乡。又奏减历俸以通淹滞,绝请托以杜幸门。凡监规之久驰者,罔不毕举。六馆僚属,观法清慎,诸生皆循循雅饬,一时太学有古辟雍之风。京邸缙绅多执弟子礼从学,而内使大兴沈东亦时时听讲焉,其感人如此。人人称为'真祭酒'。……会庙灾,自陈,遂致仕,然先生终未尝以此向人自白也。归而讲学北泉精舍。越四年,壬寅七月初一日卒,距生成化己亥四月二十一日,年六十有四。卒之日,高陵人为罢市。……所著有《四书因问》《周易说翼》《尚书说要》《毛诗说序》《春秋说志》《礼问内篇外篇》《宋四子抄释》《史馆献纳》《南省奏稿》《诗乐图谱》《史约》《高陵志》《解州志》及《泾野文集别集》传世。"〔明〕焦竑《国朝献征录》卷三七载马汝骥《通议大夫南京礼部右侍郎泾野吕公柟行状》:"公吕姓,讳柟,字仲木,号泾野,高陵人。学行为四方学者所宗,称为泾野先生。……弘治辛酉乡举第十。正德戊辰会试第六,廷试第一,历官翰林院修撰,解州判官,南京吏部考功司郎中,南京尚宝司卿,南京太常寺少卿,国子监祭酒,南京礼部右侍郎致仕。……卯辄有志圣贤之道,乃夏居矮屋,衣冠危坐,虽炎暑烁金不越户。限至冬月祁寒,则履藉麦草诵读,恒夜以继日,年十四应试临潼,贫不能假馆,宿新丰空舍,夜梦老人自骊山而下,谓曰:'尔力学,后当魁天下。'既试,补廪膳生。……既受学于高教谕俌、邑孙行人昂,请益于渭南思庵薛氏,乃试于提学杨邃庵、王虎谷二公,屡冠多士,爰拔入正学书院,授以所学,由是见闻益博。尝梦见明道程子、东莱吕子就正所疑,学益大进。于时熊、李二参政闻其贤,延为塾师,公以礼无往教辞,乃遣子就学所居寺中。……乡举后与三原秦宪使世观、马光禄伯循,榆次寇司马子惇,安阳张宪使仲修、宗伯崔文敏公仲凫,林虑马都御史敬陈讲学于成均。又与一二同志辍举业,务博文,约礼规,过辅仁,道相望。……戊辰廷试策对,仁孝武庙嘉之,赐状元及第。……有中官横加贺礼,却之。……中官恶其言,因尝隙贺礼,又不往见,欲杀之,乃乞养病,得归。……抵家数月,中官凌迟,人服公明。……遂起用入朝,乃上劝学疏。……嘉纳时,乾清宫灾,公应诏陈言:一曰逐日临朝听政;二曰还处宫寝预图储贰;三曰郊社禘尝祗肃钦承;四曰日朝两宫承颜顺志;五曰遣去义子番僧,边军令各宁业;六曰各处镇守中官贪婪,取回别用。又累进讲劝,上《举直错枉疏》,后引疾乞归。……甲申四月奉旨修省,以十有三事自劾,疏上,出山西解州判官。至解,首恤无告及诸贫困,以赎刑木绵米肉给之。见解之丁差倍蓰他邑,乃恳告当路。会议分派溉省,解民获苏于时。解人及四方士多从游者,乃即废寺,建解梁书院。祀往开来,复选民间俊秀子弟,俾习小学之节,歌《豳风》之诗。又令诸耆德俊民,朔望讲读会典、诸礼及行蓝田吕氏乡约,凡冠婚丧祭俾皆尊。闻行知察,诸孝子、义士、节妇咸遵,奉诏旨题表其门。复求子夏之后,令其入学,建温公之祀而考序其集。筑堤以护盐池,疏渠以兴水利,桑麻以导蠶绩。于是士民率由,风俗丕变,属县亦观感而化。……乃升南京吏部考功司郎中,四方从学士及州人皆冒雨送至河干。既去,解人思之不忘,竖碑以识遗爱。……壬辰冬,升南京太常寺少卿。……壬寅六月公左臂病瘫,至七月一日卒,距生则成化己亥四月二十一日,享年六十四岁。卒之日,食时,复有大星流光震陨之变,远迩吊者以千计,大夫、士及门人悲痛如私亲,皆走巷哭,为罢市三日。……所著述有《四书因问》《周易说翼》《尚书说要》《毛诗说序》《春秋说志》《礼问内篇外篇》《泾野文集》《诗集》《宋四子抄释》《小学释》《诗史馆献纳》《南省奏议》《寒署经图解》《渭阳公集》《史约》《上陵诗赋》……"(明万历四十四年徐象橒曼山馆刻本)又见张骥《关学宗传》卷一六等。

明世宗嘉靖二十三年　甲辰(公元1544年)

韩邦奇总理河道,升刑部右侍郎

[文献] 冯从吾《关学编》卷四《苑洛韩先生》:"甲辰,复用荐起总理河道,升刑部右侍郎,改吏部右侍郎。"《苑洛集》卷一六《遵敕谕专职务举荐所属贤能官员事》:"谨题为遵敕谕专职务举荐所属贤能官员事。臣奉命总理河道所属直隶、南直隶、山东、河南,地方甚为广阔,中间贤能官员甚多。然臣所奉勅书,止是掌印管河兵备官员,其它佐贰官员虽有贤能,臣固不敢滥举,其虽系掌印官,而于河道无干者,臣亦不敢滥举,其虽于河道著有贤劳,然任浅,如……以上各官皆其克修职务有裨河道者也,乞勅吏部再加访察,果如臣言,将各官量其资才擢用,则贤能者进而人知所劝矣。缘系遵勅谕专职务举荐所属贤能官员事,理未敢擅,便为此具本,专差亲赍,谨题请旨。嘉靖二十四年

三月日。"（文渊阁《四库全书》本）

明世宗嘉靖二十四年　乙巳（公元1545年）

韩邦奇《易占经纬》辑成　该书共4卷，附录1卷。世宗嘉靖二十三年（1544）邦奇定其体例，命门人王赐绂辑。由王氏与韩邦奇外孙张士荣合编，成书于嘉靖二十四年（1545）春，是年韩邦奇67岁。《易占经纬》以三百八十四爻为经，四千九十六变为纬。其中首载三图，一为"卦变图"，即《启蒙》中三十二图之一，以明其例。二为"易占图"，以明卦变后所占之卦爻辞，仍以一图为例。三曰"《焦氏易林》占图"，明卦变后所占之《易林》，亦以一图为例。从此三图，可知《易学启蒙》中所说四千九十六变，其实本之于《焦氏易林》。亦可见这是自上古相传之筮法。卦下分经纬，经则仅注明当占某卦某爻，纬则录自《易林》。故潘雨廷说："故是书实即合《易林》《启蒙》为一书耳。"（《读易提要》，上海古籍出版社，2003年版）今有北京大学图书馆藏明嘉靖二十七年金城刻本，附有嘉靖乙巳春三月王赐绂序。

[文献]　王赐绂《易占经纬序》："先生自入仕历四十年，罢免里居者四，故士多从之游。嘉靖乙巳春，先生自抚晋归，绂以《易》往就学焉。甲辰，先生起总河道，绂南宫不第归，卒业门下。先生以占变语绂，且命以三百八十四变为经，四千九十六变为纬。经者，《易》爻辞，纬取《易林》附之，占则一以孔子为主，且曰：'《易》用变爻，皆九六不变，则七八也。《易》无七八之爻，何自而占？且于孔子之旨违焉。'绂乃与密友张士荣次第成编。士荣者，先生外孙，随侍先生……。嘉靖乙巳春三月朔旦门人王赐绂顿首拜书。"（北京大学图书馆嘉靖二十七年金城刻本）《明史》卷九六《艺文志》："韩邦奇《易学启蒙意见》四卷（一名《易学疏原》）、《易占经纬》四卷。"《四库全书总目提要》卷一一一："《易占经纬》四卷。明韩邦奇撰。邦奇有《易学启蒙意见》，已著录。兹编专阐卜筮之法，以三百八十四变为经，四千九十六变为纬。经者《易》之爻辞，纬取焦氏《易林》附之。占则一以孔子占变为主，盖言数而流于艺术者也。《经义考》载其门人王赐绂《序略》，而此本不录。别有济南金城序，殊不及原序之详。"〔清〕朱彝尊《经义考》卷五二《易占经纬》载王赐绂序曰："先生自入仕历四十年，罢免里居者四，故士多从之游。嘉靖己亥春，先生自抚晋归，绂以《易》往就学焉。甲辰，先生起总河道，绂南宫不第归，卒业门下。先

生以占变语绂,且命以三百八十四变为经,四千九十六变为纬。经者,《易》爻辞,纬取《易林》附之,占则一以孔子占变为主,且曰:'《易》取变爻,皆九六不变,则七八也。《易》无七八之爻,何自而占?且于孔子之旨违焉。绂乃与张子士荣次第成编。士荣者,先生外孙。"(文渊阁《四库全书》本,史部,目录类;又见《续四部丛刊》,经部,经义,扬州马氏刊本)

[考辨] 关于韩邦奇出任山西巡抚归乡的时间。北京大学收藏嘉靖二十七年金城刻本所载王赐绂《序》中,提到"嘉靖乙巳春,先生自抚晋归,绂以《易》往就学焉。甲辰,先生起总河道,绂南宫不第归,卒业门下。先生以占变语绂。"冯从吾《关学编》卷四《苑洛韩先生》:韩邦奇于嘉靖"乙未,入佐院事,寻改山西巡抚。时羽檄交驰,先生躬历塞外,增饬战守之具,拓老营堡城垣,募军常守以代分番,诸边屹然可恃。四疏乞休,复致仕。甲辰,复用荐起总理河道,升刑部右侍郎,改吏部右侍郎。……"由此看来,韩邦奇在山西任职时间是在乙未年(1535)到甲辰年(1544)之间,因为甲辰年,韩邦奇已总理河道,升刑部右侍郎。那么,"抚晋"归乡时间当在1544年前。北京大学收藏嘉靖二十七年所云"嘉靖乙巳春,先生自抚晋归"的说法当有误,文渊阁《四库全书》本及《四部丛刊》本所云"嘉靖己亥春,先生自抚晋归"较合理,己亥年(1539)的说法较可信。

杨爵《周易辨录》撰成 《周易辨录》,四卷,杨爵于是年撰成。该书是杨爵当年与周怡、刘魁等在狱中讲论所作,包括他在困病中读《周易》自我排遣,有所感而随笔所记。题名"辨录",盖取诸《系辞》"《困》,德之辨"一语。《明史》本传作《周易辨说》,而《明史·艺文志》仍作《周易辨录》,内容主要涉及六十四卦卦辞,但在解释六爻时,亦兼及《彖传》《象传》,实则多借六十四卦卦辞以阐发人事政治与伦常之道。杨爵《自序》题"嘉靖二十四年乙巳",知该书于是年已成书。

[文献] 杨爵《周易辨录序》自叙该著写作缘起与时间:"予久蒙幽系,自以负罪深重,忧患警惕之念即夙夜而恒存也。困病中日读《周易》以自排遣,愚蒙管窥,或有所得,则随笔之,以备遗忘。岁月既久,六十四卦之说畧具矣,因名曰《周易辨录》。系辞曰:'《困》,德之辨也。'吾以验吾心之所安,力之所胜,何如耳。若以为实有所见而求法于古人焉,则吾死罪之余,万万所不敢也。嘉靖二十四年八月日爵谨书。"(《杨忠介公集》卷二《周易辨录序》)《四库全书总目提要》卷五《经部·易类》:"其书前有自序,题嘉靖二十四年

乙巳,盖即其与周怡、刘魁等在狱中讲论所作,故取《系辞》'《困》,德之辨'一语为名。《明史》本传作《周易辨说》,其名小异,然《艺文志》仍作《周易辨录》,盖刊本字误也。所释惟六十四卦,每卦惟载上下经卦辞,然其训解则六爻及《彖传》《象传》皆兼及之,特不列其文耳。其说多以人事为主,颇剀切著明,盖以正直之操,处杌陧之会,幽居远念,寄托良深,有未可以经生常义律之者。然自始至终,无一字之怨尤,其所以为纯臣欤!"该著今有文渊阁《四库全书》本、文津阁四库全书本,以及中国科学院图书馆藏明刻本及山东省图书馆藏清钞本(《四库》底本)四卷,有〔清〕李文藻批校并《跋》等。

明世宗嘉靖二十八年　己酉(公元1549年)

十月,杨爵卒　杨爵(1493－1549),字伯修,号斛山,陕西富平人,明著名谏臣。早年曾从学于韩邦奇,与杨椒山并称为"韩门二杨",为明代关学三原学派重要学人。年逾30时,渔石唐公为陕西督学,选拔其为邑诸生。嘉靖七年(1528)应试长安,以《书》举第三名。嘉靖八年(1529),进士及第。授行人,三次出使藩国。嘉靖十一年(1532),选为山东道监察御史。嘉靖十九年(1540)起河南道。时遇旱灾,湖广饥民挈筐操刃,割道殍食之。而明世宗不顾民众灾难,建斋醮,修雷坛,大兴土木,太仆寺卿杨最因谏而死。嘉靖二十年,天微雪,大学士夏言、礼部尚书严嵩等作颂称贺,取悦世宗。杨爵遂上疏力陈时弊,指出令人痛惜的五件危乱之事。此疏引起皇上大怒,被逮捕系狱,几被杖死。后又有户部广东司主事周天佐上疏救杨,而系于该狱中,"以忠义英烈自振奋,下狱未三日即死。"再后,又有监察御史浦鋐上疏救杨,亦被系于同一监狱,因重笞而惨死狱中。在狱中,他处之泰然,与同系狱中的钱德洪、刘魁、周怡等旧友共同切磋"作圣之功"。杨先后系狱七年,日与刘魁、周怡讲论,研绎诸经百家,尤精于《易》,著有《周易辨录》及《中庸解》。四库馆臣称"爵则以躬行实践为先,关西道学之传,爵实开之。迹其生平,可谓不负所学者。"嘉靖二十四年(1545),被释放归乡,不十日又再次入狱,直至嘉靖二十六年放归。在乡间他以教授为业,"疏粥敝履,怡然自适。"家居二年后于嘉靖二十八年十月卒,年五十七。卒若干年后,庄皇帝以世庙遗诏,赠光禄少卿。万历中,赐谥忠介。〔清〕查继佐《罪惟录列传》卷一三录其谏诤事迹。杨爵论学主张"天命谓性,天人一理也。率性谓道,动以天也。修道谓教,求合乎天也。戒惧慎独,自修之功至于中与和也","道不可须臾离,可离非道","中和,心之本体。"今有《杨忠介公集》13卷和《周易辨录》4卷、《斛山遗稿》等传世。事又见《明史》卷一七、卷一八、卷二九等。

[文献] 《明史》卷二〇九:"杨爵,字伯珍,富平人。……登嘉靖八年进士。授行人。帝方崇饰礼文,爵因使王府还,上言:'臣奉使湖广,睹民多菜色,挈筐操刃,割道殍食之。假令周公制作,尽复于今,何补老羸饥寒之众?'奏入,被俞旨。久之,擢御史,以母老乞归养。……帝经年不视朝。岁频旱,日夕建斋醮,修雷坛,屡兴工作。方士陶仲文加宫保,而太仆卿杨最谏死,翊国公郭勋尚承宠用事。二十年元日,微雪。大学士夏言、尚书严嵩等作颂称贺。爵抚膺太息,中宵不能寐。踰月乃上书极谏……及帝中年,益恶言者,中外相戒无敢触忌讳。爵疏诋符瑞,且词过切直。帝震怒,立下诏狱榜掠,血肉狼籍,关以五木,死一夕复苏。……既而主事周天佐、御史浦铉以救爵,先后棰死狱中,自是无敢救者。踰年,工部员外郎刘魁,再踰年,给事中周怡,皆以言事同系,历五年不释。至二十四年八月,有神降于乩。帝感其言,立出三人狱。未踰月,尚书熊浃疏言乩仙之妄。帝怒曰:'我固知释爵,诸妄言归过者纷至矣。'复令东厂追执之。爵抵家甫十日,校尉至。与共麦饭毕,即就道。尉曰:'何处置家事。'爵立屏前呼妇曰:'朝廷逮我,我去矣。'竟去不顾,左右观者为泣下。比三人至,复同系镇抚狱,桎梏加严,饮食屡绝,适有天幸得不死。二十六年十一月,大高玄殿灾,帝祷于露台。火光中若有呼三人忠臣者,遂传诏急释之。居家二年,一日晨起,大鸟集于舍。爵曰:'伯起之祥至矣。'果三日而卒。隆庆初,复官,赠光禄卿,任一子。万历中,赐谥忠介。……先后系七年,日与怡、魁切劚讲论,忘其困。所著《周易辨说》《中庸解》,则狱中作也。"冯从吾《关学编》卷四《斛山杨先生》:"先生名爵,字伯修,号斛山,富平人。……年二十八,闻朝邑韩恭简公讲理学,躬荦米往拜其门。公睹先生貌行,行壮也,欲却之,父莲峰老人谓曰:'意若非凡人。'数日,叩其学,诧曰:'纵宿学老儒莫过,吾几失人矣!'既省语言,践履铮铮,多古人节,叹曰:'畏友也!'同门学者皆自以为不及。后与杨椒山称'韩门二杨'云。……年逾三十,督学渔石唐公始首拔为邑诸生。嘉靖戊子秋,应试长安,……是秋即以《书》举第三名。明年,成进士,授行人,三使藩国,……壬辰,选山东道监察御史。……庚子秋,以荐起河南道,巡视南城,权贵敛避,而所睹时事不胜扼腕。辛丑春二月初四日,上封事娓娓数千言,大约天下事内而腹心、外而百骸

皆受病,足以失人心而致危乱者五:一则辅臣夏言习为欺罔,翊国公郭勋为国巨蠹,所当急去;二则冻馁民罔不忧恤,而为方士修雷坛;三则大小臣工弗睹朝仪,宜慰其望;四则名器滥,及缇黄出入大内,非制;五则言事诸臣若杨最、罗洪先辈非死即斥去,所损国体不小。是时,中外颇以言为讳,疏入,人皆愕然。上大怒,即逮系镇抚司,穷究其词,拷掠备至,先生一无诎。……而乃日与周、刘切劘修诣不少辍。绎四子诸经百家,研精于《易》,著《周易辨录》及《中庸解》若干卷,诸所著作,略无愤悒不平语。诗文倡和,身世顿忘,如是者五年。乙巳秋八月十二日,上以受厘故,放先生及周、刘归田里。而三人者犹相与取道潞水,讲学舟中,逾临清始别归。……既归,教授里中,贵人莫得见其面,疏粥敝履,怡然自适。己酉冬十月九日,卒于家,年五十有七。病革时,援笔自志,又惓惓以'作第一等事,做第一等人'教其子孙,无他辞。……先生没若干年,庄皇帝以世庙遗诏赠光禄少卿,录其后。今上用礼官议,谥忠介。"《明儒学案》卷九《忠介杨斛山先生爵》:"初,韩恭简讲学,先生辈来往拜其门。恭简异其气岸,欲勿受。已叩其学,诧曰:'宿学老儒莫能过也,吾几失人矣。'刚大之气,百折不回。人与椒山并称,谓之'韩门二杨'。"《明史》卷九六著录"杨爵《周易辨录》四卷"、卷九九著录"杨爵《斛山稿》六卷。"又见张舜典《明德集》之《斛山杨先生》、黄宗羲《明儒学案》卷九《三原学案》。

韩邦奇"五疏乞归" 韩邦奇性情耿直,恪守正道,不苟于俗。嘉靖元年(壬午,1522),世宗即位,诏起山东参议,不久乞休而归。嘉靖三年(甲申,1524),复起山西左参议,分守大同,大同平叛之后,邦奇曾给侍郎建议,在首恶铲除后宜速"给赏以示信",侍郎不听,遂致仕归乡。嘉靖七年(戊子,1528),起四川提学副使,不久改右春坊右庶子,兼翰林院修撰,但在主试顺天时,因命题与执政不合,嘉靖八年(己丑,1529)再次疏归。后又起山东按察副使,大理左少卿。嘉靖十四年(乙未,1535),入佐院事,寻改巡抚山西。不久四疏乞归。嘉靖二十三年(1544),复起总理河道,升刑部右侍郎。嘉靖二十六年(1547),升南京都察院右都御史,复进南京兵部尚书。后于嘉靖二十八年(己酉,1549)再疏"乞归",《关学编》卷四称"五疏乞归,是在己酉。"

[**文献**] 冯从吾《关学编》卷四《苑洛韩先生》:"世庙即位,改元嘉靖,诏起山东参议,寻乞休。甲申,大同巡抚张文锦阶乱遇害,时势孔棘,复以荐起山西左参议,分守大同。人皆危之,先生闻命即行,将入城,去二舍许,逆者使二人露刃迎,且故毁参将宅以慑之,先生奋然单车入,时诸司无官,镇人闻先

生入,皆感激泣下,人心少安。……翌日,首恶就戮,先生谓侍郎曰:'首恶既获,宜速给赏以示信,庶乱可弥宁。不然,人心疑惧,将有他变。'侍郎不听,先生遂致仕归。……戊子,起四川提学副使。寻改右春坊右庶子,兼翰林院修撰。其秋,主试顺天,因命题为执政所不悦,嗾言者谪南太仆寺丞。己丑,再疏归。寻起山东按察副使、大理左少卿,以左佥都御史巡抚宣府。时大同再变,王师出讨,百凡军需倚辨,宣府悉力经理,有备无乏。乙未,入佐院事,寻改巡抚山西。时羽檄交驰,先生躬历塞外,增饬战守之具,拓老营堡城垣,募军常守以代分番,诸边屹然可恃。四疏乞休,复致仕。甲辰,复用荐起总理河道,升刑部右侍郎,改吏部右侍郎,太宰周公用喜得佐理,翕然委重。丁未,升南京都察院右都御史,复进南京兵部尚书,参赞机务。五疏乞归,是在己酉。"《苑洛集》卷一七《乞恩休致仕》:"右参议韩邦奇秉恬退之节,抱经济之才,偶因脾疾之攻,遂起思亲之念,既上疏以乞休,即促装而就道,伏望皇上轸念人才,难得将本官暂令致仕,以遂其恬退之节,病痊起用以尽其经济之才。吏部覆题:奉圣旨,韩邦奇暂准致仕,病痊之日,有司奏来起用。"同卷《恳乞天恩休致事》:"山西等处提刑按察司副使臣谨奏:为恳乞天恩休致事,吏部覆题:奉圣旨,韩邦奇准致仕疏遗。"同卷也记载韩邦奇于嘉靖十四年上疏:《旧疾大作乞恩休致事》《旧病大作再乞天恩休致事》;嘉靖二十八年上疏:《衰弱不能供职恳乞天恩休致事》《衰年耳暗目昏不能供职恳乞天恩休致事》。(文渊阁《四库全书》本)

明世宗嘉靖三十年　辛亥(公元1551年)

《苑洛集》编成　《苑洛集》22卷,为韩邦奇诗文集,由其门人张文龙编。正德年间,邦奇专心于道德性命之学,但其诗文多随意应答弟子,故多不存。张文龙侍先生最晚,乃集22卷,凡序2卷,记1卷,志铭3卷,表1卷,传1卷,策问1卷,诗2卷,词1卷,奏议5卷,《见闻考随录》5卷。邦奇治学,多为自得,既不"沾沾求合于古人",也不附和于他人,其内容亦颇为详博,"凡天官地理律吕数术兵法之属,无不博览精思,得其要领。"(《四库全书总目提要》卷一七一)其《见闻考随录》所记为朝廷典故,颇为详备。这些也仅是其著作之一部分,而大部则散佚。该书于是年刊刻面世。文渊阁《四库全书》本集部收录。

[文献] 《苑洛集》卷二二张文龙撰《后记》:"先生少时锐意于诗文,既而当弘治之盛,自庆身际升平,复留心于礼乐。比登仕,则正德矣。乃幡然于性命道德之学,凡诗文则随意应答,稿多不存。又先生抚宣时,其稿付侄生员仲谘,会遭火灾,尽焚之。文龙侍先生最晚,始集先生制作为卷二十有二,不可考者过半矣。文章如《江神》《河伯》诸赋篇,皆万余言,今亦遗失。……此其最大且近者,稿皆不存,他可知矣。斯集也,文龙为门下士,安敢赞一辞!止述其集之始末存失,识岁月云。嘉靖辛亥十二月二十四日,门人潼关张文龙顿首识。"(清道光八年重刻本)《四库全书总目提要》卷一七一:"《苑洛集》二十二卷,(副都御史黄登贤家藏本)明韩邦奇撰。邦奇有《易学启蒙意见》,已著录。是集凡序二卷,记一卷,志铭三卷,表一卷,传一卷,策问一卷,诗二卷,词一卷,奏议五卷,《见闻考随录》五卷,乃嘉靖末所刊。汾阳孔天允为之序。当正、嘉之际,北地信阳方用其学提倡海内,邦奇独不相附和,以著书余事,发为文章,不必沾沾求合于古人,而记问淹通,凡天官、地理、律吕、数术、兵法之属,无不博览,精思得其要领,故其征引之富,议论之核,一一具有根柢,不同掇拾浮华。至《见闻考随录》所纪朝廷典故颇为详备。其间如讥于谦不能匡正之失,及辨张彩阿附刘瑾之事,虽不免小有偏驳,而叙次明晰,可资考据。其它辨论经义,阐发《易》数,更多精确可传。盖有本之学,虽琐闻杂记,亦与空谈者异也。"《〔雍正〕陕西通志》卷七五《经籍二》:"苑洛集,二十二卷,南京兵部尚书朝邑韩邦奇撰。《序》曰:'大司马韩公苑洛先生文集二十二卷,巡抚大中丞樵邨贾公取付省中刻之,以表宪一方。'本书孔天允序。"(〔清〕刘于义等监修、沈青崖等纂,雍正十三年刻本)

明世宗嘉靖三十四年　乙卯(公元1555年)

十二月,马理卒　马理(1474－1555),字伯循,三原(今陕西三原县)人,学者称谿田先生。王恕在致仕后家居讲学期间,马理常从之游,得其理学要旨,成为三原学派的重要传人。通经学,尝与吕柟等切磋经术,杨一清督学陕西,见到马理与吕柟之文,甚为惊奇,称二先生之经学"皆天下士也。"史称二者"并为关中学者所宗",其影响及于高丽诸国。督学渔石唐公为建嵯峨精舍,作《记》称马理"得关、洛真传,为当今硕儒。"马理正德九年(1514)举进士,擢为稽勋主事,后调文选,因奉父母而告归还乡。虽曾起用,并官至南京光禄卿,仍告归。嘉靖元年,朝廷议"大礼",百官伏阙进谏,引起世宗大怒,让列出伏阙者姓名,马理竟被列于其首,被逮击诏狱,复杖于廷。晚年尤"喜汲引后生",归隐于商山书院讲学,影响颇大,求学者远近接踵而至。卒于嘉靖三十四年十二月十一日夜关中大地震中,时年82岁。其学宗程朱理学,更重笃行,史称他"一切体验于身心","进退容止,力追古道",一时学者尊其为"今之横渠也"。所著被辑为《谿田文集》十五卷,今有清嘉庆八年、道光二十年、道光二十三年惜阴轩刊本,又有道光二十年三原李锡龄及宏道书院刊本。另有《马理杂记》抄本传世。

[**文献**] 《明史》卷二八二《马理传》:"马理,字伯循,三原人。同里尚书王恕家居,讲学著书。理从之游,得其指授。杨一清督学政,见理与吕柟、康海文,大奇之,曰:'康生之文章,马生、吕生之经学,皆天下士也。'登乡荐,入国学,与柟及林虑马卿,榆次寇天叙、安阳崔铣、张士隆,同县秦伟,日切劘于学,名震都下。高丽使者慕之,录其文以去。……正德九年举进士。一清为吏部尚书,即擢理稽勋主事。调文选,请告归。起考功主事,偕郎中张衍瑞等谏南巡。诏跪阙门,予杖夺俸。未几,复告归。教授生徒,从游者众。嘉靖初,起稽勋员外郎,与郎中余宽等伏阙争大礼。下诏狱,再予杖夺俸。屡迁考功郎中。……理擢南京通政参议,请急去。居三年,起光禄卿,未几告归。阅十年,复起南京光禄卿,寻引年致仕。三十四年,陕西地震,理与妻皆死。……理学行纯笃,居丧取古礼及司马光《书仪》、朱熹《家礼》折衷用之,与吕柟并为关中学者所宗。穆宗立,赠右副都御史。天启初,追谥忠宪。"冯从吾《关学编》卷四《谿田马先生》:"先生名理,字伯循,号谿田,三原人。弘治戊午举人,正德甲戌进士,皆高等。初授吏部稽勋司主事,寻调文选。甫一年,即谢病归。戊寅,荐起考功。庚辰,又送母归。嘉靖甲申,复荐起稽勋员外郎,寻迁稽勋考功郎中。丁亥,擢南京通政司右通政。戊子,又谢病归。辛卯,复荐起光禄寺卿。甫一年,又谢病归。归十年,又荐起南京光禄卿,至即引年致仕。乙卯,年八十又二,其年十二月十一日夜,地大震,先生即以是夜卒,人皆恸之。……弘治癸丑,先生年二十矣,会王端毅公致仕,康僖公以进士侍归,讲学弘道书院,先生即受讲康僖公所,于是得习闻国朝典故与诸儒之学。先生一切体验于身心,与同门友秦西涧伟作告文告先师,共为友身循理之学,以曾子'三省'、颜子'四勿'为约,进退容止,力追古道。康僖公深器异之,一时学者即以为今之横渠也。……既如京,益与海内诸名公讲学,其意见

最合者,则陈云逵、吕仲木、崔仲凫、何粹夫、罗整庵诸君子。于是学日纯,名日起,所在学者多从之游。督学渔石唐公为建嵯峨精舍,渔石作记,称先生'得关洛真传,为当今硕儒',四方学徒就讲者益众,其教以主敬穷理为主,士无问少长与及门不及门,无不闻风倾慕者。先生又特好古仪礼,时自习其节度。至冠婚丧祭礼,则取司马温公、朱文公与《大明集礼》折衷用之。……先生喜接人,又喜汲引后生。年七十,归隐商山书院,名益重,来学者远近踵集,缙绅过访与海内求诗文者无虚日。……所著《四书注疏》《周易赞义》《尚书疏义》《诗经删义》《周礼注解》《春秋修义》《陕西通志》与诗文集各若干卷。"黄宗羲《明儒学案》卷九《三原学案》:"先生师事王康僖,又得泾野、后渠以为之友,墨守主敬穷理之传。尝谓'见行可之仕,唯孔子可以当之,学圣人者当自量力。'故每出不一二年即归,归必十数年而后起,绰绰然于进退之间。后渠称其'爱道甚于爱官',真不虚也。"又据薛应旂《谿田马公墓志铭》:"嘉靖三十四年乙卯冬十二月十三日亥时关中谿田先生马公卒。是时全陕地震,山城倾圮,覆屋折木,士民压死者以数万计。远近震惊,谓斯文之丧,有关于气运,虽人百其身莫可赎也。"(见《明文海》卷四四九《墓文》二一)

十二月,韩邦奇卒 韩邦奇(1479－1555)字汝节,号苑洛,人称苑洛先生。朝邑(陕西大荔县)人。正德三年进士,历任福建按察副使、吏部考功司主事、浙江按察司佥事、四川提学副使、山东按察副使、南京都察院右都御史、南京兵部尚书等职。其"学问精到,明于数学",而"论道体乃独取张横渠"。邦奇谓"自孔子而下,知'道'者惟横渠一人。"(《正蒙拾遗·太和篇》)其"涵养宏深,持守坚定,躬行心得,中正明达",人称"又一薛敬轩也"。四库馆臣称"邦奇学有原本,著作甚富。"(《四库全书总目提要》卷一三)主要著作有《性理三解》《苑洛语录》《苑洛集》《苑洛志乐》《易占经纬》等。其思想旨在讨论"性与天道",并提出"形而上之谓道,气而上之谓性"的命题,对道、性、气之间的关系作了新的论述,指出"性"是与道同一的本体概念,气只构成了具体的物质世界,不具有超越性。韩邦奇对易理颇有研究,所著《启蒙意见》,直承朱熹、邵雍,尤精于象数,自谓"备其象、尽其数、增释其辞"(《苑洛集》卷一《启蒙意见序》),并构建了有别于周敦颐太极图的另一个太极图。此外韩邦奇对音律亦颇有研究,著有《律吕直解》。是年关中大地震,邦奇罹难,享年77岁。

[文献] 《明史》卷二〇一《韩邦奇传》:"韩邦奇,字汝节,朝邑人。父绍

宗,福建副使,邦奇登正德三年进士,除吏部主事,进员外郎。六年冬,京师地震,上疏陈时政阙失。忤旨,不报。会给事中孙祯等劾臣僚不职者,并及邦奇。吏部已议留,帝竟以前疏故,黜为平阳通判。迁浙江佥事,……时中官在浙者凡四人,……爪牙四出,民不聊生。邦奇疏请禁止,又数裁抑堂。邦奇闵中官采富阳茶鱼为民害,作歌哀之。堂遂奏邦奇沮格上供,作歌怨谤。帝怒,逮至京,下诏狱。廷臣论救,皆不听,斥为民。嘉靖初,起山东参议,乞休去。寻用荐,以故官莅山西,再乞休去。起四川提学副使,入为春坊右庶子。七年偕同官方鹏主应天乡试,坐试录谬误,谪南京太仆丞,复乞归。起山东副使,迁大理丞,进少卿,以右佥都御史巡抚宣府。入佐院事,进右副都御史,巡抚辽东。……居四年,引疾归。中外交荐,以故官起督河道。迁刑部右侍郎,改吏部。拜南京右都御史,进兵部尚书,参赞机务。致仕归。三十四年,陕西地大震,邦奇陨焉。赠太子少保,谥恭简。邦奇性嗜学。自诸经、子、史及天文、地理、乐律、术数、兵法之事,无不通究。著述甚富。所撰《志乐》,尤为世所称。"冯从吾《关学编》卷四《苑洛韩先生》:"先生名邦奇,字汝节,号苑洛,朝邑人。父绍宗,号莲峰,成化戊戌进士,仕至福建按察副使,学识才品,当世推重。先生幼灵俊异常,承训过庭,即有志圣学。为诸生治《尚书》时,即著《蔡传发明》《禹贡详略》《律吕直解》,见者惊服。……正德戊辰,成进士,拜吏部考功主事,寻转员外郎。……戊子,起四川提学副使。寻改右春坊右庶子,兼翰林院修撰。其秋,主试顺天,因命题为执政所不悦,嗾言者谪南太仆寺丞。……丁未,升南京都察院右都御史,复进南京兵部尚书,参赞机务。五疏乞归,是在己酉。益修旧业,倡导来学。居七年,乙卯,会地震,卒,年七十七。增少保,谥恭简。门人白璧曰:'先生天禀高明,学问精到,明于数学,胸次洒落,大类邵尧夫,而论道体乃独取张横渠。少负气节,既乃不欲为奇节异行,而识度汪然,涵养宏深,持守坚定,躬行心得,中正明达,则又一薛敬轩也。'所著有《苑落语录》《苑洛集》《苑洛志乐》《性理三解》《易占经纬》《易说》《书说》《毛诗未喻》诸书传世。"《明史》卷九六《艺文志》:"韩邦奇《律吕新书直解》一卷、《苑洛志乐》二十卷""韩邦奇《易学启蒙意见》四卷(一名《易学疏原》)、《易占经纬》四卷。"《明史》卷九七《艺文志》:"韩邦奇《大同纪事》一卷。"同书卷九八:"韩邦奇《性理三解》八卷。"同书卷九九:"韩邦奇《苑洛集》二十二卷。"又见黄宗羲《明儒学案》卷九《恭简韩苑洛先生邦奇》、张骥《关学宗传》。其事迹亦散见于明清史、集部,如〔明〕田汝成《西湖游览志余》

卷七记载："韩邦奇，字汝节，朝邑人。正德末为浙江按察佥事，廉劲自持，时镇守太监王堂怙势害人，如茶笋鲥鱼种种勒办，民不聊生，汝节数裁抑堂，遂以沮遏进贡诬之，诏锦衣械治，百姓感泣，哀动城市。汝节为诗云：'非才尸位圣恩深，士庶何劳泪满襟。明主昌言神禹度，斯民直道葛天心。还看匣有平津剑，更喜囊无暮夜金。惆怅此时不忍去，且维轻舸越江浔。'"《大清一统志》卷一九一《韩邦奇》记载："字汝节，朝邑人。正德进士，历吏部员外郎，上疏极陈时政阙失，忤旨，谪平阳通判，迁浙江佥事。中官王堂等在浙爪牙四出，民不聊生，邦奇数裁抑之，堂奏邦奇沮格上供，斥为民。嘉靖初，历副都御史，巡抚宣府，调辽东，又调山西，皆著威望。进南京兵部尚书，致仕归。地震殒焉，赠太子少保，谥？简。邦奇性嗜学，自诸经、子、史及天文、地理、乐律、术数、兵法之书，无不通究，著述为世所称。"（文渊阁《四库全书》本）此外，[明]许相卿《云村集》卷七《送韩佥事序》（文渊阁《四库全书》本）、[清]沈佳《明儒言行录》卷四《韩邦奇苑洛先生恭简公》以及《[雍正]浙江通志》卷一四八、[明]焦竑《国朝献征录》卷四二《韩邦奇传》等亦有记载。

《苑洛语录》刊刻 是书亦名《见闻考随录》，是韩邦奇平时论学之语以及所记录的时事之类。为韩邦奇门人白璧刻，璧序题名为《苑洛先生语录》，《四库全书总目提要》作《苑洛语录》。后编入《苑洛集》，原集本作五卷，《四库全书存目录》录有此书，为黄登贤家藏本，作六卷。

[文献] 《四库全书总目提要》卷九六："苑洛语录六卷，副都御史黄登贤家藏本。明韩邦奇撰。……是书皆平日论学之语及所记录时事，辑为一编。本名《见闻考随录》，已编入所著《苑洛集》中。惟集本五卷，此本作六卷，所载虽稍有出入，而大略皆同。盖此本乃邦奇门人山西参议白璧所刊。前有璧序，称'刻而题之曰《苑洛先生语录》'，疑又为璧所重编也。"

三原学派 明代由王恕所开创的一个关中理学派别。王恕及其门人大都是三原一带人，他们在思想上不再以程朱理学为宗，而是通过体认、重新诠释《易》、回归张载思想以及名物训诂等方法对程朱理学进行反思和批评，有"关学别派"之谓。其成员主要有三原马理、蓝田王之士，朝邑韩邦奇、韩邦靖，富平杨爵以及王恕之子王承裕等。王恕《石渠意见》中所阐述"尽性知天"以及"天理人欲相为消长，有天理即无人欲，有人欲即无天理"等，基本上反映了三原学派的学术倾向。不过，其学派内部思想亦不尽相同，如王恕之学"大抵推之事为之际，以得其心安者"，而未及之"大本"。马理则"墨守主敬穷理之传",韩邦奇其"论道体乃独取张横渠"(明儒学案》卷九《三原学案》),杨爵认为"天命谓性,天人一理也","中和,性命本然之则也。"(杨爵《论学》,《杨忠介公集》,清光绪癸巳季夏张履诚堂木刻本。又见《明儒学案》卷九《忠介杨斛山先生爵》附录)王之士则"至吴兴问学许敬庵",即转宗湛甘泉之学。三原学派躬礼教,重气节,厚风土,不仅促使三原士风民俗为之一变,也给关中带来新的学术气象。黄宗羲《明儒学案》卷九专列"三原学案",其中立学案者有王恕、王承裕、马理、韩邦奇、杨爵、王之士等六人。

[文献] 黄宗羲《明儒学案》卷九《三原学案》:"关学大概宗薛氏,三原又其别派也。其门下多以气节著,风土之厚,而又加之学问者也。"《明儒学案》卷九《端毅王石渠先生恕》:"先生之学,大抵推之事为之际,以得其心安者,故随地可以自见。至于大本之所在,或未之及也。"《明儒学案》卷九《康僖王平川先生承裕》:"(承裕)登第后,侍端毅归,讲学于弘道书院,弟子至不能容。冠婚丧祭必率礼而行,三原士风民俗为之一变。冯少墟以为,先生之学,皆本之家庭者也。"同书卷九《光禄马谿田先生理》:"先生师事王康僖,又得泾野、后渠以为之友,墨守主敬穷理之传。尝谓'见行可之仕,唯孔子可以当之,学圣人者当自量力。'故每出不一二年即归,归必十数年而后起,绰绰然于进退之间。后渠称其'爱道甚于爱官',真不虚也。"同书卷九《恭简韩苑洛先生邦奇》:"门人白璧曰:'先生天禀高明,学问精到,明于数学,胸次洒落,大类尧夫,而论道体乃独取横渠。少负气节,既乃不欲为奇节一行,涵养宏深,持守坚定,则又一薛敬轩也。'某按:先生著述,其大者为《志乐》一书。"同书卷九《忠介杨斛山先生爵》:"初,韩恭简讲学,先生辈来往拜其门。恭简异其气岸,欲勿受。已叩其学,诧曰:'宿学老儒莫能过也,吾几失人矣。'刚大之气,百折不回。人与椒山并称,谓之'韩门二杨'。"同书卷九《征君王秦关先生之士》:"(王之士)潜心理学,作《养心图》《定气说》,书之座右,闭关不出者九年。蒿床粝食,尚友千古。以为蓝田风俗之美,由于吕氏,今其乡约具在,乃为十二会,赴会者百余人,洒扫应对,冠婚丧祭,一一润泽其条件,行之惟谨,美俗复兴。"

明世宗嘉靖三十六年　丁巳(公元1557年)

十一月,冯从吾生　冯从吾(1557-1627)字仲好,号少墟,谥恭定。长安

(今陕西西安市)人,明代关学学者。卒于天启七年(丁卯,1627),年71岁,推知其生于是年。

[文献] 《明史》卷二四三:"冯从吾,字仲好,长安人。万历十七年进士。……(天启)四年春,起南京右都御史,累辞未上,召拜工部尚书。会赵南星、高攀龙相继去国,连疏力辞,予致仕。明年秋,魏忠贤党张讷疏诋从吾,削籍。乡人王绍徽素衔从吾,及为吏部,使乔应甲抚陕,捃摭百方,无所得。乃毁书院,曳先圣像,掷之城隅。从吾不胜愤悒,得疾卒。崇祯初,复官,赠太子太保,谥恭定。"王心敬《关学续编》卷一:"先生名从吾,字仲好,学者称少墟先生,西安府长安人。……丁卯二月,年七十一以正寝终。"

明世宗嘉靖四十四年　乙丑(公元1565年)

冯从吾九岁,始立志为圣贤之学　受父启示,从吾自幼接受王阳明之学,并立志为圣贤。不久父殁,二年后,母殁。失去双亲,从吾居两丧而能遵循礼制。是年,拜长安萧九卿为师,习儒学。

[文献] 王心敬《关学续编》卷一《少墟冯先生》:"先生九岁,通议公手书王文成公'个个人心有仲尼'诗,命习字,即命学其为人,先生便矍矍有愿学志。"《大司空谥恭定少墟冯先生行实》:"先生幼病癖,九岁始小愈,赠公手书阳明人心仲尼诗,命习字,且学其为人,即犁然有当也。先生之知学自此始。九岁时赠公殁,不二年,母亦见背,居两丧,哀毁如礼。"(《冯少墟续集》卷五,康熙癸丑年重刻本)冯从吾《萧沈二先生传》:"余九岁从先生(笔者注:指萧九卿)学。先生为人严整,不轻言笑,笃于伦理,事父曲尽孝养,尤善事兄长。"(《冯少墟集》卷一七,康熙癸丑年重刻本)

明穆宗隆庆五年　辛未(公元1571年)

四月,王徵生　王徵(1571-1644),字良甫,号葵心,自称了一道人,陕西泾阳人。是年生,卒于明崇祯十七年(1644),享年74岁。

[文献] 〔明〕张炳璇《王端节先生传》:"以隆庆辛未四月十九日生先生。讳征,字良甫,道号了一道人,葵心其别号也。先生生而颖异岐嶷。七岁出就外傅,从先大夫学。先生固以理学名关西……已能日诵百千言。已能为

文,骏发茂美。年十五,有修庵尚翁者,予舅氏也,过从先大夫,因晤先生,异之,试以帖括,不移晷成,斐然可观。……廿四举于乡。……壬戌登文震孟榜进士,时五十二矣。"(《明泾阳王徵先生年谱》,陕西师范大学出版社,1990年版)〔明〕张缙彦《明山东按察司佥事监辽海军务王公墓志铭》:"癸未李贼破关中,故进士金宪王公不辱伪命死之,时甲申三月也。里人私谥曰端节先生……公讳征字良甫,号葵心,自称为了一道人。生而颖异,七岁从张贞惠先生游,已能日讲百千言。……壬戌成进士,年五十二,无论识与不识,咸相庆以为是科得大儒矣。"(《明泾阳王徵先生年谱》,陕西师范大学出版社,1990年版)

明神宗万历四年　丙子(公元1576年)

冯从吾弱冠,入太学　从吾19岁,以父荫被选入太学,由此开始了儒家经典的系统学习。从太学回乡后,适逢许孚远督学关中,开正学书院,闻从吾之名,延入正学书院,与蓝田王秦关"讲切关、洛宗旨",因其讲学功力,深受许孚远器重。

[**文献**]　王心敬《关学续编》卷一《少墟冯先生》:"(从吾)弱冠,以恩选入太学。比归,德清许敬庵公督学关中,开正学书院,拔志趋向上士讲明正学。闻先生名,延之。与蓝田秦关王公讲切关、洛宗旨,识力之卓荦,大为敬庵器重。"《大司空谥恭定少墟冯先生行实》:"许孚远对王阳明之学深得于心,自有己见,创建书院,擢拔士人,讲明'良知'正学。"(《冯少墟续集》卷五,康熙癸丑年重刻本)《明史》卷二八三《许孚远传》:"从孚远游者,冯从吾、刘宗周、丁元荐,皆为名儒。"

明神宗万历六年　戊寅(公元1578年)

六月,吕潜卒　吕潜(1517-1578),字时见,号愧轩,陕西泾阳人。师事吕柟,深得其旨,"凡一言一动,率以泾野为法。"嘉靖二十五年(1546)以诗荐乡书,卒业成均,声名日起。潜重礼教,且一意躬行,至孝之名声动关中。尝率乡人行乡约,乡人多为所化。尝与友人郭郛讲学谷口洞中,四方学者甚众,人皆以为得吕泾野真传。后被授国子监学正。万历元年(1573),调工部司务。万历六年六月病逝,享年62岁。

[**文献**] 《明史》卷二八二《吕柟传附吕潜传》:"柟弟子,泾阳吕潜,字时见,举于乡。官工部司务。……皆有学行。"冯从吾《关学编》卷四《愧轩吕先生》:"先生名潜,字时见,泾阳人,号愧轩。尝谓'为学必不愧屋漏,方可为人',因取号以自警云。父应祥,嘉靖壬辰进士,为礼科都给事中,以论宫寮事夺官,为时名臣。……归又师事泾野吕先生,深幸其得所依皈,凡一言一动,率以泾野为法。于是学益力,而举子业亦益入理,为邑诸生试,每倾曹偶。学使者重其文行,拔入正学书院以风多士。嘉靖丙午,以诗荐乡书,卒业成均,友天下士,而名日起。……先生刻意躬行,远声色,慎取予,一毫不苟,而尤严于礼,诸冠婚、丧祭,咸遵文公惟谨,即置冠与祭器,式必如古人,或以为迂弗恤也。……每岁时祭毕,燕诸族人,讲明家训。又率乡人行乡约,人多化之。亲党有窘乏,辄怜而周焉。与人交,平易款洽,或有过,即面规之,而未尝背言其短。尝与友人蒙泉郭公郛读书讲学谷口洞中,四方从学者甚众,听者津津有得,咸曰:'得泾野之传者,愧轩也。'……万历癸酉,调工部司务。会淮海孙公、楚侗耿公俱入京,先生数就两公质所学。同志方依先生为主盟,乃戊寅六月一病遽逝,年仅六十又二。"《明儒学案》卷八《司务吕愧轩先生潜》:"吕潜,字时见,号愧轩,陕之泾阳人。师事吕泾野,一言一动,咸以为法。举嘉靖丙午乡书,卒业成均,时朝绅有讲会,先生于其间,称眉目焉。母病革,欲识其妇面,命之娶。先生娶而不婚,三年丧毕,然后就室。父应祥,礼科都给事中,既卒而封事不存。先生走阙下,录其原稿,请铭于马文庄。与郭蒙泉讲学谷口洞中,从学者甚众。泾野之传,海内推之。荐授国子监学正,举行泾野祭酒时学约,调工部司务。万历戊寅卒,年六十二。"《〔乾隆〕泾阳县志》卷七《人物志》:"吕潜,字时见,嘉靖丙午举人。幼初读书于父龙山公,所指授即解大义。稍长师事吕泾野,以道德之儒自任。尝书'克己铭'怀袖警心,言动率以泾野为法。……时诏有司推择孝廉中行谊端方者,特擢以风士习,抚按交章以潜名,上授国子学正。寻升司务,而大司成大司空皆引重之。……一时马文庄为祭酒,郭蒙泉为助教,海内谓关西有人,大复泾野先生之旧云。"(清葛晨纂修,乾隆四十三年刻本)《明儒言行录》卷四《吕潜》:"字时见,号愧轩,泾阳人。师事吕泾野,一言一动咸以为法。举嘉靖丙午乡书,卒业成均。时朝绅有讲会,先生于其间称眉目焉。……与郭蒙泉讲学谷口洞中,从学者甚众。泾野之传海内推之。荐授国子监学正。举行泾野祭酒时学约,调工部司务。

万历戊寅卒。年六十二。"（文渊阁《四库全书》本）

明神宗万历十三年　乙酉（公元1585年）

许孚远督学陕西，讲学正学书院　许孚远（1535－1604），字孟中，号敬庵，德清（今浙江德清县）人。嘉靖四十一年（1562）进士，授南京工部主事。隆庆、万历两朝，许孚远先后担任过广东佥事、两淮盐运司判官。后因给事中邹元标荐，擢为陕西提学副使、福建巡抚、南京大理卿等职，官终兵部左侍郎。年七十而卒，谥恭简。在督学陕西期间，颇礼敬关中名儒王之士。许尝讲学于西安正学书院，王之士与许公"合志同方，相为切劘。"以后许孚远以应天丞被贬谪南归，王之士又南游讲学，二人又会面于浙江德清。东西学者听说先生至，多从之游。

[文献]　《明史》卷二八三《许孚远传》："许孚远，字孟中，德清人，受学同郡唐枢。嘉靖四十一年成进士，授南京工部主事，就改吏部。……神宗立，……寻以给事中邹元标荐，擢陕西提学副使，敬礼贡士王之士，移书当路，并元卿、元锡荐之。后三人并得征，由孚远倡也。……孚远笃信良知，而恶夫援良知以入佛者。……孚远作《九谛》以难之，言：'文成宗旨，原与圣门不异，以性无善，故知无不良。良知即是未发之中，立论至为明析。……'从孚远游者，冯从吾，刘宗周、丁元荐，皆为名儒。"冯从吾《关学编》卷四《秦关王先生》："岁乙酉，德清许敬庵先生督关中学，讲学正学书院。先生故许先生同志友也，礼征先生为多士式，先生亦乐就许先生，合志同方，相为切劘，时多士皆有所兴起。后许先生以应天丞谪归，先生亦南游讲学，出武关，浮江汉而下，迁道江之右，会南昌章子潢、新城邓子元锡、广信、衢州杨子时乔、殷子士望。复东渡浙水，见许先生于德清，东南学者闻先生至，多从之游。"《[雍正]陕西通志》卷二七："万历乙酉，许孚远督关中学，礼聘三原王之士，多士兴起。"（雍正十三年刻本）《[雍正]浙江通志》卷一七五："许孚远，儒林录字孟中，德清人，从唐一庵学，登嘉靖壬戌进士，授南工部虞衡主事，督龙江关瓜仪河道，皆著廉仁声，调南吏部考功，在留都盛讲学。隆庆改元，移疾归，起广东佥事。值广有倭警，乃发十策，以水陆夹攻为要领，擒降甚众，又建善后十二议……万历初，擢南太仆丞，出为建昌守，在郡不废讲学，给事邹南皋特疏荐之，迁陕西提学副使，以身范士，考核肃然，历晋右佥都御史、巡抚福建。……著有《论

语述》《敬和堂集》。"（文渊阁《四库全书本》）

明神宗万历十七年　己丑（公元1589年）

冯从吾进士及第　从吾自幼即有希贤之志，万历十六年（1588）举于乡，十七年（1589）进士及第，被选翰林院庶吉士，并授御史。

[文献]《明史》卷二四三："冯从吾，字仲好，长安人。万历十七年进士。改庶吉士，授御史。"王心敬《关学续编》卷一："万历戊子，举于乡。明年，成进士，观政礼部，谓'士君子即释褐，不可忘做秀才时'，书壁自警。"董其昌《序少墟先生集》："在昔己丑之岁，庶常吉士二十有二人，……是时同侪多壮年盛气，不甚省弱侯语，惟会稽陶周望（陶望龄，字周望）好禅理，长安冯仲好好圣学，时与弱侯相激扬。……吾党爱周望之简易，而惮仲好之矜庄，不敢以狎进私，戏之曰：'此食生猪肉者'，谓其有意于两庑之间也。"（《冯少墟集》，康熙癸丑年重刻本）冯嘉年《奏疏》："窃惟臣父从吾由万历己丑进士，选授庶常，寻改西台，因请朝讲，建言削籍。"（《冯少墟续集》，康熙癸丑年刻本；清光绪二十二年重修本）

十月，雷于霖生　雷于霖（1589－1667），字午天，号柏林，学者称柏林先生，陕西朝邑（今大荔县）人。曾问学于冯从吾。是年生，卒于清康熙六年（1667），享年79岁。

[文献]〔清〕雷于霖撰《癸酉科举人柏林雷氏及暨配杨氏刘氏两室人自志铭》："柏林翁雷氏子也，名于霖，号午天也。世居秦之朝邑西廓。……次生予，时万历己丑冬十月十九日也。"（雷于霖《柏林文集》，陕西省印刷局1928年排印本）〔清〕雷衍恩《显考癸酉科举人柏林府君行实编年》："万历十七年，己丑，十月十九日，癸巳，父生于仓道里舍。"（雷于霖《柏林集》，陕西印刷局1933年排印版）

明神宗万历十八年　庚寅（公元1590年）

王之士卒　王之士（1528－1590），字欲立，号秦关。原籍陕西咸宁人，其五世祖迁居蓝田，后子孙即世居蓝田。为关学三原学派重要学人。嘉靖三十七年举于乡，翌年起屡试春官不第，遂"屏弃帖括，潜心理窟，毅然以道学自任。"曾自为《养心图》《定气说》,并书写于座右,闭户不出者九年。一面钻研理学,一面注重躬行实践,行己必恭,与人必敬,史称其"甘贫苦节",颇有吕氏遗风,学者以为"蓝田吕氏复出"。为了端正民风民俗,他曾立乡约,并在乡间进行洒扫应对、冠婚丧祭等礼法教育,"蓝田美俗复兴"。万历十三年,许孚远督学关中,讲学正学书院,王之士与之"合志同方,相为切劘",后又在南游讲学时与许公相见。万历十七年(1589)秋南游方归,于第二年谢世,享年63岁。其先,曾有赵用贤、王以通者,或称其"孝弟力田,行不逾乎轨范;诗书敦悦,名已动于乡间",或称其"海内三逸,公居其一"(见《关学编》卷四《秦关王先生》),故尽力推荐他,于是被诏授国子博士。所著甚多,据《关学编》所记,有《理学绪言》《信学私言》《大易图象卷》《道学考源录》《易传》《诗传》《正世要言》《正俗乡约》《王氏族谱》《正学筌蹄》《阙里瞻思》《关洛集》《京途集》《南游稿》等,多散佚。

[文献] 《明史》卷二八二《吕柟传》:"蓝田王之士,字欲立。由举人以赵用贤荐,授国子博士。两人不及柟门,亦秦士之笃学者也。"《明史》卷二八三《许孚远传》:"神宗立,……寻以给事中邹元标荐,擢陕西提学副使,敬礼贡士王之士,移书当路,并元卿、元锡荐之。"冯从吾《关学编》卷四《秦关王先生》:"先生名之士,字欲立,号秦关,学者称秦关先生。其先咸宁人,五世祖志和迁居蓝田,其后子孙因家焉。……嘉靖戊午,举于乡。己未,试春官不第,由是益肆力举业者累年。后屡不第,幡然改曰:'所性分定,圣道远人乎哉?一曲经生,华藻奚为?'遂屏弃帖括,潜心理窟,毅然以道学自任。为《养心图》《定气说》,书之座右,闭关不出者九年。蒿床粝食,尚友千古,行己必恭,与人必敬,饮食必祭必诚,兢兢遵守孔氏家法。一时学者以为蓝田吕氏复出,感慕执经者屡满户外,士习翕然。又谓:'居乡不能善俗,如先正和叔何!'乃立乡约,为十二会,赴会者百余人。设科劝纠,身先不倦。诸洒扫应对、冠婚丧祭礼久废,每率诸宗族弟子,一一敦行之。于是,蓝田美俗复兴。……己卯,遂复如京。是时先生已久谢公车,每日与诸同志讲学都门之萧寺,崇正辟邪,力肩斯道。……岁乙酉,德清许敬庵先生督关中学,讲学正学书院。先生故许先生同志友也,礼征先生为多士式,先生亦乐就许先生,合志同方,相为切劘,时多士皆有所兴起。后许先生以应天丞谪归,先生亦南游讲学,出武关,浮江汉而下,迁道江之右,会南昌章子潢、新城邓子元锡、广信、衢州杨子时乔、殷子士望。复东渡浙水,见许先生于德清,东南学者闻先生至,多从之

游。先生二子宗、容念先生疾,客久,肃迎归,是在己丑秋。明年庚寅八月,卒于家,寿六十有三。……先是,南司成赵公用贤、柱史王公以通相继疏荐。赵疏'海内三逸,公居其一'。疏云:'孝弟力田,行不逾乎轨范;《诗》《书》敦悦,名已动于乡间。'……先生为孝廉垂三十余年,竟不仕,角巾野服,悠焉终老。至是,诏授国子监博士。……所著有《理学绪言》《信学私言》《大易图象卷》《道学考源录》《易传》《诗传》《正世要言》《正俗乡约》《王氏族谱》《正学筌蹄》《阙里瞻思》《关洛集》《京途集》《南游稿》。所述有《先师遗训》《先君遗训》《皇明四大家要言》《性理类言》《续孟录》诸书行世。"《〔光绪〕蓝田县志》卷一〇《艺文志》录:"《正俗乡约》,明王之士撰。""《秦关全书》,王之士撰。佚。""《关洛集》,明王之士撰。佚。"同书卷一四《儒林传》:"王之士,字欲立,举人。以母丧哀毁,病足艰步,乃屏去举子业。潜心理学。蒿秫粝食,闭户九年,户外执经者履满。立乡约,行宗法。及入都,适邹鲁,瞻阙里,遍谒先圣祠墓。比归,道日进,名日益起,缙绅先生多折节焉。司成赵用贤、柱史王以通荐授国子监博士。著有《理学绪言》《信学私言》《大易图象》《道学考源录》《关洛集》。入乡贤祠。"(参见清吕懋勋等修、袁廷俊等纂《蓝田县志》,台湾成文出版社,据清光绪元年刊本)《明儒言行录》卷四《王之士秦关先生》载:"嘉靖戊午举于乡,既而屏弃帖括,潜心理学,作《养心图》《定气说》书之座右,闭关不出者九年。蒿床粝食,尚友千古。以为蓝田风俗之美由于吕氏,今其乡约具在,乃为十二会,赴会者百余人……美俗复兴。……万历庚寅卒于家,年六十二。……先生行己必恭,与人必敬,一时感慕执经者履满户外。著有《理学信言》《信学私言》《大易图象卷》《学道考源录》(笔者注:据《关学编》与《蓝田县志》记载,"学道"当为"道学"之误)、《易传》《诗传》《正世要言》《正俗乡约》《王氏族谱》《正学筌蹄》《阙里瞻思》《关洛集》等行世。"(文渊阁《四库全书》本)〔清〕张夏《洛闽源流录》卷一〇:"王之士,字欲立,陕西蓝田人。……欲立幼承庭训,七八岁即知学,教授公授之《毛诗》二《南》,辄解,为诸弟妹诵之。长治《大戴礼》,兼通《易》,为诸生有文名。嘉靖戊午举于乡,累试春官不第。幡然改曰:"所性分定,圣道远人乎哉?一曲经生,华藻奚为?"遂屏去帖括,潜心理窟,毅然以道学自任,为《养心图》《定气说》,书之坐右,闭关不出九年。蒿床粝食,尚友千古。行己必恭,与人必敬,饮食必祭、必诚,兢兢遵守孔氏家法。一时学者以为蓝田吕氏复出。感慕执经者履满户外。……乃立乡约,为十二会,赴会者百余人。设科劝纠,身先不倦,诸洒扫应对冠昏丧祭礼久废,每率诸宗族弟子一一敦行之,于是蓝田美俗复兴。己卯,遂复如京。是时,欲立久谢公车第,日与诸同志讲学都门之萧寺。崇正辟邪,力肩斯道。假道邹鲁,瞻阙里,遍拜先师及诸贤祠墓,久之始归,由是秦关之名动海内。……岁乙酉,德清许敬庵先生督学关中,会讲正学书院,故与欲立称同志友。因礼征至院,为秦士式。……复南游讲学,出武关,浮江汉而下,迁道江右。至于访道求友,虽跋涉闲关数千里亦不惮远。……庚寅八月卒于家,年六十三。"……"(康熙二十一年黄昌衢彝叙堂刻本)又见黄宗羲《明儒学案》卷九《三原学案》、张骥《关学宗传》卷二二等。

明神宗万历十九年　辛卯(公元1591年)

十二月,冯从吾上《论劾险佞科臣疏》　冯从吾时为监察御史,常巡视中城,发现有官员结首揆而违反纲纪,先生即上疏斥之,权贵们因此有所收敛。但礼科都事中胡汝宁主管两京考试,却假公济私,纵容不肖,发科场之弊,造成极坏影响。从吾遂于是年十二月上此疏,弹劾胡汝宁:"自古小人未有狼狈若此者,举朝臣邻咸谓汝宁纵不肖,将复何颜立于掖垣间耶?"又谓"汝宁去就原不足为重轻,但以一小人而能以其言惑乱主听,此诚匪细故者,臣是以哓哓言之,且不欲以汝宁之故伤皇上知人之明也。"此次上疏获得成功。

[文献]　《明史》卷二四二《冯从吾传》:"礼科都给事中胡汝宁倾邪狡猾,累劾不去。从吾发其奸,遂调外。"冯从吾《论劾险佞科臣疏》(万历十九年十二月二十二日):"题为险佞科臣惑乱主听,恳乞圣明速赐罢斥,以杜衅端事。昨者臣接邸报,见礼科都给事中胡汝宁参论两京,中卷一二可疑。及吏部推升一事,臣不胜骇异。夫汝宁见任谏垣,言事自其职掌,而臣顾骇异者,何也?谓汝宁之言投间抵隙,假公济私,非真为皇上发奸摘伏也。臣意皇上必能洞烛奸胆,以折乱萌,乃反听若转圜,臣又不胜骇异,岂皇上不知汝宁之罪状而误听其言耶?臣不暇辩其言,请先诛其心,且汝宁之为给事已数年于此矣,自有参论饶伸之疏,而谄谀已不容于众口,继有辅臣相戕之奏,而奸邪益大犯乎公评,别号秽名,至不可道。自古小人未有狼狈若此者,举朝臣邻咸谓汝宁纵不肖,将复何颜立于掖垣间耶?……夫汝宁特一小人耳,堂堂天朝,济济臣邻,何难于容此一人,而臣哓哓者,非论一汝宁也。盖谓汝宁以一小人之言,中于皇上,故言科场则皇上听之,言铨臣则皇上又听之,或下部覆,或命

回话,使君臣上下反复疑贰,是今日庙堂之上已不胜其多事之扰矣。……汝宁去就原不足为重轻,但以一小人而能以其言惑乱主听,此诚匪细故者,臣是以哓哓言之,且不欲以汝宁之故伤皇上知人之明也。"冯从吾《秘录》:"万历壬辰,实维觐期,时从吾滥竽西台已六阅月,先是疏劾都给事中胡汝宁,主上幸见纳,窃以为圣明在上,正臣子披肝露胆之时……"(《冯少墟集》卷一八,康熙癸丑年重刻本)〔明〕姚希孟撰《棘门集》卷一《太子太保工部尚书谥恭定冯先生神道碑》:"司城者结首揆,纪纲为厉,疏斥之,省中胡汝宁权门客也,屡弹不去,以先生一疏逐。"(明崇祯十年刻本)《冯少墟先生行实》:"司城者结首揆,纲纪为厉,疏斥之。都科胡汝宁,权门客也,屡弹不去,以先生一疏逐。"(《冯少墟续集》附录九,康熙癸丑年重刻本)又见王心敬《关学续编》卷一《少墟冯先生》。

明神宗万历二十年　壬辰(公元1592年)

正月,冯从吾上《请修朝政疏》　冯从吾于万历十九年(1591)由庶吉士改任山西道御史。忧于明神宗常年深居宫中,沉缅酒色,奸臣专权,终致朝政荒疏的情况,于是年正月亦即在上前疏之后二十天,又上《请修朝政疏》,冒死直谏。如说"郊庙不亲,朝讲不御,章奏多留中不发",指出"皇上困于曲蘖之御而欢饮长夜,倦于窈窕之娱而晏眠终日,不然何朝政废弛至此极也?"铮铮谏言,直指时弊,然皇上并不理喻冯从吾的苦心,恼羞成怒,欲廷杖之。所幸当日是仁圣太后寿辰,在众大臣的力劝苦求之下,才幸免于难。虽然冯从吾免除一劫,但其后仕途却一再受挫。最终回归关中,走上读书讲学之路。

[文献]　《明史》卷二四三《冯从吾传》:"(万历)二十年正月抗章言:'陛下郊庙不亲,朝讲不御,章奏留中不发。试观戊子以前,四裔郊顺,海不扬波;己丑以后,南倭告警,北寇渝盟,天变人妖,叠出累告。励精之效如彼,怠斁之患如此。近颂敕谕,谓圣体违和,欲借此自掩,不知鼓钟于宫,声闻于外。陛下每夕必饮,每饮必醉,每醉必怒。左右一言稍违,辄毙杖下,外庭无不知者。天下后世,其可欺乎!愿陛下勿以天变为不足畏,勿以人言为不足恤,勿以目前晏安为可恃,勿以将来危乱为可忽,宗社幸甚。'帝大怒,欲廷杖之。会仁圣太后寿辰,阁臣力解得免。寻告归,起巡长芦盐政。洁己惠商,奸宄敛迹。既还朝,适帝以军政大黜两京言官。从吾亦削籍,犹以前疏故也。"《冯少

墟集》卷一八《请修朝政疏》:"(万历十三年正月十三日)题为中外多事,朝政当修,恳乞圣明励精以图万世治安事。臣不佞猥以书生叨入仕籍三年于此矣,窃见皇上郊庙不亲,朝讲不御,章奏多留中不发。臣不胜杞人之忧,然而未敢有请者,谓在廷诸臣,明诤显谏,连篇累牍庶几哉,万有一之感悟上心也,又恶用臣言为哉?第诸臣言之谆谆,而皇上听之藐藐。……况今当朝觐之期,万国冠裳毕集阙下,咸欲一睹其清光,而竟不可得,则必相顾而疑,相疑而议,不曰皇上困于曲糵之御而欢饮长夜,必曰皇上倦于窈窕之娱而晏眠终日,不然何朝政废弛至此极也?虽皇上近颁敕谕,谓圣体违和,或可以再借静摄之名,以少掩其晏安之非,而不知皇上静摄已非一日,如以为真疾耶,则当戒酒戒怒,以图尊生之计。如一时倦于早起,托之乎疾耶,则鼓钟于官声闻于外,天下人心岂可欺乎?况皇上每晚必饮,每饮必醉,每醉必怒。酒酣之后,左右近侍一言稍违,即毙杖下,如是则既非静摄,又废朝政,纵谕旨森严,恐亦不足以服天下而信后世也。……臣愿皇上勿以天变为不足畏,勿以人言为不足恤,勿以目前之晏安为可恃,勿以将来之危乱为可忽。"(参见《冯少墟集》,康熙癸丑年重刻本)

冯从吾告归 是年,因从吾上《请修朝政疏》而激怒明神宗,加之此前的《论劾险佞科臣疏》,从吾被削籍归乡。此后林居近三十年,直到光宗即位,从吾方于泰昌元年(1620)以符卿等召,未行。熹宗改元,从吾于天启元年(1621)始应诏,历左都御史。因目睹时事诸多弊病,乃与邹南皋、杨晋庵、曹真予等致力于复兴京师讲学。

[文献] 冯从吾《都门语录自序》:"京师旧有讲学会,月凡三举。自余壬辰请告归,而会遂辍,不讲者三十年矣。辛酉秋,余起官京师,而南皋邹公、晋庵杨公、泸水邹公、景逸高公、少原余公、真予曹公亦先后至,其它同志云集,相得甚欢,因约会讲学于城隍庙之道院。"(《冯少墟续集》卷一,康熙癸丑年重刻本)冯从吾《请告第三疏》(天启二年十月):"自臣壬辰告病归,而京师学会遂废,不讲者三十年。昨秋入京,见人心世道不及曩昔,边臣不知忠义而争先逃走,妖贼不知正道而大肆猖獗,中外贪肆成风,缙绅奔竞成俗,诸如此类,正坐道学不讲之过,臣因与左都御史邹元标立会讲学。"(《冯少墟续集》卷四,康熙癸丑年重刻本)冯从吾《疑思录自序》"余自壬辰请告,杜门谢客,足未逾阈者三年,自药里外,惟以读书遣怀,无它营也。"(《冯少墟集》卷三,康熙癸丑年重刻本)又见王心敬《关学续编》卷一。

明神宗万历二十二年　甲午(公元1594年)

张舜典中举人　张舜典为明代关中学者,学者称"鸡山先生"。曾为开州学正,究心于《四书》《五经》及濂洛关闽之学;为鄢陵令,创办弘仁书院。后历彰德府同知、兵部武选员外等职。论学不执着于成见,注重体用一源之旨。据《〔雍正〕陕西通志》、《〔乾隆〕重修凤翔府志》知其于是年中举人。

[文献]　《〔雍正〕陕西通志》卷六三《人物志》:"张舜典,字心虞,凤翔人。万历甲午举人。自诸生时,潜心理学,受知督学许孚远。后游江南复从许讲学。"(〔清〕刘于义等修,沈青崖等纂,清雍正十三年刊本)王心敬《关学续编》:"先生名舜典,字心虞,凤翔府人。万历甲午孝廉,官终特授武选员外,学者称鸡山先生。自诸生时,即潜心理学,受知督学德清敬庵许公。敬庵,理学名儒也。先生既举于乡,乃自叹:'斯理不明,世即我用,我将何以为用?'仍裹粮南从敬庵学,因交江右邹南皋、常州顾泾阳二先生,其它缘途名儒,往往造访,以资印证,遂洞见明德识仁之旨。"《〔乾隆〕重修凤翔府志》卷七《人物志》:"张舜典凤翔人,潜心理学,与诸生朝夕讲论皆朱程语录,不以举业为先。"同书卷八《选举志》:(万历)二十二年举人栏中注明:"张舜典,凤翔人,兵部员外。"(清乾隆三十一年刻本)

[考辨]　王心敬《关学续编》谓张舜典于是年举孝廉,而《〔雍正〕陕西通志》与《〔乾隆〕重修凤翔府志》均谓张舜典中举人;且《〔乾隆〕重修凤翔府志》卷八《选举志》明确于"(万历)二十二年""举人"栏中注明"张舜典(凤翔人,兵部员外)"(〔清〕达灵阿修,周方炯、高登科纂,乾隆三十一年刻本),故从是年中举人说。

明神宗万历二十三年　乙未(公元1595年)

冯从吾《疑思录》编次完成　自万历二十年(1592)冯从吾上《请修朝政疏》遭黜后,其间也曾复官,然终告官回乡。在乡三年,从吾杜门谢客,潜心读书,尤究心于《四书》,"以心读之,以身证之"(杨嘉猷《疑思录序》),多有心得。曾讲学于西安宝庆寺。是年,萧辉之将冯从吾三年来的读书札记和讲学语录加以整理编次,遂成《疑思录》六卷,于是年成书。"疑思",取意于《论语》中"九思"之问意。是书后收编入《冯恭定公全书》卷二。

[文献] 冯从吾《疑思录自序》:"余自壬辰请告,杜门谢客,足未逾阈者三年,自药里外,惟以读书遣怀,无它营也,间有二三同志及伯兄月夜过存,相与讲孔曾思孟之学,辨析疑义,尝至漏分,或抚琴一曲,或歌诗数首始别,盖忘其身之病,而亦忘其寒暑之屡更也。居恒多暇,乃取所辨析者口授儿康年札记之。针砭韦弦,聊以自勖,岁月积久,不觉成帙,要之遗忘、不及记者尚多,此特存什一于千伯云耳。一日为友人萧辉之携去,越数日,辉之诣余曰:'吾子用心诚勤矣,第圣贤精义不知果如斯否?恐其中又未必无可疑者,余当为子编次之,以就正于海内同志之士。'余曰:'唯唯。'编成题曰:《疑思录》,盖取《九思》中疑思问意耳。呜呼,吾斯之未能疑,录中业已言之矣,同志不遗,幸教我焉。万历二十三年,岁在乙未孟陬十日,长安冯从吾序。"(《冯少墟集》卷二,康熙癸丑年重刻本)又见杨嘉猷《疑思录序》:"先生力排异端,羹墙尧舜,故于四子之书以心读之,以身证之,证之而是也,则已纤毫未协,焉得不疑,疑稍未释,焉得不思。思者明之基,而疑者信之渐也。猷观录中大都悟后语。"(《少墟集》卷二,文渊阁《四库全书》本)王心敬《关学续编》卷一:"命巡按宣大,不拜,请告归。与故友萧茂才辉之诸人讲学宝庆寺,著《疑思录》六卷。"

冯从吾出任河南道监察御史,不久罢免。是年编成《订士编》 冯从吾出任河南道监察御史,曾督理长芦、山东盐课及河道事务。他在任期努力革除积弊,打击不法之徒,尽力堵塞贪赃舞弊之径。同时还注意道德教化与法令的结合。行部所至,不忘讲学,尝能造黉序,"进诸生,讲《四书》义,率出己意,反复印证,期于剖微言,透宗旨,有前人所未发,而末学所共迷者。"(见王命爵《订士编》序)冯从吾将"代狩东省,巡历之暇,时进诸博士弟子,与之辨析精微,愍大道之多歧,而亡羊者众也,因录次成书",名之为《订士编》,于万历二十四年(1596)正月由山东知府王命爵作序,由州牧张君刻而广其传。所说"订士",即"意与诸博士弟子相印证也"。所讲内容不外"博约""忠恕""克己复礼""四勿""明心见性""立乎大体""中庸"等儒家修养理论,但却能"率出己意",发前人所未发。

[文献] 王心敬《关学续编》卷一:"(从吾)起河南道、巡盐长芦,清国课,除积弊。行部所至,必进讲诸生,著《订士篇》。"《大司空谥恭定少墟冯先生行实》:"闭户三年,日与故友萧茂才讲学,著有《疑思录》六卷。召还,督长

芦蕴政。每按部,德教为先,必进诸士而诲之者,有《订士篇》。"(《冯少墟续集》卷五,康熙癸丑年重刻本)王命爵《订士编》序:"《订士编》者,盐台冯公编也。公行部至东,必造黉序,进诸生,讲《四书》义,率出己意,反复印证,期于剖微言,透宗旨,有前人所未发,而末学所共迷者。凡历三郡,得如干首,不佞命爵读之心畅,爰属州牧张君刻而广其传。……万历丙申元春,旧属下、山东东昌府知府、庐陵王命爵顿首撰。"吴筬《订士编》序:"比归来,绝径杜门,精研耽道,洞然悬磬,而公方悁然于贫富之辨,如将挽之,盖余入长安凡三造请,而后见先生于卧所,始克酬数年乡王之愿,随辱投以订士一编,而受读焉,然后见先生之学之一斑,而窃幸士学之知所皈依也。"陈邦科《订士篇》后序:"侍御冯先生以关陕大儒出入金马之门,已而簪笔柱下,代狩东省,巡历之暇,时进诸博士弟子,与之辨析精微,慜大道之多歧,而亡羊者众也,因录次成书,命之曰《订士编》,云意与诸博士弟子相印证也,余得而卒业焉。……大都辟博约一贯之道,发克复四勿之功,明根心定性之旨,而归重于先立乎大之一言,推原费隐之说,仲尼之中庸而拈出淡字固字之义,尤宋大儒所未发,直指良知为作圣之基,而勘破生死贫富之关,至于由、回之志,颜、冉、司马之仁,孔、曾、孟子之学术事功,又各历历剖之详焉。"(《冯少墟续集》附录九,康熙癸丑年重刻本)

明神宗万历二十四年 丙申(公元1596年)

冯从吾林居讲学,拟定《学会约》与《士戒》 冯从吾于万历二十三年(1595)罢归后,林居二十余年,潜心于学术研究与讲学,不干公事。与周淑远、萧辉之诸君,讲学于宝庆寺。是年秋,他拟订了《学会约》,共计八款,提出了学会的根本宗旨,规定了学会的会期、学会同志间交往的原则,亦阐明了讲学的内容及相关教材,并对学会的学风特征也有相应的要求,体现了冯从吾崇真尚简、谨严朴实的风格。从吾还把《学会约》的主旨概括为简略易懂的《谕俗》:"千讲万讲,不过要大家做好人、存好心、行好事,三句尽之矣。因录旧对一联:做个好人,心正身安魂梦稳;行些善事,天知地鉴鬼神钦。"从吾对听讲者亦有约束,立学规二十余款,称《士戒》。从吾在宝庆寺讲学的语录,后被辑成《宝庆语录》,付梓传世。为端正学风,敦化乡俗,冯从吾坚守关学"以躬行礼教为本"的宗旨,又于万历二十五年(1597)制订了《关中士夫会约》十三条。其中约定了会期及聚会的具体规定。次年正月,关中士夫首次聚会。

[**文献**]　王心敬《关学续编》卷一《少墟冯先生》:"暨新建用事,台省正人削籍者强半,先生与焉。策蹇抵里,则日事讲学,不关外事。著《学会约》《善利图说》。既而以佂忡处一斗室,足不至阈者历九年,盖藉养病谢亲知交游,一意探讨学术源流异同也。出则仍与周大参淑远讲学宝庆,执经问业者日以众,当道于寺东创关中书院,为同志会讲之所。林居凡二十年,自非会讲,则不轻入城市。至于牍干公府,则一字不屑也。世推'南邹北冯',前后疏荐数十上。"《大司空谥恭定少墟冯先生行实》:"株累削籍,抵里授徒,讲学宝庆寺,著有《学会约》《善利图说》,人争抄录焉。"(《冯少墟续集》,卷五,康熙癸丑年重刻本)在《谕俗》中,冯从吾强调:"千讲万讲,不过要大家做好人、存好心、行好事,三句尽之矣。因录旧对一联:做个好人,心正身安魂梦稳;行些善事,天知地鉴鬼神钦。丙申秋,余偕诸同志立会讲学于宝庆寺。会凡旬日一举。越数会,凡农工商贾中有志向者咸来听讲,且先问所讲何事?余惧夫会约之难以解也,漫书此以示。"(《冯少墟集》卷六,康熙癸丑年重刻本)《学会约》:"岁丙申秋,余与诸君子立会讲学于宝庆寺。越数会,诸君子请余言为会约,余谢不敏,诸君子请益力,爰述所闻,条列如左,亦藉手请正意也。诸君子其谓之何?"(《冯少墟集》卷六,康熙癸丑年重刻本)《士戒》:"余至不肖,诸生不不肖余,而从之游,余愧无能为助也,聊述数语以戒诸生,知诸生必不其然,第不如此,不足以效忠告耳。倘中有不率者,诸生当先鸣鼓攻余训导不严之罪。

一毋自恃文学,违误父兄指教。

一毋妄自尊大,侮慢宗党亲朋。

一毋对尊长哕噫嚏咳,欠伸跛倚,睇视唾涕及撒手交足等弊。

一毋在稠众中高谭阔论,旁若无人。

一毋假以送课,遍谒官长以希进取(或官长有命,不得已,录送可也)。

一毋争强好胜,擅递呈词(或父兄有命,亦当委曲劝化,必万不得已,方可)。

一毋借人书籍不还及致损污(言书籍则凡物可知)。

一毋到人书房窥看私书薄籍及称夸文房器具。

一毋拣择衣服饮食及致饰车马等物。

一毋见人贫贱姗笑凌辱,见人富贵叹羡诋毁。

——毋结交星相术士及扶鸾压镇诸凡无藉之人。

——毋看《水浒传》及笑资戏文诸凡无益之书。

——毋撰造词曲杂剧及歌谣对联，讥评时事，倾陷同袍。

——毋替人撰造揭帖词状及私约书札（此二段每见人有犯之者，往往明罹王法，幽遭天谴）。

——毋轻易品评前辈著作及学问浅深、行事得失。

——毋彼此约分饮酒游乐。

——毋唱词作戏，博弈清谭。

——毋出入酒馆，纵情声妓及更深夜静方才到家（如遇亲朋见召，席间有妓，宁辞而不往，可也）。

——毋哄人嚣言，并议论人家私事。

——毋作课之日轻易告假，及彼此说话看稿，以乱文思。

以上数款，皆余髫年所闻于长老先生者，故不惮谆谆为诸生言之，诸生其慎听，毋忽。"（《冯少墟集》卷六，康熙癸丑年重刻本）

明神宗万历二十五年　丁酉（公元1597年）

冯从吾制《关中士夫会约》　冯从吾有感于蓝田吕氏制订和推行的《乡约》所带来的民风变化，亦深感当时"世道隆污"、士风日薄，为使士风"返薄还厚"，须自士大夫转变风气始。于是倡导立会，并拟出会约以约束之。万历二十五年（1597）十二月，冯从吾拟出《关中士夫会约》十三条，约定了具体的会期及聚会的具体规定。万历二十六年（戊戌）正月，关中士夫首次聚会。不料此次聚会之后，从吾旧病复发，卧床不起，此后闭关静摄长达九年。在这九年里，从吾静心读书，对圣贤之学更自得于心。对当时学术做了认真的反省，特别是对佛教和王学末流的空疏之弊，进行了较为彻底地清算。

[文献]　周传诵《关中会约跋》："会举于戊戌正月，仲好氏书《约》，先大夫题《辞》，不佞以使事过里，与末议焉。亡何，仲好养痾杜门，九年始出。不佞东西南北，抱先大夫戚归，终制从乡先生后，亦逾九年。越丁未春，两人始再与斯会，盖相视而慨会合之难也。虽然不佞重有戚焉，先大夫题约，谆谆以心一规，兹雍雍济济，罔弗一也，而不幸往矣。诸先进且强半修文，嗟嗟百年，驹隙几俟河清！此古人终日乾乾，竞寸阴而永终誉也。会合维艰，无虚良晤，

九原可仰,盍劻方来?近一时长者坦衷亮节,人人可用为仪,而嗣至诸君子,郁然焕然,争相澡濯,即不佞如诵,或亦可肖而化焉者,于休哉?洛下耆英,情谊不洽于后进,兰亭少长,流连仅止于壶觞,孰如今兹萃涣,维风而相观道义者乎?此会良称不偶,吾愿诸君子共敦之矣。会既毕,仲好谓不佞不可无言,遂不辞而跋其后。后学周传诵谨书。"(《冯少墟集》卷五,康熙癸丑年重刻本)又见冯从吾《会约序》。

明神宗万历三十二年　甲辰(公元1604年)

许孚远卒,曾为陕西提学副使　许孚远(1535－1604),字孟中,号敬南,德清(今浙江德清县)人。明朝理学名臣,受学于同郡唐枢。嘉靖四十一年进士,授工部主事。因讲学为尚书杨博所恶,遂移疾归。隆庆初,起吏部主事,出为广东佥事。神宗时,历兵部郎中,出为建昌知府,闲暇时辄集诸生讲学。后擢为陕西提学副使,督学关中。在陕期间,礼敬并推荐蓝田名儒王之士以及邓元锡、刘元卿诸君子,三人后均得到召用。关中名儒冯从吾、刘宗周、丁元荐等都曾受学于许孚远。万历二十年(1592)以右佥都御史,巡抚福建。三年后,迁南京大理卿,终兵部左侍郎。在学术思想上,许孚远笃信王阳明致良知之说,反对援良知说以入佛者。作《九谛》,以性善说为宗,对当时流行的无善无恶说进行了驳难。万历二十七年致仕,万历三十二年卒,年七十。赠南京工部尚书,谥恭简。著有《原学篇》《论学书》《敬和堂集》。

[**文献**]　《明史》卷二八三《许孚远传》:"许孚远,字孟中,德清人。受学同郡唐枢。嘉靖四十一年成进士,授南京工部主事,就改吏部。已,调北部。尚书杨博恶孚远讲学,会大计京朝官,黜浙人几半,博乡山西无一焉。孚远有后言,博不悦,孚远遂移疾去。隆庆初,高拱荐起考功主事,出为广东佥事,招大盗李茂、许俊美擒倭党七十余辈以降,录功,赍银币。旋移福建。神宗立,拱罢政,张居正议逐拱党,复大计京官。王篆为考功,诬孚远党拱,谪两淮盐运司判官。历兵部郎中,出知建昌府,暇辄集诸生讲学,引贡士邓元锡、刘元卿为友。寻以给事中邹元标荐,擢陕西提学副使,敬礼贡士王之士,移书当路,并元卿、元锡荐之。后三人并得征,由孚远倡也。……孚远笃信良知,而恶夫援良知以入佛者。知建昌,与郡人罗汝芳讲学不合。及官南京,与汝芳门人礼部侍郎杨起元、尚宝司卿周汝登,并主讲席。汝登以无善无恶为宗,孚

远作《九谛》以难之,言:'文成宗旨,原与圣门不异,以性无不善,故知无不良。良知即是未发之中,立论至为明析。无善无恶心之体一语,盖指其未发时,廓然寂然者而言之,止形容得一静字,合下三语,始为无病。今以心意知物,俱无善恶可言者,非文成之正传也。'彼此论益龃龉。而孚远抚福建,与巡按御史陈子贞不相得,子贞督学南畿,遂密讽同列拾遗劾之。从孚远游者,冯从吾、刘宗周、丁元荐,皆为名儒。"《明史》卷二四三《冯从吾本传》:"从吾生纯悫,长志濂、洛之学,受业许孚远。"《大司空谥恭定少墟冯先生行实》:"以论学为任,德清许公孚远所器重。"(《冯少墟续集》卷五,康熙癸丑年重刻本)《明史》卷二五五:"宗周始受业于许孚远。已,入东林书院,与高攀龙辈讲习。冯从吾首善书院之会,宗周亦与焉。越中自王守仁后,一传为王畿,再传为周汝登、陶望龄,三传为陶奭龄,皆杂于禅。奭龄讲学白马山,为因果说,去守仁益远。宗周忧之,筑证人书院,集同志讲肄。"《〔雍正〕浙江通志》卷一七五《儒林》:"许孚远,儒林录字孟中,德清人。从唐一庵学,登嘉靖壬戌进士,授南工部虞衡主事,督龙江关瓜仪河道,皆著廉仁声。调南吏部考功,在留都盛讲学,隆庆改元,移疾归。起广东佥事,值广有倭警,乃发十策,以水陆夹攻为要领,擒降甚众。……万历初擢南太仆丞,出为建昌守,在郡不废讲学,给事邹南皋特疏荐之,迁陕西提学副使,以身范士,考核肃然,历晋右佥都御史,巡抚福建。……在南都以闲曹讲学,与礼部杨起元俱为领袖,持论不同,旁观者颇起口语……称疾乞归,卒赠工部尚书,学者称敬庵先生。著有《论语述》《敬和堂集》。"(文渊阁《四库全书》本)〔明〕徐象梅《两浙名贤录》卷四《敬庵许孟中先生》:"许孚远,字孟中,德清人。少负大志,既领乡荐,复从唐一庵先生讲圣贤之学,举嘉靖四十一年进士。授南虞衡主事,调考功。在南都三年,日与诸同志讲明正学,学者多从之。未几,调北考功。而胡选郎汝桂者,自附讲学,时时引孚远款语。先是选君严重,不轻与后进交。一谈,胡独乃尔,诸僚皆惊,以为必议流品,各使人窃觇无所得,满署为之侧目。会冢宰杨襄毅雅,不喜讲学,又与胡选君不合,……比大计吏,京官黜者科甲共四十一人,而浙人几半。孚远不平,因移病归。后三年……起孚远考功,即出为广东佥事。时广有倭警,……孚远发十策,大约以水陆夹攻为要务……又建善后十二策迄安堵,以功移闽臬。衔者复忌之,以闻,察谪两淮运司判官。……三年擢南太仆丞。明年迁南文选郎中。未几,丁内艰,服阕,补北车驾郎中。……镇闽二年,擢南大理乡寻,晋兵部右侍郎。时倭尚未平,以孚远得要领,遂改北兵左。孚远在南都以闲曹日事讲学,与杨礼部起元俱以部堂为领袖,持论不同,旁观者颇起口语。至是,外计复借讲学造端谋去之,孚远遂决意归,五请始得允。既归,不殖生产,亦不如二疏行乐,惟孜孜以讲学为务。于近世学者独服膺阳明,然所讲非良知派也。讲学者多党,孚远独不党。守建昌时,有讲学而负高名者,孚远雅重之。及以事嘱,则诸不与交。李都宪布衣交,且同年向以救之见中。及戍闽中,仍以开府礼见卫官,孚远弗善也。诸葛武侯曰:'吾心如秤',孚远近之矣。"(明天启刻本)

明神宗万历三十三年　乙巳(公元 1605 年)

六月,郭郛卒　郭郛(1518-1605),字惟藩,号蒙泉,泾阳(今陕西泾阳县)人,明代关学著名学者。嘉靖三十七年(1558)举于乡。与吕柟弟子吕潜为同里,早年即立志于圣贤之学,尝与吕潜读书龙岩洞中,从游者甚众,但累试春官不第。嘉靖四十四年(1565),谒选河南,获嘉学谕。隆庆四年(1570),擢为国子助教,时年已56岁。万历八年(1580),出守西南之地马瑚,在当地力行礼教,变化风俗,深受民众爱戴。不久归田还乡,以讲学读书为事,深得督学许孚远器重。"先生学重根本,笃于伦理而兢兢持敬",再现了关学躬行礼教,重视实践的宗风。晚年喜《易》。著有《自警俚语》《山居杂咏》《语略》《族谱》《仰郑堂集》等。是年卒,享年 88 岁。

[**文献**]　《明史》卷二八二《吕柟传》附传:"(吕)潜里人郭郛,字维藩,由举人官马湖知府。"冯从吾《关学编》卷四《蒙泉郭先生》:"先生名郛,字惟藩,号蒙泉,泾阳人。……嘉靖戊午,年已四十有一矣,始举于乡。辛酉冬,以吕师会葬,遂不上公车,一时郡邑争表其庐,谓得古师弟之谊焉。先生举孝廉后,犹与愧轩先生读书龙岩洞中,学益有得,负笈从游者甚众。累试春官不第。……乙丑,谒选河南,获嘉学谕,日与诸生讲学课艺,多所造就。隆庆庚午,擢国子助教,值马文庄公为祭酒,教规肃然,先生赞襄之力居多。时年已五十有六。……万历庚辰,出守马瑚。马瑚,西南夷故地,俗陋易嚣,先生恩威并济,礼让躬先,髁夷数十辈从其译,酉愿望见先生颜色,归而爱戴弥切。居未三载,闻有犹子之戚,念伯兄且老独居,遂投牒归。归田二十余年,自读书讲学外,他无所事。督学敬庵许先生雅重先生,檄县延为乡饮大宾,先生虽坚逊,恒虚席以待。乙巳六月三日,无疾而卒。距生正德戊寅三月十二日,享

年八十有八。士大夫及门下士追思无已,以其德履私谥曰贞懿先生。……先生学重根本,笃于伦理而兢兢持敬,自少至老,一步不肯屑越。……则知先生享上寿而完名全节非偶然矣。先生与人言,每依大节,而出之蔼然可听,令人不忍别去,虽新进少年延见必恪。生平手不释卷,冠履几榻,悉列箴铭,而晚年犹喜读《易》。所著有《自警俚语》《山居杂咏》《语略》《族谱》《仰郑堂集》。"《泾阳县志》卷七:"郭郛,号蒙泉,嘉靖戊午举人。生而端凝,从学于吕都谏公应祥,已,乃与都谏子司务公潜日相研究。其学大抵宗程朱,而要之主敬,尝有诗云:'学道全凭敬作箴,须臾离却道难寻。尝从独木桥边过,惟愿无忘此际心。'可以验其所存矣。及举于乡,潜业先郛,举名大震。三辅间学者因郛学同行,同称曰'吕郭',以荐授国子监助教。监规一遵吕文简公之旧。时都察院掌院事某公服郛高节,欲致台中,而故事御史无得过五十。是时,郛五十余矣。……寻升户部主事,迁员外郎郎中。"(〔清〕葛晨纂修《泾阳县志》,乾隆四十三年刻本)〔清〕沈佳《明儒言行录》卷四《郭郛》:"字维藩,号蒙泉,泾阳人。嘉靖戊午举于乡,选获嘉教谕,转国子助教,升户部主事,出守马湖。……其学以持敬为主,自少至老,一步不敢屑越。尝有诗云:'学道全凭敬作箴,须臾离敬道难寻。常从独木桥边过,唯愿无忘此际心。……学者称蒙泉先生。'"(文渊阁《四库全书》本)又见张骥《关学宗传》卷二二。

冯从吾与张舜典论学,乃著《辨学录》 是年秋,凤翔张舜典造访冯从吾,冯从吾留张舜典至其精舍,两人共谈心性之学,每至夜分,所见颇为契合,竟至"喜而忘倦"。别后将谈话相互发明者辑成《辨学录》八十一章。是书旨在辨儒佛性命之学,阐道心人心之别,申下学上达之旨,以批佛老"异端"之伪,倡儒家理学之正,其最突出的是儒佛之辨。故杨鹤《辨学录序》说:"《辨学录》一书尤先生静中妙悟,见儒释所以分别处,皆昔贤所未发也。"(《冯少墟集》卷一,清康熙癸丑年重刻本)

[文献] 冯从吾《辨学录序》:"孔子曰:'有弗辨,辨之弗明,弗措也。'夫学问思行,学已赅是矣,犹必明辨云者,谓不如此,譬之适越而北其辕,弥学弥远,弥行弥差矣。乙巳秋,凤翔张心虞孝廉访余山房,而二三门人闻心虞至,亦多朝夕过从,共谈心性之学,秋凉夜静,语话偏长,别后因录其相与发明者,得八十一章。虽下学上达之旨不敢谓得一贯真传,而吾儒异端之辨或亦可以俟后圣于不惑耳。夫以余之暗汶,曾何足与闻斯道而一得之,愚得之朋友讲习者为多,于是益信明辨之功其益果大,而曩所称弗明弗措,原非有心弗措。

辨至此,虽欲措焉,不能也,于是题其篇曰《辨学录》。"(《冯少墟集》卷一三《序》,清康熙癸丑年重刻本)《大司空谥恭定少墟冯先生行实》:"乙巳秋,张心虞过访谈学,因著《辨学录》传世。"(见冯从吾《冯少墟续集》卷五,康熙癸丑年重刻本)张舜典《辨学录跋》:"余少有志于学,中间亦为异教所溺者数年,近始悟而反之,乃知吾道至足,亦至精也。岁乙巳,至长安访少墟冯兄,而商正之,遂留余精舍中颇久,日为辨难,每至夜分,喜而忘倦,其高足弟子亦鳞鳞共集话也。余稍发其端,少墟则大阐其蕴,辨虚实、有无、邪正,几微之介,昭然如明鉴之烛,须眉不爽也。此非深于道者乎?则其开我之迷,而鼓我之趋者,益诚不浅矣。余别后,少墟乃述其言,次第成篇,共八十一章,传之宇内,则所以指导来学者,功岂细耶?呜呼,有志于学者,其尚毋忽于斯言。友弟岐阳张舜典谨跋。"(《少墟集》卷一,文渊阁《四库全书》本)又见涂宗浚《辨学录序》(万历三十五年)、李维桢《辨学录序》等。

明神宗万历三十四年　丙午(公元1606年)

九月,冯从吾著《关学编》　冯从吾以恢复孔孟儒学之正传,考索"关中道统之脉胳",以达"识吾关中理学之大略"为宗旨,发凡起例,探赜索隐,以时间为序,对宋、金、元、明关中理学诸儒,述其行实,阐其学术,辨其原委,明其统绪,成《关学编》一书,共四卷,书末有《后序》。所述始于张载(横渠),终于王之士(秦关),共述学者三十三人,大体展现了张载以来关中理学思想发展之脉胳,彰显了关学思想的基本面貌,是一部简明的关学学术史。李维贞在《关学编序》中称冯从吾"有远虑焉,有定力焉,有兼善之量焉,有继往之功焉。"刘得炯《关学编序》称是编"将使前贤之学问渊源微之发明,圣道显之立身,制用卓然,不愧为学者以昭来兹,示典型。"《关学编》在明代见于《冯少墟集》,未见单刻本传世。陕西毕懋康于万历四十年序而刻之。后其冯从吾次子冯嘉年先后于万历四十一年至天启元年序而重刻,见于今文渊阁《四库全书》本。清代又不断重刻,重要版本有:康熙十二年(癸丑)洪琮本、乾隆二十一年(丙子)刘得炯、赵蒲重刻本、道光十年蒙天麻重刻、李元春《增订关学编》本等。今有中华书局1987年陈俊民、徐兴海点校本,该本附有王心敬、李元春、贺瑞麟等《关学续编》。

[**文献**]　冯从吾《关学编原序》:"我关中自古称理学之邦,文、武、周公

不可尚已,有宋横渠张先生崛起眉邑,倡明斯学,皋比勇撤,圣道中天。先生之言曰:'为天地立心,为生民立命,为往圣继绝学,为万世开太平。'可谓自道矣。当时执经满座,多所兴起,如蓝田、武功、三水,名为尤著。至于胜国,是乾坤何等时也,而奉元诸儒犹力为撑持,壎吹篪和,济济雍雍,横渠遗风将绝复续。天之未丧斯文也,岂偶然也哉?迨我皇明,益隆斯道,化理熙洽,真儒辈出。……一时学者歆然向风,而关中之学益大显明于天下。若夫集诸儒之大成而直接横渠之传,则宗伯(笔者注:指高陵吕柟)尤为独步者也。宗伯门人几遍海内,而梓里惟工部(笔者注:指泾阳吕潜)为速肖。元善笃信文成,而毁誉得失,屹不能夺,其真能'致良知可知'。侍御(笔者注:指富平杨爵)直节精忠,有光斯道。博士(笔者注:指蓝田王之士)甘贫好学,无愧蓝田。呜呼,盛矣!学者俯仰古今,必折衷于孔氏。诸君子之学,虽由入门户各异,造诣浅深或殊,然一脉相承,千古若契,其不诡于吾孔氏之道则一也。余不肖,私淑有日,顷山中无事,取诸君子行实,僭为纂次,题曰《关学编》,聊以识吾关中理学之大略云。……万历岁在丙午九月朔日,长安后学冯从吾书于静观堂。"余懋衡《关学编序》:"理学一脉,其盛衰关世运高下。然自东周以还,圣如孔子戹于无位,不得行所学,徒与弟子讲业于洙、泗之滨,晚而赞《易》、序《书》、删《诗》、修《春秋》、定《礼》《乐》,以俟后贤,令斯道不终坠,所谓圣人既往,道在《六经》也。孟子绍之,皇皇救世,所如不合,徒托空言,今所存仅七篇遗书耳,又不幸火于秦。佛于东汉、宋、梁、陈、唐,老庄于晋,经既阙讹,学又诞幻,至功利之习溺,文辞之尚牵,渐靡成风,末流莫挽,盖不知理如何,学如何矣。宋自濂溪倡明绝学,而关中有横渠出,若河南二程、新安朱子后先崛起,皆以阐圣真、翼道统为己任,然后斯道粲然复明。关中故文献国,自横渠迄今又五百余岁矣,山川深厚,钟为儁彦,潜心理学,代有其人。迨我明道化翔洽,益兴起焉,如泾野则尤称领袖者。侍御冯仲好氏,关中人也,弱冠即志圣道通籍。不数载,以言事归山中,闲暇日,惟讲求正学,排斥异端,为惓惓所著《关学编》四卷,始于横渠,讫于秦关,计姓字三十三,虽诸君子门户有同异,造诣有浅深,然皆不诡于道。设在圣门,当所嘉与者,简册兼收,讵不宜也。其书以"关学"名,为关中理学而辑,表前修、风后进,用意勤矣。余不肖,向往古昔有年,且居子游之乡,产晦庵之里,彬彬名儒,不一而足,未能博稽精论,仿仲好体裁,次为成书,坐视先哲遗迹放失,愧矣,罪矣!仲好有此举,叹服良久,遂属长安杨令募梓之,用公同志。盖理为人人具足之理,学为人人当讲之学。编内诸君子,其力学以明理,明理以完性,皆人人可企及者,非绝德也。由诸君子而溯孔孟,是在亹勉不息哉。衡虽鲁,敢与同志共勖之。万历戊申八月念八日,新安后学余懋衡书于朝邑之贞肃堂。"(《冯少墟集》卷二一《序》,康熙癸丑年重刻本)李维桢《关学编序》:"《关学编》者,侍御史冯仲好集关西之为理学者也。其为孔子弟子者四人,学无所考。于宋得九人,于金得一人,于元得八人,于明得十五人,诸附见者不与焉。皆述其学之大略,为小传,授受源委,可推求也。……至宋,乃始有周、程三先生兴于濂、洛,而张子厚先生崛起关西,与之营道同术,合志同方。……程子谓:'博闻强识之士鲜不入于禅,卓然不惑,惟子厚与邵尧夫、范景仁、司马君实。'岂不难哉?……仲好之为是编也,直以子厚承洙、泗。汲公略见《进伯传》后,虽乡里后进,未可显斥先正之过。其学术醇疵,胪列疕分,以俟夫人之自择,而毫厘千里之差,堤防界限之严,详于《辩学》《疑思》二录中,要之以子厚为正。故关学明,而濂、洛以下紫阳之学明,濂、洛以上羲、文、周、孔之学亦明矣。余谓仲好有远虑焉,有定力焉,有兼善之量焉,有继往之功焉。若夫佻说其乡人,以为游谈者誉,造作者程,非仲好意也。大泌山人李维桢本宁父。"(《冯少墟集》卷二一《序》康熙癸丑年重刻本)王心敬《关学续编序》:"关学有编,创自前代冯少墟先生。其编虽首冠孔门四子,实始宋之横渠,终明之秦关,皆关中产也。自秦关迄今且百年,代移世易,中间传记缺然,后之征考文献者,将无所取证,心敬窃有惧焉,闲乃忘其固陋,取自少墟至今,搜罗闻见,辑而编之。既复自念,编关学者,编关中道统之脉络也。横渠特宋关学之始耳,前此如杨伯起之慎独不欺,又前此如泰伯、仲雍之至德,文、武、周公之缉熙敬止、缵绪成德,正道统昌明之会,为关学之大宗。至如伏羲之《易》画开天,固宇宙道学之渊源,而吾关学之鼻祖也。……君子之论学,观于水,可以有志于本矣。于是,复援经据传,编伏羲、泰伯、仲雍、文、武、周公六圣于孔门四子之前,并编伯起杨子于四子之后,合诸少墟原编,以年代为编次焉。盖愚见以为,必如是而后关学之源流初终,条贯秩然耳。……丰川后学王心敬尔缉盥手敬题。"(《关学编(附续编)》,陈俊民、徐兴海点校,中华书局,1987年版)

王化泰生 王化泰(1606—1680),字省庵,清陕西同州府(今大荔县)人。是年生,卒于康熙十九年(1680),享年75岁。

[文献] 李颙《题王省庵墓碣》:"王省庵先生讳化泰,贤而隐于医,笃志理学,潜心性命。……既而忘年折节,不远数百里访余商证。……庚申三月,

感微疾,凝神以俟沐浴,更衣翛然而逝,年七十五。……刊布《迪吉录》《伪学禁》诸书,俾人有所观感。"(李颙《二曲集》)

明神宗万历三十五年　丁未(公元1607年)

白焕彩生　白焕彩(1607—1684),名又作奂采,字含章,一作含贞,陕西华州(今华县)人。是年生,康熙二十三年(1684)卒,享年78岁。

[文献]　《清史列传》卷六六《儒林传上一》:"白奂彩,字含章,陕西华州人。明诸生。其伯兄尝及冯从吾之门,奂彩闻其绪论,私窃向往,遂弃帖括、息进取。一反之于经,玩《易》洗心。《诗》《礼》《春秋》,多所自得。……二十三年卒,年七十八。"(周骏富《清代传记丛刊》(104),台湾文明书局,1985年版。)《清史稿》列传二六七:"白奂彩,字含贞,华州人。私淑于长安冯从吾,玩《易》洗心,《诗》《礼》《春秋》多所自得。蓄书之富,陕以西罕俪。校雠精详,淹贯靡遗。"

明神宗万历三十六年　戊申(公元1608年)

三月,冯从吾讲学于华山。《太华书院会语》辑成　是年三月,冯从吾与地方官及学者五、六人游太华山(即华山),并讲学于此,史称"太华初盟"。九月曾返回长安正学书院。第二年,又返回华阴,与崔公明商议改青柯坪为太华书院。第三年(万历三十八年),冯从吾又来到华山,听讲者数百人。后两地门人录其语录而付梓,成《太华书院会语》。收入《冯少墟集》卷九、卷十(见康熙癸丑年重刻本)。

[文献]　张辉《太华书院会语序》:"抵任三月,为戊申春,先生即偕六七同志有华岳游,盖天作之合。聚讲灏灵楼上,辉得分一尺光,听讲"颜子不远之复"及"乐水乐山"之旨,半生疑障倏然顿撤,而华阴士之知讲学亦始于此。五日,送先生别,锡有教言。二三子促辉于四知书院述先生宗旨。然观先生后,寔难为言矣。九月,以学宪檄征辉正学书院。夫正学书院在长安,缘是又得与先生游。凡沉酣道德之圃者十月余。明年己酉,反华阴,遂与崔公明府议改青柯坪之署为太华书院。又明年壬子,先生复至其地,一时请北面者无虑数百人。斯道中天,意其在此。太华之西七十里为华州,先生往来所必由,

两地门人录先生会讲语梓之,属不佞辉序其端。……万历癸丑夏四月,蒲坂张辉谨书。"(《冯少墟集》卷九,康熙癸丑年重刻本)《太华书院会语》:"往戊申春,余与诸同志讲学太华山,会语偶因病未及录,故止存书去浮卷数语耳。今壬子春莫,复与去浮、惟大、化汝、叔尚及华下高宜卿太守、冯元皡刺史、袁文祯明府,华阴屈湛虚运长,咸宁任以忠明府,西蜀谯用锡、胡国柱,延安赵尔承司训及门人百余人会于太华书院,盘桓十数日始归。归来,因录其语以应索者,中亦有上会所讲而未及录者,亦并录之,同志者幸有以教我。"王之翰、王之良编辑、阳城崔时芳著《太华书院会语附录》:"青柯坪旧为诸生诵读之薮,近名公多聚讲于斯,而远迩负笈者日益众,观者比之白鹿洞故事,吾道之明喜在此时。先为署,今改题太华书院,寔以因为创云。"张辉《太华初盟》"太华初盟在戊申春暮,冯少墟先生偕诸同志聚讲于此,因盟焉。华阴士之知讲学,寔自此始。至己酉冬,崔公明府改青柯坪之署为书院,不佞得与其中,俚言志喜。"(《冯少墟集》卷一〇,康熙癸丑年重刻本)

张舜典撰成《致曲言》 张舜典痛切当时学者流弊,一是高谈性命,虚无惝恍,不肯实用其力;二是仰视圣贤,以为神灵天纵,非下学所可达致。认为前者之失在于"妄",后者之失在于"愚",遂使儒家圣学隐而不彰。所谓"致曲",语出《中庸》,说:"其次致曲,曲能有诚,诚则形,形则著,著则明,明则动,动则变,变则化。唯天下至诚,为能化。"《中庸》认为道德修养较次之工夫是致曲,即从具体的小事做起,最后达到诚。书中强调本体之诚要与涵养工夫统一起来,主张体用不二,即体即用,不能空谈性命。此说实乃与关学务实之宗风相通。张舜典又有《明德集》,后清初李颙将《致曲言》《明德集》合为一书,经订正后改名《鸡山语要》梓行。书中有天启元年(1621)河汾辛全所书《原序》及康熙年间许孙荃所书《序》。是书收入《关中丛书》第三集,陕西通志馆民国铅印本。

[文献] 王心敬《关学续编》卷四《鸡山张先生》:"先生名舜典,字心虞,凤翔府人。万历甲午孝廉,官终特授武选员外,学者称鸡山先生。自诸生时,即潜心理学,受知督学德清敬庵许公。敬庵,理学名儒也。先生既举于乡,乃自叹:'斯理不明,世即我用,我将何以为用?'仍裹粮南从敬庵学,因交江右邹南皋、常州顾泾阳二先生,其他缘途名儒,往往造访,以资印证,遂洞见明德识仁之旨。数年归,则冯少墟先生以侍御告归,讲学长安,当事者为建关中书院,乃深与订交,时时商证道术离合异同之故,称莫逆焉。……谒选署开州学

正,挺立师道,与诸生朝夕提究《四书》《五经》外,多濂、洛、关、闽之书,不以举业为先。……当事者特疏荐授鄢陵令,先生则悉心民瘼,农桑教养,无微不举……当先生之初至鄢也,即创弘仁书院,置经史数千卷,政暇,辄与诸生讲切道德、经济要略,而要皆归于仁为己任之义,以满吾性之量。……魏阉用事势浸,张先生耳闻心忧,遂复上疏,恳恳以劝圣学、远宦寺为言,意中盖指斥有在,遂犯阉党之忌,因又奉沽名条陈之旨。先生遂坚卧不出,惟日著书讲学为事。年七十三,以疾卒。晚年所著有《明德集》《致曲言》二书。《明德集》发明体用一源之旨为悉,《致曲言》中间多发明即工夫以全本体之旨,而实发明即本体为工夫之旨。"张舜典《致曲言自序》:"夫圣,诚而已矣。然有诚者,有诚之者,天人之殊也。天道为不思不勉,非所易;及其次,则致曲而已。是故学利困勉,致曲之人也。学问、思辨、笃行,致曲之功也。曲之为言,微也、隐也、委也、尽也、一偏也。曲而能诚,如火之始然、泉之始达也。不忍于觳觫怵惕于入井,不受不屑于嘑蹴,皆曲之发诚之端也。于此致之,则为仁义;于此致之,则为至诚。故洙泗之设教,多致曲之功焉。挽近世好言本体,而忽略工夫,窃恐于诚之、至诚无当也。余赋质不敏,少亦有志于学,中间为文辞所溺,俗务所累,后又为异说所乱者亦复数年。今愤然而力为致曲之功,又恐年运往矣,于余心恒戚戚焉。然幸与二三君子游,且天启其衷,亦稍稍有闻,自不敢怠且弃也。于是勉强学思,或于谈论间,或于读书间,或于清夜静坐间,偶有一得,恐复遗忘,辄笔记之,僭窃为致曲之助,若同志君子览而教之,则鄙人之愿莫大矣。后有所得,俟续录之。万历戊申仲春岐阳张舜典书于澶渊之闇然亭。"(《鸡山语要》,陕西通志馆印,《关中丛书》本)又宋联奎、王健等《鸡山语要跋》:"右《鸡山语要》,乃清初学使许公孙荃得凤翔张心虞先生所著《致曲言》《明德集》二种,经李二曲征君订正改题斯名,合梓以行世者也。"书中有河汾辛全《致曲言序》,末题"天启元年春仲良日河汾后学辛全书于真乐窝中。"(《鸡山语要》,陕西通志馆印,《关中丛书》本)

明神宗万历三十七年　己酉(公元1609年)

十月,关中书院创建　从万历二十六年(1598)冯从吾病后,一直足不出户,闭门静摄,达九年。九年后始出,仍讲学于宝庆寺。是年十月,右丞汪公(可受)、宪长李公(天麟)等一批官员找冯从吾谈学并"联镳会讲"心性之旨,官员们看到几千人聚集在狭小的宝庆寺中,非常拥挤,诸公说:寺中可暂借,但难以使这种可观的学术活动保持久远,应再作长远计。第二天即令将宝庆寺东边的"小悉园"辟出,改为书院,让冯从吾与周淑远等学者在此讲学,此即后来的关中书院。书院讲堂挂扁曰"允执堂","允执"取自《古文尚书》中的"允执厥中",以借"关中"之"中"阐发《尚书》之意。以"允执堂"为中心,另有堂、庑、斋、房、亭、阁、池、桥等建筑。关中书院以冯从吾为山长,讲学活动盛况空前,并制订了《关中士夫会约》,一时四方听讲者云集,多达五千人,成为西北地区的学术重镇,甚至"白鹿、鹅湖未之或过",为晚明四大书院之一。天启六年(1626),魏忠贤擅权,关中书院被毁,清康熙年间重建,其讲学亦颇兴盛。

[文献] 《大司空谥恭定少墟冯先生行实》:"先生夙有火症,长岁增以怔忡,乃静摄斗室,足不逾阈,即亲知罕见其面。生平学问,于兹弥邃。历九年始出,仍讲于宝庆,人日益广,当路创关中书院,增置学田,四方来者云集,遂建中天阁,塑先师像祀焉。"(《冯少墟续集》卷五,康熙癸丑年重刻本)冯从吾《关中书院记》:"余不肖偕同志讲学宝庆古刹有年矣。岁己酉十月朔日,右丞汪公、宪长李公、宪副陈公、学宪段公联镳会讲,同志几千余人相与讲心性之旨,甚具欢然,日晡始别。濒别,诸公谓余曰:'寺中之会第可暂借而难垂久远,当别有以图之。'明日即以寺东小悉园檄咸长两邑,改为关中书院,延余与周淑远诸君子讲学其中,而汪公复为书院置公田,延绥抚台涂公闻而嘉之,以俸余增置焉。讲堂六楹,诸公扁曰:允执,盖取关中'中'字意也。左右各为屋四楹,皆南向,若翼东西。号房各六楹,堂后假山一座,三峰耸翠,宛然一小华岳也。堂前方塘半亩,竖亭于中,砌石为桥,偏西南不数十武,掘井及泉,引水注塘,井覆以亭。二门四楹,大门二楹,旧开于南,缘邻官署,冠盖纷还,深山野人不便厕迹,因改于西巷,境益岑寂。且不失吾颜氏陋巷家法也。西巷地基乃用价易民居,大门外复构小屋数楹,仍居数家以供洒扫之役。前后稍为修葺,未及数月,涣然成一大观矣。松风明月,鸟语花香,令人有春风舞雩之意,而刘郡丞孟直复为八景诗以壮之,一时同志川至云集,吾道庶几兴起,而余愧不足以当之也。一日讲毕,诸生请曰:'自昔书院创建皆有记,而当道诸公盛举又不可泯焉不彰也,先生得无意乎?'余唯唯。"(《冯少墟集》卷一五《记》,康熙癸丑年重刻本)韩梅《池阳语录序》:"比挂冠归,则恂恂大雅,似不能言,而理学益邃,从游者日益众,一时缙绅学士多执经问难,而农商工贾亦

环视窃听,有非宝庆寺所能容者,当道遂为辟今关中书院,以聚生儒讲肆,即白鹿鹅湖未之或过,是时教泽洋溢,风韵四讫。"(《冯少墟集》卷一一《池阳语录》,康熙癸丑年重刻本)《〔乾隆〕西安府志》卷一九《学校志》:"关中书院在府治东南,明万历三十七年布政使汪可受、按察使李天麟、参政熊应占、闵洪学……为冯从吾讲学建。"(〔清〕严长明纂,乾隆四十四年刻本)又参见《〔雍正〕陕西通志》卷二七、《咸宁长安两县续志》(民国刻本)卷九等。

明神宗万历三十九年　辛亥(公元1611年)

十月,冯从吾到池阳谒王恕、王承裕、马理等祠墓　是月二十一日,冯从吾至池阳拜谒王恕、王承裕、马理等祠墓,从者数十人。拜谒之后并在河北西寺讲学。其间提及王恕之事功、杨爵之节义、吕楠之理学、李空同之文章,足称国朝"关中四绝"。认为事功、节义、文章要"随其所遇",不是每个人都可以成功的,但对理学的把握只要通过自己的努力都可达致。

[文献]　《冯少墟集》卷一一《池阳语录》:"万历辛亥孟冬廿一日,先生至池阳谒王端毅公、王康僖公、马谿田先生、张玉坡先生、温一斋先生祠墓,门人数十人从之。是日天气晴明,冬日可爱,两两三三,煞有春风舞雩之意,咏歌归来,门人韩学博及诸生百有余人候讲于寺,先生曰:'吾关中如王端毅之事功、杨斛山之节义、吕泾野之理学、李空同之文章,足称国朝关中四绝。然事功节义系于所遇,文章系乎天资,三者俱不可必,所可必者惟理学耳。吾辈惟从事于理学,则事功、节义、文章随其所遇,当自有可观处,不必逐件去学,而后谓之学四先生也。'"(康熙癸丑年重刻本)

明神宗万历四十年　壬子(公元1612年)

七月,张舜典建弘仁书院　张舜典于是年出任河南鄢陵知县,建弘仁书院,又称宏仁院。该书院占地四亩,有房舍46间,其中安置经书数千卷。张舜典每逢朔、望两日,会同诸生于内,"讲切道德、经济要略",但其核心是阐发仁为己任之义、明道识仁之旨。故书院名为"弘仁"。高云周主编《鄢陵县教育志》(中州古籍出版社,1991年版)有相关著录。

[文献]　王心敬《关学续编》:"当先生之初至鄢也,即创弘仁书院,置经

史数千卷,政暇,辄与诸生讲切道德,经济要略,而要皆归于仁为己任之义,以满吾性之量。盖即本明道识仁之旨,而会万理于一源,故书院即以'弘仁'题名焉。"《〔民国〕鄢陵县志》卷一二《教育志》:"宏仁院,万历四十年知县张舜典建。计地四亩,乡约亭六楹,题曰'宏仁堂',后楼四楹曰'遵王楼'。……梁之鲲曰:'按:鄢陵旧无书院,创之者邑侯鸡山张舜典。始于万历壬子之秋七月既望,成于重九。地址宏敞,规模壮丽。每朔望同绅衿率乡人讲学于中,课士劝家,执经论道。刻有《求仁集》等。"(靳蓉镜、晋克昌等监修、苏宝谦等纂《鄢陵县志》,(台湾)成文出版社有限公司印行,据1936年铅印本。)

明神宗万历四十三年　乙卯(公元1615年)

冯从吾《元儒考略》撰成　是书乃冯从吾林居二十六年后所著。书后有毕懋康万历四十三年序文,知其至迟于是年已撰成。该书为元代理学家的传记,大抵以《元史·儒学传》为主要采集文献,再"旁采志乘附益之"。盖所辑录学者82人,各为一传,据其学术之高下,详略有别。重要学人大书特传,详叙事实;余则细书略传或附于别传。元儒比较笃实,不甚追求虚名,所以讲学之书,传世者绝少。此书略见元代儒林之梗概。然四库馆臣对该书评价不高,指出其"体例颇为丛碎,又名姓往往乖舛。"尽管如此,但仍不失其史料价值:"存之亦足资考证,物有以少见珍者。"是书有万历乙卯年二月(万历四十三年),毕懋康所撰《元儒考略序》,故志于此年。

[**文献**]　冯从吾《答余少原冢宰(癸亥)》:"从吾林居廿六年,绝意春明之梦。昨冒昧小草,无神清时,然得借以领大教,亦可谓虚往实归矣。恭喜荣擢,简在帝心,老公祖可以不辞,而决意求归其自处,诚高矣,如世道何?从吾多病之躯方幸脱笼,真老之点。从吾不惟得自遂其私,而且喜铨衡得人,尤为世道弹冠。山中无事,益理旧业,远承翰教,如获指南,《元儒考略》猥辱佳贶,重付杀青,诸儒可以不朽。"(《冯少墟续集》卷五,清康熙癸丑年重刻本)毕懋康《元儒考略序》:"已读先生更订《泾野语录》,仰止先哲益笃,为序而梓之。……再出所纂《元儒考略》,观之,余瞿然避席,曰:'勤哉!远哉!先生之学也。勤以忽励,远以近溯,辟之脉然,经举而络张,络断而经坏。孔孟为经,而宋诸儒为络。宋诸儒延其脉,至元且几欲绝矣。张元所以举宋,所以继孔孟,如线相续,罔俾断坏,岂不渊哉!甚矣!先生之勤于志,远于任也。……'余

聊表而出之,俾有志论世者采焉。万历乙卯二月望日,新安毕懋康撰。"(《冯少墟续集》附录九,清康熙癸丑年重刻本)《四库全书总目提要》卷五八:"是编乃集元代诸儒事实,各为小传,大抵以《元史》儒学传为主,而旁采志乘附益之。中有大书特传者,亦有细书附传者,皆据其学术之高下以为进退,体例颇为丛碎。又名姓往往乖舛,如欧阳玄别号圭斋,今乃竟题作欧阳圭,既以号作名,又删去一字,校雠亦未免太疎。然宋儒好附门墙,于渊源最悉。明儒喜争同异,于宗派尤详。语录、学案,动辄灾梨,不啻汗牛充栋。惟元儒笃实,不甚近名,故讲学之书,传世者绝少,亦无汇合诸家,勒为一帙,以著相传之系者。从吾掇拾残剩,补辑此编,以略见一代儒林之梗概,存之亦足资考证,物有以少见珍者,此之谓欤!"

冯从吾始修《长安县志》 是年,李烨然出任长安县邑,与时贤何载图、郭惟恩、杨来凤等人及时任邑丞、主簿等官员倡议修撰《长安县志》,从吾乃主持修纂之。

[文献] 冯从吾《长安县志序》:"长安故有志,乃宋龙图学士宋敏求氏所辑,辑成周以来历代建都遗迹,非邑志也,而创修邑志,寔自今李侯始。是志也,分类大略准《大明一统志》遵制也,中多增入,以邑志较郡国志例当详耳。邑为会省附郭,往代无论,明兴以来,名宦接踵而山川灵秀所钟,如仓颉、文、武、周公以下圣贤又济济相望,其人物甲于它邑(笔者注:四库本作"他"),惟是世远籍亡,未由考镜,止据《通志》及闻见既真者书之,其名宦见任,乡贤见在者又例不敢书,于心终歉然也;孝子、节妇止书已旌及盖棺论定者,余俱不敢轻载;田赋、户口俱依印册详书,一字无容增损漏;泽园附陵墓后,见国朝恩泽,不惟加膴仕,抑且及枯骨耳;寺观列灾祥后,亦示崇正抑邪意。至仙、释中多涉幻妄,故直削之。艺文书其有关地方者,余虽工不书……余故于人物一志特为加详,虽不敢泛,必不敢略,即如此,犹恐名世贤达与时俱往,未尽搜录,而深山穷谷宁无潜修静养? 其人者,即里闬亦罕知之,况数世之下,百里之远,孰从而物色之哉? 以彼其人虽无心于身后之名,而后生小子竟使梓里先哲泯没不传,尚友私淑之谓何? 余故每念及此,不觉掩卷而长叹也。区区之愚尤愿与海内同志共讲求焉。李侯莅吾邑,百务俱举,上下交孚,而尤拳拳于此志,可谓知所先务者,维时邑博何君载图、郭君惟恩、杨君来凤、邑丞郭君知彰、主簿张君文衡、胡尉其焕,皆始终其事,例得并书。李侯名烨(笔者注:四库本作"煜")然,汶上人,庚戌进士。"(《冯少墟集》卷一三,康

熙癸丑年重刻本)

王建常生 王建常(1615－1701),字仲复,号复斋,陕西朝邑(今大荔县)人。由其癸酉年即康熙三十二年(1693)自云七十九岁,可逆推知其应生于明万历四十三年(1615)。卒于康熙四十年(1701),享年87岁,事详卒年。

[文献] 王建常《复斋录》卷五:"癸酉季冬望日,书于复斋寒窗下(时年七十有九)。"(光绪元年刘述荆堂刊本)王建常《王复斋余稿》卷一《祭荆人孟氏文》:"甫及三十,而邦国殄瘁。予乃幡然挂冠,力耕南亩。"(民国甲子年朝邑文会铅印本)

明神宗万历四十六年　戊午(公元1618年)

雷于霖问学冯从吾

[文献] 雷于霖《柏林文集》卷二《癸酉科举人柏林雷氏及暨配杨氏刘氏两室人自志铭》(门人张映奎书):"服阕,尹公升校秦士,拔予第一,馆予于在兹书院。日造恭定公冯夫子之门,而听讲焉。缘是知理学之宗也。"(雷于霖《柏林文集》,陕西省印刷局,1928年排印版)〔清〕雷衍恩《显考癸酉科举人柏府君行实编年》:"万历四十六年,戊午,父年三十岁。服阕,督学尹公科试拔第一,补廪。……尹公馆予父于在兹书院,汇校三秦名士,父名常居前列。……会工部尚书恭定公冯夫子讲学里闬,父听讲焉。其于性命之学,质疑问难,不肯少畜余义。恭定公语众曰:'此秀才乃是素日读书而大有深心者,来日释褐之后,不可忘秀才风味。'"(雷于霖《柏林文集》,陕西省印刷局,1928年排印版)

明神宗万历四十七年　己未(公元1619年)

雷于霖始研读理学书

[文献] 雷于霖撰、张映林辑《癸酉科举人柏林雷氏及暨配杨氏刘氏两室人自志铭》:"服阕,尹公升校秦士,拔予第一,馆于在兹书院。日造恭定公冯夫子之门,而听讲焉。缘是知理学之宗也。思予一介,叨食于廪,日读《西铭》,而三复之。以免素餐之羞,及今终身不厌。"(雷于霖《柏林文集》卷二,陕西省印刷局,1928年排印版)〔清〕雷衍恩《先考癸酉科举人柏府君行实编

年》:"万历四十七年,己酉,父年三十一岁。自思一介寒士,日食于廪,无以报效朝廷,三复《西铭》,启迪仁者以天下万物为一体之心。搜读濂、洛、关、闽先儒诸集。"(雷于霖:《柏林文集》,陕西省印刷局,1928 年排印版)

明熹宗天启元年　辛酉(公元 1621 年)

秋,冯从吾与邹元标讲学都门　冯从吾自万历二十年(1592)告归家居,京师旧有的讲学活动"遂辍",以后近三十年未有讲学活动。天启元年(1621)秋,从吾应诏赴京师,恰逢邹南皋、高景逸、曹真予诸君子先后而至,"同志云集,相得甚欢。"于是相约讲学于城隍庙之道院。先是逢三为期,后又增一会,逢八为期。每次聚会讲学具体时间一般是"中午而集,酉初而散。"相聚讲论之时,"不设酒醴,不用柬邀,不谈私事,不谈仙佛,千言万语,总之不出"父子有亲、君臣有义、夫妇有别、长幼有序、朋友有信"五句以及"孝顺父母、尊敬长上、和睦乡里、教训子孙、各安生理、毋作非为"六言。从吾指出,此时正当国家多事之时,关乎世道人心,故"当讲学以修文德"。其讲学内容被辑为《都门语录》。

[文献]　冯从吾《都门语录自序》:"京师旧有讲学会,月凡三举。自余壬辰请告归,而会遂辍,不讲者三十年矣。岁辛酉秋,余起官京师,而南皋邹公、晋庵杨公、泸水邹公、景逸高公、少原余公、真予曹公亦先后至,其它同志云集,相得甚欢,因约会讲学于城隍庙之道院,逢三为期,俱荐绅先生,又增一会,逢八为期,凡举监生、儒、布衣皆与焉。中午而集,酉初而散,我存李公所谓'人人可来,多多益善'。是日也,不设酒醴,不用柬邀,不谈朝政、不谈私事,不谈仙佛,千言万语,总之不出'父子有亲、君臣有义、夫妇有别、长幼有序、朋友有信'五句及高皇圣谕:'孝顺父母、尊敬长上、和睦乡里、教训子孙、各安生理、毋作非为'六言。呜呼,邦畿千里,维民所止。京师首善之地,乃四方之所则效者也。今各省俱有学会,而京师独无,其何以为四方倡?况今值国家多事之时,正当讲学以修文德,使首善之地有唐虞三代之风,其于世道人心,岂曰小补之哉?凡我良朋,毋负嘉会,长安冯从吾识。"刘宗周《都门语录序》:"比官京师,会东逆逼江海,羽书告急,远近震恐。先生慨然曰:'此学术不明之祸也。'于是限日,率同志士绅于城隍庙斋房为讲会,一时人心帖然,若不知有逆祸者。"(《冯少墟续集》卷一)

明熹宗天启二年　壬戌（公元1622年）

秋，邹元标、冯从吾建首善书院　泰昌元年(1620)，冯从吾被召起为尚宝卿，进太仆少卿，但未赴任。天启元年(1621)冯从吾应召赴京，擢左佥都御史，不久又迁左副都御史。时年65岁。此次赴京虽有施展政治抱负之志，亦有在不得已时"以学行其道"之打算，即"兼欲借此联络正人同志济国也"。先与邹南皋(元标)、钟龙源、曹真予、高景逸数先生相约在城隍庙讲学，听者甚众，以至庙不能容。有人反对，认为目前国家内外多事，讲学应该停止，冯从吾则厉声斥之，说"正以国家多事，人臣大义不可不明耳！"从吾鉴于自己于壬辰(万历二十年)年因病告归，近三十年来，京城讲学几废，于是联络邹元标，冲决重重阻力，经十三道奏，方于是年秋在京城宣武门外建成首善书院。

[文献]　《明史》卷二四三《冯从吾传》："天启二年擢左佥都御史。甫两月，进左副都御史。……已，与邹元标共建首善书院，集同志讲学其中，给事中朱童蒙遂疏诋之。从吾言：'宋之不竞，以禁讲学故，非以讲学故也。我二祖表章《六经》，天子经筵，皇太子出阁，皆讲学也。臣子以此望君，而己则不为，可乎？先臣守仁，当兵事倥偬，不废讲学，卒成大功。此臣等所以不恤毁誉，而为此也。'因再称疾求罢，帝温诏慰留。而给事中郭允厚、郭兴治复相继诋元标甚力。从吾又上言：'臣壮岁登朝，即与杨起元、孟化鲤、陶望龄辈立讲学会，自臣告归乃废。京师讲学，昔已有之，何至今日遂为诟厉？'因再疏引归。"刘宗周《都门语录序》："冯先生，今之大儒也，倡道关西，有横渠之风，而学术醇正似之。其教人多本于人伦五性，惓惓于正人心、息邪说，判人禽、凡圣之所以分于最吃紧处，为海内学者所尊信。比官京师，会东逆逼江海，羽书告急，远近震恐。先生慨然曰：'此学术不明之祸也。'于是限日率同志士绅于城隍庙斋房为讲会，一时人心帖然，若不知有逆祸者。余尝侧席讲下，见先生论说绝不作训诂伎俩，第于学不可不讲，与今日不可不讲学处，冷冷转叠，使人恍然有省，而其诚意恳恻油然盎然彻人肺腑中，不觉顾化之妙，于是士之向往日益众，轮蹄云集，至不能容，则创为首善书院以居之。未几，金人目为迂阔，异议藉藉，而先生拂衣去矣。"冯从吾《请告第三疏》："臣幼承庭训，即知有讲学一事，比壮岁登朝，而与一时同志如杨起元、孟化鲤、陶望龄诸臣立会讲学，三四年间，寒冒风雨，未尝少辍，世道人心，颇觉可观。自臣壬辰告病

归,而京师学会遂废,不讲者三十年。昨秋入京,见人心世道不及曩昔,边臣不知忠义而争先逃走,妖贼不知正道而大肆猖獗,中外贪肆成风,缙绅奔竟成俗,诸如此类,正坐道学不讲之过。臣因与左都御史邹元标立会讲学。元标名世真儒,臣事之如师,凡同讲诸臣,彼此皆以忠孝大义相劝勉,使人人皆知大道,皆知君亲之大伦,或可以少挽江河狂澜于万一。此正臣与元标风纪大臣之责任也。臣衙门厅道诸臣以为寺庙不便久借,因捐公分建一书院,此诸臣之义举,诚臣之所不敢当,而臣私心又不专为自己讲学。若专为自己,则何地不可讲,而必于书院?原为臣久有去志,恐臣今一去,则此学与之俱去,如壬辰以后光景,因建此以存吾道之羊,以待后之学者,使京师首善之地,永永有尊君亲上之风。……天启二年十月十四日奏。十七日奉圣旨:冯从吾佐宪甚著风裁,正见平日实学,何乃以此求去?还遵旨,即出供职。该部知道。"(《冯少墟续集》卷四,康熙癸丑年重刻本)王心敬《关学续编》卷一《少墟冯先生》:"复与同官邹南皋、钟龙源、曹真予、高景逸数先生约会讲都城隍庙,亹亹发明人性本善、尧舜可为之旨,以启斯人固有之良,冀以作其国尔忘家、君尔忘身之正志,兼欲借此联络正人同志济国也。缙绅士庶环听者,至庙院不能容。或曰:'辇毂讲谈,谣诼之囮也。国家内外多事,宜讲者非一端,学其可已乎?'先生怆然曰:'正以国家多事,人臣大义不可不明耳!'邹南皋先生曰:'冯子以学行其道者也,毁誉祸福,老夫愿与共之!'于是十三道奏建首善书院。"《明史》卷二五五《刘宗周传》:"宗周始受业于许孚远。已,入东林书院,与高攀龙辈讲习。冯从吾首善书院之会,宗周亦与焉。"又见《大司空谥恭定少墟冯先生行实》等。

[**考辨**]《明史》谓冯从吾"天启二年擢左佥都御史,甫两月,进左副都御史。"此说疑有误。据从吾自言,"自余壬辰请告归,而会遂辍,不讲者三十年矣。辛酉(笔者注:天启元年,1621)秋,余起官京师"(《都门语录自序》)。又,冯从吾《请告第三疏》(天启二年十月):"自臣壬辰告病归,而京师学会遂废,不讲者三十年。昨秋入京,……"(《冯少墟续集》卷四)这里所说"辛酉秋,余起官京师",天启二年疏谓"昨秋入京",都说明是天启元年起赴京师任职,非为天启二年也。王心敬《关学续编》卷一《少墟冯先生》亦明确说"熹宗改元,始应诏,历左副都御史。"故可证从吾二次赴京起官是在天启元年(1621)。

九月,冯从吾上《辩讲学疏》 首善书院建成后,冯从吾集诸同志讲学于此,影响不断扩大,客观上起到"联络正人同志济国"的作用,但激起弄权奸佞之臣的嫉恨和反对。给事中朱童蒙奏请禁止书院活动,奸臣魏忠贤窃权柄传旨,谓宋亡的原因在于讲学,甚至说"讲学即是结党",主张朝廷"严谴"。在此情况下,冯从吾于是年九月,上疏力辩讲学之是非。《疏》中称讲学是自孔子以来就有的行为,宋儒接孔孟之绪,今天国朝以理学开国,当以重视讲学为是。并指出其建立书院,开展讲学活动,绝不是为了贪图名利,目的只在"提醒人心,激发忠义",况且南京等十三省皆有书院,而京师首善之地却无,这与帝都的特殊地位是不相称的。并请求皇上罢免自己,"以谢人言",此更彰显了其坚持讲学的决心。

[文献] 冯从吾《辩讲学疏》:"奏为书院当建、罪臣当斥,恳乞圣明罢臣以谢人言事。顷臣接《邸报》,见兵科都给事中朱童蒙一本《宪臣议开讲学之坛》等事,臣读之不胜惶愧。窃惟世道之所以常治而不乱者,惟恃有此理学之一脉,亦惟恃有此讲学之一事。讲学创自孔子,而盛于孟子,故孟子以作《春秋》,辟杨、墨,为一治。至孟子没,而异端蜂起,列国纷争,祸乱相寻,千有余年,良可浩叹。至宋儒出,而始有以接孟氏之传,然中兴于宋,而禁于宋,是宋之不竞以禁讲之故,非以讲之故也。伏惟我二祖开基,表章《六经》,颁行天下。天子经筵讲学,皇太子出阁讲学,讲学二字,昔为厉禁,今为令甲。……今臣等创建书院于此,岂为名?岂为利?岂为一身宴游之地?岂为子孙世守之业?原为南京、十三省俱有,而京师为天子之都,为首善之地,反无,非所以壮帝都,而昭一代文明之盛!况今外患未定,邪教猖獗,正当讲学以提醒人心,激发忠义。先臣王守仁当兵戈倥偬之际,不废讲学,卒能成功,此臣等所以不恤毁誉,不恤得失,而甘心冒昧为此也。臣罪良深,臣心良苦矣。……天启二年九月初六日奏。"(《冯少墟续集》卷四,康熙癸丑年重刻本)《明史》卷二四三《邹元标传》:"元标自还朝以来,不为危言激论,与物无猜。然小人以其东林也,犹忌之。给事中朱童蒙、郭允厚、郭兴治虑明年京察不利己,潜谋驱逐。会元标与冯从吾建首善书院,集同志讲学,童蒙首请禁之。元标疏辨求去,帝已慰留,允厚复疏劾,语尤妄诞。而魏忠贤方窃柄,传旨谓宋室之亡由于讲学,将加严谴。"

八月,王宏撰生 王宏撰(1622－1702),又作弘撰,字无异,号山史。陕西华阴人。明南京兵部尚书王之良幼子。是年生,卒于康熙四十一年(1702),享年81岁。

[文献] 王宏撰《砥斋集》卷二《题李长蘅小影》:"予生于壬戌中秋;长蘅写此,在是岁之冬,盖与予齐年。"(光绪二十年敬义堂刻本)〔清〕康乃心《王贞文先生遗事》:"明天启二年壬戌八月之望,先生始生。"(《王山史先生年谱(遗事并附)》,清光绪廿三年华阴王敬义堂刊本)《〔乾隆〕华阴县志》卷一四:"王宏撰,字文修,一字无异,号山史,更号待庵……归而息老于独鹤亭,康熙四十一年壬辰卒于家,年八十一岁,门人私谥贞文。"(民国十七年铅印本)《〔咸丰〕同州府志》卷三一:"王宏撰,字修文,华阴人。……殚心洛闽之学,而尤邃于《易》,以其余为诗歌古文,清健高超……。康熙四十一年壬辰卒于家,年八十一岁,门人私谥贞文。"(李恩继、武访畴等纂,清咸丰二年刻本)

明熹宗天启三年 癸亥(公元1623年)

十月,《都门语录》书成 是书为冯从吾门人王董父等辑录的冯从吾、邹元标、钟龙源诸公在京师城隍庙和首善书院讲学的讲稿。时间为天启元年至天启二年间。天启三年,刘宗周据王董父刻本再行付梓。其讲学与当时俗儒或王学末流"不讲圣贤之学,而讲自己之学,又借圣贤之学以文饰自己之学"的学风不同,冯从吾所讲"皆圣贤之学",其最精辟者,"尤在于佛氏之心性与近儒之无善无恶,而一皆取证于圣贤,不以一毫私见与角是非。"(见刘宗周《都门语录序》)是年,冯从吾再次回乡,杜门著书。

[文献] 冯从吾《都门语录序》:"京师旧有讲学会,月凡三举。自余壬辰请告归,而会遂辍,不讲者三十年矣。岁辛酉秋,余起官京师,而南皋邹公、晋庵杨公、泸水邹公、景逸高公、少原余公、真予曹公亦先后至,其它同志云集,相得甚欢,因约会讲学于城隍庙之道院,逢三为期,俱荐绅先生,又增一会,逢八为期,凡举监生、儒、布衣皆与焉。中午而集,酉初而散,我存李公所谓'人人可来,多多益善。'是日也,不设酒醴,不用束邀,不谈朝政、不谈私事,不谈仙佛,千言万语,总之不出'父子有亲、君臣有义、夫妇有别、长幼有序、朋友有信'五句及高皇圣谕:'孝顺父母、尊敬长上、和睦乡里、教训子孙、各安生理、毋作非为'六言。呜呼,邦畿千里,维民所止。京师首善之地,乃四方之所则效者也。今各省俱有学会,而京师独无,其何以为四方倡?况今值国家多事之时,正当讲学以修文德,使首善之地有唐虞三代之风,其于世道人心,岂曰小补之哉?凡我良朋,毋负嘉会,长安冯从吾识。"(《冯少墟续集》卷一,康

熙癸丑年重刻本)《都门语录》附右广陵门人萧九成所录:"壬戌孟夏,广陵诸生修侯南皋邹师,九成附姜兴伯先生舟北上,师曰:'君老年果践此远涉之约,喜甚,都中有讲学会,冯少墟、杨晋庵、高景逸三先生宜往谒之。'至期诣讲所,邹师、冯师及诸老悉至序坐,久之歌诗,歌胜日寻芳,歌伐木之章。"(《冯少墟续集》卷一附录《门人语录》)刘宗周《都门语录序》:"先生到处有语录,门弟子记之,分为数种,汇刻于都门,余得而寓目焉。因记旧岁,有以讲学攻先生与邹南皋先生者,余深折其非。然二先生竟以此去。夫二先生皆今世之儒宗也,余不能为世留二先生,意甚愧之,故于兹刻,敢效一言,使世之君子取而读之,其必不以讲学为伪且迂也,则其所神于世道亦不浅矣。……维时狎主齐盟者,为吉水邹先生,道同心同而出处同,其教言相发明者,蕫父亦别有刻。余辱二先生教最深,一时聚散出处之故,多系余感慨,姑缀数语于简端,以告同志,非敢谓智足以言先生之道也。天启癸亥冬十月,东越刘宗周起东甫序。"(《冯少墟续集》附录九,康熙癸丑年重刻本)

明熹宗天启四年　甲子(公元1624年)

冯从吾起为南京都察院右都御史,病辞不赴　是年春,朝廷起用冯从吾为南京都察院右都御史,从吾以病辞不赴。九月,又召,未至。十一月拜工部尚书,又以妻病为由力辞,家居杜门著书,亦讲学于关中书院。是年冯从吾68岁。

[文献]《明史》卷二四三《冯从吾传》:"四年春,起南京右都御史,累辞未上,召拜工部尚书。会赵南星、高攀龙相继去国,连疏力辞,予致仕。"王心敬《关学续编》卷一:"时,权珰犹收人望,明年即家,起少宰,不拜。又明年,升右都副,掌南都察院事,固以疾辞。寻改工部尚书,推吏部,又以疾辞。家居杜门著书,而逆珰恚恨诸正人不已,于是次第倾陷,中旨,忽褫其官。"又见《大司空谥恭定少墟冯先生行实》。

明熹宗天启六年　丙寅(公元1626年)

魏忠贤废天下书院　天启五年(1625),阉党魏忠贤、张讷奏劾致力于讲学的邹元标、冯从吾、孙慎行、余懋衡等,将他们革职削籍,并请毁天下书院以废讲学。翌年,魏忠贤尽毁天下书院。关中书院亦于是年被毁。

[文献] 《明史》卷二五四《郑三俊传》:"明年(天启五年),忠贤党张讷请毁天下书院,劾三俊与邹元标、冯从吾、孙慎行、余懋衡合污同流,褫职闲住。"《明史》卷二九四《祝万龄传》:"天启六年,魏忠贤尽毁天下书院。"王心敬《关学续编》卷一:"珰党柄钧者,又使其党乔应甲抚关中,毁书院,窘辱备至。先生虽在病间,正襟危坐屹如也。"

冯从吾作《七十自寿》诗

[文献] 《七十自寿》(丙寅):"年来忆往昔,窃为此心危。虽幸知学早,却怜见道迟。人生不见道,如瞽怅无之。知学在人力,见道系天资。天资难勉强,人力可驱驰。余资苦愚钝,余志喜坚持。奈何身多病,荏苒此岁时。今年倏七十,老态尽难支。复值梦炊曰,我心增伤悲。所以悬弧日,闭门聊自怡。开宴竟称觞,一切谢不为。非敢博名高,自病自家医。万事纵灰冷,一念毋陵夷。太华有青松,商山有紫芝。物且耐岁寒,人肯为时移。点检生平事,一步未敢亏。况今已老矣,胡不益孳孳。谁哉我之师,人心有仲尼。考亭严主敬,姚江致良知。惺惺葆此念,勿复惑(笔者注:张舜典《明德集》收录时"惑"作"感")多歧。愿收桑榆效,百岁以为期。"又"时时危病时时忧,徼幸今年七十秋。自恨生平多罪过,不知何以答神休。髫年不幸失椿萱,风木萧萧痛何言。自恨生平多罪过,不知何以答亲恩。长杨曾赋对临轩,入座归来耻素飧。自恨生平多罪过,不知何以答君恩。真传千古最难穷,幸藉同心为发蒙。自恨生平多罪过,不知何以答诸公。"(《冯少墟续集》卷三,康熙癸丑年重刻本)是诗又收录在张舜典《明德集》中。(《鸡山语要》,陕西通志馆印,《关中丛书》本)

关中书院被毁 冯从吾在关中书院讲学的最后几年,明王朝政治更加腐败,思想控制也愈来愈加强。加之魏忠贤专权,对以东林书院为基地的东林党人极力打击,并矫旨拆毁天下书院,关中书院也未能幸免于难。一方面因冯从吾深受东林书院主持者高攀龙的影响,另因从吾屡次拒绝让他弃教从官的要求,遂引起当政者的忿恨,于是下令废止关中书院,遣散从学者。书院遭此劫难后,冯从吾遂一病不起,不久离世。

[文献] 冯嘉年《奏疏》:"乔应甲巡抚入秦,承望旧家臣王绍徽风旨,百方倾陷,嗾御史张讷诬奏污蔑,逆党遂矫旨削夺,拆毁关中书院矣,犹且积怒不息,欲迫之死,时时恐喝。臣父曰:'不日缇绮来逮矣。'臣父素讲理学,守正

不阿，一官得失，原不动念，又见逮系相连，诛锄相继，而书院既毁，将先师孔子之像暴露城隅，惨然内伤，用是呕血数升，饮食俱废，跌坐榻上，昼夜不眠者百余日，而竟含冤逝矣。"（《冯少墟续集》卷五，康熙癸丑年重刻本）《明史》卷二九四《祝万龄传》："万龄师乡人冯从吾，举万历四十四年进士。累官保定知府。天启六年，魏忠贤尽毁天下书院，万龄愤。逆党李鲁生遂劾万龄倡讹言，谓天变、地震、物怪、人妖，悉由毁书院所致，非圣、诬天实甚。万龄遂落职。"

张舜典约卒于此年后不久　　张舜典，字心虞，凤翔（今陕西凤翔）人。许敬庵门人，冯从吾莫逆之友。曾为开州学正，提究《四书》《五经》及濂、洛、关、闽之学；为鄢陵令，创办弘仁书院。后历彰德府同知、兵部武选员外等职。天启间，朝劝读圣学，远离魏阉，遭阉党所忌。论学不执着于成见，注重体用一源之旨；反对高谈性命虚无之理，注重实用其力。其著作有《致曲言》《明德集》二种，后经李颙订正合梓行世，改题名为《鸡山语要》。

[文献]　　王心敬《关学续编》卷一："先生名舜典，字心虞，凤翔府人。万历甲午孝廉，官终特授武选员外，学者称鸡山先生。自诸生时，即潜心理学，受知督学德清敬庵许公。敬庵，理学名儒也。……仍裹粮南从敬庵学，因交江右邹南皋、常州顾泾阳二先生，其他缘途名儒，往往造访，以资印证，遂洞见明德适仁之旨。数年归，则冯少墟先生以侍御告归，讲学长安，当事者为建关中书院，乃深与订交，时时商证道术离合异同之故，称莫逆焉。……先生则学主明道，以为学圣人之学，而不知以本体为工夫，最易蹈义袭支离之弊，与冯先生意见微别。然先生心重冯先生之规严矩方，而非同执吝意见，冯先生亦重先生之透体通彻，而不类剖藩决篱，故自此冯先生有述作，多先生为之序首焉。谒选署开州学正，挺立师道，与诸生朝夕提究《四书》《五经》外，多濂、洛、关、闽之书，不以举业为先。或有以非急为言者，先生喟然曰：'误天下人才者，八股也！且八股，士自急之，学博何容以重误人才者督之误乎？……'一时举以配安定、苏湖之教焉。当事者特疏荐授鄢陵令，先生则悉心民瘼，农桑教养，无微不举，至民间养生送死之具，皆备而贮之，以待贫乏。……当先生之初至鄢也，即创弘仁书院，置经史数千卷，政暇，辄与诸生讲切道德，经济要略，而要皆归于仁为己任之义，以满吾性之量。盖即本明道识仁之旨，而会万理于一源，故书院即以'弘仁'题名焉。……以治最荐升彰德府同知。先生以佐贰于时事无可措手，而随俗则又心耻尸素，乃斩然告致仕归。即家为塾，

与有志究极学旨,不间寒暑。时少墟先生尚居里第,学会益盛。而先生则主盟岐阳,而从游亦众,一时有'东冯西张'之称。……天启改元,升兵部武选员外,先生抗疏,力辞'奉旨张舜典前来供职郎官'。……魏阉用事势浸,张先生耳闻心忧,遂复上疏,恳恳以劝圣学、远宦寺为言,意中盖指斥有在,遂犯阉党之忌,因又奉洁名条陈之旨。先生遂坚卧不出,惟日著讲为事。年七十三,以疾卒。晚年所著有《明德集》《致曲言》二书。《明德集》发明体用一源之旨为悉,《致曲言》中间多发明即工夫以全本体之旨,而实发明即本体为工夫之旨。"(《关学编(附续编)》,陈俊民、徐兴海点校,中华书局1987年版)《〔雍正〕陕西通志》卷六三:"张舜典,字心虞,凤翔人。万历甲午举人。自诸生时潜心理学,受知督学许孚远。后游江南,复从许讲学,因遍交邹南皋、顾泾阳、冯少墟诸先辈,数年始归。谒选署开州学正,与诸生朝夕讲论,皆朱、程语录,不以举业为先。升鄢陵令,尽心民事,细大必举。民间养生送死之具皆备而贮之,以贷贫乏。创弘仁书院,与诸生讲学,置经史数千卷,为令五年,鄢民戴若父母。升彰德府同知致仕归。诸生从游者常数百人,天启改元,升兵部武选员外,上疏劝圣学、远宦寺。时魏阉已用事,典特指斥之,遂罢归,卒于家。"(雍正十三年刻本)〔清〕顾枢《顾端文公年谱》前卷《宝鸡后学张舜典》:"先生道高而气直……濂溪图太极而后人未免生异议,自先生有论而异议息矣;考亭兼知行而过高者则以为拘滞,自先生有论而考亭知尊矣;文成倡良知而固执者则以为元虚,自先生有论而文成益信矣。论识仁而识之于当下,则无不明之仁;论体仁而体之于当下,则无不存之仁。盖先生之学,易简直截而又浑融圆通,可谓绍述濂、洛而直接洙、泗之统者矣。"(清康熙何硕卿刻本)《〔雍正〕河南通志》卷四三:"鄢陵县宏仁书院在鄢陵城内,明万历壬子知县张舜典建。"〔清〕吴怀清《二曲先生年谱》卷二《凤翔志》:"张舜典,字心虞,号鸡山,万历甲午举人。自为诸生,潜心理学,受知督学许孚远。后游江南,复从许讲学,因徧交邹南皋、顾泾阳、冯少墟诸先辈,谒选署开州学正,与诸生讲论,皆朱程语录,不以举业为先。升鄢陵令,创宏仁书院与诸生讲学。五年,升彰德府同知,致仕归。诸生从游者常数百人。天启改元,升兵部武选员外,上疏劝圣学、远宦寺,时魏阉已用事,舜典特指斥之,遂罢归。卒年七十有二。著有《鸡山语要》及《诗文》"(民國刻关中三李年谱本)〔清〕李颙《二曲集》卷一九《题张鸡山先生语要》"凤翔张鸡山先生明季理学真儒也。造自得洞彻大原,与长安冯少墟先生同时倡道,同为远迩学者所宗。横渠、泾野而后,关学为之一振。两先生没而讲会绝响,六十年来提唱无人士,自辞章记诵之外,不复知理学为何事。两先生为何人?间有知冯先生者,不过依稀知其为冯侍御、冯司空,有遗书。先生位卑而地僻,并其姓字亦多茫然,人与书泯?不传,余有慨于中久矣。顷学宪许公晤余谈学,因语及先生,公肃然起仰,退而躬诣先生故里,建坊表章,访其后裔,得先生所著《致曲言》《明德集》示余,余不自揆,借为订正,摘其确且粹者,勒为斯编,更题曰《张鸡山先生语要》……公政崇风教,加意理学,行部所至,瘝瘝名贤。存者式庐,没者阐扬,表前修风,后进启祐。关学之意甚盛。读斯编者,诚勃然思奋于辞章记诵之外。知所从事庶不负公杀青之意,而关学坠绪可以复振,实百二河山之幸也。"(清康熙三十三年刻后印本)〔民国〕靳蓉镜纂《鄢陵县志》卷一四《宦迹志》:"张舜典字心虞,号鸡山,凤翔人。为诸生时潜心理学,受知督学许孚远。后游江南,复从许讲学,因遍交邹南皋、顾泾阳诸公,而于乡先生冯少墟往来尤密。万历二十二年中省试,谒选署开州学正,与诸生朝夕讲论,皆朱程语录,不以举业为先。尝叹曰:'误天下才者八股也。'升鄢陵知县,……舜典于文到之日即具详县南北皆濒河地,多污莱斥卤,无膏腴可答明诏。愿罢官为小民请命,上台重舜典言事,得寝。迨崇祯初年……民间破产殒身者无算,始叹舜典以去就争立王庄,其虑深而泽长矣。任满治行为天下第一,升彰德府同知。舜典遂请告归,离任之日,士民泣不忍舍,送至潼关而返。天启改元,升兵部武选员外郎,旋罢归。年七十二卒。著有《明德录》《致曲言》《诗文集》。"(民国二十五年铅印本)《高子遗书》卷八上《答张鸡山》:"龙每谓姚江之学兴而濂洛之脉绝,忽得大教,且惊且喜,不谓濂、洛当再复中天。略玩《致曲言》,已窥见先生一斑,确然圣脉无疑。望先生以身显道,使天下信其人而信其道,信其道而信濂洛诸君子之道也。有宋大儒,诚明之性明道先生是矣,明诚之教晦庵先生备焉。旧刻呈览,诸有拙见,迩来正欲录出,当以明年寄正。"(文渊阁《四库全书》本)

[考辨] 关于张舜典生卒年,史料记载不详。据王心敬《关学续编》所载,先生"万历甲午孝廉,官终特授武选员外……天启改元,升兵部武选员外……当是时,魏阉用事势浸,张先生耳闻心忧,遂复上疏,恳恳以劝圣学、远宦寺为言……因又奉沽名条陈之旨,先生遂坚卧不出,惟日著书讲学为事。年七十三,以疾卒。"上述史料中,"天启改元"是指熹宗继统,即公元1621年;"魏阉用事势浸",指魏忠贤权势得以发展,魏受命出任东厂提督之后。《明

史》卷二二记载:天启三年(1623)"命魏忠贤提督东厂",自此后厂卫之毒流满天下。张舜典即因"耳闻心忧,遂复上疏,恳恳以劝圣学、远宦寺为言"而触怒了魏忠贤为首的阉党,被罢免官职,当属天启三年后的事情。另从张舜典《鸡山语要》一书中收录有冯从吾天启丙寅年(1626)撰写的《七十自寿》诗来看,二人当时的学术交往还是非常密切的,从而也证实张舜典当时尚且健在。另外,张舜典与冯从吾素来友善,"往来尤密",冯从吾的重要书稿张舜典都撰有序、跋襄赞。丙寅年(1626)冯从吾遭阉党倾陷,关中书院被毁,一病不起,并于次年逝世。但现存史料中却不见冯从吾或张舜典为好友留下的祭文,据此推断张舜典与冯从吾相继过世、间隔时间不远。另据《二曲先生年谱》卷二记载:"张舜典……天启改元,升兵部武选员外,上疏劝圣学、远官寺,时魏阉已用事,舜典特指斥之,遂罢归。卒年七十有二。"《〔乾隆〕重修凤翔府志》卷六又载"舜典卒年七十有二。"(乾隆三十二年刻本)从其享年72岁之说,推知其约生于1555年,卒于1626年。总之,关于张舜典的生卒史料记载不详,今存疑,暂志于此,以俟新考。

明熹宗天启七年　丁卯(公元1627年)

正月,李颙生　李颙(1627－1705),字中孚,自号惭夫,别署二曲土室病夫,学者因而称之为二曲。世居陕西周至县二曲镇。明清之际关中理学家。是年生。事详卒年。

[文献] 《〔乾隆〕西安府志》卷三六:"李颙,字中孚,盩厔人。父可从,崇祯十四年从总督汪乔年出征闯贼,败于襄城,陷阵死。颙时年十五,……康熙四十二年冬,翠华西幸召见时,颙已衰老,遣子慎言诣行在陈情,复进呈所著《二曲集》《反身录》。赐御书'操志高洁'以奖之。年七十有九卒。"(清乾隆刊本)〔清〕吴怀清《二曲先生年谱》卷一:"明天启七年正月二十五日未时先生生。"并引刘宗洙《二曲先生传》云:"先生盖丁卯年癸卯月癸巳日己未时岳降也。"又引怀清按云:"'丁卯'为明天启七年,'癸卯'为二月。考《明熹宗纪》,是年二月未纪朔。《东华录》:天聪元年,即天启七年,二月己亥朔,有癸卯、癸丑、癸亥,而无癸巳,惟正月有癸巳,在下旬。又考《丰川集·泾州新创二曲先生祠记》云:'文子鸣廷尝以某年春从游先生之门。自此每于正月念五先生寿前,必策一蹇,冲冒风雪而至。'始悉先生之生在正月二十五日癸巳。

由此后推,则若大建则距二月己亥朔六日,适合《刘传》言'癸卯'而不言壬寅者。盖正月交二月节,星家排八字,即作二月推算也。"(吴怀清《关中三李年谱》,民国刻本)〔清〕李颙《二曲集》卷二四《忌日祭文》:"维康熙二十七年二月十七日,不孝男颙,率孙慎言、慎行,曾孙涛,谨以香楮庶羞,奉祭我父而告之曰:……儿童年失怙,今六十二岁,老矣,而哀慕之心,常如一日者"(清康熙三三年刻后印本)〔清〕王心敬《关学编》卷六《二曲李先生》:"前明天启丁卯正月二十五日,母彭氏感震雷之梦而生,生而气貌伟特。"(清嘉庆七年增修本)《陕西通志》卷六三:"李颙,字中孚,盩厔人。父可从,崇祯十四年从总督汪乔年出关征闯,败于襄城,陷阵死,颙时年十五。"(清雍正十三年刘于义纂修本)又参见《〔民国〕盩至县志》卷六等。

二月,冯从吾卒 冯从吾(1557-1627),字仲好,西安府长安(今陕西西安)人。九岁时其父手书王阳明"个个人心有仲尼"之诗,教其习字;弱冠,从吾荫父恩被选入太学,学成而归。时许孚远督学关中,开创正学书院,并擢拔士人,讲明"良知"正学。闻知从吾好学,延请入书院,与蓝田王秦关(之士)一起讲切关、洛宗旨,深为许孚远所器重。因其受许孚远影响较大,故黄宗羲在《明儒学案》中将其列入甘泉学案。万历十六年,中乡试举人,明年进士及第,观政于礼部。后入选翰林院授庶士,不久改授御史。从吾在任期间,看到神宗耽溺酒色,倦于朝政,且酒后随意所至,数次杖杀左右,乃睹之不忍,同时亦为国家前途计,乃奏《请修朝政疏》,其中有"困曲蘖而欢饮长夜,娱窈窕而宴眠终日"的话语,警告神宗留意"四勿",即勿以天变为不足畏,勿以人言为不足恤,勿以目前晏安为可恃,勿以将来危乱为可忽。神宗闻此疏,勃然大怒,传旨欲廷杖冯从吾,时逢仁圣太后寿辰,加之诸臣力救方幸免于难。冯从吾告归关中,一时声震天下。不久虽又回到朝廷,然终因此事而被削籍。林居之时,冯从吾仍专心于治学,与周淑远等讲学于宝庆寺。万历三十七年关中书院创建,冯从吾任山长,在此讲学达二十余年,被称为"关西夫子"。天启二年(1622年),擢拔左金都御使,又进为左副都御使。与邹元标、钟龙源、曹真予、高景逸等同志,相约会讲于京都城隍庙,后建立首善书院,以讲明正学。天启五年(1625)秋,魏忠贤党羽张讷,诋毁冯从吾,冯再次被削籍还乡。天启六年(1626),关中书院被毁,天启七年(1627),冯从吾在忧愤中逝世,时年71岁。崇祯二年(1629),明朝廷降旨为冯从吾昭雪,追赠太子太保,谥恭定。

从吾一生虽曾仕于朝廷,但其安身立命则在于圣贤之学,数年从事讲学和著述，"一生著述皆讲学之言，自少至老皆讲学之事。"（洪琼《冯恭定先生全书序》）所著《辨学录》《疑思录》《善利图说》《学会约》《订士编》等诸书十数种，"多发前人所未发"，其中《辨学录》"参勘源头最为得力，大要排距二氏似是之教。"（毕懋康《冯少墟先生集序》）另著有《元儒考略》《关学编》，乃举元代诸儒、关中理学之可传者以为传记。

[文献]《明史》卷二四三："冯从吾，字仲好，长安人。万历十七年进士。改庶吉士，授御史。……二十年正月抗章言：'陛下郊庙不亲，朝讲不御，章奏留中不发。……陛下每夕必饮，每饮必醉，每醉必怒。左右一言稍违，辄毙杖下，外庭无不知者。天下后世，其可欺乎！愿陛下勿以天变为不足畏，勿以人言为不足恤，勿以目前晏安为可恃，勿以将来危乱为可忽，宗社幸甚。'帝大怒，欲廷杖之。会仁圣太后寿辰，阁臣力解得免。寻告归，起巡长芦盐政。洁己惠商，奸宄敛迹。既还朝，适帝以军政大黜两京言官。从吾亦削籍，犹以前疏故也。从吾生纯悫，长志濂、洛之学，受业许孚远。罢官归，杜门谢客，取先正格言，体验身心，造诣益邃。家居二十五年，光宗践阼，起尚宝卿，进太仆少卿。……已，与邹元标共建首善书院，集同志讲学其中，给事中朱童蒙遂疏诋之。从吾言：'宋之不竞，以禁讲学故，非以讲学故也。……先臣守仁，当兵事倥偬，不废讲学，卒成大功。此臣等所以不恤毁誉，而为此也。'因再称疾求罢，帝温诏慰留。而给事中郭允厚、郭兴治复相继诋元标甚力。从吾又上言：'臣壮岁登朝，即与杨起元、孟化鲤、陶望龄辈立讲学会，自臣告归乃废。京师讲学，昔已有之，何至今日遂为诟厉。'因再疏引归。四年春，起南京右都御史，累辞未上，召拜工部尚书。会赵南星、高攀龙相继去国，连疏力辞，予致仕。明年秋，魏忠贤党张讷疏诋从吾，削籍。乡人王绍徽素衔从吾，及为吏部，使乔应甲抚陕，捃摭百方，无所得。乃毁书院，曳先圣像，掷之城隅。从吾不胜愤悒，得疾卒。崇祯初，复官，赠太子太保，谥恭定。"王心敬《关学续编》卷一《少墟冯先生》："时，权珰犹收人望，明年即家，起少宰，不拜。又明年，升右都副，掌南都察院事，固以疾辞。寻改工部尚书，推吏部，又以疾辞，家居杜门著书。而逆珰恚恨诸正人不已，于是次第倾陷，中旨，忽褫其官。珰党柄钧者，又使其党乔应甲抚关中，毁书院，窘辱备至。先生虽在病间，正襟危坐屹如也。丁卯二月，年七十一以正寝终。"〔清〕查继佐《罪惟录》列传卷一〇："冯从吾，字仲好，号少墟，陕西西安人。以万历己丑进士，选庶常，改御史。纠参胡汝宁，切陈朝政，触时忌，廷杖。视蹉河东，清其壅蠹。以直声

得罪归田,一意圣学,极析儒佛之异同,与象山、阳明指趣稍别。再起副都御史,与元标等明忠孝大义于首善书院。桐城方大镇尝论学鹫峰,喟曰:'鲁岳,天下一人也。'及朱、郭等狂噬,从吾疏争之不得,乞归。诏废书院,立珰祠。再起工部尚书,逆奄祸起,致仕去,寻加削夺。秦抚受指,数窘辱之,饮恨以卒。从吾之学,言行相顾,知行合一,为得其正。魏败,复原官,谥恭定。"(《四部丛刊三编》影印本,又见《罹罪录》,浙江古籍出版社,1986年版) 其事又见《大司空谥恭定少墟冯先生行实》《冯恭定公祠碑》、王宏撰《山志》初集卷二《冯恭定》等。

附录:黄宗羲《明儒学案》卷四一《恭定冯少墟先生从吾》

冯从吾字仲好,号少墟,陕之长安人。万历己丑进士。选庶吉士,改御史。疏请朝讲,上怒,欲杖之,以长秋节得免,请告归。寻起原官,又削籍归,家居讲学者十余年。天启初,起大理寺少卿,与定熊、王之狱,擢副都御史。时掌院为邹南皋先生,风期相许,立首善书院于京师,倡明正学。南皋主解悟,先生重工夫,相为盐梅可否。而给事朱童蒙、郭允厚不说学,上疏论之。先生言:"宋之不竞,以禁讲学之故,非以讲学之故也。我二祖表章《六经》,天子经筵讲学,皇太子出阁讲学,讲学为令甲。周家以农事开国,国朝以理学开国也。臣子望其君以讲学,而自己不讲,是欺也。倘皇上问讲官曰:诸臣望朕以讲学,不知诸臣亦讲学否?讲官亦何以置对乎?先臣王守仁当兵戈倥偬之际,不废讲学,卒能成功。此臣等所以不恤毁誉,不恤得失,而为此也。"遂屡疏乞休。又二年,即家拜工部尚书。寻遭削夺。逆党王绍徽修怨于先生,及为冢宰,使乔应甲抚秦以杀之。先生不胜挫辱而卒。崇祯改元,追复原官。谥恭定。

先生受学于许敬菴,故其为学,全要在本原处透彻,未发处得力,而于日用常行,却要事事点检,以求合其本体。此与静而存养,动而省察之说,无有二也。其儒佛之辨,以为佛氏所见之性,在知觉运动之灵明处,是气质之性;吾儒之所谓性,在知觉运动灵明中之恰好处,方是义理之性。其论似是而有病。夫耳目口体质也,视听言动气也。视听言动流行,而不失其则者,性也。流行而不能无过不及,则气质之偏也,非但不可言性,并不可言气质也。盖气质之偏,大略从习来,非气质之本然矣。先生之意,以喜怒哀乐视听言动为虚位,以道心行之,则义理之性在其中,以人心行之,则气质之性在其中。若真有两性对峙者,反将孟子性善之论,堕于人为一边。先生救世苦心,太将气质说坏耳。盖气质即是情才,孟子云:'乃若其情,则可以为善矣。若夫为不善,非才之罪也。'由情才之善,而见性善,不可言因性善而后情才善也。若气质不善,便是情才不善,情才不善,则荀子性恶不可谓非矣。

王徵翻译《远西奇器图说录最》 王徵一生著述极丰,有我国第一部机械工程学著作之称的是其所译《远西奇器图说录最》和所著《诸器图说》。王徵在《远西奇器图说录最序》中说:"《奇器图说》乃远西诸儒携来彼中图书,此其七千余部中之一支。就一支中,此特其千百之什一耳。"可见,《奇器图说》为王徵所译《远西奇器图说录最》之略称。陈垣说:"从今视之,所谓奇者未必奇。然在三百年前,则固未有奇于此者。况今日工学,诸译名无不溯源于是书者乎。"(陈垣《泾阳王徵传》,《陈垣学术论文集》第一集,中华书局,1980年版)全书共分3卷,但在卷1前还有1卷,相当一个绪论。在绪论的最后,他曾说要列为4卷。第一卷为重解;第二卷为器解;第三卷为力解;第四卷为动解。但实际上并没有力解一卷。《诸器图说》共一卷,据王徵自序说是他自己著述。所包括的内容有:一,引水之器(虹吸、鹤饮)。二,转砣之器(轮激,用水力;风动,用风力;自转,准自鸣钟之理用重为力)。三,自行车。四,轮壶。五,代耕。六,连弩。

《奇器图说》的版本较多,一般多与《诸器图说》合刻。除四库全书本以外,有明天启七年(1627)版,书前附有武位中所作《奇器图后序》,其次为王徵《自序》。《自序》第四页有"候旨修历"字样,"旨"字抬头,另起一行。《奇器图说》每卷之前都标注下列三行:

西海耶稣会士邓玉函　口授

关西景教后学王徵　译绘

金陵后学武位中校　安康张鹏翀梓

在《诸器图说》之前有王徵所作《新制诸器图小序》。此外,还有清代嘉庆二十一年(1816)版本、守山阁丛书版和清华大学图书馆存手抄本等。

[**文献**] 王徵《远西奇器图说录最序》:"丙寅冬,余补铨如都,会龙精华、邓函璞、汤道未三先生,以候旨修历寓旧邸中,余得朝夕晤请教,益甚欢也。暇日,因述外纪所载质之,三先生笑而唯唯,且曰:'诸器甚多,悉著图说,见在可览也,奚敢妄?'余亟索观。简帙不一,第专属奇器之图之说者不下千百余种,其器多用小力转大重,或使升高,或令行远,或资修筑,或运刍饷,或便泄注,或上下舫舶,或预防灾侵,或潜御物害,或自舂自解,或生响生风,诸

奇妙器,无不备具,有用人力物力者,有用风力水力的,有用轮盘,有用关捩,有用空虚,有即用重为力者,种种妙用,令人心花开爽。……于是亟请译以中字……非国家工作之所急需,则不录,特录其最切要者。……特录其最简便者……特录其最精妙者。录既成,辄名之为《远西奇器图说录最》云。……余应之曰:'学原不问精粗,总期有济于世人;亦不问中西,总期不违于天。兹所录者,虽属技艺末务,而实有益于民生日用,国家兴作甚急也。'……古之好学者裹粮负笈,不远数千里往访,今则诸贤从绝徼数万里外,赍此图书以传我辈,我辈反忍拒而不纳欤?……余因并录其言以识岁月。天启七年丁卯孟春关中泾邑了一道人王徵谨识"(道光庚寅仲夏月重镌,来鹿堂藏版)

明思宗崇祯三年　庚午(公元1630年)

五月,李柏生　李柏(1630－1700),字雪木,号太白山人,清陕西郿县(今眉县)人。是年生,卒于康熙三十九年(1700),享年71岁。可推知李柏生于是年。又,李颙(字中孚)生于天启七年(1627)(见"李颙生"条),长李柏三岁,亦可推知李柏生于是年。事详卒年。

[**文献**]　李柏《槲叶集》卷三《与家征君中孚先生书》:"忆昔与兄相见于沙河东村,兄年廿二,弟年十九。"(《槲叶集》,清康熙三十四年刻本)吴怀清《关中三李年谱》卷五《雪木先生年谱》:"明崇祯三年庚午五月二十六日亥时,先生生。"(吴怀清:《关中三李年谱》,陕西师范大学出版社,1992年版。)

明思宗崇祯四年　辛未(公元1631年)

十一月,李因笃生　李因笃(1631－1692),字天生,后更字孔德,又字子德,陕西富平人。是年生,卒于康熙三十一年(1692),享年62岁。

[**文献**]　〔清〕朱树滋《李文孝先生行状》:"公讳因笃,字天生,一字子德。……公卒于康熙三十一年十一月二十二日子时,距生明崇祯四年七月初五日丑时,享寿六十有二。"(吴怀清:《关中三李年谱·天生先生年谱附录》,陕西师范大学出版社,1992年,422页)《关中三李年谱》卷六《天生先生年谱》:"明崇祯四年辛未七月初五日丑时,先生生。"(《关中三李年谱》,陕西师范大学出版社,1992年版。)

明思宗崇祯十六年　癸未(公元1643年)

李颙悟圣学渊源

[文献]　《关学编》卷六:"年十七,得《冯少墟先生集》读之,恍然悟圣学渊源,乃一意究心经史,求其要领。"(清嘉庆七年增修本)

明思宗崇祯十七年　甲申(公元1644年)

王徵卒　王徵(1571-1644),字良甫,号葵心,又号了一道人,陕西泾阳人。性聪颖,七岁从里儒张鉴游。少年受父师之训,遂有经世之志。万历二十二年甲午(1594)举人。曾九上公车不遇,"芒履蔬食",乃以著书力田为务。《析箸文簿自叙琐言》说他少时"眠思坐想,专一好作古今所不经见、奇巧之器具"(黄一农著:《两头蛇——明末清初的第一代天主教徒》,上海古籍出版社,2006年版。)尝慕古代木牛流马之奇,自制虹吸、鹤饮、轮壶以及自转磨、自行车之类器具,而"正经学业",竟然荒废。直到天启二年(1622),他五十二岁时才得中进士。曾任广平府、扬州府推官和辽海监军道、山东按察司佥事。时西方天主教在国内传播,征纳在京候旨修历的龙华民、邓玉函、汤若望等为传教士。天启三年,西儒艾儒略著有《职方外纪》,其中所载奇闻奇器,王徵看到后大开眼界,并发生浓厚兴趣。时比利时人金尼阁在山西传教,王徵便邀请他到陕西,并跟他学习拉丁文。中国人习拉丁文最早者,当推陕西王徵。金尼阁于天启五年所写《西儒耳目资》,是我国第一部罗马字注音专书(颇似拉汉词典)。王徵在信仰上接受了洗礼,成为陕西最早的一名天主教徒。他还帮助西方传教士在西安建立了天主教堂,写了诸多介绍西方宗教思想的著作,如《畏天爱人极论》等。又向邓玉函学习数学和测量知识。后来他把自己同外国人接触的记录,加以整理,于天启七年(1627)出版了《远西奇器图说录最》一书,是我国最先引进西方数学、力学及机械技术的一本图文并茂、内容新颖的重要著作。崇祯十七年(1644)卒,年七十四。门人谥曰端节。其著作还有《诸器图说》《忠统目录》《两理略》等制器之书。《陕西通志》《泾阳县志》有王徵传,又有〔清〕张缙彦《明山东按察司佥事监辽海军务王公墓志铭》。亦可参见陈垣《泾阳王徵传》(载《陈垣学术论文集》第一集,中华书局,1980年,227-231页)、宋伯胤《明泾阳王徵先生年谱》(陕西师范大学出版社,1990年版)等。《王徵遗著》(李之勤校点,陕西人民出版社,1987年)一书,收录了王徵著作10种:《两理略》4卷;《待命录奏议》1卷;《客问》1篇;《兵约》1卷;《士约》1卷;《乡兵约》1篇;《守御器具图说》1篇;《学庸书解》1卷;《山居咏》1卷;《王徵诗文辑存》1卷,书后还附录了有关王徵的各种传记资料和1949年以前发表的关于王徵的文章。

[文献] 《〔乾隆〕泾阳县志》卷九载张缙彦《明山东按察司佥事监辽海军务王公墓志铭》:"癸未李贼破关中,故进士佥宪王公不辱伪命死之,时甲申三月也。里人私谥曰端节先生。……公讳徵,字良甫,号葵心,自称为了一道人。生而颖异,七岁从张贞惠先生游,已能日讲百千言。年十五,文章骏发,立志落落,不与众伍。敦大节,肆力问学。……十六补弟子员,二十四登贤书……后为文自誓,以天下为己任。曰范文正所为分内事耳。困公车者三十年,芒履蔬食,以著书讲学为务。……壬戌成进士,年五十二,无论识与不识,咸相庆,以为是科得大儒矣。司理广平时,白莲狱兴,有司击断为武,连无辜以千百计,公悉为辩释之。……余令三原,公里居,值寇盗充斥,每从受方略,议战守,创为连弩、活桥、自行车、自飞炮诸奇器,演为图说。三原严邑,贼视之咋舌去,公力也。……李贼入关,罗致荐绅大夫,公惧不免,手题墓石曰:'明进士山东按察司佥事奉敕监辽海军务了一道人之墓'。又书'全忠全孝'四大字付公子永春,曰:'吾且死,死岂为名?欲汝识吾志耳!'及贼使使促公,公引佩刀自誓,有司乃系公子永春行。永春喜得代父,急赴贼所,公亦强相慰勉,从此遂绝粒不复饮啖,越七日而殂。殂之日犹诵所为'忧国每含双眼泪,思君独抱万斛愁'之句,颜色如生。……谥曰端节,信有征夫。"(清葛晨纂修《泾阳县志》,乾隆四十三年刻本)《泾阳县志》卷七《人物志》:"王徵字良甫,号葵心,天启壬戌进士,授广平府推官。会白莲狱兴,株累无辜,征悉辩释之……闻贼陷关中,檄召缙绅,征不应,手题墓石,付其子永春,欲以一死谢吾主耳。嗣闻京师失守,遂七日不食,死。门人私谥曰端节。先生所著有《两理略》《奇器图》《了心丹》《百字解》《学庸》《解天问》《辞士约》《兵约》《元真人传》《历代发蒙》《辨道说》《山居咏》诸书。"(〔清〕葛晨纂修《泾阳县志》,乾隆四十三年刻本)张骥《关学宗传》卷三〇《王良甫先生》:"先生讳徵,字良甫,号葵心,又自号了一道人,泾阳人。生而器宇英迈,七岁从张湛川学,言动不苟,文章骏发。十六入邑庠,二十四举于乡。毅然以天下为己任,因自号葵心

以自勉。生平得力于事天之学,以敬天爱人为主、以圣贤经济为心。持己接物、在官在野,一切学术治术凡有关于国家日用、民生利赖者无不以诚意为之。事两亲孝,余唯以讲学著书为事……年五十二乃登天启壬戌进士……既而闯贼入关,罗致缙绅大夫以为己用,先生因自号了一道人,犹号葵心,志也。墓石曰:'明进士了一道人王某之墓',又书'全忠全孝'四大字,付其子永春曰:'吾死岂为名?要汝曹识吾志耳。'越数日,贼果使使促先生行,先生引佩刀自誓,不污伪命。邑宰素重先生,以其子永春代先生,送而慰之曰:'儿代我死死孝,我自矢死死忠。吾父子得以忠孝死,甘如饴也。尚何憾哉!'遂绝粒不食……阅七日卒。……所著有《学庸辨》《两理略》《士约》《兵约》《了心丹》《百字解》《历代发蒙辨道说》诸书传于世。"(陕西教育图书社排印,民国辛酉年版)

清

(公元 1644 年—公元 1911 年)

清世祖顺治元年　甲申(公元1644年)

康吕赐生　康吕赐(1644－1731),字复斋,号一峰,自称南阿山人,陕西武功县人。由其雍正九年(1731)卒,享年88岁,可推知生于甲申年(1644),然其生月不明,暂系于清。事详卒年。

［文献］〔清〕沈华修、崔昭等纂《武功后志》卷三《人物》:"康吕赐,字复斋,号一峰,又自称南阿山人。……寿八十八岁,雍正九年冬,无疾端坐而卒。祀乡贤。"(清雍正十二年刻本)

清世祖顺治二年　乙酉(公元1645年)

七月,王吉相生　王吉相(1645－1689),字天如,陕西邠州(今陕西彬县)人。李颙弟子。是年生,卒于康熙二十八年(1689),享年45岁。事详卒年。

［文献］〔清〕王吉相著,王丕忠整理《四书心解》附录《详请王天如太史入祀乡贤事实八条》:"庶吉士生于顺治二年七月二十日,卒于康熙二十八年八月二十三日,享年四十五岁。"(王吉相著,王丕忠整理:《四书心解》,陕西省内部图书,1995年,252页)

李颙研读理学典籍　是年春,李颙研读《尚书》毕,乃借《易》以读。入夏,偶得周钟《制义》而读。后闻周氏失节,乃焚其书,以为文人不足信,文名不足重。后又读《春秋三传》《性理大全》《伊洛渊源录》,观周敦颐、二程、张载、朱熹言行,甚为服膺,认为"此吾儒正宗,学而不如此,非夫也。"

［文献］〔清〕惠龗嗣《历年纪略》:"顺治二年乙酉。是春,壁经既治,乃借《易》以读。入夏,偶得周钟《制义》全部,见其发理透畅,言及忠孝节义则慷慨悲壮,遂流连玩摹,每一篇成,见者惊叹。既而闻钟失节不终,亟裂毁付火,以为文人之不足信,文名之不足重如此,自是绝口不道文艺。人有勉以应试者,笑而不答。始借读《春秋》《公》《谷》《左氏》《性理大全》《伊洛渊源录》,见周、程、张、朱言行,掩卷叹曰:'此吾儒正宗,学而不如此,非夫也!'"(李颙:《二曲集》,中华书局,1996年,557－558页)又见吴怀清《关中三李年谱》卷一《二曲先生年谱》。

清世祖顺治三年　丙戌（公元1646年）

李柏绝意科举立志学古人　李柏稍知读书，即雅慕古人高志洁操。是年，李柏偶于《小学》见古人嘉言善行，遂立志"愿学古人，虽死不悔"，并取案头科举时文，焚烧一空。尽管塾师百般抑阻，但他毅然不渝斯志。

[文献]〔清〕李柏《槲叶集》卷三《答刘孟长先生》"柏生也晚，前不见古人，然好尚论古人。龆龄稍知读书，每见古人遭逢不偶，高尚其志者，恨不捧置上座，北面百拜而师事之。偶于《小学》见古人嘉言善行，即取案头时文焚烧一空。先师大怒，朴挟六七十，令从今人章句、诸生习帖括，取科第。但答以愿学古人，虽死不悔也。一时同会人闻之，或曰病狂丧心，可延医投药；或曰鬼物入胸，宜延术士驱除；或曰愚駼下贱，命合饥寒。远近传闻，咸惊为怪之怪、异之异矣！从此三避童试，四渡洴东，适晋南，如栈，出而复入。不敢长往者，以先妣在堂故也。"（清康熙三十四年刻本）〔清〕萧震生《太白山人槲叶集叙》："李先生束发受学，……见古人嘉言懿行，豁然悟曰'道在是矣'，遂尽烧帖括，潜读古书。……塾师扑曰'汝学古人，吾必令汝学今人也。'先生曰：'愿学古人'。再扑，曰'学古人乎？今人乎？'先生曰：'愿学古人！'又扑，曰'汝还欲学古人乎？'先生曰：'必学古人！'数问，而辞不变。"（同上）〔清〕吴怀清《关中三李年谱》卷五《雪木先生年谱》："顺治三年丙戌，十七岁。偶阅《小学》，见古人嘉言善行，即取案头时文焚烧一空。塾师大怒，扑挟六七十，令从今人章句、诸生习帖括，取科第，但答以'愿学古人，虽死无悔'。一时同人闻之，以为病狂丧心。"（吴怀清：《关中三李年谱》，211－212页）

清世祖顺治九年　壬辰（公元1652年）

李颙阅《道藏》　是年，李颙泛览《道藏》。李颙的理学思想，其心性论似有假借庄子"虚室生白"之处，其"心境浑融"的境界论所阐发的生死说，亦于庄子"生死亦大矣，而无变乎己"恐不无借鉴。

[文献]〔清〕惠龗嗣《历年纪略》："是年，阅《道藏》。尝言：'学者格物穷理，只为一己之进修，肄业须醇，勿读非圣之书。若欲折衷道术，析邪正是非之归，则不容不知所以然之实。'故玄科三洞、四辅、三十六类，每类逐品一

一寓目,核其真赝,驳其荒唐。"(李颙:《二曲集》,560－561页)又见吴怀清《关中三李年谱》卷一《二曲先生年谱》。

清世祖顺治十年　癸巳(公元1653年)

李颙阅《释藏》　是年,李颙借阅佛典,遍览三藏。李颙理学思想于禅宗多有借鉴,这也正是李颙之后的关中理学学者,如王承烈等认为其学"浸淫于禅处自不可掩"(王承烈:《日省录》卷一)的原因。再者,李颙著作中佛教之语,尤其禅宗术语,如"本面""念""常惺惺""寸丝不挂""明心见性"等颇多,故与李颙同时的关中理学学者王宏撰说其学"似得之禅,故论谈笔札,往往不讳"(王宏撰:《砥斋集》卷四《频阳札记》)

[文献]〔清〕惠龗嗣《历年纪略》:"是年,阅《释藏》,辩经、论、律三藏中之谬悠。他若西洋教典、外域异书,亦皆究其幻妄,随说纠正,以严吾道之防。"(李颙:《二曲集》,561页)又见吴怀清《关中三李年谱》卷一《二曲先生年谱》。

清世祖顺治十三年　丙申(公元1656年)

二月,王心敬生　王心敬(1656－1738),字尔缉,号丰川,学者称丰川先生。陕西户县(今陕西户县)人。李颙弟子。由其雍正二年(1724)自云69岁,可推知其生于是年。卒于乾隆三年(1738),享年83。事详卒年。

[文献]〔清〕王心敬《丰川今古文尚书质疑自序》:"至六十有九矣,私念岁暮,至此将不知前途之奚若。夙愿莫酬,且重为瞑目时一憾,乃于甲辰四月朔,誓拨细冗,铺设诸经"(乾隆三年浐衙本)〔清〕刘青芝《王徵君先生心敬传》:"王徵君心敬,字尔缉。……越明年,乾隆戊午卒,年八十有三。"(钱仪吉等:《清代碑传全集》,上海古籍出版社,1987年,651－652页)

李颙《悔过自新说》约于此年撰成　《悔过自新说》不分卷,李颙撰,见《二曲集》。前有樊巍序和李颙《小引》。按樊巍顺治柔兆涒滩所作序,可知是书至迟成于顺治十三年(1656)。今按是书,李颙认为人性"本至善无恶,至粹无瑕,人多为气质所蔽,情欲所牵,习俗所囿,时势所移,知诱物化,旋失厥初",故而,"吾人所以不得至于圣者,有过累之也,过灭则德醇矣"。基于此,他提倡"悔过自新"说。"新者,复其故之谓也",而这一"过",既有已现于言行之"众见之过",亦有潜而未彰之"独处之过",故悔过就必须"先检身过,次检心过"。但李颙又认为"悔过自新,此为中材言之也,而即为上根言之也",原因在于"上根之人,悟一切诸过皆起于一心"。由此亦见,李颙所谓悔过,其实重在悔"心过"。

[文献]〔清〕樊巘《悔过自新说序》:"曩余令二曲,治先访贤,得李子,弱冠潜修,圣贤自命,即已知其必为大儒无疑也,以处士礼礼之。癸巳,再游华岳,得一晤,尘言娓娓,道气翩翩,自先生大人以及担夫樵子,无弗知其躬行实践,学问渊源,且共推余物色之。先是余知其必为大儒者,兹固人人而皆知为大儒无疑也。今夏杪,以《悔过自新》一册观余,噫嘻,《悔过自新》则李子所得切实功夫,拈以示人,不作英雄欺人语也。……顺治岁在柔兆涒滩瓜月之朔,前任周至县知县友人樊巘谨题。"(李颙:《二曲集》,1-2页)

李颙《周至答问》录成　《周至答问》不分卷,李颙撰,见《二曲集》。前有张密《小引》。按《小引》可知,是书乃顺治十三年(1656)张密自河南往周至问学,录其答语,以"明不忘所自",故题曰《周至答问》。在此书中,李颙提出了"儒者之学,明体适用之学也"的主张。"明体适用",李颙自注云:"穷理致知,反之于内,则识心悟性,实修实证;达之于外,则开物成务,康济群生。夫是之谓'明体适用'。"

[文献]〔清〕张密《小引》:"《周至答问》者,录二曲先生答人问学之语也。先生平日启迪后学不倦,士之承謦欬者,俱述录之以自益,随问辄答,随答辄录,总计不下数千纸。大都正学术,拯陷溺,殊有补于世道人心。余友王、刘二君,深向慕之。立夏,介余走周至,谒先生于里塾。退而录其答语数条,私用醒发,系之周至,明不忘所自云。先生尝谓天下之治乱,由人才之盛衰;人才之盛衰,由学术之明晦。故是录一主于明学术,其用心可谓远且仁矣!读者当自知之,无俟余赘。顺治丙申阳月,古豫张密书。"(李颙:《二曲集》,119页)〔清〕吴怀清《关中三李年谱》卷一《二曲先生年谱》:"顺治十三年丙申,三十岁。……是年夏,河南嵩县王所赐、刘矿向慕先生之论学,有补世道人心,介张密走谒先生于里塾,退而录其答语,名曰《周至答问》。"

清世祖顺治十四年　丁酉(公元1657年)

李颙悟"默坐澄心"之说　是年夏秋之交,李颙因患病静养,而悟"默坐澄心"之说。从此李颙之学,由其所提倡的"明体适用",转而为"惟阐明学术,救正人心是务"。

[**文献**] 〔清〕李颙《二曲集》卷一九《圣学指南小引》:"余初茫不知学,泛滥于群籍,汲汲以撰述辨订为事,自励励人,以为学在是矣。三十以后,始悟其非,深悔从前自误误人,罪何可言。自此,鞭辟著里,与同人以返观默识相切砥,虽居恒不废群籍,而内外本末之辨,则晰之甚明,不敢以有用之精神,为无用之汲汲矣。尚虑同人不谅余衷,或以故吾相与,谨录先儒成语,以为作圣之指南,窃愿与同人共勉之!"(李颙:《二曲集》,225页)〔清〕惠龗嗣《历年纪略》:"顺治十四年丁酉。夏秋之交,患病静摄,深有感于'默坐澄心'之说,于是一味切己自反,以心观心。久之,觉灵机天趣,流盎满前,彻首彻尾,本自光明,太息曰:'学所以明性而已,性明则见道,道见则心化,心化则物理俱融。跃鱼飞鸢,莫非天机;易简广大,本无欠缺;守约施博,无俟外索。若专靠闻见为活计,凭耳目作把柄,犹种树而弗培厥根,枝枝叶叶外头寻,惑也久矣。'自是屏去一切,时时反观默识,涵养本源,间阅濂、洛、关、闽及河、会、姚、泾论学要语,聊以印心。"(同上书,562页)又见吴怀清《关中三李年谱》卷一《二曲先生年谱》。

雷于霖与汤斌论学 是年,时任潼关兵备道的汤斌(1627-1687,字孔伯,号潜庵,又号荆岘,河南睢州人)至朝邑拜访雷于霖,遂探讨理学。就此次所论来看,二人探讨朱子存诚主敬之说和阳明良知之学。雷于霖认为"道本于诚,学主于敬",并认为格物一说,朱子的解释"贯通无内外",而阳明之说"孤明内守"。故而,对雷于霖之学,汤斌有"学宗濂洛"之评。

[**文献**] 〔清〕雷于霖撰、张映林辑《癸酉科举人柏林雷氏及暨配杨氏刘氏两室人自志铭》:"丁酉冬日,燕对曦光,谒者忽报潼关兵宪汤公至矣。拔草入庐,予随以野服接见。坐中话道学之要,对曰:'道本于诚,学主于敬。'公曰:'就今日言之,存诚则鬼神可格而厉物莫侵;居敬则江河可砥而流俗莫移。'嗣是频相接见。问及格物,曰:'晦翁之解贯通无内外;阳明之说孤明内守。'题吾门曰:'学宗濂洛'。公庄重清俭,早岁学道之君子,吾自见公,晚学益力。"(雷于霖:《柏林集》,民国癸酉陕西印刷局排印版)〔清〕雷衍恩《先考癸酉科举人雷府君行实编年》:"顺治十四年,丁酉,父年六十九岁。潼关兵宪汤公斌来访于家,询紫阳存诚主敬之学,姚江良知之辨。门题'学宗濂洛'。频相接见就正焉。"(同上)

清世祖顺治十五年　戊戌(公元1658年)

雷于霖《柏林集》始刊刻　《柏林集》4卷,雷于霖撰,民国二十二年(1933)重印本。书前分别有白尔瑜顺治十七年(1660)和张明善民国十七年(1928)序。按书中雷于霖自作墓志铭和张明善序,可知雷于霖著作有《孝经报生篇》1卷、《太极图说》1卷、《西铭续生篇》1卷、《四字乌哺》1卷、《别世言》1卷、《资善集》8卷、《柏林诗文集》2卷和《柏林续集》1卷,然均"历经劫火,卷帙终归散佚"。今4卷本《柏林集》乃雷于霖十世孙雷铭丹偶于书肆得《柏林文集》残编,遂补益编次而成。该本前二卷为《柏林集》,后二卷实为《柏林续集》。卷一有论、序、记、文,卷二乃志、传各一篇,余皆以为雷于霖所立志传与编年凑足,卷三则铭、书札等,卷四几乎全为其理学著作,如《孝经报生篇》《太极图说》《西铭续生篇》《四字乌哺》等。

[文献]〔清〕白尔瑜《柏林集序》:"余与午天志同方,学同术,同业于在兹书院。辛酉同选于里,癸酉同举于乡,癸未同难于都门。分手后,各窜山中,闭阁传经二十余载。余于五经、庄、马,咸有评注,奈以贫困不能付诸剞劂。一见天午之集,若胸中垒块,一息吐尽,故不觉序之娓娓也。后之览余序者,当知余与午天有千秋同证之心。顺治庚子沮湄抱石道人眷年弟白尔瑜顿首拜书。"(雷于霖:《柏林集》,民国癸酉陕西印刷局排印版)〔清〕雷衍恩《显考癸酉科举人柏府君行实编年》:"顺治十五年,戊戌,父年七十岁。搜笥中今昔诗文二卷,名《柏林集》,与《孝经注》《四字乌哺》并刊行。"(同上)

清圣祖康熙二年　癸卯(公元1663年)

李因笃、王宏撰、李颙与顾炎武订交　是年夏,顾炎武(1613－1682,字宁人,学者称亭林先生,江苏昆山人)入陕。此次陕西之行顾炎武结交了他所谓的"关中三友",即李因笃、王宏撰和李颙,并与三人建立了深厚的友谊。入陕前,顾炎武于山西代州结识李因笃,遂约为兄弟。顾炎武与李因笃交谊最契,其于李因笃有"天生今通经之士,其学盖自为人而进乎为己者也"(顾炎武:《顾亭林诗文集》,中华书局,1959年,30－31页)之评,并于李因笃之学有所借鉴,即其所谓的"李君因笃每与余言诗,有独得者,今颇取之"(同上书,27

页)。顾炎武来陕,游华山时,闻王宏撰之名,遂往访之,二人亦结交。其于王宏撰有"好学不倦,笃于朋友,吾不如王山史"(同上书,134页)之说。后顾炎武居华阴,与王宏撰朝夕论学,王宏撰第四次南游后,始迁往山西曲沃。是年十月,顾炎武往周至访李颙,尽管二人学不相投,然情契相交。顾炎武对李颙有"艰苦力学,无师而成,吾不如李中孚"(同上书,134页)之论,后二人于学多所论说。顾炎武之所以来陕并侨居于此,其中一个重要的原因是在他看来,"秦人慕经学,重处士,持清议,实与他省不同。"(同上书,87页)

[文献] 〔清〕张穆《顾亭林先生年谱》:"(康熙)二年癸卯,三十三岁。正月,自平阳登霍山,游女娲庙。至太原,访傅处士青主。至代州,游五台,与富平李因笃遇,遂订交。……由汾州历闻喜,取道蒲州,入潼关,游西岳太华,过访王山史(宏撰)于华阴。至西安。游富平,馆李子德家。又西至乾州。十月,访李处士中孚于周至,遂订交。"(张穆:《顾亭林先生年谱》,道光廿四年刊本)〔清〕惠龗嗣《历年纪略》:"康熙二年癸卯,。……十月朔,东吴顾宁人来访。顾博物宏通,学如郑樵,先生与之从容盘桓,上下古今,靡不辩订。既而叹曰:'尧舜之知,而不遍物,急先务也。吾人当务之急,原自有在,若舍而不务,惟骛精神于上下古今之闻,正昔人所谓"抛却自家无尽藏,沿门持钵效贫儿"也。'顾为之怃然。"(李颙:《二曲集》,566页)〔清〕吴怀清《关中三李年谱》卷六《天生李先生年谱》:"康熙二年癸卯,三十三岁。在代州,昆山顾宁人炎武游五台,经代州,遂订交。……秋,先生赴太原,旋返代。宁人入秦,至富平,馆先生家。"又见吴怀清《关中三李年谱》卷一《二曲先生年谱》。

清圣祖康熙三年 甲辰(公元1664年)

重修关中书院 关中书院,位于今西安市。明万历三十七年(1609),布政使汪可受等人,为关中理学家冯从吾讲学而建。后日久渐毁。是年,陕西巡抚贾汉复等人重修。该书院与日后创建或重修的宏道书院、味经书院、崇实书院,并称为清末陕西四大书院。清代关中书院除关中学者王宏撰、李颙、李因笃、史调、孙景烈、周元鼎、路德、柏景伟等主讲席外,关外学者江宁戴祖岐、贵州黄彭年、武昌王孝风、固始蒋子潇等亦曾主讲其中。无论是对于儒家思想之传播,还是科举制艺之传习,关中书院对关陇之地学人士子的培养无疑具有十分重要的作用。

[文献] 宋伯鲁、宋联奎《续陕西通志稿》卷三六《学校一》:"关中书院,在府治东南。明万历三十七年,布政使汪可受,按察使李天麟,参政杜应占、闵洪学,副使陈宁、段猷显,为工部尚书冯从吾讲学建。……清康熙三年,巡抚贾汉复、西安府叶承祧、咸宁知县黄家鼎重修。拓其基,南向外建坊,一额曰关中书院。"(民国十三年刊本)

清圣祖康熙四年 乙巳(公元1665年)

傅山访李因笃 是年,傅山(1607-1684,字青竹,后改为青主,又字仁仲,号石道人,山西阳曲人)来陕西富平访李因笃。李因笃与傅山结识于山西,二人有诗歌唱和。在关中学人中,傅山非独于李因笃往来,其与王宏撰、李颙亦有交往。他曾向王宏撰问《易》,亦尝往富平与李颙论学。尽管李因笃、李颙、王宏撰、傅山等人学旨互异,但都以明朝遗民自居,故于论学之外,更以气节相砥砺。

[文献]〔清〕丁宝铨《傅青主先生年谱》:"(康熙)四年乙巳,五十九岁。游关中,登华山,犹子仁侍行。过富平访李子德,手植梅于尚友斋。"(傅山:《霜红龛集》,台湾汉华文化出版社,1971年,1339页)〔清〕傅山《霜红龛集》卷四〇《杂著》:"顷在频阳,闻莆城米黼之将拜访李中孚,既到门,忽不入,遂行。或问之,曰:'闻渠是阳明之学。'李问天生米不入之故,天生云云。李曰:'天生,我如何为阳明之学?'天生于中孚为宗弟行。曰:'大哥如何不是阳明之学?'我闻之俱不解,不知说甚。正由我不曾讲辨朱、陆买卖,是以闻此等说如梦。"(同上书,1142页)〔清〕丁宝铨《傅青主先生年谱》:"(康熙)十八年,乙未,七十三岁。……秋再游关中,富平令郭九芝(传芳)迎先生至署。为九芝题四拟碣后。"(同上书,1352页)〔清〕康纬《年谱》:"又遇傅青主、顾亭林二先生于征君王山史家中。"(康乃心:《莘野遗书》,《关中丛书》本)

清圣祖康熙五年 丙午(公元1666年)

三月,王承烈生 王承烈(1666-1729),字逊功,又作巽功,号复庵,陕西泾阳人。王徵四世孙。是年生,雍正七年(1729)卒,享年64。事详卒年。

[文献]〔清〕朱轼《少司寇王公承烈墓志铭》:"少司寇王公,讳承烈,字

逊功,号复庵,世为陕西西安之泾阳人。……公生于康熙五年三月二十日申时,卒于雍正七年十二月十四日子时,享年六十有四。"(钱仪吉等:《清代碑传全集》,152-153页)

六月,刘鸣珂生　刘鸣珂(1666-1727),字伯容,号诚斋,陕西蒲城人。是年生,卒于雍正五年(1727),享年62。事详卒年。

[文献]〔清〕梁善长《伯容刘先生墓表》:"伯容刘先生,讳鸣珂,蒲城人。……先生生于康熙丙午六月八日,卒于雍正丁未八月十二日,得年六十有二。己酉冬,葬于邑西北,坡头村之东南。"(清光绪二十八年柏经正堂校刻本)〔清〕王修《理学名儒伯容刘公传》:"姓刘氏,讳鸣珂,号诚斋。生康熙丙午,卒雍正丁未,寿六十二。"(同上)

王宏撰主讲关中书院　是年,王宏撰应西安知府叶承桃之邀,主讲关中书院。王宏撰此次主讲,不论科举时艺,而是重在人品与文格,主张人贵诚,文贵简,即其所谓的"人品不一,以诚为主;文格不同,以简为贵"。康乃心认为清初关学复兴,王宏撰于关中书院之讲学,其"倡始之功尤不可殁也"(康乃心等:《王山史先生年谱(遗事并附)》)。

[文献]〔清〕王宏撰《砥斋集》卷一下《关中书院制义序》:"山东济水叶公,……丙午,春檄诸郡邑拔士之尤者,肄业书院。兼金嘉币,先及小子撰,俾司厥事。撰谢不敢承,公下书让之。词切直,撰弗敢固守其私。于是与诸子集焉,凡二百五十余人,馆悉备。……窃谓人品不一,以诚为主;文格不同,以简为贵。"(光绪十二年敬义堂刻本)〔清〕康乃心《王贞文先生遗事》:"关中书院为长安冯恭定公讲学之所,太守叶公重加修葺。聘先生主讲其中,一时英俊如云,诚为盛事。后制府鄂公延李中孚先生会讲于兹。关学复兴,而先生遗文在石刻,倡始之功尤不可殁也。"(清光绪廿三年华阴王敬义堂刊本)

清圣祖康熙六年　丁未(公元1667年)

七月,雷于霖卒　雷于霖(1589-1667),号午天,晚号柏林,学者称柏林先生。陕西朝邑(今陕西大荔)人。雷于霖早年从事科举之学。万历四十六年(1618),乡试拔第一名,遂入西安在兹书院。在书院读书间,曾问学于明末关中理学大家冯从吾,"缘是知理学之宗"。崇祯六年(1633)中举,然会试屡不第。明亡后,退隐华原,植柏为林,自号柏林翁。从此谢绝人事,日以诗文自娱。与同邑李楷(1603—1670,字叔则,号岸翁,学者称河滨夫子)多所唱和,故生平多词章。晚年转向理学,并"以理学自任"(李楷:《柏林先生传》,见《柏林集》)。曾与时任潼关兵备道的汤斌论学,自云:"吾自见公,晚学益力"(雷于霖:《癸酉科举人柏林雷氏及暨配杨氏刘氏两室人自志铭》)。并与王建常以理学砥砺,相互发明。雷于霖之学尊程、朱,他认为格物之说"晦翁之解贯通内外,阳明之说孤明内守"。雷于霖为学强调"诚"和"敬"。在他看来,"道本于诚,学主于敬","圣学诚以为本,君子敬以为修"(雷于霖:《柏林集》卷四《度世慈音》)。另外,雷于霖重视实践而反对空谈,他认为"穷五经则良知不堕于空寂,敦五伦则庸德日践于实履",故于读经敦伦颇为重视,然五伦之中,他最重孝道,在他看来,"千圣万贤,从孝发端。万福千祥,从孝发皇"(同上书,卷四《四字乌哺》)。雷于霖对张载《西铭》颇为推崇,他认为"《西铭》者,横渠夫子续大生之德而作也,总六经之要,会千圣之心,通万物之一体。从来言仁,未有如斯之亲且尽者。"(同上书,卷四《西铭续生篇序》)雷于霖治学虽亦"涉猎二氏",但又反对佛老之学说,曾著《学仙》《学佛》二文,"以辟二氏之荒唐"。雷于霖之学,晚而愈粹。其制《座右铭》于室内,日日闇修。其铭曰:居心,"雨霁天空,风停海湛,一物不著,万理自现";立身,"中而不倚,和而不流,乐天知命,敦仁安土";与人,"敬而无失,恭而有礼,与之以忠,待之以恕";处事,"惟求其是,莫遗后悔,利济万物,不私一己。"(同上书,卷二《座右铭》)据其子雷衍恩载,他七十五高龄之时,仍然"自朝至暮,整襟危坐一室之内,不见少有惰容",足见其养,故而李楷谓其"晚益覃精于道学"(李楷:《柏林先生传》)。对于雷于霖,王建常以"为世儒宗"(王建常:《复斋余稿》卷一《祭雷午天》)称誉,他在理学上的造诣可想而知。雷于霖著作有《孝经报生篇》1卷、《太极图说》1卷、《西铭续生篇》1卷、《四自乌哺》1卷、《别世言》1卷、《资善集》8卷、《柏林诗文集》2卷和《柏林续集》1卷。今所见者有《柏林集》4卷。

[文献] 〔清〕李楷《柏林先生传》:"柏林先生姓雷,讳于霖,号午天。朝邑之西郭人也。……幼奇颖不凡,性至孝,有壮志。为童子时,即见重于师。治孔《易》,嗜古文辞,不屑屑于章句。廿有六乃入庠,四十贡于朝,是为崇祯元年,登极之恩选也。越五年乃登贤书。当是时,应四方之求,授受多弟子,皆称之曰午天先生。他日者,退隐华原,种柏为林,自号柏林翁。关门兵

宪睢阳汤公凡就其塾而访之,于是人称之咸谓柏林先生云。柏林翁生平多词章,晚乃以理学自任。著《孝经神授篇》《太极图说》《西铭续生篇》《四自乌哺》《别世言》,其文不诡于儒者如此。若其诗赋,有《柏林集》《柏林续集》,皆自成一家,不袭人吻。"(雷于霖:《柏林集》,民国癸酉陕西印刷局排印版)〔清〕沈青崖、吴廷锡《陕西通志》卷六三《人物九》:"雷于霖,字午天,朝邑人。崇祯癸酉举人。性至孝,亲殁哀毁几不终丧。嗜古学,为文奇挺,声誉翕集。流寇之乱,倡众筑堡以守,多所全活。顺治三年,土人不靖,纵暴入城,县令走匿。于霖以兵法部勒堡众,拥令入城,事遂定。睢州汤斌为潼关兵备,雅慕之,知不可屈,时造庐论道学之要。所著有《孝经神授篇》,《西铭续生篇》,《太极图说》,《柏林集》,《别世言》。李河滨称其文以胆胜。"(清雍正十三年刊本)〔清〕金嘉琰、朱廷模修,钱坫纂《〔乾隆〕朝邑县志》卷四《历代著名人物录》:"雷于霖,字午天,自号柏林子。崇祯癸酉举人。幼贫。性至孝,亲殁,几不胜丧。壮好古文学,为文奇挺。研理,声誉翕集。……所著有《孝经神授篇》《西铭续生篇》《太极图说》《柏林集》《别世言》。复自为传,以仿醉吟先生。河南汤潜庵斌本朝大儒,兵备潼关时,造庐商略理学,欢如宿好,表其门曰'学宗濂洛'。邑人李河滨楷称其文以胆胜。"(乾隆四十五年刻本)又见雷衍恩《显考癸酉科举人柏府君行实编年》,张骥《关学宗传》卷三六《雷午天先生》和饶应祺修、马先登纂《同州府续志》卷一一《列传上》。

清圣祖康熙七年　戊申(公元1668年)

四月,李颙东行讲学　是年,李颙受白焕彩、党湛等人之邀,东行讲学。此次讲学历时三月,所讲之地有陕西兴平、茂陵、泾阳、蒲城、朝邑、高陵、咸阳等地。所讲内容略见于其弟子赵之俊所编《东行述》。李颙在朝邑讲学期间,拜访了李楷。尽管李颙此次讲学多士景从,但同时也遭到一些关中学人的反对,如朝邑王建常。王建常对李颙主讲明阳学颇为不满,认为其学本禅,即他所说的"今犹有俨然以儒学自命,而学乃流于禅者"(王建常:《复斋录》卷五)。

[文献]　〔清〕赵之俊《东行述》:"戊申夏四月,含章、省庵肃礼币,尚党生惟学奉迓。……二十五日,别姊乃发,晚宿兴平之定村。明日,迂道诣茂陵,遂次毕郢。……二十七日,次泾干之瓦村,……二十九日至蒲城,……五

月初二日,抵车都,省庵预治静室以俟,先生馆焉。晋谒者无虚日,室隘不能容,乃假他氏空舍之宏敞者栖之。先生为之发明固有之'良',唤醒人心。大约谓:'此"良"昭昭于心目之间,蔽之不能昧,扰之不能乱,减之无所损,增之无所益,与天地合德,而日月同明,通乎昼夜之道而知,顺而行之,便是天则。不必支离葛藤,义袭于外,舍真求假,空自担阁。'(六月)十六日,赴朝邑,……(七月)初八日,至高陵,……先生既归,语俊以诸君高谊。"(李颙:《二曲集》,63-69页)〔清〕惠龗嗣《历年纪略》:"康熙七年戊申。夏四月既望,同州耆儒白含章偕蒲城王省庵肃车令党生克才至周至迎先生。……至蒲城,谒横渠张子祠,……五月,抵同,馆于白塾。……七月初九,西返,……十一日,过高陵,谒泾野祠,邑令许闻而迎谒。先生睹祠宇颓残,托许重葺,恤其后裔。邑绅于尔锡留宿文塔,泾邑、池阳士绅咸集问学。过咸阳,教谕汤固留,为多士开讲。十五日,抵家,谒母墓告返。"(同上书,568-569页)又见吴怀清《关中三李年谱》卷一《二曲先生年谱》。

六月,李颙《学髓》录成 《学髓》不分卷,李颙撰,见《二曲集》。书前分别有张珥、王四服和白焕彩序,后有王化泰跋。是书乃康熙七年(1668)六月,李颙在同州讲学间,白焕彩录其安身立命之微言,名曰《学髓》。今按是书,图文兼标。就图来看,李颙以浑沦一圈示"人生本原",并自注此本原"无声无臭,廓然无对;寂而能照,应而恒寂"。并以白、黑二点喻理、欲,李颙认为理、欲皆是本原念起而生。就文观之,其于本原有"至一无二,不与物对""良知良能,随感而应"和"念起,而后有理欲之分"等说法。可见,李颙所谓人生本原,实类于阳明"无善无恶心之体"说。是书亦标举静坐之修养工夫,认为"心澄则性自朗","故必以静坐为基"。

[文献] 〔清〕王四服《序》:"丁未春,先生东游太华。……友人省庵王君与先生合志同方,素称莫逆,今夏偕含章白君肃车奉迎。……最后白君以向上一机请,先生欣然告以安身立命之旨,脱去支离,直探本原,言约而道大,词显而理精,白君题曰《学髓》。"(李颙:《二曲集》,16页)〔清〕白焕彩《序》:"兹幸天假良缘,得拜见二曲李先生,乃始抉秘密藏而剖示之,有图有言,揭出本来面目,直捷简易,尽彻支离之障,恍若迷津得渡,梦境乍觉者。先生无隐之教,有造之德,天高地厚,何日忘之!时六月六日也。"(同上)

清圣祖康熙八年　己酉(公元1669年)

十月,李颙《体用全学》《读书次第》录成　《体用全学》不分卷,李颙撰,见于《二曲集》,前有张珥《识言》。按《识言》,是书乃李颙康熙八年(1669)东游太华,馆于张珥之家,为其所开书目。书目分明体、适用两大类。明体类又分为明体和工夫二小类。其明体之明体类有《象山集》《阳明集》《龙溪集》《近溪集》《慈湖集》和《白沙集》六书;明体之工夫类则程、朱、薛、胡及关中学者吕柟、冯从吾等人的理学著作。适用类书,如《文献通考》《经世挈要》《武备志》《律令》《农政全书》和《泰西水利》诸书。可见,李颙之学虽倾向心学,然亦重经世致用。《读书次第》,前有李士瑸《识言》。由《识言》知,亦李颙此年游太华过李士瑸家,李士瑸录其言而名之《读书次第》。李颙所持读书次第,乃"由《小学》渐入《大学》,自经传徐及文史。"

[文献]　〔清〕张珥《识言》:"兹先生东游太华,因便过珥,窃喜如狂,遂馆先生于家塾,晨夕参究,因获闻所未闻。……珥因请明体适用当读之宜,先生遂慨然告语,珥谨载笔而胪列之,用以自勖,并为同臭味者勖。时康熙八年己酉十月十四日午时也,敦奄张珥谨识。"(李颙:《二曲集》,48页)〔清〕李士瑸《识言》:"己酉十月,师复来游太华,往返两经荒郡,瑸肃奉起居,间颇有绪闻,然皆因瑸施教,亦未遑言读书也。洎是月十五日辰时,瑸率儿襄以侍,蒙师垂慈,慨然呼襄而命之曰:'小子可教也。'顾瑸执笔,口授《读书次第》若干款。……过此以往,又有《全体大用》之目授张襄陵,可并传之,以为书程合璧。"(同上书,55页)

李颙《观感录》约于此年著成　《观感录》1卷,李颙撰,见于《二曲集》。前分别有张珥和李颙序。按序可知,李颙认为人生而良知自具,"良知之在人,不以圣而增,不以凡而减,不以类而殊,无凡圣,无贵贱,一也",故人人可以为圣。人之所以有圣凡之分,是因为"立志与不立志"。故专门收集有明一代地位卑贱,然立志圣贤、自勉自奋,卒成大儒者,如盐丁王艮、樵夫朱恕等人编成此书。目的在于藉古勉今,资人修己。

[文献]　〔清〕张珥《观感录叙》:"《观感录》者,二曲先生之所著也。先生慨世人视圣贤太高,甘愚不肖如饴,因汇萃古今至卑贱之人,而卒自勉励为大豪杰、大贤人之品者,勒为此书。……时康熙八年孟冬之望,左辅后学张珥

题。"(李颙:《二曲集》,272－273 页)《续修四库全书总目提要(稿本)》(29):"《观感录》一卷,昭代丛书本。明李颙撰。颙事迹见前。是书辑出身微贱,而能砥砺卒成大儒者,以为观感。……然二曲之学,以清修苦行为宗,而其论学则谓'经有主宰,致笃力行,精思实践,而不堕于空虚。'此固与心斋之学有异者也。"(《续修四库全书总目提要(稿本)》(29),齐鲁书社,1996 年,446 页)

清圣祖康熙九年 庚戌(公元 1670 年)

一月,王宏撰始研读理学书 王宏撰早年耽于诗文,是年始研读周敦颐《周子全书》,转志理学。他之所以要首读《周子全书》,是因为在他看来"自孟子而后,传孔子之道者,唯宋之周子为最,二程皆师焉",并认为周敦颐之学"有体有用,有圣有王"。

[文献] 〔清〕王宏撰《山志(初集)》卷一《自励》:"予自三兄逝后,无日不怆然于中,且自警自惧,故于庚戌元旦,谨告先灵:凡一切逾分理事,必不敢为,所以养身,非独自励,亦望我弟子共识此意也。"(王弘撰:《山志》,中华书局,1999 年,23 页)〔清〕王宏撰《砥斋集》卷一《周子全书序》:"自孟子而后,传孔子之道者,唯宋之周子为最,二程皆师焉。所著《太极图说》,虽朱、陆有为异之辨;而于《通书》,则并尊之无异词。撰年四十有九,始知读其书,义约而达,语淡以旨,包括宏深,研入微密,有体有用,有圣有王,盖六经之枢纽、百代之津梁矣。汉之董、隋之王、唐之韩,其文章雄伟或过之,而纯粹以精,曾不得与此。即宋之大儒如林,其学亦讵能出其范围也哉!"(清光绪十二年敬义堂刻本)

十月,李颙与李来章"约为兄弟" 是年十月,李颙赴河南襄城招父魂,李来章(1654－1721,名灼然,字来章,号礼山,河南襄城人)多襄其事,二人遂相约为兄弟,"益以正学相砥砺"。李来章非常钦仰李颙的学术和人品,特别是其"苦志笃行"的作法。在他看来,李颙"倡绝学于周至,关中尊之拟于横渠"(李来章:《礼山园文集》卷八《李二曲征君招魂纪事》)。但他对李颙推崇来知德的《周易集解》有所不满。

[文献] 〔清〕李来章《礼山园文集》卷八《李二曲征君招魂纪事》:"李征君颙以苦志笃行,倡绝学于周至,关中尊之拟于横渠。辛亥应毗陵骆太守

钟麟聘,将讲学于龟山书院,迁道襄城,招父魂而葬于西郭之义林。"(清康熙间赐书堂刻本)〔清〕李来章《礼山园文集》附录《本传》:"李来章,名灼然,以字行,号礼山,襄城人。……走谒夏峰孙钟元征君。会二曲李征君中孚来襄城招魂葬父,来章与襄其事。中孚约为兄弟,益以正学相砥砺。"(同上)〔清〕李来章《礼山园文集(后编)》卷一《易述序》:"愚兄二曲征君极推来《易》,世多尚之,然错综之义虽为晓畅,而要归之旨颇伤于直捷,似不若传之切近乎实为确而可循也。"(同上)

十二月,李颙《匡时要务》录成 《匡时要务》,不分卷,李颙撰,见《二曲集》。前有骆钟麟序。按序可知,是书乃李颙康熙九年(1670)南行间,为骆钟麟所述治理之道。今按是书,李颙以"易风俗,明学术"为匡时第一要务。在他看来,"天下治乱,由于人心之邪正;人心之邪正,由于学术之明晦;学术之明晦,更由于当事之好尚"。所以他认为"立人达人,全在讲学;移风易俗,全在讲学;拨乱返治,全在讲学;旋乾转坤,全在讲学"。

[文献] 〔清〕骆钟麟《匡时要务序》:"《匡时要务》,关中二曲先生语也。……嘉平之月,空谷足音,跫然及我。首以移风易俗、明学术见勉,以为是匡时第一要务。大约谓:'天下治乱,由于人心之邪正;人心邪正,由于学术之明晦;学术明晦,更由于当事之好尚。'历引王阳明、冯少墟诸先达为鉴,诚以居高而呼:'牖民孔易,斯实风化之标准,致治之枢机,位育参赞之大关头也!'予闻之,爽然失、涩然汗,愧学疏资浅,力莫能与。幸各宪台及邦之明公巨卿,方以明伦兴化,砥砺颓俗为任,遂手录其语,付之剞劂,以备采鉴。……时康熙庚戌季冬之吉,中宪大夫晋陵守骆钟麟谨题。"(李颙:《二曲集》,103－104页)〔清〕惠龗嗣《历年纪略》:"康熙九年庚戌。……冬十月,赴襄城。……十二月朔,至常,骆公郊迎,馆于府治之左。"(同上书,572页)又见王心敬《南行述》,吴怀清《关中三李年谱》卷一《二曲先生年谱》。

清圣祖康熙十年　辛亥(公元1671年)

一月,李颙南行讲学 康熙九年十月,李颙赴河南襄城招父魂。时任常州知府的骆钟麟闻讯来迎,遂于十二月底至常州。是年,李颙应当地学人之邀,先后在常州府武进、无锡、江阴、宜兴、靖江、毗陵等县讲学,历时三月余。其讲学内容,被听者整理刊行,即《靖江语要》《常州府武进县两岸汇语》《锡山语要》等。李颙此次江南讲学,当地巨绅名儒远迩云集,时人"诧为江左百年来未有之盛事"。

[文献] 〔清〕惠龗嗣《历年纪略》:"康熙九年庚戌。……十二月朔,至常。骆公郊迎,馆于府治之左。先生喜寂厌嚣,移居郡南龙兴寺。绅士见其冠服不时,相顾眙愕,既而知为先生,渐就问学,至者日众,憧憧往来,其门如市。一时巨绅名儒,远迩骈集。答问汪洋,不开知见户牖,不堕语言蹊径,各随根器,直指要津。自是争相请益,所寓至不能容,郡人诧为江左百年来未有之盛事。……(康熙十年辛亥正月)十四日旋寓。次晨,骆内艰之报至,先生诣署躬吊。拟二十日西返,阖郡绅衿公恳开讲于府庠明伦堂,又讲于武进邑庠明伦堂,会者千人。从游者录其言为《两庠汇语》。于是无锡、江阴、宜兴、靖江各争迎开讲。"(李颙:《二曲集》,572-573 页)〔清〕吴怀清《关中三李年谱》卷一《二曲先生年谱》:"康熙九年庚戌,四十四岁。……十二月朔,抵常州。……康熙十年辛亥,四十五岁。……(二月)初二日,吴公偕郝君请先生开讲明伦堂,阖邑绅衿咸集。毗陵门人徐超、张浚生录其语为《锡山语要》。初四日,汇旃及邑名宿延先生会讲于东林书院,超与浚生录之为《东林会语》。……初六日,秦灯岩松岱同其兄对岩太史邀先生会讲于淮海宗祠。叙其答语为《梁溪应求录》。……初九日午,抵江阴,邑宰周公瑞歧偕学傅郊迎。十一日,开讲于明伦堂。十三日,靖江尹郑公重偕教谕袁君元来迎。是日,宜兴官绅拟肃启奉迎先生,临其邑讲学,而郑公先至,次日渡江。越二日,会讲明伦堂。门人录其答语,为《靖江语要》。"(吴怀清:《关中三李年谱》,38-46 页)又见王心敬《南行述》。

二月,李颙与高世泰论学 二月,李颙至无锡,往拜谒高攀龙祠堂,并访其从子高世泰(1604-1676,字汇旃,晚号石屋遗氓,江苏无锡人),会讲于东林书院。二人论学语,被听讲者录为《东林书院会语》,见于《二曲集》。今按《东林书院会语》,李颙与高世泰此次所论,主要为儒家的修养工夫和对陆、王之评价。高世泰尊奉朱子"习静,不如习敬"之说,修养工夫主张"主敬";李颙则认为"敬乃学中之一事",并不是修行之不二法门,主张"敬以为之本,静以为之基"。对于"觉",高世泰认为是"效先觉之所为",李颙则主张"觉吾心之固有"。对于陆、王,高世泰认为朱熹"言满天下无口过",而陆、王则不然,陆九渊的"六经皆我注脚"和王守仁的"满街都是圣人"均为口过;李颙则认为"言满天下无口过",非独朱熹可当之,陆、王上述二语,只不过是"矫枉救弊"。

[文献] 〔清〕徐超、张浚生录《东林书院会语》:"周至李先生童时尝读天启朝事,雅慕高忠宪公之风节。自是每遇吴人,即访其履历之详及所著书,而卒无从得。耿耿于衷,盖有年矣。庚戌季冬,骆郡伯迎先生至郡,首询忠宪后裔,众以犹子汇旃先生能世其家学对。先生慨然约郡伯同谒忠宪公祠,因晤汇旃先生,会郡伯丁内艰不果。仲春朔,梁溪吴令君暨学博郝元公先生具舟奉迎,先生欣然不辞,盖欲乘此了宿愿也。初二日,薄暮抵邑。次晨,展谒先圣毕,即趋忠宪祠。瞻礼遗像,徘徊故池,不觉泫然。与汇旃先生针芥相投,欢若平生。次日,会讲于东林书院,邑中诸贤达环集,各质所疑。"(李颙:《二曲集》,95页)〔清〕吴怀清《关中三李年谱》卷一《二曲先生年谱》:"康熙十年辛亥,四十五岁。……(二月)初四日,汇旃及邑名宿延先生会讲于东林书院,超与浚生录之,为《东林会语》。"

王宏撰与孙承泽论学 是年,王宏撰至京都,往访孙承泽(1594－1676,字耳伯,号北海,又号退谷,益都人),与孙承泽论阳明学。王宏撰学宗朱学,认为王阳明"学从禅入,多涉于偏",但他赞赏阳明之"致良知",认为阳明"实有志于圣道",并对阳明其人十分推崇,认为"论人物,文成于所谓'三不朽'者,殆兼之焉,自是一代儒臣冠冕"(王宏撰:《正学隅见述》)。然而孙承泽为学固守程、朱,力辟王学,曾著《考正朱子晚年定论》,专以驳斥王阳明《朱子晚年定论》。王宏撰认为孙承泽对王阳明其人其学"有已甚之词",并批评其"以论学之不合而偏于作恶"。

[文献] 〔清〕王宏撰《山志(初集)》卷一《孙少宰》:"京师收藏之富,无有过于孙少宰退谷者。盖大内之物,经乱后皆散逸民间,退谷家京师,又善鉴,故奇迹秘玩咸归焉。予每诣之,退谷必出示数物,留坐竟日。肴蔬不过五簋,酒不过三四巡,所用皆前代器。颇有古人真率之风。凡予所谈论,退谷辄喜,以为与己合。唯于王文成有已甚之词,予不然之。时方构'秋水轩',以著述自娱,其扁联皆属予书。年已七十有八,手不释卷,穷经博古,老而弥笃,近今以来所未有也。"(王弘撰:《山志》,21－22页)〔清〕王宏撰《山志(初集)》卷五《王文成》:"近日孙少宰著述,略文成之善而独言其通濠有因,则以论学之不合而偏于作恶,欲从百年后定百年前莫须有之案,亦异矣。少宰博学好古,予素重之,唯于此不能无憾也。如文贞、文宪皆一代名臣,而以私意造谤,则其过有不可掩者。士君子于善善恶恶之际,又乌可不知《春秋》之义哉。"

(同上书,118 页)《四库全书总目提要》卷一二九《子部三九·杂家类存目六》:"其讲学诸条,亦皆醇正平允。与孙承泽虽友善,而无所曲徇,颇能去门户之见,为可取云。"(《四库全书总目》,中华书局,1965 年,1109 页)

李颙《传心录》录成 《传心录》不分卷,李颙撰,见《二曲集》。前有陆士楷序。按序可知,是书乃士楷康熙十年(1671)春,受业李颙之门后,将所闻"谨述其概",而成此书,自题曰《传心录》。是书主要阐发"心体本然"与养心工夫。李颙认为心体"其未发也,虚而静,其感而通也,廓然大公,物来顺应"。就修养来说,仍主张"悔过自新"。在李颙看来"悔过自新,乃为学入门第一义",但落实起来,非单"默坐澄心"即《悔过自新》中所谓的"静坐",还提倡"主敬",认为"用功莫先于主敬"。

[文献] 〔清〕陆士楷《传心录序》:"辛亥春,始获受学于吾师二曲先生之门,晨夕趋侍,解惑启蔽,叼益良多,而大要归于治心。……今师范日远,就正无从,谨述其概,题曰《传心录》,……时康熙辛亥清和朔,晋陵门人陆士楷介侯氏拜题于居敬堂。"(李颙:《二曲集》,44 页)

清圣祖康熙十二年 癸丑(公元 1673 年)

五月,李颙讲学关中书院 李颙这次主讲关中书院,因清廷征召而中辍,历时仅三月余。其讲学内容,可于《关中书院会约》中窥见。李颙此次讲学,与三秦士子多所摩厉,一时学风丕变。当时耆老认为冯从吾后关学久绝之响,得李颙此讲乃起而振之。陈祖武认为"李颙在关中书院,是要借书院讲坛来彰明自己的'悔过自新'学说"(陈祖武:《清代学术拾零》,湖南人民出版社,2002 年,94 页)。他还认为"李颙的书院教育,走的是继承明季讲学遗风的路",但是"这种继承又并非一成不变,而是在旧的躯壳中充实进新的历史内容,对空谈理学之风进行了积极的修正。"(同上书,99 页)

[文献] 〔清〕惠龗嗣《历年纪略》:"康熙十二年癸丑。……是年,修复关中书院,拔各郡俊士于中,乃因提学钟郎致饥渴,又因咸宁郭丞通礼意,四月,肃币聘先生讲学。先生力辞至再,鄂公敦延愈殷,三往然后应。……五月十四日,命府三学博士御车进城。公偕阿抚军(讳席熙)暨三司迎候于书院之翼室,设宴,随改其室为明道轩。次日,请先生登座,公与抚军藩臬以下,抱关击柝以上,及德绅、名贤、进士、举贡、文学、子衿之众,环阶席而侍听者几千

人。先生立有《学规》《会约》，约束礼仪，整身心。三月之内，一再举行，鼓荡摩厉，士习丕变。故老有逮事冯少墟者，目睹其盛，谓：'自少墟后，讲会久已绝响，得先生起而振之，力破天荒，默维纲常，一发千钧。视少墟倡学于理学大明之日，其难不啻百倍'。"（李颙：《二曲集》，579页）〔清〕惠龗嗣《历年纪略》"康熙十四年乙卯。先生癸丑秋自书院讲毕旋家，即闭关不复见客。"（同上书，582页）又见吴怀清《关中三李年谱》卷二《二曲先生年谱》。

清圣祖康熙十四年　乙卯（公元1675年）

八月，李颙移居富平，《富平答问》录成　李颙为避"兵氛"，自是年八月移居富平，至十八年（1679）八月归，寄居历四年之久。此间，他与李因笃、郭传芳往来甚密，王宏撰、顾炎武、傅山等亦咸来论学。居富平间，李颙与李因笃接触最切，学术之论亦当较多，但二人理学旨趣截然不同，李颙学崇阳明，而李因笃学尊朱子。《陕西乡贤事略》云："因笃之学以朱子为宗，时李二曲倡良知，晚年移居富平，与因笃过从甚密，然各尊所闻，不为苟同之说。"（王儒卿等：《陕西乡贤事略》）

《富平答问》1卷，李颙撰，见《二曲集》。前有惠龗嗣《小引》。按引可知，是书乃李颙"顷因兵氛，流寓富平"间，答李士琓、惠龗嗣等人的问学语，后由惠龗嗣录而成书。是书主要阐明主静工夫和论朱、王异同。就前者来论，李颙所倡"主静"，实是指本体上工夫，即"无事时，湛寂凝定，廓然大公；有事时，物来顺应，弗逐境驰"。就后者来看，李颙力图调和朱、王，即所谓"以致良知明本体，以主敬穷理、存养省察为工夫"。

[**文献**]　〔清〕李因笃《受祺堂文集》卷四《隐士庄拟山堂记》："盖周至李征君中孚先生，起自孤寒，独立不倚，孝友忠爱，有志圣贤之学。顾其家甚贫，尝三旬九食，箪瓢屡空，晏如也。而笃实之征，光辉莫掩。……岁汉江播氛，南山烽羽之严，比迩二曲，故开府雁门张公曰'征君可以行矣。'涉郭富平。"（清道光丁亥年刻本）〔清〕惠龗嗣《小引》："《富平答问》者，吾师二曲先生答人问学之语也。先生原籍周至，因兵氛，流居富平，闭关养疴，不与世通，居恒惟三五旧游。"（李颙：《二曲集》，124页）〔清〕惠龗嗣《历年纪略》："康熙十四年乙卯。……八月初六，先生挈家避兵富平。是时云、贵构乱，蜀、汉尽陷。……康熙十八年己未。先生丘垅兴思，浩然欲归。……八月初八日，西

返。……初十日抵家,十二日谒墓告返、致祭,迎姊就养。"(同上书,583－589页)又见吴怀清《关中三李年谱》卷二《二曲先生年谱》。

王宏撰《砥斋集》整理成 《砥斋集》12卷,王宏撰著。由王宏撰子王宜辅《刻砥斋集记》中"康熙旃蒙单阏",可知刻于康熙十四年。由王宜辅记,亦知《砥斋集》曾有田雪崖康熙二年(1663)刻本,然仅收文数十篇而已。后又有光绪十二年(1886)敬义堂刻本。是书多论学之作,故张舜徽有"《砥斋集》不乏论学之作"之说,并言该书"论学平允,不欲以诋斥相高。"(张舜徽:《清人文集别录》,华中师范大学出版社,2004年,20页)

[文献] 〔清〕王宜辅《刻砥斋集记》:"家大人读书之暇,间作诗古文词。癸卯,田雪崖先生为刻之白门,曰《砥斋集》。文才数十篇,无诗。己酉春,大人有昌平之行,携入都。汪苕文先生为作序,云刻之都门,非实也。大人夙多疾,乙卯春,构'学易庐',书朱子'闲中今古;静里乾坤。'又书坐右曰:'养身中之天地,游物外之文章。'遂谢人事,弃去一切,朝夕讽绎惟四圣之《易》而已。辅请发笥中稿,同弟辑纂次以续前刻。得文十卷,并家童所录书简一卷,杂著一卷,共十二卷。诗稿旧积二寸许,庚戌元旦大人悉取焚之。今得二卷,仅十之三耳。于是《砥斋集》始成,……康熙旃蒙单阏岁长至日,男宜辅识,宜辑书。"(清光绪十二年敬义堂刻本)《续修四库全书总目提要(稿本)》(5):"山史于读书之暇,间作诗古文词。康熙癸卯,田雪崖为刻之白门,曰《砥斋集》,文仅数十篇,无诗。己酉山史携之都门,汪琬为之作序,而序文以为刻之京师,实非也。山史多疾,乙卯构学易庐,书朱子语于门曰'闲中古今;静里乾坤。'又书座右曰'养身中之天地;游物外之文章。'遂谢人事,弃去一切,朝夕讽绎,惟《易》而已。是时其子请发笥中文稿,同弟相与纂次,以续前刻,得文十卷,并家童所录书简一卷,杂著一卷,共十二卷。诗稿旧集,山史于庚戌元旦,悉取焚烧,后经其子各处搜寻,集得二卷,仅原稿十之三尔。诗文编次完竣,始为杀青,藏诸家塾。其板年久残缺,印本流传甚罕。直至光绪时,山史六世孙凌霄,惧坠先业,积赀重刊,遂为今日之流行本也。山史本工书能文,又精金石鉴别之学,故文集中,亦有涉及金石书画,多透辟精审之论。其它议论之文,汪琬称其'驰骋今古,悉有依据',非苟作者。诗亦清韵可讽。盖山史本理学之士,一身精力,尤在于《易》。诗文乃其余暇消遣之具,而造诣亦如此之深,诚不可及矣。"

清圣祖康熙十五年　丙辰（公元1676年）

十一月，王宏撰《正学隅见述》撰成　《正学隅见述》1卷，王宏撰著，《四库全书》著录。今按是书，阐明"格物""太极"二说，"于格物、致知之训，朱子为正；无极、太极之辨，陆子为长"。尽管王宏撰于"格物""太极"之说有所裁决，然取舍之据，多罗列众家之说，少抒一己之见。《四库全书总目提要》评其"持论颇为平允"，而李元春则认为此书持说"犹未免骑墙之见"（李元春：《桐阁性理十三论》）。

[**文献**]〔清〕王宏撰《正学隅见述自序》："宏撰愚不知学，唯读古人之书，以平心静气自矢，罔敢逞其私臆；而久之，有是非判然于吾前者。盖尝有见于格物、致知之训，朱子为正；无极、太极之辨，陆子为长。贤者之异，无害其为同也。今掇其旨要，著之于篇。若为两贤折衷，宏撰何人斯，而足语此！庶几下学一得，质诸古人，而幸其不远也。尚望有道君子，惠而教之焉。华山后学王宏撰无异识。康熙十五年冬十一月朔。"（文渊阁《四库全书》本）〔清〕李因笃《受祺堂文集》卷三《正学隅见序》："吾友华山王君无异，著《正学隅见述》一编。格物从朱，太极从陆，予阅而善之。或曰若不类两是乎？曰无异与予，皆学考亭者也。无极、太极之辨，以陆子为长，无异确有其然者也。详篇中，不具论。无异以贤者之异不害为同，予又以太极从陆不害其为学考亭也。史称苏辄君子不党，吾于无异是编亦云。"（清道光丁亥年刻本）〔清〕康乃心《王贞文先生遗事》："先生著《正学隅见述》一书，论格物致知之说，以朱子为正；无极、太极之辨，以象山为长。"（清光绪廿三年华阴王敬义堂刊本）又见《四库全书总目提要》卷九四《子部四·儒家类四》。

清圣祖康熙十六年　丁巳（公元1677年）

九月，王宏撰与李颙论学　是年九月十九日，王宏撰往富平吊唁朱廷璟，被时任富平令的郭传芳邀入城，遂与寓居富平的李颙就"格物"与"博约"的看法展开了辩论。双方辩论书信原文，见于王宏撰《砥斋集》卷四《频阳札记》。关于"格物"，王宏撰与李颙的分歧主要集中在对"格物"中"物"的理解上。王宏撰认为"物"即"物理"，而李颙认为"物"即"物欲"。故而，对于"格物",王宏撰认为就是即物穷理以致本有之知,而李颙认为"格物"就是直接革除心中的欲望。关于"博约",王宏撰主张"博文"与"约礼"并重,强调"本末不遗,始终有序",既要体验内在之德性,又要穷格外在的物理;而李颙则重"约礼"轻"博文",强调内向省察,反对舍本外骛。王宏撰与李颙此次论学之始,即标明自己"固守考亭之训",辩论之后,他认为李颙为学"意主文安、文成之说"。

[文献] 〔清〕王宏撰《砥斋集》卷四《频阳札记》:"丁巳秋九月初三日,顾宁人先生入关,止于予明善堂,将同筑山居老焉。频阳郭九芝明府使来,附朱山辉太史之讣。……是月十有九日,予往吊朱氏,哭于山辉之柩。九芝邀予入城,坐定,问别后为学之功,予出《正学隅见述》一册视之,九芝携归署。……又数日,九芝以二曲所为《格物说》见示。……盖九芝有札与中孚,以予札附往,姑中孚以此札来,而予未知也。于是即以《正学隅见述》驰致之,因求其指示。中孚为书云云,……中孚天姿高明,学识渊邃,近代之好古笃行者,罕见其匹。但意主文安、文成之说,其所从入,似得之禅。故论谈笔札,往往不讳。……次日,予遂归。"(清光绪十二年敬义堂刻本)〔清〕吴怀清《关中三李年谱》卷二《二曲先生年谱》:"康熙十六年丁巳,五十一岁。……九月,王山史至富平。先生遣其子伯著往谒,山史随诣军寨,晤谈竟日。旋以所著《正学隅见述》见质,复假阅先生所辑《紫阳通志》。"

清圣祖康熙十七年 戊午(公元1678年)

八月,清廷以博学宏词征召李颙、王宏撰和李因笃 是年,清廷以博学宏词征召李颙、王宏撰和李因笃。李颙以绝食抗拒,绝不赴征。王宏撰虽被迫赴京,然抱病卧居昊天寺坚辞入试。李因笃力辞未果,虽入试被取,终以母老待养而辞归。三人气节同美,然以李颙尤出。故顾炎武对李颙之举钦敬不已,称赞李颙"龙德而隐,确乎不拔,真吾道所依为长城,同人所望为山斗者也"。

[文献] 〔清〕康乃心《王贞文先生遗事》:"康熙戊午,有诏征天下宏博之士,先生与富平李处士因笃、周至李征君颙皆为有司敦迫。先生笑之'上岂少一、二布衣之士,顾采虚名一饰荐牍耳!'数辞,不允,则就道至京。寓古刹中,公卿罕识其面,即造访及门,谈经析义外,不一语及世事。"(清光绪廿三年

华阴王敬义堂刊本)〔清〕王宏撰《山志(初集)》卷五《陈蔼公》:"戊午秋,予入都,遣僮寻一幽僻僧房作寓,乃至昊天寺。"(王弘撰:《山志》,130页)〔清〕惠龗嗣《历年纪略》:"康熙十七年戊午。……是春,复促起程。既而兵部主政房(讳廷祯)又以'海内真儒'推荐。……吏部具题,旨令督抚起送,司府檄富平县力促,先生以疾笃辞,长男慎言赴院哀控,督抚乃以'病卧不能就程'题覆。又奉旨敦促,于是催檄纷至,急若星火。……慎言又日伏辕门泣控,不听。府役坐县,立提职名,锁拿经承。经承守门,伏跪哀号,舁榻以行。……(八月)初六日,督抚又令府尹促行。……遂以后事为托。慎言号痛,门人悲泣,先生皆一一遗嘱,并滴水不入口者五昼夜。总督知终不可强,不得已,又以笃疾具覆,仍一面差官至榻慰抚,先生乃食。……十一月,部覆:'奉旨,痊日督抚起送。'始寝其事,一时翕然讶为'铁汉'。"(李颙:《二曲集》,585-587页)〔清〕李因笃《续刻受祺堂文集》卷四《先母田太孺人行实》:"今上十有七年,诏集诸儒京师。少司马秀水项公(讳景襄)、吾宗司马公(讳天馥)、同学廷尉张公(讳云翼)咸以不孝名上。不孝念母老,哭白台使者,咨部,部檄益急。皇上且专名不孝因笃,敕行省敦发。母更温语治装。既抵都,数请于部吁银台,弗纳。御史大夫魏公(讳象枢)与不孝交最久,悯其困厄,密疏。泣陈殿陛,皇上领之。及春三月预试,名列选中,受皇上特达之知,备官史氏。不孝复请于部,抗疏银台,先后三十七反,而始达御前。究蒙上恩,违部议,许归终养。"(清道光庚寅关中书院刻本)又见吴怀清撰《关中三李年谱》卷二《二曲先生年谱》和卷七《天生先生年谱》。

九月,李因笃与颜元论学　是年,李因笃被征至京,间往河北访颜元(1635-1704,字浑然,号习斋,直隶博野人)并与之论学。二人论学具体内容,今已无考。

[**文献**]〔清〕李塨、王源《颜习斋先生年谱》:"戊午(一六七八)四十四岁。……九月,会李天生于清苑,论学。天生名因笃,陕西富平人。能诗文,时以博学鸿儒举,至京考授翰林院检讨而归。"(颜元:《颜元集》,中华书局,1987年,748页)

王宏撰论"理气"和"动静"　是年,王宏撰被清廷以博学鸿儒征召至京,他拒绝入试,抱病寓居昊天寺。在此间,就门人耿蔚起关于理气、动静的问题进行了答复。原文见于王宏撰《北行日札》之《答问示耿门人蔚起》。今按斯文,王宏撰提出了"理气合一"说,但并没有给出确切涵义。而按王宏撰《山志》(二集)卷四《理气合一》可知,其言"理气合一"有两个层面的涵义:一是本体层面的"理气本一",即理是气之本体,气是理之表现,理与气以体用合一;二是工夫层面的"理气合一",即"践形"以"尽性"。同时,王宏撰于此文亦提出了"动静合一"说,王宏撰对动静的阐发,是借助道心与人心来说明的,其动静合一说,即人心与道心的合一。

[**文献**] 〔清〕王宏撰《北行日札》之《答问示门人耿蔚起》:"问:'何谓太极?'曰:'太极是理,理气合一,混沦无朕,名曰太极。道家以无极为理,太极为气,故谬。'问:'太极是理,理何以能动静?'曰:'动静是理,不是理能动静。'问理气先后,曰:'理不可以与气言先后。言先,则先是理;言后,则后是理。言理,理在;不言理,理亦在。如云"理能生气"是不明也。太极是人不能离者,人要识得太极,悟得理气合一之妙,默而识之,体而行之。其要只在主静存诚,才有欲则离矣,故圣人之学以知止为先。天下之理,不离动静二端。静者道心也,动者人心也,心一而已,静故微,动故危,精一执中,由工夫以还本体,动静合一矣。非佛氏之所谓空、老氏之所谓虚也。诚也,寂然不动;存诚也,感而遂通天下之故。诚则明也。动亦定,静亦定,正所谓体用一源,显微无间耳。近有谓主静在一切动静之先,又有谓动是本体者,说来亦自可听,要皆过奇之论,非实际也。"(清刻本)

李颙与顾炎武书信论学　李颙与顾炎武就"体用"一词之来源,展开了论辩,双方辩论书信原文见于《二曲集》。李颙认为"体用"一词来自佛教典籍,"卢惠能实始标此二字";而顾炎武则认为出自儒家原典,如《易》等。在辩论中,李颙对顾炎武将佛学的"虚寂"与道教之"虚"混为一谈进行了辨析,他认为"老庄之'虚'是虚其心,而犹未虚其理;佛氏之'虚寂',则虚其心,而并虚其理"。此外,李颙对顾炎武"考详略,采异同"的考据学颇不以为然,认为此与自家身心修养无关,是"不求于本而求于末"。他曾向人批评顾炎武的学术说:"友人有以'日知'为学者,每日凡有见闻,必随手札记,考据颇称精详。余尝谓之'日知'者,无不知也,当务之为急。尧舜之知而不遍物,急先务也。若舍却自己身心切务,不先求知,而惟致察于名物训诂之末,岂所谓急先务乎?假令考尽古今名物,辨尽古今疑误,究于自己身心有何干涉?"(李颙:《二曲集》,508页)

[**文献**] 〔清〕李颙《二曲集》卷一六《答顾宁人先生》:"来书云:承教谓'体用'二字出于佛书,似不然。《易》曰:'阴阳合德而刚柔有体。'又曰:'显

诸仁藏诸用。'此天地之体用也。……顷偶话及'体用'二字,正以见异说入人之深。虽以吾儒贤者,亦习见习闻,间亦藉以立论解书,如'体用一源'、'费隐'训注,一唱百和,浸假成习,非援儒而入墨也。《系辞》暨《礼记》'礼者,体也'等语,言'体'言'用'者固多,然皆就事言事,拈体或不及用,语用则遗夫体,初夫尝兼举并称。如内外、本末、形影之不相离,有之实自佛书始。……其解《金刚经》,以为'金者,性之体;刚者,性之用'。又见于所说《法宝坛经》,敷衍阐扬,谆恳详备。"(李颙:《二曲集》,148 - 149)〔清〕李颙《二曲集》卷一六《又(答顾宁人先生)》:"'体用'二字相连并称,不但《六经》之所未有,即《十三经注疏》亦未有也。……'内典'二字,出于萧梁之世。是时武帝崇佛,一时士大夫从风而靡,以儒书为'外尽人事',佛书则'内了心性','内典'之目,遂昉于此。历隋唐宋元以至于明,凡言及佛书,多以是呼之。视汉人以《元命苞》《援神契》等《七纬》为内,尤不啻内之内矣。然亦彼自内其内,非吾儒之所谓内也。彼之所谓内,可内而不可外。吾儒之所谓内,内焉而圣,外焉而王,纲常藉以维持,乾坤恃以不毁,又岂可同年而语! 故'内典'之呼,出于士君子之口,诚非所宜,当以为戒。《庄子》'外物'、'外生'、'外天地',良亦忘形脱累之谓,似非'虚寂'之谓也。老子言'致虚极,守静笃',《庄子·齐物论》成心有见而不虚之谓,未成心,则真性虚圆,天地同量,此后世谈'虚'之始。然与佛氏之'虚寂',又自不同。盖老、庄之'虚',是虚其心,而犹未虚其理;佛氏之'虚寂',则虚其心,而并欲虚其理,舍其昭昭而返其冥冥,虽则寂然不动,而究不足以开物成务,以通天下之故。此佛氏所以败常乱伦,而有心世道者,不得不为之辨正也。"(同上书,150 - 151 页)〔清〕吴怀清《关中三李年谱》卷二《二曲先生年谱》:"康熙十七年戊午,五十二岁。……《答顾宁人先生书》《第二书》《第三书》"

李柏探学于佛、道 是年,李柏访僧问道,学习佛、道之学,即其所谓的"行年四十九,方外觅幽真"。对于李柏,时人大都以古之隐逸称誉,然李柏自视为儒者,并以"腐儒"自嘲。其实他的思想除儒学外,亦吸收了不少佛、道思想。如其"齐生死,忘人我,泯得失,一瘝寐"(李柏:《槲叶集》卷三《语录》)的主张,很明显移接自老、庄。他所谓的"了尘之法",即"固我有身斯有眼、有闻、有口、有心。心生思、口生言、耳生闻、眼生见,固根生尘,不易了也。眼自无尘,见尘障眼;耳自无尘,闻尘障耳;口自无尘,言尘障口;心自无尘,思尘障心。古人知尘之为我障也,则寻一了尘之法"(李柏:《槲叶集》卷二《青门山人诗集序》),显然,此说袭取于佛典。总之,李柏不歧视佛、道,甚至将之与儒学等量齐观,提倡"教有三种"之说。

[文献] 〔清〕李柏《槲叶集》卷五《述怀十首》(其五):"行年四十九,方外觅幽真。猴岭吹笙子,长安卖药人。江湖萍一叶,雨露花三春。自古萝衣上,不飞帝里尘。"(清康熙三十四年刻本)〔清〕李柏《槲叶集》卷二《送憨休和尚叙》:"岁戊午,予访师于敦煌禅院。双目炯炯,声如洪钟。与之谈儒学,则源溯象山,派分东越。谈经济,则石补青天,渊浴白日。谈文章,则水倾三峡,星焕一天。谈禅,则舌分广长之辩,口吐青莲之香。予不觉爽然,曰:'自栖遁山林四十年来,所接方外瓢笠高朋,未有英雄若此者也!'"(同上)〔清〕李柏《槲叶集》卷五《赠道人任长年》:"早岁离家事道君,空窗静点赤宵文。铁铛炼碎寒溪石,芒履靸开古洞云。华表暮归独鹤老,广州晓度五羊群。药苗一洗东山雨,长铲穿泥仔细耕。"(同上)〔清〕李柏《槲叶集》卷五《赠八仙庵道士任长年》:"簪星曳月旧仙翁,静里观空无所空。渤海乡关千里梦,鹿门妻子五更风。茹芝直学商山叟,结草还如河上公。一自金莲开瑞象,仍随羽客入关中。"(同上)又见吴怀清《关中三李年谱》卷五《雪木先生年谱》。

李颙辑《司牧宝鉴》成 《司牧宝鉴》1卷,李颙辑,见于《二曲集》。前分别有惠龗嗣、倪雕梧、王心敬序和李颙《小引》。按王心敬序知,是书初名《牧民须知》,后改为今名。今按是书,所录为《真公谕属》《吕公谕属》《先贤要言》《牧政往迹》《预免铺垫文》《救急单方》和《附按院公移》,所论皆"为政大经大法"。

[文献] 〔清〕王心敬《司牧宝鉴序》:"《司牧宝鉴》者,二曲先生十五年前所辑以贻知交也。……康熙三十二年癸酉七月朔日,户县门人王心敬尔缉百拜识。"(李颙:《二曲集》,368-369页)

清圣祖康熙十八年 己未(公元1679年)

李因笃与阎若璩论学 李因笃被征京师间,曾与阎若璩(1636-1705,字百诗,号潜丘居士,山西太原人)论学。李因笃对经史素有研究,王士祯称其"九经诸史,靡不淹通"。然而阎若璩对此不以为然,他批评李因笃说:"杜撰故事,莫甚于李天生"(张穆:《阎若璩年谱》,中华书局,1994年,54页)。

[文献] 〔清〕阎若璩《尚书古文疏证》卷四:"己未留京师,富平李因笃

天生告余曰：'晋用夏正,子知之乎。'予曰：'然'。天生曰：'周天王故许之用也,观定四年"启以夏正,疆以戎索"可见。'予曰：'《左氏》乃"政"字,非"正"字。即"政"与"正"通,然则于伯禽、康叔,曰"皆启以商政,疆以周索",鲁、卫乃又建丑乎,何周初自乱其政朔也。'天生语塞。"(《四库全书》本)〔清〕张穆《阎若璩年谱》："《行述》：十七年,应鸿词制科,日与傅山人青主游处。而反复辩论,则天生李检讨、汪钝翁编修为多。"(张穆：《阎若璩年谱》,49页)

清圣祖康熙十九年　庚申(公元1680年)

十月,王心敬师事李颙

[文献]　〔清〕王心敬《丰川全集正编》卷二三《先慈李孺人行述》："年二十有五,乃教离家就学二曲。二十九,教之谢诸生。……居二曲将及十年。"(康熙五十五年刻本)〔清〕王心敬《丰川续集》卷一四《答宝应朱光进》："二十二、三,遂思为离家从二曲先师计,然以先伯父遗孤尚稚,先慈而应门无人。又待二年,二十五,乃始决计奉母命,弃诸生,肄业二曲,岁中定省二、三而已。"(同上)〔清〕惠龗嗣《历年纪略》："康熙二十一年壬戌。……十月,户县王心敬弱冠游庠,食饩,文名藉甚。闻先生论学有感,遂弃诸生,从先生,朝夕执侍,一意闇修。"(李颙：《二曲集》,590页)又吴怀清《关中三李年谱》卷二《二曲先生年谱》。

[考辨]　关于王心敬师事李颙的时间,惠龗嗣《历年纪略》载,康熙二十一年(1682),王心敬从师李颙。然王心敬每言及其从师李颙时,均为年25。王心敬生于顺治十三年(1656),则其从师李颙当在康熙十九年。今从康熙十九年说。

王建常与顾炎武书信论丧服礼

康熙二年(1663),顾炎武于王宏撰处读到王建常之著作,他认为王建常"潜心正学,根本六经"(顾炎武：《寄王仲复先生书》,见王建常《复斋余稿》),拟亲往朝邑拜访。然"因有频阳之约,信宿便行",故"未及抠衣上谒"。遂以书信问讯,并寄其大著《日知录》等书。康熙十七年,顾炎武来陕,即往朝邑拜访王建常。顾炎武认为王建常是"近日之古人",王建常则称顾炎武为"江表鸿儒"。是年,王宏撰父亲的侧室张氏卒,顾炎武有免服之议,王建常认为顾炎武之说为非,遂与之书信论辩。

[文献]　〔清〕顾炎武《亭林文集》卷四《与王仲复书》："华阴王君无异

有诸母张氏,年二十六,其君与小君相继殁。无异以兄子为后,方四龄,张氏独守节以事太君。二十五年太君亡,又三十余年年八十一,及见无异之曾孙而终。无异感其节,将为之发丧受吊而疑其服。仆以免服告之。读来教与无异书,未之许也。窃惟礼经之言免者不一,而详其制有二焉。其重也,自斩至缌皆有免;其轻也,五世之亲为之袒免。夫五服之制,有冠有衰,免则无冠也。……今张氏之卒,无异将为之表其节而报其恩,其可以无服乎哉!"(顾炎武:《顾亭林诗文集》,85页)〔清〕王建常《复斋余稿》卷一《复顾宁人书》:"读来教,言免服之制,引经据传,明且尽矣。但以处无异之于母媵,则不可。夫媵,所谓婢子也,人之配妾,与妻不同;婢又与妾不同;无子与有子又不同。今无异以司马公子,后于从叔父,是为祖继体也;且夙擅文名,晚归理学,为关中贤者。顾乃惓惓于父之婢子,而发乎情不能止以礼义,贤者固无此乎?若欲表其节,只可以辞,未闻以服者。此事以委屈傅会,恐为无异不小也。夫先王制礼,不消者不敢不勉,贤者不敢过也。况《礼经》所无者乎?窃拟缟衣冠深衣,送伊归土,为无礼者之礼可也。若发丧受吊,只能是市童怜耳,恐未免为识者鄙也。不揣愚陋,敢布腹心,唯有道俯加裁正,即以转致无异,慎勿自轻,则吾党幸甚,斯道幸甚。"(民国甲子年朝邑文会印本)〔清〕王弘撰《山志》(初集)卷三《王仲复》:"庚申春,予治先君侧室张氏之丧,虽其出也微,念至孝苦节五十六年,意不忍薄为之,加礼繐以从事。时亭林已在予家,仲复贻书亭林谓:'发乎情而不能止乎礼义,非贤者所为。'时予事已举,未之能从,然不敢忘好友之规。"(王弘撰:《山志》,63页)

清圣祖康熙二十一年　壬戌(公元1682年)

王宏撰《山志》撰成　《山志》12卷(初集6卷,二集6卷),王宏撰著。康熙二十一年所刻为最早刻本,后又有乾隆五十三年(1788)绍衣堂刻本,光绪二十六年(1900)敬义堂刻本。今有何本方点校的中华书局1999年本。是书为王宏撰读书及见闻随笔,内容广涉经学、史学、理学、文字学、音韵学、书画金石学等。就理学来看,亦颇可观,有对宋明理学主要人物邵雍、朱熹、二程、王守仁等学术之论说,亦有对关中理学学者王建常、李颙等人之论述,更有宏撰自己理学思想之表述。另外,是书提出了"当求其是"的治学方法。《四库全书总目提要》认为此书"其讲学诸条,亦皆醇正平允。"

[文献] 〔清〕叶封《序》:"康熙壬戌岁暮,余客扬州,山史亦来,则先是游将盈二稔,闻亭林之殁且周岁矣。同寓萧寺,朝夕过从,接其言论风旨,往往酬答无倦,或至丙夜不休。得读其所著《正学隅见述》及《山志》,乃知山史诚醇儒,其学有本,固非徒博闻强记已也。"(王宏撰:《山志》,2页)《四库全书总目提要》卷一二九《子部三九·杂家类存目六》:"是编乃其笔记之文,议论多而考证少,变颇及见闻杂事。……其讲学诸条,亦皆醇正平允,与孙承泽虽友善,而无所曲徇,颇能去门户之见,为可取云。"(纪昀等:《四库全书总目》,1109页)

清圣祖康熙二十二年 癸亥(公元1683年)

李颙《垩室录感》刊刻 《垩室录感》1卷,李颙撰,见于《二曲集》。前有王吉相序和李颙自识,后有李颙再识。按是书,乃李颙"奉母遗像,严事如生,为垩室于侧,孤栖其中,持心丧"间,"自感自伤"而作。书中所录乃辛全、王艮、吕柟等孝敬侍亲事,目的在于观者"因感而触其良心也。"贺瑞麟认为"此书不啻砭肌换骨神丹,人人得之则生"(贺瑞麟:《清麓文集》卷二《重刻垩室录感序》)。

[文献] 〔清〕李颙《二曲集》卷二七《自识》:"呜呼!颙父蚤丧,幼不逮事。颙母守贞,处困而没,力莫能事,此终身至恫而无所解于其心者也。茕茕负疚,自比于人可乎?虽偷存视息,实尸居余气,孤栖垩室,以抱终天之憾。敬录所感,聊寄蓼莪之痛。时癸亥季夏既望,垩室罪人李颙自识。"(李颙:《二曲集》,350-351页)〔清〕王吉相《序》:"《垩室录感》,我夫子二曲李征君自录所感也。……吉相方谋寿梓以广其传,岐阳茹令君政重风教,业已梓行砺俗,故喜而敬题数语,以附末简。康熙二十二年重阳后三日,翰林院庶吉士古豳门人王吉相顿首拜题。"(同上书,350页)又见《续修四库全书总目提要(稿本)》(15)。

王吉相《四书心解》刊刻 《四书心解》不分卷,王吉相撰。是书康熙二十二年刻本为最早刻本,卷首分别有张汧、李颙序和王吉相自序。后又有道光二十四年(1844)刻本,该本后附有王吉相另一著作《偶思录》和乡会墨六篇(六篇科考应试文章)。现亦有王吉相嫡孙今人王丕烈整理的陕西省内部图书本《四书心解》,此本以道光本为底本,后附有"一九五八年均遭破坏"的碑文,即《详请王天如太史入祀乡贤事实八条》,该文为我们今天了解王吉相生平提供了重要资料。《四书心解》为王吉相辞官养病,间读《四书》有感而作。其自谓:"心解者何?解心也。"可见,是书多为自抒心得之录,故路德评曰:"其言独抒所见,不依傍程朱之说,而其融会贯通,头头是道,实能得人心之所同然,发前人之所未发。"然李元春认为此书"解《四书》多以《四书》证《四书》,舍之于心,时与旧说不同",并指出是书"解理多而解典制名物为少"。

[**文献**] 〔清〕张汧《序》:"癸亥岁,余以分藩关中,因获识荆望,而知为好学士,聆音接词,恨相见晚。嗣出其所为《四书心解》问序于余。……康熙岁在癸亥重阳后二日,同馆弟张汧谨序。"(清道光甲辰彬州儒学官署刻本)〔清〕李元春《桐阁文钞》卷四《四书心解序》:"邠州王天如先生,二曲门人也。康熙中,成进士,入翰林。既辞官归,决意舍文章之业,潜心理道,刻意力行。晚著《偶思录》及《四书心解》二书。……先生此书,请略言耳。先生重躬行实践,而归主于心,归原于知,此真二曲之学也。……又如格物一条,此朱子、阳明大相戾者,而先生兼斥之。……虽然先生学二曲之学、象山之学,真学也。解《四书》多以《四书》证《四书》,舍之于心,时与旧说不同。此钻研过深者,今人并不能如此用心也。……先生讲理学不讲汉学,故解理多而解典制名物为少。予谓理学、汉学当一以贯之。"(清光绪十年朝邑文会刊本)〔清〕路德《重刊序》:"邠州王天如先生,康熙壬子解元,丙辰进士,改庶吉士。养疴家居,问道于吾邑李二曲先生。闻言会悟,北面受学,潜心性命之旨。日读《四书》札记成帙,名曰《心解》。……夫是书之刻,经今百六十余年。板藏于家,散佚无存。……道光二十四年春三月,后学周至路德序于宏道书院之清谷草堂。"(清道光甲辰彬州儒学官署刻本)又见《续修四库全书总目提要(稿本)》(14)。

清圣祖康熙二十四年 乙丑(公元1685年)

七月,李因笃主讲岐山朝阳书院 李因笃朝阳书院之讲,多论及理学。聆听诸生将其讲学内容辑录为《朝阳书院奉迎太史子德先生会讲录》一书,宋振麟序。遗憾的是此书今不传,无以见其讲学内容。不过,从宋振麟序中可知,李因笃颇重张载"以礼教人"之旨,故此次主讲"首发横渠以礼教人之旨"。他如"断之以审几,以著思诚之体","圣人惟几之学,只不失乎本心"等等,亦可见其学之大端。

[文献] 〔清〕李因笃《续刻受祺堂文集》卷二《茹明府紫庭初度序》:"而明府顷作朝阳书院,厚币具舆马迎予山中,召集多士数百人讲求经术。郊劳授馆,备物熙如。"(清道光庚寅关中书院刻本)〔清〕宋振麟《中岩文介公文集》卷六《朝阳书院奉迎太史子德先生会讲录序》:"今年春,荆山李太史子德先生来下邑榻,屡顾此而赞之,以咏以记。时予侍先生游东湖、五丈原诸胜迹,皆得观其怀古之作,而于周文公庙,三复赋十章以寄兴,盖曰天地文明已至今也。久之,先生东归。予尽镜石,遂向诸君子谋曰:'予之始为此也,固欲实致贤者而师事之。今先生明德为四方士大夫所瞻式,而予亦幸托扶寻之役,获与游处之末,若以时请而邀先生函丈指迷焉,义无所辞。'于是七月戒日,选舆币擎书肃伻迓之,而先生果惠然以来。时则学宪许公汉上事竣,郡伯曹公东行,部先后惠临讲习。诸君子从事于会者皆大喜,相与修乞言之礼,而环向以听。先生首发横渠以礼教人之旨,细论有守有为之义,而断之于审几,以著思诚之体。大约谓人日用而不察,天秩皆废。若循规矩而摄以威仪,则百事可立。故传以动作威仪之则,为受中征。而几者,动之界,知之微也。《书》严冒贡之非,而《易》以知几为神圣。圣人惟几之学,只不失乎本心,心者积成而已矣。故曰忠信所以进德也,修辞立其诚所以行义也。先生论学必绾之以经,说经必贯之以诸史,使表里参伍,相互发而其旨益畅。曩观篇什之所及,知先生于学术切救世之防,鉴积弊之端。论自泰山孙明复,南北学经理奥旨皆钩其要。故每发一义,擘枝叶以究根柢,若风雨之并集,江汉之高泻,以浩气披拂而洗涤之。不数日,而学者洒然各有得也。既讫月,会太夫人周期至,先生归行小祥礼,而诸君子录所会讲已成帙矣。予不敢乏奖率之力,而藉先生叨光于兹土,敢不敬梓公诸海内?遂为之序,所以会讲朝阳之谊,以志其贤士大夫之有事于兹者,姓氏皆列诸左方云。"(清乾隆十六年王文昭刻本)〔清〕吴怀清《关中三李年谱》卷七《天生先生年谱》:"康熙二十四年乙丑,五十五岁。……秋七月,紫庭迎至朝阳书院,与诸生会讲,为梓其语录。未几,以田太孺人周期归里。"

清圣祖康熙二十五年 丙寅(公元1686年)

李颙《四书反身录》刊刻 《四书反身录》6卷《续补》1卷,李颙著,是年刻本为最早刻本。书前序、引颇多。按序可知，此书乃李颙反锁垩室间口授，由侍侧弟子王心敬录而成书。李颙见当时士人于《四书》徒以读诵为事，"只是上口不上身"，故有此作。李颙认为"《四书》，传心之书也"，此心之传贵在"反身实践"，而非"徒资口吻"。在李颙看来，"一人肯反身实践，则人欲化为天理，身心平康；人人肯反身实践，则人人皆为君子，世可尧舜，此致治之本也"。足见，李颙于《四书》最重实践，故其弟子王心敬云："《四书反身录》者，录二曲先生教人读《四书》，反身实践之语也"。梁启超先生认为是书"极切实，有益修养"（梁启超：《中国近三百年学术史》，天津古籍出版社，2003 年，47 页）。

[**文献**] 〔清〕许三礼《序四书反身录》："往岁读中孚明德解，寡过说，皆笃信下学之深，早切高山之仰。今览《反身录》，每从天之所以与我者发论。……康熙丙寅夏孟中天，同学弟许三礼。"（李颙：《四书反身录》，康熙二十五年刻本）〔清〕许孙荃《序》："中孚李先生崛起周至，其言以'躬行实践'为基，'反身穷源'为要，嘉惠后学，开导迷津，阐往圣之心源浸昌浸炽之会，斯真可与弇山鸣鸟，同昭盛世之光华。顾以家世食贫，养亲不逮，痛自刻责，绝意功名。筑垩室独处，时人罕接其面。尤矢志谦退，不欲以著述自居。四方学者每从问答之余，辑其所闻，各自成帙。其高弟王心敬朝夕侍侧，敬从口授，集为《反身录》一书。先生举以授余，余反复卒读，大要以士人童而习之，袭其糟粕而不悟，其指归欲学者反身循理，致知力行。其指约，其趋端，其论说，质实而不涉于高远。横渠有言曰：'为天地立心，为生民立命，为往圣继绝学，为万世开太平。'其先生是书之谓也。……康熙二十有五年岁次丙寅清和月，三秦视学使者泚水许孙荃题于上郡考院。"（李颙：《二曲集》，393 - 394 页）〔清〕惠龗嗣《历年纪略》："康熙二十四年乙丑。……是冬督学许捐俸梓布先生《四书反身录》。"（同上书，591 页）又见吴怀清《关中三李年谱》卷二《二曲先生年谱》和《四库全书总目提要》卷三七《经部三七·四书类存目》。

魏象枢书信向李颙问学　是年，魏象枢(1617 - 1687，字环极，又字环溪，号庸庵，又号寒松，山西人)来信向李颙问学。魏象枢为学虽以程、朱为尊，反对陆、王心学，但他认为李颙之学"反躬克己，脚踏实地"，有别于异端曲学。翌年，西安知府董绍孔为李颙母增修贤母祠，魏象枢为之撰《增修贤母祠纪略》。并在纪略中称李颙"道德风节，为世仪表"，并云"余倾慕有年，深以弗获亲炙为平生一大憾"（李颙：《二曲集》，346 页）。

[文献] 〔清〕李颙《二曲集》卷一六《答魏环溪先生书》:"来书云:仆行年七十矣,自念生平于五伦内,不知欠缺多少;若勉尽一毫,差免一毫惶愧。即如'朋友'一伦,益我者多,乃生平深慕而不晤者:孙钟元、黄黎洲、我中孚三先生耳。虽未觌面请教,然而往来有问答,著述有传布,一字一句,都可取之以为典型。曩有郭舍亲每寄先生大稿,自其作古以后,闻先生之片言,亦难得矣。昨者附奉恩赐旋里时,欲知仆为林下人也,老而废学,无敢言矣。承先生邮寄诸刻,千里如面,欣幸何如!窃窥其反躬克己,脚踏实地,异端曲学,不辨自除。读至《家戒》,凛如也,仆亦不以不晤先生为憾矣!《反身录》容另购。先生晚年珍重,吾道甚幸!""久闻老先生为当代正人,私窃景仰;不谓老先生念切幽岩,屡勤注存,区区自揣无似,徒深愧悚!昔富郑公致政家居,蓝田吕大临与之书,劝其以道自任,振起坏俗,郑公纳其言,多所倡导。今学术不明,士自词章记诵外,茫不知学问为何事。老先生急流勇退,从容于绿野之堂,区区敢以是言进,伏望力振正学,为吾道作干城,在上则表正人伦于上,在下则表正人伦于下,所谓在朝在野,皆有事也。若优然自适,流连于章句诗酒,以此耗壮心而消余年,此碌碌者所为,贤如老先生,知必不尔也。"(李颙:《二曲集》,153页)〔清〕吴怀清《关中三李年谱》卷二《二曲先生年谱》:"康熙二十五年丙寅,六十岁。……《答魏环溪先生书》。"

清圣祖康熙二十七年　戊辰(公元1688年)

杨屾生　杨屾(1688-1785),字双山,陕西兴平县(今陕西兴平市)人。由其乾隆五十年(1785)卒,享年98,可推知其生于是年。事详卒年。

[文献] 〔清〕王权《兴平县士女志》卷二《文学·杨屾》:"杨屾,字双山,邑监生。西乡桑家镇人。少出周至大儒李中孚之门,中孚许为'命世才'。屾遂潜心圣学,不应科举。自性命之原,以逮农桑礼乐,靡不洞究精微。……卒于乾隆五十年,年九十有八。"(清光绪二年刻本)

清圣祖康熙二十八年　己巳(公元1689年)

六月,李颙与范鄗鼎书信论学　是年六月,范鄗鼎(1626-1705,字汉铭,号彪西,学者称娄山先生,山西洪洞人)寄其《广理学备考》等书并问学书信于李颙。李颙遂有《答范彪西征君书》《又第二书》,翌年又有《答范彪西第三书》,见《二曲集》。李颙与范鄗鼎的此次论学,多涉及《广理学备考》之编纂问题,李颙对范鄗鼎之编纂有不满之处。翌年六月,范鄗鼎为李颙所著《二曲集》作序,认为李颙之学"全在躬行,躬行之实,全在安贫改过"。

[**文献**] 〔清〕李颙《二曲集》卷一九《志愧》(书《仁者赠》):"余宴息土室,一编自适。己巳夏,洪洞范彪西先生不远千里,专伻惠余以新刻数种,受而卒业,读至《仁者赠》,不觉爽然自失,涩然汗下。"(李颙:《二曲集》,227页)〔清〕李颙《二曲集》卷一八《答范彪西征君书》:"仆荆扉反锁,久与世暌,唯敝友顾宁人之来,则为破例启钥,聊一盘桓。语及明季诸儒先,仆深以未获尽睹辛文敬遗书为憾,渠遂退而以先生所寄《四书说》见贻,于序文中始知先生。随即转托知交,求先生所梓《理学备考》《广理学备考》《晋国垂棘》《三晋语录》《治学一贯》诸大刻,见所未见,益知先生惠扬绝学,勤勤恳恳,曲竭心力,不觉起敬起仰。六月十六日,仆抱病卧床,小儿忽自门隙传进台翰暨佳刻,恍若从天降,如获拱璧。第奖借过情,非所敢当。历读佳刻诸弁言,咸痛快醒发,豁人心目,《备考》暨仁者赠诸名笔,业已煌煌简端,仆何人斯,敢于佛顶着粪耶?兼区区素坚文戒,若一旦破例,后有求者,将何辞以谢?爱我如先生,知必相谅于常情之外,不我罪也。抑《备考》一书,去取布置及中间书法,多有可商,既已锲行,则无及矣。仆本奇穷,生平未尝自购一书,皆借之他人,随阅随璧,未尝久停,所示借单,愧无以应。然虎谷、虚斋、月湖、可久诸人,虽以理学著声,其于理学实未深入,议论似无足观。月川乃一质行君子,生平拳拳理学固可钦,而《夜行烛》等书,肤拙无大发明,虽不阅可也。此复。扶枕口占,不尽欲言。"(同上书,197 - 198页)。〔清〕吴怀清《关中三李年谱》卷二《二曲先生年谱》:"康熙二十八年己巳,六十三岁。……夏六月,洪洞范彪西征君专伻贻新刊数种。作《志愧》,《答范彪西征君书》,《又第二书》。康熙二十九年庚午,六十四岁。……《答范彪西第三书》。……康熙三十年辛未,六十五岁。……夏六月,范彪西征君寄撰序言。"(吴怀清:《关中三李年谱》,94 - 97页)

八月,王吉相卒 王吉相(1645 - 1689),字天如。陕西邠州人。王吉相早年家境贫寒,但他勤奋好学,据载其"昼则佣工,夜则默诵"。康熙十五年(1676)中进士,授翰林院检讨,后改为翰林院庶吉士,不久因病归里。居家养病间,闻李颙之学,心慕不已,遂拜为师。王吉相闻学即践之于行,清修刻苦,据说其置砖一块,"每省有过,即焚长跪,加砖顶上,自怨自艾"。王吉相治学是以对朱子格物致知解释的质疑为突破口的,他自谓"愚为此疑久矣"。他认为朱子之解释"是以致知为学问思辨之功",从而"浅视致知为推测之能也"。朱子的这一解释明显是要"分知行为二事",在他看来,"知行原是合一的",但这合一"皆在心上"(王吉相:《四书心解序》)。正基于此,他认为"这知不是知识之知,是知识的根子"(王吉相:《四书心解·大学》),即"知为学根"(王吉相:《偶思录·学》)。在他看来,"知为本体,而觉为立体之用,知为明德,而觉为存养省察之功"(王吉相:《偶思录·知觉》)。显见,王吉相所谓的知,其实是指明德即德性,所以他有"仁为知之体"(王吉相:《四书心解序》)和"仁、知在心,原是一理"(王吉相:《四书心解·论语上》)之说。尽管王吉相有"知行原是合一的,皆在心上"的主张,但其为学内外兼修而非孤明内守,他强调"内本于格、致、诚、正,而外达于视、听、言、动,不入空虚,不骛荒远"(王吉相:《四书心解·大学》),他认为"若单照着外面,忘却里面,固是不正;若单照着里面,忘却外面,也是不正。"其修养工夫既强调主敬,也强调主静,但又认为主静工夫比主敬工夫高深,所谓"敬而能乐乃谓之静,乐而能中乃谓之乐,中而能直乃谓之中,四者相因谓之主静"(王吉相:《偶思录·体》)。就修养境界而言,王吉相所见实类于阳明"无善无恶心之体"之说,这主要表现其在慎独的体验上,他认为"慎独是不令念起",而这独中"只是光光净净一个意",他又说这个意"正是无意处才是真意"(王吉相:《偶思录·存养省察》)。正缘于此,李元春称其学"重躬行实践,而归主于心,归原于知,此真二曲之学也"(李元春:《桐阁文钞》卷四《四书心解序》)。不过,王吉相对阳明之学亦有不满处,他认为"阳明致良知是将物字看做物欲,格得物欲净尽,自然静极生明,此是无为之学,落入空寂去了"(王吉相:《四书心解·大学》)。对于王吉相之学,张岂之先生认为其"甚至怀疑体与用有二致,认为体立自然用行,至诚自然动物,这点颇有儒家道德神秘化倾向"(张岂之:《王吉相的〈四书心解〉》,见王丕烈整理《四书心解》,2页)。王吉相著作有《四书心解》和《偶感录》。

[文献] 〔清〕王吉相著,王丕忠整理《四书心解》附录《详请王天如太史入祀乡贤事实八条》:"庶吉士生于顺治二年七月二十日,卒于康熙二十八年八月二十三日,享年四十五岁。……庶吉士通籍后,自揣未信,不遽进士,从学周至李二曲征君门下,专心致志研究心性。李征君称为'质谅行笃,为己实

学.'"(王吉相著,王丕忠整理《四书心解》,252页)〔清〕王心敬《关学续编》中《二曲李先生》"王吉相字天如,邠州人。生而恬退端谅,非礼不行。中壬子乡试第一。丙辰,成进士,选庶常。每自叹:'学不见道,何容以未信之身,立朝事主?'请告归,受业二曲先生门。先生授以知行合一之旨,天如躬行力践,期于必至。未三年,一病不起。君子以为如天如之行己有耻,使其造诣有成,当必不愧先贤,而一旦摧折,盖吾道之不幸云。"(《关学编》,92页)〔清〕赵晋源《邠州新志稿》卷一七《人物·乡贤》:"王吉相,北乡票村人。康熙丙辰,翰林院庶吉士,散馆后受业于李二曲先生门下,执弟子礼。终身不言仕官,专修性理之学。后州人请入乡贤祠祀之。"(民国十八年抄本)〔清〕黄嗣东《圣清渊源录》卷二《王吉相》"王吉相,字天如,邠州人。生而抑退端敦,非礼不行。……告归,及二曲先生门,闻知行合一之旨,天如躬行实践,期于必至。未三年一病不起。二曲言:'如天如之行己有耻,使其有成,不愧前贤。而中年摧折,盖吾道之不幸'云。"(周骏富:《清代传记丛刊》(03),台湾明文书局,1985年,104页)徐世昌《清儒学案》卷二九《王先生吉相》:"王吉相,字天如,邠州人。康熙丙辰进士。翰林院检讨。潜心性命之学,登第后,来受学。二曲嘉其纯笃,曰:'真能为己者也。'"(徐世昌著,陈祖武点校,《清儒学案》,河北人民出版社,2008年,999页)又见朱汝珍《词林辑略》卷二《康熙丙辰己未》,钱林辑、王藻编《文献征存录》卷一,张其淦撰、祁正编《明代千一名诗咏三编》卷六,李桓辑《国朝耆类征初编》卷四〇一,张骥《关学宗传》卷四一。

十月,李柏与憨休禅师论儒、佛异同 康熙十六年(1677),憨休禅师曾往太白山访李柏,此次,二人就佛教的空观进行了讨论。李柏认为"空"为儒、道、佛所共倡,所谓的"三教圣人皆以空为欘柄者"(李柏:《槲叶集》卷二《憨休禅师敲空遗响叙》)。是年,憨休禅师因大兴善寺重修大佛殿事,拟索记于李柏,遂再往太白山。这次二人就儒佛异同进行了讨论。憨休禅师认为儒、佛"义不二也",并从儒、佛之"存心""用功"和"成功"三方面进行了论证,从而得出"教有三种,道归一致"(同上书,卷二《重修大兴善寺大佛殿碑记》)的结论。对于憨休的这一看法,李柏自云:"柏闻其说,豁然有解"(同上书,卷二《重修大兴善寺大佛殿碑记》)。李柏的学术思想受憨休影响较大,他认为憨休是"怀抱英雄器略者",并对其在儒学、禅学、经世和文章等方面的造诣颇为钦慕,并自云其所接触的方外人士中,"未有英雄若此者也"(同上书,卷二

《送憨休和尚叙》)。

[文献] 〔清〕李柏《槲叶集》卷二《重修大兴善寺大佛殿碑记》:"越明年己巳冬十月,师西入鳌池,访予太白山房。来言勒文记石之事。予曰:'天有三光,治有三统,教有三种。柏也,山林而儒服者。若夜棹扁舟渡过他溪,未负越俎治庖。'师曰:'不然,请子观天,苍苍万里同色也。与子观水,灏灏九江同源也。与子观山,南条、北条、中条万里东行而同祖昆仑也。教有三,而天则一。阳明记月潭寺碑,龙溪记三教堂报恩寺卧佛碑,何所挂碍。王者中天下而立,必要服荒服九重泽而来,或驰驱道路三十年,铁车刚轮轹海而至,始谓大一统?若曰东不过黄河,西不入氐羌,南不过蛮荆,北不过朔方,一切远宾闭关不通,无外之谓,何其忍绝之耶!'曰:'柏诵法先王,何知西来遗意。'师曰:'义不二也。白沙与太虚诗曰"年来虽阐莲花教,只与无言是一般。"故孔曰欲无言,佛曰无一字。既曰无言,复删修六经。不知其几千万言也!其几千万言,不过言其无言而已。既曰无一字,何为说经八万四千。其说经八万四千,不过说其无一字而已。其存心也:儒曰爱人;佛曰慈悲。儒曰万物一体;佛曰昆虫草木皆有佛性。其用功也:儒曰戒慎恐惧,勿自欺;佛曰念起即觉,以智慧剑斩断葛藤。其成功也:儒曰不勉而中,不思而得;佛曰出有入无,法论常转,自在无边。所谓教有三种,道归一致也。'柏闻其说,豁然有解,因并书之。"(清康熙三十四年刻本)〔清〕吴怀清《关中三李年谱》卷五《雪木先生年谱》:"康熙二十八年己巳,六十岁。……冬十月,憨休禅师再造访太白山房。……为憨休上人撰《重修大兴善寺大佛殿记》。"

清圣祖康熙二十九年 庚午(公元1690年)

六月,王建常梦朱子授学 王建常自谓:"予自志于学后,梦中常见二程子、晦翁朱子问答,大约不外一个'敬'字"。是年六月某夜,他又梦见朱子语其曰:"养之!养之!"王建常学尊程、朱,于主敬工夫尤为推崇。因为在他看来,"心之本体自是个虚灵不昧底,只缘意乱欲汩便昏了",但"敬则闲邪存诚"(王建常:《复斋录》卷一)。他认为"心在焉则谓之敬"(同上),如果"一息不敬,心便出入"。王建常所谓的"敬",主要是指"主一",他说:"主一兼内外:内而思虑整齐,主于一也;外而容貌端庄,主于一也。主一贯动静:静而存主不懈,主于一也;动而酬酢不乱,亦主于一也"(同上)。"敬"落实到修行上,便是"持敬之功",在他看来,"持敬之功,只是日用间才觉物欲来,便把紧不随他去;才觉妄念动,便打灭不要接续他;才觉怠慢衰飒,便提起不要放过他"(王建常:《复斋录》卷二)。

[文献] 〔清〕王建常《复斋录》卷一:"予自志于学,后梦中常见二程子、晦翁朱子问答,大约不外一个'敬'字。一夕,朱子亟语常曰:'养之!养之!'示我深切矣。时庚午季夏上弦午夜。"(清光绪元年刘述经堂刻本)

清圣祖康熙三十一年　壬申(公元1692年)

二月,颜元质疑李颙之学　颜元对李颙之学多所质疑,他曾通过陕西李复元转信给李颙,向其质学。颜元认为李颙"专讲阳明学",希望李颙"舍尊信王子者而信周公、孔子"。是年,颜元阅其弟子李塨所辑《诸儒论学》中李颙之语,遂批评李颙之学是"亦只讲书说话而已"。康熙四十二年(1702),他又批评李颙之学,有"西误李中孚"之说。清初对关学影响较大者,当推颜李学派。李颙讲学之时,颜元对其学多所批评,且三原、华阴已有远走河北从学于颜元者。后颜元弟子李塨来陕西讲学,当时陕西学人多有从其学者。

[文献] 〔清〕李塨、王源《颜习斋先生年谱》卷下:"壬申(一六九二)五十八岁。二月,观塨所辑《诸儒论学》。关中李中孚曰:'吾儒之学,以经世为宗。自传久而谬。一变训诂,再变词艺,而儒名存实亡矣。'批曰:'见确如此,乃膺抚台尊礼,集多士景从,亦只讲书说话而已;何不举古人三事、三物之经世者,与人习行哉!后儒之口笔,见之非,无用;见之是,亦无用,此所以吾心益伤也!'"(颜元:《颜元集》,773－774页)〔清〕颜元《习斋余记》卷三《寄关中李复元处士》:"贵地邻邑有李道丈名颙字中孚者,专讲阳明学,便中求转寄仆之拙著,与兹上道丈一书致意。倘肯舍尊信王子者而尊信周公、孔子,实学二圣之学,行二圣之道,则此道庶其复明;生民世道,庶沐宏庥矣。"(同上书,435－436页)〔清〕李塨、王源《颜习斋先生年谱》卷下:"壬午(一七〇二)六十八岁。……(六月)思宋儒之学,南误张仲诚,西误李中孚,北误王法乾,皆天生秀杰,可为斯人立命者;误常人之患小,误秀贤之祸大。"(同上书,789页)

十一月,李因笃卒　李因笃(1631－1692),字天生,后更字孔德,又字子德,陕西富平人。李因笃四岁时,其父李映林(1608－1634,字晖天,冯从吾弟子）病逝，遂由其外祖父抚养。李因笃天资聪颖，五岁时其外祖父即课以四书五经。十一岁应县试，邑宰崔允升览其试卷叹为"旷世才也"，遂拔为第一。明亡后，弃诸生业。顺治十六年（1659）经好友介绍，在代州知州陈上年的衙署中为陈课馆教子。此后八、九年间，他发奋读《六经》及濂、洛、关、闽诸大儒书籍。康熙六年（1667）陈上年离职，李因笃遂携家归陕。康熙十七年（1678），清廷诏举博学鸿儒，辞不获准，被迫赴京应召。十八年（1679）试授翰林院检讨，命纂修明史。未逾月，以母老病，屡上疏而后辞归。归里后，曾于康熙二十三年（1684）讲学关中书院，康熙二十四年（1685）讲学岐山朝阳书院。李因笃在陕西与周至李颙、眉县李柏齐名，时人称"关中三李"。李因笃的学术成就是多方面的，主要表现在经学、历史、文学及音韵学等学术上。就其理学思想看来，他和王宏撰一样，学尊朱子，即其所谓的"无异与予，皆学尊考亭者也"（李因笃：《受祺堂文集》卷三《正学隅见述序》）。若要具体论述，诚如冒怀辛先生所说"天生本人没有理学著作，有之即晚年在岐山县讲稿，今失传。所讲据宋振麟所记内容看仍沿宋明以来传统，没有什么独特见解。"（杨向奎：《清儒学案新编三》，齐鲁出版社，1994年，433页）。但李因笃认为"断未有不深于经学，而能以理学名世者也"（李因笃：《续刻受祺堂文集》卷三《与孙少宰》），所以他很重视经史研究，梁启超先生就认为李因笃"治经史有根柢"（梁启超：《饮冰室文集》，云南教育出版社，2011，3187页）。不过，在李因笃看来，"经学当折衷朱子，而朱子则以《四书集注》为主"（《续刻受祺堂文集》卷三《与孙少宰》）。因为他认为朱子《四书章句集注》"尽善尽美，无可遗议"。李因笃对陆王之学持反对态度，特别是阳明学。他认为陆王心学是儒、墨、佛之杂糅，实非儒学，即其所谓的"今援儒入墨，阴剿内典，希微恍惚，莫可究诘。而间摘《论》《孟》中有为而发者，借作门面。揣其意，固自窜于象教，而听其言，仍不离圣贤"（《受祺堂文集》卷三《重修宋张诚公横渠夫子祠记》）。对于阳明学，他甚至有"先朝天下之乱，由于学术之不正，其首祸乃王阳明"（王宏撰：《正学隅见述》）的看法。基于对陆、王学的如斯看法，他曾明言"今之言陆、王者，吾惧焉"（《受祺堂文集》卷三《重修宋张诚公横渠夫子祠记》）。李因笃为学颇重经世致用，而反对"多夸辞而鲜实用"，故其论说多"经世大略"。李因笃的治世之道很重视"节用"，他自谓"愚终以节用为拳拳焉"。这是因为他认为"今天下之弊极矣，其患在奢，其风自上"（同上书，卷一《圣学》）。他所谓的"奢"，指的是统治者的奢侈靡费，尤其是官僚

"宠赂公行,恬不知愧"(同上),在他看来,当时"宠赂公行"其"害将有不胜计者"。所以他力倡"节用"以消除此弊,并强调"欲清其源,则必自上始",即圣主必须"躬行俭德"。只有这样才可以"俾国常藏富于民,而民无待哺于岁"(同上书,卷一《荒政》)。再者,李因笃对"货币"有深刻的认识。他说"愚观货币之原,王者驭天下之情物,而未尝专自利也"(同上书,卷一《钱法》),从而提出了他的货币政策,即"其用与天下均之,而权非可旁分;其法自上制之,而理非可独擅。"另外,李因笃认为"关学之兴,肇端张子",治学应"以诚公为百世不祧之祖",所以他非常推崇张载"以礼教人"的宗风,为学颇重礼教。他有见当时"礼教不明,而风俗日偷"(贺瑞麟:《仪小经序》),而著《仪小经》,"求其通俗常行,宜于人而不乖乎当然之则"。李因笃著作有《广韵正》4卷,《汉诗音注》5卷,《汉诗评》5卷,《古今韵考》4卷,《仪小经》1卷,《受祺堂诗》34卷,《受祺堂文集》4卷和《续刻受祺堂文集》4卷。

[文献] 《清史列传》卷六六《儒林传上一》:"李因笃,字天生,陕西富平人。明诸生。时天下大乱,因笃走塞上,求勇敢士歼贼以报国,无应者,归而闭户读书。博闻强记,贯穿注疏。康熙间诏举博学鸿儒,因笃夙负重名,公卿交荐。母劝之行,试列一等,授翰林院检讨。未逾月,以母老乞养。……因笃性忼直,然尚气节,急人之急。顾炎武在山左被诬陷,因笃走三千里为脱其难。尝著《诗说》,炎武称之曰:'毛郑有嗣音矣。'又著《春秋说》,汪琬见之亦折服。与毛奇龄论古韵不合,奇龄强辨,炎武是因笃而非奇龄,所著《音韵学五书》,因笃与有力焉。归后,岐山令及淳化宋振麟等请讲学于朝阳书院。因笃首发横渠以礼教人之旨,次论有守有为之义,而断之于审几,以著思诚之体。其论学必绾以经,说经必贯以史,使表里参伍,互相发明。当时学者洒然有得,因记之为会讲。尤熟于有明事迹,王鸿绪史稿成,就正因笃。时因笃老病卧床褥,令二人读稿,命之窜易,半载而毕,由是史稿知名。他著有《受祺堂集》三十五卷,《汉诗音注》五卷,《汉诗评》五卷,《古今韵考》一卷。"(周骏富:《清代传记丛刊》(104),192－194页)〔清〕朱树滋《李文孝先生行状》:"公讳因笃,字天生,一字子德。……公博及群书,靡不淹贯,恪宗考亭,不参异见。其发为文章也,原本六艺,运以韩、柳、欧、曾之神气,而混沦灏瀚,则近于秦汉为近也;作为诗歌也,祖述《风》《骚》,挹乎汉魏六朝之精英,而纵横排宕,则于少陵尤深。迨乎晚年,于诗嗜陶,于文喜苏,其由美大而几神化之候乎?呜呼!此公之至诣也,余小子不足以知之也。虽然,苟听其湮没而不传

焉,后死者乌得无罪哉?公文集十五卷,《广韵正》四卷,未梓,藏于家,其所评汉诗十卷,《受祺堂诗集》三十五卷,公没后故乐昌令少华田公梓以行世,盖少华代梓许公于生前也。呜呼!少华可谓不食其言矣。公卒于康熙三十一年十一月二十二日子时,距生明崇祯四年七月初五日丑时,享寿六十有二。"(吴怀清:《关中三李年谱》,414-422页)〔清〕阮元等《国史文苑传稿》卷一下《李因笃》:"李因笃,陕西富平人。博学强记,贯穿注疏。康熙间诏举博学鸿词,因笃夙负重名,公卿交荐。以母老辞,敦促入都,召试,授翰林院检讨,纂修《明史》。未逾月,上疏乞终养。归,母殁,仍不出。与周至李容、泾阳李念慈,称'关中三李'。因笃深经学,著《诗说》,顾炎武称之曰:'毛、郑有嗣音矣!'著《春秋说》,汪琬亦折服焉。"(周骏富:《清代传记丛刊》(013),210页)赵尔巽等《清史稿》四八〇《儒林一》:"李因笃,字天生,富平人。明庠生。博学强记,贯串注疏。举博学鸿儒,试授检讨。未逾月,以母老乞养,诏许之。母殁,仍不出。因笃深于经学,著《诗说》,顾炎武称之曰:'毛、郑有嗣音矣!'又著《春秋说》,汪琬亦折服焉。"〔清〕江藩《宋学渊源记》卷上《李因笃》:"李因笃,字天生,一字子德,富平人。……其学以朱子为宗,时二曲提唱良知,关中人士皆从之游,二曲与因笃交最密,晚年移居富平,时相过从,各尊所闻,不为同异之说。君子不党,其二子之谓乎?平生尚气节,急人之难,亭林在山左被诬陷,因笃走三千里至日下泣诉当事,而脱其难。性抗直,面斥人过。……因笃诗文出唐入宋,乃一代作者,有《受祺堂集》行世。"(江藩:《宋学渊源记》,上海书店,1983年,6-7页)〔清〕沈青崖、吴廷锡《陕西通志》卷六三《人物九》:"李因笃,字子德,富平人。年十一为诸生。丁明季之乱,遂谢去。肆力为古文辞,尤长于诗歌。……康熙十七年,召集诸儒撰修《明史》,廷臣以因笃名上。十八年,授翰林院检讨,未两月即疏乞终养。……性敏绝,博极群书。又好汲引后学,问字者无虚刻。或有过,必婉词规勉,未尝以声色加人。顾炎武尝集杜句题赠云:'文章来国士;忠厚与乡人。'盖实录也。生平著述甚富,有文集十五卷、诗集三十五卷,《广韵正》四卷行世。"(清雍正十三年刊本)又见唐鉴《国朝学案小识》卷一二,李元度《清朝先正事略》卷三九,徐世昌《清儒学案》卷七,钱林、王藻《文献征存录》卷四,朱汝珍《词林辑略》卷二,王晫《今世说》卷三,郑之诚《清诗纪事》卷八,张维屏《国朝诗人征略初编》卷一一,王士禛《渔洋山人感旧集》卷一二,吴修《昭代名人尺牍小传》卷九,李玉棻《瓯钵罗室书画过目考》卷二,李放《皇清书史》卷二三,李桓《国朝耆献类征初编》卷一一八,王炳燮《国朝名臣言行录》卷九,张骥《关学宗传》卷三二,梁章巨《国朝臣工言行记》,汪喜孙《尚友集》,朱克敬《儒林锁记》和秦瀛《己未词科》等。

[考辨] "关中三李"之称有三种说法:(一)"三李"指周至李颙、眉县李柏、富平李因笃,此说最为普遍。王于京《槲叶集叙》:"京家居时,闻同里子德李先生曰:'关中三李,余行季,素以虚声闻于人,自问恒多过情之耻。行伯中孚李先生,行中雪木李先生,学业文章,诚足羽翼《六经》,发蒙振聩。'自此亲炙之望,拳拳服膺"。此为王于京亲闻李因笃所云,当为"三李"之称最可靠的依据。又见刘绍攽《关中人文传》:"容笃实行,其学大致主象山。生平不妄交,四方问遗者相属于道,皆固却之。惟与李柏、因笃善,人称'三李'。"《清史列传》卷六六《儒林传上一》:"三李者因笃及容、柏也。"《清史稿》卷四八〇《儒林一》:"三李者,颙及富平李因笃、眉县李柏也。"李元度《清朝先正事略》卷二七《李二曲先生事略》:"与富平李因笃、眉县李柏,称关中三李。"(二)"三李"指周至李颙、富平李因笃、泾阳李念慈(字屺瞻,号舠庵,泾阳人,生卒年不详,以诗文名于清初)此说见阮元等撰《国史文苑传稿》卷一下《李因笃》:"李因笃,陕西富平人。……与周至李容、泾阳李念慈,称'关中三李'。"又唐鉴《国朝学案小识》卷一二《富平李先生》:"(李因笃)与周至李先生容、泾阳李先生念慈,称关中三李。"钱林 辑、王藻 编《文献征存录》卷四《李因笃》:"时周至李容以理学显名,与泾阳李念慈及因笃号为关中三李。"(三)"三李"指朝邑李楷、眉县李柏、富平李因笃。《陕西通志》卷六三《人物九》:"李柏,字雪木,眉县人。……与朝邑李楷、富平李因笃齐名,称'关中三李'。"又见钱林 辑、王藻 编《文献征存录》卷四《李因笃》:"其后复有与眉县李柏、朝邑李楷亦有'三李'之号。"对于"关中三李"之说,赵俪生先生有如下看法,"所谓'关中三李',实际上有两种组成。第一种组成的名单是,李颙(二曲)、李柏(雪木)、李因笃(天生),这意味着一个学者(理学家或经学家)集团。第二种组成的名单是,李楷(叔则)、李柏、李因笃,这意味着一个诗人集团。"(赵俪生:《顾亭林与王山史》,齐鲁书社,1986年,223页)今附于此,聊备一说。

清圣祖康熙三十二年 癸酉(公元1693年)

王建常《复斋录》约于此年撰成 《复斋录》6卷,王建常撰。是书乃王建常"读书至心有所开处,随即录之",久历年所,积语九百余条,编订成册。今有《西京清麓丛书》收录光绪元年(1875)刘氏述荆堂刻本。卷首有建常《复斋录自序》和贺瑞麟光绪元年(1875)题识,后附有建常自撰墓志铭等。贺瑞麟认为此书在则建常"为学旨要存焉"。张秉直对此书评价甚高,在他看来,《复斋录》较之薛瑄的《读书录》和胡居仁的《居业录》,"何多让焉"。

[文献]〔清〕王建常《复斋录自序》:"敬轩薛先生《读书录》,引张子'心开即记,不思还塞'之语。乃云:'读书至心有所开处,随即录之,盖以备不思而还塞也。'余固蒙昧,于读书时,亦未尝不偶有所开,还塞之数矣,故备其塞而录之,以时复思绎焉云尔。关中王建常谨识。"(清光绪元年刘述经堂刻本)〔清〕王建常《复斋录》卷五:"癸酉季冬望日,书于复斋寒窗下(时年七十有九)。"(同上)

李颙《二曲集》刊成 《二曲集》26卷,此集由李颙弟子王心敬所编次,由高尔公、郑重捐刻,乃《二曲集》的最早刻本。是书每卷皆标有篇目,分别为《悔过自新说》《学髓》《两庠汇语》《靖江语要》《锡山语要》《传心录》《体用全学》《读书次第》《东行述》《南行述》《东林书院汇语》(附《应求录》)、《匡时要务》《关中书院会约》《周至答问》《富平答问》《观感录》和《襄城记异》《义林记》《李氏家传》《贤母祠》。后又有46卷本《二曲集》,较26卷本《二曲集》多出《四书反身录》《垩室录感》《历年纪略》《潜确录》,及书信、题跋、杂著、传、墓志、行略、墓碣和赞等文。今有中华书局1996年版陈俊民点校本《二曲集》,该本即以《二曲全集》46卷为底本,并附录有佚文、志传、年谱和序跋四种。

[文献]〔清〕郑重《序》:"岁辛未,高子嵩侣视学秦关,究心理学,因式庐而请见焉。适先生及门高第弟子王尔缉心敬汇先生散稿成集,遂捐俸付剞劂,癸酉冬刊成,属予序其简端。"(李颙:《二曲集》,706-707页)〔清〕高尔公《二曲集序》:"岁辛未,余奉有视学西秦之命,窃幸典型在望,仰止匪遥。……门人裒辑其所见闻,计若干卷,汇而成集,……适司寇郑夫子由京邸致书,亦谆谆以名山著作为念,余因承师志,割俸付梓,用襄盛事。"(同上书,709-710页)《四库全书总目提要》卷一八一《集部三四·别集类存目八》:"集为门人王心敬所编,每卷分标篇目。曰《悔过自新说》,曰《学髓》,曰《两庠汇语》,曰《靖江语要》,曰《锡山语要》,曰《传心录》,曰《体用全学》,曰《读书次第》,曰《东行述》,曰《南行述》,曰《东林书院汇语》,曰《匡时要务》,曰《关中

书院会约》,曰《周至答问》,曰《富平答问》,曰《观感录》,皆其讲学教授之语,或出自著,或门弟子所辑,凡十六种。本各自为书,故卷前间录原序。其第十六至二十二卷则容所著杂文也。二十三卷以下曰《襄城记异》,乃容父可从明末从汪乔年击流寇战殁,容建祠襄城,有闻鬼语之事,各作诗文记之,而刘宗泗哀辑成帙者。曰《义林记》,则记容招魂葬父事,亦宗泗所辑。曰《李氏家乘》,曰《贤母祠记》,则皆为可从及容母彭氏所作传记、诗文,而富平惠龗嗣刊诗时并以编入。盖用宋人附录之例,然卷帙繁重而无关容之著作,殊为疣赘。"(纪昀等:《四库全书总目》,1636页)〔清〕吴怀清《关中三李年谱》卷二《二曲先生年谱》:"康熙三十年辛未,六十五岁。高嵩侣学使尔公造谒,并偕郑司寇重捐俸为刊《二曲集》。夏六月,范彪西征君寄撰序言。……康熙三十二年癸酉,六十七岁。是年《二曲集》刊竣,郑司寇、高学使各为之序。"

清圣祖康熙三十三年　甲戌(公元 1694 年)

王源书信向李颙问学　是年,王源(1648－1710,字昆绳,又字或庵,大兴人)来陕西,欲访李颙,然以急务速返,故以问学书信托付梁份(1641－1724,字质人,南丰人,与李颙有交)转于李颙。王源虽批评宋明理学,但对李颙甚为佩服。他认为李颙躬行积学,为当代之真儒。故当朱书(1657－1707,字字绿)在给李颙的书信中"力诋姚江'无善无恶'之非"时,王源遂有《与朱字绿书》,批评朱书此说是"为风气所移"(王源:《居业堂文集》卷七《与朱字绿书》,《畿辅丛书》本)

[**文献**]　〔清〕王源《居业堂文集》卷七《与李中孚书》:"源顿首顿首中孚先生足下,窃闻先生抱道却征聘不仕,躬修积学,不求名而名满天下。初非有所矫饰为大言,高自标植,以猎取之者。此当代之真儒,源仰望之久矣!顾恨陆沉于俗,不能蹑屩千里从游。顷以事入关中,窃冀得一拜床下,慰夙昔慕乐德义之思,领绪论以自证其所学。与南丰梁质人、吴张采舒约,偕造里门。既秣马、束行礼,将就道矣,忽以急务东归,不果。中途郁郁,回首华岳三峰,渺焉天末。……外有《与朱字绿书》《〈五镇图志〉序》二首并录呈正,伏望指示昧暗谬戾,而进之以高明,则千里犹同堂矣。闻富平李天生先生三秦豪杰,未大用而没。又闻太白有李雪木先生者亦高隐,留心经世之学,晤时幸以愚

言质之。源白。"(《畿辅丛书》本)〔清〕王源《居业堂文集》卷一四《张采舒诗序》:"吴门张采舒,义侠奇男子,以事侨关中。予闻其名十余年。甲戌秋,入关,采舒客耀州。闻之,亟归,馆其寓楼。各倾吐平生,所怀凡十昼夜,哭歌相杂也。"(同上)汤中编《清梁质人先生份年谱》:"清康熙三十二年癸酉,质人五十三岁。是年质人居陕西张观察鲁庵幕中,遍交达官及诸名下士。冬,游榆林,纵览河套,道经甘泉,告县令回启盛修复泉水。"(汤中:《清梁质人先生份年谱》,台湾商务印书馆,1980年,43页)

清圣祖康熙三十四年　乙亥(公元1695年)

七月,张秉直生　张秉直(1695—1761),字含中,号萝谷,陕西澄城县人。是年生,乾隆二十六年(1761)卒,享年67。事详卒年。

[文献]〔清〕张南金《先君子萝谷先生行述》:"先君子姓张氏,讳秉直,字含中,号萝谷。……其生以康熙三十四年七月十八日辰时。先君子生而至性绝人。六岁失怙,哭如成人。"(清道光九年中和堂刻本)

李柏《槲叶集》刊刻　《槲叶集》5卷附《南游草》1卷,李柏撰。是年所刊为最早刻本,后又有清光绪末年、清宣统三年、民国二年和民国三十二年等刊本。是书乃李柏之诗文集。前三卷为文集,包括赋、论、叙、说、记、传、跋、辨、解、语录、杂著、图、赞、铭、及文和书等文体;后两卷为诗集;末附诗集《南游草》1卷。据载是书一出,当时"学士大夫争欲快睹"(贺瑞麟:《清麓文集》卷四《李雪木帖跋》)。然而乾隆四十六年(1781),该书以"诗文有悖谬处"(雷梦辰:《清代各省禁书汇考》,北京图书馆出版社,1989年,19页)被定为禁书。

[文献]〔清〕骆文《序》:"岁辛未,余奉简命来牧兹土,眉为先生桑梓地。余向往恒殷,入境即以得见先生为幸。先生秉先几之哲,避荒汉上,与余愿适相左。今春归自汉南。不以余为鄙,谬相过从。……时康熙三十有四年岁次乙亥夏六月上浣之吉,鄂州骆文撰。"(清康熙三十四年刻本)《续修四库全书总目提要(稿本)》(5):"《太白山人槲叶集》五卷附《补遗》,清宣统三年重刻本。清李柏撰……此书为其生平所作之诗文,凡五卷。其文自出胸臆,不蹈袭前人。诗则自成一家,而声韵颇与彭泽相近。盖生平最爱者渊明,故于渊明之诗,嚼咀尤熟,不知不觉,风神自然逼真耳。柏修德立言,颇得力于理学。然集中疏记诸篇,未能严绝二氏,颇有佞佛之意。或亦当时酬应之

作,不得不如此。然其志洁行芳,皎然绝俗,醇为儒者,而兼诗人之风度。观其咏梅花诗云:"三冬无此物,四海尽雷同",正其自为写照。而《淡园》一记,尤见其学道得力,抗节孤高,足维足教,视世之撄情华黁初冬易操者,固高出万万也。"

王建常《复斋余稿》约于此年撰成 《复斋余稿》2卷,王建常撰。是书为王建常诗文集。今有清人张梦龄抄本和民国十三年(1924)朝邑文会刷印本。按《关学续编》和该书卷首雷于霖撰《复斋集序》,可知《复斋余稿》原为6卷,则今之2卷本实为残本。是书文集中有王建常与顾炎武、雷于霖、王宏撰、白焕彩等人之书信,亦附有顾、王之来信。其中不乏理学著述,如《善利图跋》《善利图辨》等文,而《与党孝子两一书》最见王建常之理学旨趣。

[文献] 〔清〕张祖武《复斋余稿跋》:"复斋先生,笃行君子也。自甲申埋名后,知时不可为,惟是闭户潜修。明濂、洛、关、闽之学,上绍邹鲁,以诏学者。……四月清和佳日,先生犊车过我,授《复斋余稿》,属以校订。……乙亥四月小分龙日,后学张祖武谨识。"(王建常:《复斋余稿》,民国甲子年朝邑文会印本)

清圣祖康熙三十五年 丙子(公元1696年)

王心敬与康乃心书信论全真教 王心敬与康乃心(1643–1707,字孟谋,号太乙,学者称为莘野先生,合阳人)交往甚切,二人经常论学,其于理学、佛学、道教、文学等无所不论。此次论学,康乃心向王心敬询问全真教宗旨,王心敬阐述了自己的看法。他认为"全真"二字,就是"返本邃元,完全本来真性"。充分肯定了道教"至重阳出,以命世豪杰穷探性命之旨归",从而使道教"元风乃大畅";但同时,也指出全真之旨只不过是援佛入道,"合禅、元一之"而已,并批评作为道教的全真教,其所全之性无本无根,"自局于方","自入于私"。

[文献] 〔清〕王心敬《丰川全集续编》卷一三《与孟谋论学书》:"前此承谕,他日终南之游,当招不佞。弟骖御末乘,极为欣幸,但弟则更有鄙愿呈也。我辈生世,至寿不过七、八十年,而今且如何哉!尊兄明年五十五已往,即弟亦四十一年空付东流矣。世事可知,前途有限。既负须眉于斯世,纵不能道德、事功光天壤而炳万世,目前学术知解习之半生者,复不能登峰造极,

与天地终始,真为辜负此生矣!"(清康熙五十五年刻本)〔清〕王心敬《丰川全集续编》卷一三《答孟谋论近诣近著并全真宗旨书》:"承问近诣何境,所著何书。人苦不自知,若弟则自知审矣。况在尊兄前,正就正之所也,敢不实吐乎!……'全真'二字,即返本邃元,完全本来真性意。盖神仙家至此而一变旧面者在此,即神仙家至此而始入真元者在此也。所以然者,昔之神仙虽曰原本老子,其实于老子之学仅占得一校,又其为说始于筑基练己,终于脱胎神化。虽曰无非寓言,然要之簸弄精魂之弊所不能免。至重阳出,以命世豪杰穷探性命之旨归,乃知前之为说未踰禅宗之二乘,于是一扫轨辙,特揭'全真'二字,以印合释氏之性宗。盖玄家至此始合禅、元一之,而元风乃大畅矣。故道家以重阳比诸佛家之达摩,良有以也。尊兄诗文雄一世,今胡为而注念于此乎?将毋阅世既久,真性透露,欲就二氏超乘之旨,印正吾性乎?不知吾儒尽性至命自有根宗,得之者可与天地日月合德、合明,四时鬼神合序、合吉凶。不惟见得彼二氏者自局于方,亦见得彼二氏者自入于私。所谓'见尽吾道之大,自知二氏之小'者,此也。兄如更有意乎?敬且愿为兄倾囊倒廪而陈矣。"(同上)

清圣祖康熙三十六年　丁丑(公元1697年)

三月,史调生　史调(1697－1747),字匀五,号复斋,晚号云台山人。陕西华阴县(今陕西华阴市)人。是年生,乾隆十二年(1747)卒,享年51。事详卒年。

[文献]〔清〕史犹龙《先公文林郎行述》:"先公姓史,讳调,字匀五,号复斋,晚号云台山人。……公生于康熙三十六年三月二十日寅时,卒于乾隆十二年四月十二日巳时,享年五十有一。"(史调:《史复斋文集》,乾隆间刻本)〔清〕崔纪《墓志铭》:"君讳调,字匀五,号复斋,别号云台山人。……没之时乾隆十二年四月十二日,生于康熙三十六年三月二十日,得年五十有一。"(同上)

清圣祖康熙三十九年　庚辰(公元1700年)

七月,李柏卒　李柏(1630－1700),字雪木,号太白山人,陕西眉县(今陕西眉县)人。李柏九岁失怙,母王氏为之寻师入学。然其家赤贫,难以继学,再兼李柏厌恶科举时艺,不肯屈就塾师研习八股文章,遂弃学。其母卒后,隐居太白山中,自耕自学。李柏终生贫苦,然贫而能守,"时益艰,操益固","不随俗为转移",时人对其有"古隐君子"之称。后之学者也称其"节高巢、许","林泉寄傲","万钟不足易其操"(沈锡荣:《关中宦游记》)。李柏与周至李颙、富平李因笃交善,人称"关中三李"。对于李柏之学术思想,今人研究较少。就其本体论来看,李柏主张"元气"说,对此,他说:"有浑浑噩噩,窅窅冥冥,视之而无形,听之而无声,扪之而无物,辩之而无色,无色而色天下之色,无声而声天下之声,无形而形天下之形,无物而物天下之物者,元气也"(《槲叶集》卷一《元气》)。就修养功夫来看,李柏提倡"主敬"说。在他看来,"敬也者,圣学之要领也",所以认为"圣人之学,敬而已矣"(同上书,卷二《敬庵说》),只要"修之以敬",道德、事业、气节、文章俱彰。大抵缘于此,梁启超先生认为李柏之学"于程、朱为近"(梁启超:《饮冰室文集》,云南教育出版社,2001年,3187页)。但李柏所谓的"主敬",其具体指谓是"戒慎乎其所不睹,恐惧乎其所不闻"(《槲叶集》卷三《语录》),即《中庸》所讲的慎独功夫。不过,对于这一"主敬"功夫,李柏具体实施方法,是仿照明代袁了凡的《功过格》,日日修行,日日记录。功则白圈,过则黑点。他认为这种慎独方法,"远期之百年,不倦也;近约之一息,冈懈也。苟能自息而刻,自刻而时,时而日,日而月,月而年,而十年,而百年。丝粟必察,脉脉相属,亦不息之道也"(同上书,卷三《续功过格》)。另外,在三教关系上,李柏赞成憨休和尚"教有三种,道归一致"的看法,于儒、道、佛并重,提倡"教有三种"说。李柏的著作有《槲叶集》5卷、附《南游草》1卷。

[文献] 《清史列传》卷六六《儒林传上一》:"李柏,字雪木,陕西眉县人。九岁失怙,事母至孝,备历艰辛而色养不衰。稍长,读《小学》曰:'道在是矣!'遂尽焚帖括,日诵古书。尝东登首阳,拜夷、齐墓。归而师扑之,曰:'汝欲学古人,吾必令汝学今人也。'则应曰:'必学古人。'师再三扑之,应如前。以母命一就试,遂补诸生。母卒,入太白山中,布衣疏食,极人之所不堪。时自诵曰:'贫贱在我,实有其门,出我门死,入我门生。'……康熙三十三年卒,年七十一。著有《槲叶集》十卷。周至李容与因笃及柏相善,康熙间关中儒者咸曰'三李'也。"(周骏富:《清代传记丛刊》(104),194-195页)〔清〕王心敬《丰川续集》卷二八《太白山人雪木李先生墓碣》:"谨按先生姓李氏,名

柏,字雪木,自号太白山人。……及年至二十二、三,辄自负其气,喜谈兵家言,不肯俯首研习制举文。……岁庚午,西凤大旱,先生乃携家就塾汉南洋县。……越三年,以商南宋候、江西质人梁公、苏州采书张君之邀,乃辞汉南北反,……一日,以酒醉,坠床而病,病中仍归于眉,……归眉又一年,年七十有一卒。敬年二十五时,遇先生于二曲先生所,齿几长余一倍,而予一言之仅是,未尝不亟加赞许。……先生作著有《槲叶集》,其文率出自胸臆,不蹈袭前人。"(乾隆十五年恕堂刻本)赵尔巽等《清史稿》卷四八〇《儒林一》:"李柏,字雪木,眉县人。九岁失怙,事母至孝。稍长,读《小学》,曰:'道在是矣!'遂尽焚帖括,而日诵古书。邂荒居洋县,入山屏迹读书者数十年。尝一日两粥,或半月食无盐,时时忍饥默坐,间临水把钓,夷然不屑也。昕夕呕吟,拾山中树叶书之。门人都其集曰《槲叶集》。年六十六,卒。"(《清史稿》,13109页)〔清〕李元度《清朝先正事略》卷二七《名儒·李柏》:"柏,字雪木。少孤贫。稍长,读《小学》,曰:'道在是矣!'遂尽焚帖括,而日诵古书。家人强之应试,遂出走。……复以母命就试,补诸生,旋弃巾服,入太白山读书,十年成大儒。公卿多欲荐之,度不获己志,卒辞谢。昕夕呕吟,拾山中槲叶书之,门人都其集曰《槲叶集》。……盖有主于中,不动于外,所谓不忘沟壑也。其高寄绝奇类此。年六十六卒。"(周骏富:《清代传记丛刊》(193),207页)〔清〕沈青崖、吴廷锡《陕西通志》卷六三《人物九》:"李柏,字雪木,眉县人。九岁失怙。事母至孝,虽备历艰辛而色养不衰。初入邑庠,食饩。后避荒居洋县。入太白山中,屏迹读书者数十年。其学贯穿百家,勃窣理窟。与朝邑李楷、富平李因笃齐名,称'关中三李'。性恬淡,甘贫乐志。自制府以下,咸慕其才,希一顾以为重"(清雍正十三年刊本)。又见吴怀清《关中三李年谱》卷五《雪木先生年谱》,达灵阿、周方炯、高登科《〔乾隆〕凤翔府志》卷七,黄嗣东《圣清渊源录》卷二,徐世昌《清儒学案》卷二九,钱林、王藻《文献征存录》卷四,郑之诚《清诗纪事初编》卷二,张其淦、祁正《明代千遗民诗咏》卷一,张骥《关学宗传》卷三二等。

[考辨] (一)关于李柏之生年:清代详载李柏生年的著作约有二,一是清光绪末年刊本《槲叶集》,该书后附有王心敬撰《太白山人雪木李先生墓碣》,文曰:"先生以崇祯六年五月乙巳日丁亥时生。"另一为吴怀清《关中三李年谱》,该书卷五《雪木先生年谱》云:"明崇祯三年庚午五月二十六日亥时,先生生。"今按《槲叶集》卷四《庚申元日》:"蹉跎年五十,悲愤足千秋。"庚

申年即康熙十九年(1680)，"年五十"，则李柏当生于明崇祯三年(1630)。再按《槲叶集》卷三《与家征君中孚先生书》："忆昔与兄相见于沙河东村，兄年廿二，弟年十九。"据此可知李柏小李颙三岁。李颙生于明天启七年(1627)，则李柏生于明崇祯三年(1630)。故吴怀清《关中三李年谱》所说是，而清光绪末年刊本《槲叶集》所云非。这里需要指出的是清光绪末年刊本《槲叶集》后附录的题为"王心敬撰"的《太白山人雪木李先生墓碣》，今按乾隆十五年(1750)刻本王心敬著《丰川续集》卷二八《太白山人雪木李先生墓碣》，可知王心敬原文并未书李柏具体生卒年月，光绪末年本文中生卒年月应为后人所增。再者，此文于王心敬原文篡改不少。（二）关于李柏之享年有二说，一为《清史列传》《关中三李年谱》等所持享年71说；一为《清史稿》《国朝先正事略》等所秉享年66说。今按王心敬《丰川全集续编》卷一二《与雪木先生》："先生七十，染此大恙"，又按《丰川续集》卷二八《太白山人雪木先生墓碣》："归眉又一年，年七十一卒"，可知李柏享年71。王心敬于李柏为后辈，且多有交往，似于李柏之享年不至有误，故从享年71说。（三）关于李柏之卒年亦有二说，一为《清史列传》等所持康熙三十三年(1694)说，一为《关中三李年谱》等所秉康熙三十九(1700)年说。李柏生于明崇祯三年(1630)，由上述考定其享年71，可推知其卒于康熙三十九年(1700)，故从李柏卒于康熙三十九年说。

清圣祖康熙四十年　辛巳（公元1701年）

王建常卒　王建常(1615-1701)，字仲复，号复斋。陕西朝邑人。王建常明时为诸生，明亡后遂弃之。"敛迹渭滨，闭户不出"，以至于"五十年足不出户外，虽乡人罕得见其面"（杨树椿：《杨损斋文钞》卷八《书王复斋传后》）。闭户乡里间，王建常"读濂、洛、关、闽书，发愤为圣贤之学"，遂专以理学为务。王建常少时师事其邑郭肯获(1602-1648，字稚中，号肃庵)，长则与同邑雷于霖、关中俊相互砌磨，晚年与华阴王宏撰亦有商榷。王建常自云学尊明末关中理学家冯从吾，在他看来"少墟固与阳明如水火"（王建常：《复斋余稿》卷一《与党孝子两一书》），故为学"尊程朱以斥陆王"（贺瑞麟：《复斋录校志后识》），尤其对阳明学激烈抨击。他认为"阳明致良知、不用读书与心体无善无恶、知行合一等议论，皆邪说也"（王建常：《复斋录》卷六），甚至有"今之议阳明者,亦不须称量其地位如何,辄辞而批之,以其非圣学也"的说法,遂主张阳明之学"人人得而攻之"。王建常为学亦严辟佛、老,在他看来,佛、老皆"异端害人",所以主张"要截断学者邪路,使不入异端"(同上书,卷五)。对程朱之学,特别是朱子学,他多恪守其说。不过,他为学强调自得,他说"学莫贵于自得,自得则所守不变"(同上书,卷二)。所以他虽坚持"性是理,心属气"之说,但也认为"圣人之心,明镜止水"。虽认为"敬字工夫,乃圣门第一义"(同上),但也主张"静坐",在他看来,"静坐时,收拾得这个心,湛然在此,不散乱,不困顿,穷理应事便有力"(同上书,卷一)。王建常亦对张载之学颇为仰慕,在他看来,"张子心统性情一语,亦前圣所未发,其有功于圣门最大。后来诸儒说心说性,千言万语,要皆不外乎此"(同上书,卷二),并对张载"以礼教人"备为推崇。他称赞"横渠持身严谨,教人以礼"(同上书,卷四),尤其是张载"教人以礼"使当时"关中学者,用礼渐成俗"(同上书,卷六)。王建常亦重经世,故于治世之道不无论说。他认为"王道与儒道同,皆通贯天地。学纯,则纯王、纯儒也"(同上)。基于此,他说"唐虞三代之治也,不难复",在他看来"只要一个圣人出来做天子,则以德行举而措之而已"(同上)。另外,王建常对天文学颇感兴趣,他曾自绘《浑天仪图》,还于潢池中观测日食,并对西方的天文仪器特别欣赏,自云:"近闻西极人,造此器最是精微。其能正三百年不修之历,盖观于象者审矣"(同上书,卷三)。王建常其学当时在关中,诚如钱穆先生所说"与二曲东西并峙"(钱穆:《中国学术思想史论丛》卷八《清儒学案序》,安徽教育出版社,2004年,372页)。但由于他闭户不出,再兼其唯一的弟子张柟先王建常而卒,故其学不传。后至乾隆间,华阴史调读其《复斋录》,始承其学。然而其后关中尊奉程、朱者,对王建常其人其学大力表彰,张秉直认为"吾陕本朝惟朝邑王复斋先生学宗朱子"(张秉直:《萝谷文集》卷四《二高合传》);李元春甚至认为王建常"其学之醇细有主,在二曲上"(李元春:《关中三先生语录序》);杨树椿认为"关学自横渠后之明、国朝五六百年,诸儒造诣高下不同,求其纯守程朱粹然出于正者,复斋而已"(杨树椿:《杨损斋文钞》卷八《书王复斋传后》);贺瑞麟自云:"予服膺先生久,谓先生之功,尤在尊程朱以斥陆王",遂有"国朝吾关中讲学诸前辈,以朝邑王仲复先生为第一"(贺瑞麟:《太极图解跋》)之说。并与杨树椿极力建议陕甘提督学政吴大澂提请建常入祀文庙。于是王建常在关学史上的地位得到空前提高,一时甚至有"关学自横渠后,的(嫡)派真传当推建常为第一"(《朝邑县乡土志》卷二《耆旧录》)的论断。王建常著作有《春秋要义》6卷,《大学直解》1卷,《太极图说》3卷,《律吕图说》9卷,《小学句读》6卷,《复斋录》6卷和《复斋余稿》2卷。

[文献] 《清史列传》卷六六《儒林传上一》:"王建常,字仲复,陕西朝邑人。明赠刑部侍郎王之寀从子。少失怙恃,侍继母以孝闻。年二十为诸生,已乃弃去,锐意正学。顾炎武寓居华下,慕之,数以疑义相质。见其所著《律吕图说》二卷,叹曰'吴中未有也'。……其学以主敬存诚为功,穷理守道为务,生平注意尤在《小学句读记》四卷,以此为入德之门。……后同邑李元春称建常'气节足维世风,理学足翼圣道。其纯正在李颙之上'云。著有《大学直解》一卷,《论语辑说》十卷、《诗经会编》五卷、《尚书要义》六卷、《春秋要义》四卷、《太极图集解》一卷、《四礼慎行》一卷、《思诚录》一卷、《复斋录》六卷、《别录》一卷、《日记》二卷、《余稿》六卷。"(周骏富:《清代人物传记丛刊》(104),191-192页)〔清〕王建常《自撰墓志铭》:"渭埜王仲子,名建常,字仲复,复斋其别号也。少治举子业,及壮丁国变,挂冠杜门。读濂、洛、关、闽书,发愤为圣贤之学。但气昏质弱,虽孜孜五十六年,而讫无所成。临终乃书此墓志,系以铭曰:存心养性,独有志于往圣;守分安贫,幸不辱乎吾身。"(清光绪元年刘述经堂刻本)〔清〕康乃心《王贞文先生遗事》:"朝邑王仲复先生,高士也,与先生为同心之友。每先生书往,仲复必揖而启之;仲复书来,先生亦然。在江南为刻其《律吕图说》。仲复先一年捐馆,先生为之志铭,称'无愧焉'。论学相切磨,终始无间。仲复语人曰:'山史先生粹然儒者,平生未尝一矜气加人。'王仲复先生讳建常。"(清光绪廿三年华阴王敬义堂刊本)〔清〕李元春《关学续编》中《复斋王先生》:"先生初名建侯,后改建常,字仲复,号复斋,朝邑人。……年二十,为诸生,学使汪乔年岁试,取第一,食饩。三十时,乃弃去,锐意圣学,闭户读书,凡六经、子、史、濂、洛、关、闽之书,无不详究。……吴县顾宁人寓华下,慕之,数以疑义相质。……同里张让伯枬成进士,始受业为弟子。其学以主敬存诚为功,穷理守道为务。所著书皆端楷细字。有《大学直解》一卷,《两论辑说》十卷,《诗经会编》五卷,《尚书要义》六卷,《春秋要义》四卷,《太极图集解》一卷,《律吕图说》二卷,《四礼慎行》一卷,《思诚录》一卷。生平注意,尤在《小学句读》六卷,以此为入德之门。《复斋录》六卷,凡所学具见于此。而其要在发明程、朱以斥陆、王。此外尚有《复斋别录》一卷,《复斋日记》二卷,《余稿》六卷。"(《关学续编》,中华书局,1987年,

104页)〔清〕沈青崖、吴廷锡《陕西通志》卷六三《人物九》:"王建常,字仲复,朝邑人。为诸生。家贫力学,所著述皆发明儒先,排斥异说。其得力尤在《孝经》一书。许孙荃闻其名,数造请,初至持金币为寿,不敢出。改馈葛棉数种,不受。使者力请之,乃受。其抗节如此!"(雍正十三年刊本)〔清〕黄嗣东《圣清渊源录》卷二《王建常》:"王建常,字仲复,朝邑人。性笃朴,有坚守。前明庠弟子员,及代革,不复应试。日惟读宋、明诸儒先书,或有心得即记录于册。家素贫,淡泊自甘,数十年如一日。晚病重听,犹深居简出。盖生平确守《孝经》,始于立身之义。虽盛暑,衣冠不去,其守为人之极难。至生平述作,于吾儒二氏之分,辨之犹不遗余力。"(周骏富:《清代传记丛刊》(003),110页)又见张骥《关学宗传》卷三五《王复斋先生》,《〔咸丰〕同州府志》卷二三《列传下二》和《朝邑县乡土志》卷二《耆旧录》。

清圣祖康熙四十一年 壬午(公元1702年)

王宏撰卒 王宏撰(1622-1702),又作弘撰,字无异,号山史。陕西华阴县人。王宏撰的父亲为南京兵部侍郎王之良,曾从冯从吾游学。王宏撰十三岁时即随父京居,后其父迁南赣巡抚,又随而往之。此间,他以学习诗文为主,不久便有文名。崇祯十六年(1643),其父自南赣擢南京兵部侍郎,殁于途,自此他返回故里陕西华阴。明亡后,王宏撰隐居华阴闭户读书,以文会友。与富平李因笃,朝邑李楷、王建常,周至李颙,合阳康乃心多所往来。并与时任潼关兵备道的汤斌亦有交往。不久声名日高,遂渐为外人所知。康熙二年(1663),昆山顾炎武来访,与之订交。康熙五年(1666),番禺屈大均游关中时亦来拜访。视宏撰为"博学君子"的王士禛也曾两次造访,惜其未遇。康熙十七年(1678),王宏撰以博学鸿儒被迫征往京师,但抱病卧居昊天寺,不谒权贵。然当时名流魏象枢、王士禛、施闰章、汤斌、阎若璩等多与之商讨学问或诗文唱和。又先后与戴廷栻、陈上年、叶封、孔尚任、戴务旃等人结交。王宏撰博学多才,在诗文,书法,金石、古书画收藏与鉴赏及理学等方面都有所成就,梁启超先生认为王宏撰还"治经学,熟于掌故"(梁启超:《饮冰室文集》,3187页),故当时即有"博物君子"之称。在陕西与"关中三李"齐名,时人号为"四夫子"。王宏撰晚年转向理学。其理学思想,本体论上,他持理本论,但不同意朱子"理生气"说,并且对朱子"无极而太极"的解释表示无法接受。心性论方面，虽不同意王阳明"无善无恶心之体"说，但对其"致良知"极为赞赏。工夫论上，虽也秉持朱子"格物"之训，但又认为冯从吾"格物"之说"尤为明切"。王宏撰治学，"揆之以理，度之以心"，秉持"唯求其实""唯求其是"的学风。其学虽以儒学为主，但对佛、道二教是"不尊其教"而"敬其人"，认为佛老之书"自可以修身养性之助"，所以他主张"于二氏之言，不尽弃绝"。他对待西学的态度，亦复如此。尽管他对西人"专奉耶稣"不以为然，但赞赏其"天文奇器，则独有所长"（王弘撰：《山志》（初集）卷一《西洋》）。王宏撰之学亦重经世致用，其于屯田、纺织皆有论说，刘师培称其"敦崇实学"。王宏撰在执掌关中书院期间，"一时英俊如云，称为盛事"（康乃心：《王贞文先生遗事》），因而清初"关学复兴"，其"倡始之功尤不可没也"（同上）。由此亦可知，他在关学史上应当占有相当重要的地位。王宏撰著作有《周易筮述》8卷，《周易图说述》4卷，《正学隅见述》1卷，《砥斋题跋》1卷，《砥斋文录》1卷，《砥斋集》12卷，《山志》12卷，《十七帖述》1卷，《待庵日札》1卷，《西归日札》1卷，《北行日札》1卷。

[文献] 《清史列传》卷六六《儒林传上一》："王宏撰，字山史，陕西华阴人。明兵部侍郎之良子。少与兄宏学、宏嘉互相师友。博雅能古文，尤深于《易》。……尤究心濂、洛、关、闽之学。……康熙十八年，举博学鸿儒，至京师，居城西昊天寺，不谒贵游。左都御史魏象枢招之，亦不往。遂以老病不能试罢归。……古文简洁有法，汪琬称其'得史迁遗意。'当时关中碑志非三李则宏撰，而宏撰工书法，故尤多于三李。三李者因笃及容、柏也。著有《周易筮述》八卷、《正学隅见述》一卷、《山志》六卷、《砥斋集》。"（周俊富：《清代传记丛刊》（104），189－191页）赵尔巽等《清史稿》卷五〇一《遗逸二》："王弘撰，字无异，号山史，华阴人。明诸生。博雅能古文，嗜金石，藏古书画金石最富。又通濂、洛、关、闽之学，好《易》，精图象。学者翕然宗之，关中人士领袖也。与李颙、李柏、李因笃齐名，时以得一言为荣。凡碑版铭志非三李则弘撰，而弘撰工书法，故求者多于三李。弘撰交游遍天下，甲申后，奔走结纳，尤著志节。……康熙间，以鸿博征，不赴。初与因笃同学，甚密，及因笃就征，遂与之绝。弘撰所居华山下，有读易庐，与华峰相向，称绝胜。卒，年七十有五。著有《易象图说》《山志》《砥斋集》。"（《清史稿》，13858－13859页）〔清〕李元春《关学续编》中《而时王先生》："少弟宏撰，以文章博雅，名动天下。康熙十七年，与顾宁人等同征，固辞不允，至京师，不就职。著述满家，尤邃于

《易》。晚年亦讲义理之学,有《正学隅见述》,辨'格物',主朱子;辨'太极',主陆子。"(《关学续编》,107页)〔清〕徐世昌《清儒学案》卷七《亭林学案下》:"王宏撰,字无异,号山史,华阴人。明诸生。康熙己未,以鸿博征,不赴。嗜学好古,富藏金石,广交游,为关中声气领袖。居华山下。著有《易象图述》《山志》《砥斋集》。亭林入关,始与订交。后其每至,辄主其家。"(徐世昌著,陈祖武点校《清儒学案》,315页)又见唐鉴《国朝学案小识》卷一二,钱林、王藻《文献征存录》卷四,李集、李富孙、李遇春《鹤征前录》卷二三,秦瀛辑《己未词科》卷五,王晫《今世说》卷六,吴修《昭代名人尺牍小传》卷一〇,张其淦、祁正《明代千遗民诗咏》卷二,李玉棻《瓯钵罗室书画过目考》卷二,窦镇《国朝书画家笔录》卷二,震均《国朝书人辑略》卷二,李桓《国朝耆献类征初编》四一三,张骥《关学宗传》卷三七,孙静庵《明遗民录》,颜光敏《姓氏考》和马宗霍《书林藻鉴清代篇》等。

[考辨] 关于王宏撰之享年有二说,一为《清史稿》等所持75岁说;一为《〔乾隆〕华阴县志》和《〔咸丰〕同州府志》所持81岁说。对此之甄别,只要考定王宏撰之生卒年即可。按王宏撰《砥斋集》卷二《题李长蘅小影》:"予生于壬戌中秋;长蘅写此,在是岁之冬,盖与予齐年。"康乃心《王贞文先生遗事》"明天启二年壬戌八月之望,先生始生。"可知王宏撰生于明天启二年(1622)。对于王宏撰之卒年,《华阴县志》和《同州府志》均持康熙四十一年说,钱穆先生有"(康熙)五十五年辛卯(一七一一),王山史寓维扬"(钱穆:《中国近三百年学术史附表》,中华书局,1986年,44页)之说,准此则王宏撰卒年当康熙五十五年以后。按金培生《祭文》:"维康熙四十一年,岁次壬午三月壬午朔,越宜祭日,陕西布政司、分守潼商道按察副使金培生以刚鬣柔毛香帛全品之仪,致祭于皇清征君山史王先生之灵。……及壬午,减从造请,则先生已卧病仁里。"(见康乃心等:《王山史先生年谱(遗事并附)》)可知,王宏撰卒于康熙四十一年(1702)。由是,王宏撰生于明天启二年(1622),卒于清康熙四十一年(1702),则其享年当为81岁,故从王宏撰享年81岁说。

清圣祖康熙四十二年　癸未(公元1703年)

十一月,康熙帝赐李颙匾及诗　是年十一月,康熙帝西巡至陕,因久闻李颙大名,欲召见。李颙以老病卧床坚辞。康熙知其声望高重不可相强,遂赐书'操志高洁'匾额及御制诗章,并索其著作《四书反身录》和《二曲集》。

[**文献**] 〔清〕惠龗嗣《潜确录》:"康熙四十二年癸未十月,圣驾西巡至山西,陕西督抚接见,即问先生起居,言至陕必欲召见。……慎言即夜随来人驰驿赴省,见制台及将军,祈以疾对。……至十九日,闻今上知先生抱恙,遂有'高年有疾,不必相强'温旨,随赐书'操志高洁'扁额,及御制诗章,并索先生著述。"(李颙:《二曲集》,595-598页)〔清〕刘绍攽《九畹续集》卷一《关中人文传》:"康熙四十二年,圣祖西巡,入潼关,手诏宣见。颙年七十七矣,以老不至。诏就其家,取所著《二曲集》《四书反身录》,命近臣校阅,藏之中秘。年七十九卒。"(清乾隆戊戌年刘传经堂刻本)赵尔巽等《清史稿》卷八《圣祖本纪三》:"(四十二年十一月)己未,上大阅于西安,赐将军博济御用弓矢。赐官兵宴。军民集行宫前吁留,上为留一日。赐周至征士李颙御书'操志高洁'匾额。"(《清史稿》,264页)又见吴怀清《关中三李年谱》卷二《二曲先生年谱》。

清圣祖康熙四十四年 乙酉(公元1705年)

四月,李颙卒 李颙(1627-1705),字中孚,号二曲,后世为避嘉庆帝讳,易其名为容。陕西周至(今陕西周至县)人。李颙十六岁丧父,家贫至无一椽之产,度日艰难,更无力求学。但他天资聪颖,"艰苦力学,无师而成,"(顾炎武:《顾亭林诗文集》,中华书局,1959年,134页)。其学成后即闻名于关中,凤学向道之人多来问证,以至于时人认为其"倡绝学于周至,关中尊之拟于横渠"。康熙七年(1668),他应邀先后讲学于陕西蒲城、同州、华阴、高陵等地。康熙九年(1670)又应邀赴学人士子荟萃的江南地区讲学。他在常州、无锡、江阴、靖江、宜兴等地讲学三个月,每次开讲"环拥拱听"者达千人之众,被誉为"江左百年未有之盛事"。李颙声望日重,遂引起清廷重视,康熙十二年(1673)至康熙十七年(1678),他年年被征召。但他对清廷之征,均坚辞不赴,甚至于"从容怀白刃,决绝却华辀"(同上书,412页)。他的这一壮举,诚如梁启超先生所云:"于新朝不肯受一丝一粟豢养,非直其学之高,抑其节行又足以砥学也"。李颙之学皆为自得,"其学问盖从咬牙嚼舌锤炼出来"(梁启超:《饮冰室文集》,3187页)。就其学旨来看,于王阳明为近。他认为"人生本原"是"无声无臭,廓然无对",不单"欲"是"念起"所成,就连"理"也是"念起"而生的,那么他所谓的"人生本原"自然就是超越理欲、超越善恶的,即"无善无恶"。正基于此,对于当时学人批评阳明"无善无恶心之体"的说法,他辩护道"性本冲漠无朕,不可以'善'言。凡言'善'者,皆就其'继之者'而名也。若论'无声无臭'之本,'善'犹不可以强名,况'恶'乎!故'无善之善,乃为至善,有意为善,虽善亦私'。此阳明立言之本意也"(李颙:《二曲集》,35 页)。李颙不但讲阳明之学,而且多于当时朱学辈学人辩论,以维护阳明其人其学,故梁启超先生称其为"王学后劲"(梁启超:《清代学术概论》,10 页)。但是,在修养工夫上,李颙是朱、陆兼取。他认为"进修之序,敬以为之本,静以为之基"(李颙:《二曲集》,96 页),所以钱穆先生有"二曲论学虽主陆王,然亦兼取程朱,遂为清初关学大师"(钱穆:《中国学术思想史论丛》卷八,367 页)之说。另外,李颙为学特别强调经世致用。在他看来,"道不虚谈,学贵实效,学而不足以开物成务,康济时艰,真拥衾之妇女耳,亦可羞已"(李颙:《二曲集》,54 页)。所以主张"儒者之学,明体适用之学也"(同上书,120 页)。"明体"是指"穷理致知,反之于内,则识心见性,实修实证";"适用"乃是"达之于外,则开物成务,康济群生"。在他看来,"明体而不适于用,便是腐儒;适用而不本于明体,便是霸儒;既不明体,又不适用,徒汩没于词章记诵之末,便是俗儒"(同上书,401 页)。李颙提倡"明体使用",其目的"是以适用修正明体"(侯外庐:《中国思想通史》第五卷,人民出版社,1956 年,292 页),使理学由空谈心性归于经世致用。然纵观李颙一生,其为学旨趣是有所变化的。对此,陈祖武先生之说可引以参考。他说"李颙早年对经世时务的讲求,转而趋向中年时代的'反己自认',一味'悔过自新';继之再将二者合而为一,形成'明体适用'学说;尔后又把这一学说具体化,表现为'明学术,正人心'的执着追求"(陈鼓应、辛冠洁、葛晋荣:《明清实学思潮史》,齐鲁书社,1989 年,1279 页)。李颙倡学关中,对屡作屡替之关学有复兴之功。他在世时,关中学人仰其为"儒学巨宗",尊之"拟于横渠",称其承绪张载"上接关学六百年道统"。他辞世后,其弟子多能守其学,尤其户县王心敬,对"师门宗传遵而循之",讲学大江南北,广传李颙之学。且以后之关中学者如杨屾、周元鼎、祝垲、刘光蕡等皆师承其说,故其学于关中之传承代不乏人。其实,李颙在世之时,其学非独重于关中,亦流布于大江南北,所传甚广。当时海内学人对其多以"当世儒宗"仰视,并将其与孙奇逢、黄宗羲合称为海内"三大儒"。足见,李颙其人其学,非但在关学史上具有特别重要的地位,而且在清代理学史上也占有十分重要的地位。李颙著作有《四书反身录》14卷、《续录》2卷,《观感录》1卷,《悔过自新录》1卷,《二曲集》26卷和《司牧宝鉴》1卷。

[文献] 《清史列传》卷六六《儒林传上一》:"李容,字中孚,陕西周至人。……容事母孝。饥寒清苦,无所凭藉,而自拔于流俗,以昌明关学为己任。自经史子集以至二氏书,无不博观,而不滞于训诂文义,旷然见其会通。其学以尊德性为体,以道问学为功夫,以悔过自新为始基,以静坐观心为入手。关学自冯从吾后渐替,容日与其徒讲论不辍。……康熙十二年,陕督鄂善以隐逸荐,有诏起之,固辞以疾。十七年诏举博学鸿儒,礼部以海内真儒荐,大吏亲至其家促之起。舁床至省,容绝粒六日,至拔刀自刺,大吏骇去,乃得予假治病。……四十二年,圣祖西巡召容见,时容已衰老,遣子慎言诣行在陈情,以所著《四书反身录》《二曲集》奏进。上谓慎言曰:'尔父读书守志,可谓完节。'特赐御书'操志高洁'及诗幅以奖之。容学亦出姚江,谓:'学者当先观陆九渊、杨简、王守仁、陈献章之书,阐明心性,然后取二程、朱子,以及吴与弼、薛瑄、吕柟、罗钦顺之书,以尽践履之功。'初有志济世,著《帝学宏纲》《经筵僭拟》《经世蠡测》《时务急策》等书,既而尽焚其稿。又著《十三经注疏纠谬》《二十一史纠谬》《易说》《象数蠡测》,亦谓无当身心,不以示人。"(周骏富:《清代传记丛刊》(104),143-146页)赵尔巽等《清史稿》卷四八〇《儒林一》:"李颙,字中孚,周至人。又字二曲,二曲者,水曲曰盩,山曲曰厔也。布衣安贫,以理学倡导关中,关中士子多宗之。……康熙十八年,荐举博学鸿儒,称疾笃,舁床至省,水浆不入口,乃得予假。自是闭关,晏息土室,惟昆山顾炎武至则款之。四十二年,圣祖西巡,召颙见,时颙已衰老,遣子慎言诣行在陈情,以所著《四书反身录》《二曲集》奏进。上特赐御书'操志高洁'以奖之。……时容城孙奇逢之学盛于北,余姚黄宗羲之学盛于南,与颙鼎足称三大儒。晚年寓居富平,关中儒者咸称'三李'。三李者,颙及富平李因笃、眉李柏也。"(《清史稿》,13108-13109页)〔清〕阮元等《国史文苑稿》卷一下《李容》:"李容,陕西周至人,布衣安贫,以理学倡导关中。其所自得,不滞于训诂文义,旷然见其会通。康熙十八年,荐举博学鸿词,疾笃不出,舁床至省,水浆不入口,乃得予假。自是闭关宴息土室,惟顾炎武至则款之。故炎武曰'坚苦力学,无师而成,吾不如李中孚'。四十二年,圣祖仁皇帝西巡,召容见。时容已衰老,遣子慎言诣行在陈情,以所著《四书反身录》《二曲集》奏进。上特赐

御书'操志高洁'以奖之。"(周骏富:《清代传记丛刊》(013),207－210页)〔清〕全祖望《鲒埼亭集》卷一二《二曲先生窆石文》:"按先生姓李氏,讳颙,字中孚,其别署曰二曲、土室病夫,学者因称之为二曲先生,西安之周至县人也。……乃先生果能自拔于流俗,以昌明关学为己任。家无书,俱从人借之。其自经史子集以至二氏之书无不观,然非以资博览,其所自得,不滞于训诂文义,旷然见其会通。……于是关中士子,争向先生问学。关学自横渠而后,三原、泾野、少墟,累作累替,至先生而复盛。……先生四十以前,尝著《十三经纠谬》《廿一史纠谬》诸书,以及象数之学,无不有述,其学极博。既而以为近于口耳之学,无当于身心,不复示人。所至讲学,门人皆录其语。……当是时,北方则孙先生夏峰,南方则黄先生黎洲,西方则先生,时论以为三大儒。……先生起自孤根,上接关学六百年之统,寒饿清苦之中,守道愈严,而耿光四出,无所凭藉,拔地倚天,尤为莫及。"(全祖望:《全祖望集汇校集注》,上海古籍出版社,2000年,233－238页)〔清〕沈青崖、吴廷锡《陕西通志》卷六三《人物九》:"李颙,字中孚,周至人。父可从崇祯十四年从总督汪乔年出关征闯,败于襄城,陷阵死。颙时年十五,母子茕茕,日不再食。既长矢志力学,尤笃信濂、洛、关、闽诸书,以明体达用为主。性纯孝,事母色养,及殁哀毁几绝,葬悉如礼。服阕,访父遗骸于襄城,不获,为位痛哭,招魂而归。康熙十二年,总督鄂善修复关中书院,邀颙至为诸生讲明正学,人称二曲先生。都抚荐剡交上,先后奉旨特征,以疾辞。康熙四十二年冬,六龙西狩长安,召见颙。时颙已衰老,遣子慎言诣行在陈情,随赐御书'操志高洁'以奖之。颙复进呈《二曲集》《反身录》,并荷温纶褒谕。年七十九卒。"(雍正十三年刊本)又见江藩《宋学渊源记》卷上,李元度《清朝先正事略》卷二七,徐世昌《清儒学案》卷二九,易宗夔《新世说》卷一,姚永朴《旧闻随笔》卷一和张骥《关学宗传》卷三一等。

[考辨] (一)关于李颙之生年:就今人的考证结果来看,主要有二,一为钱穆明天启七年(1627)说(钱穆:《中国近三百年学术史附表》,9页),另一为谢国桢明崇祯二年(1629)说(谢国桢:《孙夏峰李二曲学谱》,商务印书馆,1934年,73页)。今按李颙《二曲集》卷二三《忌日祭文》:"维康熙二十七年二月十七日,不肖男颙,率孙慎言、慎行,曾孙洵,谨以香楮庶羞,奉祭我父而告之曰:……儿童年失怙,今六十二岁,老矣",由康熙二十七年(1688)李颙自云62岁可推知,李颙生于明天启七年(1627)。再者,康乃心之弟康纬所

编《康乃心年谱》有"丙子,二曲先生寿七十,兄命纬往视焉"之说,丙子即康熙三十五年(1696),时李颙70岁,由此亦可推知,李颙生于明天启七年。故从李颙生于明天启七年(1627)说。(二)关于李颙之卒年:《清史列传》《关中三李年谱》等持康熙四十四年说,汤中《清梁质人先生份年谱》持康熙四十五年说(汤中:《清梁质人先生份年谱》,台湾商务印书馆,1980年,71页)。今按李颙弟子王心敬《丰川全集正编》卷二〇《答襄城刘恭书先生》:"抵冬,则先师之疾亦渐深。越岁,至前四月望五日,而竟不起。"再按《丰川全集正编》卷二一《文廷鸣证学录序》"岁乙酉六月既望,泾原廷鸣文子赴先师丧。因过荒居,相见各悲慨不胜!盖前春文子来先师在,而今也亡。"由此可知,李颙卒于乙酉四月十五日,即康熙四十四年(1705)年四月十五日,故从李颙卒于康熙四十四年说。(三)关于李颙之享年:《清史列传》持76岁说,《陕西通志》和《关中三李年谱》等秉79岁说。由上述对李颙生卒年的考证可知,李颙生于明天启七年(1627),卒于康熙四十四年(1705),则其享年应为79,故从李颙享年79说。

清圣祖康熙四十五年　丙戌(公元1706年)

八月,孙景烈生　孙景烈(1706-1782),字孟扬,又字竟若,号酉峰,学者称酉峰先生。陕西武功人。是年生,卒于乾隆四十七年(1782),享年77。事详卒年。

[文献]〔清〕张洲《对雪亭文集》卷九《皇清征仕郎翰林院检讨酉峰孙先生行状》:"先生姓孙氏,讳景烈,字孟扬,一字竟若,别号酉峰,学者称酉峰先生,世为武功邰封里人。……生康熙四十五年八月十二日,卒乾隆四十七年九月二十一日,春秋七十有七。"(清刊本)〔清〕李元春《桐阁文钞》卷一〇《检讨孙酉峰先生墓表》:"先生讳景烈,字孟扬,……以康熙四十五年八月十二日生先生于嫠封里。"(光绪十年朝邑文会刊本)

清圣祖康熙四十六年　丁亥(公元1707年)

刘绍攽生　刘绍攽(1707-1778),字继贡,号九畹,陕西三原人。由其乾隆二十五年(1760)自云54岁,可推知其生于是年。卒于乾隆四十三年(1778

年),享年72。事详卒年。

[文献] 〔清〕刘绍攽《自序》:"第求其约而尽,简而该,服之终身无怿者,尤莫要于周子《太极图说》,张子《西铭》,程子《定性书》《颜子所好何学论》四篇,朱子《感兴诗》二十五首。五子之作各不相谋,而审端有力,义实相成。因汇成一帙,细加笺疏,常目在之。庶几收之桑榆云。乾隆二十五年秋八月,刘绍攽书,时年五十有四。"(清光绪元年刻本)

清圣祖康熙四十八年 己丑(公元1709年)

五月,李塨来陕西讲学 是年,李塨(1659－1733,字刚主,号恕谷,直隶蠡县人,颜元弟子)在富平县令杨勤的邀请下,于五月二十七日抵富平,至八月中旬始起程离陕。翌年二月又来,周旋一年。李塨在陕西期间,除在富平讲学外,亦曾往长安讲学。时任陕西提督学政的朱轼,拟邀其主讲书院,然为李塨所拒。李塨所主讲的"颜李学派"思想,对当时的关学影响颇大。他在给王源的信中说:"今岁游秦,李二曲门下士,皆以颜先生之学为然。"(李塨:《恕谷后集》卷五《与王昆绳书》)其对二曲学派学说之冲击可想而知。

[文献] 〔清〕李塨《恕谷后集》卷一《赠黎生序》:"己丑六月,抵长安。陈尚孚、张潜夫、蔡瑞生闻颜先生之学,来问,欢相得也。已而,寄信其友人黎生长举,自镇原千里来予富平寓。"(《畿辅丛书》本)〔清〕李塨《恕谷后集》卷五《与王昆绳书》:"今岁游秦,李二曲门下士,皆以颜先生之学为然。黎长举学礼,鲁圣居学乐,蔡瑞生读孙、吴,张潜夫学《平书》,陈尚孚学《易》。文武在位,亦颇闻风向往。"(同上)〔清〕李塨《恕谷后集》卷一三《杨公生传》:"杨公名勤,字慎修,镶红旗汉军也。……康熙四十八年,筮得陕西富平令。闻王昆绳言,亲如蠡延余,且令张西陆言束修,每年如秦关之数。时余五十有一,念道行于人与行己一也,遂于五月同往至富。……无何届九月,为先母初度辰,力辞归。公亲送之康桥,……公乃刺血作书,又遣力来请。无奈何,二月至富。公率阖邑绅衿里民郊迎。跪谢必屈至署。又周旋一年。而其势异时移,难以株久,又力辞归。"(同上)又见冯辰、刘调赞《李塨年谱》和《清史列传》卷六六《儒林传上一》。

王心敬与李塨书信论学 是年,李塨来陕讲学,其所主讲的实学思想对李颙的理学思想颇有冲击,以至关中学者以"李二曲之学近禅,以颜先生为是"(冯辰、刘调赞:《李颙年谱》,中华书局,1988年,129页)。作为李颙学术传人的王心敬,以书信方式对李塨的学术思想进行了批评,并嘱托李塨修订其所编纂的《二曲年谱》。李塨认为王心敬对自己著作驳斥得当,并对王心敬所编《二曲年谱》之不足,提出看法。

[文献]〔清〕李塨《恕谷后集》卷四《复王丰川书》:"三世兄过辱,垂示手书,肫诚之致溢于楮端。至谕塨互相规劝,不可对面相失。至言!至言!拙著见驳正者甚当,足证直谅,敢不报惠。令师《二曲年谱》,昨在秦邸匆匆一翻,未详。但念二曲先生虽未亲炙,大约刻苦力行,安贫乐道。养亲教后,严取予,慎幽独,必有卓卓可传,令人阅之涕下兴奋者。今观谱中似载躬行实践之事少,而当道表彰之事多,此非所以扬二曲也。子贡结驷连骑,名闻诸侯,只称言语。颜渊陋巷箪瓢,削迹显贵,而称亚圣。后世烂然则知学人光天壤、传奕祀者,原不依重季孟诸公也。惟存其迹可耳,无事辞费。因昨谕订修,尚未竣事,故妄及之,余惊不尽。"(《畿辅丛书》本)

清圣祖康熙五十年　辛卯(公元1711年)

一月,王心敬讲学湖北江汉书院　康熙四十九年(1710)十二月底,王心敬应湖北巡抚陈诜(1643-1722,字叔大,号实斋,浙江海宁人)之邀,至湖北江汉书院讲学,至是年二月下旬始归。据载王心敬在江汉书院讲学间,当地"荐绅庠序执经北面者,履满余庭"。然而他所讲之学,也受到当地一些学者的质疑,批评为"迂拙赣率"。王心敬江汉书院讲学内容,见于其子王功整理的《江汉书院讲义》10卷。

[文献]〔清〕王心敬《丰川全集正编》卷二三《先慈李孺人行述》:"己丑春,实斋移抚湖广。通山令金侯复累书致先生意,……十二月十九日,往,……以来年二月廿五抵家,盖为母设帨之辰。"(清康熙五十五年刻本)〔清〕王心敬《丰川全集续编》卷二一《题江夏门人刘次临制艺》:"岁辛卯,余以大中丞陈实斋先生诏,于春首至江汉书院。"(同上)〔清〕王勍《黄州府志序》:"昔先大夫康熙辛卯,讲学江汉书院。"(英启修、邓琛纂《黄州府志》,清光绪十年刊本)

清圣祖康熙五十三年　甲午(公元1714年)

四月，王心敬讲学江苏紫阳书院　是年四月，王心敬应江苏巡抚张伯行(1651-1725，字孝先，号恕斋、敬庵，河南仪封人)之邀，抵江苏紫阳书院讲学，至九月中旬因清廷以"山林隐逸"征召而辍，历时四月余。张伯行之学以程、朱为尊，对陆、王竭力批判，且批评王心敬之业师李颙"以禅起于西"及"中孚死，其焰少息"(张伯行：《正谊堂文集》卷九《论学》)，王心敬"力与之争"。紫阳书院诸生在张伯行的倡导下，亦以辟陆、王为尊程、朱，故王心敬此次讲学与众"往复辩难，彼此抵牾"，境遇十分尴尬。后以清廷征召，匆匆结束了这场"争讼"。

[文献]〔清〕许培荣《姑苏论学》："甲午夏四月二十三日，关中丰川先生应中丞张公之聘来姑苏。"(王心敬：《丰川全集续编》，清康熙五十五年刻本)〔清〕王心敬《丰川续集》卷六《辞征程》："但生自九月十日江南归家时，于途中风寒伤肺之症。"(清乾隆十五年恕堂刻本)〔清〕王功《姑苏纪略》："甲午夏，家君以应仪封中丞之召至姑苏。……中有一二论学术者，每以痛摈陆王为尚，家君辄平心酌剂，未尝稍徇其意。"(同上)〔清〕张师栻、张师载《张清恪公年谱》："五十三年，甲午，公年六十四。……与征士王心敬讲学。王心敬，号丰川，讲学关中。湖广制台延至江汉书院，又荐以博学弘词。时来苏讲学，与公谈论以静坐澄心为入德之要，谓不必分门别户，诋诽前人，盖陆王之学也。又与公门人吴澍、金潮辈往复辩难，彼此抵牾，遂辞去。"(清乾隆间刻本)

王承烈《日省录》撰成　《日省录》2卷，王承烈撰。是书为王承烈归里居丧，间读理学书，"日自省察"，遂感遂录，故名曰《日省录》。今有其六世孙王简司刻的光绪二十四年(1898)王素位堂刻本。卷一前分别有孙能宽和康吕赐序，卷二前有王心敬序。孙能宽谓此书"段段皆属心得，语语无非创解。"康吕赐云是书"大之阴阳造化，博之人伦物理，精之身心性命，以及吾儒、异端所以异同离合之故，罔弗究论而晰其渊源。"今按此书，王承烈于张载《正蒙》解释诸条，亦颇深契。如卷一有谓："《天问》'阴阳三合，何本何化？'阴阳两也，两故化，化其一，一则本也，本故神。此即横渠夫子天三之义。"又如卷二云"大抵《正蒙》文字，贤者多不能耐其艰苦，如谓太虚即气，屡以清浊虚实为一为言,而程子反疑,谓神外有气,气外有神,是两之也,恐与张子本旨未全耳。"

　　[文献] 〔清〕王承烈《日省录》:"愚少承庭训,切切世德忠孝为根本。……甲午冬十月十一日识于先祠旁之复庵。"(清光绪戊戌王素位堂刻本)〔清〕王心敬《丰川全集正编》卷二一《日省录序》:"甲午春,余以赴吊太母,相见各悲痛不胜。盖余三年前既有陟岵之伤,而逊功今且一旦怙恃兼失,不觉同病相悼。……次日晨,饭毕,见其案头所置年来手记《日省》一录。"(清康熙五十五年刻本)

清圣祖康熙五十五年　丙申(公元1716年)

王心敬《丰川全集》刊刻　《丰川全集》,卷数不详,王心敬撰,康熙五十五年(1716)刻本。书前有湖广总督额伦特序和金廷襄《凡例》。今见本包括《丰川全集正编》28卷、《丰川全集续编》22卷、《丰川全集外编》5卷和《江汉书院讲义》10卷。然按王心敬自云和刘青芝《王徵君先生心敬传》,《丰川全集》似还应包括王心敬所编《二曲夫子历年纪略》一书,然斯书今未见。

　　[文献] 〔清〕额伦特《序》:"后闻李先生高弟有所谓王丰川先生者,衣钵真传,名实并驱。……不幸不能于四十年之前从游二曲、丰川两先生之门俾先父兄慰子弟得所师资,幸于四十年之后为之叙事梓其书。……时皇清康熙五十五年岁在丙申清和谷旦,……额伦特撰。"(王心敬:《丰川全集正编》,康熙五十五年刻本)〔清〕王勋《凡例》:"前集,康熙丙申岁湖广总督额公捐俸刊布,凡正、续集二十八卷。"(王心敬:《丰川续集》,乾隆十五年恕堂刻本)〔清〕王心敬《丰川全集正编》卷二〇《与制军额公书》:"独纂就《二曲夫子历年纪略》一书,备述夫子一生历履、一生学术、一生交游、(一生)著述。而中间叙述先大将军与明公昆仲之道谊渊源为甚详细。望捐梓以永其传。"(康熙五十五年刻本)又见《四库全书总目提要》卷一八五《集部三八·别集类存目一二》。

清圣祖康熙五十八年　己亥(公元1719年)

陈世倌问学王心敬　陈世倌(1680-1758,字秉之,号莲宇,浙江海宁人。陈诜之子)往蜀就任,迁道来户县访王心敬。临别,王心敬书"志伊学颜"四字相赠。"志伊学颜"虽取自周敦颐"志伊尹之所志,学颜子之所学",但王心敬认为周子此说"实是关人量之满亏",其目的在于训勉人"为人须要巍巍堂堂的做个充满人量之人,即学术须切切实实的学个充满人量之学",其原因在于"吾性原来万物一体,自合尽先知先觉之责。吾性原是一私不容,自合尽不贰不迁之功"。

[文献] 〔清〕陈世倌《丰川续集序》:"昔在康熙己亥,余奉使西蜀,取道咸阳,纡轸至户,造丰川先生之庐而请谒焉。先生留,信宿,备闻绪论。将行,余请一言为终身诵。先生举周子是二言为勖。"(王心敬:《丰川续集》,乾隆十五年恕堂刻本)〔清〕王心敬《丰川续集》卷一五《寄海宁侍讲陈公》:"来书云:'途中读与万尔绥书,以志伊学颜相望,未得其解。方求质,而顷承手书亦蒙以此四字,殷殷期勉,敢以请正。'志伊学颜者,皆周子以伊尹耕莘而建王佐之业、颜子陋巷而抱天德之学,系吾儒出处准绳,故特于古圣贤中择此两个卓绝人品以示训,是乃教人取法乎上意也。愚独不以为尽然。夫周子教人取法乎上,固已然,要岂故择最高者教人争胜于品格间哉?周子原见得人心诚伪公私之界,不特分人品之圣凡贤愚,实是关人量之满亏。必如伊尹之耻其君不为尧舜、其民不被尧舜之泽。若纳沟而挞市才是划尽自私自利之念,而成一兼善天下之人。匪是,即臣职莫称,人量亏而未满。必如颜子之不迁怒不贰过才是划尽自私自利之念,而成一独善其身之人。匪是,即学术未纯,人量亏而未满。所以然者,吾性原来万物一体,自合尽先知先觉之责。吾性原是一私不容,自合尽不贰不迁之功。为人须要巍巍堂堂的做个充满人量之人,即学术须切切实实的学个充满人量之学。故当日谆谆以志伊学颜期勉人也。至于如不肖敬者,疏庸驽钝,望古生惭。然窃不敢以愧心者薄待我知交,故每遇同志,辄欲以此四字殷殷相期勉。矧如阁下志量宏毅,且得时遇主。将来以颜子天德之学建伊尹之王佐之业,绰绰乎!其有余裕。而敢以第二义薄待之哉!不审阁下以为如何也?"(同上)

清圣祖康熙六十一年　壬寅(公元1722年)

三月,王巡泰生　王巡泰(1722—1793),字岱宗,号零川,学者称零川先生,陕西临潼县(今西安市临潼区)人。是年生,乾隆五十八年(1793)卒,享年72。事详卒年。

[文献] 〔清〕王巡泰《对雪亭文集序》:"今年春二月,嗣君树楠以君《对雪亭文集》问序于余,分为十卷,论、记、序各体俱备。会受而读之,而唏嘘叹也。……乾隆壬子秋七月,同门弟临潼王巡泰书,时年七十有一。"(张洲:《对雪亭文集》,清刊本)〔清〕张佑《都是春斋文集》卷六《王零川先生墓表》"先生讳巡泰,字岱宗,零川其号也。生于康熙六十一年三月十九日,卒于乾隆五十八年七月初十日,享年七十有三。"(吾学园刊本)

王心敬与朱泽沄书信论朱子学 是年,朱泽沄(1666-1733,字湘陶,号止泉,江苏宝应人)。他在读王心敬所著《丰川全集》时,对其中有关朱子学的论说不满,遂以书信与王心敬商榷。王心敬认为朱子学宗为《论语》的博学笃志,教法则《论语》的始先卒后;而朱泽沄则认为朱子学宗乃《大学》的明新止至善,而博学笃志、始先卒后俱为教法。王心敬认为朱子格物之物是泛指天下之物,而并非以明德新民为根柢;朱泽沄则认为朱子格物正是以明德新民为根柢。王心敬认为朱子虽云本体不虚,然旨有偏畸;朱泽沄认为朱子亦以涵养本体为鹄的,只是工夫有层次而已。王心敬认为朱子倡学有本末先后之分;朱泽沄认为朱子并无此说等等。随朱泽沄之后其弟朱之梃、其子朱光进亦参与论辩,三人来信与王心敬反复辩难。

[文献] 〔清〕朱泽沄《朱止泉先生文集》卷三《与户县王尔缉论朱子之学书》(壬寅):"庚子冬,初谒无锡顾畇滋,周旋旬余。细叩嘿证,多有契合。论次间叙及甲午先生曾莅敝省,又出先生正、续二集,匆匆翻阅,未识精微。如《证心录》,入门之要,实致之功,得力之验,总是自家身心切要语,始知海内固大有人在。先生心定理明,德成教广,远追横渠存神之旨,近守少墟条理之精,李中孚先生之脉得先生而振。……阅先生答仪封公论朱子之学一书,首云:'是必统观朱子终身进造之节侯,而深探其苦心与所厪之至意',此数语诚学朱子学、读朱子书,至切当之论,及细究书中立言之意,又有欲请教者蕴蓄其中,欲抒所见于左右……沄愚见立大本莫如朱子,防虚静以立大本莫如朱子,先生以为如何?"(清乾隆间顾天斋刻本)〔清〕王心敬《丰川全集正编》卷一五《答扬州朱湘陶》:"乔令亲辱顾荒山,细道德度,兼承手翰。精细明通,无一语不直探紫阳之源流,无一义不深中紫阳之肯綮,反复读之不啻与紫阳对面而语,生平剪烛,以叙心得。昔人所谓善读前人书,善学前人者,贤者真不愧矣!"(康熙五十五年刻本)〔清〕朱辂《朱止泉先生年谱》:"六十一年壬寅,五十七岁。……是年,乔公敏伯往关中,先生烦寄书王尔缉先生,论朱

子之学,载文集。后以书相往复,各有辨论。……雍正元年癸卯,五十八岁。……去岁九月,得关中回书,二月,先生答尔缉王先生书云:'来教谓朱子格物,舍明新而泛言事物,有泛骛傍徨之弊,此当斟酌。盖朱子《或问》《语类》论格物甚多,皆就身心性情、彝伦日用处,推之天地万物,同出一原,无有内外,岂泛言事物而在明新之外乎? 不透此旨,终无当于朱子真际也。'书见藏稿。……二年甲辰,五十九岁。……是年,先生答王尔缉先生书,有疑义四条,复义五,载文集。尔缉先生回书云:'仆万不及朱、陆二先生,亦正不欲为二先生之喜顺咈逆,失千古雅道。'先生又答书云:'先生如此虚怀下问,而不尽心分晰,是自欺也。'因就其所论,细为条答,娓娓千余言。书见藏稿。"(郑晓霞,吴平标点,《扬州学派年谱合刊》,广陵书社,2008年,16 - 17页)

清世宗雍正元年　癸卯(公元1723年)

十一月,王懋竑质疑王心敬之学　是年,王懋竑(1668 - 1741,字予中,号白田,江苏宝应人)被征入京,在京师间读王心敬《丰川易说》和《丰川全集》,对其人其学予以激烈批评。他认为《丰川易说》"无所发明,而徒为衍说",而《丰川全集》"所言泛滥无统纪","大抵剿袭先儒之言,且有畔越"。并批评王心敬"自处甚高",拟自跻于程、朱之上。王懋竑专研朱子之学,"一时有小朱子之目"(沈德潜:《钦定国朝诗别裁集》),为学"纯粹推崇朱熹的道路"(张舜徽:《清儒学记》,华中师范大学出版社,2005,266页),并严批心学"侵染异学"(王懋竑:《白田草堂存稿》卷八《偶记》)。故其对王心敬的批评,恐不免门户之见。

[文献]　〔清〕佚名《白田王公年谱稿》:"雍正元年癸卯,五十六岁。……十一月初六日,乾清门引见。续集:《家书》:……初六日引见后候旨已八日,尚未下也。余必不能久在京师,倘得再召见,必恳请放归,不则,递呈求代题,当无不可得也。偶于胡敬兄处见钱启新先生《易像象管见》,又吴□□《像象抄》,即启新先生弟子,及王丰川《易说》,皆略无所发明,而徒为衍说。又于念堂表叔处见《丰川全集》,仅略观数叶,其自处甚高,几在程朱之上,而所言泛滥无统纪,大抵剿袭先儒之言,且有畔越,心窃疑之。因自念生平少有知识,而三四十年来汩没世故,荏苒因循,卒无所成就,甚自愧恨。今日诸公扬眉瞬目,到处称尊,只以世无程朱之徒,无能窥见其底蕴耳。启新先

生书记端文公亦尝称之,今止看乾卦,固未有甚发明也。《丰川全集》尚未详阅,更细求之。"(郑晓霞,吴平:《扬州学派年谱合刊》,57页)

王心敬与朱轼书信论治世之道 朱轼(1665-1736,字若瞻,号可亭,江西高安人),任陕西提督学政间曾与王心敬、王承烈和康吕赐往来。后居官京都,仍与王心敬、王承烈和康吕赐论学。是年,任吏部尚书的朱轼,向王心敬询问治世之道。王心敬的治世之道可概括为四个方面:一重"生民",二修"君德",三求"人材",四崇"学术"。王心敬认为"民为国本"(王心敬:《丰川续集》卷一九《又(寄朱可亭先生·其三)》),故治天下之道"以安养生民为第一义"。又"民风,士习,学术,无不与君德相表里"(王心敬:《丰川续集》卷一二《拟进乌莵愚忱条目·治端本》),故君主应"隆恭修以资治源"。"惟天下之治,治以庶政之得理。庶政之得理,理以任政之得人。是人材者庶政之根本也。"(王心敬:《丰川续集》卷六《条疏保举议》),因此王心敬认为"国家非才不治"。然人才之造就则在于"学术",所谓"夫有学术而后有风俗,有风俗而后有人材"。

[文献] 〔清〕王心敬《丰川续集》卷一九《又(寄朱可亭先生·其一)》:"敬闻治天下之道,以安养生民为第一义。盖自古及今,未有生民克安,而天下不顺、天下不治者。未有生民不安,而天心能顺、天下能治者。"(乾隆十五年恕堂刻本)〔清〕王心敬《丰川续集》卷一九《又(寄朱可亭先生·其二)》:"伏审明公奉旨总裁《明史》,特举纂之员,误及鄙人。阅之心感,亦复深愧!缘生平迂学,无马、班、欧阳之博雅;兼六十有八之年,两耳俱聋,筋力已衰钝。又岂能周旋笔札之林、胜纂修之任哉?……盖治天下有大体,有大机。大体在励廉耻,而全士之守正,所以振天下之廉耻。汉之光武所由优严、周之坚操,而励成节义于二百四十年间也。大机在开言路,而求言之广正,所以宏辟言路。唐之太宗以此收王、魏之忠谠,并得马、张、二李之直言,而贞观之治独超前后而称盛规也。"(同上)〔清〕王心敬《丰川续集》卷一九《又(寄朱可亭先生·其三)》:"观邸抄见策问首及道学。夫有学术而后有风俗,有风俗而后有人材,有人材而后有治理,是道学正治理之本源也。"(同上)

清世宗雍正四年　丙午(公元1726年)

王心敬续《关学编》成　《关学编》6卷,王心敬增纂。今有嘉庆七年

(1802)周元鼎刻本。是书实为王心敬对明冯从吾《关学编》之增补。卷一、六全为新增,卷一乃王心敬所谓的六圣,即伏羲、泰伯、仲雍、文王、武王和周公。卷六为明代冯从吾、张舜典、张鉴、马嗣煜、王徵、单允昌和清初李颙所立传。卷二则于冯从吾原编后,增汉儒董仲舒和杨震,并附挚恂。卷三、四、五从冯从吾原编。由于王心敬秉持"编关学者,编关中道统之脉络也",并认为"伏羲之《易》画开天,固宇宙道学之渊源,而吾关学之鼻祖也",故所编"未免溯源太远"。且又将本非关中人士的董仲舒强跻其间,故《四库全书总目提要》批评是编"未免郡县志书牵合附会之习"。

[**文献**]〔清〕王心敬《丰川续集》卷二三《又(再答逊功弟)》:"《关学编》黾勉续就。顾首增伏羲、文、武诸圣,反复计之,亦似当然,但识不高,笔又弱,不能发明诸圣之精奥于叙论之中。后续明、清诸儒,既见闻不广,拟又笔不从心,即我端节先生,先师二曲先生,皆平心极思融会其精神命脉以立言,而终未能令其真面毕出,此则自惭于心,而无可如何者也!惟贤弟大加删改,务令不谬于千秋之公议是为贵耳。又去岁于《尚书》一解,今岁于《礼记》一编,亦黾勉粗就。"(乾隆十五年恕堂刻本)。〔清〕王心敬《关学编序》:"《关学编》,创自前代冯少墟先生。其编虽首冠孔门四子,实始宋之横渠,终明之秦关,皆关中产也。自秦迄今且百年,代移世易,中间传记缺然,后之征考文献者,将无所取证,心敬窃有惧焉。间乃忘其固陋,取自少墟至今,搜罗闻见,辑而编之。既复自念,编关学者,编关中道统之脉络也。横渠特宋之关学之始耳,前此如杨伯起之慎独不欺,又前此如泰伯、仲雍之至德,文、武、周公之缉熙敬止、缵绪成德,正道统昌明之会,为关学之大宗。至如伏羲之《易》画开天,固宇宙道学之渊源,而吾关学之鼻祖也。……编既竟,窃念斯道,虽无古今圣凡贵贱之殊,但以伏羲、文、周六圣人与宋、元以后诸儒,同汇而共编,亦觉悟大小浅深之差别。于是,据吾夫子圣人、君子、善人有恒之分,于伏羲六圣,则标目曰'圣人',……孔门四子,则曰'贤';自汉以后则曰'儒',……丰川后学王心敬尔缉盥手敬书。"(《关学编》,嘉庆七年周元鼎增刻本)《四库全书总目提要》卷六三《史部十九·传记类存目五》:"《关学编》五卷,国朝王心敬撰。……初,明冯从吾作《关学编》,心敬病其未备,乃采摭诸书,补其阙略,以成此书。从吾原编,始于孔门弟子秦祖,终于明代王之士。心敬所续辑者,于秦祖之前增伏羲、泰伯、仲雍、文王、武王、周公六人,于汉增董仲舒、杨震二人,明代则增从吾至单允昌凡六人,又附以周传诵、党还醇、白希彩、刘波、王

侣诸人,国朝惟李颙一人,则心敬之师也。明世关西讲学,其初皆本于薛瑄,王恕又别立一宗,学者称为三原支派。大抵墨守主敬穷理之说,而崇尚气节,不为空谈。黄宗羲所谓风土之厚,而加之以学问者。从吾所纪,梗概已具。心敬所广,推本羲皇以下诸帝王,未免溯源太远。又董仲舒本广川人,心敬以其卒、葬皆在关中,因引入之,亦未免郡县志书牵合附会之习也。"(《四库全书总目》,880-881页)

清世宗雍正五年　丁未(公元1727年)

八月,刘鸣珂卒　刘鸣珂(1666-1727),字伯容,号诚斋,陕西蒲城人。刘鸣珂少承庭训,即有志于圣贤之学。长则携友弟往访"关中三李",然"不闻其师三李"。后闭户读诸儒书,其"随处体认,心有得辄付之楮",故其学多从体认中得来。刘鸣珂学以程、朱为尊,谓:"晦翁格物一传,至精至当,有功圣学不在禹下。"(刘鸣珂:《砭身集》卷一)又谓"自幼于晦翁之书,一字一句,无不僻嗜。"(同上书,卷二)其学重在论天人、理气等关系。在他看来,"天地人物本是一个物事,只是多一壳子耳","天人一也,更不分别"(同上书,卷一);"理与气大分不得先后"。其学以居敬穷理为工夫,他认为"《大学》三纲领、八条目皆是一'敬'字贯到底"(同上书,卷六),在他看来,"务内省者以博观为泛滥,务博观者以内省为狭隘,居敬穷理,两者互进,便无此失。"(同上书,卷四)刘鸣珂自称"朱门之徒",对陆王多所批评,甚至将其视同"异端"。如谓"近来异端之学,谓格物即是诚意,诚意即是正心,甚属穿凿",故王会昌说其"学尊程朱,辟姚江"(王会昌:《祛疴斋文集》卷三《砭身集录要序》)。另外,刘鸣珂虽于佛、老之学不甚认可,但并不盲目批评,在他看来佛、老之学与儒学有相通之处。他说:"佛氏之学,全在心上做工夫。学者厌闻空寂之说,将心字略不讲究,独不思《大学》之'明德',《中庸》之'致中',《孟子》之'求放心'、'立大体',所言都是何事? 而乃舍却本源,只在支派上与异端争交之长,正是今时大病。"又谓庄学云:"至人之用心若镜,不将不逆,应而不藏,故能应物而不伤。庄子此条极得《大学》正心工夫,俗儒全不能此。"时人评刘鸣珂之学说:"大约以正心诚意为指归,而于天人、理欲、王霸、儒释之分,辨之极精"(梁善长:《伯容刘先生墓表》)。刘鸣珂在关学史上的地位,以贺瑞麟看来,"恪守程朱"且"不为高远空阔之谈","吾乡自朝邑王复斋先生后,首推先生"（贺瑞麟：《清麓文集》卷四《题〈砭身集〉写本》）。刘鸣珂著作除《砭身集》6卷外，还有《大中疏义》5卷，《易经疏义》4卷，《古文疏义》16卷和《唐诗疏义》4卷。

[文献] 〔清〕王修《理学名儒伯容刘公传》："姓刘氏，讳鸣珂，号诚斋。生康熙丙午，卒雍正丁未，寿六十二。"（清光绪二十八年柏经正堂校刻本）。〔清〕梁善长《伯容刘先生墓表》："伯容刘先生，讳鸣珂，蒲城人。少有文名，受知于督学使者张公，试辄高登，而以博士弟子员终。……先生有志圣贤之道，随处体认，心有所得辄付之楮，久之成书六卷。大约以正心诚意为指归，而于天人、理欲、王霸、儒释之分辨之极精。盖庶几乎可以登程朱之堂焉。……先生生于康熙丙午六月八日，卒于雍正丁未八月十二日，得年六十有二。己酉冬，葬于邑西北，坡头村之东南。所著有《砭身集》六卷，外孙屈笔山梓以行。《大中疏义》五卷，《易经疏义》四卷，《古文疏义》十六卷，《唐诗疏义》四卷，俱未镌。"（同上）〔清〕贺瑞麟《关学续编》中《伯容刘先生》："先生名鸣珂，字伯容，蒲城诸生。自少有志圣贤之学，大抵以正心诚意为指归，其于天人、理欲、王霸、儒释之分，辨之极精；闇然自修，不求人知。……潜心程朱，随处体认，有所得辄笔之于书。……所著有《砭身集》《大中疏义》，又有《易疏义》《古文疏义》《唐诗疏义》。惟《砭身集》行世。"（《关学编》，112—113页）〔清〕李体仁、王学礼《蒲城县新志》卷一〇《人物上·儒林》："刘鸣珂，字伯容。庠生。生性孝友。家贫，养亲极先意承志之乐。与人交尤重气谊。"（清光绪三十一年刊本）又见黄嗣东《圣清渊源录》卷一三，张骥《关学宗传》卷四三。

清世宗雍正六年　戊申（公元1728年）

方苞书信向王心敬问"经济"之学　是年八月，王承烈调职京师，间与方苞（1668—1749，字凤九，一字灵皋，号望溪，安徽桐城人）论学，方苞始得以详闻心敬之学。是年年底，方苞寄信王心敬索求其著作中的"经济之言"。翌年初，王心敬概录其要并附信概述其学。王心敬认为，"所谓经济者，谓其足以经今时，而济当世也"（王心敬：《丰川续集》卷二一《答门人靖道谟庶常》），析而言之，"所为经者，经理之使得宜；所谓济者，康济之使得所也"（王心敬：《丰川全集正编》卷四《语录一》）。其对"经济"的要求是"发之心而当理，施之事而合义,达之人而偕宜"。王心敬这一"经济"之学的具体表现是,对农田、水利、漕运、荒政、马政、兵饷、赋税、兵制、边务、吏治、科举等罔不论究。

[文献]〔清〕王心敬《丰川续集》卷二一《答桐城方灵皋》:"客冬承手教,见索拙著经济之言,阅之惶愧不可胜道,盖如某正司马德操所谓儒生俗士不达时务者也。……迩来,家庭训子之臆说,本欲就正同志者也。矧承下索,敢不录其梗概,呈以请教乎!……窃谓宇宙之道,是乃吾儒生身之命脉,千圣相传之学术,是乃吾辈周身之范围,故虽经济即道德,而要之道德则本也。且如经济者,夏葛冬裘,随时适变,而道德则饥食渴饮,一定不易也。必一定不易者,生机贯注,然后随时适变者,时措咸宜,此程纯公所以谓有道德然后可言王道也。……先生固敬夙所拟以就正之人也,拙集请教,外附二纸,则鄙人半生服膺之梗概具是矣。惟先生念吾道之公,开诚剖判,乃见道谊之雅也。"(清乾隆十五年恕堂刻本)〔清〕方苞《方苞集》卷一二《刑部右侍郎王公墓表》:"雍正六年,江西布政使泾阳王公以左副都御史征,秋八月,至京都。……公尝与王徵君尔缉讲学沣川,自少至老,未尝一日去书。"(方苞:《方苞集》,上海古籍出版社,1983年,343-344页)〔清〕方苞《方苞集》卷一《记王巽功周公居东说》:"泾阳王巽功卧病连月,时往问之。"(同上书,34页)

清世宗雍正七年 己酉(公元1729年)

十二月,王承烈卒 王承烈(1666-1729),字逊功,又作巽功,号复庵,陕西泾阳人。王徵四世孙。王承烈于康熙四十八年(1709)中进士,后官江南道监察使、都察院左副都御使、工部侍郎等职。为官二十余载,以清正廉明著称。王承烈家居时,兄事王心敬,与康吕赐亦有交往,自谓为学得益于王心敬较多。后转尊朱子,推崇李光地之学。曾问学张伯行,与朱轼、方苞论学。王承烈之学重在修己,不尚空谈。其学尊朱子,在他看来,朱子之学"集诸儒之大成,而得统于孔孟",他甚至认为"天不可阶升,只是无升天之阶,今程朱揭出居敬穷理,明为万世示以升天之阶"(王承烈:《日省录》卷一)。他认为阳明"学出于禅",尤对阳明"无善无恶心之体"不能接受,因为在他看来,"若无善,即无性矣,即无本矣"(同上)。不过,他对王阳明之才品功业颇为肯定,认为"姚江才情、品地、事功,具当为一代大人物"。王承烈对佛、道亦持批评态度,其云:"二氏谈心性,窃合辟无异,独居峰头,俯视一切,然去世愈高,却去圣愈远,故其害道害世亦愈甚,乃倘欲攀援圣人,鼎足而立,抑何其不自量之甚耶!"(同上),甚至认为"自佛教行,先王礼节仪度渐灭殆尽",故倡导"有心世道者,必力芟佛教,后可望先王之礼复,后可望圣人之道明。"(同上书,卷二)但是,王承烈又认为"释氏以贪、嗔、痴三字概世人之情,明而确,简而尽"(同上书,卷一)。王承烈对张载之学亦颇推崇,他认为"张子灼见道体处,透辟精密,宜其与周、程、朱子并著"(同上),张载之学之所以不彰,在他看来"大抵《正蒙》文字,贤者多不能耐其艰苦"(同上)。对王承烈之学,康吕赐评价说:"大之阴阳造化,博之人伦物理,精之身心性命,以及吾儒、异端之所以异同离合之故,罔弗论而晰其渊源焉。"(康吕赐:《日省录序》)王承烈著作有《毛诗解》《尚书解》《书经解》《日省录》2卷,文集诗集若干卷。

[文献] 〔清〕王心敬《关学续编》中《李二曲先生》:"王承烈字逊功,号复庵,泾阳桥头人,端节王先生四世孙也。……四十三岁以《五经》发解,名噪艺林,……逮捷南宫,馆庶常,辨诸儒真伪,务求力行,甘贫守志,勤学不替。世宗皇帝缵承大统,闻其品操学行,不次擢台垣,刚方守正,不避权要。奉有督粮湖北之命,讲'明明德'之旨于养心殿,上称赏,谓其学有本源。……复由副宪历少司寇,未及期而卒。呜呼,年六十有四,学未究其施,朝野同志盖不能不为吾道惜也。……著有《日省录》《毛诗解》《书经解》行于世。"(《关学编》,93-94页)〔清〕方苞《方苞集》卷一二《刑部右侍郎王公墓表》:"雍正六年春,江西布政使王公以副左都御史征,秋八月,至京师。……公亦以此名闻天下,而自入台府即病痁,寖深寖剧,竟卒于逾岁之冬。……公尝与王徵君尔缉讲学沣川,自少至老,未尝一日去书。癸卯以前,有《日省录》;反自江西,《诗说》成;既遘疾,夜不能寐,辄思《尚书》疑义,且伏枕为草,竟《今文》二十八篇。……公讳承烈,字巽功。康熙乙酉乡试,以五经为举首,己丑成进士。年六十四。"(方苞:《方苞集》,343-345页)〔清〕朱轼《少司寇王公承烈墓志铭》:"少司寇王公,讳承烈,字逊功,号复庵,世为陕西西安之泾阳人。……年十九,补博士弟子员,乙酉以《五经》领解,己丑成进士,读中秘书。连丁内外艰,哀毁骨立,丧葬以礼。服阙,命授翰林院检讨。今皇上御极之元年,改江南道监察御史。……召对养心殿,讲《大学》明明德章,反复敷陈格致诚正之义。上大喜,赏赉甚厚。明年,以谏垣督湖漕政。……戊申春,升督察院左副都御史,……旋授工部侍郎,改刑部侍郎。自入台府辄病痁时作时止,力疾视事,未尝一刻少懈,迄己酉夏疾大作,支离数月卒。……公生于康熙五年三月

二十日申时,卒于雍正七年十二月十四日子时,享年六十有四。"(钱仪吉等:《清代碑传全集》,152－153页)〔清〕蔡世远《刑部右侍郎王公神道碑》:"雍正七年十二月甲申,刑部右侍郎王公卒于位。……召入养心殿,讲《大学》明明德,辨儒释之分甚详。上大喜,赐《性理精义》《古文渊鉴》及珍玩数种。……公自少勤学,博涉群书。年四十,兄事丰川王先生,讲明心性修己治人之学,以第一等人可学而至。丰川先生,讳心敬,陕西名儒也。及成进士,出安溪李文贞公门,益究宋儒书。身体心验,不在空言。所著《日省录》,切己内考,力行可畏。《毛诗解》《尚书解》,皆有心得。"(同上书,153页)又见方苞《方苞集》卷一二《刑部右侍郎王公墓表》,屠楷《〔雍正〕泾阳县志》卷七《人物志》,贺瑞麟《关学续编》中《逊功王先生》,黄嗣东《圣清渊源录》卷二,李桓《国朝耆献类征初编》卷七〇,徐世昌《清儒学案》卷二九,朱汝珍《词林辑略》卷二和张骥《关学宗传》卷四二。

清世宗雍正八年　庚戌(公元1730年)

张秉直始潜心理学　张秉直大概于是年师事康无疾(1676－1742,字百药,号复斋,合阳人,康乃心子),始潜心理学。后在康无疾的劝勉下,往户县拜谒王心敬。按张秉直子张南金《先君子萝谷先生行述》载,张秉直拜谒王心敬归来,"作诗三章,有'避人逃世是吾师'之句。自是闭户敛迹,屏绝交游,即史亦弗再读,日究心四子书与濂、洛、关、闽之旨。心礼神会,反躬实践。"可见,其受王心敬影响颇大。但张秉直为学一守程朱,且对陆王心学多有批评,而与王心敬尊崇陆、王不同。

[**文献**]　〔清〕张秉直《萝谷文集》卷四《二高合传》:"年三十余,始潜心濂、洛、关、闽之书。方欲与二先生细论先儒异同,旨归于一是,而二先生已先后作古矣。"(清道光癸卯年贫劳堂刻本)〔清〕张南金《先君子萝谷先生行述》:"年二十入黉,学使王赏其文,拔贡第一。当是时,蒲城有原宿伯讳于辰,合阳有康百药讳无疾。而百药先生见先君子于敝庄别室,知其非常人。先君子亦一见心折,遂从之游,益闻所未闻。……初,二曲先生讲学关中,轰动南北,其高第弟子能传其学者曰沣川王心敬。百药力劝负笈从学,先君子因往谒焉。归,作诗三章,有'避人逃世是吾师'之句。自是闭户敛迹,屏绝交游,即史亦弗再读,日究心四子书与濂、洛、关、闽之旨。心礼神会,反躬实践。"

(张秉直:《文谈》,清道光九年中和堂刻本)〔清〕张秉直《征信录》:"康无疾,字百药,合阳人。拔贡生。少受业于其父太乙先生。……予僻处下邑,得读宋元以来诸大儒讲学之书,实百药指授之力。至与予论文书,本末详尽。"(光绪元年李怀堂刻本)又见张秉直《文谈》中附录的《萝谷山人传》。

清世宗雍正九年　辛亥(公元1731年)

康吕赐卒　康吕赐(1644—1731),字复斋,号一峰,自称南阿山人,陕西武功县人。明朝户部主政康引叔之子。康吕赐为诸生之时,即绝意仕途,欲昌明圣贤之学。长则恪守古礼,亲丧"朝夕哭奠,三年不御酒肉,悉如礼"。亲丧后,即"绝不徇世俗浮华事",闭户读书,"研情性理之学"。间与户县王心敬和泾阳王承烈,谈经论道,砥砺商榷。康吕赐尊崇心学,他认为王阳明"以格物致知,此工夫知行兼到,自是切实精详"(《四库全书总目》,319页),又认为《中庸》揭出慎独,即孔子修己以敬血脉,王文成更是提掇明快",故为学主阳明之说,并自称"姚江之支派"(同上)。据载,其学以致良知为宗旨,以慎独为修养功夫,以企达到体用一原、内外两忘的精神境界。然其著作散佚,无以核之。今于孙景烈《四书讲义补》和王巡泰《四书日记》中辑其说三条:其一曰:"情是意之无心而动,意是用那情要去如此。意之趋向必为即是志,意之存主在这里即是念,意之精研密察即是思,意之揆度审处即是虑,数者虽微,有辨。"(孙景烈:《四书讲义补》)其二曰:"明德者,知之全体也。知者,明德之端绪也。后言慎独之独,明之端绪发见也。"(王巡泰:《四书日记》)其三曰:"恶莫惨于意。人有不得行之事,未有不得行之意。须是意不恶,心源方打叠得干净。"(同上)康吕赐一生蛰居僻乡,刻苦潜修,虽有当时名宦朱轼和陈世倌"遗书问难",然仍不被外界所知。后有其邑孙景烈仰识其学。孙景烈认为康吕赐、王心敬相继卒后,关学之道统几于沦丧,即其所谓的"吾关中自南阿、丰川两先生没后,薪火岌岌不续"(孙景烈:《墓表》,见史调《史复斋文集》)。按此则康吕赐在关学史上的地位,亦可想而知。康吕赐著作有《读大学中庸日录》2卷,《南阿集》2卷等。

[文献]　《清史列传》卷六六《儒林传上一》:"康吕赐,字复斋,陕西武功人。为诸生,绝意仕进,欲倡明正学。刻苦数十年,自谓有得。以致良知为宗,主慎独为功夫,以体用一原、内外两忘为究竟。谓'阳明以格物致良知,此

知行并进,自是切实周详'。又谓'《中庸》揭出慎独,即孔子修己以敬血脉,阳明更是提掇明快。'督学朱轼访士于泾阳王承烈,以吕赐及王心敬对,轼造庐访焉。然吕赐居远,谢交游,世未之识也。所著有《大学中庸日录》二卷,《南阿集》二卷。"(周骏富:《清代传记丛刊》(104),192页)〔清〕唐鉴《国朝学案小识》末卷《武功康先生》"先生讳吕赐,字复斋,号一峰。著有《读大学中庸日录》二卷。言'王文成以格物致良知,此功夫知行兼到,自是切实精详'。又云'《中庸》揭出慎独,即孔子修己以敬血脉,王文成更提掇明快。'二录大旨已尽于此。书首载自作墓志铭一篇,述其讲学宗旨最为详,亦自称为'姚江之支派'云。"(周骏富:《清代传记丛刊》(002),709页)〔清〕沈华修、崔昭等《武功后志》卷三《人物》:"康吕赐,字复斋,号一峰,又自称南阿山人。户部主政引叔长子。幼颖悟,总角时辄矢志矫然。侍亲先意承志,亲没朝夕哭奠,三年不御酒肉,悉如礼。葬时作灰隔,谨闭藏,绝不徇世俗浮华事。年十八,为督家,友爱二弟,情文备至。初为诸生,食饩。涉贡,弃去。研情性理之学,于《大学》格物致知义,潜心深诣,独得宗旨。海内知交如朱高安、陈海宁两贤相,率间关数千里,遗书问难,证得失。而同乡沣川、泾干诸君子,皆自以为弗及也。寿八十八岁,雍正九年冬,无疾端坐而卒。祀乡贤。"(清雍正十二年刻本)〔清〕沈青崖、吴廷锡《陕西通志》卷六三《人物九》:"康吕赐,字复斋,武功人。少入乡校,有大志,欲以勋业自见。久之,父母相继逝,居丧如礼。服阕,遂绝意仕进。思欲倡明绝学,刻苦数十年,忽若有得。以致良知为宗,以慎独为功夫,以体用一原、内外两忘为究竟。遂名其斋曰'慎独'。所著有《慎独斋日录》等书。"(清雍正十三年刊本)又见钱林 辑、王藻编《文献征存录》卷一、黄嗣东辑《圣清渊源记》卷三,李桓《国朝耆献类征初编》卷四六〇和张骥《关学宗传》卷四三。

清世宗雍正十年 壬子(公元1732年)

刘鸣珂《砭身集》约于此年整理成 《砭身集》6卷,刘鸣珂著。今有清光绪二十八年(1902)柏经正堂刻本。是书卷首有雍正十年(1732)景嵩序、梁善长《伯容刘先生墓表》和王修《理学名儒伯容刘公传》。是书所录乃鸣珂康熙庚午(1690)以来,理学研修心得语,书为札记体。按王会昌《祛疴斋文集》,是书后来又有节要本,名为《砭身集录要》。

[文献]〔清〕景嵩《砥身集序》"夫伯容潜心程朱之学者也。当十八九岁时,与弟仲昭、屈子悔翁佩玉同访'关中三李',然亦不闻其师三李也。……雍正十年壬子仲春,南阜山人中峰景氏拜撰。"(清光绪二十八年柏经正堂刻本)〔清〕贺瑞麟《清麓文集》卷四《题砥身集写本》:"伯容刘先生之学,恪守程朱者也。所著《砥身集》六卷,精切确实,不为高远空阔之谈。吾乡自朝邑王复斋先生后,首推先生,然今人知之者盖鲜矣。光绪戊子,吾借钞一帙,并叙先生学行续入关学,俟有刻者。其乡丁生树铭亦爱而钞之,生于此书能熟读精思,即以先生之穷理力行自勉,始不负先生之乡。而先生所著又有《易》及《大》《中》各疏义,能求而得之,以表于世,亦后者之责也。生其有意乎?为书卷以俟。"(清光绪己亥年刘传经堂刊本)又见《四库全书总目提要》卷九八《子部八·儒家类存目四》

清世宗雍正十一年　癸丑(公元1733年)

刘绍攽师事王兰生　是年,王兰生(1681-1738,字振生,号信芳,又号坦斋,交河人,李光地弟子)任陕西提督学政,刘绍攽与其弟遂拜于其门下。王兰生在陕任提督学政间特别器重刘绍攽,对其"以圣学相期"(刘绍攽:《经余集》卷五《丁亥除夕》),并赞其曰:"关中人士,其刊落浮华,切实用力者,唯绍攽一人而已。"(卷六七《儒林传上二》)而刘绍攽自云:"会心正学,端自此始"(刘绍攽:《九畹续集》卷一《纪遇呈张少仪先生》)。

[文献]〔清〕刘绍攽《九畹续集》卷二《答济宁运河兵备陆公书》"王信芳先师名兰生,交河人。安溪高弟子。雍正癸丑,视学关中。好士育才。进不敏,而授《易》焉。"(乾隆戊戌年刘传经堂刻本)〔清〕刘绍攽《九畹古文》卷一《王文诚公传》:"公姓王氏,名兰生,字信芳,一字振生。顺天交河人。……安溪李公光地,视学顺天。公年十八,应童子试,李公奇其文,与语大悦,补博士弟子。是时习尚科举,以程朱不利进取,莫有究心者,有辄笑为迂。独李公锐意倡明,至是得公,急引与其学。公生平亦以圣贤自期,欣然从之游。……上念陕西重地,移提学。……首按西安,校士必以有用之学勖。尝召至明伦堂讲《西铭》……三原刘绍攽以古文见知于公,延授子弟经。……公在秦,惓惓汲引。以绍攽名告知硕大中丞,欲上荐章。"(乾隆八年刘传经堂刻本)〔清〕刘绍攽《九畹古文》卷五《学韵纪要序》:"岁癸丑,王信芳先生视学

秦中,余兄弟以诸生就试,获游其门。先生学问渊奥,贯穿百家。"(同上)

清高宗乾隆二年　丁巳(公元1737年)

九月,张秉直"点检心意"　张秉直为学颇重"点检",他认为"理者,心之主宰。知觉者,心之神明。以主宰役神明,则心有所制,而不为血气所役矣"(张秉直:《开知录》卷一),所以他主张"为学入手工夫,当以变化气质为先"。所谓"变化气质",就是要时时点检,以防心生妄念尤其是自私自利之念,从而神明顿失,为血气所役使。他的日日"点检心意"之说,源自曾子"吾日三省吾身"之说。在他看来"曾子之学只是随事精察力行,及其真积力久,而后豁然贯通耳。若平居无实落功夫,偶悟大本,不入于禅,必流为狂"(同上)。

[文献]〔清〕张秉直《开知录》卷一:"日来点检心意,全是自私自利之念。作事虽能勉强,终似矫饰,安得拔此病根,使吾心扩然广大乎!丁巳九月。"(清光绪元年传经堂刻本)〔清〕张秉直《开知录》卷一:"日来点检病痛,总是自私自利之心斩除未尽。所以,虽正谊明道之处,即有计功谋利之心参错期间,此病深锢既久,即所见或有合处,亦仅能言耳。可不畏哉!可不畏哉!"(同上)

史调主讲关中书院　是年,史调应时任陕西巡抚崔纪之邀,主讲关中书院。史调认为"人才不兴,由教导失术"(史调:《史复斋文集》卷三《横渠书院公谕》),在他看来,"读书以明道修身,今惟作八股,计取青紫,失其旨矣"(同上书,卷三《云台观书舍公谕》),故主讲书院间重理学而轻制艺。对于史调的这一教法,当时有学人认为,后之关中学者"能继先生之学与教者",则"关中之实学,庶几留一线于勿必替矣"(周长发:《史复斋文集序》)。然而,亦遭到一些学人的批评,谓其"过于自重""矫情好名"等,但史调毅然不苟同流俗。史调重理学而轻科举的教法,为孙景烈所肯定并加以继承。

[文献]〔清〕崔纪《墓志铭》:"丙辰,余分校礼闱,邻房江鹤亭先生得一佳卷,示余。词有根柢,光芒万丈,余极赏之,为同荐于总裁诸公。榜发,叩其姓名,即君也。余之知君自此始。越明年,余奉命抚秦,即延君为关中书院山长。公余谈心,又得洞悉其生平焉。"(史调:《史复斋文集》,乾隆间刻本)〔清〕孙景烈《墓表》:"时虞村夫子抚陕西,延先生掌教关中书院,多士受裁成焉。已而闻有短先生者,曰:'过于自重',又曰:'矫情好名'。余于是益慕先

生之学,真不犹夫人之学也。其自重者,殆以希贤为己责也;矫情者,殆不欲苟同流俗也;好名者,殆疾没世之不称也。呜呼! 求全之毁,自古有然,岂独先生哉!"(同上)〔清〕史犹龙《先公文林郎行述》:"崔虞村先生抚秦,夙重公学粹品端,延掌关中书院。会改抚楚,公不苟留,后当事复以礼延聘,具以病辞。"(同上)

清高宗乾隆三年　戊午(公元1738年)

三月,王心敬卒　王心敬(1656—1738),字尔缉,号丰川。陕西户县人。王心敬十岁丧父,十八岁入庠,十九岁食饩,二十岁后"文名藉甚"。二十五岁,禀母命往周至师事李颙,遂为入室弟子,闇然潜修近十年。康熙四十八年(1709),应湖北巡抚陈诜之邀,讲学于江汉书院。康熙五十三年(1714),又应江苏巡抚张伯行之请,讲学于紫阳书院。不久时任湖广总督的额伦特以"山林隐逸"之名,荐举王心敬于朝,他以疾力辞。为避免清廷的注意,他蜗居乡村,"三十余年足迹不入省会"(王心敬:《丰川续集》卷一四《答秦州陈刺史》)。而后,又力辞雍正元年(1723)和乾隆元年(1736)清廷的两次征召。王心敬之理学思想,尊崇心学。他认为"吾心之真体"是"廓然大公,无物而能物物者"(王心敬:《丰川全集正编》卷一二《正心录》),而程、朱派所谓的"理"或"天理",只不过是"吾人本来明明不昧的良心"(同上书,卷二四《随处体认天理》)。但在工夫论方面,他主张"主敬",不过,他认为"敬是本心上自然的一点"(王心敬:《丰川续集》卷四《伊川程先生》),或"敬是性本来之灵觉"(同上书,卷一《性敬同归之义》)。尽管其尊崇心学,但对王阳明"无善无恶心之体"予以批评,他认为阳明此说是"险语骇人",在他看来此说法纵然不是"告子无善无恶"之说,也"难免脱胎《坛经》之责备"(同上书,卷五《阳明先生》)。同时,他也批评朱子,认为"朱子补经传"的作法缺少"一段谦德,一段虚心"(同上书,卷一四《答无锡顾昀滋》)。王心敬重视经世致用,他认为"学问无实用,纵讲到精微奥妙处,亦只空谈"(王心敬:《丰川续集正编》卷七《侍侧纪闻三》)。故于治世之道,多有所说。王心敬认为"君天下者,必有高天下之识,包天下之量,贞天下之力,邃天下之学,然后无愧首出万物之义"(同上书,卷九《侍侧纪闻》)。对于官员,他特别强调廉洁。在他看来,"官方之失职,十九在于不廉"(王心敬:《丰川全集外编》卷一《寄福建大中丞张仪封公》),只要"作官一廉,便有许多好事功"。另外,他对于农田、水利、漕运、荒政、马政、赋税、兵制、吏治、科举等亦靡不论究。但王心敬对张载之学不甚满意,认为张载之学"如初出之月,托体虽高,光明未普"(王心敬:《丰川续集》卷五《横渠先生》),其著作则诚如程颐所说的"意屡偏而言多窒"。但他对"横渠学宗,要于知礼成性,而教关中学者必以习礼为先"(同上书,卷二《答问录》)极为赞赏和重视。王心敬对佛、道持反对态度,在他看来,"二氏之道原是出世之道",故尚"虚"。再者,作为"外教门"的佛、道,"失正不经,徒耗民财"(同上书,卷二〇《京师百善之治》),都是"圣化之累"。但同时也要看到,王心敬对佛、道思想也有汲取,其自云:"曾向禅门问路,也从道教寻踪。"(同上书,卷三二《与客论禅元》)王心敬有强烈的卫道意识,力维关学道统。在李颙谢世后,他力主正学,广泛与当时学者论学,他曾与程朱辈学者张伯行、朱轼、朱泽沄等辩论,又与王学学者李来章、顾培、林云鬵等商榷;又与颜李学派的李塨论实学,亦曾与桐城派古文大家方苞论"经济",并且如其师李颙一样曾亲往江南,传播理学。故唐鉴说:"关中之学,二曲倡之,丰川继起而振之,与东南学者相应相求,俱不失切近笃实之旨焉"(唐鉴:《国朝学案小识》卷一〇《户县王先生》)。王心敬在关学史上具有十分重要的地位。他在世时,即有"继横渠道统,承二曲心传"(王心敬:《丰川全集正编》卷二〇《谢学宪陆俨庭先生匾联书》)之誉。去世后,孙景烈认为关学"薪火岌岌不续",周元鼎甚至认为"自丰川先生后,关学绝响矣"(周元鼎:《关学续编后序》)。王心敬著作有《丰川易说》10卷、《丰川诗说》20卷、《尚书质疑》8卷、《春秋原经》16卷、《礼记汇编》8卷、《关学编》6卷、《江汉书院讲义》10卷、《丰川全集正编》28卷、《丰川全集续编》22卷、《丰川全集外编》5卷、《丰川续集》34卷。

[文献]《清史列传》卷六六《儒林传上一》:"王心敬,字尔缉,陕西户县人。为诸生,督学待之不以礼,弃去。从李容游,讲明正学。其论学以明、新止至善为归,谓'诸儒主静、识仁、穷理、居敬、立大本、致良知诸旨,总不出明、新止至善之范围。'……著《丰川易说》十卷,明白正大,切近人事,有裨于学者。督学朱轼数造庐问业,总督额伦特、年羹尧先后以隐逸荐,不赴。年羹尧尝招,心敬亦不往,世宗闻而重之。乾隆元年,举孝廉方正,以老病不赴京。大学士鄂尔泰尝寄声问安否,其见重当世如此。心敬为学明体达用。西陲边恤初开,即致书戎行将吏,筹划精详,所言多验。……所著有《尚书质疑》八

卷、《诗说》二十卷、《礼记汇编》八卷、《春秋原经》二卷、《关学编》五卷、《丰川全集》二十八卷、《续集》三十四卷。"(周骏富:《清代传记丛刊》(104),195-196页)〔清〕刘青芝《王徵君先生心敬传》:"王徵君心敬,字尔缉。……年十八补博士弟子,旋食饩。……心敬感母教,即脱诸生籍,不应学使者试,徒步往从周至李二曲先生容游,舂煮糜以食而受学焉。自《六经》《语》《孟》以及周、程、张氏之精言,朱、陆、王、谢之异同,并经济诸家书,靡不潜心读研,究其根底。如是者十年。……其平生授受于师门者,亦其学术之大旨也。自是声闻茂著,四方学士争识其面,名人巨公每数千里走书币欲延致之。……未几,实斋公移抚湖北,将修江汉书院,复敦迓之。……孝先公移节抚吴,则太夫人已前没。富平令李仲德承中丞命申前请,征君遂赴苏。……湖督额公伦特以山林隐逸荐,相国朱公轼以纂修《明史》荐。有诏下征矣,皆辞不赴。……越明年,乾隆戊午卒,年八十有三。"(钱仪吉等:《清代碑传全集》,651-652页)〔清〕阮元等撰《国史文苑传稿》卷一下《王心敬》:"王心敬,陕西户县人。乾隆元年举贤良方正,老不赴京。所著有《丰川集》《关学编》《丰川易说》。心敬论学以明新止至善为归,谨言不逮其师,注经好为异论。而《易说》为笃实,其言曰:'学《易》可以无大过,是孔子论《易》,切于人身,即可知四圣之本旨。'"(周骏富:《清代传记丛刊》(013),210页)赵尔巽等《清史稿》卷四八〇《儒林一》:"王心敬,字尔缉,户县人。乾隆元年,举孝廉方正。心敬论学,以明、新、止至善为归。谨严不逮其师,注经好为异论,而《易说》为笃实。其言曰:'学《易》可以无大过矣,是孔子论《易》,切于人身,即可知四圣之本旨。'著有《丰川集》《关学编》《丰川易说》。"(《清史稿》,13110页)〔清〕江藩《宋学渊源记》卷上《李中孚》:"心敬字尔缉,户县人,少为诸生,岁试,学使遇之不以礼,脱帽而出。平居不苟言笑,终日默坐,有人问学,曰:'反求诸己而已矣!'心敬学问淹通,有康济之志。……较之空谈性命,置天下苍生于度外而不问者,岂可同日语乎!"(江藩:《宋学渊源记》,5-6页)〔清〕唐鉴《国朝学案小识》卷一〇《户县王先生》:"先生讳心敬,字尔缉,号丰川。受业于二曲先生。……关中之学,二曲倡之,丰川继起而振之,与东南学者,相应相求,俱不失切近笃实之旨焉。"(周骏富:《清代传记丛刊》(002),564-565页)又见李元春《关学续编》中《丰川王先生》,黄嗣东《圣清渊源录》卷二,徐世昌《清儒学案》卷二,钱林辑、王藻编《文献征存录》卷一,李桓《国朝耆献类征初编》卷四六〇,李元度《清朝先正事略》卷二七,张骥《关学宗传》卷三九和周元鼎《丰川王先生》。

清高宗乾隆七年　壬戌（公元1742年）

刘绍攽与张文岚论阳明学　刘绍攽于四川锦城任职期间，与张文岚（字凤林，萧山人，毛奇龄弟子）经常论学。大概于是年，二人论及阳明学。就阳明的"无善无恶心之体"说而言，刘绍攽认为"夫善恶之名，皆自其后起而言，性之本体，无善之可指，即无善之可名"，故阳明此说并不是说性是无善无恶的，而是说性是至善的，况且"以性为至善，阳明固常言之"。他认为那些斥责阳明此说为狂禅的人是"不获读其书，附会狂言"，并批评此是"不知学，并不知禅"。就阳明的"致良知"来说，刘绍攽认为"后儒止知意诚之知为知，专以推测考索为功"，根本就不理解阳明此说，在他看来良知乃"吾性中自然之灵明，一感即觉"，此说来自孟子，"不自阳明始也"。他认为对阳明学之批评始于吕留良，即"倡于晚村"，以后之批评者多无见识，只是"群然和之，如犬吠声耳"。

[文献]〔清〕刘绍攽《九畹古文》卷四《与张凤林论阳明先生所学书》："阳明先生之滋议久矣，倡于晚村，世无识者，群然和之如犬吠声耳，讵有定见哉！……既读阳明书，乃稍不信，今则沉潜反复，而知其说之不易也。……况今之议阳明者，莫如致良知。孟子言良知良能，不自阳明始也。良知云何？吾性中自然之灵明，一感即觉，独知之地，天理人欲一毫不可假借，愚夫愚妇莫不有之，此良知之本体。孟子所谓乍见之真，朱子所谓知者心之神明，妙众理而宰万物者乎！后儒止知意诚之知为知，专以推测考索为功，落后一层，犹性之情，心之意矣。……阳明论性谓无善无恶，晚村犹极诋之。夫善恶之名，皆自其后起而言，性之本体，无善之可指，即无善之可名。……孟子言性善，阳明益之以无善，无善而至善，至善本无善也。况以性为至善，阳明固常言之。学者不获读其书，附会狂言，指无为禅，是不知学，并不知禅。"（清乾隆八年刘传经堂刻本）〔清〕刘绍攽《九畹古文》卷五《张凤林〈大学偶言〉序》："顾《大学》有事有道。羽籥诗书，事也；三纲领，道也。……若复以格物之物为训事，则犹羽钥诗书，何为之道？呜呼！知之者鲜矣。今乃得我凤林。凤林少师西河先生。……与余交久。甲子季秋，盘桓锦城三阅月，出其《大学偶言》嘱余订正。"（同上）

清高宗乾隆八年　癸亥（公元1743年）

孙景烈始主讲关中书院　孙景烈先后应陕西巡抚崔纪和陈宏谋之请，三次主讲关中书院，历时十数年之久。孙景烈深悉史调"掌教关中书院，多士受裁成"的原因，就在于史调"有志正学，素究宋、元、明诸儒之书，体验于心，非区区以举业之工自见"（孙景烈：《墓表》，见史调《史复斋文集》）。所以在他看来，"应举者亦视其寔与弗寔，不得概谓科举之学无与性学也"（孙景烈：《滋树堂文集》卷二《明道书院后记》），基于此，孙景烈"与及门讲四子书，每于性命之际，必反复谆谆"（孙景烈：《滋树堂文集》卷一《送张子德润谒选序》）。故其弟子王巡泰说："先生教人合经义治事为一，即举业即理学，虽讲习帖括，亦必导以六经孔孟之旨。"（王巡泰：《太史孙酉峰先生文集序》，见孙景烈《滋树堂文集》）孙景烈关中书院讲学之内容，有其弟子整理的《关中书院讲义》。孙景烈主讲关中书院间，造就颇众，最著名者当推时人所谓的"六大弟子"，即武功张洲、韩城王杰、吴堡贾天禄、雒南薛宁廷、华阴李汝榛和大荔李法。

[**文献**]　〔清〕孙景烈《滋树堂文集》卷一《李南槐今古文序》："乾隆癸亥，余自史局归，主关中书院。"（清道光辛卯西麓山房刻本）〔清〕孙景烈《滋树堂文集》卷二《复崔虞村先生书》："景烈以癸亥秋，主讲关中书院。乙丑三月，因陈榕门抚军会讲，语涉嫌疑，即日辞归。丁卯冬，徐抚军以毛粮台为介，至武功延景烈再掌书院教，不得已，应之。今岁正月，榕门复持入陕，以书来邀。旧日嫌疑彼此冰释，然皋比一席当之有惭焉。"（同上）〔清〕陈宏谋《培远堂偶存稿》卷二《关学编序》："又念之西安之关中书院，冯恭定公讲学所建。流传至今，多士肄业其中。中天一阁，乃端祀周、程、张、朱及关中理学诸公者也。愧余学识弇浅，不能为诸生导之先路。而山长武功孙孟扬先生则关中之言方行矩，力趋正学者。余每与诸生相见，惟有奉此邦先哲勉后进。"（清乾隆三十年吴门穆大展局刻本）〔清〕王巡泰《太史孙酉峰先生文集序》："吾师孙酉峰先生，生禀异质。继横渠后潜志正学，任道甚力，非斤斤以文鸣者。……自史馆归，应当事聘，三主关中书院，后又主讲兰山及户杜书院，三秦学者翕然宗之。"（孙景烈：《滋树堂文集》，清道光辛卯西麓山房刻本）〔清〕刘绍攽《九畹续集》卷二《孙母刘太夫人传》："关中名儒酉峰先生母也。……（孙景

烈)三主关中书院,一主兰山书院,多士景从,大夫矜式。"(清乾隆戊戌年刘传经堂刻本)〔清〕王杰《葆淳阁集》卷五《孙母刘太孺人墓志铭》:"吾师武功孙酉峰先生,……先后应聘主讲关中书院者三,主讲兰山书院者一,于关学多所发明。"(清木刻本)又见李元春《桐阁文钞》卷一〇《检讨孙酉峰先生墓表》。

刘绍攽《九畹古文》始刊刻 《九畹古文》10卷,刘绍攽撰,乾隆八年(1743)刘传经堂刻本。由是书卷一《与张凤林论阳明先生所学书》可知,刘绍攽早年熟读阳明之书,并对其"无善无恶"之说颇能理解。卷六之《理气说》《气质说》《心性说》《诚明说》和《良知说》等,专门探讨理学诸范畴,而《释道异同说》《一贯说》和《揠苗说》等则主要讨论儒、佛、道之异同。卷九几乎全论张载之学,对《正蒙》多所论说。另外,书中之《关中人文传》《关中人文后传》和《书关中人文传后》诸文,对关中理学学者尤多论述。

[文献] 〔清〕邱仰文《〈九畹古文〉序》:"癸亥夏,将汇著作,付剞劂氏,属余为序。……山瘴为厉,沉疴数月。自求徂冬,而君集梓事告竣,已装成帙。驰使余,仍教以序言,用惓惓也。"(刘绍攽:《九畹古文》,乾隆八年刘传经堂刻本)

清高宗乾隆九年 甲子(公元1744年)

孙景烈始潜心理学 孙景烈早年耽于科举,后中进士,授翰林院检讨,然因言事忤旨放归,归里后主讲关中书院。是年,陈宏谋(1696－1771,字汝咨,号榕门,广西桂林人)以巡抚驻陕,间讲学关中书院。孙景烈与之会讲间,得以详闻理学之要。陈宏谋授其《近思录》《大学衍义》等书,并对孙景烈"允属程朱宗风"(孙景烈:《滋树堂文集》卷二《复陈榕门先生书》)。孙景烈亦自云:"于学之正途,不至终迷者,实公导之也"。

[文献] 〔清〕孙景烈《滋树堂文集》卷三《书程汉舒笔记后》:"忆余自散馆后,方从崔虞村先生讲论经书精义,及宋儒粹言,略闻学之正途,尚无定见。回籍,主讲关中书院。明年甲子,榕门初抚陕,讲学不倦。余与会讲间,始得详闻正学之要,而勉力焉,故其识随学渐长。"(清道光辛卯麓山房刻本)〔清〕孙景烈《滋树堂文集》卷一《送陈榕门先生移节湖南序》:"岁乙亥,先生自陕西调甘肃,驻节兰州,延景烈主讲兰山书院。夏六月,景烈甫至兰,

闻先生又有调抚湖南之信。……景烈上交先生十有二年,赖先生导以学之正途。今方以所学就正于先生,而先生南行有期。"(同上)

清高宗乾隆十年　乙丑(公元1745年)

周元鼎约于此年出生　周元鼎(1745－1803),字象九,号勉斋,陕西三原县人。约生于是年,卒于嘉庆八年(1803),享年59。事详卒年。

[**文献**]　〔清〕周元鼎《汇菊轩文集》卷四《聱言》:"岁之阏逢,四月孟夏,朔日下春,予坐书舍,翻阅既劬,嗒焉丧吾。"(清咸丰十年守泽草堂刻本)〔清〕周元鼎《汇菊轩文集》卷四《口耳之学》:"予年四十后,即不聪。尝作《聱言》叙其由。"(同上)〔清〕周元鼎《汇菊轩文集》卷四《送田粒民序》:"临潼有读书君子曰刘公紫田,于予为妻兄。见之于壬午之腊月,始婚也。"(同上)

清高宗乾隆十二年　丁卯(公元1747年)

十二月,史调卒　史调(1697－1747),字匀五,号复斋,晚号云台山人,陕西华阴县人。史调早年就学仰华书院,志在科举功名。后得王建常《复斋录》读之,恍然曰:"学非仅博科名也,将以求其在我者而已"(周长发:《史复斋文集序》),自是潜心理学。乾隆元年(1736),史调中进士,官福建仙游县知县。在职期间,他爱民课士,"皆以实心实政",然却"多与上官龃龉"。为官未十月,以病坚辞,"由闽海拂衣归"(史调:《史复斋文集》卷二《跋养豫企圣编》)。时人评其此举"以视渊明之辞彭泽,何多让焉"(周长发:《史复斋文集序》)。归里后,主讲关中书院和临潼横渠书院,造就颇众。史调为学主张"存心利物"(《史复斋文集》卷三《辛酉都中发》)。他之所以主张"存心",是因为在他看来,"仁是生之理具于心,心存则仁存"(同上书,卷四《语录》)。他认为"主敬是存心工夫",所以"存心"落实到工夫层面就是"主敬"。但"主敬"工夫具体实施起来,是其所谓的"功过式",即"恻隐,羞恶,恭敬,是非,诚;刻忍,贪污,骄惰,昏昧,欺。日间以此十种定功过,每察起念举动,合于恻隐等项属功;流于刻忍等项属过。"(同上书,卷四《功过式》)所谓"利物"是指经世。史调为学"事事务为躬行实践"(周长发:《史复斋文集序》),以至于有人称其学为"关中之实学"。史调的经世思想主要表现在对为官和救荒的论说上。史调认为"居官以清操为重"(《史复斋文集》卷一《禁招摇》),在他看来,"居官受馈遗,非理也"(同上书,卷一《禁馈遗》)。所以,他为官期间,"自奉简约","清洁立身",并告诫其子"作清官于养廉外,毫不可取"(同上书,卷三《庚申谒铨部嘱子书》》)。对于救荒,史调认为"救荒无奇策固矣,然措置增损,克当其宜。讵无裨益,不犹胜于袖手者耶"(同上书,卷一《荒政要略》),从而提出了"检报要实""散赈要均""劝富出粟""严谨劫夺""广井地之利""查贫户""平粜"和"询弊"等系统的救荒策略。当然,史调的经世思想还表现在对现实的批判上,这突出表现在他对当时"法行多弊"的批评。他认为当时"法行多弊"的根本原因在于"弊于行法者耳",这就是执法者赏罚不公。在他看来,"赏罚公明,人心爱畏,法度行矣"(同上)。另外,史调治学于阳明学和禅宗激烈批评。他批评王阳明《大学古本》"祸后世不浅,真圣门罪人"(同上书,卷四《语录》)。又批评禅宗"认心为性","归于冥行妄作,大乖人伦"(同上)。史调著作除《史复斋文集》4卷外,还有《志学要言》,《从政名言》和《镜古篇》。

[文献] 〔清〕崔纪《墓志铭》:"君讳调,字勺五,号复斋,别号云台山人。……华阴令简霞山深器之,授以河滨王仲复集,君恍然曰'读书非为科名也已,将求在我者。'……越明年,余奉命抚秦,即延君为关中书院山长。……归家设教横渠书院,五年而卒。……没之时乾隆十二年四月十二日,生于康熙三十六年三月二十日,得年五十有一。"(史调:《史复斋文集》,乾隆间刻本)〔清〕孙景烈《墓表》:"先生讳调,字勺五,复斋其号。尝设教于华麓云台观,故自号云台山人。……先生由丙辰进士为福建仙游宰,甫十月即致仕。归,林居五年而卒,寿才五十有一岁。……戊午春,偶晤先生于青门,容貌辞气俨然有道者。余又思先生之学,殆不犹夫人之学也。时虞村夫子巡抚陕西,延先生掌教关中书院,多士受裁成焉。已而闻有短先生者曰'过于自重',又曰'矫情',又曰'好名'。余于是益慕先生之学,真不犹夫人之学也。其自重者,殆以希贤为己责也。矫情者,殆不欲苟同流俗也。好名者,殆疾没世之不称也。……余乃知先生有志正学,素究宋、元、明诸儒之书,体验于身心,而非区区以举业之工自见者。……其教人大约以存心立品为重,又以辨义利为第一端。……吾关中自南阿、丰川两先生没后,薪火岌岌不续。余以庸懦之质,向道无力,安得同志如先生者,起而与之讲学,以辅我而相勉于无尽哉?虽然

先生往矣,先生之行,亦足以楷模儒林矣。"(同上)〔清〕贺瑞麟《关学续编》中《复斋史先生》:"先生名调,字勻五,号复斋。……先生幼笃谨,长潜心经史。……居华山云台观二十余载,教授生徒,四方从游者甚众。崔虞村中丞重其学,延掌关中书院。后谒选,得福建仙游令。……归田后,主讲临潼横渠书院。教人以存心立品、辨明义利为大端。零川王巡泰实出其门。……所著有《志学要言》《从政名言》《经古编》《杂著》《语录》共若干卷。"(《关学编》,115-116页)又见黄嗣东《圣清渊源录》一三《史调》,张骥《关学宗传》卷四五《史复斋先生》和史犹龙《先公文林郎行述》。

杨屾《知本提纲》撰成 《知本提纲》10卷,杨屾撰,郑世铎注。今有清乾隆十二年(1747)刻、光绪三十年(1904)、民国十年(1921)补印本。该书乃杨屾"提挈知本大旨,口占成句",由其弟子长安郑世铎"按节注释,俗说直解"以"便于童蒙幼而习之"。全书十四章,即《帅元章》《事帝章》《顺命章》《帅形章》《调摄章》《帅著章》《修业章》《帅家章》《明伦章》《帅学章》《全仁章》《复命章》《欲囿章》和《感应章》。是书多所创说,如帝说,然时人批评此说"出入于他教";又如以天、地、水、火、气为五行,以辰、白、荧、岁、填为五星,以士、农、工、商、兵、胥为六民,皆大异于古。故是书一出,即多遭时人指责,时任陕西巡抚的陈宏谋就认为此书除"农桑最好"外,其它"皆有悖于圣道经传,并要求将是书"一二卷及三卷上册,竟宜速毁之"(陈宏谋:《培远堂偶存稿》卷一〇《批杨双山知本提纲后》)。但又由于该书中《帅着章》《修业章》和《帅家章》所论有关农事,所以亦有学人认为斯书乃"说理性很强的农学著作"(曾雄生:《中国农学史》,福建人民出版社,2008年,676页)。

[**文献**] 〔清〕杨屾《知本提纲弁言》:"屾虽庸人,详观造化条析各有攸当不紊之则,自知生人必有本原持循之定序,奈学分多门,苦无指授,遂舍经求隐,出入群氏。十余年来,见高者徒尚灵幻飘渺之词,空谈性命;卑者流为诞论曲语,权谋术数之类。非影响模糊,即刻划穿凿。歧途纵横,实难枚举。及勘破其藩篱,无非英雄欺人之语,毫无益于身心治道。于是返而穷经考传,切身详察,探讨本原,推明定序。……屾遂闭户屏事,力索详探,尽弃语言文字,剪除陋习葛藤。静思九载,切心推测,验造化、察性形、别物理、究其当然,并穷其所以然。……今屾饮和食德,中怀愚者一得之见,岂可自私。固当仰体我皇上事帝勤民之诚,垂示三序之教,躬行宪化于上,理合立言阐发于下。时乾隆十二年,岁次丁卯二月春人日,茂陵杨屾双山氏题于崇本斋中。"(杨

屾:《知本提纲》,清乾隆十二年刻光绪卅年民国十年补版印本)《续修四库全书总目提要(稿本)》(5)"《知本提纲》十卷,清杨屾撰,郑世铎注解,清乾隆间刻本。……此书乃屾详推帝命自然之理,循序顺成;采经传之节次,挈其纲要;会诸家之异同,取其至是。并附数年察验之识,参续其中。廓清私意,尽剪歧出,洗开本面,疏通源流。而以一元、两间、三序、四命、五本、修业、尽伦、全仁、复命之道。纂叙成帙,分为一十四章,列为十卷,名曰《知本提纲》。举五帅要领,提挈知本大指。其书原为训蒙而作,使其易知易行,故词多俚俗,注多冗复。恐其支离难读,故不援古证今,虑其艰深难悟,且为童梦便于记起见,正文止提其大纲,而详切细目,全在注解中也。"

清高宗乾隆十三年　戊辰(公元1748年)

张秉直深悟"主静"说　张秉直认为"主静"仅适于圣人,即"万虑未交,寂然不动,此圣人之心不待存而自无不存者也"(张秉直:《开知录》卷一)。而对于一般人"须是勉令此心常在理上,方是实落功夫",即"学者吃紧功夫,在视听言动,处事接物上"。他认为学者之所以提倡"主静",乃"只缘静中不涉思虑,天机流动,得效似速耳"。在他看来,"若瞑目打坐,虚摄静悟,却与坐禅何异"(同上)。

[文献]　〔清〕张秉直《开知录》卷一"乾隆戊辰,年饥。无事,鸡鸣静坐,忽觉万虑澄澈,此心清明,似有复见天心之意。因思从来学问偏静之故,只缘静中不涉思虑,天机流动,得效似速耳。然才交事故,却易纷扰。何如致力于动者之实而有据乎?程子'动亦定,静亦定'所以为万世无弊之学也。"(清光绪元年传经堂刻本)〔清〕张秉直《开知录》卷一一"乾隆戊辰,陕西二十二州县旱饥,朝廷捐金赈济。"(同上)

清高宗乾隆十五年　庚午(公元1750年)

王心敬《丰川续集》刊刻　《丰川续集》34卷,王心敬撰。乾隆十五年(1750)恕堂刻本,又有光绪十三年(1887)补刻本。书前分别有陈世倌和陈宏谋序。由王心敬子王勋《凡例》知,是书乃王心敬康熙五十五年(1716)至乾隆三年(1738)去世前著述。书前立目不一,有以内容立者,如选举、积贮、荒政考、水利、筹边、兵粮等；又有以文体立目者，如语录、答问录、拟奏、书答、记、序、议、说、赞、跋、传、墓表等。是集颇多理学论述，论学书信颇丰。

[文献] 〔清〕王勍《凡例》："自丙申至乾隆戊午凡二十三年，闭门养疴，著述益富，今衰成三十四卷。……经始于乾隆己巳仲秋，迨庚午孟夏而工讫于成。"（王心敬：《丰川续集》，乾隆十五年恕堂刻本）〔清〕陈宏谋《培远堂偶存稿》卷二《王丰川先生续集序》："予与黄冈靖果园前辈尝论及此，果园盛称其师关中王丰川先生有体有用，不愧真理学。余心焉志之。丰川令子勍官粤时相见，稍稍出先人之书见示，而未得见全书也。乾隆甲子，奉命抚陕，读其初刻前集，悉其行诣学术。邦人推重，咸称为丰川夫子。因采公论，请于朝，得祀瞽宗。……余维关中学者近推李二曲先生，丰川为二曲高弟，得其蕴奥，扩而大之，修身淑世，更为切实。其论学也，以明新止善为归，谓程、朱、陆、王之学各有得力处，无庸分立门户。……尤留意于边防、武备、荒政诸大端，凡所区画皆可见之施行。有当时已行而效者，有未及行而验之十数年之后，无不符合者。先生之泽物为心，经世为学，其裨益于世，岂浅鲜哉！……噫！丰川先生者，岂非体用具备，不出户庭而通当世之务之真理学乎！儒术之不迂疏，于丰川见之。"（清乾隆三十年吴门穆大展局刻本）又见《四库全书总目提要》卷一八五《集部三八·别集类存目一二》。

清高宗乾隆十六年　辛未（公元1751年）

三月，孙景烈与薛辕论朱子学　是年，薛辕（1687—1767，字叔芳，号尺庵，雒南人）因事来西安，孙景烈往谒之，二人遂对朱子学展开了讨论。此次讨论是围绕朱子《四书章句集注》中"颜渊问仁"章的注解展开的。薛辕对朱子训"己，谓身之私欲也"及诂"归，犹与也"不满，而赞成蓝田吕大临"归吾仁术之中"之说，认为此说"最善"。孙景烈不同意薛辕的说法，认为朱子注解正确，因为在他看来"吕氏之说，空而莫据；朱子之说，切而可凭"。此次讨论结束时，薛辕对孙景烈赠以"关学一脉如线，君其勉之"一语，加以勉励。

[文献] 〔清〕孙景烈《滋树堂文集》卷二《薛尺庵先生小传（并序论）》："先生讳辕，字叔芳，尺庵其号也。……庚午，先生在籍，余方主讲关中书院，先生遣宁廷从游。而先生即于是年季冬，以事至西安，余往候之。勿遽问，又不遑质以所学，但见先生神气安舒如昔。向余借朱子所宗四子《近思录》以

去,是时先生年六十有四。明年三月,先生复至西安,将迁山东。余复候之,于是得于先生讲学终日。……先生初语余曰:'近世讲四子书者,多驳朱子之说,何欤?'余曰:'是殆未悉其说之精且确也。'先生曰:'朱子之说,岂无未精确者在?'余请问之,先生举《颜渊问仁章集注》示,曰:'克己者,无我之义也。己即我,克己则无我矣。朱子训"己"为身之私欲,似赘也。'余则以管见质之曰:'先生克己无我之说,诚非浅学所及,是即朱子本旨。顾又疑朱子之训"己"者赘,则朱子之训"我"为私己者,不亦赘乎?'先生闻余说而喜之,即代阐其意曰:'君盖谓己之有私无私,视乎文义耳。既云为己,则己即无私之己;既云克己,则己即有私之己。以"己"例,我、无我之我,为私己,则"万物皆备于我",及"求在我"之我,非私己,亦明矣。吾不能易君之说,以易朱子之说也,然更当辨者,"天下归仁"。如蓝田吕氏所谓"归吾仁术之中",是"洞然八荒在我闼"矣,说最善;而朱子训"归,犹与也"。一日克复,天下即皆与以仁,其谁信之。'而余又以管见质之曰:'一人之心,天下人之心也。一日克复,则视、听、言、动皆仁矣。一人见之,谓之仁,即天下见之,无不谓之仁,不必天下之人一日克见之,皆谓之仁,而后为一日克复天下归仁也。吕氏之说,空而无据;朱子之说,窃而可凭。'于是先生方肯首。又难余曰:'颜子三月不违仁,惟孔子许之,未闻天下更有许其仁者。'余曰:'孔子许之,天下谁弗许之欤?且天下至今谁弗许之欤?'先生又难之曰:'叔孙武叔毁仲尼,岂仲尼未仁乎?安见天下必归仁也?'余曰:'"天下归仁",以天下秉懿同好者言。叔孙武叔之毁,讵有碍于天下归仁之义与?'先生沉思久之,乃曰:'君子之说是也。自吾与人讲四子书,未见有体认朱子集注如君之深细者。关学一脉如线,君其勉之。'……而别后数年,先生以所著《周易象意》寄示余。其书与《本义》虽有异同,然无相冰炭者,则亦各据己见耳。先生年八十,自号小轮老人,愈年而卒。……以余所交词馆前辈,讲学之际,不拘入馆先后,使后进得尽言无隐者,桂林榕门先生外,又见尺庵先生焉,可谓有大儒之度矣。"(清道光辛卯西麓山房刻本)

史调《史复斋文集》刊刻 《史复斋文集》4卷,史调撰。今有清乾隆间刻本。书前分别有周长发和诸锦序。是书卷一《荒政要略》、卷二《三则求士》,皆为经世之论。卷三乃书院讲学之学规、公谕和策问,卷四为语录,皆为理学潜修语。

[文献] 〔清〕周长发《序》:"关中旧多积学力行之士,言动悉遵先儒矩

犪。剖析人己义利之介,粹然一出于正,而不敢一念偶弛其防,莫如余年友华阴复斋史先生也。……呜呼! 先生淡于荣利,奉身以退,人尽高其风而不知其力学也,以实不以名其牧民也,能养复能教其育才训子也。又事事务躬行实践,而使合于礼路义门。……会稽年弟周长发拜撰。"(史调:《史复斋文集》,乾隆间刻本)〔清〕诸锦《序》:"余与君生平未之相识,君没后四年,而君之子孝廉犹龙哀君稿来问序。文集、语类真切简至,想见其为人有康节之安乐,无靖节之枯槁;有颜介之遗规,无乐天之任诞。峻不至厉,恬不至随。如水之有坊,乘之有闲,铸金之有模范。关中之德造所熏沐者多矣。……乾隆十六年四月,秀水诸锦顿首拜撰。"(同上)又见《四库全书总目提要》卷一八五《集部三八·别集类存目一二》。

清高宗乾隆二十年　乙亥(公元1755年)

张秉直《四书集疏》和《四书集疏附正》撰成　《四书集疏》40卷,张秉直撰。今有光绪三十四年(1908)柏经正堂刻本。书前分别有张秉直乾隆二十年(1755)和乾隆二十二年(1757)序。张秉直因"朱子后诸儒之说,是非纷出,真伪莫辨,即有辨者,非入于语言文字之末,即杂于制艺攻取之途",故有是书之编。按其自谓:"爰自十五、六时,即以删订为事,或去或存,存而复去,稿几数易,而终不敢谓已成之书,盖至今四十五年矣。"知此书之成,积四十五年之力。《四书集疏附正》19卷,张秉直撰,今有同治十二年(1873)刻本。卷首有张秉直乾隆二十年(1755)序。是书乃其编订《四书集疏》时,"间有只解,不忍即弃,因录课家塾,久之成帙,得若干卷"。分《大学附正》2卷,《中庸附正》3卷,《论语附正》7卷和《孟子附正》7卷。

[文献]　〔清〕张秉直《四书集疏序》:"直自少时读朱子书,颇知嗜其平实。又以地僻友稀,无讲学师承因得专力一家以为吾学基址。后虽遍观先儒学录,其不合朱子,及宗朱子而未至者卒弗能易其所好。窃尝病朱子前诸儒之说,得朱子而论已定矣。朱子后诸儒之说,是非纷出,真伪莫辨。即有辨之者,非入于语言文字之末,即杂以制艺攻取之途。能确然知圣道之精微而订其可存者,不敢谓世无其人,亦不敢谓世有其人而非予责也。爰自十五、六时,即以删订为事,或去而复存,存而复去,稿凡数易,而终不敢谓已成之书,盖至今已四十五年矣。乾隆乙亥四月,萝谷张秉直题。"(张秉直:《四书集

疏》,同治十二年刻本)〔清〕张秉直《四书集疏附正序》:"予既集四子书疏,纂次之余,间有只解,不忍即弃,因录课家塾,久之成帙,得若干卷。夫圣人之道,非有外吾心者也。……予也颓惰,自弃其于圣人之道,茫乎未有闻也。然数十年探索之力,颇知所以入道之门有不外乎是者。因著简端,以告世之学者。若夫言之或是或非,删繁就简,尚有俟于后之君子。乾隆乙亥五月,萝谷张秉直题。"(张秉直:《四书集疏附正》,同治十二年刻本)又见《续修四库全书总目提要提高(稿本)》(14)。

清高宗乾隆二十一年　丙子(公元1756年)

刘绍攽悟佛学"疏漏"　刘绍攽早年出入佛典,其自谓"壮岁究心禅学"(刘绍攽:《经余集》卷四《岁暮感怀》),至是年悟其疏漏。他的这一转变,对其理学思想影响颇大。刘绍攽早期理学思想倾向于陆、王心学,而无门户之见。然而是年悟佛学之弊后,其学转尊程、朱,而辟陆、王。

[文献]　〔清〕刘绍攽《九畹续集》卷二《禅宗指要》"余幼好奇,固尝穷原竟委,折衷于二子。"(清乾隆戊戌年刘传经堂刻本)〔清〕谢王锡《〈道学辨妄〉后识》:"先生早岁学仙、学佛,读尽二氏之书,遍参历叩,不惟得其理,且得其法。渐见疏漏,行年五十乃大见其破败。"(同上)

清高宗乾隆二十二年　丁丑(公元1757年)

二月,孙景烈与陈宏谋论"求放心"　是年二月三日,孙景烈关中书院课解,出孟子"学问之道无他,求其放心而已矣"一节,批阅试卷后自为题解。陈宏谋对其所解不尽同意,遂引发二人对"求放心"的辩论。孙景烈认为"求放心不足以尽学问之事,而学问之道先在求其放心",在他看来,"学问之事多端","求放心"不能臻至"学问之尽境";之所以"先在求其放心",是因为"能求放心,则一切学问皆靠此心做去,件件有得力处。不然,心已外驰,即学问亦徒然耳"。基于这一认识,他反对'学问只在求放心'的说法。

[文献]　〔清〕孙景烈《滋树堂文集》卷四《与陈榕门先生论学问之道二句(丁丑)》:"学问之事多端,彻上彻下,虽终身不能尽,然其道只在求其放心而已。道者,进为之方,即学问之径途。能求放心,则一切学问皆靠此心做

去,件件有得力处。不然,心已外驰,即学问亦徒然耳。讲家多将《集注》'事'、'道'字混看,谓学问只在求放心,是认求放心为学问功夫,即以求放心为学问之尽境也,朱子已早辨其谬矣。'惟学问皆所以求放心'之说出于朱子,而与《集注》实相矛盾。且既云学问皆所以求放心,则学问为求放心工夫,能求放心,便是学问究竟处。与'学问只在求放心'说,似异而实同,恐非朱子已定之精神。晚窃谓求放心非终身学问工夫,则学问固不只是求放心工夫。求放心不足以尽学问之事,而学问之道先在求其放心,此外别无学问入门下手之要方也,故曰'无他',故曰'而已矣'。管见不识有当否?"(清道光辛卯酉麓山房刻本)〔清〕孙景烈《四书讲义补》卷二《孟子》:"乾隆丁丑正月,予应中丞陈榕门先生之聘,主讲关中书院。二月三日,值首课,出'学问之道'一节,题批,点课卷毕,妄为题解,并课卷送榕门先生及道府同阅焉。以予解为是者,方伯刘苏村先生也,榕门先生所见,与予未尽合,而无名氏之说,则得之合阳魏生鹏程课卷中,力驳予解。予实不敢自以为是,但不知赐教者何人,无由更质所疑耳。"(清乾隆戊戌滋书堂刻本)

张秉直《治平大略》撰成 《治平大略》4卷,张秉直撰。《西京清麓丛书》收录光绪元年(1875)刊本。书前有张秉直自序和贺瑞麟序。按张秉直序可知,他以黄宗羲《明夷待访录》之说"近古而未尽",故著此书"以俟采择"。是书分立志、尊师、穷理、正心、修身、齐家、简贤、画疆、辨士、任民、定赋、均财、教稼、足兵、立教、明刑、封建、取士、礼乐、杂论诸目。张秉直于此书所论颇为自信,认为其所言治平之策一旦被采择,则"斯天下斯民之大幸也"。《续修四库全书总目提要(稿本)》认为此书乃"治世之名籍",并评价说:"惜以人地之僻,致名著湮没无闻,悲哉!"

[**文献**] 〔清〕张秉直《治平大略序》:"故为治而不知道之大,原出于天,皆后世苟且之政焉。浙江黄宗羲知名士也,著有《待访录》一卷,曰:'如有用我,执此以往。'予惜其说之近古而未尽也。爰著斯篇以俟采择。若夫仪文度数委琐详尽,尚赖后儒稽古宜民、斟酌润色,斯天下斯民之大幸也。乾隆丁丑冬既望,萝谷张秉直题。"(张秉直:《治平大略》,清光绪元年刻本)《续修四库全书总目提要(稿本)》(5)"《治平大略》四卷,清张秉直撰。……斯篇之作,盖本孔孟之道,以求上古二帝三王之治,力矫后世之凡百设施,皆自私无公之弊。而体例一切,略本黄宗羲之《待访录》。又惜说之近古而未尽,故著斯篇,以俟来之采择焉。学者皆知《待访录》为体国经野之书,而不知此编亦治世之

名籍。惜以人地之僻,致名著湮没无问,悲哉!"(《续修四库全书总目提要(稿本)》(5),92页)

清高宗乾隆二十五年　庚辰(公元1760年)

刘绍攽《四书凝道录》成　《四书凝道录》19卷,刘绍攽撰。今有《西京清麓丛书》著录光绪间刘在堂刊本。书前有刘绍攽乾隆二十五年(1760)序。按序可知,刘绍攽撰是书欲收"众喙或可以少息,斯道或可以益著"之效。此书以朱熹《四书章句集注》为底本,增益朱子后学诸注解,间参以己注。"其自为说,亦多体会有得"。书分《大学章句凝道录》1卷,《中庸章句凝道录》1卷,《论语集注凝道录》10卷和《孟子集注凝道录》7卷。

[文献]〔清〕刘绍攽《四书凝道录自序》:"夫学者既不得圣人以为师,所赖者经书而已,故曰吾道所寄不越乎言语文字之间。讲之精,辨之悉,知之明,而行之果不差焉。斯固吾夫子所谓好学者也(见罗整庵)。彼曰支离,岂非言语道断之禅宗乎? 若夫古注不少(如皆不及门,谓不及仕进之门)因并存之,附以辨别。乃益见程朱摆落传注之功(朱子循旧说实始于程子)如此其巨且难! 而众喙或可以少息,斯道或可以益著夫。乾隆庚辰秋九月,三原刘绍攽序。"(刘绍攽:《四书凝道录》,清光绪间刘在堂本)《续修四库全书总目提要(稿本)》(14)曰:"《四书凝道录》十九卷,清刘绍攽撰。……今观其书,就朱子《集注》,节解支分。其义有未显者,为之补充。所援引除或阅外,遍及宋元明诸儒,而于清儒李厚庵、陆稼书及其本师王信芳之说,尤所取资。其自为说,亦多体会有得。又取《集注》诸刊本,校字句之异同,而求其一是。其于《集注》,询极羽翼之功矣。惟《集注》不能绝无一失,如为格致为传及解格物为穷至事物之理。绍攽亦知其未安,而犹持调停之见,殆守疏不破注之例欤?"(《续修四库全书总目提要(稿本)》(14),247-248页)

清高宗乾隆二十六年　辛巳(公元1761年)

九月,张秉直卒　张秉直(1695-1761),字含中,号萝谷,陕西澄城县人。张秉直六岁丧父,随叔父读书。十四岁从学韩城吉儒宗,耽于科举。他在韩城就学间,曾与李颙弟子高世弼、强岳立等人往来。后又师事合阳康无疾,始知理学,遂尽弃科举。在康无疾的鼓励下,又往户县拜谒王心敬。张秉直终生以理学为务,不谒权贵,甘于清贫。陈宏谋出任陕西巡抚,闻其名,拟荐之于朝,张秉直力辞。晚年主讲蒲城、韩城等书院。张秉直为学尊崇程朱,而力辟陆王。他认为"朱子纯粹精深,直媲颜子,恐孟子不及也"(张秉直:《开知录》卷一),而认为"陆王之禅也,是于大本大原处邈有所见,故敢倡为邪说耳"(同上),遂有"陆王之讲学,理之魔障也"(同上书,卷三)之说,并将陆王之学视为异端之惑人者。正基于这一理学旨趣,他对清初关中理学学者王建常非常推崇,认为"朝邑王仲复建常于异学纵横之时,能笃守程朱,不为所惑,真吾道之干城也"(同上书,卷四),并拟对其学光而大之,所以钱穆有"萝谷独信好复斋"(钱穆:《中国学术思想史论丛》卷八《清儒学案序》,372页)之论。不过,张秉直为学特别强调"随时提撕,随处体认,随事讨论,随地实践"(《开知录》卷一),所谓"提撕,求放心也。体认,则实有诸己也。讨论,则知益明。实践,则行必力。"张秉直抱有"天下无事外之道,亦无道外之事"(同上书,卷二)之见,故非常重视即事求理,经世致用。在他看来,"物理人情,事事须经历"(同上书,卷一),不然"专事省存,疏忽物情,其不流为腐儒者几希"。他尤其重视治世之道,并多所论说。他认为"有天下者,以民为本"(同上书,卷一二),所以"治天下者,治天下之民也"(张秉直:《治平大略》卷二)。其治民主张,一要使民贫富不至悬殊,他认为"盖物之不齐,物之情也。虽王者之时,不能使世无贫民。特所以处之者,各得其所。俾天下之贫富,不至大相悬殊,斯治道得焉"(《开知录》卷二《任民》);二要使民富裕的同时文明,即他所谓的"夫治天下非一朝一夕之故也,然善为治者,当其富之时未尝不寓教之之意,非必待其饱食暖衣咲于禽兽而后教之以礼也。"(同上书,卷二《均财》)另外,他对君臣的要求是君仁臣廉。所谓君仁,就是君主要有"悲天悯人之心",在他看来,君主"必有仁济天下之心,恩沛天下之道,而后无愧乎为君,不然可耻孰甚焉!"(同上书,卷一〇)他甚至认为"天生民,而立之君,使司牧之,岂其使一人肆于民上,以纵其淫,而弃天地之性乎!"(同上)。所谓臣廉,就是治民之臣要"不以富贵撄其心",这样才可能有利民之举。最后再谈谈张秉直的财政思想。对于国家税收,他主张"得中之道",即"庶几揆之古今之宜,既不损上,亦不剥下,斯为得中之道焉。"(《治平大略》卷二《定赋》)。对于理财,他主张裕源节流说,即其所谓的"定赋之道,所以裕财之源也。均财之道,所以节财之流也。两者相须为用,阙一不可"(同上)。张秉直特别重视节用,他认为历来"朝廷不能节用,浪取于民,以至民贫国病"(《开知录》卷八)。当然,我们也要看到其思想消极的方面,这就是他认为秦始皇之焚书亦"治平之一术也",所以,他主张"若夫邪僻之小说、绮丽之淫辞、百家之众技、惑世诬民之书、以及异端似是之言,直当同付之一炬"(同上书,卷四《杂著》)。张秉直在关学史上地位相当重要,他在世时,就有人将之"推为横渠后一人"(戴治修、洪亮吉、孙星衍纂《(乾隆)澄城县志》卷一四《闻人下》)。张秉直著作有《四书集疏》40卷,《四书集疏附正》19卷,《开知录》14卷,《论语绪言》2卷,《治平大略》4卷,《文谈》1卷,《萝谷文集》4卷和《征信录》等。

[文献]〔清〕张南金《先君子萝谷先生行述》:"先君子姓张氏,讳秉直,字含中,号萝谷。……其生于康熙三十四年七月十八日辰时。先君子生而至性绝人。六岁失怙,哭如成人。……年十四,受业于韩城吉儒宗先生,教以孝弟忠信之道,视听言动之节。侍侧三载,英英玉立,金谓先祖转辰公有子矣。自是往来韩邑,得交高五轩世粥、久庵世征、强健斋岳立、王火天宣诸先生。五轩、久庵、健斋,李二曲先生之门下生也。火天喜游侠,尚意气。健斋富而好礼,尝辇白金二千,亲至金陵搜买书籍,经史子集罔不毕蓄。先君子因得纵观焉。年二十八黉序,学使王(公)赏其文,拔贡第一。当是时,蒲城有原宿伯讳于辰,合阳有康百药讳无疾。……而百药先生见先君子于敝庄别室,知其非常人。先君子亦一见心折,遂从之游,益闻所未闻。初,二曲先生讲学关中,轰动南北,其高第弟子能传其学者曰沣川王心敬。百药力劝负笈从学,先君子因往谒焉。归作诗三章,有'避人逃世是吾师'之句。自是闭户敛迹,屏绝交游,即史亦弗再读,日究心四子书与濂、洛、关、闽之旨。心礼神会,反躬实践。严以御家,和以处众,躬行以率之,礼义以导之。宗族里党,骎骎有仁让遗风,二十年无争讼者。……岁戊辰,大中丞广西陈公欲疏以朝,遣邑侯李乔致意,先君子以衰朽不用固辞,乃止。……而先君子年仅六十有七,不幸游于韩染痢疾不起,卒于友人薛之桂家。呜呼!痛哉!时乾隆二十六年九月二十有五日也。"(张秉直:《文谈》,清道光九年中和堂刻本)〔清〕贺瑞麟《关学续编》中《萝谷张先生》:"先生名秉直,字含中,号萝谷,澄城县人。世以诗书相承。幼失怙,叔父督责甚力,口授小学、《四书》《易》《诗》《书》三经,十龄时悉能背诵。稍长,即不自菲薄,不以圣贤为不可及。年二十补诸生,制艺非其所好,博览群籍,于《六经》独重四子书,《四书》尤重《论语》。……先生广

交一时名流,既从康百药无疾游,又往谒二曲高弟王丰川心敬。不复应试,遂以学法除名,而元、明以来诸力学之人,程、朱后诸儒讲学之书,益周知而多购焉,故其为学以穷理为始,知命为要。……中丞陈文恭公欲疏荐于朝,固辞乃止。……晚年所养益粹,矜持悉化。论者或高其严峻,或重其含容,至其探理精勤,见道亲切,同学或莫之知也。……所著有《四书集疏附正》《论语绪言》《治平大略》《开知录》《文集》《文谈》《征信录》,已行于世。又有《删订四书集疏》《某氏遗言》《圣庙从祀位次私议》《读书存疑》《评学部通辨》等书。"(《关学编》,114－115页)〔清〕李恩继、文廉、蒋湘南《〔咸丰〕同州府志》卷三三《列传下》:"张秉直,字含中,澄城县诸生……乾隆辛巳卒于韩城,年六十七。"(清咸丰二年年刻本)〔清〕戴治、洪亮吉、孙星衍《〔乾隆〕澄城县志》卷一四《闻人下》:"张秉直,字含中,号萝谷。少有大志,毅然以儒者为期。从合阳康百药游,学益进。研心宋学,取善未□求人。知官是方者,率修式庐之礼。韩城征君解可贞见所著作,推为横渠后一人云。"(清乾隆四十九年刻本)又见黄嗣东《圣清渊源录》卷二《张秉直》和张骥《关学宗传》卷四四《张萝谷先生》。

孙景烈论"性命之说" 是年,孙景烈弟子张玉树将往京师谒选,请师教益,孙景烈遂阐述其"性命之说"。其"性命之说"涵义有二:其一是理气说,孙景烈认为"性者,天所命。天命理,不命气",但他认为"天命理,而理堕入气质中,不相离也",所以"性以理言,亦可以气质言,要之理者性之所主,气者性之所兼";其二乃政事说,孙景烈主张"其事有欲便己而不便民者,此气质之性使之也,君子弗性气质,子当曰天不命我以此也,则力绝之;有欲便民而不便己者,此出于吾性之天然也,君子必畏天命,子当曰天固命我以此,则力为之。"

[文献] 〔清〕孙景烈《滋树堂文集》卷一《送张子德润谒选序》:"张子以乾隆辛巳进士濒选,丁外艰,服阕,将入都矣。顾数诣余,质所疑于四子书者,久之,闻余偶谈性命,如岱宗在关中书院时。张子尝曰:'《易》云:"成之者性",性统理气矣,而伊川谓"性即理",舍气可乎?'余曰:'性者,天所命。天命理,不命气也。'张子又曰:'天不命气,何以有气质之性?'余曰:'天命理,而理堕气质中,不相离也。性以理言,亦可以气质言,要之理者性之所主,气者性之所兼。故孟子言性独主乎理,则善;而告子以兼之者主之,则非此。可见,天不命气。而气数亦谓之命者,亦理不离气之义也。天命之理当知,而

气数之命亦当知,君子于此盖有本末轻重之辨矣。'张子闻余言,若有创获者,怡然而归。居无何,张子北上有期,余速而饮之酒。张子即席请曰:'闻先生性命之说,约而要矣。可举之政以亲民乎?'余曰:'子言及此,岂无见乎?夫学与仕,其道一而已矣。以之修己,以之治人,无异说也。子他日亲民,其事有欲便己而不便民者,此气质之性使之也。君子弗性气质,子当曰天不命我以此也,则力绝之。有欲便民而不便己者,此出于吾性之天然也,君子必畏天命,子当曰天固命我以此也,则力为之。此则居易俟命之学,视子之学力何如耳。夫学之力,鼓于志而充于气也。理以气辅,气非天命,而气以理养,非天命欤?则所以亲民而致辨于理气之间,毅然不屈者,实有待于浩然之气矣。'张子于是起而拜曰:'不闻先生今日之言,不知前言之富也。请奉以终身。'"(清道光辛卯酉麓山房刻本)

清高宗乾隆二十七年　壬午(公元1762年)

孙景烈悟"格物"之说　是年,孙景烈因目疾误食黄连,导致"为患数月",遂明白"格物"当研究事物自身之物理,但他又转而认为此"非当务之急",而强调"格物者,格吾心之理",之所以要格于物,乃因为理"分具于万物者也"。同样,他认为"致知者,致吾心之灵也",在他看来,"物之理,非心无所摄;心之灵,非物无所丽。故曰致知在格物",原因就在于"物之理统具于心,而心之理散见于物,故致知在即物穷理"(孙景烈:《大学讲义》)。

[文献]〔清〕孙景烈《大学讲义》:"予旧谓神农尝百草,是古来第一格物。圣人以其切于治平,故格之不惮其烦耳。壬午春,予因眼丹,误服生黄连。不晓妙法,为患数月。可见黄连等类,亦吾身有用之物,当格乎?不当格乎?竹之当格,犹是也。但非当急之务。"(清乾隆己丑年滋树堂科本)

清高宗乾隆二十八年　癸未(公元1763年)

刘绍攽《卫道编》刊刻　《卫道编》2卷,刘绍攽编纂。今有《西京清麓丛书》收录光绪元年(1875)刊本。卷一和卷二前分别有刘绍攽乾隆二十五年(1760)和乾隆二十八年(1763)自序。是书卷一力辟释、道之伪,陆王之假;卷二则论程朱之实之正。是书辑文近二十篇,属刘绍攽所撰仅《鬼神论》《神仙论》和《陆氏学本德光》等三、四篇而已，其它皆辑前人之作。今按其所撰《陆氏学本德光》，其尝读宋周密《齐东野语》，见有"陆又参宗杲之徒德光"语，于是便认定"陆氏学本德光"，从而断定"陆王之学，窃取佛家之似"。他的这一论说，疏于考证，故其后之关中学者就认为"刘九畹谓象山学本德光，恐无根据。"（谢化南编：《清麓遗语》卷一《侍侧纪闻》）《续修四库全书总目提要（稿本）》亦指出，其说是"意气用事，失之于疏"。

[**文献**]〔清〕刘绍攽《卫道编后序》："余二十年前，亦课殊途同归，不必分门别户。自今观之，窃悔其习模棱而为胡广之中庸也。故于此不禁言之直而辞之繁云。乾隆二十八年夏四月，刘绍攽书于兰山书院。"（刘绍攽：《卫道编》，清光绪元年刻本）《续修四库全书总目提要（稿本）》（1）："《卫道编》二卷，乾隆间带经堂刻本。清刘绍攽编著。……著《卫道编》二卷，上卷辟异学，下卷明正道。其辟异学也，首举范蔚宗《后汉书·西域论赞》及《唐书·李蔚传赞》，以为辟佛文字之先河。继辑列朱子等论佛文字，及自作《鬼神论》《神化论》二篇，以明异端之出于剽窃，此关于佛学者也。辟陆王者，则以李光地诸说为经，而以己作为纬。大抵所言皆不免意气用事，失之于疏，非剖析于精微疑似之间者。惟论读朱子书，谓'尊朱者守其一说，不知兼综众说，非善学朱子者也。'实堪为研究朱子者之津梁，于此亦可见继贡为学之尚博，特博而未密耳。其明正道也，以为洙泗之学，得周程张朱而大明。而五子之学，求其约而尽、简而赅、自反之终身而无斁者，莫要与周子《太极图说》、张子《西铭》、程子《定性书》《颜子所好何学》及朱子《斋居感兴诗》二十首五种。因各取而详细注云，以明正统之学。朱子著作最多，而特取感兴诗，亦其好博自矜之表见也。"

清高宗乾隆三十四年　己丑（公元1769年）

十一月，李元春生　李元春（1769－1854），字仲仁，又字又育，号时斋，晚年自号桐阁主人，学者称桐阁先生。陕西朝邑人。是年生，卒于咸丰四年（1854），享年86。事详卒年。

[**文献**]〔清〕王会昌《袪疴斋文集》卷六《桐阁先师李时斋夫子墓志铭》："先生讳元春，字仲仁，号时斋。因汉李育，字适符，已名，别字又育。……先生生于乾隆三十四年，十一月初九日中。嘉庆戊午，乡科知县选出，以

七十当致事,就大理寺评事职衔。享寿八十有六。"(清道光元年怡怡堂刻本)

孙景烈《四书讲义》刊刻　《四书讲义》10卷,孙景烈撰。是书又名《关中书院讲义》,包括《大学讲义》1卷、《中庸讲义》1卷、《论语讲义》4卷和《孟子讲义》4卷。其中刊刻最早《大学讲义》,即刊刻于此年,此后陆续刻之。后又有其弟子整理的《四书讲义补》2卷,于乾隆四十三年(1778)刊刻。今按是书,孙景烈多有自得语,故李元春认为孙景烈《四书讲义》"为功于《四书》,有补于《集注》,顾不少哉"。

[文献]　〔清〕李元春《桐阁文钞》卷四《关中书院讲义序》:"先生主讲关中书院凡三,故讲义独此为多。知先生倡关学全在《四书》,翼朱子全在《集注》,而一生精力全在《关中书院讲义》也。……《关中书院讲义》其为功于《四书》,有补于《集注》顾不少哉。先生学朱子之学,心孔孟之心,其讲解不为恢奇之论,不作蹈袭之语,出一言如从秤上称者。……今人读《四书集注》,乃欲学为时文以应科举,是村学究之见。好高者又弃此不为,不知时文科举制学与古文训诂之学,讲正学者正不得歧而视之。予之教主是,亦本先生也。先生教人主《四书》并《集注》,又教人补读《小学》,本许鲁斋、薛文清。其为教之意可知,则读《关中书院讲义》不当但以解书论也。"(清光绪十年朝邑文会刊本)《续修四库全书总目提要(稿本)》(5):"《关中书院讲义》,不分卷。清孙景烈撰,乾隆间刻本。……景烈主讲关中凡三,故其讲义独关中为多。先生倡关学,全在《四书》。翼朱子,全在《集注》。而一生精力,又全在此《关中书院讲义》也。是编多发挥《四书》精义,颇有功于《四书》,有补于《集注》。景烈学朱子之学,心孔孟之心,其讲解不为恢奇之论,不作蹈袭之语。出一言,亦如从秤上称者。"

清高宗乾隆三十九年　甲午(公元1774年)

一月,孙景烈论"复初"说　是年正月,孙景烈受户县令汪以诚之邀,主讲该邑明道书院。此次开讲伊始,孙景烈对诸生以"复初"训诫。因为在他看来,"自科举之学兴,而能定其性者卒鲜矣"。他认为"夫道率乎性,学道所以明善而复初也",这是因为"人生之初,性定于中,本无不善",但是由于"一动于欲,而累于物,则性之本定者摇焉",所以他倡导"复初"之说。这一"复初"

说落实到修行上,就是在日常生活中,无论"起居、语默、瞬息、处事、待人、造次、颠沛"之时,都要做到"心依于性",即"必使心依于性,不挠内以逐外,则性可定于静。不遗外以守内,则性可定于动。动静皆定,则性之全体立,而大用行,是谓复初。"

[**文献**] 〔清〕孙景烈《滋树堂文集》卷二《明道书院后记》:"令户邑之有明道书院,以宋程子尝主邑簿。其道之所及,有令邑人世不能忘者,于是乎祠祀之未已也。……甲午,江宁悫斋汪侯,学道君子也,歌《鹿鸣》而来。甫摄篆,即念化民成俗必学之由,书院为育才地,非资膏火将何以视其敬业乐群也?……余以今岁正月,应侯之聘,主讲于兹。未几,侯谓明道有答横渠张子定性书,欲以定性名其讲堂。余曰:'善哉!此是见洛学之与关学无二道矣。'夫道率乎性,学道所以明善而复初也。人生之初,性定于中,本无不善,故曰'人生而静,天之性也。'一动于欲,而累于物,则性之本定者摇焉。自科举之学兴,而能定其性者率鲜。朱子有言曰'非科举累人,人累科举。'又曰'虽孔子复生,不免科举,然岂能累孔子耶!'是故应科举者,亦视其寔与弗寔,不得概谓科举之学无与性学也。……张子曰'性者万物之一源,非有我之得私也。'余以为此殆有得于明道定性之意而言者。性岂分内外哉?定性岂分动静哉?故伊川《好学论》有'性其性,不情其性'之说,亦云定耳。诸生格致之久,有见于斯,则明道所云'静亦定,动亦定,无内外'之殊者,其豁然矣乎!是谓明善。明善而出入、起居、语默、瞬息、处事、待人、造次、颠沛之顷,必使心依于性,不挠内以逐外,则可定于静。不遗外以守内,则性可定于动。动静皆定,则性之全体立,而大用行,是谓复初。然则先明乎善,而性始几于定,能定其性,而性无始不复。独善者,此也;兼善者,亦此也。以此立德立功,而无累科举,于性不加损毫末焉。"(清道光辛卯麓山房刻本)

清高宗乾隆四十一年 丙申(公元1776年)

杨屾《修齐直指》成 《修齐直指》不分卷,杨屾撰,齐倬注。是书乃杨屾《知本提纲》之节要本。杨屾以《知本提纲》"卷帙浩繁,恐童蒙难以诵记,遂挈其纲领,括为短帙,直指修齐之实,故名曰《修齐直指》"。又为了便于妇孺通晓,命其弟子临潼齐倬"以俚言注释"。此书今有刘光蕡点评本,分别为光绪甲辰(1904)柏经正堂本、《关中丛书》本和《烟霞草堂遗书续刻》本。刘光贇认为此书"皆从日用事物上指出天命流行",更优者在于其言王道下及庶人、谈圣学遍及农、工、商,所以刘光贇认为该书乃"近日讲学必用之书"。

[文献]〔清〕齐倬《修齐直指序》:"延至戊子岁,从学于我茂陵夫子。授以《知本提纲》,倬俯读仰思,质疑问难,亲炙三载。见理推精详,事皆落实,发天命之本序,阐修齐之要旨。生人入世定规,俨然如画,头面、耳目、身体、手足无不全备。始见天命至道极显明、极平实,并非难知,即妇女、儿童皆能通晓。以之修齐治平,真有示掌之易。我夫子犹以卷帙浩繁,恐童蒙难以诵记,遂挈其纲要,括为短帙,直指修齐之实,故名曰《修齐直指》。因谓倬曰:'此帙言简意赅,再加以俚言注释,妇孺愈便于通晓。惟子能。'倬捧读之下,窃叹妇孺之学,千古未见我夫子以至仁居心,以大公施教,不使一人失教,致有干化扰治之虞。倬仰体我夫子一体无我之心,殚思竭虑,夙夜不敢暇逸,用功五载,稿凡七易,许可而后止非,敢陈之大方。不过为弟子童蒙使知天命修齐治平不假外求,自臻良富良贵。如此躬修,则家无异人,人无失教。共乐休和,咸游大化,以弼圣天子风草之化于万一云。乾隆四十一年,岁次丙申辛卯月春分日,临邑门人齐倬顿首拜撰。"(刘光贇:《修齐直指评》,清光绪甲辰柏经正堂刻本)〔清〕刘光贇《刘古愚先生总评》:"此书多言上帝,且谓上帝是的的确确实有之名,不是空谈,直类近日西人之说。固是先生本之《六经》,实心体验见得如此。亦有耶教自万历时利氏入中国,专敬上帝训及妇女,而中国论学遂不敢及上帝。……先生是书不显于世,又因其文词不袭古人一句,直抒心得,语皆自造,不能悦好古者之目也。……读此书须知日用饮食即是王道,王道即是圣学。天命精深之理,皆从事物粗迹上见。自古论学精透则难浅近,浅近必难精透,未有能兼之者。先生于日用家常上见天命流行之妙、天人合一之理,一见豁然呈露,人人可由。新古今讲学之面目,开凡眼著察之径路,窃谓为近日讲学必用之书。自古言王道者,皆为有位出治者言,未有下及庶人者也。言圣学皆为士人读书者言,未有遍及农工商者。是以王政不行于上,圣道即晦于下。读书之士空谈其理,而身不能为其事。孔孟之教依稀惝恍存于中国,而各教得出而驾其上,知此然后知先生此书思深虑远,关系为甚重也。今日欲强中国,须孔孟之道妇孺皆晓,否则尧舜以来之中国,外人将抚而治之,耶稣因而教之矣。"(同上)

清高宗乾隆四十三年　戊戌(公元1778年)

七月,刘绍攽卒　刘绍攽(1707－1778),字继贡,号九畹,陕西三原人。刘绍攽于雍正十三年(1735)以举人荐为四川什邡知县,后调南充知县,再调山西太原,以大计卓异,得乾隆帝召见,赐蟒衣,不久以病告归。归里后,曾主讲兰山书院。刘绍攽尝问学于王兰生。后至京都,游学于方苞之门。致仕后,与时任陕西巡抚的毕沅有所往来。刘绍攽学问广博,对经学、理学都有研究,擅长诗文古韵,熟悉典制,并对方程勾股亦有所涉猎。蔡尚思先生认为刘绍攽亦有一定的经济思想(蔡尚思:《中国思想研究法》,复旦大学出版社,2001年,81页)。就理学思想来看,刘绍攽早年倾向于陆、王心学,他认为"良知"乃"吾性中自然之灵明,一感即觉"。但是他认为万物皆有"良知",即其所谓的"夫良知人实有之,微独人,草木瓦石亦有之"(刘绍攽:《九畹古文》卷六《良知说》)。他也言"理"言"性",但认为"夫天命谓性,性即理也,心即为性,则心无不善"(同上书,卷六《心性说》)。正基于此,他批评那些斥责阳明心学为禅学的人"不知学,并不知禅"(同上书,卷四《与张凤林论阳明先生所学书》)。不过,他主张对程朱、陆王之学兼取互资,认为"诚者尊德性,明者道问学,有兼资,无偏废"(同上)。同时,他也研习佛、道,他认为"释氏之要三,曰戒、定、慧;道家之要三,曰精、气、神。养精即戒,养气即定,养神即慧。道家虽言神,而假神以炼气,则重在气;释氏虽言气,而遗形以存神,则所重在神,此其异也"(同上书,卷六《释道异同说》)。尽管他亦分辨儒、释,指出儒家之学是"实理之发生",而佛教之说是"虚景之寂现",但并不辟佛、道。然而,在其五十岁悟佛、老之虚妄后,则著《卫道编》斥佛、道之学,"证之曰窃,曰伪",并斥"陆、王之虚寂,证之曰假",遂"学宗朱子"。不过,刘绍攽对张载之学甚为推崇,在他看来,"性命之旨,宋儒言之多矣,未有深切著名如张子者"(同上书,卷九《又书正蒙后》)。但他对关学有所看法,这是因为他对以地域划分来研究学问不以为然,认为"学者遍天下,通古今,不以地域也"(刘绍攽:《九畹续集》卷二《关学编正误》)。刘绍攽著述颇丰,有《书考辨》2卷,《四书凝道录》19卷,《卫道编》2卷,《周易详说》18卷,《春秋通论》6卷,《春秋笔削微旨》26卷,《九畹古文》10卷,《九畹续集》2卷,《二南遗音》4卷《续集》1卷,《经余集》6卷,《于迈草》不分卷。

[文献] 《清史列传》卷六七《儒林传上二》:"刘绍攽,字继贡,陕西三原人。雍正十一年拔贡生,时交河王兰生以李光地高弟视学关中,举绍攽博学鸿词,亲老,未就。兰生谓:'关中人士其刊落浮华、切实用力者,惟绍攽一人而已。'寻以朝考第一,出为四川知县,补什邡县。调南充,以艰归。服阕,授山西太原县。大计卓异,引见,赐蟒衣内缎。调曲阳,告归。绍攽博学通明,所至以经术饰吏治。遇灾振恤,全活无算。归里,主兰山书院,多所造就。尝以陆、王之学窃取佛之似,陈建辨之而未得所征。因读周密《齐东野语》,知张子韶尝参宗杲,陆子静又参杲之徒德光。因穷究源委,著《卫道编》二卷。上卷辟异学,下卷明正学。其论读朱子书谓:'世之叛朱子者,非宗良知则诵古注。然尊朱子者,守其一说,不知兼综众说,非善学朱子也。'乃举黄勉斋复叶味道书,以为学者法。后桐城方宗诚见其书,称其言洁净精微,平湖陆陇其外,未有如此之纯粹者,可谓真儒。著有《四书凝道录》十二卷、《周易详说》十八卷、《书考辨》二卷、《春秋笔削微旨》二十六卷、《春秋通论》六卷、《九畹文集》十卷。"(周骏富:《清代传记丛刊》(104),292-293页)〔清〕江藩《舟东笔谈》:"九畹,名绍攽,字继贡。……九畹以古文见知于王侍郎信芳,为之延誉。雍正时,陕西巡抚硕色荐之于朝,以诸生为四川什邡县。调南充,有政声。喜讲古韵及方程勾股。其学以朱子为宗,又参以象山、阳明之说,如涉大海,茫然无涯岸。平生以古文自命,熟于史事,且留心国朝典章制度及国初诸老轶事。然不知体例,动笔即谬。"(钱仪吉等:《清代碑传全集》,700页)〔清〕焦云龙、贺瑞麟《三原县新志》卷六《人物中》:"刘绍攽,字继贡,号九畹,涝曾孙。雍正乙卯,学使王兰生拔贡成均,应博学宏词。奉旨以知县用,宰四川什邡,调南充巡抚。硕色保举御史,辞。擢成都县,艰归。服阕,授福建宁洋。……调山西太原。大计卓,荐,引见,赐蟒衣内缎。迁曲阳,又擢解州,未赴,以病告归。……讲学宗程朱。工古文词。著述甚富,著有《周易详说》《春秋通论》《春秋笔削微旨》《书考辨》《诗逆志》《四书凝道录》《卫道篇》《家礼小注》《九畹诗文集》,纂修县志。"(清光绪六年刊本)又见徐世昌《清儒学案》卷二〇六,张骥《关学宗传》卷四八《刘九畹先生》。

清高宗乾隆四十七年　壬寅(公元1782年)

九月,孙景烈卒　孙景烈(1706-1782),字孟扬,又字竞若,号酉峰,陕西武功人。孙景烈雍正十三年(1735)中举人,任商州学正,以贤良方正荐加六品衔。乾隆四年(1739)中进士,授翰林院检讨,然因言忤旨放归。归里后,主讲关中书院。期间受陈宏谋之影响,始潜心精研理学。三秦学者翕然宗之,遂成名儒。他非但主讲于陕西关中、明道两书院,亦曾主讲甘肃兰山书院,门人辈出,如武功张洲、临潼王巡泰、洛南薛宁廷、大荔李法、华阴李汝榛、韩城王杰、洋县岳震川等。孙景烈之学"以程朱为宗"(杨名飏:《关中集》),并推崇陆陇其,认为"稼书为国朝第一醇儒"(孙景烈:《滋树堂文集》卷一《王岱宗四书文序》)。他认为学之正途,"舍朱子奚从"(同上书,卷一《送督学杨两松先生序》),尽管他发现"朱子之说,亦有始终若相矛盾者",但认为这只是"已定未定之分也",仍然坚信"《四书集注》无可疑者"(同上)。他对阳明"致良知"说不以为然,在他看来,"人心之良不待虑,故其所知为不虑之知,不虑复何致乎?"(孙景烈:《四书讲义补》)这是因为"孟子以不虑而知者为良知,是知之不待虑致者"。不过,孙景烈为学无门户之见。他虽学尊朱子,但不辟陆王,他认为"阳明致良知之说固偏,其人不可贬也"(《滋树堂文集》卷二《与陈榕门先生书》),故对那些"惟于阳明过为吹求"者,认为其批评"殊非平心易气之言",乃是"讦以为直"。正基于此,孙景烈以学尊陆王的康吕赐和王心敬为关学道统的重要传承者,认为"关中自南阿、丰川两先生没后,薪火崶崶不续"(孙景烈:《(史复斋先生)墓表》),并欲对关学的这一衰落局面,起而振之,其弟子王巡泰称其"继横渠后潜心正学,任道甚力。"(王巡泰:《太史孙酉峰先生文集序》)孙景烈非单于程朱、陆王无门户之见,他对关学与洛学亦调而和之,认为"洛学之与关学无二道"(同上书,卷二《明道书院后记》)。孙景烈终生"研究经义",书院讲学,其学"于关学多所发明"(王杰:《葆淳阁集》卷五《孙母刘太孺人墓志铭》),当时即"为关中学者宗仰"(同上)。可见,孙景烈在关学史上应当具有重要地位。孙景烈著作有《四书讲义》10卷,《滋树堂文集》4卷,《酉峰文集》22卷,《〔乾隆〕合阳县全志》4卷、《〔乾隆〕户县新志》6卷。其它著作如《易经管见》《诗经管见》《慎言录》《滋树堂存稿》《西麓山房稿》《邰封见闻录》《可园古今文集》等,卷数俱不详。

[文献]　《清史列传》卷六七《儒林传上二》:"孙景烈,字孟扬,陕西武功人。乾隆四年进士,授翰林院庶吉士。散馆授检讨,以言事放归。少家贫力学。读《近思录》诸书,确然有守。……官商州学正,革陋规,倡学社,为诸生阐发经义,究义利之辨。当道为举孝廉方正。及放归,陈宏谋、尹继善先后延

主关中、兰山书院,后复主户县明道书院。日与生徒讲性命之学。……其为学恪守朱子,而以《四书集注》为主,诸经子史悉荟萃印证,以此讲学,亦体之以持身涉世。……十五年,宏谋欲以经明行修荐,景烈固辞。韩城王杰、临潼王巡泰皆其入室弟子。……四十七年卒,年七十七。著有关中、兰山、明道书院《讲义》《易经管窥》《诗经讲义》《性理讲义》《康海武功县注》《嫠封闻见录》《菜根园慎言录》。古文似庐陵,有逸气,有《酉麓山房存稿》《可园集》。"(周骏富:《清代传记丛刊》(104),291-292页)〔清〕张洲《对雪亭文集》卷九《皇清征仕郎翰林院检讨酉峰孙先生行状》:"先生姓孙氏,讳景烈,字孟扬,一字竟若,别号酉峰,学者称酉峰先生,世为武功邰封里人。……雍正十三年乙卯,陕西布政司试同考官得先生文,嗟叹异之,称为解元。……乾隆元年,为商州学正。……乾隆四年己未,会试期先生成进士,改庶吉士,散馆授检讨。……先生研究《性理学》《近思录》诸书,于馆课体特疏,散馆后益又疏疏。明年值御试,不应格,以原官休致归家。……先生为学,以求仁为要领,以主敬为工夫,以《小学》一书为入德之基。其为学切实近里,深恶标榜声气之习。……生康熙四十五年八月十二日,卒乾隆四十七年九月二十一日,春秋七十有七。所著《四书讲义》《关中书院课解》《兰山书院课解》《酉麓山房存稿》《滋树堂存稿》《可园草》《邰封见闻录》《合阳县志》《户县志》若干种。"(清刊本)赵尔巽等《清史稿》卷四八〇《儒林一》:"景烈,字酉峰。乾隆三年进士,授检讨,以言事放归。教生徒以克己复礼。居平虽盛暑必肃衣冠。韩城王杰为其入室弟子。尝语人曰:'先生冬不炉,夏不扇,如邵康节;学行如薛文清。'又曰:'先生归籍三十年,虽不废讲学,独绝声气之交。为关中学者宗,有自来矣。'"(《清史稿》,13127页)〔清〕李元春《关学续编》中《酉峰孙先生》:"先生名景烈,字孟扬,武功人,学者称酉峰先生。……先生成进士,授检讨,告归,惟以讲学为事,先生主讲兰山、明道、关中诸书院,而关中书院为最久。……先生教人专心小学、四子书。讲四子书,又恪守考亭注,而析理之细,直穷牛毛茧丝,多发人所未发。……著有兰山、明道、关中诸书院《讲义课解》《康对山武功志注》,《删定对山集》,《合阳县志》。"(《关学编》,109-110页)〔清〕江藩《宋学渊源记》卷上《孙景烈》:"孙景烈,字□□,号酉峰,武功人。早岁举于乡,为商州教官,勤于课士,不受诸生一钱。雍正年间,巡抚蒲坂崔公以贤良方正荐,授六品衔。乾隆庚午陈文恭公抚陕,奉旨举经明行修之儒,以景烈名入告。先是二年己未成进士,明年授检讨,以言事忤旨放归,景烈深自韬晦,乃以赋性拘墟、学术肤浅,固辞。主讲关中书院、兰山书院,教生徒以克己复礼。"(江藩:《宋学渊源记》,11 – 13 页)又见徐世昌《清儒学案》卷二九和卷二〇六,朱汝珍《词林辑略》卷四,李桓《国朝耆献类征初编》卷一二六,李元度《清朝先正事略》卷二七,张骥《关学宗传》卷四七。

清高宗乾隆四十九年　甲辰(公元1784年)

四月,路德生　路德(1784 – 1851),字闰生,号鹭洲,陕西周至人。由路德咸丰元年(1851)卒,享年68,可推知其生于是年。事详卒年。

[文献]〔清〕路德《柽华馆文集》卷一《阻诸生贺生日说》:"四月十六日,为仆五十有二初度,是日当谢客。阍人来者,俱不延如。有馈遗,无论厚薄,概为却辞。"(清光绪七年解梁书院刻本)《清史列传》卷六七《儒林传上二》"路德,字闰生,陕西周至人。……咸丰元年卒,年六十八。"(周骏富:《清代传记丛刊》(104),328 – 329 页)

清高宗乾隆五十年　乙巳(公元1785年)

杨屾卒　杨屾(1688 – 1785),字双山,陕西兴平县人。杨屾早年"潜心圣学,不应科举",后从事农桑研究,并在家乡开馆讲学。陈宏谋任陕西巡抚间,曾邀请其讲学省会。杨屾虽以农桑之学闻名于清,但"其实先生实为一代名儒"(党晴梵:《党晴梵诗文集》,陕西人民教育出版社,2007年,45页)。今按《修齐直指》,杨屾之理学思想,可以"帝道""五常""五纯""四业"诸说概而言之。杨屾认为"天命修、齐、治平定序",生人只要"明得天命定序,顺序而理",便可以"自臻良富良贵,永享太平"。但"欲明天命定序,首在推究帝道"。这一"帝",就是杨屾所谓的"上帝本先天无始神体,肇造天地,建极生人,为命出之神君,分性之共父,实生人自来之原"。杨屾"上帝"说一经提出,就有学人指责此说"有悖于圣道经传",后之学者亦批评此说"间或出入于他教"。然而他自言"尝考自古,圣帝明王创制立法,告诫臣民,皆以事帝为正向,依帝为标准",故刘光蕡力主此说"固先生本之《六经》"。但再按杨屾"又察诸远外国,莫不宗事帝君"之说,则其学自是于"耶教"有所吸收。然杨屾所谓的上帝不仅是神体,更重要的是德体,因为上帝所命"中含仁、礼、智、义、信",这五者,即其所谓的"五常"。在他看来,"上帝"创造宇宙万物,"物生大备之后,帝始命五纯着立人形"。何谓五纯?"五常着气,为天、地、水、火、气之五纯"。这样的话,人就是五常、五纯和合之体,基于此,他说"五常恒久,不灭之灵,以为人性,依于五纯假合之形",但杨屾明确规定五常为人之本性。然五常着之于五纯,故人德性之彰显须"五常帅形,则身自修"。但以何修之?从事于"四业",即农、工、礼、乐。在他看来"农养、工利、礼节、乐和",皆是助修之资。农者农业,工乃工业(主要指纺织),他认为"农工并修,则衣食足而自臻良富"。但要注意的是,杨屾非但认为五常为上帝所命于生人,即四业亦上帝之所命,这即其所谓的"人生入世,即受帝恩二命之慈:一曰大本之命;一曰助修之命。大本者,即人性所受仁、礼、智、义、信,五常明德,统御一身,主宰变化,以为自卫自全之权,是谓天德。助修者,即农、工、礼、乐,助此着形以修天德者也"。杨屾自认为其学说若用以治国可为王道。他认为"天德体也,王道用也。修天德始可以行王道,行王道乃可以成天德,二者互立,缺一不治"。显见,杨屾所倡导的"明体达用"之学,虽然"不由师传,默悟至道"(郑世铎:《知本提纲后跋》),然总体而言与李颙"明体适用"之学颇近,故刘光蕡称"二曲之学,双山得其精也"(刘光蕡:《刘古愚先生总评》)。另外,杨屾敢于创立新说于张载"勇于造道"之精神可谓一脉相承。但在当时,却有异端之目。再兼他疾力反对女子缠足,并自行于家,故其言其行,为世俗所鄙弃。然杨屾在关学史上具有重要地位,刘光蕡认为其学"不在横渠张子下"(王廷珪修、张元际、冯光裕纂《(民国)重修兴平县志》卷五上《人物·儒林》),并采访杨屾生平事迹,"欲作传入《关学编》",然未果即病逝。杨屾著作有《知本提纲》《修齐直指》《经图五政纲目》《豳和直指》和《豳风广义》。

[**文献**] 〔清〕王权《兴平县士女志》卷二《文学·杨屾》:"杨屾,字双山,邑监生。西乡桑家镇人。少出周至大儒李中孚之门,中孚许为'命世才'。屾遂潜心圣学,不应科举。自性命之原,以逮农桑礼乐,靡不洞究精微。桂林陈尚书抚陕时,尝聘至会城就馆访道,代为纳粟入太学。手题堂额、楹联以旌其居。一时要人显宦争慕名来谒,非同趣者概却不见。然与人和易,不为矫异之行。行化一乡,乡人有事谋焉,有争决焉。善摄生,九十犹童颜。著书之暇,恒鼓琴自娱。每深夜挥弦,辄有双鹤舞于庭。著《豳风广义》四卷,论蚕桑要法;《知本提纲》十卷,明五本三序为政教伦业之统宗。《经国五政纲目》八卷,论治法而本之帝命,五政者农、工、礼、乐与学为五也。《豳和直指》若干

卷,论医术。岫学于医尤邃。邻家牛误吞铁钉,岫与一方药,仅品尝,钉应时下,医者皆不解所自。尝约先儒礼论,酌立丧祭仪式,行之其家。又疾女子裹足为敝俗,欲上书请禁,未果,亦自行于家。教人以为己为宗。长安举人郑世铎、临潼齐倬、富平刘梦维皆其升堂弟子也。卒于乾隆五十年,年九十有八。"(清光绪二年刻本)(民国)王廷珪、张元际、冯光裕《(民国)重修兴平县志》卷五上《人物·儒林》:"杨岫,字双山,西乡桑家镇人。少出周至大儒李中孚之门,中孚许为'命世才'。岫遂潜心圣学,不应科举。自性命之原,以逮农桑礼乐,靡不洞究精微。桂林陈文恭抚陕,尝聘至会城就馆访道,代为纳粟入太学。手题堂额、楹联以旌其居。先生晚辟居养素园,凡种桑、养蚕、畜牧、粪田之事,精心探讨,躬亲验习。暇则治先儒书以涵养心性,以化导乡人弟子,弟子自远至者常数百人。善摄生,九十犹童颜。著《豳风广义》四卷,《知本提纲》十卷,《经国五政纲目》八卷。咸阳刘古愚先生,近百年陕中大儒也。读其书谓'不在横渠张子下。'近世讲实学者亦多采其说。先生尝约先儒礼论,酌立丧祭仪式,行之其家。又疾女子裹足为敝俗,欲上书请禁,未果,亦自行于家。卒于乾隆五十年,年九十有八。"(民国十二年铅印本)又见张骥《关学宗传》卷三八《杨双山先生》。

清高宗乾隆五十一年　丙午(公元1786年)

王巡泰《四书日记》整理成　《四书日记》不分卷,王巡泰撰,今有道光十五年(1835)来鹿堂刻本。卷首有乾隆四十年(1775)王巡泰和其弟子阎成化序,又有乾隆五十一年(1786)王巡泰自序。按序可知,是书乃王巡泰从学史调、孙景烈时,闻师说有感辄记,历二十年始成。后主讲河北尧台书院和山西解梁书院时,又以之为讲义,而多得诸生修订,至乾隆五十年(1785)终成定本。是书又有光绪九年(1883)临潼横渠书院刻本,然易其名为《四书札记》。《四书日记》一书对王巡泰理学思想多所记录,后之学人称"是书之作,殆亦关学之嚆矢也。"

[文献]　〔清〕王巡泰《重订四书日记序》:"因课举子业,复取向所为札记者重加订证。命门人乔世哲及侄亢宗录存之,凡得若干卷。视前增易不及十分之三,迷谬或少汰焉。自讳少不知学,半生精力汩没时艺中。今虽稍稍窥见津崖,年望七十未老而衰。方欲肆意搜罗,而艰于记诵,窘于目力,徒增

望洋之叹。……乾隆丙午十一日己未,临潼王巡泰岱宗甫书。"(王巡泰:《四书日记》,清道光乙未来鹿堂刻本)《续修四库全书总目提要(稿本)》(14):"《四书札记》,清王巡泰撰。……首有乾隆乙未自序,盖以应补需次,侨居望都,日与诸生讲论,因取旧稿增刊成书也。其后又有乾隆丙午自序,盖主讲解梁书院时,取前书重加订正,距前序十年矣。……是书敷说大义,名理络绎,于天命、心性、存诚、主敬,有关学术处,剖析尤细。盖从体会中得来,故能言之深切。书中多引孙酉峰说,其受业师也。"

清高宗乾隆五十七年　壬子(公元1792年)

孙景烈《滋树堂文集》刊刻　《滋树堂文集》4卷,孙景烈撰。今有道光十一年(1831)重订酉麓山房刻本。前后分别有乾隆五十年(1792)王巡泰序和张宝树跋。由张氏跋知,《滋树堂文集》前已付梓,然涣散无纪,故有此重订刊本。是书以序、记和书札为多,书札多及理学,中以与陈宏谋论学者为多。孙景烈文集又有《酉峰先生文集》22卷,具体刊刻年代不详,或即张氏跋中所说之涣散者。《续修四库全书总目提要(稿本)》对是书有著录,认为此书乃景烈"生平讲学及酬应之作,内中文章,往往可与《关中讲义》相发明",并有"研究景烈之学,徒恃《关中讲义》,而不睹此集,是犹知其一不知其二。"可见,文集亦研究孙景烈理学思想之重要资料。

[文献]〔清〕王巡泰《太史孙酉峰先生文集序》:"吾师孙酉峰先生,生禀异质。继横渠后潜志正学,任道甚力,非斤斤以文鸣者。……客岁二月,仲君静山手书以先生古文嘱余为序。……乾隆壬子闰四月,受业临潼王巡泰拜谨书。"(孙景烈:《滋树堂文集》,清道光辛卯酉麓山房刻本)〔清〕张宝树《太史孙酉峰夫子文集后序》:"平日汇集成帙曰《滋树堂文集》,虽已付梓,然涣散无纪耳。庚戌夏秋间,吾师仲君静山商请序于王子岱宗,嘱予次其目,分类俾学者知所取法。余乃为言以附简末。时乾隆五十七年岁次壬子九月九日,受业同邑张宝树首拜书。"(同上)《续修四库全书总目提要(稿本)》(5):"《酉峰先生文集》二十二卷,清孙景烈撰,清刻本。……此文集二十二卷,乃先生平生讲学及酬应之作。内中文章,往往可与《关中讲义》相发明。研究先生之学,徒恃《关中讲义》,而不睹此集,是犹知其一不知其二,而先生之全豹,未能窥见也。"

清高宗乾隆五十八年　癸丑（公元1793年）

七月，王巡泰卒　王巡泰（1722－1793），字岱宗，号零川，学者称零川先生，陕西临潼县人。王巡泰束发时，即从其父研习《四书》，后师从华阴史调，长则游学关中书院，师事孙景烈。乾隆十九年（1754）中进士，历任地方知县，后擢升为吏部主事。归里后，曾先后主讲于临潼、渭南、华阴、望都、解州、运城诸书院，多所造就。王巡泰师事孙景烈之时，孙景烈对其就有"治义理者巡泰也"之推许。王巡泰为学并非如孙景烈虽主朱学而无门户之见，而是尊崇朱子、批评陆王，与史调学旨相近。他认为"朱子辑《小学》一书，极有功于后学。《大学》三纲领、八条目，《小学》三纲领、九条目。《小学》是《大学》的胎子，《大学》之道，自《小学》始"，故其治学、教学均从小学入手，在他看来，"《大学》是初学入德之门，《小学》又是入《大学》之门。《小学》《大学》功夫紧相接连。士希贤，贤希圣，端必由此。"故其弟子阎成化称："先生之学，主敬为根柢，《小学》《近思录》为入门。"王巡泰虽学从程朱，然多来自自得，如其谓："静，谓心不妄动，非心不动也。不动是槁木死灰；不妄动是明镜止水。"（王巡泰：《大学日记》）再如"性之理具于心而散于物，故致知在格物；散于心而实具于心，故格物所以致知。"又如"性即理也，循这理去便是道，只是说道，不着人说"（王巡泰：《中庸日记》）等等。另外，王巡泰对阳明之学有所批评，尤其对阳明"无善无恶心之体"的说法无法接受，遂著说"破阳明'无善无恶为心之体'之谬"（张佑：《都是春斋文集》卷六《王零川先生墓表》）。王巡泰对关学的对外宣传有重要贡献，这主要表现在他于山西解梁书院和河北尧山书院讲学时向学子们介绍了关中理学学者冯从吾、王建常和孙景烈等人的学说，且对于关学拟"提唱宗风，与多士努力景行"。王巡泰在关学史上应有一定的地位，孙景烈对其有"岱宗固足羽翼关学者也"（孙景烈：《滋树堂文集》卷一《王岱宗四书文序》）的推许。后之关中理学学者，认为其"德性学术方之吾关中李二曲、张萝谷两先生，当无出其右焉"。王巡泰著作除《四书日记》外，还有《解梁讲义》《仕学要言》《丁祭考略》《格致内编》《齐家四则》《纯孝录》《劝戒录》《文法辑要》《童子指南》《知命说》《从政遗编》《零川日记》和《零川文集》等。

[文献]　《清史列传》卷六七《儒林传上二》："王巡泰，字岱宗，陕西临潼

人。……巡泰少从景烈游。深达理奥,其论说多阐儒先之秘,正偏曲之谬。尝为《今日说》,以示学者不可自懈。景烈尝曰:'吾门治古文者王杰,治义理者巡泰也。'先后主讲临潼、渭南、华阴、望都、解州、运城诸书院,多所造就。著有《四书日记》《解梁讲义》《格致内编》《齐家四则》《服制解》《仕学要言》《丁祭考略》《河东盐政志》《知命说》《零川日记》等书,又诗文集六卷。"(周骏富:《清代传记丛刊》(104),292页)〔清〕张佑《都是春斋文集》卷六《王零川先生墓表》:"予自束发受书,闻人论说吾关中乡先达事。即知临潼有王零川先生者,为乡贤武功孙酉峰先生景烈入室弟子。先生由乾隆壬申举人,甲戌进士,于甲申铨授山西寨县知县。辛卯以父忧归,丙申补广西兴业县知县。庚子兼摄陆川县事。以经术润饰吏治,士民仰之如景星庆云。……先生独潜心性命之学,以躬行实践为功,发天根月窟三十六宫之秘,人心道心之微茫,识复见天地之心之初。破阳明无善无恶为心之体之谬,阐五行之生各一其性之蕴。论活泼泼地即万物静观皆自得之旨。……先后主讲临潼、渭南、华阴、望都、解州、运城,多士皆翕然景从,至讲舍不能容。其于宋五子书实有卓然独得者,匪第以袭取先儒语,夸多斗靡也。……所著有《四书札记》《解梁讲义》《格致内编》《齐家四则》《五服解》《仕学要言》《丁记考略》《零川日记》及诗集文集若干卷,自定年谱一卷。门人辑其治绩为《从政遗编》一卷。为醇儒为循吏,先生一身兼之者,观此亦可以得其大略矣。先生讳巡泰,字岱宗,零川其号也。生于康熙六十一年三月十九日,卒于乾隆五十八年七月初十日,享年七十有三。"(清吾学园刊本)〔清〕李元春《关学续编》中《零川王先生》:"先生名巡泰,字岱宗,居临潼之零口镇,故自号曰零川。父翼,宁夏县教谕。先生承其家学,又受业于武功孙酉峰先生门下,……先生自从酉峰先生游,恪守其说,以窥关、闽,因灼见道源,深达理奥,论说多阐先儒之秘,正偏曲之谬。为《今日说》,以示学者不可自懈,尤足针痿痹之病。由乾隆甲戌进士铨授晋之五寨、粤之兴业、陆川,所在有实政。……先后主讲临潼、渭南、华阴、望都、解州、运城,多所造就,学舍或不能容。……著有《四书日记》《解梁讲义》《格致内篇》《齐家四则》《服制解》《仕学要言》《丁祭考略》《河东盐政志》《兴业县志》《纯孝录》《劝戒录》《文法辑要》《童子指南》《知命说》《零川日记》《诗集》二卷,《文集》四卷,《制艺》六卷。门人又辑其治绩,为《从政遗编》一卷,自订《年谱》二卷。"(《关学编》,109-110页)又见张骥《关学宗传》卷四九《王零川先生》

十月,张秉直《开知录》整理成 《开知录》14卷,张秉直撰。今有《西京清麓丛书》著录光绪元年(1875)传经堂刻本。书前分别有张秉直自序和贺瑞麟叙,后有其子张南雅跋。按张南雅跋,开知者,"知识渐开之义也"。是书所录为张秉直读书体验语,五百八十余条。其于"性道之体统,学问之渊源,异端之偏邪,政治之纲要,以及天地鬼神之变,人伦日用之常,靡有或遗"。《续修四库全书总目提要(稿本)》认为此书"亦秉直之穷理功夫之菁华也",贺瑞麟认为该书"议论开辟,有启发人处"(谢化南编:《清麓遗语》卷一《清麓语录》)。钱穆先生评介该书说:"是可谓关学之中权矣"(钱穆:《中国学术思想史论丛》卷八《清儒学案序》,372页)。

[文献]〔清〕张南雅《记开知录后》:"《开知录》者,大人取知识渐开之义也。昔者大人与姬丈厘东公书云'鄙著《开知录》,随得随笔,语乏次第。又平日所注意者,或多重复,异时尚须删定。'一日复语小子曰:'此书必别加整理,方可示人。'居无何,大人弃世矣。……起于庚戌之二月,至癸丑十月始告竣。总五百八十二条,分十四卷。"(张秉直:《开知录》,清光绪元年传经堂刻本)《续修四库全书总目提要(稿本)》(5):"《开知录》十四卷,清光绪间刊本。清澄城张秉直撰。……此《开知录》一书内所载者,即秉直平昔穷理格物之心得,所以期与古人之心相合者。盖秉直既秉圣人之道,非外吾心之理,故自读程朱之书后,即以《四书》为穷理阶梯。凡《四书》所言,必求之心,心有所知,必征诸《四书》。久之乃敢录存以备时省。或间有古人合,要非袭取。故此十四卷之书,亦秉直之穷理工夫之菁华矣。"

清仁宗嘉庆三年　戊午(公元1798年)

李元春悟"性说" 李元春认为"性","原其初而言,固纯善无恶"。之所以会有恶,乃是由于后天习气所致,即"气积而形,形生而知感。因感而有习,乃不纯善。"

[文献]〔清〕李元春《桐阁文钞》卷十二《语录》:"自其纯一不杂曰道,自其伦类各适曰理。理气不离,当有是气即理,故理先气后。理即太极,尚无形,不可见。有气之初,仍只是清淑不杂。其杂者,非本然也。人得天地清淑之气,以生理全载之,与物不同。曰性善,原其初而言,固纯善无恶。明道曰:'论性,不论气,不备',就不离乎气者言,言其初之合乎理也。伊川曰:'性即

理也',就不杂乎气者言,言其初之合乎气也。气积而形,形生而知感。因感而有习,乃不纯善。然其初念之发,无非本然之理。随感而见,此善之确可验者。吾自三十前,于此则分明。今不能易群言,犹多淆者,可无感已。"(清光绪十年朝邑文会刊本)

清仁宗嘉庆八年 癸亥(公元1803年)

周元鼎卒 周元鼎(1745–1803),字象九,号勉斋,陕西三原县人。周元鼎早年专攻科举,乾隆三十六年(1771)中进士,官兵部郎,在京期间曾从游于时任职刑部的姚鼐(1732–1815,字姬传,号惜轩,桐城人)。后以耳聋辞归。归里后曾主讲关中书院。周元鼎学问渊博,诗赋、星数、诸史、六书之学,靡不淹贯,又工琴善弈,精于篆书。晚年精研理学,潜心性命。周元鼎之学尊崇李颙,在他看来,"尼山之脉,日在陆王,是人获珠,不有厥椟"(周元鼎:《汇菊轩文集》卷三《李二曲先生赞》)。他认为人"所以能视能听",是由于"心主之"。而且这一心是恒在的,所谓"此一心者,即天之所以为天,是我即天矣。某未生以前,既死之后,此心之灵散入空虚无量之际,天即我也"(同上书,卷一《志学说》)。基于此,他批评那些诋毁心学者"信耳目而不信诸心,轻为诋訾。虽尊朱,亦朱之罪人也;虽尊陆,亦陆之罪人也"(同上书,卷一《学术解上》)。周元鼎特别赞赏陆九渊"先立乎其大"和王阳明"以致知为致良知"诸说,而对朱子"以格物为穷至事物之理"之说不无批评。在他看来,朱子注《大学》从"明明德"而"忽入穷至事物之理一层,不惟工夫散漫,且视前明明德之所注,不已添蛇足乎",所以他批评朱子格物致知之说是"持矛攻盾"(同上书,卷二《致知格物论》)。缘于此,贺瑞麟认为其"剖击朱子"。再者,他对清初朱学名臣陆陇其多所批驳,路德认为其"非驳稼书,仍是驳考亭耳",所以说其"剖击紫阳尤不遗余力"(路德:《柽华馆文集》卷二《周勉斋先生文集序》)。基于其心学立场和对朱子学的不满,周元鼎对力斥陆王的朱学学者,尤其对那些所谓心学"阳儒而阴释,率天下而入于禅"者十分反感,他激烈批评此辈人"诋陆王,而甚其词,若欲使之无所容"(同上书,卷一《学术解下》)的作法。不过,他认为当时的朱学学人的此种做法并非出于学术,乃是跟风形势,他感慨道:"然则学术之是非曲直,其亦系乎时势,而不可止以理断乎!"(同上)。周元鼎治学特别强调实践,对性理之学,他主张"躬行而心体"(同上书,卷一《学术解中》)。所以,他对孟子的"践形"说颇为推崇,在他看来,"性不能离形,形不能离物"(同上书,卷四《题小照》),所谓"践形",就是"使耳目口鼻手足四肢,合乎天则物则之宜然耳"。周元鼎对治世多有论说。他反对把治世之道看成是圣人所尚,在他看来这是时势所然,"世谓夏尚忠,商尚质,周尚文,非也。时势之不得不然。圣人因其宜然者而治之,非云尚也"(同上书,卷二《三代论》)。他对治世之"圣人"提出了几点要求。其一,"圣人"要有"帝王之才",而且这一"帝王之才"要"本乎德以运之"且"皆以为民用也"(同上书,卷一《原才》)。另一,"圣人为天下理财","圣人"不是为一己一姓"理财",而是"为天下理财"(同上)。另外,周元鼎对自然科学也很重视,对天文学尤其是太阳运行、月食现象等有所研究。并对"卜筮、星命、阴阳宅合、婚选日之术"以及"六壬、卜易、梅花术之类"多所批评,且多能指出其"荒缈悖道,尤为无据"(同上书,卷一《解惑篇》)之处。周元鼎"生平著述甚伙",然亡后其作"多散佚",刊刻者仅有《汇菊轩文集》4卷。

[文献] 〔清〕焦云龙修、贺瑞麟纂《三原县新志》卷六《人物》:"周元鼎,字象九,号勉斋。乾隆庚寅举人,辛卯进士,升兵部郎。谙习吏事。于书无所不读,凡诗赋、星数、诸史、六书之学,靡不淹贯。工琴善弈,尤精篆书。晚年研究经传,潜心性命,然其学以陆、王为主,尝刊布《阳明集要》。所著《汇菊轩文集》,亦多逞其才辩,掊击朱子。(清光绪六年刊本)(民国)宋伯鲁、宋联奎《续陕西通志稿》卷七六《人物三》:"周元鼎,字象九,号勉斋。三原人。乾隆庚寅举人,联捷成进士。官兵部郎。谙习吏事。与书无所不读,凡诸史、六书、诗赋、星数之学,靡不淹贯。工琴善弈,尤精篆隶。晚更研究经传,潜心性命。其学以陆、王为主,剖击朱子。尝刊布《阳明集要》。著有《汇菊轩文集》。"(民国十三年刊本)〔清〕周绍谟《〈汇菊轩文集〉校刊志》:"先叔祖勉斋公,登乾隆辛卯进士。历官兵部郎。乙卯出典广西试。嘉庆丙辰养疴里门。生平著述甚伙,癸亥卒,多散佚。其幸存者,家藏旧稿耳。"(周元鼎:《汇菊轩文集》,清咸丰十年守泽草堂刻本)又见李放《皇清书史》卷二一。

清仁宗嘉庆二十四年 己卯(公元1819年)

十月,杨树椿生 杨树椿(1819-1874),字仁甫,号损斋,陕西朝邑人。是年生,同治十三年(1874)卒,享年56。事详卒年。

[文献] 〔清〕杨玉清《编年通目》:"嘉庆二十四年己卯,十月十六日,先生生于陕西朝邑之西埜里。"(杨树椿:《损斋文钞》,清光绪癸未年柏经正堂刻本)

清宣宗道光四年 甲申(公元1824年)

一月,贺瑞麟生 贺瑞麟(1824—1893),字角生,号复斋,陕西三原县人。李元春弟子。是年生,卒于光绪十九年(1893),享年70。事详卒年。

[文献] 马鉴源《贺复斋先生行状》:"先生氏贺,讳瑞麟,字角生,号复斋。……道光甲申正月十八日子时生。"(清光绪二十三年刘传经堂刻本)张元勋《清麓年谱》:"甲申,道光四年正月十八日亥时先生生。先生姓贺氏,名均,改名瑞麟,字角生,号复斋。"(民国十一年刻本)又见孙乃琨《贺清麓先生年谱》。

清宣宗道光七年 丁亥(公元1827年)

十月,祝垲生 祝垲(1827—1876),字爽亭,号定庵,陕西安康县(今安康市)人。是年生,光绪二年(1876)卒,享年50。事详卒年。

[文献] 〔清〕祝垲《体微斋日记》卷一:"是日生辰,谒祖考后,拜母。(十月)二十七日。"(清光绪十六年体微斋遗编本)〔清〕黄振河《祝爽亭观察事略》:"光绪二年十一月疾,寻卒,时年五十。"(同上)(民国)鲁论《重修兴安府志》卷一二《人物》:"祝垲,字爽亭,号定庵,安康县人。……光绪二年卒,年仅五十。"(万安祥、李厚之校注:《重修兴安府志校注》,安康市文化印务公司,2005年,238页)

[考辨] 祝垲的生年有二说:一为道光七年(1827)说,此说由祝垲光绪二年(1876)卒,享年50岁推知。黄振河《祝爽亭观察事略》和鲁论《重修兴安府志》均持此说。一为道光八年(1828)说,持此说者为朱彭寿《清代人物大事纪年》,其云祝垲"道光八年戊子,十月二十七日生"(朱彭寿:《清代人物大事纪年》,北京图书馆出版社,2005年,1222页),然不知其文献根据。黄振河与祝垲交往甚密,"先后逾三十年",且黄氏自谓对祝垲"生平事迹,耳闻或目睹,知之为最详",则其对祝垲之生卒享年应不至有误,故暂从道光七年说。

李因笃《受祺堂文集》刊刻 《受祺堂文集》4卷,李因笃撰,道光七年(1827)杨浚刻本。是集卷一、二为杂著,多论漕运、荒政、治河、屯田等实用之学,故刘师培对李因笃有"敦崇实学"(刘师培:《刘师培辛亥前文集》,北京:三联书店,1998年,156页)之论。卷三为序、记,多及关中理学学者,如王宏撰、李颙、康乃心等。卷四乃墓志铭。后又有《续刻受祺堂文集》,亦4卷,道光十年(1830)关中书院刻本。是集除序、铭外,多载书札,如与顾炎武、魏象枢、李武曾等人。张舜徽先生认为这些书札"亦以论诗者为最多而最精云"(张舜徽:《清人文集别录》,64页)

[文献]〔清〕周之桢《受祺堂文集序》:"然先生诗传矣,而文集卒不出。道光戊子,余奉命视秦学,王梅若大令手一编,授曰:'此武天章太守、杨松林孝廉所刊《受祺堂文集》,公其序之。'……今观李天生大撰远期,体彰而用豁。治河诸策十三篇,以比《洛阳治安》《鄱阳通考》,非但不愧之而已。昔朱子读康节书,以为有王佐气象。李天生固亦有世思乎哉?集名一见于四库馆书目,板而刻之,实自道光丁亥。余非能尽窥蕴者,窃谓其复古之功,不在空同之下。而又以斯集晚出,致经世大略,几于阕而不彻,此则读竟而喟然以叹者也。道光九年岁次己丑嘉平朔日,陕甘督学使者江西周之桢识。"(李因笃:《受祺堂文集》,清道光丁亥年刻本)〔清〕冯云杏《新刻受祺堂文集小序》:"《受祺堂诗集》,田少华大令镂板,一日海内风行,家有藏书。所著《汉诗评》《仪小经》,上郡刘石生已尝序而刻之,惟文集久藏未刻。乾隆年间,诏求遗书,邑侯广川李公录其文集,呈入四库馆中。其时,窦竹亭先生凤辉谋刻之,未果。后吾乡党亦斋孔武,与江右吴侯谋刻之,又未果。先生文集几将泯没无传矣!……前岁春初,及门杨孝廉浚过村斋,偶谈及之,遂力任其事。旋赴金城,商及银夏太守武天章,雅意周旋,各募赀助刻,而百有余年屡刻未遂之举,可以告成。……道光丁亥春正月,荆山砚农冯云杏敬撰。"(同上)〔清〕杨浚《续刻受祺堂文集序》:"我乡李天生先生所著《受祺堂诗集》不胫而走,海内咸有其书。文集放佚已久,询之里中故老,皆未之见。岁在丁亥,浚与业师冯先生借抄本,裒集若干卷而付梓,而海内始得读先生之文矣。既又于友人处访得文集数卷,皆前刻所未有,其文系归田后作居多。……刻既成,未校阅数过,而序其缘起如此。……道光十年岁次庚寅夏四月朔,后学杨浚谨识。"(李因笃:《续刻受祺堂文集》,清道光庚寅关中书院刻本)

清宣宗道光十年 庚寅(公元1830年)

李元春《增订关学编》刊刻 《增订关学编》5卷,李元春编。道光十年(1830)朝邑蒙天麻刊本,见于《关中道脉四种书》。是编是对明冯从吾《关学编》的续编。按李元春序可知,是编按宋、金、元、明、清序之,依次补续宋游师雄至清王巡泰等人。该编中,李颙以前诸人传略,由李元春录。李颙及王心敬诸人传略,主要由李元春弟子王维戊编撰;马相九传略由李元春弟子马先登编撰;孙景烈、王巡泰二人传略,由李元春长子李来南编撰。

[文献] 〔清〕李元春《增订关学编》卷首《桐阁重刻关学编序》:"《关学编》,冯少墟先生所辑,以章吾关学,即以振吾关学者也。……因与及门共订补入七人,续入十二人。既成,邮寄江西,质于同学赣州郡守霍子松轩,松轩以为此不可不公于人,而吾乡蒙君竟取付梓……编中,二曲以前补续者,予所录辑也;二曲及王丰川传,令及门王生维戊为之者也;马相九系马先登之先,与同学诸人,皆年过二曲,老始延二曲为师,一时皆称'夫子',其学可知,即令先登为之传;孙酉峰、王零川,近已皆入乡贤祠,则令吾儿来南为之传。道光庚寅七月,朝邑李元春时斋甫题于桐阁学舍。"(清道光庚寅刻本)《续修四库全书总目提要(稿本)》(5):"《增订关学编》五卷,《关中道脉四种书》本。清李元春增订。……此书原为明冯少墟所辑,以章关中之学。先是朝邑赵廷璧尝重刻之,而学师中卫刘得炯即以少墟补入,又入朝邑王仲复,意皆勤矣。此书人皆知之,而后学独未能尽见。元春以是书不可不家置一册,因与及门共订补入七人,续入十二人,朝邑蒙君取而付梓。赵氏之刻,其所补少墟及仲复诚当,而论者独以未入二曲为歉。元春正为续二曲,遂广搜罗,凡所得皆取之史志,又数十年博访乡论,确然见为正学者,皆录入。此编中如游师雄受业横渠,载之《宋史》,学术几为事功掩,然事功孰不自学术来?而少墟原本遗载,是编特补。他若少墟前者,或未及盖棺,或与少墟同时同学及诸门人,少墟所不能入。又刘学师所未服采也。至于仲复同时,二曲且漏,其它漏者更多。皆一一为之补《续编》中。凡二曲以前补续者,为元春亲手录辑。二曲及丰川传,则为其门人王维戊为之者。他如马相九系元春门人马先登之祖,即令先登为之传。孙酉峰、王零川之传,则出于元春之子来南之手也。"

重建宏道书院 宏道书院,在三原县城北。明弘治九年(1496),为关中理学学者王承裕讲学而创建。该书院原名弘道书院,乾隆间为避乾隆帝讳,始易名为宏道书院。然年久颓圮。是年,在督学周之桢倡导下重建。该书院后改升为陕甘宏道书院,对陕西、甘肃两地学人之培养具有重要作用。

[文献] 〔清〕焦云龙、贺瑞麟《三原县新志》卷四《祠祀志》:"宏道书院,其始建详明督学王云凤记。国朝道光十年,督学周之桢重建。"(清光绪六年刊本)宋伯鲁、宋联奎《续陕西通志稿》卷三六《学校一》:"宏道书院,在三原县北城。其始建也,明督学王云凤有记。……清道光十年,督学周之桢重修。二十二年,督学沈兆霖又增斋舍。同治十二年,督学许振祎补修。明年,督学吴大澄增膏火。光绪二十八年,督学沈卫改为学堂。"(民国十三年刊本)

李元春编《关中道脉四种书》刊刻 《关中道脉四种书》,李元春编,道光十年(1830)刻本。四种书分别为:《增订关学编》《张子释要》《关中四先生要语录》和《关中三先生要语录》。《增订关学编》5卷,为李元春对冯从吾《关学编》之续增。《张子释要》不分卷,是李元春参考关中理学学者韩邦奇《正蒙拾遗》、雷于霖《西铭续生篇》和刘继先《正蒙管见》,对张载《正蒙》《语录》等所作之注解。《关中四先生要语录》4卷,明冯从吾编,所录为吕柟、马理、韩邦奇和杨爵四人语录。《关中三先生要语录》4卷,李元春录冯从吾、王建常和李颙三人语录。

[文献] 〔清〕蒙天麻《关中道脉四种书序》:"吾里李时斋先生,选关中两朝诗古文,予为付剞劂以公天下。而先生谓道学诸书,宜别辑以彰关中道脉之传,使士之有志于学者知所趋向,而文章其后焉。因取少墟所辑《关学编》与及门搜罗补续为一书;张子《正蒙》《语录》诸书择其要而释之为一书;少墟所录吕泾野、马谿田、韩苑洛、杨斛山四先生要语为一书;而并录少墟及王复斋、李二曲三先生要语为一书。合刻之,名曰《关中道脉四种书》。……道光庚寅除夕前三日,蒙天麻荫堂甫书。"(李元春:《关中道脉四种书》,清道光庚寅年刊本)《续修四库全书总目提要(稿本)》(5):"《关中道脉四种书》,清李元春撰,清道光十年刻本。……元春喜研道学,常谓道学诸书,宜别辑以彰关中道脉之传,使士之有志于学者,知所趋之向,而文章其后焉。因取冯少墟辑《关学编》与及门搜罗补续为一书;《张子语录》诸书,择其要而择之为一书;少墟所录吕泾野、马谿田、韩苑洛、杨斛山四先生要录为一书;而并录少墟及王复斋、李二曲三先生要语,为一书。合而刻之,名曰《关中道脉书四种》。

盖关中故文武周公之地,遗泽既厚,真儒辈出。至宋横渠守其绪,至明而吕马韩杨衍其传,其它分道扬镳,皆不可谓于道脉无所系。不有少墟,孰知关中道脉之盛?不有斯刻,又孰知复斋二曲以下诸儒,绵道脉之传,于今不衰哉?元春学富行醇,远近之人,无论识与不识,皆知为道学正脉。然则是书之辑,可谓能彰关中之道脉者矣。"(《续修四库全书总目提要(稿本)》(5),91-92页)

清宣宗道光十一年 辛卯(公元1831年)

四月,柏景伟生 柏景伟(1831-1891),字子俊,号沣西,晚号忍庵,陕西长安县(今西安市长安区)人。是年生,光绪十七年(1891)卒,享年61。事详卒年。

[文献] 〔清〕柏震蕃《行状》:"府君讳景伟,字子俊,号沣西,晚号忍庵。……府君生于道光十一年辛卯四月十七日亥时。"(柏景伟:《沣西草堂集》,民国十三年金陵思过斋刻本)

清宣宗道光十五年 乙未(公元1835年)

路德主讲关中书院 路德虽以制艺时文鸣于当世,但其讲学并非专以科举为目的,诚如李元度所云:"先生谈艺,实以经术传注为宗,就举子业为阶,导学者以穷经明理。"(李元度:《柽华馆全集序》,见《柽华馆全集》)路德亦自谓:"余所望于诸生者,为真儒、为良吏,生有益于人,死有闻于世,如古所称'三不朽'者"。路德以科举传理学的教学方法,为柏景伟所肯定和继承。

[文献] 〔清〕路德《柽华馆文集》卷二《仁在堂时艺辨序》:"岁乙未移讲关中,余曩日肄业处也。省士子来者如云,高明沉潜可造者益众。"(清光绪七年解梁书院刻本)〔清〕路德《柽华馆文集》卷三《书丁云崖太翁墓志铭后》:"道光乙未,星槎主讲崇化书院,德主讲关中。"(同上)〔清〕路德《柽华馆文集》卷四《乙未科陕甘乡试题名碑》:"岁乙未,余主讲关中书院,时届大比,远生咸集,讽诵相摩,自昏自暑,秋试讫望贤书者十九人。"(同上)

清宣宗道光十九年　己亥（公元 1839 年）

李元春主讲华原书院　李元春一生主讲书院多所，除朝邑华原书院外，还曾主讲朝邑西河书院，同州府丰登书院，潼关厅关西书院和大荔县冯翊书院。李元春讲学，理学、科举、训诂并举，在他看来"时文科举之学与古文训诂之学，讲正学者正不得歧而视之"，其自称这一教法秉承于孙景烈。

[文献]〔清〕李元春《桐阁文钞》卷一〇《奉政大夫南昌府同知前翰林院庶吉士霍松轩墓志铭》："道光己亥七月十八日，吾友南昌府同知霍君松轩卒于官。予时方主讲邑华原书院。讣至，为位而哭，辍讲者累日。"（清光绪十年朝邑文会刊本）

清宣宗道光二十年　庚子（公元 1840 年）

李元春拟上道光帝抗英书　是书为李元春拟向道光皇帝提出的制服英国侵略的对策。李元春为学特别重视兵法，他认为"儒者，不可以不知兵"（《桐阁文钞》卷四《左氏兵法序》），并著有兵法专著《左氏兵法》。面对英国侵略者的悍然入侵，清廷显得无能之时，李元春撰写了《拟上制英夷书》，然撰写具体年代不详，暂记于斯年。在是书中李元春疾呼"烟不可开"，并强烈反对英国侵略者"入虎门以通他商"。同时，他还提出了抗击英国侵略者的具体策略，如"破其所恃""绝其所欲""练乡勇"和"善用间谍"。

[文献]〔清〕李元春《桐阁文钞》卷六《拟上制英夷书》："英夷小鬼，以小嫌侵蚀中国之地，此人神所共愤也。渠意在邀和通商，然始而通商犹可，今既敢作逆，微论烟不可开，但使得入虎门以通他商，大失中国之礼。将如宋人之于契丹、于夏、于金，虽一时不少名臣载之史册，长为后世所笑矣。闻皇上与二三辅弼不主和，此庙算远轶千古，固天下人心所同然。但不使彼大挫，彼终跳梁不肯降心。……拟所以制之挫之者，其为计有四。一曰破其所恃。彼所恃者船炮耳。……一曰绝其所欲。夷人贪惏，彼志不过掠夺货物。……一曰练乡勇。……一曰善用间谍。"（清光绪十年朝邑文会刊本）

清宣宗道光二十三年　癸卯(公元1843年)

八月,刘光蕡生　刘光蕡(1843－1903),字焕堂,号古愚,陕西咸阳县(今陕西咸阳市)人。是年生,卒于光绪二十九年(1903),享年61。事详卒年。

[文献]　〔清〕李岳瑞《皇清征士刘古愚先生墓志铭并叙》:"光绪二十九年八月十三日,古愚先生没于兰州。……先生生于道光二十三年八月二十一日,春秋六十有一。……先生讳光蕡,字焕堂,号古愚,晚以目疾,又号瞽鱼,邑之天阁村人。"(刘光蕡:《烟霞草堂文集》《烟霞草堂遗书》本)张鹏一《刘古愚年谱》:"清宣宗道光二十三年癸卯秋,八月二十一日辛酉,先师生。"(张鹏一:《刘古愚年谱》,陕西旅游出版社,1989年,1页)

清宣宗道光二十七年　丁未(公元1847年)

贺瑞麟问学李元春

[文献]　〔清〕贺瑞麟《清麓文集》卷二《书〈桐阁文钞〉卷目后》"瑞麟年二十四,始登桐阁先生之门,从游几十年。"(清光绪己亥年刘传经堂刊本)马鉴源《贺复斋先生行状》:"丁未,闻朝邑李时斋先生讲程朱学,越数百里执弟子礼。"(清光绪二十三年刘传经堂刻本)张元勋《清麓年谱》:"丁未,二十七年,二十四岁。春,介杨梅友赴朝邑,受业李桐阁先生之门。桐阁名元春,字仲仁,号桐阁。"(民国十一年刻本)又见孙乃琨《贺清麓先生年谱》。

清宣宗道光三十年　庚戌(公元1850年)

九月,祝垲讲"格物"之说　祝垲于河南任职期间,每月朔望日常往书院会讲。九月初一日,他在书院讲李颙《四书反身录》中所阐发的"格物之说"。祝垲于李颙著作,多所研究。尤其对《学髓》,推崇备至。他认为"二曲《学髓》,直透心体","活画出道体性体来",并日日坚持研读体认,在他看来,"晨读二曲《学髓》,一日间心地尚清,言动较为就理"。所以徐桐称其"服膺于《学髓》《四书反身录》诸书,浩然有得"(徐桐:《体微斋遗编序》)。

[文献]　〔清〕祝垲《体微斋日记》卷一:"赴书院会讲,……大意述二曲

先生《四书反身录》言物有本末之物,即此物字,格物所以明至善。格物致知,则本心之明皎如白日。"(清光绪十六年体微斋遗编本)〔清〕祝垲《体微斋日记》卷二:"梦见二曲先生,有'无真学术,所以无真人品'语。"(同上)〔清〕祝垲《体微斋日记》卷三:"晨读二曲《学髓》,一日间心地尚清,言动较为就理。"(同上)〔清〕祝垲《体微斋日记》卷四:"看《二曲集》,心顿收在腔子里。"(同上)〔清〕祝垲《体微斋语录》卷一:"玩李二曲《学髓》一编,活画出道体性体来。"(同上)〔清〕祝垲《体微斋语录》卷二:"二曲《学髓》,直透心体。寻常,学者每在理欲界限上出入,如在淤泥中一出一没。此篇直是讲得云底,如撇开淤泥,水底毕见耳。"(同上)

清文宗咸丰元年　辛亥(公元1851年)

二月,倭仁访李元春　倭仁(1804－1871,字仲安,迟亭,号艮峰。蒙古正红旗人)携眷离京赴叶尔羌帮办之任,过陕,拟拜访李元春。然行至渭河,因风浪大作,怅然而返。遂遣使者往致意,李元春将自己所编的《增订关学编》等著作数种转赠。倭仁认为关中理学学者,"率皆践履笃实,不愧圣人之徒",并称赞李颙之学"真切"、王建常于学"所得者深矣"(倭仁:《倭文端公遗书》卷四《日记》)。

[**文献**]　〔清〕倭仁《倭文端公遗书》卷一一《莎车行纪》:"(咸丰元年二月)二十日,华阴庙宿(三十五里)。庙多古柏。赴火烧村,访李时斋先生(名元春)。至渭河,风浪大作,怅然而返。咫尺有道之庐,而不得晤,何缘之悭也!遣使致意,承惠书数种。……二十三日,过灞桥。烟柳丝丝,系人离绪。西安府宿(五十里)。被山带河,天府之国,规模宏阔,亚于燕京。关中当道,惟王春岩方伯、陈弼夫观察,有年世谊。余皆泛泛,不敢强亲。嫌近利也。自横渠张子以礼为教,关学之盛,与濂洛并称。同时如蓝田吕氏。有明则韩恭简(字苑洛,名邦奇,朝邑人),吕文简(字泾野、名柟,高陵人),冯恭定(字少墟,名从吾,长安人)。国朝李中孚(名颙,周至人),王丰川(名心敬,户县人)。《关学编》所载甚多,不能悉数。率皆践履笃实,不愧圣人之徒。今流风未泯,岐阳渭涘间,必有笃行之儒,抱道自重如古之人者,惜予无由见之耳!住三日。"(清光绪二十七年山东书局重刊本)

七月,祝垲与李棠阶论学　祝垲时任职河南,往问学于李棠阶(1789－

1865,字爱庭、树南,号文园、强斋,河南河内人)。李劝其"实心为民,不负父母斯民之责"。问及格物之说,李答曰:"格物即各因见在位之事而格之,即格即行,非有等待也。"问及程朱,陆王之学,李答曰:"各当务实以求心得,不宜互相攻击"。自是以后,二人互相往来,于学多所论说。

[文献] 〔清〕祝垲《体微斋日记》卷二:"见李文园先生,论及仕学。言仕时,学即在民事上讲,盖学本为仕也。仕是用时正要在事上求其实用,非徒以博辨为也。服为至论。"(清光绪十六年体微斋遗编本)〔清〕祝垲《体微斋日记》卷二:"与李文园先生书。垲谨启,渡河,凡四见先生。畅领尘言。凡书三。凡可以裨益垲者,无微不至。责也厚,爱也深矣。垲也愚,少侍鹤龄师教,罔知禀承。至豫,幸尝从宣使、蕖生两先生后,闻其绪论。今蕖生又逝矣。独学踽踽,深用堕落是惧。兹先生不遐弃之,而道义骨肉之。"(同上)〔清〕李棠阶《李文清公日记》卷一二:"(咸丰元年七月)十三日,温县署令祝公(垲,爽亭,行五)来访,共谈许久。劝以实心为民,不负父母斯民之责,乃知县之实学。明德即在新民上见,有治民之责,而空言讲学,讲学奚为也?言及格物之义,因谓格物即各因见在位之事而格之,即格即行,非有等待也。言及程朱陆王,谓各当务实以求心得,不宜互相攻击。"(民国四年影印本)〔清〕黄振河《祝爽亭观察事略》:"公讳垲,字爽亭。……其尤者,李文清主讲河朔,数往来,以性理相质。"(清光绪十六年体微斋遗编本)

十月,祝垲著《卫性五营图说》成 祝垲《卫性五营图说》当草拟于九月间,并于该月十八日就证于李棠阶。李认为其说"甚亲切",遂于十月十七日书为定说。此文图说并茂。就图来看,以己为帅居中营,以视听言动为前右左后四营。就其说来看,主要述说"以中驭外,制外养中"之义,来阐明"为仁由己"的道理。

[文献] 〔清〕祝垲《体微斋日记》卷二:"午前,拟作《卫性五营图》(笔者按:原有图,从省)。夫人自身心以及于国家天下,视听言动尽之矣。非礼勿视听言动,克己复礼,一时具足。一日克复一日之仁,一月克复一月之仁,终身克复终身之仁。故曰:'一日克己复礼,天下归仁焉'。为仁由己,而由人乎哉?为仁之功,直截了当。极实极要,莫过于是。内外、动静、浅深、始终,一以贯之。说文家解勿字象如旗者,所以号令,此四营者也。克复之明而严精,而齐一者,军符节制也。为仁由己之己,其非帅乎?时时反躬默认,自树自立。认得真己,方立得真。帅由己作。四勿工夫,如兵有帅以统摄。帅有

兵以巡卫,始是有头脑,有夹持。学问心偶有开,不思远塞,思之且图说之。用佩不忘也。十七日"(清光绪十六年体微斋遗编本)〔清〕李棠阶《李文清公日记》卷一二:"(咸丰元年九月)十八日,爽亭来,言学切实。出其所拟《卫性五营图说》。以为仁由己之己为中营大帅,以视听言动为前左右后四营,喻以中驭外、制外养中之意。甚亲切。"(民国四年影印本)

路德辛 路德(1784—1851),字闰生,号鹭洲,陕西周至人。路德少时肄业关中书院,师从孙景烈弟子岳震川(1755—1814,字仲午,号一山,洋县人),刻苦读书。嘉庆十四年(1809)中进士,选翰林院庶吉士,期未满即授户部湖广司主事。嘉庆十九年(1814)丁忧返里,三年后补军机章京。在职期间,因积劳成疾,双目失明,遂辞职归里。归里后,专心治学,每日静坐诵读,三年后双目复明。然无意于仕途,遂不复出。路德曾受聘主讲于关中书院、宏道书院、象峰书院、对峰书院和乾阳书院,造就颇众,光绪间军机大臣阎敬铭即其门下弟子。路德当时"以八比试帖为国人所矜式"(党晴梵:《党晴梵诗文集》,84页),文名远扬,但同时也是位理学家。路德之学无门户之见,在他看来,"儒者宗程朱是已,岂谓程朱而外,概从废置哉?"(路德:《柽华馆文集》卷二《重刻四书鞭影序》),并批评那些墨守程朱者"不敢于程、朱外赘一辞,伸一解,岂惟非孔、曾、思、孟之心,度亦非程朱所许矣。"其学特别强调"知天"和"诚意"。所谓"知天"即是"知心",因为路德认为"苍苍者非天,吾心之耿耿者乃天也",所以"吾心中有天焉,吾时时照之以天,使心不得遁"(同上书,卷一《原天》)。具体说来,心或善或恶,以及由善至恶、由恶至善,都要时时省察,做到"葆其耿耿者",即守善弃恶。他认为"诚意乃学者下手处耳",所谓"诚","若专以人道言之,凡人心炯炯不昧处即诚也"(同上书,卷二《四书心解序》),所以"诚意"就是"完此炯炯不昧之本心"。路德之学,于墨、道二家有所汲取。他认为"墨子之道,爱人济物之道也"(同上书,卷一《墨子论》),尽管"其道非儒",然"其意则不背于儒"。所以他力扬墨家之说。其"造化"说则源自道家,他认为"造化者,自然也"(同上书,卷一《造化》),具体说来,"万物莫不朽腐,朽腐之极,乃复为土,土复生万物。凡生物者,皆其不自生生者也。不自生生而相生,于是乎无穷。"路德之学,现实批判性很强。他批评当时的士大夫说:"今之士大夫,何人非儒?问真儒有几人哉?吾阅人多矣,未尝见一墨者也。杨子之徒遍天下。"所以作《墨子论》来倡导墨家学说,以求其弊。他又见于当时士大夫"其人可伊可吕,可龚可黄,可韩可苏,可程可朱,竟各改其业,易其性,终身役役,甘为钱愚而不自知也",遂作《钱论》批评那些认为钱"万物可致,万事可为"(同上书,卷一《钱论》)者,提醒此辈人"钱也者,万物中之一物也。其为用也,万事中之一事也。"路德著作,按武作成《清史稿艺文志补编》记载,有《柽华馆散体文》6卷、《骈体文》1卷、《古近体诗》4卷、《杂录》1卷,《仁在堂论文各法》6卷。

[**文献**] 《清史列传》卷六七《儒林传上二》"路德,字闰生,陕西周至人。嘉庆十四年进士,改翰林院庶吉士,散馆授户部主事,十八年考补军机章京,以目疾请假归里。德廉静寡欲,家贫,母、兄老。藉讲学为祛病,静摄三年,目复明。以母老,不复仕。历主讲关中、宏道、象峰、对峰各书院。教人专以反身心,讲求实用为主,尤以不外求、不嗜利,为治心立身之本。生平研经耽道,不事偏倚。……著有《柽华馆诗文集》《杂著》十余卷。弟子朝邑阎敬铭为之刊行。敬铭师事德最久,称其'怀抱峻洁,遗弃荣利,言学言理,切近踏实,无门户标榜习气。'平江李元度亦谓:'德行谊为文名所掩,其诗、古文又为时艺试律所掩。然德弟子著录千数百人,所选时艺一时风行,俗师奉为圭臬。并取其《五经》节讲之本,以教学者,不复知读其全,颇为世所诟病'云。咸丰元年卒,年六十八。"(周骏富:《清代传记丛刊》(104),328–329页)〔清〕李元度《清朝先正事略》卷四三《路德》:"自韫山后,以制举业课士,称极胜者,则推关中路先生德,字润生,周至人。少工诗古文。嘉庆二十四年进士,选庶吉士,改户部主事,入直军机处,迁郎中。以目眚归,主关中各书院。数年后,目忽明。弟子著录二三千人,每抉摘疵类,排俗体,必极言其所以然,风气一变。其评骘改窜,皆闭目口授,侍书者腕欲脱,而汩汩不能休。秦士掇甲乙科,皆其及门,或私淑弟子也。著有《柽华馆》及《仁在堂》十数种。"(周骏富:《清代传记丛刊》(193),541页)〔清〕蒋茝生《墨林今话续编一》:"路鹭洲德,字润生,陕西周至人。嘉庆己巳进士,入翰林院,改官户部主事。学问淹博,所著时艺及试帖,后学皆奉为圭臬。岁庚辰以目疾乞休。掌教宏道书院者数十年,多所成就。曩从冯太常秋药论文外,兼究六法,遂工山水。偶一为之,辄得倪、黄高致。"(周骏富:《清代传记丛刊》(073),539页)姚永朴《旧闻随笔》卷二《路闰生先生》:"周至路闰生先生德,中岁官部曹,目忽盲,时母与兄皆老,诸子未成立。默念担荷至重,不觉风火上攻,病转剧。乃翻然改曰:'吾年方壮,何事不可为,岂必仗两眸子讨生活?况盲人有盲人之孝弟,又何必与有目者絜长较短邪!'静摄三年,始焉病减,继而大减,终则能开卷,且拈笔矣。

盖先生用心于内。尝曰：'素疾病行乎疾病,凡力所难为者,概不涉想。视一切为身外之物,皆可有可无、可得可失、可成可亏。'其时应酬稀,每日以半日训徒,半日静坐。从容自得,忘所困苦,久之病魔乃渐去。自是奉亲不出。尝作楹联曰：'一日为人人间事业终须做；大家是梦梦里悲欢莫认真。'"(周骏富：《清代传记丛刊》(019),408页。)又见张骥《关学宗传》卷五二,李浚之《清画家诗史》和朱汝珍《词林辑略》等。

清文宗咸丰二年　壬子(公元1852年)

一月,祝垲著《诚几德图说》成　祝垲著《诚几德图说》,此图说本之于周敦颐《太极图说》。他认为"诚,太极之实理也",而"不使恶稍杂于善者,则莫要于几焉"。所以,"立人极"就必须"存养""省察"和"扩充",然"其实则一而已矣",即"无欲也"。可见,其说多承袭周敦颐《太极图说》和《通书》之义。

[**文献**]　〔清〕祝垲《体微斋日记》卷三《诚几德图说》(笔者按：原有图,从省)："诚,太极之实理也。几,善恶阴阳也。德,仁义礼智信,五行之德也。诚,本体也,无为者也。德与邪、善(与)恶,由五性感动而纷错为万事者也,而致谨于一念善恶之微。以续夫本体,而达于五常百行之万,而不使恶稍杂于善者,则莫要于几焉。是以学者必存养以全太极之理,省察以剖阴阳之微,扩充以尽五行之德之量,而立人极以配天,其实则一而已矣。一者,无欲也。无欲则静虚动直尽之矣。不穷理则处事无定见,捕风捉影,乌足言学。二十一日。"(清光绪十六年体微斋遗编本)

三月,贺瑞麟往山西访薛于瑛　是年三月,贺瑞麟与杨树椿同往山西芮城拜访薛于瑛(1807-1878,字贵之,号仁斋,山西芮城人)。薛于瑛为学一尊程朱,力却科举。贺瑞麟和杨树椿本已厌弃科举,此次相访更坚定了二人绝意科举、一心学程朱理学的志向。后三人时常往来论学。其门下弟子亦相互师资,关中理学学者王守恭(1835-1894,字逊卿,号笃斋,学者称笃斋先生,华阴人)就先后学于三人。

[**文献**]　〔清〕贺瑞麟《清麓文集》卷二三《国子监学正衔生员杨君仁甫墓表》(丙子)"咸丰初元,遇君长安,如旧相识,心甚契。又明年,东访山西薛仁斋于瑛,约君行。归而志益决,绝意科举。"(清光绪己亥年刘传经堂刊本)〔清〕贺瑞麟《清麓文集》卷二〇《祭薛仁斋先生》(己卯)："早闻先生,豪杰之

资,独谢场屋,程朱是追。汉度南窑,龙泉野祠,识面伊始,此东彼西。一言启我,大破夙疑,古学为己,求人奚为? 自是以往,益赖切劘,一岁之中,再订见期。"(同上)〔清〕贺瑞麟《清麓文集》卷二〇《祭杨仁甫兄文》(乙亥)"辱兄与交,志同心契。求友芮城,益脱世累。"(同上)〔清〕薛于瑛《薛仁斋先生遗集》卷一《赠别仁甫》:"工夫在主敬,勿忘勿助间。内外安可二?动静有两端。稍觉疏放时,提斯在眼前。打成一片日,总得数十年。"(《西京清麓丛书》本)〔清〕薛于瑛《薛仁斋先生遗集》卷一《赠别复斋》:"为学在我辈,处处见精神。小生床与几,膳夫釜与巾。厕间便与溺,闺见枕与衾。一一都整肃,方是工夫真。"(同上)张元勋《清麓年谱》:"壬子,二年,二十九岁。春正月,仁斋先生命族弟子璜来(璜,字兆晚)。三月,同杨梅友秀芝谒桐阁于朝邑。约损斋东行,过梅友永济书馆,并携石公遂至芮城汉渡求仁精舍见仁斋先生。相思逾年,至是始得见也。"(民国十一年刻本)又见孙乃琨《贺清麓先生年谱》。

清文宗咸丰四年　甲寅(公元1854年)

十一月,李元春卒　李元春(1769 – 1854),字仲仁,又字又育,号时斋,人称桐阁先生,陕西朝邑人。李元春嘉庆三年(1798)中举,然九上春官不第,遂绝意仕途,潜研理学。李元春先后主讲于朝邑华原书院、西河书院,同州府丰登书院,潼关厅关西书院和大荔县冯翊书院,后又筑桐阁学舍,居家授徒,故门下多士。杨树椿、王会昌、王维戊、马先登等均为其门下高足,然最著者当推三原贺瑞麟。李元春的理学思想,倾向于朱子学,但不辟陆王,并非贺瑞麟所谓"自少讲学即主程朱,于心学良知之说辟之甚力"(贺瑞麟:《清麓文集》卷二三《李桐阁先生墓表》),因为李元春自云:"予尝以为心学、良知皆不误,宗朱子者辟象山、阳明,亦大过。"(李元春:《桐阁先生文钞》卷二《四书心解序》)在他看来,"阳明之学本《孟子》,不为谬,则象山之学亦本《孟子》《尚书》,不为谬。"(同上书,《赠马虞操先生》)尽管李元春学尊朱子,然非惟朱子是从,他说:"吾学宗朱子,见人驳朱子者,辄恶之,然于朱子有驳之是者,亦未尝不以为然"(同上书,卷一二《语录》),因为他认为论学要"存一公心","惟存一公心,然后可以论人,亦然后可以使人论己"(同上书,卷一二《语录》)。李元春非常强调实践,他认为"人我兼尽,身心交修,才可为人",因此要"知行并进"(同上)。同时,他还强调经世致用,在他看来"学有体用",所谓"用"

就是经世致用,故而他对兵法和救荒特别重视,多所论说。另外,李元春对"张横渠欲治天下以礼"(同上)很推崇,所以他主张"教人以礼",并强调"礼当常讲"。李元春讲学以理学为主,但其教学不废科举时文与古文训诂,认为时文与考据,"讲正学者正不得歧而视之"。李元春对关学文献的整理作出了很大贡献,经其整理的关学文献有《关中道脉四种书》《关中两朝文钞》《关中两朝诗钞》《关中两朝赋钞》《青照堂丛书》和《青照堂丛书摘》等,李元春希望"以文存人",来绵延关学道统;并主编《关学续编》,使关学薪火相续。李元春在关学史上具有相当重要的地位,贺瑞麟认为"桐阁先生之于关中,犹朱子之于宋,陆稼书之于国朝"(谢化南编:《清麓遗语》卷三《经说二》)。李元春著述丰富,多达四、五十种,被收录于《桐阁全书》一书中。另外,《青照堂丛书》中亦收录其部分著作。

[**文献**] 《清史列传》卷六七《儒林传上二》:"李元春,字时斋,陕西朝邑人。嘉庆三年举人,道光十六年吏部截取知县,改大理寺评事。咸丰三年劝捐出力,奉旨加州同衔。……年十四,得薛瑄《读书录》,益究性命之学。遍求程朱文集,熟读精思。乡荐后,以父殁母老绝意进取。迭主潼川、华原书院,导诸生以正学,兴起者众。其学以诚敬为本,而要于有恒,读书观理以为行之端,处事审理以验知之素,本末兼该,内外交养。……所居高阁,手植四桐,积书万卷,自号桐阁主人。年八十,犹夜半起读书。语学者曰:'愈勤则精神愈生。'四年卒,年八十六。所著有《诸经说》《经传摭余》《春秋三传注疏说》《左氏兵法》《诸史间论》《诸子杂断》《图书捡要》《百里治略》《循吏传》《刍荛私语》《丧礼补议》《闲居镜语》《益闻散录》《学荟》《性理论》及文集等书,凡百余卷。又辑《关中诗文钞》四十七卷,《青照楼丛书》三编,共九十余卷。弟子三原贺瑞麟能传其学。"(周骏富:《清代传记丛刊》(104),323-325页)〔清〕王会昌《祛疴斋文集》卷六《桐阁先师李时斋夫子墓志铭》:"咸丰四年秋八月,桐阁先生以春秋高,有疾涉于危者数次,……十一月初旬病床,……二十七日捐馆舍。……先生讳元春,字仲仁,号时斋。因汉李育,字适符,已名,别字又育。少读书云台观,有朱文公像,慕之,号云台外史。后教授地植桐,号桐阁,学人著述遂多以桐阁名。……先生生于乾隆三十四年,十一月初九日中。嘉庆戊午,乡科知县选出,以七十当致仕,就大理寺评事职衔。享寿八十有六。"(清道光元年怡怡堂刻本)〔清〕贺瑞麟《关学续编》中《桐阁李先生》:"先生名元春,字仲仁,又字又育,号时斋,朝邑人,学者称桐阁先生。嘉

庆戊午举人。……十四,应府试,于书肆见薛文清公《读书录》,减两日食购得之。自此决志圣贤,于书无所不读。河滨先生为先生族祖,遂尽观河滨家藏书,得程、朱各集。……其学恪守程、朱,以诚敬为本,而笃于躬行。……著述甚富,有《四书简题》《诸经绪说》《诸史间论》《诸子杂断》《诸集拣评》《正学文要》《道学文副》《关中道脉四种书》及《桐阁文集》、杂著,凡数十种。年八十六卒。"(《关学编》,116-117页)。〔清〕黄嗣东《圣清渊源录》卷二八《李元春》:"先生名元春,字仲仁,又字又育,号时斋,朝邑人,学者称桐阁先生。嘉庆戊午科举人。……十四,应府试,于书肆见薛文清公《读书录》,减两日食购得之,自此决志圣贤。于书无所不读。河滨先生为先生族祖,遂尽观河滨家藏书,得程、朱各集。……其学恪守程朱、辨陆王,尤恶近世毛西河怪论,特刊行戴大昌驳《四书改错》一书。尝曰:'陆、王之偏,坐不知学;考据之偏,坐不明理。'其自致力诚敬为本,而笃于躬行。……先生虽不仕,然极留心世务。邑中如坐运换苍诸弊,屡上书当事求革之。为所居十四村联行保甲,立邑文会,意在明学化俗。自教授桐阁至主讲潼川书院及朝邑华原书院,恳恳为诸生告以圣贤之学,但不废科举。……先生资禀气象刚毅敦厚,故其立言皆博大切实,而不为无用之空谈。著述甚富,有《四书简题》《诸经绪说》《诸史间论》《诸子杂断》《诸集拣评》《正学文要》《道学文副》《关中道脉四种书》及《桐阁文集》《杂著》,凡十种。年八十六卒。"(周骏富:《清代传记丛刊》(004),714-716页)又见徐世昌《清儒学案》卷二〇六,张骥《关学宗传》卷五一《李桐阁先生》。

贺瑞麟与王会昌书信论科举 李元春认为科举时文,"讲正学者正不得歧而视之",故一生教学时艺与理学并传。然而他谢世后,其门徒遂对这一教法产生了分歧,这突出表现在贺瑞麟与王会昌(1819-1861,字炽候,号铁峰,朝邑人)关于讲授时文的辩论上。贺瑞麟认为讲理学者不应讲授八股时文,在他看来,"教者,教其学,而非教其仕",然而"八比者,今之从仕之阶,而非所以仕之道也",于是批评讲授八股时艺,是"不实求学与教之中且正"。王会昌不同意瑞麟此说,他认为"不以八比教人,为巢由、沮溺高尚之流",这种教法,只能是"教一省,一省无仕者,教天下,天下无仕者",故而主张时艺与理学并传。贺瑞麟对此说亦难苟同,他认为"夫学所以修己治人,明理制事,穷达一致",并认为"学者其道可以仕,而非仕也",但不能讲授科举时文而以仕为教。

[文献]〔清〕贺瑞麟《清麓文集》卷六《答王炽候孝廉书》(会昌,朝邑人。甲寅):"前书谓出处关乎时义,学之偏正不以科举与否。尊兄思之,终有不合。乃以麟不为八比,不以八比教人为非。中正之学,博喻旁证,亦既夥矣。且曰不以八比教人,为巢由、沮溺高尚之流。使人从其学,而空有匏瓜不食之惧。教一省,一省无仕者,教天下,天下无仕者。噫!尊兄利济之心,可谓切矣。但不知尊兄之所谓学者何也?夫学所以修己治人,明理制事,穷达一致。何谓匏瓜不食哉?学者其道可以仕,而非仕也。教者,教其学,非教其仕也。……中正之学,仕可也,不仕亦可也。八比者,今之从仕之阶,而非所以仕之道也。不实求学与教之中且正,而直以八比当之,不可也。"(清光绪己亥年刘传经堂刊本)〔清〕王会昌《祛疴斋文集》卷五《与贺角生书》:"壬子之后,足下不讲科举,不作八比。昌言在己或可教人不必讲功名。足下寄书前语言,以为必如己说,始为学;必如己教,始为教。昌固未敢辩驳,恐起党伐之讥,然相见仍无分门户情态。近岁,杨仁甫更严于取舍,自昌斋别后,累以书问所学变否。昌不得已,答云昌与君等同一志学,特目下造就不齐,仁甫犹不以为然。仁甫近日学规,纯是薛仁斋所定。……至昌之言学,不废科举,不绝八比。则以桐阁先师墓草未宿,不敢为陈相之倍也。余惟心惊,临楮神驰。"(清光绪十年怡怡堂刻本)

清文宗咸丰七年　丁巳(公元1857年)

十二月,祝垲悟"心气之旨"　祝垲"平旦默坐,偶有悟于心气之旨",遂"拟为四解以备存省"。四解即"心不著气"、"心能主气"、"心为气役"和"摄气归心"四说。"心不著气"说明心体"超然一灵原,丝毫不落在气分上"。"心能主气"是说"心所在而气从之",即心能"宰制此气"。"心为气役"则说心"一落在气分上,则气反有权而心为气使"。"摄气归心"强调"克己复礼",以心驭视听言动。

[文献]〔清〕祝垲《体微斋语录》卷二《心气要旨》:"咸丰七年十二月初三日,平旦默坐,偶有悟于心气之旨。觉简易明快,于四子六经似有印合。因发其原委,拟为四解以备存省。心不著气:当下自认此心,超然一灵原,丝毫不落在气分上。四海此心可至,放所不能拘。万年此心可通,古今不能隔。彻天彻地,独往独来,无体无方,何染何弊。其或不信此心,而求之未生以前,

前亦气也。或不信此心,而求义于外,外亦气也。或不信此心,而求之清虚一大,清虚亦气也。皆枉屈此心者也。此心不著前后,不著内外,不著浊实,不著清虚,故《虞书》曰:'道心惟微',《中庸》曰:'无声无臭'。心能主气:心所在而气从之,一心可动天地,可格鬼神。黎民于变时雍,草木鸟兽咸若。良朋之梦,两地可通;小子之心,千里而动。诚则形,形此心也。风之自,自此心也。心不在,则视而不见,听而不闻,食而不知其味。故《中庸》曰:'体物而不可遗',又曰:'莫见乎隐,莫显乎微,故君子必慎其独也。'心为气役:气非心也,其能宰制此气者,心也。一落在气分上,则气反有权而心为气使,浮游无主,昏冥罔觉,如梦寐然。彼醉者之屡舞失仪,非其心也,酒气之为也。病狂者之迷错失次,非其心也,沴气为之也。清灵不淬,日丧日亡。自失其睿智聪明,则心与耳目亦一血肉之具,随气流放而已。故《孟子》曰:'是气也,而反动其心。'又曰:'物交物则引之'。摄气归心:春夏秋冬,气也。无愆无伏,则四时一太极也。此天地之心也。视听言动,气也。克己复礼,则四体一心也。此人之太极也。视此心,仍以此心视,视于无形,亦此心之自为视而已。听此心,仍以此心听,听于无声,亦此心之自为听也而已。言此心,仍以此心言,言于无言,亦此心之自为言而已。动此心,仍以此心动也,动于无动,亦此心之自为动而已。尽人性,尽此心。成万物,成此心。体天地,体此心。如此,方复无声无臭之体,方能与天地合德、日月合明、四时合序、鬼神合吉凶,方能不疾而速、不行而至。故《孟子》曰:'持其志,无暴其气。'《中庸》曰:'戒慎乎其所不睹,恐惧乎其所不闻。'"(清光绪十六年体微斋遗编本)

清文宗咸丰十年　庚申(公元1860年)

周元鼎《汇菊轩文集》刊刻　《汇菊轩文集》4卷,周元鼎撰。咸丰十年(1860)守泽草堂刻本。书前有路德序,后有周元鼎侄孙周绍谟《校刊志》。按志可知周元鼎著作颇丰,且有说经诸论,然刊刻者独此书耳。是书卷一、二为理学著述,卷三多为天文著作,卷四为传记等。路德认为此书"语多创获,不为苟同"(路德:《柽华馆文集》卷二《周勉斋先生文集序》)。然而贺瑞麟认为周元鼎"所著《汇菊轩文集》,亦多逞其才辩,剖击朱子"(焦云龙修、贺瑞麟纂《三原县新志》卷六《人物》)。

[文献]　〔清〕路德《柽华馆文集》卷二《周勉斋先生文集序》:"三原周

勉斋先生,博辩士也。……其文如风行水流,妙发性灵,极所欲言而止,而语多创获,不为苟同。尝抑孟子,辨古文《尚书》,论《周礼》《仪礼》,驳汉、唐、宋诸儒之说,而剖击紫阳尤不遗余力。读者觑觑然惊谓先生喜为异说,专与古人争讼。……先生博极群书,书中之言不能悉当于人之心,于是乎不得不疑,疑而思,思而悟,于是乎不得不辨。其锐气踬容时流于文字间。盖意之所向,期于必达,遂不觉其言之激也。千人之诺诺,不如一士之谔谔,天子尚有争臣,古人独无争友哉! 且集中论人、论事、论政、论学,所言皆适于用。其平易近人之作,正复不少,非故为恢诡谲怪骇人听闻者。学者比而观之,可以知先生之学矣。"(清光绪七年解梁书院刻本)〔清〕周绍谟《校刊志》"丙申冬,转函商于路闰德先生。时先生掌关中教,继研宏道课事,迫不遑阅。至庚子始加评、序,而归之原稿百余首。……迄于今又十余稔矣。谟窃念年事日增,人事日非。若更迁延待之后,后之人知为传焉幸矣;后之人不知为传而使先人之心血归于湮没也。不重滋之戾乎! 谨就两先生之鉴定者付诸剞劂,其余藏之家,且其中有说经诸杂论。……咸丰十年庚申闰三月,侄孙绍谟谨识。"(清咸丰十年守泽草堂刻本)又见《续修四库全书总目提要(稿本)》(5)。

清穆宗同治元年　壬戌(公元1862年)

贺瑞麟开始撰写《清麓日记》　《清麓日记》5卷,贺瑞麟撰,见《西京清麓丛书》著录光绪二十五年(1899)刘传经堂刻本。后民国十六年(1927)刊刻的潜修学舍本《清麓文集约钞》,其卷19至卷21是《清麓日记》的选集。《清麓日记》为札记体。卷一至卷四,记录贺瑞麟理学习修体验语,录始自同治元年(1862)终于光绪十六年(1890)。卷五为《读余偶记》,乃贺瑞麟读书心得录。《续修四库全书总目提要(稿本)》认为斯书所记"不外主程朱之说",且"对汉学尤多所抨击"。

[文献]　《续修四库全书总目提要(稿本)》(5)曰:"《清麓日记》五卷,清光绪间刘氏传经堂刊本。清贺瑞麟撰。……此日记五卷,皆平昔所记之语录。卷一自同治壬戌至丁卯,卷二自同治戊辰至癸酉,卷三自同治甲戌至光绪丙子,卷四自光绪己卯至庚寅,卷五未标年月,注"读余偶记"四字,盖书后之意也。全编所记,不外主程朱之说,亦有引薛文清、张横渠、王阳明之说者,而对汉学尤多所抨击。"

清穆宗同治四年　乙丑（公元1865年）

贺瑞麟主讲学古书院　是年,贺瑞麟应邀主讲学古书院,直至同治九年(1870)初,讲学历时约五年。贺瑞麟讲学专讲程、朱,间习古礼仪,而痛斥八股,力排科举。他这一讲学方法,受到了当时士人的怀疑和诽谤,最终引起当局猜疑,遂被迫辞职。现录贺瑞麟《传心堂学要》六条,以概见其讲学旨趣。一曰审途以严义利之辨,一曰立志以大明新之规,一曰居敬以密存察之功,一曰穷理以究是非之极,一曰反身以致克复之实,一曰明统以正道学之宗。

[文献]　马鉴源《贺复斋先生行状》:"乙丑,主讲学古书院。预约不开帖括八比之课。……一、六日衣冠讲书;朔望日仪毕,肄古饮酒礼,且与同辈有志仿朱子,增损《吕氏乡约》,法为记善记过籍。每会恒数十人,极一时之盛。识者以为关中自横渠以来未之有也。……同治庚午春,有蜚语谓先生不课时艺云云,因即日去书院,携书至淳化清川。"(清光绪二十三年刘传经堂刻本)张元勋《清麓年谱》:"乙丑,四年,四十二岁。主讲学古书院,先生预约不开帖括八比课。庚午,九年,四十七岁。书院讲席,去冬函至面恳,已再三辞矣。春正,邑宰坚挽不已,并邀邑绅及先生旧友委曲致意,至是有以蜚语闻者(大概以不课时文,不容吸食洋烟之故)先生即日携书远去,北游清川。"(民国十一年刻本)又见孙乃琨《贺清麓先生年谱》。

刘光蕡肄业关中书院　是年,刘光蕡就读于关中书院,时贵州黄彭年(1823-1890,字子寿,今贵州贵筑县人,吴廷栋弟子)任主讲。黄彭年为学尊程、朱,但不废陆、王,且"讲明实学"。他十分器重刘光蕡,曾授以《大学衍义》。书院读书间,刘光蕡又结识了李寅(1840-1878,字敬恒,咸阳人),遂订为挚交。李寅"博学任侠,有经世才",且"潜心阳明之学"。二人初见即"语以阳明学",刘光蕡"深信服之"(张鹏一:《古愚先生没后二十七周年学说纪念文》),并自云:"知学自此始",遂"始服膺阳明之学"。李寅家藏书甚富,同治十一年(1872)至光绪四年(1878),刘光蕡馆李寅家塾课其子李岳瑞,遂尽读其藏书,"自此学问日进"(同上)。

[文献]　[清]刘光蕡《烟霞草堂文集》卷四《翰林院编修李君行略》:"君讳寅,字敬恒,姓李氏。世居咸阳之庑礼村。…贵筑黄子寿先生主讲关中,乃从之学。君为文率达胸臆,不主故常。虽业制艺,每道及世道人心,则

感愤激昂,唏嘘欲绝。黄先生常评其文云:'古谊若龟鉴,肝胆贯金石。他日不徒以文名也。'盖有观其深矣。时賫肄业关中,黄先生授以《大学衍义》,有疑义则质之君,君剖析精微,娓娓不倦。暇则过从,上下古今,商榷读书作文之法,以志学敦品相勉力,且尽出其家所藏书,授賫曰:'不博览无以尽变,不反观无以自成'。賫知学自此始。君尤究心时事,吏治窳隆,民生休戚,条分缕析,极其利弊,…论学以心得为主,不欺为用。破除门户之见。大端近象山、阳明,而不改程朱规模。"(《烟霞草堂遗书》本)。刘瑞骐《钦加国子监学正衔晋五品衔保荐经济特科光绪乙亥恩科举人焕唐府君行状》:"年二十三,……肄业关中书院,时贵筑黄彭年主讲席,赏府君课文,置门下。告以明体达用之学,取《大学衍义》一册授之。……同县李编修寅潜心阳明之学,才气倾一时。长安柏举人景伟讲求经济,四方英俊多从之游。一见府君,深相结纳,府君均事以兄礼。商榷请益学术,渊源多基于此。"(同上)又见张鹏一《刘古愚年谱》。

刘蓉延访贺瑞麟 是年,初任陕西巡抚的刘蓉(1816－1873,字孟容,号霞仙,湖南湘乡人)闻贺瑞麟之名,欲以孝廉方正荐贺瑞麟于清廷,被贺瑞麟谢却。又拟邀贺瑞麟麟掌关中书院斋事,亦为贺瑞麟婉言谢绝。后二人亦交善,刘蓉失官离陕时,贺瑞麟亲往送行,并互送以诗。刘蓉认为贺瑞麟学宗程、朱,笃学力行,乃"秦士之魁杰"。贺瑞麟弟子称"刘中丞霞仙抚陕时,与先生为道义交"(谢化南编:《清麓遗事》)。

[文献] 〔清〕刘蓉《养晦堂文集》卷二《赠贺角生正士书》:"三原有士曰贺瑞麟角生者,笃学力行,致严于去就取舍之辨。其学以程、朱为宗,精思熟讲,务反躬而实践,盖秦士之魁杰! 余急举之以应孝廉方正之选,角生不欲就也。……角生他日推行所学以著儒者之效,于余言有所合乎? 夫居其位,莫举其职,坐视民生吏治之困敝,无道焉以拯之,兹吾所深愧于秦人者也。特书以赠角生,用志吾愧,亦以正告当世士大夫有职位者。"(清光绪丁丑思贤讲舍刊本)〔清〕贺瑞麟《清麓文集》卷七《上刘霞仙中丞书》:"大人振兴文教,欲复安定学规,误采虚声,猥一不肖姓名渎尘公版,俾位斋长。又令邑宰备致殷勤,躬亲敦促。驽钝之才,虽不足倡率多士,然岂不知感激。仰答盛意,恭诣台下。方谋进谒,忽蒙降屈威重,下顾寓邸,兼召酒食。礼不敢辞,荷德之厚,不胜愧悚。"(清光绪己亥年刘传经堂刊本)张元勋《清麓年谱》:"乙丑,四年,四十四岁。……中丞刘霞仙(名蓉,湖南湘乡人)复欲以孝廉方正举先生,

饬邑令躬致咨文。先生封还原咨,终不应。中丞谕邑令,备车马迎接先生至省。先生以义不往见,辞。又饬蒋少园太守函道大吏不便出城之故,先生还书终辞之。既先生以事至省,寓某铺,中丞就寓见之。"(民国十一年刻本)又见孙乃琨《贺清麓先生年谱》。

清穆宗同治五年　丙寅(公元1866年)

十二月,曾国藩向同治帝密荐祝垲　祝垲在河南抗击太平军,屡建奇功。时任两江总督的曾国藩(1811—1872,字伯涵,号涤生,湖南湘乡人)认为其"气韵沉雄,才具深稳,能济时艰",遂向同治帝保荐祝垲。并在翌年上同治帝的奏折中称其保荐之言"虽不敢信为定评,要可考验于数年、数十年以后"。惜未十年而祝垲竟以病卒。诚如祝垲弟子冯端本所云:"使天假之年,当宏此远谟。不独绍阳明之学术,并可为阳明之事功"。

　　[文献]　〔清〕曾国藩《祝垲才具堪济时艰上年密保有据现该员在豫随李鸿章差遣片》(二月十四日):"再,盐运使衔直隶候补道员祝垲,经臣咨调来营办理营务一年有余。上年十二月初三日,臣曾附片密保。旋承准军机大臣字寄:同治五年十二月初六日奉上谕:……上年奏片中称祝垲在豫,士心归附,气韵沉雄,才具深稳,能济时艰,虽不敢信为定评,要可考验于数年、数十年以后。臣自周家口来徐,祝垲因事迟留,未遽同行。前因刘长佑有函来调,本拟咨回直隶,仍补道员,冀有补于吏治。顷李鸿章行至归德,与祝垲相遇,因其熟悉豫事,又檄令随营差遣。将来是否回直隶,应由李鸿章酌量奏办。理合附片陈明,乞皇太后、皇上圣鉴。谨奏。"(曾国藩:《曾国藩全集·奏稿(九)》,岳麓书社,1994年,5574页)〔清〕黄振河《祝爽亭观察事略》:"先是刘荫渠制军奏以公统易州练军,有劾者谓令独当一面恐致偾事。旨下,制府曾文正查复,乃据实剖晰,词甚力。并称臣上年奏片中称'祝垲在豫,士心归附,气韵沉雄,才具深稳,能济时艰。不敢信为定论,要可考验于数年数十年以后。'"(清光绪十六年体微斋遗编本)〔清〕冯端本《书祝爽亭观察事略后》:"顾声望日隆,谤亦随之。峣峣者易缺,皦皦者易污。此虞武都,所为歔欷太息而不能已也。厥后,曾文正公上疏为之申理,称师沉雄深毅,能济时艰,可考验于数十年以后。使天假之年,当宏此远谟。不独绍阳明之学术,并可为阳明之事功,以慰知己于地下,夫亦何难之有。"(同上)

清穆宗同治六年　丁卯（公元1867年）

九月，牛兆濂生　牛兆濂（1867－1937），字梦周，号蓝川，学者称蓝川先生。陕西蓝田县人。是年生，卒于民国二十六年（1937），享年71岁。

[文献]　张元勋《牛蓝川先生行状》："先生生于同治六年丁卯九月廿七日。生时约斋公已四十余矣。幼颖异，教之数过辄成诵。"（民国间排印本）

刘光蕡结交柏景伟　是年，刘光蕡与柏景伟结交。柏景伟"讲学宗阳明心学"（刘光蕡：《烟霞草堂文集》卷四《同知衔升用知县子俊先生墓志铭》），"学以不欺其心为主"（同上书，卷二《重刻关学编后序》），然尤重"经济"之学。自此后二人"讨论经世之学，以气节互砥砺"（张鹏一：《古愚先生没后二十七周年学说纪念文》）。

[文献]　〔清〕刘光蕡《烟霞草堂文集》卷四《同知衔升用知县子俊先生墓志铭》："予及李编修与先生交谊若兄弟，先生长予一纪，李长予三岁。先生及李以道德经济自任，予时习古文辞。"（《烟霞草堂遗书》本）张鹏一《刘古愚年谱》："1867年（同治六年丁卯）二十五岁。先师居省垣，始交柏子俊先生。子俊，名景烈，长安冯籍村人，咸丰乙卯举人。选授定边县训导，未赴。……是年，左文襄公宗棠入关剿回、捻，得参戎幕，时在省垣闻先师名，欲见先师，先师不肯往。一日，子俊来访不遇，阅案头上所书日记，大惊曰：'此吾师也，何友之云！'自是与先师为挚友。"（张鹏一：《刘古愚年谱》，18页）

贺瑞麟悟"格物"之说　是年，贺瑞麟于荒乱之后，见破屋中"安榴一株"，花开鲜美，"因悟道体无所不在"。翌年，又于雨后，见"阶前花木生意悠然"，遂悟"物吾与也"之意。贺瑞麟认为"观天地生物气象，莫只作玩赏花草，便了其理"（贺瑞麟：《清麓日记》卷一），原因就在于这个理"盖莫不在己"。在他看来，"竹子亦有太极、阴阳、五行，格之而又能反其理于身心"。如何"格"呢？他认为观竹子的"虚心直节，历四时而不改柯易叶之类"，便可印证人身所居之伦理。基于此，他批评王阳明格竹子，其曰："竹子岂得无理？只不合舍却身心，兀然只格一竹子，此阳明不知朱子格物之法，反谓为朱子之说所误，诬之甚矣。"（贺瑞麟：《清麓日记》卷一）

[文献]　〔清〕贺瑞麟《清麓日记》卷一（丁卯）："乱后乡村室庐残毁，偶见屋中安榴一株，花开鲜美，依然太平景象。因悟道体无所不在，不以治乱为

存亡也。"(清传经堂刻本)〔清〕贺瑞麟《清麓日记》卷二(戊辰):"雨后阶前花木生意油然。心中多少悦怿。即此便见'物吾与也'之意。"(同上)

清穆宗同治九年 庚午(公元1870年)

八月,贺瑞麟建清麓精舍并聘师讲学 清麓精舍为贺瑞麟倡导修建的讲舍,该舍主讲程、朱理学,主讲者多为关中理学家。华阴李蔚坤、兴平马鉴源、大荔扈森、杨凤诏等先后被聘为斋长。此精舍造就多士,对关中程、朱理学之传播与发展有重大作用,时人称"清麓精舍之成,而关中文献之传,寄于是矣。"(张元勋:《清麓年谱》)

[文献] 〔清〕贺瑞麟《清麓文集》卷二〇《清麓精舍落成告先圣文》:"维同治九年庚午,八月十有二日丙午,后学贺瑞麟敢昭告于至圣先师之灵。……亟买山营舍清凉之麓,幽寂高旷,以遂夙心,欲与同志共讲斯道。"(清光绪己亥年刘传经堂刊本)〔清〕薛于瑛《薛仁斋先生遗集》卷一《清麓精舍落成颂》(为贺复斋赋):"考盘清麓兮宽且硕,精舍之人兮讲正学。床上琴兮壁间剑,灯一檠兮书千卷。经必习夫诗礼兮,史必宗夫纲鉴。仰孔孟以为模兮,景程朱以为范。所以古之论学兮,圣贤乃所愿。舍圣贤而他适兮,非空即泛。祝主人兮善讲学,庶不负此清麓讲舍兮,宽且硕。"(《西京清麓丛书》本)张元勋《清麓年谱》:"庚午,九年,四十七岁。……六月,兴工修筑清麓山斋,八月初旬,工竣。"(民国十一年刻本)又见马鉴源《贺复斋先生行状》和孙乃琨《贺清麓先生年谱》。

贺瑞麟编《西京清麓丛书》刊刻 贺瑞麟在受业弟子三原富绅刘昇之的资助下,大量刊刻先儒和时贤的著作,即《西京清麓丛书》。是书分正、续、外三编,刻书近百种,然其所著录书籍几乎全为程朱理学著作,因为贺瑞麟斯刻"欲为吾学一正本原"。当然,该丛书中不乏关中理学家著述。尤其一些关中理学著作赖斯书得以保存,如张秉直之著作,王建常之《复斋录》、李因笃的《仪小经》等。可见,其对关中理学文献之保存有重大意义。

[文献] 张元勋《清麓年谱》:"庚午,九年,四十六岁。……原邑富绅刘东初(名昇之)受业先生之门,并设传经堂刻先生所校儒先书。"(民国十一年刻本)牛兆濂《蓝川文钞》卷三《清麓丛书序》:"学者欲求孔子之道,舍朱子书何以?顾其书之得也不易,其道之传也不广。此先师清麓先生所以有洛、闽

学派各书之刻,而传经堂板本所由风行海内也。"(民国甲子年芸阁诸生排印本)

清穆宗同治十二年　癸酉(公元1873年)

十二月,吴大澂拜访贺瑞麟　是年,陕甘提督学政吴大澂(1835-1902,字止敬,又字清卿,号恒轩,吴县人。万斛泉弟子)来访贺瑞麟。贺瑞麟建议吴氏"以兴学校为急务",他认为"横渠为关学之祖",若以之提倡,则可以导学子于正途,但其目的仍然是学程朱之学,此举只不过是假横渠之名,而"会归程朱"。同时,他希望吴氏早日实行乡约。贺瑞麟认为吴大澂"潜心圣道,讲明正学",故后二人多有交往,且于程、朱理学时有切磋。

[文献]〔清〕贺瑞麟《清麓文集》卷八《上吴清卿学使书》:"窃有请者,古大儒所至,无不以兴学校为急务,况督学为大人专职。潜心圣道、讲明正学如大人者,其将振丙作兴以幸三秦必矣。惟横渠为关学之祖,今学者率不能举其名字,况知其学乎?若以之提督,则承学之士庶识途辙之正,于以归程、朱而不惑于他歧,尤麟之私愿也。此在大人,固不待言。然犹言之者,念辱与之厚,亦所以尽其诚耳。乡约盖欲各相勉励与人为善之意,今一举行,人知学宪亦且留心,信从必众。愿早示期,或令斋长招集同志,似不须通知地方官员,一有掣肘,非其心之所欲,必不能长,恐无益也。"(清光绪己亥年刊本)张元勋《清麓年谱》:"十二月,督学吴公来见。公名大澂,吴县人,尝问学于万斛泉先生门下。"(民国十一年刻本)

味经书院创建　陕甘味经书院,在泾阳县城内姚家巷。是年,督学许振祎奏建。光绪九年城固史梦轩掌教,后柏景伟、刘光蕡先后任山长。光绪十一年(1885)柏景伟、刘光蕡于院内设立求友斋。光绪十七年(1891)督学柯逢时奏立刊书处。该书院之讲学,对扭转关陇士子耽于科举时艺,而趋向道德修养与经世致用有重大作用。

[文献]　宋伯鲁、宋联奎《续陕西通志稿》卷三六《学校一》:"味经书院,在泾阳县内姚家巷。同治十二年,督学许振祎奏建都房七十五架。十三年,督学吴大澂又筹万金增膏火。光绪九年,督学慕容干又筹营田银三千两,初延候选同知举人城固史梦轩兆熊掌教,教士有法。十一年,候选同知举人、长安柏子俊景伟,与举人咸阳刘焕唐光蕡于院内立求友斋,以开风气。十七年,

督学柯逢时奏立刊书处,共筹万金拟岁刻正经正史各一部,又别筹六百金以养士。选院内高才生二十人,司校雠。仿阮文达十三经校勘札记法,附札记于书后。"(民国十三年刊本)〔清〕刘懋官、宋伯鲁、周斯亿《〔宣统〕泾阳县志》卷六《学校志》:"味经书院,在城内东北姚家巷。同治十二年,学臣许公振祎奏建,邑绅吴建勋捐地以助,贤辅监修。光绪二年,监院寇守信于院西寝前增建院景及厩。……十五年,监院周斯亿增建藏书楼于讲堂东。……刊书处,光绪十七年学臣柯逢时奏设在书院大门外,董事周斯亿创修。"(清宣统三年铅印本)

清穆宗同治十三年　甲戌(公元1874年)

九月,杨树椿卒　杨树椿(1819-1874),字仁甫,号损斋,陕西朝邑人。杨树椿初受业于李元春长子李来南(1801-1860,字熏屏,朝邑人),遂有志于濂洛关闽之学,后拜于李元春门下,唯理学是究。他与三原贺瑞麟,山西芮城薛于瑛过往甚密。曾先后讲学于廉泉书院、方麓书院、友仁书院和独鹤书院。陕甘提督学政吴大澂以其学行奏请于朝,赐国子监学正衔。杨树椿为学,诚如贺瑞麟所言"一本程朱"(贺瑞麟:《杨损斋文钞序》)。他甚至认为"非程朱书勿读,非程朱事勿为,然后可窥圣人之奥"(杨树椿:《损斋文钞》卷二《答马伯源》)。不过,他认为"学程朱而高谈心性者误矣,圣门学者都在事上学,而性与天道在其中矣。"(杨树椿:《损斋语录》卷三《说绎录》),所以他强调"密作工夫"。他认为"第一工夫莫向隐微处坏了,无他奇妙,只看日用间如何密作工夫",所谓"密作工夫",就是"处处、时时、事事,实观效验"(同上书,卷一《散记》)。对于工夫的落实,他特别强调"诚",在他看来,"君子之学必以诚。诚穷理,则真知,非止诵读也;诚居敬,为实践也,非止讲论也。"(杨树椿:《损斋文钞》卷二《答或人》)杨树椿对阳明之学不以为然,甚至认为"阳明之学烘动于明,而乱明天下"(杨树椿:《损斋语录》卷三《说绎录》)但他并不激烈批评,并且对程、朱学者对陆王之学的一概批评有所不满,他认为"金溪、姚江以来为学者,皆高明之资、特卓之行",而"程朱之学者,或乃悠忽俗冗,出彼之下,而反以彼为不足道,其能免于门户之消乎?"(杨树椿:《损斋文钞》卷六《偶记》)杨树椿治学,强调大其规模。他认为"规模大则成就大"。在他看来,"欲大规模:必由穷理六经、四子、宋明诸贤、外至历代百氏之书,无不读也;身心性命、伦理日用、天地鬼神、鸟兽草木之物,无不格也;四海九州、郡邑乡间、山林泽薮之贤人君子,无不师友也;礼乐、兵刑、钱谷、典章制度、文章算数、凡有关当世民生吏治之事物当吾前者,无不习而为也。"(同上书,卷六《答或人赠别杨虚中序》)对于杨树椿之为学,贺瑞麟评价说:"其为学坚实刻苦,默契精思。养之深以醇,守之严以固,犹欿然若不自足。"杨树椿在关学史上具有一定的地位,在贺瑞麟所认为的关学道统中他是重要的传承者,贺瑞麟认为"关中之学,国朝自朝邑王仲复先生恪守程朱,躬行实践,为不愧大儒。百余年而桐阁先生继之,又数十年,而君继之。"(贺瑞麟:《清麓文集》卷二二《国子监正学衔生员杨君仁甫传》)杨树椿著作有《读诗集传随笔》1卷,《四书随笔》3卷,《学旨要略》1卷,《损斋语录钞》3卷,《损斋文钞》15卷、《外集》1卷首1卷和《西埜杨氏壬申谱》10卷。其著作被辑为《损斋全书》一书。

[文献] 《清史列传》卷六七《儒林传上二》:"杨树椿,字仁甫。尝问学李元春。及交于瑛,益绝意举业,以正学为归。于瑛尝规之曰:'坐交胫,非学者所宜。'遂力该之,其服善如此。"(周骏富:《清代传记丛刊》(104),326页)〔清〕黄嗣东《圣清渊源录》卷二八《杨树椿》:"先生名树椿,字仁甫,号损斋,朝邑人。诸生。初受业邑贡生李来南,来南父即世称桐阁先生者也,树椿辄从问学。有志洛、闽,后与二三知友讲益切,绝意进取,于名利泊如也。……其为学坚实刻苦,默契精思,养深而纯,守严而固。……晚年学益邃。县宰黄照临特设友仁书院,延主讲。学使吴大澂以学行疏于朝,略曰:'朝邑杨树椿隐居华山,潜心理学。除岁考外,不入官府,有古君子风。臣按临同州,适来应试,询其所读性理诸书,融会贯通,实有心得。平日涵养之功,一本程朱主敬之学。所谓笃行谨守,不求闻达,亦足为世风矣。'奏奉,谕旨加国子监学正衔。"(周骏富:《清代传记丛刊》(004),731-732页)〔清〕贺瑞麟《清麓文集》卷二三《国子监学正衔生员杨君仁甫墓表》:"关中之学,国朝自朝邑王仲复先生恪守程、朱,躬行实践,为不愧大儒。百余年,而桐阁先生继之。又数十年,而君继之。……同治甲戌,督学吴公以君学行奏于朝,得钦赐国子监正学衔。是年九月二十日卒,年五十六。所著诗文,门人扈森所录二册,吴公序之矣。"(清光绪己亥年刘传经堂刊本)〔清〕贺瑞麟《关学续编》中《损斋杨先生》:"先生名树椿,字仁甫,号损斋,朝邑人。诸生初受业邑贡生李来南,来南父即世称桐阁先生者也,树椿辄从问学,有志洛、闽。后与二三知友讲益切,绝意进取,于名利泊如也。……其为学坚实刻苦,默契精思,养深而纯,守严

而固。……晚年学益邃,县宰黄照临特设友仁书院延主讲。学使吴大澂以学行疏于朝,……奉谕旨,加国子监学正衔。"(《关学编》,119页)又见张骥《关学宗传》卷五三《杨损斋先生》和《朝邑县乡土志》卷二《耆旧录》。

清德宗光绪元年　乙亥(公元1875年)

二月,贺瑞麟宏道书院演乡约礼并讲学　贺瑞麟对张载"以礼教关中"的教法一生恪守不渝,他所讲之书院,除程、朱理学外,还教诸生习古代礼仪。是年,在陕甘提督学政吴大澂的邀请下,贺瑞麟讲学并演乡约礼于宏道书院,以振士风。

[文献]　马鉴源《贺复斋先生行状》:"乙亥,吴督学累延讲书习礼宏道、学古两书院,以振士风。听者如堵。"(清光绪二十三年刘传经堂刻本)张元勋《清麓年谱》:"乙亥,光绪元年,五十三岁。……二月,行乡约礼于宏道书院。学宪吴公、邑令赵公偕至。礼毕,先生讲书。一时环者如堵,堂舍几不能容。"(民国十一年刻本)又见孙乃琨《贺清麓先生年谱》。

清德宗光绪二年　丙子(公元1876年)

十一月,祝垲卒　祝垲(1827－1876),字爽亭,号定庵,陕西安康县人。祝垲幼年聪颖,有神童之誉。少师事其邑谢玉珩(1781－1854,字宝书,号鹤龄),"即究明体达用之学,而不规规于记诵词章"。道光二十七年(1847)中进士,分发河南以知县用。后历任河南内乡、柘城、新乡、温县等县知县。咸丰间因对抗太平军得力,擢升光州知州。旋升任归德知府。同治五年(1866),因督催钱粮不及份数而落职,由湖广总督曾国藩、直隶总督刘长佑和河南巡抚张之万等保荐,以直隶候补道员随曾国藩办理营务。同治六年(1867),随左宗棠入陕镇压回民起义,因功赏二品顶戴。后往直隶省亲,直隶总督李鸿章奏请其权直隶大顺道署理长芦盐运使司。光绪元年(1875),李鸿章又奏请其委办天津海防营务。光绪二年,以病卒于任。祝垲一生虽奔波于仕途,然"戎马倥偬,不辍讲贯",故"深于理学"(贺瑞麟:《体微斋遗编序》)。祝垲之学尊崇李颙,"服膺于《学髓》《四书反身录》诸书"(徐桐:《体微斋遗编序》)。他认为"性即本心也,非心外另有本心也"(祝垲:《体微斋语录》卷二),所以强调体认本心。在他看来,"为学无他,只将吾本心之明,体到极熟处"(同上),这是因为"功夫未能透性灵心体,则内外歧异、理欲夹杂,必有手忙脚乱时"(祝垲:《体微斋日记》卷一)。不过,他认为"养心者非空守一心,貌言视听动作皆心之影相也"。显见,祝垲所谓养心,并非孤明内守,而是要体现在日常间言行举止上。尽管祝垲学属陆王一派,但认为陆子之学,"工夫不免粗耳",阳明之学也"工夫未免少亏",故主张"我辈讲学,求的陆王本体,用的程朱工夫。"(《体微斋语录》卷一)所以贺瑞麟认为其为学"实用力于主敬穷理,践规矩蹈绳约"(贺瑞麟:《体微斋遗编序》)。然而对程、朱派的"主敬"工夫,他也有所不满,即"主敬自然貌恭,但在外面把持,故易困倦。"(《体微斋日记》卷一)其实祝垲治学,不拘于门户,能够打破程朱、陆王之限,而会通于孔、孟,他说"孔子是就眼前规模大概说,孟子是从心地源头分析说,后儒又从末世下学事理工夫上破碎说,善学者要不失孔子浑然体段方善。"(《体微斋语录》卷一)缘于此,徐桐认为其学"求夫金溪、姚江之绪,而于濂、洛、关闽诸儒之旨,融会贯通"(徐桐:《体微斋日记序》)。但也要看到,祝垲为学追求一种"无我境界",他认为"事到无我境界,克伐怨欲一齐扫除"(《体微斋语录》卷一)。另外,祝垲注重事功,反对空谈心性,他认为"空谈性理,而诸事废弛,此等学术,甚耻之"(《体微斋日记》卷一)。他本人长于吏治,尤善兵略,左宗棠称其"吏干将才为中州一时之冠"(左宗棠:《左宗棠全集·奏稿(三)》,岳麓书社,1989年,429-430页)。祝垲在关学史上应当具有重要地位,时人称其"于关学实能继李二曲先生而起者"(谢裕楷:《体微斋遗编跋》)。祝垲著作较丰,然戎马倥偬,"不遑细为收藏",遂"多就散佚"。今仅有《爽亭易说》1卷,《体微斋日记》7卷,《体微斋语录》2卷和诗歌若干,均见于其弟子冯端本整理的《体微斋遗编》一书。

[文献] 〔清〕黄振河《祝爽亭观察事略》:"公讳垲,字爽亭。先世湖北江夏人。封翁善贾,久居陕西之安康,遂占籍。幼失怙。兄弟五人,公最少。七岁能属文,有神童之目。九岁县试,前列。府试,冠其曹,补弟子员。年十一,食廪饩。道光癸卯,膺试荐。丁未成进士,分河南以知县即用,摄内乡篆。……咸丰二年,权柘城篆。朔望宣讲圣谕,諏期与诸生讲学会文,士心以附。……(四年)香岩中丞飞檄调公权新乡篆,公毅然赴任。……惟时直东长枪会匪,凶锋甚炽遮。钦差某公不得进。大顺广道秦公殒于阵,朝命以公代,兼权摄钦差事务。公仓促赴任,仅以旧部练勇从。……值秦陇有回匪之变,捻首

张洛刑率党入关。左文襄总制陕甘,督师进剿,奏以公从征。……陕境肃清,叙功赏二品顶戴。以母老,归直隶省视。李少荃相国复深器之,先后权大顺广道长芦运使。继随相国驻津,檄司海防营务。光绪二年十一月疾,寻卒。时年五十。公弱冠筮仕,兢兢以俗吏为诫。西蜀周宣史大令丙璜为中州儒吏,相从问难,讲求身心性命之学。博辩天人,希踪贤圣。屡分校豫闱,得士最盛。徐太师祥麟、张侍御鸿远、刘观察毓枏、贾太守铎、冯太守端本、李刺史嘉谟,尤其者李文清主讲河朔,数往来,以性理相质。倭文端、吴竹如侍郎,称海内儒宗,咸相引重。"(清光绪十六年体微斋遗编本)(民国)宋伯鲁、宋联奎等纂《续陕西通志稿》卷八二《人物九》:"祝垲,字爽亭,安康人(一作砖坪人),原籍湖北江夏。幼失怙,事母孝敬不衰。七岁能文,有神童之目。九岁补博士弟子员。道光癸卯领乡荐。丁未成进士,以知县分河南。历署内乡、柘城、新乡等县,累迁光州知州,归德知府,先后权直隶大顺广道。所至讲学、筹赈,用法严明,能得士民心。时□匪北窜、捻匪、会匪相继煽乱,迭失郡邑。大府谂其才,檄办归、陈团练。垲集合团丁二万余,训练巡历,且战且守,声威远振,贼闻风宵遁。屡复名城。并竭三昼夜力,追败之,杀贼千余,生擒逆首,解新乡、亳州之围。督师僧格林沁,左宗棠,李鸿章咸倚重之,升署长芦盐运使兼司北洋海防营务。寻卒。垲学宗陆王,而不废程朱。戎马倥偬,不辍讲贯。屡分校豫闱,得士最盛。自铭体微室,取号定庵。著有《体微斋日记》《易说》。"(民国十三年刊本)。又见韩邦孚修、田芸生编《新乡县续志》卷五《循吏传》和鲁论《重修兴安府志》卷一二《人物》。

刘光蕡往河北拜谒黄彭年 是年春,刘光蕡前往北京参加会试,试毕,往河北保定拜谒时任莲池书院山长的黄彭年。谈话间黄彭年谈及"西洋各国与中国事事有关,西洋事情不可不知"。受黄彭年的影响,刘光蕡"自此益留心西洋学术、政治"。

[文献] 张鹏一《刘古愚年谱》:"1876年(光绪二年丙子)三十四岁。春间,先师会试在京,时李敬恒馆编修,请终养告归。先生试报罢,同行归陕,至保定谒黄子寿于莲池书院。时黄公修《畿辅通志》,佐直隶总督李鸿章幕,谈及西洋各国与中国事事有关,西洋事情不可不知。先师问:'西洋各国与中国有战事,直隶如何应付?'黄公言:'中国他省督抚可言战事,惟直隶总督则不能。天津逼近京师,一有战事,京师首先震动,此地势使然。'时士人懵外情,好言战事,故黄公谕之。先师自此益留心西洋学术、政治。"(张鹏一:

《刘古愚年谱》,30页)

贺瑞麟与李用清书信论"动静" 是年,李用清(1829－1898,字澄斋,号菊圃,山西平定人)自京都来信,向贺瑞麟询问理学中的"动静"之说。贺瑞麟对李用清所认为"静则察其敬与不敬"不太认可,认为此说近于观未发之前气象。并认为其"静处养动,动处养静",过于苛求而有失自然。

[文献] 〔清〕贺瑞麟《清麓文集》卷九《答李菊圃太史书(附答问语二条)》(用清,山西平定州人。戊寅)麟仰慕名德久矣,前岁曾闻仁斋先生相与讲论之乐,未获侍聆,辄以为憾。继知先生还朝,恐终身无复见之期。适昨冬,王生子方归自京师,辱赐手书,喜出意外,并示日记一册。不鄙浅陋,用以下问。谦怀诚意,弥增感愧。……附《答问二条》:静则察其敬与不敬,'察'字下得似重。此恐近于求中观未发之类,不知可更易乎?动静各止其所,即动静各得其养也。而静中自有动,动中自有静。所谓静不入于枯寂,动不流于纷扰。若静处养动,动处养静,恐似多一层用心,而反非动静本然之理。"(清光绪己亥年刘传经堂刊本)张元勋《清麓年谱》:"戊寅,四年,五十五岁。……春,函山右李菊圃论'动静'。"(民国十一年刻本)又见孙乃琨《贺清麓先生年谱》。

清德宗光绪七年　辛巳(公元1881年)

路德《柽华馆文集》刊刻　《柽华馆文集》6卷,路德撰。今有光绪七年(1881)解梁书院刻本。书前分别有光绪十一年(1882)李元度序和阎敬铭光绪七年题识。路德以讲科举时文鸣于时,故所著多为时艺之作,然斯集中不乏学术论述。张舜徽先生认为其论学语"持论新辟,不同于俗"(张舜徽:《清人文集别录》,371页)。

[文献] 〔清〕李元度《柽华馆全集序》:"周至路闰生先生主讲关中讲席三十余年,学者仰之如泰山北斗,门下著录千数百人。……先生谈艺实以经术传注为宗,就举子业为阶,导学者以穷经明理。……其学不区汉、宋,衷于一是。教人先器识,后文艺。专主自反身心,尤讲求实用。……先生捐馆舍三十年,今协揆阎大司农锓其古文六卷、骈体文一卷、古今体诗四卷、杂录一卷,于是先生真面乃出。知时艺试律不足以尽先生也。然先生潜研经学诸注疏,皆手自评注,蚕眠细书,鳞次栉比缀集之,皆碎也,乃以逆回俶扰,付之一

炬,岂不惜哉! 先生已祀乡贤祠。在国朝二百余年中,儒林、文苑当高踞一席……光绪十一年夏五月既望,平江后学李元度熏沐谨书。"(清光绪七年解梁书院刻本)《续修四库全书总目提要(稿本)》(5)曰:"《柽华馆散体文》六卷《骈文》一卷《古近体诗》四卷《杂录》一卷,清同治间刊本。清路德撰。……闰生谈时艺,实以经术传注为宗,就举业为阶,导学者以穷经明理。……闰生之学,不区汉宋,衷于一是。教人先器识后文艺,专主自反身心,尤讲求实用。……此《柽华馆诗文》十一卷,同治间门人阎敬铭等所锓刻者。是集出而闰生之真面目乃见,世人当知时艺试律,不足以画闰生也。"(《续修四库全书总目提要(稿本)》(5),139-140页)

清德宗光绪九年　癸未(公元1883年)

柏景伟主讲味经书院　柏景伟于是年始主讲味经书院,以光绪十二年(1886)移讲关中书院而止,主讲近四年。柏景伟讲学以培养"明体达用之才"为目标,他认为书院培养之人才应"处为真儒,出为循吏",故讲学不但主"修己"以养"圣贤道德",且力倡"治人"以取"豪杰功名"。

[文献]〔清〕刘光蕡《陕甘味经书院志·延师第七》:"柏先生以振局羁绊,不能至。越五年,壬午,学政樊公介轩造其庐,乃至。至三年,乙酉,先生力辞去,学院慕公子荷固留,不得去。越一年,丁亥,大府请先生主关中,以咸阳刘光蕡承其乏,今五年。"(《烟霞草堂遗书续刻》本)〔清〕柏震蕃《行状》:"壬午十月,樊介轩学使复订味经讲席,以函请,未肯出山。亟语监院寇君允臣曰:'必得非常之师,乃可培非常之材。吾今为陕得师矣,此来庶不愧也!'因尽秉驺从,造庐固请,乃始应聘。历任学使谆留五载。"(柏景伟:《沣西草堂文集》,清光绪庚子排印本)张鹏一《刘古愚年谱》:"1883年(光绪九年癸未)四十一岁。……学政樊公延柏子俊先生主讲味书院。"(张鹏一:《刘古愚年谱》,41页)〔清〕刘懋官、宋伯鲁、周斯亿《〔宣统〕重修泾阳县志》卷一二《列传·官师》:"柏景伟,字子俊。长安人。定边训导。光绪九年主讲味经书院。强毅自持,好善如命,嫉恶如仇。教法循其旧,而迅励过之。把酒剧谈,气象溢眉睫间。与刘古愚先生倡立求友斋,以示后学之津梁。旋即移讲关中。"(清宣统三年铅印本)又见张鹏一《刘古愚年谱》。

贺瑞麟拜访柏景伟　是年,贺瑞麟携弟子往味经书院访柏景伟。贺瑞麟为学唯以程、朱理学是守,对考据、实学、科举等皆有所批评。然柏景伟学宗阳明,且为学力倡实学,并于书院讲学不废考据与科举。当时的情形,诚如刘光蕡所说:"三原复斋先生屏弃帖括,讲居敬穷理之学于清麓;而长安柏先生阐良知之说应之于沣西"(刘光蕡:《烟霞草堂文集》卷四《刘君子初墓志铭》)。故而,贺瑞麟此行目的在于劝柏景伟与己共倡程、朱之学,然二人为学旨趣互歧,终难并合。

[**文献**] 〔清〕贺瑞麟《清麓文集》卷一〇《与柏子俊书》(景伟,长安人):"日前偕诸生访谒,辱蒙款待。甚感!甚感!谈论间所及警益良多。……欲说之话,及晤面则又忽忘。犹未免加以闲杂言语,其间紧要如身心亲切,工夫学问,精微义理,往往启其端而莫竟。夫委辨其异,而遽参以同,事后思之,尚不能无遗憾也。然其志高才大,每进逾上如子俊兄;执肠虚心,欲有善用如子俊兄。而又有精力,能观书,皆麟所深佩服者。圣贤书册俱在,《小学》《近思录》尤先儒所最尊信服膺,入德之门,造道之方。而朱子文集、语类近且刊行,知子俊兄已从事者,精益求精;未从事者,玩之又玩,则朱子所谓'某读程、张两家之文,至今四十余年,但觉其义之深、旨之远,而近世纷纷议论,文章殆不足复过眼。'薛文清所谓'学者舍周、程、张、朱之书不读,而读他书,是恶睹泰山而喜邱垤也。藐乎!吾知其小矣者。'真不是诳言。而千古学脉之正,百圣心传之微,其必深造而自得之,然则意趣之深纯,功力之精粹,当亦实有诸己,而非他人所得知矣。即于近世学术之非,亦不难辨,而其议论乖僻,使后生口呙眼斜,为吾道之害者,方将辞而辟之。如孟夫子之不得已,亦儒者之责也。狂瞽之言,僭渎已甚。尊兄以为如何?"(清光绪己亥年刘传经堂刊本)张元勋《清麓年谱》:"癸未,九年,六十岁。……访柏子俊先生于味经书院,聚谈累日。子俊先生请讲学,并恳撰书堂联语。先生为题长联'讲肆邻周京棫朴作人看今日多士群居可否不愧誉髦泾之水嵯之山直与全秦振风气;横渠启关学洙泗相传愿诸生奋心独往断当力崇礼教愚求砭顽求门好为吾道溯渊源。'去后复致书子俊先生,欲共讲圣贤义理之学。所惜卒难并合,盖两先生,一道德,一经济也。(沣西先生殁,先生挽语云'味经会犹新酒后纵心谈时事;关学编未竟病中嘱我订遗编。')"(民国十一年刻本)又见孙乃琨《贺清麓先生年谱》。

清德宗光绪十年　甲申（公元1884年）

李元春《桐阁文钞》刊刻　李元春文集颇巨,有《桐阁集》14卷、《桐阁续集》8卷、《桐阁集又续》4卷和《桐窗余稿》不分卷,今存有道光间刻本。《桐阁文钞》12卷,光绪十年(1884)朝邑同义文会刊本,乃李元春弟子贺瑞麟所编次李元春文集。按《文钞》前贺瑞麟序可知,上述李元春诸文集,于嘉庆七年(1802)秦乱中"版篇遭毁",故有此刻。然贺瑞麟是编以理学家目光筛选,故李元春文集中有关理学者几搜罗殆尽。再者,是书卷十二,乃贺瑞麟辑录李元春论学语录,凡二百六十四条,其为研究李元春理学思想之重要资料。

[文献]　〔清〕贺瑞麟《桐阁先生文钞序》:"瑞麟年二十四,始登桐阁先生之门,从游几十年。……自先生倡明关学,以兴起斯文为己任,恪守洛、闽,躬行实践。……先生生平斥汉学之僻,辨心学之偏。尝曰:'理学、考据、古文、时艺,吾皆为之,而一衷于道。'故选辑《关中两朝文钞》及七种古文选,皆以《张子释要》、诸先生语要为正,学要为归宿。……壬戌,秦乱,版篇遭毁。昔尝与古人杨君仁甫约,共钞录,重锓公传。而吾友旋亡,今十年矣。其弟信甫屡以为言。瑞麟衰年渐迫,同志益孤,用敢不揣固陋,乃取旧藏先生诸集,分类编次,并语录为十二卷。……光绪甲申冬十一月癸亥,三原门人贺瑞麟谨识。"(清光绪十年朝邑同义文会刊本)

清德宗光绪十一年　乙酉（公元1885年）

柏景伟与刘光蕡创立求友斋　柏景伟有见关中士人驰骛功名、溺于科举,深染"落落然一空标榜拘虚之习",竟于修己治人之儒学、通今博古之实学废弃不修。遂于是年与刘光蕡在味经书院创立求友斋,"为关辅力挽衰颓"。该斋所开课程除经学、史学、理学、政学外,还有天文、地舆、算法、掌故,非但教诸生倾心于修养圣贤品德,亦教诸生矢志于慕效豪杰功名。求友斋之创设,对于扭转关中士人学风具有重要意义。

[文献]　〔清〕柏景伟《沣西草堂文集》卷六《求友斋课启》:"人才之盛衰,岂不关乎学术哉!有正学焉,修己治人,敦行不懈是也,而驰骛名利者废之。有实学焉,通今博古,讨论必精也,而剽窃词章者隳之。风气所趋,江河

日下,此岂尽学者之失乎?目不睹有用之书,耳不闻有道之训,何怪乎沉溺不返。而吾陕适承其弊,仆等久昧旨归,罔识途径,时过后学艰苦无成,自惜之余,未尝不兼为诸同人惜焉。窃谓学有原,须辨于始而大其规模。吾陕兵燹后,书多散佚,宜特创一书局。凡有关正学、实学各籍,择要刊刻。以资学者之观览,则既有以拓展其才识矣,又集二三友人讲明而提倡之,落落然以空标榜拘墟之习,而务以圣贤道德、豪杰功名相与纠绳,相与淬厉,为关辅力挽衰颓。积日累月,渐渍优游。河岳有灵,未必不稍回风气也。然书局之举,非有大力者不能,而讲明提倡则凡有志者与有责焉。仆等不揣鄙陋,议加月课,小助膏火,以'求友'名斋,盖取析疑赏奇,乐多贤友之意。其课以经学、史学、道学、政学四项为题,而天文、地舆、算法、掌故各附之。……区区非敢谓能友天下士也,所愿诸同人不暇弃,而惠教我焉,则仆等亦乐甚。共殚尚友之志,永敦会友之风,以期尽正学、实学之义,吾陕幸甚!吾党幸甚!"(清光绪庚子排印本)〔清〕柏景伟《沣西草堂文集》卷二《复刘焕唐孝廉》:"胡芷洲为吾省培养人才计,慨然出千金,用垂久远,甚盛意也,亦大豪杰举也。……天下事惟创始为难耳!人之好善,谁不我如?芷洲倡而行之,必有如芷洲其人者踵而拓之。此事关吾省气运。否极泰来,屯久必亨。河岳有灵,当必隐为推挽矣。惟是此任,非兄所能独肩,必得弟共任之,或可相与有成耳。继思吾二人亦未必克斯任,盖位不尊而学不博,其谁信之?而谁从之乎?然芷洲既有志提倡,我辈当力为襄理。虽不能为座上菩萨,亦或为堂前护法。古今义举,大都已渐而成。先尽我心,以待其人,似不当畏难而阻也。请即以此金由芷洲发典生息,储为不时之需。拟取'求友'二字名斋,妥议新章试缓为之,以程厥效。"(同上)〔清〕贺瑞麟《清麓文集》卷二二《柏君子俊传》:"又与咸阳举人刘光蕡创立求友斋,课士以经史、道学、政事、天文、舆地、掌故、算法,关中士风为之一变。"(清光绪己亥年刘传经堂刊本)张鹏一《刘古愚年谱》:"1885年(光绪十一年乙酉)四十三岁。……柏先生拟设'求友斋',以经、史、道、政各学为题,附天文、地舆、掌故、算法四门,按季出题,酌给膏奖。……自两先生提倡此事,课士刊书历七年。"(张鹏一:《刘古愚年谱》,49-50页)

黄嗣东延访贺瑞麟 是年,贺瑞麟往长安访旧友寇守信(1824-1886,字允臣,号潜溪,学者称潜溪先生,长安人),间于时任陕西兵备道的黄嗣东(1846-1910,字小鲁,湖北汉阳人)相见,后二人多所往来。黄嗣东在陕西期间,重建鲁斋书院,先后延贺瑞麟、王守恭,牛兆濂主讲期间,去陕后,辑《道学渊源录》一书。该书第八编《圣清渊源录》,为大批关学中理学学者立传。故而,牛兆濂对其有"关学不绝如线,公之力也"的赞誉。

[文献] 张元勋《清麓年谱》:"乙酉,十一年,六十二岁。……夏四月,至省会旧友寇允臣先生(先生旧交也,去官后得腿疾,不良于行。养深学粹,学者称潜溪先生,著有《潜溪诗文集》)并见黄观察小鲁(名嗣栋,湖北人。规复鲁斋学舍。晚著《道统渊源录》一百卷。殁后学者谥靖道先生,附祀省东关鲁斋祠中),去后以书论'动静'。……小鲁举郭元德所记半日静坐为言,先生曰:此语稼书已辨之,言静不如言敬。后世大儒,或有静坐得力者,虽其人卓绝今古,而学术究属微偏。某尝谓取善宜广,造德贵纯。"(民国十一年刻本)又见孙乃琨《贺清麓先生年谱》。

清德宗光绪十三年 丁亥(公元1887年)

二月,贺瑞麟会讲鲁斋书院,并演乡饮酒礼 是年,受陕西布政使李用清、兵备道黄嗣东等人的邀请,贺瑞麟在刚重建成的鲁斋书院讲学并演礼。贺瑞麟讲学毕,即于午间演乡饮酒礼,弹琴歌诗,据载当时"观者如堵,亦极一时之盛"。

[文献] 〔清〕贺瑞麟《清麓文集》卷一六《鲁斋书院讲义》:"光绪丁亥春,旋以事至省垣,诸生从者十余人。而观察汉阳黄公小鲁先生,时总查关东新建鲁斋书院,以来四方志学之士。麟无似猥蒙下榻,且辱命为书院诸生说书。区区浅陋,何敢当此。于是二月五日,方伯乐年李公,廉访贵筑黄公,观察汉军曾公、江公,皆临。重荷雅意,固辞不获。辄诵所闻,以求诸生是正,是亦凤昔事贤游仁之素志也。愿恕其僭妄,而辱教焉,则幸甚!"(清光绪己亥年刘传经堂刊本)张元勋《清麓年谱》:"丁亥,十三年,六十四岁。……二月初,报礼,藩宪李公、黄观察小鲁(嗣栋)延先生讲书鲁斋书院。时藩宪李公菊圃(用清)、臬宪黄公子寿(彭年)、粮宪曾公(鉌)、监宪汪公,皆来会讲门下。……午,习乡饮酒礼,弹琴歌诗,观者如堵,亦极一时之盛云。"(民国十一年刻本)又见孙乃琨《贺清麓先生年谱》。

柏景伟主讲关中书院 柏景伟于是年主讲关中书院,止于光绪十六年(1890),历时三年。柏景伟主讲关中书院时,立志振兴关学。他勉诸生云:"同为关中人,当同以关学相励,孳孳于修己治人之学"。在他看来,关中书院自明冯从吾始,就以修己治人为教,以培养真儒与名臣为目标。有清以降,李颙、孙景烈及路德等主讲关中书院之学者无不以"阐扬关学,克绍恭定之传"为任,故其以关学前贤自勉,矢志"挽回风气",力改"三辅学士"舍关学不修,而皆"汩没于词章记诵"的学风。

[**文献**] 〔清〕柏景伟《沣西草堂文集》卷五《关中书院戊子科题名记》:"光绪丁亥,余忝附关中书院讲席。越明年戊子秋,试榜出,门下获隽者二十余人。"(清光绪庚子(1900)排印本)〔清〕刘光蕡《陕甘味经书院志·延师第七》:"丁亥,大府请先生主关中,以咸阳刘光蕡承其乏,今五年。"(《烟霞草堂遗书续刻》本)〔清〕柏震蕃《行状》:"岁丁亥,谭文卿制府、叶冠卿中丞,以关学不振,士气日非,有整顿学校,加修斋房之奏。力延府君主讲关中书院,兼掌志学斋课时。"(清光绪庚子排印本)

刘光蕡主讲味经书院 刘光蕡于光绪十三年(1887)一月,接任柏景伟主讲陕甘味经书院,至光绪二十四年(1898)戊戌变法失败后被视为"康党"而辞职,历任山长长达十二年之久。刘光蕡在味经书院教学,以诵、习、讲、阅为教程,所教经史、算法、天文、律历、地理、兵法、水利等无所不包。但他认为"经史即吾儒之本业",故颇重儒家经典,要求诸生每日读六经、四子三百字,熟读成诵。刘光蕡对于诸生立有用功程序,所谓"居业节目"十条,如点勘句读、校订错讹、纂录义类、曲证旁通、切己体贴、典章考据、模拟文法、抄录故实、存疑待问和余功等。张舜徽先生认为,刘光蕡主讲味经书院讲席时,"关陇才俊,十九列门下"(张舜徽:《清人文集别录》,555页)。

[**文献**] 〔清〕刘光蕡《陕甘味经书院志·延师第七》:"丁亥,大府请先生主关中,以咸阳刘光蕡承其乏,今五年。"(《烟霞草堂遗书续刻》本)〔清〕李岳瑞《墓志铭》:"丁亥春,黄公陈臬陕西,念当时从游高弟唯先生在。乃延柏先生主讲关中,而以先生继味经讲席。"(《烟霞草堂遗书》本)〔清〕刘懋官、宋伯鲁、周斯亿《〔宣统〕重修泾阳县志》卷一二《列传·官师》:"刘光蕡,字焕唐,古愚其号也。……为学不以门户自隘,亦不以门户限人。与友朋论国事家事辄垂涕。知时局将更,故于天算、舆图、中外交涉,靡不研究,以昭后进。筹建味经刊书处,复幽机馆,仿造轧花机,皆具远略。……主讲味经十有四年,以疾移居礼泉烟霞洞。既乃膺松制军焘聘,主讲甘肃兰山书院讲席,逾年卒。"(清宣统三年铅印本)

清德宗光绪十六年　庚寅(公元1890年)

祝垲《体微斋遗编》刊刻　是年,祝垲的遗著由其弟子冯端本编辑为《体微斋遗编》刊刻。该编为祝垲的著作和评传。著作有《体微斋日记》7卷、《体微斋语录》2卷和《爽亭易说》1卷,另外附有拾遗的语录若干条和诗歌若干首。《体微斋日记》,乃祝垲道光三十年(1850)八月二十日至咸丰五年(1855)正月二十九日间研究理学的心得,故内容"皆精研理学"。《体微斋语录》所记,是《体微斋日记》所记年月以后祝垲之论学语,此录"颇多确论",能够"摆脱儒先一切习套",可谓祝垲理学思想"臻至成熟"之表现。然遗编所录,仅为祝垲道光三十年(1850)至同治二年(1863)间的著作。传记则有《祝爽亭观察事略》《陕西巡抚恩奏为故绅遗行可嘉援例转请崇祀乡贤以励风化恭折》和《归德合郡纪》,均为了解祝垲生平的重要资料。

[文献]　〔清〕贺瑞麟《体微斋遗编序》:"道光癸卯,余方就试长安,竟传有安康祝君者,妙龄能文,已而果获隽,是时无不称为才子。……自《日记》《语录》《易说》诸遗编出,而知君子之切实为己,心身性命之功无一毫放过,则又无人不称为深于理学。夫才子、循良、将略,犹人易能也;理学非易能也。而才子、循吏、将略,一皆出于理学,尤不易能。如君者其几于通儒全才欤!君之学本于王文成。文成当日称为有用道学,君其有焉。然世之学文成者,往往猖狂恣睢,师心自用。君守程朱之说,实用其力于主敬穷理,践规矩,履绳约。所谓原心秒忽较礼分寸,积累为工,涵养为正者。不但为文成补偏救弊,斯亦深知程朱而为善学文成者矣。谢君端甫以君此编索序。余虽斤斤程朱,而善于学文成者,又未尝不敬慕其人。读君之书,窃幸昔闻其名,今知其实。惜君早逝,复不获与之议论切磋,以求深益,以究吾学源流之详也。"(清光绪十六年刊本)〔清〕徐桐《体微妙斋遗编序》:"爽亭祝先生,以英雄果毅之姿,笃志于学。盖其生长汉南,夙闻二曲之遗风,服膺于《学髓》《四书反身录》诸书,浩然有得。因益求夫金溪、姚江之绪,而于濂洛关闽诸儒之旨,融会贯通,未尝少有异同。今先生门人冯子立同年,出先生所著录,畀桐受而读之,益叹先生之学为不可及也。"(同上)〔清〕谢裕楷《体微斋遗编跋》:"光绪丁亥需次津门,伯世兄出旧藏日记、语录、易说诸稿,受而读之。……戊子春,楷移次都门,谨将是稿缮呈阎丹初相国鉴定。将付剞劂,适奉檄令固安,一切

镌订事宜,皆冯子立太守任之。庚寅秋,来摄大兴时,板刻甫成。……是编所记讫于同治癸亥,以后或因从戎,故而不遑著述,或有著述而散佚,皆不可知。然少时能悟道如此,读者可想见晚年之所至矣。谨缀数语,以志书成之巅末云。"(同上)〔清〕祝嘉庸《体微斋遗编跋》:"先大夫自通籍到豫,由豫迁直,数十年来值兵事方兴,倥偬戎马,间所有著作不遑细为收藏。庸生也晚,又未知护持,致先人手泽多就散佚,而今痛憾靡及矣。岁丁亥,需次津门,检旧箧仅得是编遗稿,恐久而复失,欲梓之以垂嘉乘,谨质冯子立世丈、谢端甫姻兄,并浼代为厘定暨一切锓校事宜。承两君慨然任其劳,阅三载而是刻以成。"(同上)

清德宗光绪十七年　辛卯(公元1891年)

十月,柏景伟卒　柏景伟(1831－1891),字子俊,号沣西,晚号忍庵,陕西长安县人。柏景伟幼随父师事户县贾积中,长则就学于关中书院,深受山长蒋湘南(1795－1854,字子潇,固始人)器重。咸丰五年(1855)中举人,授定边县训导,然因战乱未赴任。后柏景伟在长安办团练,清军多隆阿部入陕时,他入提督傅先宗幕下,为之运筹帷幄,解救了庆阳、巩昌之围,因功由陕西巡抚刘蓉保举,得候补知县。同治六年(1867)钦差大臣左宗棠领兵入关中,得知柏景伟学识渊博,胸怀谋略,遂邀入营参谋军事。他向左宗棠所提出十六项策略,多被左氏采纳。故左宗棠保举他为知县,分陕西省补用,并加州同官衔。光绪三年(1877),柏景伟辞职回乡,从事教育,曾先后主讲于泾干、味经、关中各大书院。造就多士,其中最知名者,莫过于长安赵舒翘和礼泉宋伯鲁。柏景伟初研理学以刘宗周著作入手,其学"宗阳明良知之说"。但他认为"天地人通始号儒"(柏景伟:《沣西草堂集》卷八《泾干书院卧病号答诸生》),故强调明体达用,在他看来,"大人之学,体用兼全"(同上书,卷三《复薛寿萱》),所谓"体"即"道德",所谓"用"即"经济",所以他又有"道德经济,一以贯之"(同上书,卷二《复陈诚明经》)之说。如何立"体",他认为"主敬行恕而体立矣"(同上书,卷七《遗墨》),所以特别强调"敬恕",在他看来"仁不外于敬恕",基于此,他说:"孔门之学敬恕兼重"。达"用",就是要"讲求经济",鉴于当时中国"时事艰危",他主张"用",就是要"用备中外缓急之需"(同上),"学求有用为国家异日缓急之需"(同上书,卷二《复朝邑相国》)。再者,柏景伟之学特别强调"自立",他认为"志道之士,不可不先求自立"(同上书,卷三《复鲁勷卿》),故讲学"尝劝学者先求自立"。学人如何自立?他认为"必须打破三关"。"所谓三关者:生死第一,利害第二,毁誉其末焉者也"(同上书,卷三《致咸长劝赈绅士》)。唐文治先生认为柏景伟的"三关"说来源于张载《西铭》中的"不愧屋漏为无忝,存心养性为匪懈"和"存,吾顺事;没,吾宁也"等思想,所以他说:"柏先生之学,关学之正传也"(唐文治:《柏子俊先生文集序》)。诚然,柏景伟对张载之学有承绪之志,他明确表示"横渠是吾师"(同上书,卷八《田家杂兴·其四》)。对于吏治,柏景伟认为官吏"宜多看书,则学识日进,尤必力除官样牌子,方能为好官"(同上书,卷三《复子钝》),要求官员必须有"明体达用之才",所谓"明体",就是"知砥名节以端其体";所谓"达用"指"讲求经济以裕其用"。另外,柏景伟也主张学习西方,但他对当时把学习西方简单地视为"制枪械""造轮船"深表不满。在他看来,应当"潜学各国制造法"(同上书,卷三《复马丕卿》),这样才有可能"制造反出各国上",而不是"所讲者皆西人之机器,所雇者皆西人之匠工",他认为这只能是中国"事事食人唾余,糜费不赀,而全落后着"。对于柏景伟之为学特点,刘光蕡评价说:"讲学宗阳明良知之说,而充之以学问,博通经史,熟悉本朝掌故,期于坐言起行。其学外似陈同甫、王伯厚,而实以刘念台慎独实践为归,故不流于空虚之滥。"贺瑞麟亦认为柏景伟"主王文成,然精研博览,务求实践,无任心之弊"。柏景伟力振关学,其建立少墟书院和冯从吾祠以张扬关学,延请贺瑞麟续《关学编》并刊刻之,以续关学之传,所以贺瑞麟称其"惓惓于关者,其心不已也"(贺瑞麟:《清麓文集》,卷二二《柏子俊先生传》)。柏景伟在关学史上有重要地位,他在世时,时人视其为"关学之后劲"(吉同均:《沣西草堂诗集跋》)。柏景伟著作有《柏沣西先生遗集》6卷和《沣西草堂集》等。

[文献] 《清史列传》卷六七《儒林传上二》:"柏景伟,字子俊,陕西长安人。咸丰五年举人,以选授定边县训导,未赴任。……寻以在籍办团防,巡抚刘蓉奏请以知县选用。……同治五年,解巩昌围,并克熟阳城,叙功赏戴蓝翎。六年,钦差大臣左宗棠督师入关,与谋军事。……宗棠深才之,以属帮办军务刘典。八年,典以景伟积年劳勋,特疏保荐,诏以知县分省补用,赏加同知衔。嗣典以终养回籍,景伟遂归里,不复出。……景伟少刻苦于学,既归,主泾干、味经、关中各书院。思造士以济时艰,创立求友斋,令以经、史、道学、

政事、天文、地舆、掌故、算法、时务,分门肄习,造就甚众。其为学似陈同甫、王伯厚,而实以刘念台慎独为的。尝谓:'学以恕为本,以强为用,强恕而行,则望于人者薄,而责于己者厚。'……所著有《沣西草堂集》。"(周骏富:《清代传记丛刊》(104),329-330页)〔清〕刘光蕡《烟霞草堂文集》卷四《同知衔升用知县柏子俊先生墓志铭》:"光绪十七年辛卯,冬十月既望越日昧旦,前关中院长沣西先生卒于长安冯籍村里第。远近闻之,怅失所依。奔走而吊,哭者千余人。……左文襄之进兵甘肃也,驻节西安,议所向,先生首陈十六事略。……而陕士习帖括,病空疏无实,乃创立求友斋,以以经、史、道学、政事、天文、舆地、掌故、算法,与诸生相习。……先生讲阳明'良知'之学,而充之以学问。博通经史,熟本朝掌故,期于坐言起行。其学外似陈同甫、王伯厚,而实以刘念台慎独实践为主,故不流于空虚泛滥。同时,贺复斋讲学三原,恪守程朱,与先生声气相应,致相得也。先生刻《关学编》未竟,嘱复斋续成之。"(《烟霞草堂遗书》本)〔清〕贺瑞麟《清麓文集》卷二二《柏君子俊传》:"君姓柏,名景伟,字子俊。长安人。……弱冠入庠,旋食饩,有声黉序。然英迈之气已咄咄逼人。貌魁梧,目光炯然,望之可畏。河南孝廉蒋湘南子潇主讲关中书院,君从之学。……素有任侠风,见不平事辄发愤曰:'有欺凌贫者,吾即为主也。'喜谈兵。……左文襄进兵甘肃,君陈办回十六要务,文襄多采其说。……晚岁授诸生制艺,多掇巍科以去。又与咸阳举人刘光蕡创立求友斋,课士以经、史、道学、政事、天文、舆地、掌故、算法,关中士风为之一变。历主泾干、味经、关中诸书院讲席,教诸生必诱之敦品励行。虽严立风裁,而爱才如命。明冯恭定公少墟先生倡明关学,近少知者,君思一振儒业,议修恭定祠于省城,兼为少墟书院。……且刻《关学编》正、续各集,功未竣而君殁。然其惓惓于关学者,其心未已也。……其学主王文成,然精研博览,务求实践,无任心之弊。"(清光绪己亥年刘传经堂刊本)又见徐世昌《清儒学案》卷一九一,张骥《关学宗传》卷五五《柏子俊先生》和柏震蕃《行状》。

李元春《桐阁性理十三论》刊刻 《桐阁性理十三论》不分卷,李元春撰。今有光绪十七年(1891)正谊书院刊本。书前有贺瑞麟光绪十七年(1891)序。由序知,是书乃李元春晚年为课其孙辈而作,然"亦先生讲学之书"。十三论者,即太极本无极论、主静立人极论、诚通诚复论、几善恶论、太虚即气无无论、乾父坤母论、为天地立心论、性合内外论、名实一物论、性即理论、学始不欺暗室论、知行先后轻重论和动止语默皆行论。其中亦论及关中理学学者,如对张载"太虚即气""乾父坤母"和"为天地立心"等命题的看法;对韩邦奇"以张子谓濂溪、伊川、紫阳置气言理为非",表示"不敢然其言";认为王宏撰《正学隅见述》"犹未免骑墙之见"等等。

[文献]〔清〕贺瑞麟《性理十三论序》:"吾师时斋先生一生践履著述,无非性理之学。老,为孙辈作此十三论,示之式,亦先生讲学之书也。……光绪辛卯秋八月朔,三原门人贺瑞麟谨识。"(李元春:《桐阁性理十三论》,清光绪十七年正谊书院刊本)

清德宗光绪十八年 壬辰(公元1892年)

贺瑞麟撰成《关学续编》　《关学续编》见于贺瑞麟《清麓文集》卷一五。柏景伟拟续就《关学编》,然因病未果,临终前嘱贺瑞麟为之。贺瑞麟此编所撰关学家传记七篇、人物十人。分别为蒲城刘鸣珂《伯容刘先生》,泾阳王承烈《逊功王先生》,澄城张秉直《萝谷张先生》,华阴史调《复斋史先生》,朝邑李元春《桐阁李先生》,凤翔郑士范《冶亭郑先生》和朝邑杨树椿《损斋杨先生》(赵宏斋、张元善、李坤蔚附)。这里需要指出的是,贺瑞麟《关学续编》中所录诸人,学皆宗朱子;他对学尊陆、王者一概弃而不录。他的这一作法,其弟子马鉴源评价说:"至其《关学续编》,多以恪守程朱传,盖生平惟祖述孔孟、宪章程朱,故不觉性情流露,时见一斑者如是"(马鉴源:《贺复斋先生行状》)。

[文献]〔清〕贺瑞麟《清麓文集》卷一一《与柏汉章书》(景倬,子俊弟):"令兄大哥临殁,拳拳以《关学编》重刻本付之订正。弟本非所敢当,然感大哥厚德,不敢辞。又念此事非一家一人私事,略参末议,正以发明大哥振兴关学至意,然是非不敢自质,一俟后人而已。其可用与否,仍请二兄与令侄孝龙及诸君子斟酌可也。"(清光绪己亥年刘传经堂刊本)张元勋《清麓年谱》:"壬辰,十八年,六十九岁。……续《关学编》。是编创自明冯少墟,清王丰川初续,李桐阁再续,至是又数十年矣。柏沣西先生欲再续,而病作,不果。因请先生为之。先生取生平所企向者七人续入焉。"(民国十一年刻本)又见孙乃琨《贺清麓先生年谱》。

[考辨]　关于《关学编》的历次编撰情况大概如下:(一)冯从吾创编《关学编》:明冯从吾发凡体例,首次创编了《关学编》。该编专为关中理学家辑,

以时间之先后编次。首冠以秦人孔门四子,中实始于张载而迄于王之士,共计姓字33人,分列四卷。卷一列宋张载等9人,卷二载金时杨天德1人、元杨奂等8人,卷三、卷四列明段坚等15人,另有10人为小传附于相关传记。该编见之于《冯少墟集》。(二)王心敬续《关学编》:共6卷,系对冯从吾《关学编》之续补。亦按年代先后编次,于秦子前增入伏羲、秦伯、仲雍、文王、武王、周公6人,于汉增列董仲书、杨震2人。明则增列了冯从吾至单允昌6人。于清仅列李颙及其交游6人、门弟子12人。(三)李元春《增订关学编》:该编接绪于冯从吾《关学编》,分为五卷,按宋、金、元、明、清时序,依次补续自宋游师雄至清王巡泰,共计姓字21人。该编中,李颙以前诸人,由李元春辑录。李颙及王心敬,由李元春弟子王维戊编撰。马相九由马氏后裔、李元春弟子马先登撰写。孙景烈、王巡泰,由李元春长子来南编撰。该本有道光庚寅(1830)年朝邑蒙天庥刊本和道光庚寅年三原刘传经堂重刊本。(四)贺瑞麟续《关学编》:柏景伟拟续《关学编》,因病未果而终,乃嘱瑞麟续之。贺瑞麟所续共计10人,列传者有刘鸣珂、王承烈、张秉直、史调、李元春、郑士范、杨树椿等7人,附录的有赵宏斋、张元善、李坤蔚3人。此编有光绪辛卯(1891)沣西草堂刻本。沣西草堂本,将冯从吾《关学编》四卷作为《原编》,而将王心敬、李元春、贺瑞麟各自所作补续共3卷为《续编》,《原编》与《续编》汇而为一,所谓关学之全编也。

清德宗光绪十九年 癸巳(公元1893年)

三月,牛兆濂问学贺瑞麟

[文献] 〔清〕牛兆濂《蓝川文钞》卷九《记清麓问学本末》:"光绪癸巳春三月之望,谒复斋先生于朱子祠,是日习乡饮酒礼。……明日晨,谒先生于家。问学,先生曰'程朱是孔孟嫡派,合于程、朱即合于孔、孟,不合于程朱即不合于孔孟。能熟读《近思录》则自见得。'又问居常,……再拜受教以归。……仅五阅月,而先生已谢诸生,不及再见矣!"(民国甲子年芸阁诸生排印本)张元勋《牛蓝川先生行状》:"癸巳春三月之望,谒复斋先生于三原朱子祠,会祭行礼。翌日,谒于家。问为学大要。……由此专心圣贤为己之学,熟读精思,身体力行,毅然以道自任。"(民国间排印本)张元勋《清麓年谱》:"癸巳,十九年,七十岁。……三月望,蓝田牛兆濂来见(字梦周,号蓝川)"(民国

十一年刻本)又见孙乃琨《贺清麓先生年谱》。

九月,贺瑞麟卒 贺瑞麟(1824—1893),字角生,号复斋,陕西三原县人。贺瑞麟少时肄业于宏道书院,但他厌烦科举,无意功名,遂于道光丁未(1847)往朝邑师从李元春。翌年结识朝邑杨树椿,后又结识山西薛于瑛,三人相互砥砺,遂弃举业,潜心研究理学。同治甲戌(1874),陕甘提督学政吴大澂以贤才荐举贺瑞麟,得国子监学正衔。光绪辛卯(1891),陕西提督学政柯逢时又以经明行修荐之于朝,得旨加五品衔。贺瑞麟为学以程朱为准,他说:"窃意今日为学断,当专趋程朱门户。是程朱门户,自是孔孟门户。不是程朱门户,必不是孔孟门户。"(贺瑞麟:《清麓文集》卷一〇《答王逊卿书》)在他看来,"洛闽宗派,渊源洙泗,外此皆荆棘蓁芜,误人坑堑"(同上书,卷一一《答王秉粹书》),故贺瑞麟对程朱以外之学说,皆予以批评,曰:"佛老之清净寂灭,管商之权谋功力,百家众技之支离偏曲,以及金溪姚江之六经注脚、良知顿悟,既皆以此而有害夫道"(同上书,卷一三《学古书院藏书阁记》),尤其对心学和考据,他认为"学术日杂,心学、考据,尤不可不严防也"(同上书,卷一一《答王秉粹书》);他批评"陆王一派亦只以'心即理也'一句为祟,故种种谬妄皆由此"(贺瑞麟:《清麓日记》卷三),并提醒"学者断不可为其所惑";又认为"考据家亦谓实事求是,只是是其所是"(同上),并批评"考据家自矜其学,博杂已甚"(同上)。贺瑞麟虽师从李元春,但其学与清初关中理学学者王建常为近,故他对王建常推崇备至,认为王氏"实为宋以后,关中第一大儒"(《清麓文集》卷五《书关学编王复斋先生传后》)。另外,贺瑞麟对张载"以礼教关中"甚为推崇,他"生平以倡复横渠礼教为己任"(《清史列传》卷六七《儒林传上二》),时或有延其讲古礼,不远千里亦往之,据载其演礼之处"观者如堵,风俗一变"。非但如此,据其弟子记载,他还"欲仿横渠井田之意",曾购田四十八亩,但"以回乱,田荒,遂废"(谢化南编:《清麓遗事》)。贺瑞麟于治世之道亦很重视,他提倡"王道"。认为"王道以爱民为本"(《清麓日记》卷一),所以其论政以民为本。他认为那些"为民上者",如果对百姓"全未有父母之意",那么,"其不鱼肉斯民也鲜矣"(同上)。并批评当时的贪官污吏说:"今之仕者,巧夺民财以图自肥,而又不自讳,真所谓充然无复廉耻之色。"(同上)对官员如何治理,他提出了大体的要求,即"为辅弼之臣,必以格君非、恤民隐、举真才、求直言为之主。为疆圻之臣,必以宣德意、正人心、整吏治、变仕风为之主。为守令之臣,必以除盗贼、薄税敛、厉学校、厚风俗为之主。"

(《清麓文集》卷一四《共学私说》)贺瑞麟对关学的护持颇为有力,一方面表现在他对关学文献的整理,他所主编的大型丛书《西京清麓丛书》使得大量关学著作得以保存,他还对上自张载下迄柏景伟的关中理学学者,进行评定和论说。另一方面表现在他续编《关学编》,鼓励关中学人永承薪火,绵延关学道脉。贺瑞麟毕生以弘扬程朱理学为己任,主讲学书院多所,如学古书院、正谊书院、鲁斋书院等,后又创建清麓书舍讲学其中,故门下造就颇众,其中关中弟子较著名者有牛兆濂、马鉴源、王守恭等人。然能传其学者,当推蓝田牛兆濂。贺瑞麟著作主要有《清麓日记》5卷,《清麓文集》23卷,《清麓答问》4卷和《清麓遗语》4卷。

[文献] 《清史列传》卷六七《儒林传上二》:"贺瑞麟,字角生,三原人。恩贡生。有志正学。……年二十四,闻李元春讲学朝邑,从之游。遂弃举业,致力儒先之书。其学以朱子为准的,于阳儒阴释之辨尤严。与芮城薛于瑛、朝邑杨树椿友善,以道义相切劘。同治元年,关中乱,避地绛州,颠沛之中仍与于瑛、树椿讲学不辍。乱定归里,知县余庚飚请主学古书院。……巡抚刘蓉、总督左宗棠复聘主关中、兰山书院,皆固辞。晚辟清麓精舍于泾阳之清麓原,来学者益众。生平以倡复横渠礼教为己任,或延讲古礼,不远千里。郡县屡请行古乡饮酒礼,观者如堵墙,风俗一变。……同治十三年,学政吴大澄荐,奉旨加国子监学正衔。光绪十七年,督学柯逢时复以经明行修荐,奉旨加五品衔。十九年卒,年七十。著有《五子信好录》《读朱录要》《养蒙书》《诲儿编》《清麓文钞》《语录》"(周骏富:《清代传记丛刊》(104),325-326页)
〔清〕黄嗣东《圣清渊源录》卷二八《贺瑞麟》:"贺瑞麟,字角生,号复斋,陕西三原人。……年十七补博士弟子,能别学术,辨异同。……丁未,闻朝邑时斋元春讲程朱学,越数百里执弟子礼。庚戌春,复谒时斋,遂登太华,题陈希夷洞曰:'人爱先生醒,我爱先生睡。世上多少人,醒时不如寐。'芮城薛仁斋于瑛游山,见诗奇之。……秋试,又见朝邑杨损斋树椿于长安,二子者辅仁友也。于时二十有九岁,决然一志于道,生徒务举业者,悉谢去。……乙丑主讲学古书院,预约不试帖括,立《学约》《学要》各六条,略曰:'审途以严义利之辨,立志以大明新之规,居敬以密存察之功,穷理以究是非之极,反身以致克复之实,明统以正道学之宗。'……同治庚午春,去书院,携书至淳化清川。三月归,买山清凉原之麓。六月,兴工筑清麓山斋。……初,昇之之父映菁举先生制科,及以二万余金散牛种,其实犹未面也,嗣以升之。执贽门下为弟子,

因问先生所学当为,先生具道:'世道人心端由学术,世之非毁正学者,未见其书也。风气转移,必刻正学书,以程朱为宗。'于是映菁始有意刻正学书。甫刻《养蒙书》《居业录》,而映菁卒。至是,升之欲继其志。……癸酉,年五十岁,制军左文襄公延主讲兰山书院培道脉,辞。甲戌,吴督学大澂来见,嗣举贡才,以先生与杨树椿列疏,而山西督学亦以薛于瑛入举皆得旨赐国子监学正衔。乙亥二月,吴督学累延讲书习礼宏道、学古两书院,以振作士气,观者如堵。……丙戌春正月,李方伯用清来见。……黄观察嗣栋延会讲鲁斋书院,……庚寅二月,募建朱文公祠于邑北关,九月落成。是年,柯督学逢时来见。辛卯,督学以先生经明行修奏,得旨赐五品衔。……癸巳九月五日辰时卒。"(周骏富:《清代传记丛书》(004),717－730页)徐世昌《清儒学案》卷二〇六《诸儒学案十二》:"贺瑞麟,字角生,号复斋,三原人。……年二十四,从朝邑李时斋游,遂弃举业,致力儒先之书。其学以朱子为准的,于阳儒阴释之辨尤严。同治元年,关中乱,避地绛州,颠沛之中,与友人薛于瑛、杨树椿讲学不辍。归主本邑学古书院,……大吏历聘主讲关中、兰山书院,皆固辞。晚辟清麓精舍于清麓原,来学者益众。生平以倡复横渠礼教为己任,或延讲古礼,不远千里,郡县请行古乡饮酒礼,观者如堵,风俗一变。……督学吴大澂、柯逢时先后以经明行修荐,予国子监学正衔,晋五品衔。光绪十九年卒,年七十,赠五品卿衔。著有《朱子信好录》《读朱录要》《养蒙书》《诲儿编》《清麓文集》二十三卷、《日记》五卷。"(徐世昌著,陈祖武点校:《清儒学案》,7309－7310页)又见马鉴源《贺复斋先生行状》和张骥《关学宗传》卷五四《贺复斋先生》)。

杨树椿《损斋全书》刊刻　《损斋全书》为杨树椿自撰类丛书,包括《损斋文钞》15卷、《损斋外集》1卷、《损斋语录》3卷、《损斋全书附录》1卷、《编年通目》和《西堃杨氏壬申谱》不分卷。其中《损斋文钞》《损斋外集》和《损斋语录》为研究杨树椿理学思想的重要资料,《编年通目》和《损斋全书附录》是研究杨树椿生平的重要资料,《西堃杨氏壬申谱》乃杨树椿为其家族撰写的族谱。

[文献]　〔清〕贺瑞麟《序》:"呜呼!君之文岂文人之文,而学人之文也。亦岂仅学人之文,乃程朱后诸学辈讲学之文也。知君之学则知君之文矣。……光绪癸巳七月七日,三原贺瑞麟序于正谊书院之养一洞。"(杨树椿:《损斋文钞》,清光绪癸未年柏经正堂刻本)《续修四库全书总目提要(稿本)》

(5):"《损斋文钞》十五卷、《外集》一卷,清光绪间刻本。……损斋资禀沉潜,性情肫挚。其为学,坚实刻苦,默契精思,养之深以醇,守之严以固,犹欿然若不自足。……此文钞十五卷,为门人扈森所录,皆公平昔见道之文。吴大澂已序而行之,称其文为'蔼然仁义之言'也。"

清德宗光绪二十一年　乙未(公元1895年)

味经书院创设时务斋　是年,刘光蕡闻甲午战败后中日议和事,"忧伤涕零,时湿衣襟",遂思改革教学,以培养"救变之材",于是建议并协同学政赵惟熙于味经书院创建时务斋,作为将来创建"格致书院"之雏形。刘光蕡认为"爰立时务斋于味经书院,俾人人心目有当时之务,而以求其补救之术于经史。"(刘光蕡:《烟霞草堂文集》卷八《味经创设时务斋章程》)时务斋教学特点有三:其一曰识时务,其二曰阅西书,其三曰习算术。

[**文献**]　〔清〕刘光蕡《烟霞草堂文集》卷八《味经创设时务斋章程》:"味经之设,原期士皆穷经致用。法非不善也,而词章之习固蔽已深。专攻制艺者,无论矣。即有研求经史,励志学修者,第知考古,而不能通今明体,而不能达用,则亦无异词章之习已。今时变炎炎,中国文献之邦,周孔之教,其造就人才竟逊于外域,岂吾道非乎?盖外人之学在事,中国之学在文。文遁于虚,事征于实。课虚不如求实,故造就逊于人也。…中国人士,日读周公、孔子之书,舍事实而尚虚文,甘让外人独步。事不如人,而遂受其制,反若圣道亦逊于彼教者,岂不大可痛恨哉!今既知其弊之所由,始力为矫之。爰立时务斋于味经书院,俾人人心目有当时之务,而以求其补救之术于经史。中国之势,孔孟之教,未必不可雄驾诸洲也。"(《烟霞草堂遗书》本)〔清〕刘光蕡《烟霞草堂文集》卷八《时务斋学规》:"予承乏味经有年矣,愧无实德足以感发诸生志气,振奋有为。而时变日棘,非人人卧薪尝胆,不足以御外侮。而辑中夏古谓:'四郊多垒,为卿大夫之辱。地广大,荒而不治,亦士之辱'。今以中国之大,不能御一日本。割地赔费,无辱无用。非地广大,荒而不治之实乎?吾辈觍颜为士,不引以为辱,无论无以对朝廷也。……欲救此患,必自士子自奋于学始。人才辈出,不臻富强者,无是理也。今与诸生约:各存自励之心,力除积习,勉为真才。日夜有沦胥异类之惧,以自警惕于心目,则学问日新月异,皆成有用之才。岂惟余有厚望,亦吾陕之幸,天下之幸也。"(同上)

(民国)张鹏一《古愚先生没后二十七周年学说纪念文》:"先生之学术改革,始于甲午中日战后。知中国非变法不能图存,于是议废八股,习算学,以鼓励人才。而梁任公之《时务报》方行上海,译撰西人学说,先生见之甚喜。"(民国二十七年铅印本)(民国)张鹏一《刘古愚年谱》:"1895年(光绪二十一年乙未)五十三岁。时学政赵公维熙思挽危局,于味经书院设时务斋。"(张鹏一:《刘古愚年谱》,91页)

刘光蕡《学记臆解》撰成 《学记臆解》1卷,刘光蕡撰,见于《烟霞草堂遗书》。卷首有刘光蕡自序。按序知,是书乃刘光蕡"旧书重读,新解特生"之作。刘光蕡认为"当时中国贫弱之祸",是由于"言学不言政,学不及兵、吏、农、工、商,而专嘱于士"造成的。在他看来"兵不学而骄,吏不学而贪,农不学而惰,工不学而拙,商不学而愚而奸欺",故只有当士、兵、吏、农、工、商皆知学,中国才能"求立于今世,以自全其生"。是书为刘光蕡怀时世之感,不能自已,而强附经训之作,此即"臆解"之谓也。书分十六章,于《学记》逐章作解。

[文献] 〔清〕刘光蕡《学记臆解序》:"呜呼! 今日中国贫弱之祸,谁为之? 划兵、吏、农、工、商于学外者为之也。以学为士子专业,讲诵考论,以鹜于利禄之途,而非修齐治平之事,日用作习之为。故兵不学而骄,吏不学而贪,农不学而惰,工不学而拙,商不学而愚而奸欺。举一国为富强之实者,而悉锢其心思,蔽其耳目,系其手足,怅怅惘惘,泯泯棼棼,以自支持于列强环伺之世。而惟余一士焉,将使考古证今,为数百兆愚盲疲苶人,指示倡导,求立于今世,以自全其生。无论士驰于利禄,溺于词章,其愚盲疲苶,与彼兵、吏、农、工、商五者无异也,即异矣,而以六分之一以代其六分之五之用,此亦百不及之一势矣。告之而不解,令之而不从,为之而无效,且弊遂生焉。彼六分之一之士,其奈何数百兆之愚盲疲苶之民何哉? 然则兴学无救于国之贫弱乎? 曰:救国之贫弱,孰有捷且大于兴学者? 特兴学以化民成俗为主,而非仅造士成材也。……乙未岁,马关约成,中国赔费二万万,予傍徨涕泗,无能为计。其腊,幼子瑞骦之师解馆,予代督课。时读《学记》,予阅一过,旧书重温,新解特生。盖身世之悲,有不能自已于言者,强附经训,以告稚子,故题曰'臆解'。观者若执古训以绳余,则余之戚滋深矣。"(刘光蕡:《学记臆解》,《烟霞草堂遗书》本)张鹏一《刘古愚年谱》:"1895年(光绪二十一年乙未)五十三岁。……著《大学臆解》成。"(张鹏一:《刘古愚年谱》,103-104页)又见《续修四库全书总目提要(稿本)》(5)。

清德宗光绪二十二年　丙申(公元1896年)

闰六月,刘光蕡批"耶教"之说　是年,刘光蕡在点评杨屾《修齐直指》时,对"耶教"多所批评。刘光蕡虽然对西方科技颇为推崇,著《泰西机器必行中国说》,并仿造扎花车,还拟从西方购买织布机,但他对基督教批评甚烈。刘光蕡认为基督教将"上帝之功,以予耶稣",是"以人僭天",从而批评耶稣"十字架之刑,是天罚之耶"。在他看来,基督教之所以能"浸淫行于民间",是由于当时"中国算学极衰之时",利玛窦以历算入中国,"巧算制造,助行其教";再者,"耶教无经典,使人自识灵,无记诵词章之弊,故其教之行也易"(刘光蕡:《烟霞草堂文集》卷七《孔教必行于天下》)。他甚至认为基督教的"上帝"说,是剽窃中国的,因为"人人当事上帝,本吾中国之教,今西人攘为己说以教吾中国之人",不过,西方人窃其形而遗其实,这就是中人所谓的上帝是指祖先,即"人本乎祖,祖即上帝也"。所以,他主张"无以耶稣僭上帝之咎,庶吾儒教可推行于合万世,而不致为耶稣役也"。

[**文献**]　〔清〕刘光蕡《修齐直指评》:"为人母作撰,不称某母,或某太夫人,而称君,其以后世妇人有封县君者。……生洲为双山先生子,其为此传,殆亦禀命于先生而为之也。至其文辞不尽合法则,先生之学固力矫词章之弊,而不屑为也。光绪丙申后六年(笔者按:"后六年"当为后六月之讹),古愚识。"(清光绪甲辰柏经正堂)张鹏一《刘古愚年谱》:"1896年(光绪二十二年丙申)五十四岁……闰六月,评杨双山《修齐直指》。双山名屾,陕西兴平县桑家镇人,少出周至李二曲之门,潜心圣学,不应科举。"(张鹏一:《刘古愚年谱》,110页)

刘光蕡书信向张之洞求教　刘光蕡拟于陕西创建股份公司陕西保富机器织布局,"以期造士裕民",但不知如何操办。而湖广总督张之洞(1837－1909,字孝达,号香涛,直隶南皮人)在湖北创建的湖北织布局已于光绪十九年(1893)建成并开织。刘光蕡欲借鉴之,遂于是年派遣弟子杨蕙、陈涛等赴湖北武昌考察办厂事宜。并让弟子转呈其上张之洞之书信,希望在湖北倡办工厂、提倡实学的张之洞,对自己在陕西兴办纺织业能予以帮助。然"惜楚地财匮,香帅力竭无能为也"。对于刘光蕡创办织布局之举,王尔敏先生认为其"虽以穷儒之身,亦抱雪耻之志"(王尔敏:《近代经世小儒》,广西师范大学出版社,2008年,435页)。

　　[**文献**] 〔清〕刘光蕡《烟霞草堂文集》卷五《上湖广总督张香涛尚书书》:"香涛制军大人左右,公素以天下为己任,妇孺知名。……窃谓此后战事,南方之祸深,而北方之势迫。无论何国与中国开衅,必以精兵直犯天津,动我根本,使天下可战之兵解趋救京师,然后出兵于所注意之地,待我返救而已无及矣。马江既败,犹能待镇南关之捷。旅顺、威海一失,即为城下之盟者,此也。故中国大势宜分二枝,以晋、豫、陕、甘后燕、齐之势,而以荆楚握东南之枢。北能自保,南可择便出奇,固吾圉而状国威,此必然之势也。其为之之法,当不出公昔年建筑铁路,南北并举,而以晋、楚为端。公制为于南也,先收棉布之利,然后及于煤铁。则谋北方者,亦当先陕之棉布,而后及晋之煤铁。赵芝山学使欲陕士为有用之学,拟购机器织布,旁设书院,俾士子研求西学,渐窥机器之用,为他日办煤之本。事属创始,无从措手,乃令杨蕙、陈涛等来鄂请训于公。陈涛等为前学使柯巽庵之弟子,则公之再传弟子也。渊源不隔,然乡曲书生,未知能领略至教否也?蕡迂疏下士,何知天下大计。然中日和后,此心耿耿。平日倾慕惟公一人,因请诸生南来,顿触素怀。如亲侍左右,故自忘其愚陋,献于大贤之前,公惠而教之,则幸甚!"(《烟霞草堂遗书》本)张鹏一《刘古愚年谱》:"1899(笔者按:应为1896)年(光绪二十二年丙申)五十四岁。……有上张尚书之洞书。"(张鹏一:《刘古愚年谱》,106页)

　　刘光蕡与梁启超书信论学　　刘光蕡读到其弟子时任工部主事的李岳瑞寄送的《京师强学会序》及《上海强学会序》,遂对康有为、梁启超等人的维新思想表示赞同。而后即与梁启超(1873－1929,字卓如,号沧江,又号任公,广东新会人)就兴学救国进行探讨。梁启超评价刘光蕡说:"清季乃有咸阳刘古愚光蕡,以宋明理学自律,治经通大义,明天算,以当时所谓新学者倡于其乡。"(梁启超:《饮冰室文集》,3188页)

　　[**文献**] 〔清〕刘光蕡《烟霞草堂文集》卷五《与梁卓如书》:"卓如先生足下:蕡蛰伏里门,闻见浅陋,去岁辽海之祸,觉中国之势不可终日,反复思维,不得其故。后由李工部孟符寄归《京师强学会序》及《上海强学会序》,再三环诵'不群不学'之语,洞见中国受病之源,始知世间尚有康先生其人,识周六合而足以开万古洪蒙,佩服不可言喻。今命杨孝廉蕙,陈孝廉涛,孙茂才澄海游沪、鄂,择购机器。杨孝廉等虽非奇特之士,然皆有志者,愿足下进而教之,毋吝裁成也。《时务报》得阁下主笔,必有一大振吾人之声聩。陕省僻远,

祈每月妥寄一份。前曾托李孟符,想与阁下已有成约,其费及如何寄法,祈裁酌妥当。"(《烟霞草堂遗书》本)梁启超《饮冰室合集》卷三《复刘古愚山长书》:"二三月间,叠由杨君凤轩两赐手书。及味经随录创建书院折片机器织布说略诸稿,循诵数四,钦佩万千,惟有于启超奖饰过当,非所敢受。……启超自交李孟符,得谂先生之言论行事,以谓苟尽天下之书院。得十百贤如先生者以为之师,中国之强,可翘足而待也。……故启超谓今日欲兴学校,当以仿西人政治学院之意为最善,其为学也,以公理公法为经,以希腊、罗马古史为纬,以近政近事为用,其学焉而成者,则于治天下之道,及古人治天下之法,与治今日之天下所当有事,靡不融贯于胸中,若集两造而辨曲直,陈缁羔而指黑白,故入官以后,敷政优优,所谓用其所学,学其所用,以故缝掖之间无弃才,而国家收养士之效。……今秦中兴学,鄙意谓亦宜参用此意,务使中学与西学不分为二,学者一身可以相兼,而国家随时可收其用,而其尤切要者,千年教宗,运丁绝续,左衽交迫,沦胥靡日,必使薄海内外,知孔子为制法之圣,信六经为经世之书。信受通习,庶几有救。先生以耆德硕学,悲悯天人,一言提倡,士气振变,伏望努力,起衰抚危,则岂惟秦地之幸而已。……南海先生《长兴学记》《新学伪经考》《四上书记》,各呈上数本。……拙撰《西学书目表》,浅陋已极,既承相爱,亦以奉尘,尚乞教之。"(梁启超:《饮冰室合集》,中华书局,2003年,11-14页)张鹏一《刘古愚年谱》:"1899(笔者按:应为1896)年(光绪二十二年丙申)五十四岁。……致梁卓如书曰……"(张鹏一:《刘古愚年谱》,116页)

清德宗光绪二十三年 丁酉(公元1897年)

十月,崇实书院建成 陕甘崇实书院,位于泾阳。是年十月二十一日,在陕大吏张汝梅、魏光焘和赵惟熙先后倡率下,崇实书院建成。该书院位于味经书院之侧,属"格致实学书院",其建立之目的在于专讲"致用之学"。书院设致道斋、学古斋、求志斋和兴艺斋。由味经书院山长刘光蕡兼任该书院山长。

[文献] 〔清〕魏光焘《光绪二十三年十一月二十三日陕西巡抚魏光焘等奏》:"臣惟熙于上年四月十二日会同前陕西抚臣张汝梅奏请创建格致实学书院一折,五月初七日奉朱批:着照所请,该部知道,钦此。……臣惟熙于去

秋试事竣后,即会商臣光燊,度地于泾阳县治前学臣许振祎奏建味经书院之侧,庀材鸠工,昕夕从事,委派泾阳县各学官督理监修,兹于十月二十日一律工竣。"(朱有瓛:《中国近代学制史料》第一辑,下册,华东师范大学出版社,1986年,358-359页)〔清〕刘懋官修,周斯亿纂《重修泾阳县志》卷六《学校志》:"崇实书院在味经书院之东。光绪二十二年,学臣赵公维熙奏建。地址则邑绅吴氏续捐。札调绥州学正周斯亿董其役。"(清宣统三年铅印本)。〔民国〕宋伯鲁、宋联奎等纂《续修陕西通志稿》卷三六《学校一》:"崇实书院,在味经东。光绪二十三年,督学赵维熙奏建,绥州学正监院泾阳周斯亿监修。"(民国十三年刊本)

清德宗光绪二十四年　戊戌(公元1898年)

一月,刘光蕡兼主讲崇实书院　是年,刘光蕡兼讲于崇实书院。开讲之初,刘光蕡即谕诸生要"保种""保教"和"保国"。他认为书院之所以讲西学,是由于"西人之学,皆归实用,虚不如实,故中国见困于外人也,欲救其弊,当自事事求实始"(刘光蕡《烟霞草堂文集》卷五《与赵芝山学政书》)。但崇尚实学,讲习西学,并非"举尧、舜、禹、汤、文、武、周公之法弃之,以从西政;举孔孟以来相传之道弃之,以从耶教也。"刘光蕡认为学习西学,"均须审度中国之情形,而为救之之法",即要适用。因为他主张"夫士之所以有实用者,必悉当时之弊,而得其救弊之法,可坐而言,起而行。非谓某法为善,率然取而行之,便可有功也"。对于西学中的自然科学,即他所谓的"光、化、电、热之事",他认为不能只讲论,必须"一一施之试验"。

[文献]　〔清〕刘光蕡《烟霞草堂文集》卷八《谕崇实书院诸生》:"予于乙未春间,为味经诸生拟学规六条。一厉耻,二习勤,三求实,四观时,五广识,六乐群。其时拟集股购机器纺织,有效再建实学院。予故先辟时务斋,以此勖诸生,为书院之先声。盖恐集股不成,不能别构书院也。今幸书院已成,大府筹备膏火,奉旨特变科目。诸生当无不痛除故习,以勉承明诏矣。然绎诏旨,六门特祛词章之虚,以从政艺之实,适符崇实命名之意。非举尧、舜、禹、汤、文、武、周公之法弃之,以从西政;举孔孟以来相传之道弃之,以从耶教也。然则诸生欲为实学,当自有实心始。实为尧舜以来相传之族,则当实心以求保种。实为学习孔孟之徒,则当实心以求保教。实为大清数百年之士

民,则当实心以求保国。实心求之之法,仍不出前予所拟六条。请再引申其说,以告诸生。"(《烟霞草堂遗书》本)〔清〕刘光蕡《烟霞草堂文集》卷六《与叶伯皋学政书》:"朱生先照来传谕蕡拟崇实书院章程。……夫士之所以有实用者,必悉当时之弊,而得其救弊之法,可坐而言,起而行。非谓某法为善,率然取而行之,便可有功也。诏旨政学门除外交须专通知各国之情,其它均须审度中国之情形,而为救之之法。即如理财一节,海关权税,现用洋人,其一切办法果皆同于西国乎?不洞悉中国受病之原由,决不能用西国之善法。至于艺学,非一一施之试验,空谈何补于事?故格物、考工两门,非备购其器,无从讲求。强为讲求,徒拾西人牙慧。空谈而不适于用,其弊当甚于八股。八股虽空谈,尚有一二道义语,可以维持人心,若以依稀恍恍之词,谈光、化、电、热之事,其流弊更何所纪极哉!故今日崇实书院,当事事责实,以袪中国之弊,然后能用西国之法。至艺学,则西人已格之物,已成之器,我皆能亲试而知其用,方为可贵,而不必能读其书,谈之可听,为贵也。……再启者,顷闻人言,今岁所来洋人,视其教为最重,凡学语言文字,必从其礼拜。今令诸生学语言文字,欲为中国用也。若从其教,则驱中国为外人矣。此似万不可行,须别延教西语西文之人。查有富平生员景裕,在同文馆学习多年。容蕡令人与伊说知,求台端调入崇实书院。"(同上)〔清〕魏光焘《光绪二十三年十一月二十三日陕西巡抚魏光焘等奏》:"至山长一席,必须择识达古今学通中外之儒,方能胜任愉快。兹查有主讲味经书院赏加国子监学正衔咸阳县举人刘光蕡,品高学邃,留心经世,于格致各学夙所讲求,可以兼掌此席。"(朱有瓛:《中国近代学制史料》第一辑,下册,359 页)〔民国〕张鹏一《刘古愚年谱》:"先师主讲'味经'之十二年,兼主崇实书院讲席。"(张鹏一:《刘古愚年谱》,137 页)

二月,刘光蕡与康有为书信论学 是年二月,刘光蕡门人张鹏一、孙澄海等赴京,刘光蕡以论学书信转致康有为(1858－1927,字广厦,号长素,广东南海人)。五月,张鹏一、孙澄海返味经书院,带回康有为复信。从二人书信来看,刘光蕡对康有为《新学伪经考》中所谓的《汉书·艺文志》为刘歆伪作表示怀疑。对于刘光蕡的怀疑,康有为并未给出其立说的根据,只是复言其伪经说的意义及目的。此外,刘光蕡对康有为的《孔子改考制》亦有不惬意处。认为"所以改制之理,则不在《春秋》,而在《易》"。虽然刘光蕡对康有为的著作有所不满,但对其救国主张颇为赞同,并在陕西与之枹鼓相应。后康有为评价刘光蕡曰:"以良知不昧为基,以利用前民为施,笃行而广知,学古而审时,至诚而集虚,劬躬而焦思。忧中国之危,惧大教之凌夷而救之,以是教其徒,号于世。五升之饭不饱,不敢忘忧天下,昧昧吾思之,则咸阳之刘古愚先生有之。"(康有为:《烟霞草堂文集序》,见《烟霞草堂文集》)

[**文献**] 〔清〕刘光蕡《烟霞草堂文集》卷六《与康长素先生书》:"先生之学,海内仰为泰山北斗,非独蕡一人餍饫于心也。惟《新学伪经考》谓《汉书·艺文志》为刘歆伪作,则蕡窃有疑焉。尝谓一世生民之困,在于官师、政教分途而仕学不相谋,故教化不行而以刑法胁民,人才不兴而以胥吏任事,所学非所用,所用非所学,百事废弛,治日少而乱日多。职此之由,《艺文志》谓某学出于某官,则官必以其职教人,传之为业而为专家。儒出于司徒之官,则凡乡遂之官皆司徒之弟子,而乡遂之民即乡遂之弟子也。一国之中,官民如师徒之情谊,人心何至涣散?上下何至隔阂?胥徒何至持其权?夷狄外患何至而入哉?由此推之,古之路寝即明堂,亦即辟雍,是人君之朝即为太学,则百官有司之厅皆为学,而官之政即教民,守官法无异从师为学,此可以信矣。窃谓《艺文志》叙九流,其源出于《史记》。太史公论六家要旨而尊道家,此'道'非汉世'黄老'之道家,乃《大学》'格、致、诚、正、修、齐、治、平'之道,黄帝、尧、舜、禹、汤、文、武、周公相传,以致孔子而集其大成也。……《艺文志》刘子政所作,其原本必以道家为首,与太史公同观。……先生之学,蕡佩服甚深,以上所疑皆小节。然必欲请质于先生之前者,譬人之有狂疾,若遇良医,蕴而不发,则亦无从诊治,想必先生必有大启蕡之固陋也。"(《烟霞草堂遗书》本)康有为《康有为复书》:"古愚先生执事:伏处海滨,闻先生高义久矣。昔门人梁生启超获通讯问,道华山古长安之地,有耆硕大儒,如古安定、泰山,议论通古今,喟然动人心。誓雪国耻而救世者,创强学会而应和。私心常叹,今朝无元臣,野无巨儒,故令道丧俗敝,人才衰微。得梁生言,乃喜极距跃,以为有安定、泰山者,所以发聋觉昧,人心不死,救于迷途将有属也。……《学记》皆昔者求童蒙之作,今者时势少异,更拟推广,岂足以辱大君子之盛意乎?刘歆伪经所关最大。孔子据乱改制而作《春秋》,发三世之义,存太平之治,先于小康而渐致于大同,口授弟子而传之将来,此真神圣之盛心。自伪《左》出而《公羊》灭,古文行而口说湮。于是二千年来,以孔子据乱之制为极轨,儒生奉之为正法,于是太平之说绝,大同之治不可见,二千年皆蒙被暴君、夷狄之祸,其为可痛,莫大于是。若今伪经不出,则后汉之后,太平之说明,大同之治早见于唐宋时矣,岂至若今者四万万人罹于水火乎?此所以不能不痛恨于刘

歆也。若夫古文之谬义,外夷因缘以为攻孔子之具者无论矣。其《艺文志》专官之义,类似西人,然以孔子之道,反出于司徒一官,其谬实甚。刘歆即有一二可取,无以救其断绝太平之罪也。此事关中国太平之局,若伪经不著,则《左氏》不去,伪《左》不去,则《春秋公羊》不明;《春秋公羊》不明,则太平之治不出。"(同上)张鹏一《刘古愚年谱》:"1898年(光绪二十四年戊戌)五十六岁。……二月,先师以门人孙澄海赴京,致康南海先生书,……三月,会试榜发,报罢将归,辞南海先生草堂诸君。南海以复先生之书属转呈,附以《新学伪经考》《经学改考制》各一部。瑞生南赴上海,孙君澄海留京,伯澜与鹏一归陕。四月中旬至家。五月赴'味经'谒先生,以南海先生复书并赠书二种呈交。"(张鹏一:《刘古愚年谱》,137-139、140页)

八月,戊戌变法失败,刘光蕡被目为"康党" 是年八月,戊戌变法失败,刘光蕡因在陕西响应变法,且其弟子中亦有参与变法者,遂被视为"康党"。当时形势凶凶,多传闻当局急急欲捕"味经康党",但刘光蕡不掩"康党"之名,泰然处之,并强调道:"世俗不知,目我为康、梁党。康、梁乃吾党耳!"由此亦可知,刘光蕡实学救国主张早已抱持,并非法之于康、梁,诚如张季鸾所云:"盖维新救国,先生早在陕倡之也。"(张季鸾:《烟霞草堂从学记》)

[**文献**] 〔清〕刘光蕡《烟霞草堂文集》卷四《刘君子初墓志铭》"及戊戌八月之祸作,世乃目予为西学、为新党。各讲徒皆散。予屏居九嵏山下之烟霞洞。"(《烟霞草堂遗书》本)〔民国〕张季鸾《烟霞草堂从学记》:"戊午以还,先生遭清吏之忌,归居礼泉,少与世接。门人至,则时与痛谈。尝笑曰:'世俗不知,目我为康、梁党。康、梁乃吾党耳!'盖维新救国,先生早在陕倡之也。"(同上)(民国)张鹏一《刘古愚年谱》:"1898年(光绪二十四年戊戌)五十六岁。……朝局大变,祸难预测。一夕,有人来,言泾阳县署闻抚台接京中同乡官电,属逮捕'味经'康党,县署预备人役,候省城公文到,即派人来逮捕,劝师避祸。师厉声曰:'国事如此,吾死国难,幸何如之!何言逃也?'……师终夜镇定自若无事。然次日县署传出,抚台接陶制台来电中,有'我等保全善类'六字,逮捕康党事中止。缘二十四日,京官赵舒翘联名电抚台魏光焘,以师与诸生传布南海之学说,刊刻所著各书,目为康党,属即逮捕。抚台得电,又电商制台陶公,既得陶公复电,置赵等电于不理,'味经'康党得以无事。然师平日于生死大节每为及门言,常引《孟子》'志士不忘在沟壑,勇士不忘丧其元'二语以见意,故临事毅然不为动摇。同时,又传言门人某已被捉拿,师曰:'如

某某果死,余不独生,康党吾承认,愿应罪魁也。'既而知为谣言,而'康党'二字师从来不讳言。"(张鹏一:《刘古愚年谱》,143-144页)又见张鹏一《古愚先生没后二十七周年学说纪念文》。

清德宗光绪二十五年　己亥(公元1899年)

刘光蕡隐居礼泉烟霞草堂　烟霞草堂,在礼泉(今陕西礼泉县)九嵕山麓,乃刘光蕡弟子邢廷荚等人为刘光蕡所创建的隐居讲学所。是年,刘光蕡移居烟霞草堂,直至光绪二十九年(1903)往甘肃讲学,居住四年之久。刘光蕡认为"诸同人为余筑舍,以中国贫弱,耶教横恣,惧孔教亡,而延百千于一线也"(刘光蕡:《烟霞草堂文集》卷三《复彬学舍始末》),所以他力持"余生为孔子之徒,生以守孔子庙堂"(同上)的主张,隐居草堂间于儒家学说讲论不辍,并对儒家经典多所注说,遂有《大学古义》、《孝经本义》、《论语时习录》、《孟子性善图说》等著作相继诞生。

[**文献**]〔清〕刘光蕡《烟霞草堂文集》卷六《与沈淇泉学政书》:"蕡以狂愚无知,见诟于乡里,同人为筑讲舍九嵕山麓,怜而居之。屏黜人事,消岁月于章句之内。与鬼为邻,时徘徊于墟墓之间。盖无意于人世也久矣。"(《烟霞草堂遗书》本)〔清〕刘光蕡《烟霞草堂文集》附录《公禀》:"戊戌政变触犯时忌,九嵕结庐,烟霞归隐。虽饔飧不给,而撰书自如。特科征召不赴,时事日外,泉石终老。晚年著《大学古义》《孝经本义》《论语时习录》《孟子性善图说》《史记货殖传今注》《汉书食货文艺志评注》,发皇经史大义。"(同上)刘瑞骖《钦加国子监学正衔晋五品衔保荐经济特科光绪乙亥恩科举人焕唐府君行状》:"戊戌事变,因目府君为新党,府君处之如常。及辞味经讲席,贫不自给。门人为买山于九嵕之麓,因烟霞旧名。构草堂数楹,土室数洞,山田数十亩,疏引泉水,分流种树,为退老讲学所。府君乃尽捐藏书数千卷,庋草堂公四方从学士。然以忧愤时事,痛哭失明。因冥坐静思,欲合中外文字读法为一,悟五方元音反切各法,成《童蒙识字捷诀》一书,口授,门人笔录十余卷。目亦复明,自是从学日集。口授笔录,朝夕不倦。……山居四年,壬寅之冬,崧制军聘总教甘肃大学堂。次年春,川督岑又聘教习成都。"(同上)又见张鹏一《刘古愚年谱》。

刘光蕡《孝经本义》撰成　《孝经本义》1卷,刘光蕡撰,见于《烟霞草堂遗书》,此书亦有光绪三十一年(1905)《西京清麓丛书》本。卷首有《读法》十条,后于《孝经》十八章,逐章解释。按《读法》知,刘光蕡认为孝经者,乃"天地间之经",具体说,即"以孝为六合之经,帝王之政治、圣贤之学问,皆以维之"。在刘光蕡看来,"此'孝'字,是尧、舜以来所传之大道全体",而"非匹夫效乌哺之为,泥二人之身以为孝也"。且"此'经'字,非六经之经,乃经天下大经之经,天下大经即人事也"。这即刘光蕡所谓的"孝经本义"。

[文献] 张鹏一《刘古愚年谱》:"1899年(光绪二十五年己亥)五十七岁。……著《孝经本义》成,篇章悉依'注疏本'。卷首为读法十条"(张鹏一:《刘古愚年谱》,161页)。《续修四库全书总目提要(稿本)》(15):"《孝经本义》一卷,清刘光蕡撰。……是书开篇,冠以读法十则。最要者,如谓'《孝经》经字,非六经之经,乃天下之大经,即本书所谓天之经也。天生万物,人为最灵,即以裁制万物而为之主,而非人与人相接为群,不足以制物。孝者人与人相接之始,所以能群之源也。以孝易经,而帝王之政治、圣人之学问,皆以纬之。'……统观全书,不斤斤计较于句解字析,惟议论稍嫌空衍,且时不免附会,然精粹处亦不少。"

贺瑞麟《清麓文集》刊刻 《清麓文集》23卷,贺瑞麟撰。今有《西京清麓丛书》著录光绪廿五年(1899)刘传经堂刻本。是书前后均无序跋。分立序、题跋、书答、赠言、记、杂著、禀启、诗、赋、箴、铭、赞、祭告文、哀辞、墓志铭、传、墓表等目。是集中颇多理学论述。是书又有民国十六年(1927)潜修学舍刊本《清麓文集约钞》。该书21卷,乃贺瑞麟弟子孙乃琨取《清麓文集》和《清麓日记》中其"素所嗜者"编次而成,由石熙祚刊行。该书卷1至卷18是从《清麓文集》中所选文章,卷19至卷21乃从《清麓日记》中所选札记。

[文献] 《续修四库全书总目提要(稿本)》(5):"《清麓文集》二十二卷,清光绪间刘氏传经堂刊本。清贺瑞麟撰。……是集为其平昔讲学及应酬之作,凡二十三卷。卷一至四为序,卷五为题跋,卷六至十一为书答,卷十二为赠言,卷十三为记,卷十四为说,卷十五至十七为杂著,卷十八位禀启,卷十九为诗赋箴铭赞,卷二十为祭告文哀辞,卷二十一为墓志铭,卷二十二、二十三为传。各文之中,多可窥其学问之境界。……然则是集之作,可当复斋之语录看耳。"(《续修四库全书总目提要(稿本)》(5),134-135页)。孙乃琨《清麓文集约钞序》:"但刘氏原刻二十余册,屠梅君京卿赴清麓谒墓见之,尚嫌卷帙浩繁。辛酉冬,琨适在灵皋,因取素所嗜者录二百余篇,命诸生钞讫,

颜曰《清麓文集钞》。屈指六载矣。去岁仲皞因孝孺一言,即慨付剞劂,用公同好。非好勇于为善者,岂能是乎!"(贺瑞麟:《清麓文集钞》,民国十六年(1927)潜修学舍刊本)

清德宗光绪二十六年　庚子(公元1900年)

刘光蕡《孟子性善备万物图解》撰成　《孟子性善备万物图解》1卷,刘光蕡撰,见于《烟霞草堂遗书》。是书图文并茂,分别为《孟子性善备万物图解》《性善备万物图》《孟子性善备万物图题辞》和《图说》。然书中之图,刘光蕡弟子王典章刊书时"亦不明其所以"。仅就文字看,刘光蕡是书主要阐明其"元"本论思想,即"在天为元,在人为性,驯致以学,达天希圣"和"物数累万,理合一元,同归一善,是为天根"。刘光蕡所论之"元",今人或有以为拿来于西方者。然刘光蕡有"元者,善之长"之说,则其源于《易传》,亦未为不可。

[文献]　张鹏一《刘古愚年谱》:"1900年(光绪二十六年庚子)五十八岁。……冬,著《孟子性善备万物图说》成,"(张鹏一:《刘古愚年谱》,176页)《续修四库全书总目提要(稿本)》(14)"《孟子性善备万物图解》,清刘光蕡撰。是书卷首止一图,与所解不甚照应,当有错误。又据所解,应有气圈、形圈、物圈、人圈、心圈、身圈、家圈、国家天下圈诸图,今俱无之。惟所解中多精义。……是书虽止解性善,谓为全书作解可也。书中宏议络绎,且能融贯,其所缺诸图亦可据意补之。"(《续修四库全书总目提要(稿本)》(14),208－209页)

柏景伟《沣西草堂文集》刊刻　《沣西草堂文集》8卷,柏景伟撰。光绪二十六年(1900)刻本。是书立有疏、议、书、序、跋、传、碑记、墓志铭、杂著、遗墨、诗诸目,后附录其子柏震蕃所撰《行状》。由是书卷四《重刻关学编》和《关中书院课艺序》,卷六《重建冯恭定公祠暨创设少墟书院》和《求友斋课启》,可见柏景伟"阐扬关学,克绍恭定之传"的惓惓之心。卷七《遗墨》,专谈"修己治人"之学,于其学其人亦可概见风貌。是书后又有民国二年(1913)陕西霁光印字馆铅印本和民国十三年(1924)金陵思过斋铅印本。

[文献]　《续修四库全书总目提要(稿本)》(5):"《沣西草堂文集》八卷,清同光间刊本。清柏景伟撰。……子俊之学,乃关学之正传也。尝重刊明冯少墟所辑《关学编》八卷,以倡明关学之道脉。平日论学主三关:曰养义

利关,曰毁誉关,曰生死关。皆由横渠之说,归纳而出。……此《沣西(草)堂集》八卷,多为主讲书院教学之文。子俊少有著述,其学问之心得,庶乎尽括于是集之中。……然则是集之作,非徒空洞之文章,可当语录看也。"

清德宗光绪二十七年　辛丑(公元1901年)

刘光蕡主张"乡学"救国　是年,刘光蕡有感于义和团运动,一改以往实学救国的主张,而主张"乡学"救国,所谓"必自开导乡愚之无识始矣"。他认为"开导乡愚,舍乡学何以哉?"在他看来,"夫今日中国之患,不在外人之富强,而在我国之贫弱。亦不在我国之贫弱,而在我民之顽犷。顽则无礼义,而昧时势。犷则逞蛮野,而触祸机。"刘光蕡"乡学"的教育方法是:"其幼童教法,悉本古礼、乐、射、御、书、数之意。礼取宋儒之学规,拟《大武》之步伐;射则以枪为更代;御即西人之体操;书如孩提之学语算,效工商之习技。该意以礼、书为文,乐、射、御为武,算则为富也。其稍长,教法则贵讲解,而不尚记诵,研经史而不习词章,尤注意于朔望之集乡民演说经史,宣讲圣谕。其演说宣讲,皆不泥守原文。察乡间之弊俗,而取经史中语及圣谕之相近者,演说宣讲。欲人知习俗之失,而自趋于善也。"

[文献]〔清〕刘光蕡《烟霞草堂文集》卷六《与沈淇泉学政书》:"故救去岁之败,必自开导乡愚之无识始矣。开导乡愚,舍乡学何以哉?公如有意于此,蕡于甲午后,自筹经费为咸阳乡间设义学四、扶风一、礼泉一。其幼童教法,悉本古礼乐射御书数之意。礼取宋儒之学规,拟《大武》之步伐;射则以枪为更代;御即西人之体操;书如孩提之学语算,效工商之习技。该意以礼、书为文,乐、射、御为武,算则为富也。其稍长,教法则贵讲解,而不尚记诵,研经史而不习词章,尤注意于朔望之集乡民演说经史,宣讲圣谕。其演说宣讲,皆不泥守原文。察乡间之弊俗,而取经史中语及圣谕之相近者,演说宣讲。欲人知习俗之失,而自趋于善也。蕡无德望,不能感乎乡人。自设义学至今,朔望乡人集而听者寥寥。而不逞之徒,又复生忌,县官助之,竟将敝村义学经费夺去。又复值此奇荒,今岁各学有师而无生徒。六义学已同虚设矣。夫今日中国之患,不在外人之富强,而在我国之贫弱。亦不在我国之贫弱,而在我民之顽犷。顽则无礼义,而昧时势。犷则逞蛮野,而触祸机。盖自唐宋以来,治民者有政无教,积渐以至斯极。民心久散而无统,故虚妄鄙俚之邪术即足

以诱之,而为非也。…今与外洋和,军火兵额皆有限制。赔款既多,财力已竭。富强之事,均无可为。此后外人入中国者愈多,势必愚横。民愚无知,积忿思逞,将岁岁必生教案。中国将岁岁剿吾民,以和外洋乎?故今日即欲舍诉忍辱,鼻息于人,以求数年之安,亦非遍设乡学以统于官,不足以弭后患而图富强也。…今日中国,不患上无能文之学士,而患下无作事之兵、农、工、商,故愿公以教启其识,即以收其心而聚其气。此今日之急务也。"(《烟霞草堂遗书》本)〔清〕刘光蕡《烟霞草堂文集》卷六《与门人陈伯澜书》:"我今注意在乡学,而不在府县之学。在小学,不在中学、大学。盖今日作成一虚以待试之奇才,不如作成一实而即用之凡才。当今之时势,欲富强中国,理财治兵无从下手,惟有屈意治乡以固国本。行之三五年,然后再讲富强之术。"(同上)〔清〕刘光蕡《烟霞草堂文集》卷六《复门人雷曼卿书》:"此次变法,须从治乡立根基。吾有数语,窃为足下言之。变官为师,变政为教,变农工商贾为弟子,变士为吏、兵。天下之情,患在隔,当使之通;天下之势,患在涣,当为之萃;天下之识,患在蔽,当为之开;天下之气,患在惰,当为之勤。从乡学做之,然后以变朝廷,此今日变法下手法也。"(同上)又见张鹏一《古愚先生没后二十七周年学说纪念文》。

刘光蕡著《大学古义》和《论语时习录》成 《大学古义》1卷,刘光蕡撰,见《烟霞草堂遗书》。刘光蕡认为为大学者,应"实为其事"也,且为之者应力求"范围天地,曲成万物",故大学就应讲明"立念以天地民物为一体"之理。他认为"明德是道之体,新民是道之量,至善则学道之诣也"。《论语时习录》5卷,亦见于《烟霞草堂遗书》。刘光蕡见于当时士子"习文而不自治其心",故标"时习"之说,认为"'时习'二字,即圣人传心以读《六经》《论语》之法也"。全书五卷,仅释《学而第一》《为政第二》《八佾第三》《里仁第四》和《公冶长第五》等五篇,每篇逐章注释,结以总论。

[**文献**] 〔清〕刘光蕡《论语时习录序》:"论今日之患者,谓在士子读书知古而不知今。吾则谓在于习文而不自治其心,挟求富之见,以读书寻章摘句,以求中试官之式。则书皆二千年以前之语言行事,于今日人之身世何涉?故程子谓《中庸》为孔门传授心法,朱子于序畅言之,蔡氏作《〈书集传〉序》又尽发其蕴。夫圣人不能预测后世之变,而能预定后人之心。圣人先得我心所同然,我为今日之人,心为今日之心,以圣言治我今日之心,即能治我今日之事,而应其变。然则世变亟而人才不出,乾嘉以来攻心学之儒为之也。向在

味经为时务斋与同人讲习,即拈《论语》首章'时习'二字为的。盖'时习'二字,即圣人传心以读《六经》,《论语》法也。己亥冬,避居九嵕山下之烟霞洞,鄜都傅生负笈来从,有事《论语》,而不为制举业,乃出素所见及者示之。中间作辍,迨庚子冬,始成一卷,命名曰《时习录》。乡曲陋儒,识固庸鄙,加以身世所感,又有大不得已于中者,激而为言,必失圣人本旨,不忍弃而姑存之,见者以为深山之痛哭,哀其意焉可也。古愚识。"(《烟霞草堂遗书》本)张鹏一《刘古愚年谱》:"1901年(光绪二十七年辛丑)五十九岁。……冬,著《〈大学〉古义》成。《〈论语〉时习录》五卷成。"(张鹏一:《刘古愚年谱》,188-190页)又见《续修四库全书总目提要(稿本)》(15)。

清德宗光绪二十八年　壬寅(公元1902年)

关中书院改为陕西师范大学堂　光绪二十七年(1901),清廷宣布行新政,废科举,兴学校,通令全国各地改书院与官办学校为学堂。是年,关中书院被改建为陕西师范大学堂。同年,宏道书院被改建为陕西宏道大学堂。再兼"变法以后",味经书院和崇实书院"亦俱圮废"(宋伯鲁、宋联奎等纂《续修陕西通志稿》卷三六《学校一》)。这样,并称为清末四大书院的关中书院、宏道书院、味经书院和崇实书院连同关中整个传统教育体系被新式学校和新式教育所取代。

[文献]　宋伯鲁、宋联奎《续陕西通志稿》卷三六《学校一》:"关中书院,在府治东南,……光绪二十八年,督学沈卫改学堂。"(民国十三年刊本)

[考辨]　关中书院改建为陕西师范大学堂年代有二说:一为光绪二十八年(1902),见于《续陕西通志稿》;一为光绪三十二年(1906),见翁柽、宋联奎《咸宁长安两县续志》卷九《学校志》:"关中书院,……光绪三十二年,改建学堂"(民国二十五年铅印本)。然按牛兆濂《蓝川文钞》卷一一《告先考妣文》:"今年三十七岁,反己自问,毫无心得。存心处事之际,常多愧怍。……兹者恭应升大中丞之聘,即旧关中书院改建师范学堂,以兆濂充总教习之任。"由此可知,关中书院被改建为陕西师范大学堂至迟在牛兆濂三十七岁之时。牛兆濂生于同治六年(1867),其三十七岁为光绪二十九年(1903)。准此,则应从二十八年说。

清德宗光绪二十九年　癸卯（公元1903年）

二月，刘光蕡主讲甘肃大学堂　是年二月，刘光蕡应甘肃总督崧蕃之邀主讲甘肃大学堂，至八月病逝而辍，主讲历时六月余。刘光蕡主讲甘肃大学堂间，所开课程"华文"与"西文"并重，他认为"温习华文，当专重经史"，"时势又迫，不能不略重西文"。其所讲授，理学、历史、政治、天文、地理、军事、农田、水利等无所不包。刘光蕡教学时抱育才牖民，崛起家国之志。其自抵学堂，即日日亲讲席，督诸生，故"总教一月，学风丕变"。刘光蕡去世后二年，门人甘肃周文炳等二十八人，树"教思碑"于兰州城东门外以永怀。碑铭曰："先生为西陲来，为西陲逝。耿耿一心，茫茫百世。下作河山，上昭天帝。惟兹精诚，克造时势。万里边疆，大荒风□。哀思哲人，痛哭流涕。山木遽颓，门墙冈替。念我先生，其各自励。"（张鹏一：《刘古愚年谱》，223页）

[文献]〔清〕刘光蕡《烟霞草堂文集》卷六《复陕甘崧制府书》："元夕后，由礼泉唐令处奉到两钧谕并关书，程仪各件，捧读张余，惭愧莫名。蕡以山林朽质浪得虚声，乃荷不弃，俾膺教育之任，泰山蚊负，颠踬可虞。然事为制府之事，苟有陨越，蕡不足责，其为制府勋名之累甚矣。傍徨终夜，思得一法，请略陈之。时事艰危，需材孔亟，朝廷整顿学术，别颁教规。挑入学堂肄业必皆少年，成材须在十年，而凡耆宿硕儒又各挪揄于后，则后生小子将皆狐疑，心无定见，学必多岐，恐十年仍不得可用之材，则辜负设学之苦心矣。窃拟大学堂中先设一延宾馆，一面挑选肄业之士，一面博采全省齿德隆重、名望夙著者三四十人，聚集其中，讲论教育之法。制军为主，数日一临；蕡为支宾，时参末议。不过三月，此三四十人必皆晓然于朝廷政变学校用意之所在。俾归其乡倡办中、小及蒙学堂，既去阻力，兼获多助。所费无多，不期年，而乐育之怀可晓然于全省矣！此法不惟造士也。王介甫行新法，胡文忠治鄂，设储材馆，后改为宝善堂。今日朝廷欲改天下学堂，先特科，即此意也。"（《烟霞草堂遗书》本）张鹏一《刘古愚年谱》："1903年（光绪二十九年癸卯）六十一岁。甘肃总督崧公蕃，字锡侯，聘先师总教甘肃大学堂，送关书并程仪至草堂。……十五日后，师由山中启程。……二月初，师由西安启程，二十日侯至兰州，制府崧公以下，礼敬有加。大学堂事以直隶知州杨公增新提调，事属创办，章程规则皆为师为之擘划。"（张鹏一：《刘古愚年谱》，218－214页）刘瑞

骐《钦加国子监学正衔晋五品衔保荐经济特科光绪乙亥恩科举人焕唐府君行状》:"山居四年,壬寅之冬,崧制军聘总教甘肃大学堂。次年春,川督岑又聘教习成都。府君念关陇一家,唇齿相依。重以昔年甘督勤肃公潘司曾铢函聘主讲,以政变中止。旧谊今情,因决意西行。……因与大吏言,学堂之设,在化民成俗,非第欲造就。肄业诸人当以师范生为首,务以乡学为归宿。宜置豪宗巨室、魁士通儒,申明立学之宗旨,使晓然国家立学本意。层累递进,乃足以范群才,而归于有用。"(《烟霞草堂遗书》本)

闰五月,刘光蕡著《立政臆解》成　《立政臆解》1卷,刘光蕡撰,见于《烟霞草堂遗书》,卷首有刘光蕡自序。按序可知,刘光蕡次子瑞骐在刘光蕡"《立政》一篇尤重用法,谓为宪法之鼻祖"观点之指导下,"取《立政》读之,随笔笺记"遂成册,后经刘光蕡"涂改者十七,而留者十三",遂成是书。是书假《尚书》之《立政》,会通西方宪法,而阐发"吾中国宪法"。刘光蕡认为"西国所谓宪法,而中国所谓洪范",故有"吾中国宪法,尧、舜、禹、皋创之"之论断,并批评"求宪法于西国,是弃祖父膏腴而不耕,而甘行乞于市,以求延残喘也"。《续修四库全书总目提要(稿本)》评论此书说"在援古以证今,但借伸其政论"。

　　[文献]〔清〕刘光蕡《立政臆解序》:"癸卯夏初,次男瑞骐随侍至甘。读湘乡周氏所译《宪法精理》,卒业,请曰:'此西人新出之精理,吾古亦有之乎?'曰:'有之。《尚书》二十八篇,阐此无余蕴矣,而《立政》一篇尤重用法,谓为宪法之鼻祖,可也。西国所谓宪法,即中国所谓《洪范》,所以知安民平治天下之道也。道出于天,行于人,被于民。天无形声可接,民之聪明明威即天,故克知灼见以任人,博采庶言以为法。王则罔兼罔知,勿问勿误。人法相维,而世安久长治矣。天子至于庶人,各守其范,故《立政》篇终饬司寇之执法,胥天下而范之于道。西国宪法之精义,不尽于此哉!'遂取《立政》读之,随笔笺记。呈余评阅,涂改者十七,而留者十三。历七十余日,门人王之藩爱而抄之,又为校阅一过,名曰《立政臆解》,因书其缘起如此乎!吾中国宪法,尧、舜、禹、皋创之,汤、文、武、周公承之,孔、孟、修之,明明备于《尚书》。桀、纣、幽、厉不能亡者,经祖龙虐焰销蚀沉晦,遂至湮埋二千余年之久。今为西人所迫,道始大明。乃求宪法于西国,是弃祖父膏腴而不耕,而甘行乞于市,以求延残喘也。岂非大可痛心之事哉!闰端阳后五日,古愚书。"(《烟霞草堂遗书》本)《续修四库全书总目提要(稿本)》(14):"《立政臆解》一卷,清刘

光蕡撰。首有自序,言'泰西宪法精理,《尚书》二十八篇已阐之,而《立政》一篇,尤重用法。克知灼见以任人,博采庶言以为法。王则罔兼罔知,勿问勿误。人法相维,自天子至于庶人各守其范,故终饬司寇之执法,胥天下而范之于道'云云。全篇就此意阐发,大意尚不错,而附会可厌。……光蕡为此,在援古以证今,但借伸其政论,不求合乎经旨也。"

八月,刘光蕡病逝兰州 刘光蕡(1843-1903),字焕堂,号古愚,陕西咸阳县人。刘光蕡同治四年(1865)应童子试,名列榜首。同年入关中书院,受业于书院山长黄彭年。光绪元年(1875)乡试中举,翌年,赴京会试落榜,从此绝意仕途,从事教育。先后主讲于泾阳泾干书院,陕甘味经书院,陕甘崇实书院和甘肃大学堂。维新运动之初,刘光蕡在陕西积极响应康有为、梁启超等变法,并派弟子陈涛、邢廷荚往北京、上海,与康有为商讨国事,"一时有南康北刘之目"(于右任:《怀恩记》,见傅德华编《于右任辛亥文集》,复旦大学出版社,1986年,271页)。戊戌变法失败,他因主张变法,被解除味经书院和崇实书院的职务。次年,由其弟子邢廷荚等邀请,往礼泉烟霞草堂讲学。光绪二十九年(1903)应甘肃总督崧蕃聘请,往兰州任甘肃大学堂讲习。因积劳成疾,于八月十三日,病逝兰州。在理学上,刘光蕡推崇阳明"致良知"之学,而不废朱子"格物穷理"之说。在他看来,阳明"'致良知'三字,单传直指,一针见血。使学人闻言立悟,有所执持以循"(刘光蕡:《烟霞草堂文集》卷五《与门人王含初论致良知书》)。对于阳明"无善无恶心之体"之说,他也肯定和接受,认为"无善无恶者,不可以善恶名也"(同上书,卷一《性说》),在他看来,"夫善恶者理,智愚者姿禀也,而皆与性无涉"(同上)。正因为此心学立场,他对"二曲先生当明之季,仍守心学之说"(刘光蕡:《修齐直指总评》)表示赞赏。由于刘光蕡对理学持有"今日为学不必求深,但即日用之间,时求无愧,皆可不间矣"(《烟霞草堂文集》卷一《性说》)的主张,所以强调"夫'良知'者何? 即世俗所谓良心也。'致良知'者何? 即作事不昧良心也"(同上书,卷五《与门人王含初论致良知书》)。同样,对"性之为性"的问题,他认为"欲论人性之善恶,不如论人"。在他看来,"能尽伦常,方谓之人"(同上书,卷一《性说》)。刘光蕡"格物"之说,则于朱子为近,但有所发展。他认为"格物者,即物之形以求其性,使归有用也"(同上书,卷一《大学格致说》),他所谓的物与性,是"以形质言曰物,以义理言曰性",所以"俾物之顺其则,即是尽性,尽物之性即是格也",他主张格物不只是要"精研其理",还要"实为其事"。而且格物之目的,在于"俾国家天下实获其益"。刘光蕡为学,不以门户自限。他认为"今日讲学万不宜自隘程途,悬一孔子之道为的,任人之择途而往"(同上书,卷五《与门人王伯明论朱陆同异书》)。非但如此,在他看来,"今日而论大道,不得不从万物一体、四海一家着眼也"(同上书,卷六《复门人雷曼卿书》),所以他对西学也很重视,但他对西学只是择其适用者拿来用用而已,他的思想里"周孔之教"是最重要的。尽管他率诸生大讲西学,但告诫诸生不可弃"尧、舜、禹、汤、文、武、周公之法"和"孔孟以来相传之道"。并且每月望日,率领弟子"拈香孔子"。他坚信只要中国富强,"孔孟之教,未必不可雄驾诸洲也。"(同上书,卷八《味经创设时务斋章程》)。对刘光蕡的思想,钱穆先生评价说:"古愚承数百年关学传统,闻风奋发,本阳明良知之教,通之经术,欲使官吏兵农工商,各明其学以捍国。"(钱穆:《中国学术思想史论丛》卷八《清儒学案序》,378页)刘光蕡一生潜心于教育,故其门下多才俊,其中关中弟子著名者既有戊戌变法中的维新志士李岳瑞,又有辛亥革命的功臣于右任;既有水利学家李仪祉,又有报刊大家张季鸾等。其学说对于近代陕西颇具影响,且影响深远,以至于学贯中西的吴宓在"追溯师承渊源"时,都不能不感叹"则于古愚太夫子不敢不首致其诚敬。"(吴宓:《空轩诗话》,香港龙门书店,1967年,10页)就刘光蕡在关学史上的地位来看,时人对其有"百代真儒"(陈澹然:《关中刘古愚先生墓表》)或"近百年陕中大儒"之称,认为"同光之世,科制既深,关学尤多黯塞",得刘光蕡"以致用为倡","关学廓然一变"。张舜徽先生强调"百年以来关中学者,要必以光蕡为巨擘焉"(张舜徽:《清人文集别录》,555页)。刘光蕡著述颇丰,现有其弟子整理的《烟霞草堂遗书》和《刘古愚先生全书》二书。

[**文献**] 〔民国〕陈三立《散原精舍文集》卷一三《刘古愚先生传》:"先生刘氏,名光蕡,字焕唐,号古愚,陕西咸阳人也。……举光绪乙亥科乡试,赴礼部试,不第。……历主泾阳泾干、味经、崇实诸书院,……门弟子千数百人,成就者众,而关中风趋亦为之一变。……遂益究汉宋儒者之说,尤取阳明本诸良知者,归于经世。……他所撰著,根据指要,探圣哲遗文之精蕴,比传时变,深切著明,多发前儒所未发。而制行坚苦,不欺其志,矫迂疏之习,绝诡荡之弊,闳识孤怀,罕与为比。呜呼!可谓旷世之通儒已。"(陈三立:《散原精舍文集》,上海古籍出版社,2003年,1015-1018页)(民国)陈澹然《关中刘古愚先生墓表》:"有清末造,关中大儒刘古愚先生,毅然以经世厉天下。……

同光之世,科制既深,关学尤多黯塞。先生主泾阳泾干、味经、崇实诸书院三十载,首刊经、史,以致用为倡,扩之新籍新图,以广其神智。从而受业者千数百人,关学廓然一变。……关中自横渠倡导,明哲代兴,大都明体为宗,而时措获寡。晚近鹜名之士,号通时变,而行宜或不忍言。先生慧本诚生,用归时措,孤寒特立,廓此闳模,贫贱不移,威武不屈。呜乎! 可谓百代真儒矣! 殁当光绪二十九年,春秋六十有一。"(刘光蕡:《烟霞草堂文集》,《烟霞草堂遗书》本)刘瑞骥《钦加国子监学正衔晋五品衔保荐经济特科光绪乙亥恩科举人焕唐府君行状》:"府君讳光蕡,原名一新,字焕唐,号古愚,世居咸阳之天阁村。……肄业关中书院,时贵筑黄彭年主讲席……乙酉,府君念陕士空疏帖括外,无所事学,爰商乡人好义者,集款二千金,立求友斋以经史、天文、舆地、掌故、算术八门,……府君主讲味经,又商前学使柯逢时,奏请味经刊书处。刊十三经、廿四史、通鉴、九通等书。……光绪丁亥,移讲味经,最后兼讲崇实。……庚子,馆潼关朱训导存诚,言曾见西人纺纱小机,仿造可成。府君令招匠试造,规模略具,纺纱快利。……时,康有为、梁启超两君设《时务报》于上海,府君趣之遥相应,以此再忤于世。戊戌事变,因目府君为新党,府君处之如常。……府君山居四年,壬寅之冬,崧制军聘总函聘教甘肃大学堂。"(同上)徐世昌《清儒学案》卷一九一《古愚学案》:"刘光蕡,字焕唐,号古愚。咸阳人。……举光绪乙亥乡试。赴春官不第,乃退居教授数十年,终其身。先交咸阳李寅、长安柏景伟,究心汉、宋儒者之说,尤取阳明本诸良知者,归于经世,务通经致用,灌输新学、新法、新器以救之。以此为学,亦以此为教。历主泾阳泾干、味经、崇实诸书院,其法分课编日程,躬与切摩。门弟子千数百人,成就者众。关中学风,廓然一变。复并义塾于咸阳、礼泉、扶风,导之科学,余则练枪械,寓兵谋,以风列县。募巨金二十万,谋汽械,开织业,以兴民利。举经济特科不赴,陕甘总督奏请赴兰州,主大学教事。先生以边地回、汉之争,系大局安危,欲假学术,渐摩开其塞陋,弭隐患。未几病卒,年六十一。"(徐世昌著,陈祖武点校:《清儒学案》,6678—6679页)又见李岳瑞《皇清征士刘古愚先生墓志铭并叙》,张鹏一《刘古愚年谱》,张骥《关学宗传》卷五六《刘古愚先生》,王儒卿等编《陕西乡贤事略》之《清刘光蕡事略》。

牛兆濂主讲陕西师范大学堂 是年,牛兆濂应陕西巡抚升允屡请,出任陕西师范大学堂总教习,但约定专讲程朱理学。然主讲不及三月,当局及诸生有违言程朱者,遂辞去。

[文献] 〔清〕牛兆濂《蓝川文钞》卷四《答升中丞》："继闻钧谕谆切,决不强索难。仰见体恤,迂拙所以委曲保全者,可谓天高地厚。又闻各大宪同心一志,力尊程朱,实事求是。正学之明,将拭目可俟矣。"(民国甲子年芸阁诸生排印本)〔清〕牛兆濂《蓝川文钞》卷一一《告先考妣文》："今年三十七岁,反己自问,毫无心得。存心处事之际,常多愧怍。……兹者恭应升大中丞之聘,即旧关中书院改建师范学堂,以兆濂充总教习之任。……惟有自竭愚诚,集思广益,以期少副上台折节下士,力扶正学之至意于万分之一。"(同上)张元勋《牛蓝川先生行状》："巡抚升公允创办师范大学堂,请任总教,具书固辞,公牍往返六七次。后学堂总办毓俊奉命造门,亲赍书币,迎以肩舆。且谓省中大宪同一心志,力尊程朱。先生以正学之明,试目可待矣,乃允以行。不及三月,诸生中有少违言,即日解辞归。"(民国间排印本)

清德宗光绪三十年　甲辰(公元1904年)

牛兆濂主讲鲁斋书院　是年,牛兆濂主讲于咸宁县(今西安市)鲁斋书院。然未几,咸宁县令拟改鲁斋书院为新式学堂,牛兆濂以为不可,遂与之抗衡。其云:"彼若以官力来,则且夺之矣,吾若彼何哉!若利诱货取,则不能",并上书陕西教育总会,批评教育总会"独不使孔、孟、程、朱之绪论留咫尺地以为讲习,亦主持名教者之耻也"。后在黄嗣东的劝说下,率领诸生搬出书院。但牛兆濂并未废弃讲学,仍于其邑蓝田之芸阁学舍授徒。

[文献] 〔清〕牛兆濂《蓝川文钞》卷四《致教育总会书》："鲁斋一案,闻已移贵会秉公核议,濂复何言!然闻之道路,谓诸公以商学为吾省缺立,将以此地改立以息争端。……我中邦大局危迫,事事让战胜于他人,吾秦更无论已。推原其故,无不归咎于我国之无人格焉。孔孟、程朱之学,所以正人心而立人格之本也。然则欲自立于列强竞争之世界,使人人有国民资格,非讲明圣学其又何道之从!……所最可惜者,佛、老、回、袄之教堂充塞宇宙。省垣之大,何所不容!而独不使孔孟、程朱之绪论留咫尺地以为讲习,亦主持名教者之耻也!诸君子以教育领袖全秦,而先正讲学之地竟不获保存于一言,将平日力扶孔教之热诚转未由共白于天下后世。"(民国甲子年芸阁诸生排印本)〔清〕牛兆濂《蓝川文钞》卷八《上小鲁师禀》："书院一席久为上游所注意,盖亦气运使然。前令刘某改垂成,以端帅一电而止。本年舒令复以借为

名,不日开办,兼欲强濂就该学教习。濂时以事难擅主,即肃禀浼其转呈请示。璧还关聘,往返再四。正在为难,忽奉赐函,即持以相示。……惟有伏处穷山,闭门却扫,与一二同志日抱程朱遗编,晨夕讲贯。力求寡过以勉副我夫子继往开来,教思无穷之至意于万分之一,则此学一线之延其不能得之寻尺之地,而或可得之人人之心者,未必非吾夫子所甚愿也。已于五月中旬,督令吴生将一切移之东院,暂行管守,而身率弟子以归。未知将来又作何归宿也。"(同上)〔清〕牛兆濂《蓝川文钞》卷一二《前署陕西凤邠等处盐法道黄公行实》:"归里后,又捐千金生息,为四方同人会讲之资。嗣以书院于光绪甲辰被咸宁舒令借办学堂,讲习无所,饬门人牛兆濂暂就所在神祠一再订期会讲。一时宿儒硕学东西辐辏,讲习《吕氏乡约》,习礼歌诗,辄至二三百人,关学不绝如线,公之力也。"(同上)又见张元勋《牛蓝川先生行状》。

清德宗光绪三十一年　乙巳(公元1905年)

贺瑞麟《清麓答问》《清麓遗语》辑成并刊刻　《清麓答问》4卷,《清麓遗语》4卷,附《清麓遗事》1卷,谢化南编,今有光绪三十一年(1905)正谊书院刊本。是辑为贺瑞麟逝世后,其亲炙弟子追思言范,由谢化南编次而成。按杨玉清序,《答问》"所问之辞,道德、典籍、人事、古今、巨细精粗,难以方所,无物不有。所答之言,智愚、偏全、是否、得失、抑扬、予夺,于影响无意不竭"。《遗语》辑录贺瑞麟讲学语录。《遗事》记载贺瑞麟与柏景伟、刘蓉、李用清等人之交往,以及贺瑞麟在凤翔讲学演礼事。

[文献]　〔清〕张晋《清麓答问遗语合刻序》:"而门下高足合阳谢君季诚复掇残拾遗,汇集《清麓答问》《遗语》《遗事》共九卷。朝邑杨君温如又详加勘订,而凤邑同门友王君亮甫勷晋付梓以公同好。……光绪乙巳四月下浣,门人张晋谨识。"(贺瑞麟:《清麓答问》,清光绪卅一年正谊书院刊本)〔清〕谢化南《题识》:"复斋先生手笔与口授答问之训、(教)诲之语,甚富矣。所病山颓木朽以后,诸友离索散处,远或千里,近或亦多数百里,未能广征遍汇以荟大全,故就赍至各册摘录,约略同门问学之先后,为《答问》四卷,继以《遗语》四卷,附《遗事》一卷,而列此目于卷首,极知挂漏殊甚,拟亦可以得其大要矣。余俟他日寄来,别为续次。光绪乙巳元月朔旦,合阳谢化南谨识。"(同上)

清废帝宣统三年　辛亥(公元1911年)

一月,牛兆濂演礼临潼横渠祠　牛兆濂之学虽以程朱为尊,但非常推崇张载"以礼教关中"的宗风,并对这一宗风"辄思踵而成之"(牛兆濂:《蓝川文钞》卷三《吕氏礼记传序》),所以他不只以古礼教授诸生,还积极参与民间演礼。是年,临潼县令张瑞玑以关中理学学者王巡泰配享临潼横渠祠,特邀牛兆濂往主持礼仪,牛兆濂遂往。主持礼仪毕,牛兆濂为当地士人演乡饮酒礼和加冠礼。

[文献]　张元勋《牛蓝川先生行状》:"辛亥正月,临令张公瑞玑以王零川配享横渠,特邀先生主礼节,兼习饮、冠各礼也。倡之于渭令张世英,继之以兴令朱藩甫。化民成俗,莫善于礼。先后诸贤令之举此旷典,必首推先生。"(民国间排印本)。

文献检索

古代文献

(按笔划顺序检索)

二 画

《二程集》,〔宋〕程颢、程颐著,王孝鱼点校,北京:中华书局,2004年。
《二曲集》,〔清〕李颙著,陈俊民点校,北京:中华书局,1996年。
《十驾斋养新录》,〔清〕钱大昕,《嘉定钱大昕全集》(7),南京:江苏古籍出版社,1997年。
《九畹古文》,〔清〕刘绍攽,清乾隆八年刘氏传经堂刻本。
《九畹续集》,〔清〕刘绍攽,清乾隆四十三年刘氏传经堂刻本。

三 画

《〔康熙〕三水县志》,〔清〕林逢泰修,文倬天纂,康熙十六年刻本。
《〔乾隆〕三水县志》,〔清〕葛德新修,孙星衍撰,乾隆五十年刻本。
《三朝北盟会编》,〔宋〕徐梦莘,清光绪三十四年刻本。
《三苏全书》,曾枣庄、舒大刚主编,北京:语文出版社,2001年。
《三原县志》,〔清〕刘绍攽纂修,清乾隆癸卯年刻本。
《三原县新志》,〔清〕焦云龙修、贺瑞麟纂,清光绪六年刊本。
《山志》,〔清〕王宏撰,清乾隆五十三年绍衣堂刻本。
《大学古义》,〔清〕刘光蕡,《烟霞草堂遗书》本。
《大易则通》,〔清〕胡世安,清顺治十五年朱之俊刻本。
《万姓统谱》,〔明〕凌迪知撰,文渊阁《四库全书》本。

《小学句读记》,〔清〕王建常,清同治七年刊本。
《卫道编》,〔清〕刘绍攽,清光绪元年刻本。
《辽金元名人年谱》,北图社影印室,北京:北京图书馆出版社,2005年版。

四　画

《王山史先生年谱》,〔清〕康乃心等,清光绪二十三年华阴王敬义堂刊本。
《王阳明全集》,〔明〕王守仁撰,吴光等点校,上海:上海古籍出版社,1992年。
《王阳明传习录详注集评》,陈荣捷,台北:学生书局,1983年版。
《王复斋余稿》,〔清〕王建常,朝邑文会1924年铅印本。
《王端毅公文集》,〔明〕王恕,明嘉靖三十一年乔世宁刻本、清嘉庆十五年。
《王徵遗著》,〔明〕王徵著,李之勤校,西安:陕西人民出版社,1987年版。
《开知录》,〔清〕张秉直,清光绪元年刻本。
《丰川全集正编》,〔清〕王心敬,清康熙五十五年刻本。
《丰川全集续编》,〔清〕王心敬,清康熙五十五年刻本。
《丰川续集》,〔清〕王心敬,乾隆五十年恕堂刻本。
《天恩存问录》,〔明〕王承裕辑,清道光十八年王稷补刊本。
《元史》,〔明〕宋濂等,北京:中华书局,1974年。
《元祐党人传》,〔宋〕陆心源,《宋代传记资料丛刊》(30),北京:北京图书馆出版社,2006年。
《云村集》,〔明〕许相卿,文渊阁《四库全书》本。
《太乙子》,〔清〕康乃心,西安商务印书分馆,1934年。
《太平宝训政事纪年》,〔宋〕佚名,台北:文海出版社,1981年。
《太平治迹统类》,〔宋〕彭百川,台北:成文出版社,1966年。
《太师王端毅公文集》,〔明〕王恕,清嘉庆十五年重刻本,瑞芝堂家藏版。
《历代道学统宗渊源问对》,〔明〕黎温,明成化间刻本。
《历代名臣奏议》,〔明〕黄淮、杨士奇,台北:台湾学生书局,1985年。

《历代名人(生卒)年谱》,〔清〕吴荣光,《疑年录集成》(7),北京:北京图书馆出版社,2002年。

《历代名人生卒录》,〔清〕钱保塘,北京:北京图书馆出版社,2002年。

《中岩文介先生文集》,〔清〕宋振麟,清乾隆十六年王文昭刻本。

《中州名贤文表》,〔明〕刘昌,清光绪三十年刻本。

《日省录》,〔清〕王承烈,光绪戊戌王素位堂刻本。

《朱止泉先生文集》,〔清〕朱泽沄,清乾隆间顾天斋刻本。

《长安志》,〔清〕张聪贤修,董曾臣纂,《地方志人物传记资料丛刊》(3),北京:北京图书馆出版社,2000年。

《文献通考·经籍考》,〔元〕马端临,上海:华东师范大学出版社,1985年。

《文献征存录》,〔清〕钱林辑、王藻编,《清代传记丛刊》,台北:明文书局,1985年。

《文谈》,〔清〕张秉直,清道光九年中和堂刻本。

《文潞公文集》,〔宋〕文彦博,文渊阁《四库全书》本。

《方苞集》,〔清〕方苞,上海:上海古籍出版社,1983年。

《少保王康僖公文集》,〔明〕王承裕,〔清〕李锡龄、王稷辑刻本。

《凤翔县志》,(清)韩镛修纂,清雍正十一年刻本。

《凤翔府志》,〔清〕达灵阿修,周方炯、高登科纂,清乾隆三十一年刻本。

五 画

《正蒙会稿》,〔明〕刘玑,明正德十五年祝寿、武雷等刻本。

《正蒙集说》,〔清〕杨方达,清乾隆复初堂刻本。

《正蒙释》,〔明〕高攀龙集注、徐必达发明,明万历刻本。

《正蒙拾遗》,〔明〕韩邦奇,清乾隆十六年重刻本。

《正学偶见述》,〔清〕王宏撰,清光绪二十一年敬义堂刻本。

《正谊堂文集》,〔清〕张伯行,清同治年间刻本。

《古今图书集成》,〔清〕陈梦雷,台北:鼎文书局,1977年。

《古今纪要》,〔宋〕黄震,文渊阁《四库全书》本。

《古今源流至论》,〔宋〕林駉、黄履翁,文渊阁《四库全书》本。

《古文渊鉴》,〔清〕徐乾学,北京:北京古籍出版社,1988年。
《叶适集》,〔宋〕叶适,北京:中华书局,1961年。
《玉海》,〔宋〕王应麟,文渊阁《四库全书》本。
《东都事略》,〔宋〕王称,台北:文海出版社,1979年。
《东莱紫薇师友杂志》,〔宋〕吕本中,北京:商务印书馆,1939年。
《〔乾隆〕甘肃通志》,〔清〕许容,文渊阁《四库全书》本。
《本朝分省人物考》,〔明〕过庭训撰,明天启刻本。
《四库全书总目》,〔清〕永瑢等,清乾隆武英殿刻本;北京:中华书局,1965年。
《四库全书总目提要》,〔清〕永瑢、纪昀,海口:海南出版社,1999年。
《四书或问》,(宋)朱熹,上海:上海古籍出版社、合肥:安徽教育出版社,2001年。
《四书讲义》,〔清〕孙景烈,清乾隆间滋树堂藏板。
《四书心解》,〔清〕王吉相,清道光二十四年邠州儒学官署刻本。
《四书集疏》,〔清〕张秉直,清同治十二年刻本。
《四书集疏附正》,〔清〕张秉直,清同治十二年刻本。
《四书凝道录》,〔清〕刘绍攽,清光绪间刘在堂本。
《四书日记》,〔清〕王巡泰,清道光十五年来鹿堂刻本。
《四续疑年录》,〔清〕朱昌燕,《疑年录集成》(2),北京:北京图书馆出版社,2002年。
《旧闻随笔》,姚永朴,《清代传记丛刊》,台北:明文书局,1985年。
《史复斋文集》,〔清〕史调,清乾隆间刻本。
《史质》,〔明〕王洙,明嘉靖刻本。
《仪小经》,〔清〕李因笃,清光绪十年刘传经堂刊本。
《礼记集解》,〔清〕孙希旦撰,北京:中华书局,1989年。
《永乐大典》,〔明〕解缙、姚广孝等辑,北京:中华书局,1986年。
《冯少墟集》,〔明〕冯从吾,清康熙癸丑年重刻本。
《冯少墟续集》,〔明〕冯从吾,清康熙癸丑年重刻本;清光绪二十二年重修本。
《立政臆解》,〔清〕刘光蕡,《烟霞草堂遗书》本。
《圣门人物志》,〔明〕郭子章,明万历二十二年赵彦刻本。

《圣学宗传》,〔明〕周汝登,清万历三十三年王世韬等刻本。

《圣清渊源录》,〔清〕黄嗣栋,《清代传记丛刊》,台北:明文书局,1985年。

《对雪亭文集》,〔清〕张洲,清嘉庆刻本。

《司马太师温国文正公年谱》,〔清〕顾栋高,民国刘氏刻求恕斋丛书本。

《司马光日记校注》,李裕民校注,北京:中国社会科学出版社,1994年。

六　画

《西安府志》,〔清〕舒其绅等修、严长明等纂,清乾隆四十四年刊本。

《西湖游览志余》,〔明〕田汝成,文渊阁《四库全书》本。

《夷坚志》,〔宋〕洪迈,北京:中华书局,1981年。

《吕氏乡约》,〔宋〕吕大钧,陕西通志馆印,《关中丛书》本。

《同州府志》,〔清〕李恩继、文廉修,〔清〕蒋湘南纂,清咸丰二年刻本。

《合刻周张两先生全书》,〔明〕徐必达辑,明万历三十四年徐必达刻本。

《朱子文集》,〔宋〕朱熹,陈俊民校编,台北:德富文教基金会出版,2000年。

《朱子全书》,〔宋〕朱熹,朱杰人等编,上海:上海古籍出版社、合肥:安徽教育出版社,2002年。

《朱子注释濂关三书》,〔清〕王植辑,清雍正元年刻本。

《朱子语类》,〔宋〕黎靖德编,北京:中华书局,1986年。

《朱竹垞先生年谱》,〔清〕杨谦编,清刻本。

《竹涧集》,〔明〕潘希曾,乾隆四十四年刻本。

《先进遗风》,〔明〕耿定向撰、毛在增补,乾隆四十六年刻本。

《〔乾隆〕华阴县志》,〔清〕陆维垣、许光基修,李天修撰,西安艺林印书社,1928年铅印本。

《名臣碑传琬琰集》,〔宋〕杜大珪,台北:文海出版社,1969年。

《全元文》,李修生主编,南京:江苏古籍出版社,1999年。

《全辽金文》,阎凤梧主编,太原:山西古籍出版社,2002年。

《全宋文》,曾枣庄、刘琳主编,上海:上海古籍出版社、合肥:安徽教育出版社,2006年。

《全祖望集汇校集注》,〔清〕全祖望,朱铸禹汇校集注,上海:上海古籍出版社,2000年。

《延安府志》,〔明〕李宗仁修、杨怀纂,西安:陕西省图书馆、西安古旧书店,1962影印本。

《安康县志》,〔清〕郑谦、王森文等纂修,清咸丰三年刊本。

《邠州志》,〔明〕姚本修、阎奉恩纂,〔清〕苏东桂续,清顺治六年刻本。

《关中道脉四种书》,〔清〕李元春辑,清道光十年刻本。

《关中三李年谱》,〔清〕吴怀清,西安:陕西师范大学出版社,1992年。

《关中两朝文钞》,〔清〕李元春,清道光壬辰守朴堂刻本。

《关学编(附续编)》,〔明〕冯从吾著,陈俊民、徐兴海点校,北京:中华书局,1987年。

《论语绪言》,〔清〕张秉直,清同治十二年刻本。

《汤斌集》,〔清〕汤斌,郑州:中州古籍出版社,2003年。

《兴平县士女志》,〔清〕王权修,清光绪二年刻本。

《先文恭公年谱》,〔清〕陈钟珂,清培远堂刻本。

七　画

《苏轼资料汇编》,四川大学中文系唐宋文学研究室编,北京:中华书局,1994年。

《两浙名贤录》,〔明〕徐象梅,明天启刻本。

《杜工部韩文公年谱》,〔宋〕吕大防,《北京图书馆藏珍本年谱丛刊》(11),北京:北京图书馆出版社,1998年。

《李塨年谱》,〔清〕冯辰、刘调赞,北京:中华书局,1988年。

《攻媿集附拾遗》,〔宋〕楼钥,台北:新文丰出版公司,1984年。

《远西奇器图说录最》,〔明〕邓玉函 口授,〔明〕王徵译绘,道光庚寅仲夏月重镌,来鹿堂藏版。

《还山遗稿》,〔元〕杨奂著,宋廷佐辑,《适园丛书》,张氏民国刻本。

《杨损斋文钞》,〔清〕杨树椿,清光绪九年柏经正堂刻本。

《杨文宪公考岁略》,〔明〕宋廷佐,《北京图书馆馆藏珍本年谱丛刊》(34),1998年。

《杨忠介集》,〔明〕杨爵,文渊阁《四库全书》本。
《杨忠介公文集》,〔明〕杨爵,清光绪癸巳季夏张履诚堂木刻本。
《近思录》,〔宋〕朱熹、吕祖谦,南京:江苏古籍出版社,2001年。
《宋人轶事汇编》,〔清〕丁传靖,北京:中华书局,1981年。
《宋大事记讲义》,〔宋〕吕中,文渊阁《四库全书》本。
《宋元学案》,〔清〕黄宗羲著、全祖望补,陈金生等点校,北京:中华书局,1986年。
《宋元学案补遗》,〔清〕王梓材、冯云濠,《儒藏》史部,成都:四川大学出版社,2005年。
《宋本皇朝编年纲目备要》,〔宋〕陈均,台北:成文出版社,1966年。
《宋史》,〔元〕脱脱等,北京:中华书局,1977年。
《宋史全文》,〔元〕佚名,李之亮点校,哈尔滨:黑龙江人民出版社,2004年。
《宋史翼》,〔清〕陆心源,北京:中华书局,1991年。
《宋会要辑稿》,〔清〕徐松,北京:中华书局,1957年。
《宋朝大诏令集》,〔宋〕佚名,影印国家图书馆藏清抄本。
《宋学渊源记》,〔清〕江藩,上海:上海书店,1983年。
《宋朝事实》,〔宋〕李攸,台北:文海出版社,1967年。
《宋儒碑传集》,杨世文选辑,《儒藏》史部,成都:四川大学出版社,2005年。
《词林辑略》,〔清〕朱汝珍,《清代传记丛刊》,台北:明文书局,1985年。
《沣西草堂集》,〔清〕柏景伟,金陵思过斋1924年刻本。
《沣西草堂文集》,〔清〕柏景伟,清光绪二十六年排印本。
《启蒙意见》,〔清〕韩邦奇,清乾隆十六年重刻本。
《鸡山语要》,〔明〕张舜典,陕西通志馆印,《关中丛书》本。
《纲鉴合编》,〔明〕袁了凡、王凤洲,北京:中国书店,1985年。
《邵氏闻见录》,〔宋〕邵伯温,北京:中华书局,1983年。
《张载集》,〔宋〕张载著,章锡琛点校,北京:中华书局,1978年。
《张子年谱》,〔清〕武澄,《宋明理学家年谱》第1册,北京:北京图书馆出版社,2005年。
《张子全书》,〔宋〕张载,清乾隆二十八年张明行修补本。

《张子正蒙》,〔清〕王夫之注,上海:上海古籍出版社,2000年。
《张清恪公年谱》,〔清〕张师栻、张师载编,清乾隆间刻本。
《怀麓堂集》,〔明〕李东阳,文渊阁《四库全书》本。

八　画

《范文正公年谱》,〔宋〕楼钥编,范之柔补遗,民国间影印本。
《苑洛集》,〔明〕韩邦奇撰,文渊阁《四库全书》本;清道光八年重刻本。
《武功县志》,〔明〕康海撰,〔清〕孙景烈评注,清光绪十三年张世英刻本。
《武功后志》,〔清〕沈华修、崔昭等纂,清雍正十二年刻本。
《武功县志重校续志》,〔清〕张文熙纂、康吕赐校补,《地方志人物传记资料丛刊》,北京:北京图书馆出版社,2000年。
《事物纪原》,〔宋〕高承,北京:中华书局,1989年。
《直斋书录解题》,〔宋〕陈振孙,上海:上海古籍出版社,1987年。
《国史文苑传稿》,〔清〕阮元等,《清代传记丛刊》,台北:明文书局,1985年。
《国朝二百家名贤文粹》,〔宋〕佚名,宋庆元三年刊本。
《国朝诗人征略》,〔清〕张维屏,《清代传记丛刊》,台北:明文书局,1985年。
《国朝学案小识》,〔清〕唐鉴,《清代传记丛刊》,台北:明文书局,1985年。
《国朝诸臣奏议》,〔宋〕赵汝愚辑,台北:文海出版社,1970年。
《万历杭州府志》,〔明〕戴日强纂,明万历七年刻本。
《国朝献征录》,〔明〕焦竑,明万历四十四年徐象橒曼山馆刻本。
《国朝耆献类征初编》,〔清〕李桓辑,《清代传记丛刊》,台北:明文书局,1985年。
《明一统志》,〔明〕李贤等,文渊阁《四库全书》本。
《明文海》,〔清〕黄宗羲辑,乾隆四十四年刻本;北京:中华书局,1987年。
《明史》,〔清〕张廷玉等,北京:中华书局,1974年。
《明名臣言行录》,〔清〕徐开任辑,清康熙二十年刻本。
《明状元图考》,〔明〕顾鼎臣编,汉阳叶氏平安馆藏本。

《明代迁遗民诗咏》,〔民国〕张其淦撰、祁正注,《清代传记丛刊》,台北:明文书局,1985年。

《明儒学案》,〔清〕黄宗羲,沈芝盈点校,北京:中华书局,1985年。

《明儒言行录》,〔清〕沈佳,文渊阁《四库全书》本。

《性理大全》,〔明〕胡广,济南:山东友谊书社,1989年。

《性理三解》,〔明〕韩邦奇,清嘉庆七年重刻本。

《周行己集》,〔宋〕周行己,周梦江笺校,上海:上海社会科学院出版社,2002年。

《周易详说》,〔清〕刘绍攽,清同治十二年刘氏传经堂刻本。

《受祺堂文集》,〔清〕李因笃,清道光七年杨松林刻本。

《受祺堂文集续集》,〔清〕李因笃,清道光七年杨松林刻本。

《受祺堂诗集》,〔清〕李因笃,清康熙三十八年田少华刻本。

《金石萃编》,〔清〕王昶,清嘉庆十年刻本。

《合阳县志》,〔清〕席奉乾修,孙景烈纂,清乾隆三十四年刻本。

《知本提纲》,〔清〕杨屾,1921年补版刻本。

《征信录》,〔清〕张秉直,清光绪元年李怀堂刻本。

《尚书质疑》,〔清〕王心敬,清乾隆三年浔衙本。

《泾阳县志》,〔清〕葛晨纂修,清乾隆四十三年刻本。

《泾野子内篇》,〔明〕吕柟,文渊阁四库全书本;清光绪七年景槐书院刊本。

《泾野先生文集》,(明)吕柟,明嘉靖三十四年于德昌刻本;明万历刻本。

《治平大略》,〔清〕张秉直,清光绪元年刻本。

《学旨要略》,〔清〕杨树椿,清同治12年传经堂刻本。

《学宫辑略》,〔清〕余丙捷,李元春增辑,《丛书人物传记资料类编学林卷》,北京:北京图书馆出版社,2006。

《居业堂文集》,〔清〕王源,《畿辅丛书》本。

《〔嘉靖〕陕西通志》,〔明〕赵廷瑞修、马理、吕柟纂,明嘉靖二十一年刊本;三秦出版社,2006年。

《〔雍正〕陕西通志》,〔清〕刘于义修、沈青崖等纂,清雍正十三年刊本;文渊阁《四库全书》本。

《建炎以来系年要录》,〔宋〕李心传,台北:文海出版社,1980年。

《经义考》,〔清〕朱彝尊,北京:中华书局,1998年。

九 画

《胡宏集》,〔宋〕胡宏,北京:中华书局,1987年。
《挥麈三录》,〔宋〕王明清,文渊阁《四库全书》本。
《柏林文集》,〔明〕雷于霖,陕西省印刷局,1928年排印版。
《柽华馆全集》,〔清〕路德,清光绪七年解梁书院刻本。
《赵州志》,〔明〕蔡懋昭,明隆庆刻本。
《砭身集》,〔清〕刘鸣珂,清光绪二十八年柏经正堂刻本。
《咸宁县志》,〔清〕高廷法等纂,民国二十五年排印本。
《思庵野录》,〔明〕薛敬之,清咸丰元年武鸿模重印本。
《临潼县志》,〔清〕史传远纂修,清乾隆四十一年刊本。
《弇山毕公年谱》,〔清〕史善长,清同治十一年刻本。
《律吕图说》,〔清〕王建常,清乾隆三十九年朝坂集义堂刻本。
《复斋录》,〔清〕王建常,清光绪元年刘述荆堂刊本。
《重修凤翔府志》,〔清〕达灵阿修,周方炯、高登科纂,《地方志人物传记资料丛刊》,据清乾隆三十二年刻本,北京:北京图书馆出版社,2000年。
《重修泾阳县志》,〔清〕刘懋官修、周斯以纂,清宣统三年铅印本。
《重修兴平县志》,王廷珪修,张元际、冯光裕纂,1923铅印本。
《重辑渭南县志》,〔清〕何耿绳等纂修,西安:陕西师范大学图书馆1982年传钞本。
《皇宋十朝纲要》,〔宋〕李埴,台北:文海出版社,1980年。
《皇明书》,〔明〕邓元锡,明万历刻本。
《皇明名臣言行录》,〔明〕徐咸辑,明嘉靖二十八年施渐刻本。
《皇明经世文编》,〔明〕陈子龙辑,明崇祯平露堂刻本。
《皇明辅世编》,〔明〕唐鹤征,明崇祯十五年陈睿谟刻本。
《皇清书史》,李放,《清代传记丛刊》,台北:明文书局,1985年。
《皇清陕西历科进士录》,〔清〕王承烈等编,清康熙刻本。
《皇朝文鉴》,〔宋〕吕祖谦,《四部丛刊初编》影印本。
《修齐直指评》,〔清〕刘光蕡,《关中丛书》本。

《弇山堂别集》,〔明〕王世贞,文渊阁《四库全书》本。
《钦定续文献通考》,〔清〕嵇璜,文渊阁《四库全书》本。
《郡斋读书志校证》,孙猛,上海:上海古籍出版社,1990年。
《亭林文集》,〔清〕顾炎武,上海涵芬楼藏本。
《洛闽源流录》,〔清〕张夏,清康熙二十一年黄昌衢彝叙堂刻本。
《养晦堂文集》,〔清〕刘蓉,清光绪三年思贤讲舍刊本。
《类编长安志》,〔元〕骆天骧撰,黄永年点校,北京:中华书局,1990年。
《祛疴斋文集》,〔清〕王会昌,清道光元年怡怡堂刻本。

十　画

《莘野先生年谱》,〔清〕康纬、康端,《关中丛书》本。
《莘野遗书》,〔清〕康乃心,《关中丛书》本。
《桐阁先生文钞》,〔清〕李元春,清光绪十年朝邑文会刊本。
《桐阁性理十三论》,〔清〕李元春,清光绪十七年正谊书院刊本。
《桐阁集》,〔清〕李元春,清道光年间刊本。
《桐阁拾遗》,〔清〕李元春,清光绪三十一年刊本。
《都是春斋文集》,〔清〕张佑,吾学园刻本。
《砥斋集》,〔清〕王宏撰,清光绪二十年敬义堂刻本。
《培远堂偶存稿》,〔清〕陈宏谋,清乾隆三十年吴门穆大展局刻本。
《顾亭林先生年谱》,〔清〕顾衍生原编、吴映奎重辑,清道光十九年上元车氏刻本。
《顾亭林先生年谱》,〔清〕张穆,清道光二十四年刊本。
《损斋文钞》,〔清〕杨树椿,清光绪癸未年柏经正堂刻本。
《恩荣备载》,〔清〕王兰生,清道光十六年刻本。
《容斋随笔》,〔宋〕洪迈,上海:上海古籍出版社,1996年。
《高陵县志》,〔明〕吕柟,明嘉靖二十年刊本。
《高陵县续志》,〔清〕程维雍修、白遇道纂,光绪七年刻本。
《诸儒学案》,(明)刘元卿,明万历年间刘庆举补修本。
《资治通鉴长编纪事本末》,〔宋〕杨仲良,台北:文海出版社,1987年。
《烟霞草堂文集》,〔清〕刘光蕡,民国四年铅印本。

《烟霞草堂遗书》,〔清〕刘光蕡,三原王典章民国九年苏州刊本。
《恕谷后集》,〔清〕李塨,《畿辅丛书》本。

十一画

《理学备考》,〔清〕范鄗鼎撰、李元春增辑,《青照堂丛书》本。
《理学宗传》,〔清〕孙奇逢,清康熙五年刻本。
《雪楼集》,〔元〕程文海,文渊阁《四库全书》本。
《萝谷文集》,〔清〕张秉直,清道光二十三年刻本。
《黄州府志》,〔清〕英启修、邓琛纂,清光绪十年刊本。
《梦林玄解》,〔宋〕邵雍辑、〔明〕何栋如辑,明崇祯刻本。
《清史列传》,清史馆,《清代传记丛刊》,台北:明文书局,1985年。
《清史稿艺文志及补编(附索引)》,〔清〕章钰等,北京:中华书局,1982年。
《清代碑传全集》,〔清〕钱仪吉等,上海:上海古籍出版社,1987年。
《清朝先正事略》,〔清〕李元度,《清代传记丛刊》,台北:明文书局,1985年。
《清麓文集》,〔清〕贺瑞麟,清光绪二十五年刘氏传经堂刊本。
《清麓文集约钞》,〔清〕贺瑞麟,潜修学舍1927年刻本。
《清麓年谱》,〔清〕张元勋,清光绪二十五年刘传经堂刊本。
《清麓答问》,〔清〕贺瑞麟,清光绪三十一年正谊书院刻本。
《清麓遗语》,〔清〕贺瑞麟,清光绪三十一年正谊书院刊本。
《清儒学案小传》,〔清〕徐世昌,《清代传记丛刊》,台北:明文书局,1985年。
《淮海集笺注》,〔宋〕秦观撰、徐培均笺注,上海古籍出版社,1994年。
《滋树堂文集》,〔清〕孙景烈,清道光十七年酉麓山房刻本。
《淳化县志》,〔清〕万廷树修、洪亮吉等纂,1934年刊本。
《绿绮寮集》,〔清〕郑士范,清宣统二年周正谊堂校刻本。
《续文献通考》,〔明〕王圻,明万历刊本。
《续兴安府志》,〔清〕叶世倬纂修,清嘉庆十七年刊本。
《续刻受祺堂文集》,〔清〕李因笃,清道光十年关中书院刻本。

《续资治通鉴长编》,〔宋〕李焘,北京:中华书局,1993年。
《续资治通鉴长编拾补》,〔清〕黄以周等,北京:中华书局,2004年。
《续资治通鉴》,〔清〕毕沅,北京:中华书局,1957年。
《续朝邑县志》,〔明〕王学谟撰,明万历甲申刻本。

十二画

《朝邑县乡土志》,〔清〕朱续馨纂修,燕京大学图书馆,民国二十六年铅印本。
《朝邑县后志》,〔清〕王兆鳌修、王鹏巽纂,康熙五十一年刻本。
《朝邑县志》,〔清〕金嘉琰、朱廷模修、钱坫纂,清乾隆四十五年刻本。
《琬琰集删存》,洪业等辑,《宋代传记资料丛刊》,北京:北京图书馆出版社,2006年。
《棘门集》,〔明〕姚希孟撰,明崇祯十年刻本。
《程子年谱》,〔清〕池生春、诸星杓,清咸丰五年刻本。
《编年考》,〔清〕沈坤山,《故宫珍本丛刊》,海口:海南出版社,2001年。
《渭南县志》,〔明〕南大吉纂修,嘉靖二十年刻本。
《〔乾隆〕渭南县志》,〔清〕汪以诚等纂修,乾隆己亥年木刻本。
《宋名臣言行录外集》,〔宋〕李幼武,《清麓丛书》本。
《道命录》,〔宋〕李心传,台北:文海出版社,1987年;清知不足斋丛书本。
《遂初堂书目》,〔宋〕尤袤,北京:中华书局,1985年。
《韩苑洛全集》,〔明〕韩邦奇,清道光八年重刻,朝邑县西河书院藏板。
《曾国藩全集·诗文》,〔清〕曾国藩,岳麓书社,1986年。
《滋溪文稿》,〔元〕苏天爵,民国适园丛书本。
《榘菴集》,〔元〕同恕撰,文渊阁《四库全书》本。

十三画

《蒲城县新志》,〔清〕李体仁修、王学礼纂,清光绪三十一年刊本。
《槐门文集》,〔清〕王维戊,清道光十七年刻本。
《蓝川文钞》,〔清〕牛兆濂,芸阁诸生1924年排印本。

《蓝田志》,〔清〕胡元煐修,蒋湘南纂,《地方志人物传记资料丛刊》,北京:北京图书馆出版社,2000年。

《蓝田县志》,〔清〕吕懋勋等修,袁廷俊等纂,清光绪元年刊本。

《解州志》,〔清〕马丕瑶、魏象干修,张承熊纂,乾隆二十九年如泗本、增修本,清光绪七年刻本。

《雍大记》,(明)何景明纂,明嘉靖刻本。

《福州府志》,〔明〕王德、叶溥、张孟敬纂修,福州:海风出版社,2001年。

十四画

《疑年录》,〔清〕钱大昕,《疑年录集成》,北京:北京图书馆出版社,2002年。

《疑年录汇编》,〔清〕张惟骧,北京:北京图书馆出版社,2002年。

十五画

《横渠先生年谱》,〔清〕归曾祁,《儒藏·儒林年谱》,成都:四川大学出版社,2007年。

《槲叶集》,〔清〕李柏,1922年李氏重刊本。

《震泽集》,〔明〕王鏊,文渊阁《四库全书》本。

《墨林今话续编》,〔清〕蒋宝龄,《清代传记丛刊》,台北:明文书局,1985年。

《墨林今话续编一》,〔清〕蒋宝龄,《清代传记丛刊》,台北:明文书局,1985年。

《颜元集》,〔清〕颜元著,王星贤等点校,北京:中华书局,1987年。

《颜习斋先生年谱》,〔清〕李塨编、王源订,清康熙四十六年刻本。

《潏水集》,〔宋〕李复,文渊阁《四库全书》本。

《潜溪吟草》,〔清〕寇守信,清光绪二十八年刻本。

《澄城县志》,〔清〕戴治修,洪亮吉、孙星衍纂,清乾隆四十九年刻本。

十六画

《薛仁斋先生遗集》,〔清〕薛于瑛,《清麓丛书》本。
《儒林传稿》,〔清〕阮元,清嘉庆刻本。
《儒宗理要》,〔清〕张能鳞,清顺治年间刻本。
《濂洛关闽书》,〔清〕张伯行集解,清同治五年正谊书局刻本。

十七画

《周至县志》,〔清〕杨仪修,王开沃纂,《陕西省图书馆藏稀见地方志丛刊》,据乾隆五十年乙巳杨仪重修本,北京:北京图书馆出版社,2006年。
《谿田文集》,〔明〕马理,清道光二十年李锡龄校刻本。

现代文献

(按笔划顺序检索)

二画

《二十史朔闰表》,陈垣,北京:古籍出版社,1956年。

四画

《五续疑年录》,闵保之,《疑年录集成》,北京:北京图书馆出版社,2002年。
《历代人物年里碑传综表》,姜亮夫,北京:中华书局,1959年。
《中国学术思想史论丛》,钱穆,合肥:安徽教育出版社,2004年。
《中国学术思想编年》,张岂之主编,西安:陕西师范大学出版社,2006年。

《中国思想史》,韦政通,上海:上海书店,2003年。
《中国思想通史》,侯外庐主编,北京:人民出版社,1959年。
《中国思想研究方法》,蔡尚思,上海:复旦大学出版社,2001年。
《中国哲学史新编》,冯友兰,北京:人民出版社,2004年。
《中国哲学思想论集》(宋明篇),钱穆等,台北:水牛出版社,1976年。
《中国丛书综录》,上海图书馆,上海:上海古籍出版社,1982年。
《中国丛书综录补正》,阳海清,扬州:广陵古籍刻印社,1984年。
《中国丛书综录续编》,施廷镛,北京:北京图书馆出版,2003年。
《中国丛书广录》,阳海清,武汉:湖北人民出版社,1999年。
《中国历代人物年谱考录》,谢巍,北京:中华书局,1992年。
《中国历代书目丛刊》,许逸民、常振国,北京:现代出版社,1987年。
《中国历代年谱总目》,杨殿珣,北京:书目文献出版社,1980年。
《中国历史人物生卒年表》,吴海林,哈尔滨:黑龙江人民出版社,1981年。
《中国历史纪年表》(修订本),方诗铭,上海:上海人民出版社,2007年。
《中国近三百年学术史》,梁启超,天津:天津古籍出版社,2003年。
《中国近三百年学术史》,钱穆,北京:中华书局,1986年。
《中华儒学通典》,吴枫、宋一夫,海口:南海出版公司,1992年。
《文化传统与文化重建》,余英时,北京:三联出版社,2004年。
《文献家通考》,郑伟章,北京:中华书局,1999年。
《牛蓝川先生讣告行状》,张元勋,民国间排印本。

五 画

《四库全书总目提要补正》,胡玉缙,上海:上海书店出版社,1998年。
《四库提要辨证》,余嘉锡,昆明:云南人民出版社,2004年。
《四库提要订误》(增订本),李裕民,北京:中华书局,2005年。

六 画

《早期道学话语的形成与演变》,陈来,合肥:安徽教育出版社,2007年。

《邠州新志稿》,赵晋源纂修,台北:成文出版社,1969年。

《华阴县续志》,米登岳修,张崇善、王之彦撰,1932铅印本。

《刘古愚年谱》,张鹏一,西安:陕西旅游出版社,1989年。

《刘师培辛亥前文选》,刘师培,北京:三联书店,1998年。

《关学宗传》,张骥撰,陕西教育图书社排印,民国辛酉年版。

《关学及其著述》,方光华等,西安:西安出版社,2003年。

《许衡与许衡文化》,焦作市地方史志办公室等编,郑州:中州古籍出版社,2007年。

《孙夏峰李二曲学谱》,谢国桢,北京:商务印书馆,1934年。

七　画

《两头蛇—明末清初的第一代天主教徒》,黄一农,上海:上海古籍出版社,2006年。

《李二曲研究》,林继平,台北:台湾商务印书馆,1980年。

《饮冰室合集》,梁启超,北京:中华书局,2003年。

《宋明理学史》,侯外庐等主编,北京:人民出版社,1987年。

《宋元方志传记索引》,朱士嘉编,北京:中华书局,1963年。

《宋人传记资料索引》,昌彼得等编、王德毅增订,北京:中华书局,1988年。

《宋人传记资料索引补编》,李国玲,成都:四川大学出版社,1994年。

《<宋史>考证》,顾吉辰,上海:华东理工大学出版社,1994年。

《宋史艺文志考证》,陈乐素,广州:广东人民出版社,2002年。

《宋登科记考》,龚延明、祖慧,南京:江苏教育出版社,2005年。

《宋明元清儒学年表》,(日)今关寿麿,北京:北京图书馆出版社,2002年。

《陈垣学术文化随笔》,陈智超、曾庆瑛编,北京:中国青年出版社,2000年。

《陈垣学术论文集》,陈垣,北京:中华书局,1980年。

《张舜民诗集校笺》,李之亮,哈尔滨:黑龙江人民出版社,1989年。

《张载关学》,姜国柱,西安:陕西人民出版社,2001年。

《张载评传》,龚杰,南京:南京大学出版社,1996年。
《张载思想研究》,朱建民,北京:文津出版社,1989年。
《张载思想的哲学诠释》,陈政扬,台北:文史出版社,2007年。
《张载哲学思想及关学学派》,陈俊民,北京:人民出版社,1986年。
《张载哲学的系统分析》,程宜山,上海:学林出版社,1989年。

八 画

《现存宋人著述总录》,刘林、沈治宏,成都:巴蜀书社,1995。
《贩书偶记》,孙殿起,上海:上海古籍出版社,1999年。
《明泾阳王徵先生年谱》,宋伯胤,西安:陕西师范大学出版社,1990年版。
《明清实学思潮史》,陈鼓应、辛冠洁、葛晋荣,济南:齐鲁书社,1989年。
《陕西乡贤事略》,王儒卿等,陕西省教育厅编审室1925年印本。
《陕西著述志》,李正德,西安:三秦出版社,1996年。

九 画

《咸宁长安两县续志》,翁柽修、宋联奎纂,1936年铅印本。
《咸阳碑刻》,李慧、曹发展注考,西安:三秦出版社,2003年。
《贺清麓先生年谱》,孙乃琨,1927刻本。

十 画

《顾亭林与王山史》,赵俪生,济南:齐鲁书社,1986年。
《读易提要》,潘雨廷,上海:上海古籍出版社,2006年。

十一画

《教育大辞典》,顾明远主编,上海:上海教育出版社,1991年。
《虚气相即——张载哲学体系及其定位》,丁为祥,北京:人民出版社,

2000年。

《清人文集别录》,张舜徽,武汉:华中师范大学出版社,2004年。

《清人别集总目》,李灵年、杨忠,合肥:安徽教育出版社,2000年。

《清代人物传稿》,王思治,北京:中华书局,1984年。

《清代目录提要》,来新夏,济南:齐鲁书社,1997年。

《清代各省禁书汇考》,雷梦辰,北京:北京图书馆,1989年。

《清代理学史》,龚书铎主编,广州:广东教育出版社,2007年。

《清史稿》,赵尔巽等,北京:中华书局,1977年。

《清史稿艺文志补编》,武作成,北京:中华书局,1982年。

《清梁质人先生份年谱》,汤中,台北:台湾商务印书馆,1980年。

《续陕西通志稿》,宋伯鲁、宋联奎等纂,1924年刊本。

《续修四库全书总目提要(稿本)》,济南:齐鲁书社,1996年。

《续修四库全书》,顾廷龙主编,上海:上海古籍出版社、北京:北京线装书局,2000年。

十二画

《渭南县志》,杨树民,西安:三秦出版社,1987年。

《散原精舍诗文集》,陈三立,上海:上海古籍出版社,2003年。

十三画

《蓝田吕氏遗著辑校》,陈俊民,北京:中华书局,1993年。

《蒙古学金石文编题录》,莎日娜主编,呼和浩特:内蒙古大学出版社,2005年。

《鄢陵县教育志》,高云周,郑州:中州古籍出版社,1991年版。

《鄢陵县志》,靳蓉镜、晋克昌等修、苏宝谦等纂,台北:成文出版社,据1936铅印本。

《碑林文史资料》,中国人民政治协商会议碑林区委员会文史资料研究委员会编,1987年。

《新编中国哲学史》,劳思光,南宁:广西师范大学出版社,2005年。

十四画

《疑年录辑疑》,余嘉锡,《疑年录集成》,北京:北京图书馆出版社,2002年。

十五画

《澄城县附志》,王怀斌修,赵邦楹纂,1926年铅印本。

十七画

《周至县志》,庞文中修,任肇新、路孝愉纂,《地方志人物传记资料丛刊》,北京:北京图书馆出版社,2000年。

后　记

　　本书是陕西省教育厅2008年专项科研计划项目《关学学术编年》（项目编号:08JK138）的研究成果。按照课题任务要求，本组成员分工协作，投入了紧张而有序的工作。能够顺利完成本课题的研究任务，我们深切感受到辛勤劳动与不懈努力后的快乐。衷心感谢西北大学刘宝才教授一直热心关注本课题的进展情况。衷心感谢陕西师范大学刘学智教授在百忙中为本书的编写所作的热心指导与大力支持。先生在百忙中对全书的编写体例与大纲做了认真审核与指导，提出了许多宝贵的修改意见，作为后学，我们为有这样的良师而深感幸运，在此表示最诚挚的谢意。衷心感谢陕西师范大学韩星教授为本科研项目的顺利完成给予的热情帮助和支持。最后，特别感谢本书责任编辑陆军先生为书稿的修改、出版付出的辛勤劳动，使拙著得以顺利面世。

　　本书撰写工作分工如下：宋代部分由张波执笔，金元明部分由王美凤执笔，清代部分由刘宗镐（原名：刘党库）执笔，全书由王美凤统稿。

　　鉴于关学学派在历史上存在时间长，涉及人物多，与其他学派或学者之间学术思想、学术交流关系复杂，许多关学代表人物的思想、学术著作、生平行实等仍有不少的疑点和歧义，加之作者学力有限，我们深感在全书的写作过程中力不从心，疏漏浅薄、不确之处定所难免，还望学者不吝赐教，批评指正。

作　者
2008年9月10日

修订版后记

《关学学术编年》一书是陕西省教育厅2008年专项科研计划项目"关学学术编年"的研究成果,2008年10月由三秦出版社初版。该书出版后,经过我们的进一步研究,发现一些重要的文献资料搜集尚不够全面,在文献的征引过程中有孤证以及互证不一的现象;在选目、论述和文献考辨中也存在某些疏漏和乖谬;特别是对辽、金、元近百年关学的发展和演变历史研究得比较薄弱,诸种因素促使我们对本书再次进行修订。

幸逢西北大学出版社"十二·五国家重点图书《关学文库》出版项目"的大力支持,将《关学学术编年》纳入文库出版计划予以再版,使《关学学术编年》得到了一次难得的修订良机。在修订过程中,我们尽可能地将近年来学术界的最新研究成果加以吸收,以纠正原书存在的纰漏乃至错误。尽管如此,在修订过程中,我们仍深感学识浅薄,能力有限,加之时间仓促,疏漏不确之处恐在所不免,还望读者朋友们不吝赐教,批评指正。

需要特别说明的是,本书的修订也是在西北大学出版社《关学文库》总主编刘学智教授、方光华教授和出版社马来社长、黄伟敏编审的大力支持和指导下完成的,他们为本书付出了大量的心血和汗水,在此,对他们的鼎力相助表示衷心的感谢!

作　者
2014年5月6日

图书在版编目(CIP)数据

关学学术编年/王美凤,张波,刘宗镐著.—西安:西北大学出版社,2014.10
(关学文库/刘学智,方光华主编)
ISBN 978-7-5604-3515-2

Ⅰ.①关… Ⅱ.①王…②张…③刘… Ⅲ.①关学—思想史 Ⅳ.①B244.4

中国版本图书馆CIP数据核字(2014)第241841号

出 品 人	徐 晔 马 来
篆 刻	路毓贤
出版统筹	张 萍 何惠昂

关学学术编年　　王美凤　张　波　著

责任编辑	马 平　　装帧设计　泽 海
版式统筹	刘 争
出版发行	西北大学出版社
地 址	西安市太白北路229号　　邮 编　710069
网 址	http://nwupress.nwu.edu.cn　　E-mail　xdpress@nwu.edu.cn
电 话	029-88303593　88302590
经 销	全国新华书店
印 装	陕西向阳印务有限公司
开 本	720毫米×1020毫米　1/16
印 张	35
字 数	555千字
版 次	2015年1月第1版　2015年1月第1次印刷
书 号	ISBN 978-7-5604-3515-2
定 价	72.00元